Ivar Lissner:
So habt ihr gelebt
Die großen Kulturen der Menschheit

W0063971

Deutscher
Taschenbuch
Verlag

Ungekürzte Ausgabe
Februar 1977
Deutscher Taschenbuch Verlag GmbH & Co. KG,
München
Lizenzausgabe mit freundlicher Genehmigung der
Walter-Verlag AG, Olten
Umschlaggestaltung: Celestino Piatti
Umschlagsbild: Zapotecische Tonfigur aus Mexiko
Gesamtherstellung: C. H. Beck'sche Buchdruckerei,
Nördlingen
Printed in Germany · ISBN 3-423-01242-0

Inhalt

Ein Wort des Dankes

Den hervorragenden Fachgelehrten, die mir bei dieser Arbeit mit ihrem Rat, mit mancherlei wertvollen Hinweisen und mit der Überprüfung der einzelnen Kulturen-Abschnitte zur Seite standen, sei herzlichst gedankt:

Universitäts-Professor Dr. Hanns Stock, Ordinarius für Ägyptologie an der Universität München, Direktor der Ägyptischen Staatssammlung, München, für die Überprüfung und Bereicherung der Abschnitte Mesopotamien, Ägypten, Phönizien, Persien.

Universitäts-Professor Dr. Ludwig Alsdorf, Hamburg, für die Durchsicht der Kapitel über die indischen und persischen Kulturen sowie für seine wertvollen Anregungen zu dem Abschnitt über Mohenjo-daro und Harappa.

Dr. Richard Schröter, Abteilungsleiter am Völkerkunde-Museum Hamburg, für seine Hinweise bei der Abfassung des Kapitels über die Khmer-Kulturen von Kambodscha.

Dr. Peter Wilhelm Meister, Museum für Kunst und Gewerbe, Hamburg, für die Ergänzungen der Kapitel über China und Japan.

Frau Professor Dr. Annemarie von Gabain, Dozentin für Türkisch an der Universität Hamburg, für die Durchsicht des Kapitels über die Mongolei.

Dr. Herbert Tischner, Kustos und Leiter der Indo-ozeanischen Abteilung am Hamburgischen Museum für Völkerkunde und Vorgeschichte, für die Durchsicht der Abschnitte über Australien, Polynesien, Melanesien.

Dr. Hans Dietrich Disselhoff, Direktor des Berliner Völkerkunde-Museums, für seine interessanten Anregungen bei der Abfassung der alt-amerikanischen Kulturen.

Universitäts-Professor Dr. Ernst Sittig, für seine mannigfachen Ratschläge bei der Behandlung der Sprache und Schrift Kretas in diesem Werk.

Universitäts-Professor Dr. phil. W. Brandenstein, ordentlicher Professor für vergleichende Sprachwissenschaft an der Universität Graz, für die Durchsicht des Kapitels über Troja und seine wichtigen Ausführungen über die Lagerung der Schicht der homerischen Stadt.

Dr. Reinhard Lullies, Hauptkonservator, München, für die

wertvolle Deutung einiger griechischer Werke der bildenden Kunst.

Universitäts-Professor Dr. Siegfried Lauffer, für die Überprüfung der Kapitel über die klassische Zeit Griechenlands.

Professor der Soziologie Dr. Hans L. Stoltenberg, Erforscher der deutschen Wortgeschichte und Erdeuter der lykischen Sprache, für die Förderung und Hilfe, die er mir bei der Abfassung der Kapitel über die Etrusker, Hannibal und Karthago angedeihen ließ.

Alle diese Gelehrten haben zum Gelingen meines Werkes beigetragen. Und wenn auch diese oder jene Formulierung im Text ihrer Auffassung nicht ganz entspricht, so haben sie doch dafür gesorgt, daß ein der Wissenschaft nicht widersprechendes Bild der großen Kulturen der Menschheit entstehen konnte.

Du erlebst jeden Tag nur einmal. Er ist unwiederbringlich. Willst du ihn vertun? Wenn du erkennst, was Generationen vor dir erstrebt, erdacht und erschaffen haben, dann erst wirst du die Möglichkeiten deines eigenen kurzen Lebens erkennen und nutzen. Und du wirst wissen: Hier stehe ich auf einem ungeheuren Berg menschlicher Geschichte und Kultur, den andere in ungezählten Jahrtausenden für mich zusammengetragen haben. Kleiner Mensch, der du im 20. Jahrhundert lebst! Auf einem unergründlichen Berg vergangener Kulturen hockst du, weißt mit deiner Zeit nicht sehr viel Fruchtbares anzufangen und hast vergessen, daß Hunderttausende von Jahren Tausende von Generationen arbeiteten, um dich auf diesen Berg hinaufzuführen. Denkst du daran?

Ivar Lissner

Aber die Erde dreht sich unter der Sonne. Die Tages- und Jahreszeiten wechseln. Und es wechseln auch die Zeiten für Völker, Reiche und Kontinente.   Ivar Lissner, ›Völker und Kontinente‹, Hamburg 1936.

»Dort unten liegt eine Stadt«, sagte der Lagunenfischer. Wenn man aus dem Boot ins Wasser stieg, konnte man auf breiten Marmorplatten stehen. Das schienen wirklich Balkone, Mauern und Häuserruinen zu sein. Der alte Mann erzählte, daß er oft in klaren Nächten die dunklen Schluchten und Konturen der versunkenen Stadt gesehen habe.

Wir befanden uns draußen vor Comacchio auf den flachen Gewässern der Lagune Valle del Mezzano. Hier bedeckt das Wasser die Ruinen der antiken Metropole Spina. Jahrtausendealte Legenden berichten von dieser wichtigen Stadt der Etrusker, die einst das Adriatische Meer beherrschte. 500 Jahre v. Chr. erlebte Spina eine Blütezeit ohnegleichen. Das ganze flache Gebiet der Po-Mündung, ein Land der Tränen, der endlosen Sümpfe und der Lagunen, hat schon große Schätze der Etrusker freigegeben. Vasen, Spiegel, Leuchter, Tonfiguren, bronzene Behälter, Schmuck, goldene Schmiedearbeiten, eine griechisch-etruskische Totenwelt mit einigen tausend Gräbern. Man kann alles im ›Museo di Spina‹ zu Ferrara sehen. Aber die Stadt ist noch verborgen. Man ahnt ihre Lage, aber sie ist noch nicht freigelegt.

Ich hatte ein eigentümliches Gefühl, als ich dort über den Ruinen dieser ungemein verfeinerten, verwöhnten, sinneverwirrenden Kultur der Etrusker stand. Wie viele ihrer Städte sind noch begraben, noch gar nicht gefunden! Wo lag ihre kleinasiatische Heimatstadt Tursa? Wo kamen die Etrusker her, die sich selber nach dieser Stadt Tyrsener oder Tyrrhener nannten? Ein ganzes Meer, das Tyrrhenische, trägt ihren Namen. Aber Tursa ist noch immer verschollen. Die Tyrrhener oder Etrusker wanderten aus Lydien in Kleinasien aus, ließen sich in Italien nieder und offenbaren uns noch in ihren Gräberstätten, welch großartige Leistungen aus der Begegnung von Orient und Okzident hervorgehen können. Es hat selten eine Kunst gegeben, die so tief menschlich und dramatisch wirkt und die die Ewigkeit so inbrünstig um Erhaltung anzuflehen scheint wie die etruskische.

Der weitaus größte Teil der Gedanken, der Träume, der Bauten und der Taten der Menschheit liegt unter der Erde, unter Sümpfen, wie die verschollene Stadt Tartessos an der Mündung des Guadalquivir, unter Ozeanen, wie Gondwana, die eingebrochene Landbrücke zwischen Südasien und Australien.

Wann wird Wasukanni gefunden werden, die Hauptstadt des Mitannilandes? Irgendwo an den Südabhängen der armenischen Berge muß sie gelegen haben. Wann wird Kussara ausgegraben werden, die Residenz des ersten hittischen Königs Anitta? Und wer wird Nesa entdecken, das die Erde Ostanatoliens verborgen hält? Die Lage des Reiches Arzawa, das um 1400 v. Chr. in Westkleinasien blühte, ist noch unbekannt. Und auch die Hauptstadt dieses Reiches hütet die Erde als ihr Geheimnis. Wann werden Sodom und Gomorra ausgegraben und die anderen Städte im Tal von Siddim am südlichen Ende des Toten Meeres?

Um 400 v. Chr. tauchte ein damals schon berühmter Mann in Athen auf. Er war sehr fleißig, sehr wißbegierig und vom brennenden Wunsch beseelt, umfassende Kenntnisse der Natur zu gewinnen. Hier in Athen war er ernsthaft bemüht, unerkannt zu bleiben, denn er verachtete den Ruhm. Oft zog sich dieser eigentümliche Mensch in die Einsamkeit zurück. Gerne hielt er sich zwischen Gräbern auf. Er sprach mit Griechenlands größtem Philosophen, mit Sokrates. Aber auch der erkannte ihn nicht. Die Welt, so lehrte der Fremde, bestehe aus unendlich vielen, unendlich kleinen, nur quantitativ bestimmbaren Atomen. Ihre Gestalt ist von unendlicher Vielfalt. Sie wirbeln im unendlichen Raum, in unendlicher Bewegung. Sie können sich zusammenballen. Sie können sich trennen. Sie können so dicht werden, daß ganze Sterne entstehen.

Der Mann, der das alles wußte, war in Abdera, in Thrakien, geboren. Er lebte von 460 bis 370 v. Chr., wurde also 90 Jahre alt und hieß Demokritos. Er besaß Kenntnisse der Perspektive, beherrschte die Kunst, Gewölbe zu bauen, war ein glänzender Mechaniker und Erfinder. Er brachte die Naturforschung auf eine ungeahnte Höhe. Sein großes mathematisches und astronomisches Wissen halfen ihm dabei. Berühmt aber wurde er durch seine Lehre von den Atomen. Demokritos gebrauchte wirklich den Ausdruck »Atom«, griechisch »Atomos«, unteilbar. Er glaubte, daß sie sich im All wirbelartig bewegen und alle Zusammensetzungen erzeugen, auch Feuer, auch Wasser, auch Luft und Erde.

Dieser Demokritos hatte die Atomtheorie in ihren Grundzügen schon von seinem Lehrer Leukippos übernommen, der aus Milet stammte. Aber der Schüler war unruhiger als der Lehrer. Er war ein größerer Forscher. Er sammelte Wissen und Kenntnisse in der ganzen Welt. Er hatte den größten Teil seines Vermögens auf Reisen ausgegeben, denn er wollte die Erde kennenlernen. So sah er Babylon, so erlebte er Ägypten, so durchwanderte er große Teile Asiens und kam wahrscheinlich sogar nach Persien, an das Rote Meer und bis nach Indien. Demokrit bezog den größten Teil seines Grundwissens von chaldäischen Theologen auf den Tempeln Mesopotamiens, von den Astronomen Babylons und Ägyptens.

Auch Thales von Milet, der um 600 v. Chr. lebte, reiste viel im Orient. Von den Ägyptern übernahm er die Einteilung des Sonnenjahres in 365 Tage, von den Babyloniern erlernte er, die Eklipsen vorauszusagen. Er bestimmte die Sonnenfinsternis vom 28. Mai 585 v. Chr. auf den Tag genau. Anaximander brachte um 560 v. Chr. aus Babylon die Idee der Sonnenuhr und wagte als erster, eine Karte der bewohnten Erde zu entwerfen. Pythagoras ging mit einem Empfehlungsschreiben des Polykrates an Pharao Amasis nach Ägypten und erlernte die ägyptische Sprache. Er weilte auch bei den Chaldäern und bei den Magiern, also in Babylon und Persien. Hipparchos, der bedeutendste griechische Astronom, war ein Sohn Bithyniens, also in der heutigen Türkei geboren. Die orientalischen Einflüsse auf seine wissenschaftlichen Arbeiten – er bestimmte über 850 Sterne! – sind entscheidend gewesen. Ptolemaios, der von 100 bis 178 lebte, war in Ägypten geboren. Er war der letzte große Naturforscher des Altertums.

Die Zahl bedeutender griechischer Gelehrter, die ihr Grundwissen aus dem Orient übernahmen, ist außerordentlich groß. Und all dieses Wissen wurde, entwickelt und vertieft, von Griechenland und Rom an unsere westliche Welt weitergegeben. Dabei trugen unsere Lehrer, Griechenland und Rom, die Kosten des Unterrichts, denn sie erschöpften und schwächten sich im geistigen Verschenken und Austauschen, und ihre Reiche gingen unter. Christus sprach aramäisch, eine semitische Sprache, und seine Lehre eroberte das Abendland auf den Flügeln des Hellenismus. In der Literatur gestalten wir dieselben Themen, die uns die griechische Antike erzählt, erdichtet und vorgespielt hat, und Euripides ist der ständige stille Teilhaber der »originellsten« Ideen unserer Bühnendichter. Platon und Aristoteles haben unsere Philosophie und Ethik begründet, und unser Sportideal stammt aus Athen und Olympia.

Wir sind miteinander verbunden seit vielen, vielen Jahrtausenden. Die Verbindungsstraßen reichen erstaunlich weit. Sie umspannen praktisch – lange vor der Zeit der großen Entdeckungen – das ganze Erdenrund.

So stellte die asiatische Steppenkultur der Skythen eine Brücke her zwischen Mesopotamien und China. Aus mesopotamischen und chinesischen Vorbildern entwickelten die Skythen eine eigene Kunst. Diese Kunst war sehr langlebig. Und sie wanderte auf Tragtieren und Wagen über riesige Räume. Zwischen dem 8. und 3. Jahrhundert v. Chr. beherrschten die Skythen den größten Teil des heutigen Rußlands. Es ist doch erstaunlich, daß man in Deutschland, in Vettersfelde in Brandenburg, 1882 einen goldenen Fisch von 41 Zentimeter Länge fand, ein Stück skythischer Kunst aus der Zeit um 500 v. Chr., und daß dieselben Skythen Kulturgüter bis nach Turkistan und China austauschten.

Kupfer und seine Legierung zur Bronze reicht in China bis etwa 1400 v. Chr. zurück. Bemerkenswert ist, daß die Idee des chinesischen Bronzegusses »aus dem fernen Westen« importiert wurde. Man tauschte also schon vor rund 3500 Jahren Kulturgedanken zwischen »Fernost« und »Fernwest« aus. Aber es gibt noch größere Wunder. Die Hochkultur der Schang-Dynastie, die etwa von 1500 bis 1050 v. Chr. herrschte, eine Zeit mit außerordentlich fein entwickelter Bronzekunst, zeigt auf den Opfergefäßen immer wieder das Bild des Tao-tie. Dieser Tao-tie wird auch von der großartigen Bronzekunst der Shou-Dynastien übernommen, die sich fast 1000 Jahre lang hielten, bis ihr letzter König 249 v. Chr. abdankte. Tao-tie ist der Kopf eines Tieres, das wir nicht kennen. Es kommt aus sehr alter, vorgeschichtlicher Zeit. Vielleicht war es die vage Erinnerung an einen Vielfraß oder ein menschenfressendes, längst ausgestorbenes Ungetüm. Ist es nicht erstaunlich, daß das Bild dieses Tieres bis nach Amerika ausstrahlte, wo der Tao-tie als Quetzalcoatl, als Federschlange, weiterlebte? Auch in der olmekischen Kultur der mexikanischen Golfküste erkennt man das rätselhafte Tier und ganz sicher in der altperuanischen Chavin-Kultur als raubtierähnliche Goldmaske.

Schon 500 Jahre v. Chr. lehrten die Pythagoreer, daß die Erde nicht im Mittelpunkt des Weltsystems steht und daß sie ein keineswegs bevorzugter Weltkörper ist, ein Staubkörnchen im Weltall wie Millionen und aber Millionen andere. Die Mitte, so sagten sie, nimmt das Zentralfeuer ein, dem die bewohnten Teile der Erde abgewandt, Sonne und Mond zugekehrt sind. Aristarch von Samos erklärte um 260 v. Chr., die Sonne stehe still, die Erde umkreise sie mit Achsendrehungen. Dieses verblüffende Wissen ging wieder verloren, bis Kopernikus 2000 Jahre später – im 16. Jahrhundert – sehr fein auf die pythagoreischen Hinweise achtete und allen kirchlichen Überzeugungen zum Trotz sein heliozentrisches System durchsetzte.

So wanderten Gedanken, Entdeckungen, Erfindungen über die Erde hin und her. Der ganze Lebensstil des Abendlandes ist aus den Kulturen erwachsen, die einst in Mesopotamien, in Ägypten, in Mittelasien und auf den Inseln des Ägäischen Meeres blühten. Aber die Zeitspanne dieser uns bekannten Hochkulturen ist unglaublich kurz. 10000 Jahre sind für die Uhr der menschlichen Entwicklung wie ein Tag. Wir haben Nähnadeln, Pfeifen, Flöten, Harpunen und Zauberstäbe, die 20000 Jahre, bis zur Magdalénien-Zeit, zurückreichen, so genannt nach »Abri La Madeleine« bei Tursac in der Dordogne, Frankreich. Der Oreopithecus, entdeckt von Dr. Hürzeler in Grosseto (Italien), ist 10 Millionen Jahre alt. Der Mensch als aufrecht gehendes, geistig begabtes Lebewesen wandert schon seit der ersten Eiszeit, also seit rund 600000 Jahren, über diese Erde. Wir sind schwer beladen mit der unausdenkbaren Mühsal, mit dem Irren ohne Ende, aber auch mit den Einsichten der vergangenen Jahrtausende. Und vielen Milliarden Menschen, die längst zu Staub geworden sind, verdanken wir das gespenstisch kurze Glück, das wir unser Dasein nennen. Jedes Zeitalter hält sich für das wichtigste der Weltgeschichte. Ich mag daher das Wort vieler Festreden, »wir stehen an einer Zeitwende« oder »wir leben in einem Umbruch«, nicht hören. Denn wann hat es keine »Zeitwende« und keinen »Umbruch« gegeben? Die Blütezeiten der großen Kulturen sind nur Gipfel, die aus dem unendlichen Ozean des Primitiven herausragen. Aber auch die schöpferisch höchsten Höhen ahnen nichts von ihrer Himmelsnähe, sind sich selber fremd und unbekannt, so daß erhabenste Kunst und völlige Naivität meist sehr dicht beieinander wohnen. Man braucht den Abstand von Jahrhunderten oder Jahrtausenden, um zu erkennen, dort und dann hat »homo sapiens« den steilsten Grat menschlichen Könnens und menschlichen Tuns erklommen. Ich meine künstlerische, nicht wissenschaftliche Leistungen! Denn ein Kunstwerk ist einmalig und kommt nie wieder. Für wissenschaftliche Taten dagegen hat die Menschheit Zeit. Was eine Generation nicht schafft, wird ein anderes Jahrhundert bewältigen. Und gäbe es keine

Gefahr, gäbe es nicht den Menschen als Feind seiner eigenen Art – man käme mit technischen Erfindungen wahrhaftig nie zu spät.

Wir leben weder in einer neuen Zeit noch in einem neuen Stil noch mit sehr neuen Gedanken oder sehr neuen Forschungsmethoden. Wir haben aus dem Orient, aus Griechenland und Italien viel mehr übernommen, als uns bewußt ist. Alle unsere modernen Wissenschaften bewegen sich eingleisig und befassen sich fast nur mit der Natur der Dinge und mit der Natur von Lebewesen. Unsere großen Erkenntnisse auf diesen Gebieten halten wir für »Fortschritt«. Wir kümmern uns viel zu wenig um das Innere des Menschen, um seinen Geist und um seine Seele. Ich glaube daher, daß Völker und Zeiten, die nicht nur für die Bequemlichkeit des Alltags arbeiteten und in ihrem Schaffen die Ewigkeit vor Augen sahen, »fortschrittlicher« waren, auf alle Fälle weiser.

Die Griechen logen gerne, phantasierten viel. Darum waren sie auch hochbegabte Dichter – – wobei sie natürlich das große Geheimnis kannten, wie Phantasie und Wahrheit sich verbinden müssen, um Kunstwerk zu werden. Wichtiger als alles war ihnen die Ergründung, die Erforschung und die Erkenntnis des menschlichen Wesens und seiner Möglichkeiten im Geistigen und im Seelischen. Darin waren sie ganz wahr und ernst. Ob wir mit unseren »exakten Kenntnissen« nicht viel gefährlicheren Wahngebilden nachjagen als jemals die Antike, das ist noch nicht geklärt. Wenn die geistige Bildung des Abendlandes den zweifellos großen naturwissenschaftlichen Erkenntnissen unserer Zeit nachhinkt, so werden wir eines Tages wie unmündige Kinder sein, die mit gefährlich großen Spielzeugen umgehen, ohne sie zu verstehen, oder wie einseitig geschulte Techniker, die auf Knöpfe drücken, deren moralische Auswirkung sie überhaupt nicht mehr ermessen können.

Was würde geschehen, könnten wir lebenden Auges auf all das zurückschauen, was Zweibein Mensch in Hunderttausenden von Jahren erlitten, erkämpft und erlebt hat? Würden wir noch einmal zu Salz erstarren wie Lots Weib?

Ich glaube es nicht.

Denn nicht Sodom und Gomorra haben uns durch Äonen von Jahren bis hierher getragen, sondern Menschen und Völker, die über allen Tod und alles Verderben immer von neuem erfanden und erschufen, die Millionen bester Gedanken erdachten und deren späte Enkel sie dann eines Tages auf Stein, auf Ton und Pergament verewigten.

Ich habe dieses Buch nicht heute und nicht gestern geschrieben, auch nicht in Eile oder nur, um aus dem bekannten Hunger unserer Tage nach Geschichte und Vergangenheit Vorteil zu ziehen. Ich habe viele Jahre an meinem Buch gearbeitet. Ich habe versucht, den gewaltigen Stoff in immer kürzere und prägnantere Form zu bringen – denn wir wissen zu viel und darum eben zu wenig. Und ich habe vor allem die neuesten wissenschaftlichen Ergebnisse berücksichtigt. Ich danke den vielen Fachwissenschaftlern, die jedes meiner Kapitel durchgesehen haben und mir viele Anregungen gaben. Ich schrieb keinen Gedanken, keine Zahl leichtfertig hin – wenn sich auch alles leicht lesen lassen soll –, und ich habe dabei gelernt, daß die besten Gelehrten über die Bevölkerungszahl mancher alten Stadt, über das Geburts- oder Todesjahr manchen Herrschers oft die verschiedensten Ansichten haben. Ja, es hat mich viele Jahre gekostet, ein lebendiges Bild von dieser Erde, von ihren so verschiedenen Menschen, von ihrem Tun und ihrer Vergangenheit zu gewinnen.

Ich meine, die Zeitspanne der uns bekannten menschlichen Geschichte ist so kurz, daß man es einmal wagen darf, aus dem Erlebnis der Völker, ihrer Länder und Kulturen das herauszugreifen, was wesentlich ist. Wir haben vor nur 4000 bis 5000 Jahren gelernt zu schreiben, und die wichtigsten Dinge unserer Geschichte haben sich zu ganz verschiedenen Zeiten dieses winzigen Augenblicks unseres Daseins auf Erden abgespielt. Jedes Volk hat irgendeine Seite der menschlichen Entwicklung unnachahmlich herausgebracht, und in der Blüte einer Kultur sitzt schon der Tod.

Dies ist kein Geschichtsbuch. Noch sind unbedingt nur alte Kulturen geschildert. Alle Vergangenheit war einmal Gegenwart, und alle Gegenwart kommt aus Vergangenem. Wenn man mich fragt, welche Ereignisse der Geschichte der Menschheit ich für die wichtigsten halte, so würde ich antworten: die Erfindung der Schrift durch die Sumerer, die Lehren der großen Religionsstifter, das Buch Hiob und das Gedankengut der Propheten, die Demokratie des Perikleischen Zeitalters in Athen, das Leben und Sterben des Sokrates, die Kunst der japanischen Holzschnittmeister und die Gedichte des Li T'ai-Po. Das alles scheint kaum zusammenzuhängen und ist in seinem Wert sehr verschieden. Wenn man aber einigemal um die Erde gewandert ist, sieht vieles ganz anders aus.

Wir müssen uns nämlich hüten, den Maßstab westlicher Rastlosigkeit und westlichen Fortschritts an Zivilisationen anzulegen, die mit anderem Maß gemessen sein wollen. Unser westliches Maß paßt durchaus nicht für alle Völker der Erde. Weder Dynamik noch jagender Fortschritt im westlichen Sinn bringen der Menschheit Glück. Das schlafende und träumende Dasein vieler Ozeanvölker, die Stille ohne Pflichten, das unbewußte Sündigen, dieses ganze lachende und stöhnende Leben im Rhythmus des Pazifik, das nur den Augenblick und nicht Vergangenheit und Zukunft kennt, besitzt wahrscheinlich das tiefere und bessere Geheimnis. So haben die Polynesier große Zeitspannen überdauert. Stehende Zivilisationen scheinen mehr Aussicht auf langes Leben zu besitzen als dynamische. Seit den letzten 7000 Jahren hat die ganze Menschheit viel größere und viel schnellere Fortschritte gemacht als vorher. Aber bei Ruhe, bei großer Langsamkeit, ohne Schrift, ohne Maschine und ohne Chemie hat Homo sapiens immerhin 600 000 Jahre gelebt. Wahrscheinlich ist Fortschritt in unserem Sinn ein schlechter Garant für ein langes Leben der Menschheit. Darum liegt doch große Weisheit bei Li T'ai-Po und bei japanischen Meistern des Holzschnittes, die die »bewegliche Welt« malten.

Ich meine damit nicht, daß das Abendland größere Chancen hat unterzugehen, als der Osten. Das wäre schon deswegen falsch, weil der Osten gerade die zweifelhaftesten Errungenschaften des Abendlandes mit wahrem Feuereifer kopiert. China, Japan, Indien und Asiatisch-Rußland sind heute viel fortschrittbesessener als das Abendland. Die gesamte gegenwärtige Menschheit hat die Kunst, im Paradies zu leben, so ziemlich gleichmäßig verlernt. Und es gibt kein Zurück.

Ich hatte mich schon 1932 aufgemacht, um all die Stätten zu besuchen, auf deren Vergangenheit sich unser Leben aufbaut: Karthago, Athen, Rom und Byzanz. Ich wanderte zum Nil, zum Euphrat und Tigris, zum Indus, zum Jangtse und Hoang-ho. Denn die höchsten Kulturen unserer Erde wuchsen aus diesen Stromtälern heraus. In solchen uralten Tälern sitzen immer Ackerbauern und Kaufleute. Sie haben alles erlebt, seit Jahrtausenden alles erfahren. Sie sind abgeklärt, weltklug, ganz selten sogar ewigkeitsklug, sie sind sparsam und darum eben nicht allzu gastfreundlich. Denn sie wissen, daß ein Völkersturm sie eines Tages arm machen wird.

Und ich lernte die anderen Menschen kennen, die Menschen mit den großen, freigebigen Herzen, die polynesischen Wanderer des Pazifischen Ozeans, die Menschen der endlosen Steppen, Grasländer und Wüsten, die Nomaden, die nicht unbedingt alles behalten wollen, weil ihre Herden sie zum Wandern zwingen, weil sie öfter zum gestirnten Himmel aufblicken und die Nichtigkeit aller Erdendinge besser verstehen. Ich sprach mit Nomaden in Arabien, ich habe viele Schalen Tee in mongolischen Zelten getrunken, und ich lebte mit den wandernden Tungusen in den Wäldern der nordmandschurischen Taiga.

Wir sind mächtig, und wir sind schöpferisch groß, denn es wird uns mit all unseren technischen Mitteln vielleicht gelingen, die nächste Eiszeit zu überleben, die in 50000 oder 100000 Jahren beginnt. Wer weiß ... Während der vergangenen 600000 Jahre hat es vier Eiszeiten und drei Warmzeiten gegeben. Viermal ist es dem Menschen also schon geglückt, Kälteperioden, die bis zu 100000 Jahren währten, zu überdauern. Ohne Technik!

Wir sind aber auch sehr unvollständig und grauenhaft beschränkt, weil wir nicht begreifen, daß wir das kaum wahrnehmbare Glied einer kolossal langen Kette von Völkern sind, die uns bis hierher heraufentwickelt und heraufgetragen haben – – wahrscheinlich mit ganz anderen Mitteln, als uns begreifbar ist. Sie brachten uns bis hierher, nicht indem sie nur nach Erfolg strebten, sondern mit ihrer kolossalen Fähigkeit, *auszuharren* und zu *ertragen*. Unser Horizont ist beängstigend eng, weil wir die Erschütterungen, Stürze und scheinbaren »Neu-Ordnungen« unserer kleinen Zeit maßlos überschätzen.

Wir sollten öfters daran denken, daß der Mensch überhaupt nicht unbedingt notwendig ist. Die Erde würde die Sonne nämlich auch dann umkreisen, wenn es gar keine Menschen gäbe.

Ohne den alten Orient wären wir nicht so, wie wir sind; ohne ihn zu verstehen, werden wir uns selbst niemals begreifen. Viele Kulturgüter sind von den Sumerern über die Assyrer, Babylonier, Ägypter, Griechen und Römer bis zu uns weitergereicht worden. Durch die Ausgrabungen im Zweistromland erfahren wir, woraus wir selber geistig gewachsen sind. Unser Alphabet, unsere Religion, unser Recht und unsere Kunst, das alles hat eine unendlich lange Kette der Entwicklung zur Voraussetzung. Aus Mesopotamien, von den Sumerern, kam der vielleicht entscheidendste Anfang aller Kultur: die Schrift.

»Von der Geschichte der Sumerer wissen wir nichts.« Dieser Satz steht in Helmolts Weltgeschichte, einem Werk, das neun Bände umfaßt und 1913 in Leipzig erschien.

In weniger als 40 Jahren ist es inzwischen gelungen, Menschheitsepochen auszugraben, die die Zeitspanne unserer geschichtlichen Kenntnisse verdreifachen. In den Stromtälern des Euphrat und Tigris, dem heutigen Irak, ist die älteste Hochkultur der Menschheit dem Boden und dem Wüstenstaub entrissen worden, eine faszinierende, fast märchenhafte Welt, die vergessen und verschüttet war.

Der griechische Historiker Herodot hatte nie von den Sumerern gehört. Berossos, ein babylonischer Gelehrter, der um 250 v. Chr. lebte, hatte nur aus dunklen Legenden von den Sumerern erfahren. Er schrieb von einem Volk von Monstren, das – geführt von einem gewissen Oannes – dem Persischen Golf entstiegen sei. Erst 2000 Jahre nach diesem Berossos wurde Sumer wieder entdeckt.

Noch vor 100 Jahren starrten die Gelehrten verständnislos auf die geheimnisvollen Zeichen, die, in Stein gemeißelt, von den Sumerern hinterlassen worden waren. Der deutsche Gelehrte Georg Friedrich Grotefend war der erste, dem es überhaupt gelang, eine Methode für die Entzifferung solcher Bilderschrift zu finden. Die »Cuneiform-Schrift« der Sumerer ist tatsächlich das älteste bekannte Schreibsystem der Menschheit. Das Wort »Cuneiform« kommt vom lateinischen »cuneus«, was Spalt oder Rille bedeutet. Diese Schrift wurde von vielen Völkern Mesopotamiens, also zwischen Euphrat und Tigris, benutzt, dann auch von den Elamiten, den Altpersern und anderen.

Zwischen dem heutigen Bagdad und dem Persischen Golf, zwischen Euphrat und Tigris, saßen die alten Sumerer seit 3 500 v. Chr. Ihre eigenen Annalen, die in phantastische Zeiträume zurückreichen, geben niemals ein anderes Ursprungsland an. Hier erfanden sie die Bilderschrift, aus der sich im Laufe der Zeit durch die Verwendung von Tontafeln als Schreibmaterial und Rohrstiften als Griffel die Cuneiform-Zeichen entwickelten. Hier – und nur hier – spielte sich die erste Schöpfungsgeschichte der Keilschrift ab, denn wir finden bei den Sumerern keinerlei Anzeichen, die darauf hindeuten, daß sie sich diesen Gedanken von irgendwoher entliehen haben. Um 3 000 v. Chr. liegen die Anfänge dieser Schrift. Die Zeichen wurden mit besonderen Schilfrohrkielen in Lehmtafeln gedrückt und diese dann gehärtet. Der französische Gelehrte Oppert gab dem Volk, das als erstes diese Schrift erfand, den Namen »Sumerer«, und Engelbert Kämpfer nannte die Cuneiform-Methode »Keilschrift«.

In Sir Henry Rawlinson hatten die Engländer einen Mann, der wie »Lawrence von Arabien« vielseitig interessiert, voll Phantasie und hochbegabt war. Er betätigte sich als politischer Agent in Afghanistan und in Arabien. Er war ein unermüdlicher Forscher und Wanderer. Während eines Aufenthaltes in Persien studierte er die »Cuneiform-Inschrift« von Behistun, und als Konsul von Bagdad entzifferte er 1844 diese uralte Tafel, auf der gleichzeitig die babylonische Übersetzung eingekerbt war.

1854 gruben die Engländer Taylor und Loftus in den alten Städten Ur, Eridu und Erech (Uruk). Erech war angeblich vor der großen Sintflut eine Königsstadt, und hier in Erech regierte Gilgamesch. Ende des 19. Jahrhunderts förderten französische Archäologen am Tell Loh die Überreste der Stadt Lagash zutage. Sie fanden Steine mit den ersten Angaben der Geschichte sumerischer Könige. Sir Austen Henry Layard entdeckte unter dem Hügel Kuyunjik am rechten Ufer des Tigris gegenüber der heutigen Stadt Mossul das alte Ninive. Dort, in den Palastruinen des assyrischen Königs Assurbanipal (668–626 v. Chr.), fand er eine große Bibliothek von Tontafeln, darunter ganze »Wörterbücher« auf Tontafeln, die sumerische Worte mit ihren semitisch-assyrischen Bedeutungen zeigten. König Assurbanipals »Bibliothek« war sehr alt. Die Tontafeln enthielten Abschriften und Sammlungen von Texten aus einer Zeit um etwa 2 000 v. Chr.

Unter den Tafeln befand sich ein sehr kostbarer Schatz, das Gilgamesch-Epos, die Geschichte der Sintflut, eine erstaunlich genaue Bestätigung dessen, was uns das erste Buch Moses von

Noah berichtet. Das Gilgamesch-Epos war auf zwölf Tafeln eingemeißelt. Jede Tafel enthielt ein Abenteuer. Das ganze Werk bestand aus 3 000 Zeilen. Unter den Trümmern des Königspalastes von Ninive wurden Bruchstücke aller zwölf Tafeln gefunden. So sind uns 1 500 ganze oder Teilzeilen des gesamten Inhalts bekannt. Am besten erhalten sind die Tafeln VI und XII.

Professor Woolley von der Universität Pennsylvania grub gemeinsam mit englischen Archäologen während des Ersten Weltkrieges in der kleinen – nordwestlich von Ur gelegenen – Ruinenstätte al-Ubaid (Tell el'Obed) Tempel, Wohnbezirke, Keramik und Skulpturen aus. Man erkannte, daß die Sumerer schon vor 5 000 Jahren eine sehr hohe Kultur erreicht hatten. Mit diesen Forschungen fiel der Schleier von einem uralten Volk, dessen Leben vielleicht eine doppelt so große Zeitspanne umfaßt wie die Geschichte des Abendlandes von Christus bis auf den heutigen Tag.

Die Zeitgenossen Christi wagten gar nicht, so weit in die Vergangenheit zurückzudenken. Damals war Sumer längst vergessen. Es lag im Dämmerlicht verflossener Jahrtausende, und Berge von Wüstenstaub deckten, was einst an bunten Mosaiken, an herrlichen Skulpturen, an mächtigen Tempeln, an Vasen, Töpfen, Schmuck, an Schminkgeräten von Menschen, wie wir es sind, geschaffen worden ist. Aber noch mehr. Dieses blühende Leben greift in eine Vergangenheit, die schon 2 300 Jahre v. Chr. sumerischen Dichtern und Gelehrten als unermeßlich alt erschien. Priester, die gleichzeitig Geschichtsforscher waren, legten damals Listen ihrer Könige an, die bis zu 432 000 Jahre zurückreichen.

Mit ihren 432 000 Jahren hätten die sumerischen Priester sicherlich übertrieben, denn die Sumerer sind »erst« um 3 500 v. Chr. ins Zweistromland Mesopotamien gekommen. Natürlich können diese frühen Einwanderer schon Tausende und aber Tausende von Jahren in anderen Kulturwiegen gelebt haben. Die Kultur des Abendlandes wanderte ja vom Zweistromland und Nil nach Palästina und Griechenland, von Griechenland nach Rom, von Rom nach Spanien, Frankreich, Deutschland und England, von England nach Nordamerika. Solche Westwärtsbewegungen hatten vielleicht auch die Sumerer hinter sich, als sie endlich an der Stätte, die wahrscheinlich das biblische Paradies ist, anlangten. Vielleicht waren sie so die »Amerikaner« der Jahre um 3 000 v. Chr.

Um auf den Grund der Ruine Nippur zu kommen, muß man

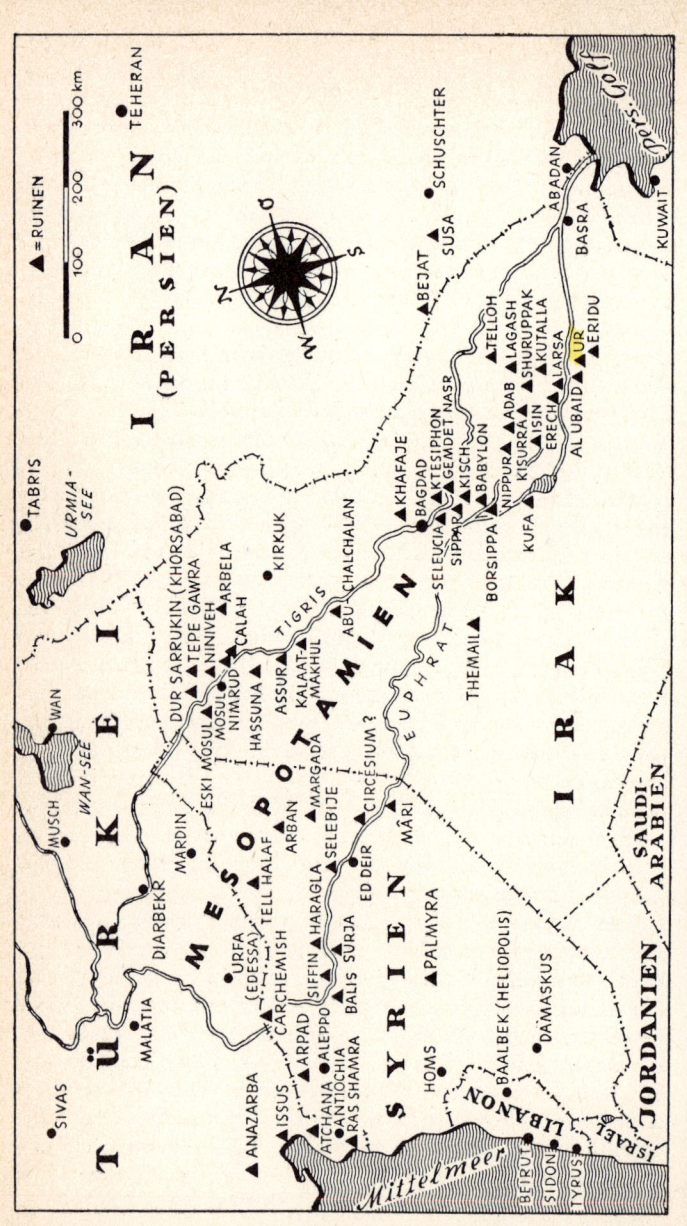

22 Meter tief graben, also tiefer in den Boden stoßen, als ein modernes Großstadthaus hoch ist. Die 22 Meter bei Nippur deuten immerhin schon auf ein Alter von rund 5000 Jahren.

In neuester Zeit wissen die Archäologen aber noch mehr: ganz gleich, wie tief sie hier in die Urwiege der Menschheit hineinloten, der Anfang seßhaften Lebens liegt immer schon etwas tiefer in der Vergangenheit. E. A. Speiser von der Universität Pennsylvania entdeckte in der Gegend nördlich von Mossul 1927 einen Hügel, der sich etwa 20 Meter über der Tigrisebene erhebt. Die Dorfbewohner in der Nähe nennen den Hügel »Tepe Gawra«. Speiser grub und legte 26 Schichten frei, die verschiedenen Epochen angehören. Nur die obersten sechs fallen in historische Zeit! Die neuesten Ausgrabungen im Zweistromgebiet führen uns immer weiter bis ins 4., 5. und 6. Jahrtausend v. Chr. zurück. So haben die Ausgrabungen bei Hassuna, südlich von Mossul, das, was wir Vorgeschichte nennen, wieder um eine nicht unbeträchtliche Zeitspanne in das Grau der Vergangenheit zurückverlängert. Irakische Archäologen fanden hier Tongefäße, Darstellungen einer Mutter-Göttin, kleine Amulette, Reste von Schilfmatten, Sicheln aus Feuersteinen und Asphalt. Die erste Hälfte des 4. vorchristlichen Jahrtausends wird nach den wichtigsten Fundorten in Nord-, Mittel- und Südirak die »Halaf-, Samarra- und Eridu-Epoche« genannt. Aus dieser Zeit wurde in Hassuna eine besondere Kuriosität für das Museum von Bagdad gefunden: der mit einem Frauenkopf bemalte Hals eines großen Tongefäßes. Die Wangen tragen je drei blaue Striche, wie wir sie heute noch bei tätowierten Beduinenfrauen kennen. Bei Eridu grub man die ältesten Häuser der Welt aus sowie den bisher ältesten entdeckten Tempelraum. Unter diesem Tempel wurden nicht weniger als 13 verschiedene andere Tempel entdeckt in immer neuen Schichten, die man vorsichtig freilegte.

Die Universität Chicago grub in Jarmo im nördlichen Irak. Hier brachte man eine der ältesten uns bekannten Dorfsiedlungen an den Tag, die auf das 5. vorchristliche Jahrtausend anzusetzen ist. Einige kleine Tonfiguren dürften mit ihren rund 6000 Jahren die ältesten Skulpturen jener Gegend sein. Die Venus-Statuetten des Aurignaciens sind allerdings 30000–50000 Jahre alt! Die wohl interessanteste Ruinenstätte grub man vor gar nicht langer Zeit am mittleren Euphrat aus, auf syrischem Boden, nahe der irakischen Grenze. 2000 Jahre lang gingen Menschen hier gedankenlos am Ruinenhügel von Tell Hariri vorüber. Dort unten, begraben unter Sand, lag die einst mächtige Stadt Mari.

So alt wie die Pyramiden, nämlich etwa 4500 Jahre, ist diese Basaltstatue, die im Nordirak gefunden wurde. Sie stellt, wie aus einer Keilinschrift auf dem Rücken des Bildwerkes zu ersehen ist, den königlichen Hofschreiber Dudu dar und gehört zu den hervorragendsten Plastiken der frühsumerischen Kunst-Epoche.

Nachdem Beduinen zufällig auf eine kleine zerbrochene Statue stießen, begannen sich die Archäologen für den Hügel Tell Hariri zu interessieren.

Im Januar 1933 setzten die Franzosen ihre Spaten zu einer großen Ausgrabung an. Sie haben in 20 Jahren die Stadt Mari und ihre Geschichte freigelegt, eine Geschichte, die vom Anfang unserer Zeitrechnung bis über 2000 Jahre in die Vergangenheit zurückreicht. Auch da ist noch kein Ende abzusehen. Die Ruinenschichten von Mari aus dem 4. Jahrtausend v. Chr. liegen in einer Tiefe, bis zu der man noch nicht vorgedrungen ist.

Was zutage gefördert wurde aus Stein, aus Ton, aus Muschelwerk, ist eine so lebendige Welt, daß die Zeit von heute bis 3000

v. Chr. in ein Nichts zusammenzuschrumpfen scheint. Da schauen uns aus großen Augen hohe Staatsbeamte an; da grinsen winzige Gesichter, die »Karikaturskulpturen« der damaligen Zeit; da beten Herrscher mit gefalteten Händen, da trägt ein frommer Mann eine kleine Ziege zum Opfer, da gucken neugierig und listig Hofmeister aus ihrer Welt in unsere; da sitzt in tadelloser Haltung Ur-Nansche, die große Sängerin, als warte sie darauf, gleich ihr Lied hören zu lassen; da blickt ein wenig enttäuscht ein Bronzelöwe mit seinen eingelegten Steinaugen, und die Statue eines Prinzen ohne Kopf zeigt uns, wie schön mit Quasten und Fransen verziert das Hofgewand von Mari fast 2000 Jahre v. Chr. war.

Jedenfalls waren die Menschen von Mari Semiten, also rassisch den Sumerern nicht verwandt. Die Kultur von Mari aber ist sicher, wie alle großen Kulturen, aus vielerlei Geist entstanden. Dabei hat sich auch Sumers Ernst und Strenge zum Lächeln, zum feinen Zynismus, zu der mehr »pariserischen« Lebensauffassung der Mari-Menschen hinzugesellt.

Das Denken, alles Tun und Trachten der Sumerer war auf die Zukunft gerichtet. Konnte man froh sein, wenn man immer genau wußte, was geschehen wird? Die Propheten-Priester der Sumerer, die »baru«, wußten alles. Sie beherrschten das Tun des Volkes 3000 Jahre lang. Von Generation zu Generation, von Jahrhundert zu Jahrhundert verglichen sie die Geschehnisse mit dem Zustand und dem Aussehen der Leber von Schafen. Auf diese Weise konnten sie schließlich aus dem Beschauen der Leber »genau« die Zukunft deuten. Das ganze Leben Sumers war durch das Wissen von der Unabwendbarkeit des Schicksals beherrscht.

Und das Schicksal war der Gott. Ihm gehörte die Stadt. Ihm gehörte alles ackerbaufähige Land. Er konnte Glück und Segen spenden oder Not und Tod. Und an den Gott ihrer Stadt und seine Nebengötter glaubten die Sumerer felsenfest, dienten ihm und waren bereit, ihm jedes Opfer zu bringen.

Der Gott hatte seine Stadt und damit seinen *Staat*. Das politische Vorbild von »Stadt-Staaten« ist neben der Schrift der größte Beitrag der Sumerer zur Kultur Mesopotamiens und zur Kultur des Altertums überhaupt. Festen der Hochkultur waren diese Stadt-Staaten, und unter ihnen nahm Uruk (das biblische Erech) die erste Stelle ein. Hier (im heutigen Warka) haben deutsche Gelehrte gegraben und ihre wissenschaftlichen Ergebnisse seit 1929 veröffentlicht. Wer heute auf den hohen Ruinen der Zikkurat von Warka steht, wird noch immer, nach über viertausend

Jahren, etwas von dieser Idee empfinden: Hier bildeten einst der Gott, seine Kinder und seine Stadt wirklich eine Einheit. Nur daher konnte der Tempel, die Zikkurat, so ein mächtiger »Berg« werden, und nur daher türmten die Menschen von Uruk ihren Glauben und ihren Fanatismus in den Himmel, näher zu ihm, ihrem Gott Anu. Anu war Vater und König aller anderen Götter. Sein Kult zu Uruk war eng verbunden mit der Anbetung der Mutter-Göttin und Herrin des Himmels Inanna (oder Innin), die später für Uruk wichtiger wurde als Anu und die bei den Semiten Ischtar genannt wurde. Überhaupt hatten die weiblichen Gottheiten bei den Sumerern große Bedeutung.

In den Tempeln von Nippur verehrte man den Luftgott Enlil und seine Gefährtin Ninlil. Zum Mond hatten die Sumerer ein besonderes Verhältnis: aus der Beobachtung von Eigentümlichkeiten seiner Phasen sagten die Seher die Zukunft voraus. Die Stadt Ur gehörte einst dem wichtigen Gott des Mondes Sin, dessen heilige Zahl die Dreißig war. Sippar und Larsa sind die Städte des Sonnengottes Schamasch. Eridu huldigte dem Gott des Wassers Ea, dessen Sohn Marduk später der Nationalgott Babyloniens wurde. Ja, es gab sogar eine Stadt, die für den Gott der Schreiber da war: Borsippa für Gott Nebo. Nebo hatte die Beschlüsse der Götter aufzuzeichnen. Außerdem schützte er die sumerischen Schreiber, diese ersten Griffelführer und Stenographen der Menschheit.

Vielleicht waren die Sumerer auch die ersten Menschen, die auf die Idee kamen, ihrem Gott ein Haus zu bauen oder doch wenigstens eine Terrasse, auf der man ihm nahe war und wo er sich niederlassen konnte. Jede Stadt besaß daher eine oder mehrere solcher Terrassen. Sie beherrrschten das Stadtbild. Sie wurden nach und nach immer höher angelegt, in Stufen, bis sie schließlich zu künstlichen »Bergen« oder Türmen wurden, den »hohen Plätzen« unserer Bibel. Der Mensch empfand es als Pflicht, seinem Gott eine heilige Stätte zu bereiten. Nur die Macht des Glaubens, *echten* Glaubens, nur das innere, starke Gefühl der Sehnsucht zu Gott vollbrachte schließlich jene Wunderbauten aus Ziegel, jene Bindeglieder zwischen Himmel und Erde, jene künstlichen Berge in den Himmel, jene Tempel-Türme, die wir »Zikkurat« nennen. Das Wort bedeutet einfach »hoch sein« oder »spitz« und war der mesopotamische Ausdruck für den Tempel- oder Terrassen-Turm. Großartige Beispiele solcher Zikkurate haben uns die Sumerer und später die Babylonier hinterlassen: in Uruk, in Eridu, in Al'Uqair, in Khafaje, in Ur, in Assur, in

Babylon. Und wie die großen Stadtgötter der Sumerer aus sehr fernem Dunkel der Vorgeschichte kommen, so ist auch manche Zikkurat längst wieder in Wind und Staub und Erde zerbröckelt.

Die Sumerer befaßten sich mit Astrologie und besaßen auch erstaunlich gute astronomische Kenntnisse. Sicherlich glaubten sie an Auferstehung nach dem Tode. Darum wird es auch für die Gefolge der Könige nicht so schrecklich gewesen sein, wenn sie sich gemeinsam mit ihren gestorbenen Herren lebendig begraben ließen.

350 Kilometer südlich von Bagdad liegen die Ruinen der Stadt *Ur*. Im Herbst des Jahres 1922 entdeckte Prof. Leonard Woolley hier einen königlichen Friedhof. Mit seinem später berühmt gewordenen Assistenten Mallowan grub er zwischen 1922 und 1932 in zehn Jahren diesen Friedhof aus. Damit kam der wahre Geist der sumerischen Kultur zum erstenmal reich und überzeugend ans Tageslicht. Woolley fand 1850 Gräber. Aus den Grabbeigaben gelang es den Gelehrten, die meisten dieser Gräber zeitlich einzuordnen. Nur 751 von den 1850 Gräbern enthielten keine datierbaren Gegenstände.

16 Gräber zeichneten sich durch besonderen Reichtum, durch besondere Struktur und die besondere Art der Beisetzung aus. In diesen »königlichen« Gräbern befanden sich Menschenopfer. Die Zahl der Opfer schwankt zwischen 6 und 80. Woolley erkannte deutlich, daß immer nur ein Toter *beerdigt* ist, die anderen *geopfert* wurden. Daß das Opfer nicht unter Zwang erfolgte, werden wir noch sehen.

Menschenopfer konnten nur in Gräbern festgestellt werden, die aus Stein gebaute Kammern enthielten. Keineswegs befanden sich aber gerade in den Gräbern mit reichen Beigaben immer Menschenopfer. Das Grab des Prinzen Mes-kalam-dug war viel reicher als das Königsgrab, dem Woolley die Bezeichnung »PG/1054« gab. Während aber in Mes-kalam-dugs Grab keine Skelette von Menschenopfern lagen, fand man in PG/1054 acht. Woolley deckte auch die Grabanlage einer Königin auf. Auch dieses Grab ist katalogisiert und geht in die Wissenschaft unter »PG/800« ein. Die Königin hieß Shub-ad.

Woher wissen wir das?

An der rechten Schulter der Königin fand Woolley ein Zylindersiegel, das ihren Namen trug. Und wir wissen noch mehr. Die Königin war 1,51 Meter groß und von zartem Knochenbau. Sie hatte kleine Füße, kleine Hände und einen großen, langen Kopf. Woolley meint auch feststellen zu können, daß die Königin meist auf ihren Beinen saß wie Japanerinnen. Der Prinz Mes-kalamdug war 1,65 bis 1,67 Meter groß. Aus dem Schädelbau will Woolley schließen, daß er Linkshänder war. Beide, die Königin und der Prinz, gehören nach Woolley der »Protoarabischen Rasse« an. Die Gräber sind rund 4 500 Jahre alt und stammen aus der Ersten Dynastie von Ur. Bei der Abschätzung der Zeit können 100 Jahre keine große Rolle spielen. Vielleicht wurden die Königin und der Prinz um 2 600 v. Chr. in ihre Gräber gelegt. Woolley nimmt eine Zeit zwischen 3 400 und 3 100 v. Chr. an.

Wie fand damals eine Beerdigung statt?

Königin Shub-ad lag gerade ausgestreckt auf ihrem Rücken. Die Leiche war ohne Sarg auf ein Holzgestell gebettet. Zu ihrer Seite am Kopfende hockte eine Dienerin. Die Gebeine einer anderen Dienerin fand man am Fußende. Diese Dienerinnen starben den Opfertod. Die Grabkammer wurde feierlich geschlossen.

Durch den Gang zur Kammer bewegte sich dann eine Prozession, Höflinge, Soldaten, noch andere Diener und Dienerinnen. Diese Dienerinnen hatten farbenfrohe Gewänder angelegt, trugen goldenen Haarschmuck, goldene Ohrringe, einen Haarkranz aus Lapis, Karneol und Goldblättern, silbernen Haarnadeln und kammartigen Schmuck, Halsketten und große Gewandnadeln. Alle nahmen Aufstellung in der Tiefe um das Grab. Darauf wurden von Ochsen und Eseln gezogene Wagen in die Gänge getrieben, mit Wagenlenkern und mit Knechten, die die Tiere führten.

Jeder Mann und jede Frau hielt ein kleines Gefäß aus Ton, Stein oder Metall in der Hand. In der Mitte der Gruft befand sich ein großes Kupfergefäß. Die Becher wurden hier gefüllt, und jeder trank Gift. Auch die Tiere müssen auf irgendeine Weise getötet worden sein. Alles wurde dann mit Erde zugeschüttet. Nur so kann Prof. Woolley erklären, warum er die Mitbegrabenen so ordentlich in Reih und Glied fand, warum sie einen so völlig ruhigen Eindruck machten und warum er keinerlei Anzeichen von Gewalt feststellen konnte. Nicht einmal der Kopfputz der Mädchen war in Unordnung gebracht. Alle starben in liegender oder in sitzender Stellung, als hätten sie sich völlig ruhig und plötzlich zum Tode entschlossen. Ja, Woolley erkannte, daß die Musiker bis zum letzten Augenblick gespielt haben müssen.

In jedem Königsgrab hat jedes Mitglied des Gefolges immer den kleinen Becher in der Hand. Und immer befindet sich der Kupferkessel dort unten. Woolley ist überzeugt, daß die Höflinge nicht nur sehr ruhig starben, sondern auch freiwillig. Die Tiere, so meint Woolley, scheinen jedesmal *nach* ihren Knechten gestorben zu sein. Aber auch sie starben genau an dem ihnen zugedachten Platz.

Sicher waren diese lebendigen Begräbnisse nicht Brautopfer für Götter, wie manche Gelehrte vermuten. Man fand unter den Hauptbegrabenen nämlich mehr Männer als Frauen. Eine Braut, die für den Gott gewählt wurde, hätte jung und schön sein müssen. Woolley hat aber festgestellt, daß Königin Shub-ad eine Frau von 40 Jahren war. Ihm gelang diese Feststellung immerhin an einer Toten, die seit beinahe 5 000 Jahren begraben ist.

Was Woolley sonst noch an Gegenständen aus dem königlichen Friedhof an das Tageslicht brachte, übersteigt wirklich die kühnsten Phantasien. Königin Shub-ads Muschel-Puderdose, ihr Täschchen aus blauem Malachit, goldene Nadeln, Ringe, Armbänder, Halsketten, die herrlichen Amulette in ihren bezaubernden Farben, das Diadem der Königin, die vielen Arten von Kopfschmuck mit feinsten Blättern aus Gold, das alles ist so einmalig – heute noch! –, daß kein Goldschmied unserer Zeit es auch nur erahnen könnte. Massive Goldgefäße wunderschöner Formen fand Woolley im Grab der Königin und im Grab des Prinzen. Die vielen bunten Dinge sind kaum aufzuzählen: Harfen und Leiern, Brettspiele, Holz-, Metall-, Stein- mit Muschel- und Lapislazuli-Figuren, kleine Boote, eine Königsstandarte mit Bildreihen aus weißem Marmor und Lapislazuli-Trinkbecher, Näpfe, Schüsseln, die in Form und Gestaltung außerordentlich einfach, edel und modern wirken. Dazu goldene Dolche, Äxte, Lanzenspitzen, Deichselaufsätze, Zügelringe und schließlich der berühmte, sich aufbäumende Ziegenbock am Blütenbaum, eine herrliche Komposition aus Edelmetall und farbigen Steinen.

Wie muß es einem Mann zumute sein, der solche Grüfte unberührt vorfindet, die Leibdiener direkt am Grab, die Soldaten auf Wache an der Tür, die Knechte die Zäume der Tiere haltend, die Musiker an ihren Instrumenten, die Hofdamen respektvoll in der Nähe der Königskammer, eine Massenbestattung des ganzen Gefolges, treu dem Fürsten und der Königin noch im Tode? Diese Menschen waren im festen Glauben an ein Leben nach dem Tod ins Grab gestiegen und müssen sich in nächster Nähe ihres Gott-Fürsten vor den Schrecken der ewigen Nacht völlig geborgen gefühlt haben.

Früh im dritten Jahrtausend v. Chr. blühte im Kerngebiet der Sumerer unter den anderen Stadt-Staaten auch *Lagash*, Stadt des

Gottes Ningirsu, dort wo das heutige Tello liegt. Lagash war nur eine sumerische Provinzstadt. Aber man hat auch dort Tontafeln gefunden, und darum wissen wir etwas mehr gerade über diese Stadt. Die Bürger sprachen sumerisch, waren Viehzüchter, Fischer, Kaufleute oder Handwerker. Wie jede Stadt Mesopotamiens gruppierte sich auch Lagash um den Tempel. Die Bürger von Lagash liebten ihre Freiheit, besaßen Eigentum und hatten nur insoweit dem Stadtgott und dem Tempel zu gehorchen, wie man die öffentliche Wasserversorgung, Kanäle und andere Notwendigkeiten erhalten mußte.

Um 2500 v. Chr. brach das Unglück über Lagash herein. Fremde Herrscher eroberten die Stadt und ganz Sumerien. Es ist interessant, einen damaligen »Historiker« zu hören, der die Zustände auf Tontafeln schildert. Der Bootsbeamte nahm die Boote, die Viehbeamten nahmen das große Vieh und das Kleinvieh. Der Fischbeamte bemächtigte sich der Fischereien. Wenn ein Lagash-Bürger ein Schaf zur Schur vor den Palast brachte, mußte er 5 Schekel bezahlen, wenn die Wolle weiß war. Jede Ehescheidung brachte dem Herrscher 5 Schekel ein und seinem Minister 1 Schekel. Der beste Ackerboden des Stadtgottes war für die Zwiebeln und Gurken des fremden Herrschers bestimmt. Selbst der Tod war besteuert, und zahllose Priester-Beamte plünderten die Angehörigen. Überall im Lande wimmelten Steuereinnehmer.

Der Palast wurde reich – sein Harem fett.

Da, in dieser schlimmsten Zeit, kam ein neuer Herrscher in Lagash zur Macht. Das ist der berühmte *Urukagina.* Er beseitigte die vielen Ämter und Priester-Beamten, die als Drohnen die Bürger belästigten. Die Priester mußten wieder Diener Gottes sein, und der Statthalter, der »Ensi«, der erste Diener seiner Stadt. Der große Sozialreformer sorgte wieder für Eigentum und Wohlstand aller Menschen und durfte sich im Alter rühmen, seinem Volk wirklich Freiheit geschenkt zu haben. Leider regierte er weniger als zehn Jahre.

Aus dem Nachbarstaat Umma rückte der sumerische Herrscher *Lugalzaggisi* heran, stürzte Urukagina, zerstörte Bürgerbesitz, tötete viele Menschen, plünderte Tempel und gründete in Uruk ein neues Großreich. Man weinte nicht, man klagte nicht, man nahm das Schicksal hin: Die Götter hatten ihre Gründe.

Wann war die Sterbestunde der Sumerer da? Nun, sie starben überhaupt nicht! Sie wurden aufgesogen wie die Tungusen von den Chinesen, wie die Etrusker von den Römern, wie die Wenden von den Germanen.

Auf dem Höhepunkt ihrer Kultur, um 2350 v. Chr., wurden die Sumerer nämlich von Semiten abgelöst, die sich in der Landschaft Akkad nach ihrer Einwanderung aus der arabischen Halbinsel niedergelassen hatten. *Sargon I.* ist eine historische Gestalt, die legendär geworden ist. Er ist der *Begründer des akkadischen Weltreiches* und einer Epoche – wir nennen sie die Akkad-Zeit –, die 2350 bis 2150 v. Chr. währte. Der König wurde jetzt zum Gott und das akkadische Weltreich ein Gottes-Königtum. Diese semitische Dynastie stellte eine Reihe sehr fähiger Köpfe. Sargon, seine Söhne Rimus und Manistusu sowie Sargons Enkel Naramsin waren gewiß hochbegabte Herrscher.

Sargon selbst war der Sohn des Semiten La'ipu. Seine Mutter soll eine Priesterin gewesen sein. Von ihr berichtet die sumerische Legende eine Mosesgeschichte. Die Priesterin legte ihr Neugeborenes in ein Weidenkörbchen, das mit Lehm abgedichtet war, setzte es auf dem Euphrat aus und ging still zurück zum Dienst in den Tempel. Der Gärtner Akki fand das Körbchen, und der Knabe wurde später Mundschenk des Königs Ur-Zababa von Kisch. Er entthronte seinen Herrn und machte sich selber zum Herrscher von Kisch. Er besiegte Lugalzaggisi und ließ ihn in einem Käfig vor dem Enlil-Tempel zu Nippur lebendig zur Schau stellen. Dann eroberte er das ganze Land Sumer und wusch schließlich seine Waffen im Meerwasser des Persischen Golfs. Endlich erreichte er Anatolien und gründete das erste große Imperium der Weltgeschichte.

Das semitische Reich von Akkad wird dann wieder von einem fremden Volk, von den Guti, zerstört, und schließlich finden wir uns wieder in Stadt-Staaten und in Lagash, wo eine spät-sumerische Dynastie herrscht. Die kalten Diorit-Statuen des dortigen Königs *Gudea* sehen wir im Louvre und in vielen Museen der Welt. Manchmal sitzt der Fürst, manchmal steht er, immer außerordentlich gefaßt und ruhig, mit gefalteten Händen und mit aneinandergepreßten Füßen. Gudea war ein Bauherr ganz großen Formats, was uns viele Bauurkunden berichten. Und die Krönung seines Lebens war der neue Tempel für den Stadtgott von Lagash, für Ningirsu. Am Anfang des dritten vorchristlichen Jahrtausends begannen die Sumerer auf Tontafeln zu schreiben. In der zweiten Hälfte des dritten Jahrtausends war die sumerische Schreibkunst schon ziemlich gut entwickelt. Vor rund 50 Jahren grub man in der Stadt Nippur, etwa 160 Kilometer von

Bagdad, einige tausend solcher Tontafeln aus. Diese Tontafeln befinden sich jetzt im Universitätsmuseum von Philadelphia, USA, und im Alten Orient-Museum in Istanbul, einige hundert, meist von Althändlern im Orient aufgekauft, lagern außerdem im British Museum, im Louvre und in Berlin. Es ist ein erstaunlich reicher Schatz von ganz kurzen Textfragmenten bis zu zahllosen Hymnen, Mythen, Prosaerzählungen, Sprichwörtern, Fabeln. Die Sumerologen konnten natürlich in 50 Jahren nur wenige Tafeln entziffern. Viel ist zerbrochen. Aber glücklicherweise sind auch sehr viele Tafeln mehrfach vorhanden, so daß man zusammensetzen, ergänzen und schließlich lesen kann. Die Arbeit wird noch Jahre und Jahrzehnte andauern, aber heute schon gibt es einige gute Übersetzungen aus der sumerischen Literatur.

König *Ur-nammu* war wohl der erste, der den Terrassentempel in einen Stufenturm, eine sogenannte Zikkurat, umformte. So eine Zikkurat ist wohl die Mutter des Turmes zu Babel. Ur-nammu ist der Begründer der Dritten Dynastie von Ur. Er regierte um 2050 v. Chr.

Prof. Samuel Noah Kramer von der Universität Pennsylvania erzählt, wie er auf ein hochinteressantes Gesetz dieses Königs stieß. 1951/52 hielt er sich in Istanbul auf. F. R. Kraus, Professor für Cuneiform-Wissenschaft an der Universität Leyden in Holland, empfahl ihm, doch einmal die Tontafel Nr. 3191 aus der Nippur-Sammlung des Museums zu »lesen«. Kraus hatte diese Tafel aus zwei zerbrochenen Stücken früher einmal zusammengesetzt. Kramer ließ sich Nummer 3191 auf seinen Arbeitstisch in Istanbul legen und saß nun vor der sonnengehärteten, leicht braunen, kleinen Tontafel, die nur 20 mal 10 Zentimeter mißt. Nach Tagen angestrengter Arbeit erkennt Kramer, daß eines der ältesten Gesetze vor ihm lag, das wir bisher gefunden haben. Da lesen wir, daß der König bestechliche Beamte beseitigt, daß er ehrliche Maße und Gewichte einführt, daß er für die Waisenkinder und Witwen sorgt und für die wenig Bemittelten, denn »der Mann mit einem Schekel soll nicht Opfer des Mannes mit einer Mina (60 Schekel) werden«. Wer einem anderen den Fuß abtrennt, muß 10 Schekel bezahlen. Wer einem anderen die Knochen bricht, eine Silbermina. Wer aber einem anderen die Nase abschneidet, braucht nur zwei Drittel einer Silbermina zu bezahlen. Prof. Kramer hatte recht, wenn er hinzufügte, er glaube, daß diesem Gesetz noch ältere Kodex-Werke vorausgegangen sind.

Der berühmte Gesetzgeber Hammurabi, König der amoritischen oder westsemitischen Dynastie von Babylonien, ist jedenfalls 300 Jahre jünger. Er regierte 42 Jahre. Jetzt wurden Sumerer und Semiten zu einem einzigen Volk: einem Volk der Babylonier. Damit war die Herrschaft der Semiten endgültig gesichert. Sie thronten über dem uralten »Land zwischen den Flüssen«. Die Geschichte der Sumerer aber begann zu verblassen, mehr und mehr, bis sie wieder ausgegraben wurde in unserem Jahrhundert. Und zur Stunde, während diese Zeilen gelesen werden, in Buchstaben gedruckt, die letztlich auf der Erfindung der Sumerer beruhen, wird noch immer gegraben.

Nachts war Babylon gut beleuchtet

»Ich bin in Babylon angekommen und sah Dich nicht. Ach, ich bin so traurig.«

Das Land, wo einst Babylonien und Assyrien lagen, wird heute Irak genannt. Dieser Name bedeutet »Uferland«. Er ist so treffend, weil die Flüsse Euphrat und Tigris mit ihrem angeschwemmten Schlamm den Boden geschaffen haben, der Säen und Ernten ermöglichte, blühende Kulturen, Tausende von uralten Städten, ja, den Anfang unserer westlichen Geschichte überhaupt.

Einst ergossen sich die beiden Ströme unabhängig voneinander ins Meer, in den Persischen Golf. In der Zeitspanne von einigen tausend Jahren schwemmten sie so ungeheure Massen von Schlamm an, schoben neues Land so weit in das Meer hinein, daß heute die Mündung von Euphrat und Tigris 150 Kilometer weiter südöstlich liegt als zur Blütezeit von Babylon und Assur. Wer also die alten Städte ans Tageslicht bringen will, darf nicht in diesem Neuland graben. Sonst aber ist die Erde »zwischen den Flüssen« so reich an begrabenen Städten, Dörfern, Tempeln und Kunstschätzen, daß man hier noch auf Jahre und Jahre hinaus wertvolle Funde machen wird.

Wir haben heute schon eine gute Vorstellung vom Leben der Babylonier und Assyrer, also aus einer Zeit, die 2500 bis 4000 Jahre zurückliegt. Dabei sind nur etwa ein Prozent der untergegangenen Städte ausgegraben. 99 Prozent warten noch auf Hacke, Spaten und Forscher! Da schlafen noch großartige Königsgräber unter dem Boden, Gold, Schmuck und Edelsteine. Da ruhen noch 10 bis 20 Meter unter der Erdoberfläche Hunderte von Festungen, Städten und Tempeln. Da warten noch ganze Bibliotheken auf den Gelehrten, der sie heute leicht lesen könnte, wenn sie ausgegraben wären. Es ist ein Glück, daß die Babylonier und Assyrer auf Tontafeln in Keilschrift schrieben, denn von unserer auf Papier gedruckten Literatur wird nach 4000 Jahren nichts, aber auch gar nichts mehr erhalten sein! Wer heute durch das öde Wüstenland am Euphrat und Tigris fährt, kann sich kaum vorstellen, daß hier einst Städte blühten, mächtige Könige regierten und Götter in Tempeln von Hunderttausenden angebetet wurden. Alles ist unendlich einsam. Hier herrscht jetzt der Tod. Keine einzige Säule, kein Torbogen ragt empor. Alles ist zu Staub zerfallen. Nur Füchse lugen aus ihren Löchern. Und tödliche Stille herrscht, unterbrochen nur von dem klagenden Geheul der Schakale. Wer sich auf Ausgrabungen nicht versteht, würde gar nicht auf den Gedanken kommen, daß unter diesem wüsten Land Tausende von Wohnstätten mit ihren Geheimnissen begraben sind, daß Gräber hier Jahrtausende ungestört schlafen. Aber die Ebene ist überall von Hügeln unterbrochen, Hügel, wohin man nur immer blickt! Und unter jedem Hügel ruht eine Stadt! Warum gerade unter Hügeln?

Städte wachsen. Was die Menschen an Steinen, an Holz und tausend anderen Dingen an einem Ort zusammentragen, Abfall, Kehricht und Schutt, das alles bildet einen großen Haufen, wenn die Stadt zerstört wird oder verfällt. Auf einer untergegangenen Stadt aber wird immer wieder eine neue aufgebaut, und der Hügel wächst. Darum muß man vorsichtig graben, denn die Geschichtsepochen liegen dicht übereinander in Schichten, ganz unten die älteste, ganz oben steht heute vielleicht ein modernes Dorf.

Blühende Kulturen aber werden immer wieder dem Boden gleichgemacht, wenn sie einen Gipfelpunkt erreicht haben und dadurch schwach und anfällig geworden sind.

Was ist überhaupt Kultur?

Es ist die Atempause zwischen der Herrschaft des Dschungels und der Steppe!

Wenn die Stadtkultur einen Gipfelpunkt erreicht hat, wenn die Menschen nur noch schöne Kleider, Parfums und die Badewanne lieben, wenn sie friedlich und gut sind und nicht mehr gerne Soldat spielen, dann stürmt immer ein Steppenvolk heran, meist aus dem Osten, und zerschlägt die ganze Herrlichkeit. So ist es im Laufe der Jahrtausende immer gewesen! Wer vor rund 3000 Jahren die Stadt Babylon besuchte, erkannte aus der Ferne ein mächtiges Bauwerk, das sich in sieben, sehr hohen Stockwerken über die Zinnen der Stadt 60 Meter hoch in den Himmel reckte. Es war so etwas wie ein Stufenturm. In der Sonne Mesopotamiens funkelte die Glasur der bunten Mauerziegel. Hoch oben, also das letzte Stockwerk, war ein Tempel. Darinnen stand – so berichtet uns Herodot (I, 181) – ein Tisch aus Gold und ein prunkvolles, schön bereitetes Bett. Hier ruhte nachts ein Mädchen, um den Gott der Babylonier zu empfangen. Dieser Bau war der Turm zu Babel. Nach der Überlieferung der Bibel wollten die Babylonier ihn einst himmelhoch errichten (1. Moses 11, 4). So hoch zu bauen war aber der damaligen Zeit von der Weisheit Gottes versagt. Denn das ist die tiefste Wahrheit: Die Spaltung des Atoms und der Griff in den Himmel sind die Vorstufen des Untergangs der Menschheit.

Die Götter der Babylonier mußten also vor dem Gott Jahve kapitulieren. Südlich des Stufenturmes lag der gigantische Tempel des Gottes Marduk. Unterhalb dieses Tempels breitete sich die Stadt Babylon aus, in weiten Straßen und engen Gassen, mit Abfällen, die man auf die Straßen schüttete, mit Gestank und auch mit Myrrhenduft, mit Lärm, mit Verkehr, mit Bazaren und mit einer heiligen Allee, flankiert von 120 glitzernden Löwen. Das Ende dieser Straße führte durch das berühmte Ischtar-Tor. Deutsche Gelehrte haben dieses Tor in das Pergamon-Museum zu Berlin gebracht.

Die große Blütezeit der Babylonier reicht mit Unterbrechungen von 1750 bis 562 v. Chr. Am Anfang und am Ende dieser Epoche stehen besonders hervorragende Könige: Hammurabi und Nebukadnezar. Die Kette der babylonischen Könige wurde früh durch die Herrschaft der Kassiten unterbrochen. Das war ein wildes Berg- und Steppenvolk, ein nichtsemitisches Volk aus den östlichen, iranischen Bergen. Um 1675 v. Chr. überrannten diese Kassiten Babylon. Mit 36 Königen regierten sie 577 Jahre über die Weltstadt am Euphrat. Babylon verlor damals seine junge Machtstellung über Westasien. Syrien und Palästina blieben unabhängig, und die Hochpriester von Assur machten sich zu Königen von Assyrien. Hammurabi ist der Mann, der uns zwar nicht mehr die älteste, aber eine der berühmtesten Gesetz-Sammlungen hinterlassen hat. Er läßt uns wissen, daß er seine Gesetze – wie der Moses unserer Bibel – von Gott selbst erhalten habe. Auf der berühmten Steinsäule, der Diorit-Stele, die seine Gesetz-Sammlung enthält, ist Hammurabi dargestellt, in toga-artigem Gewand mit einem Turban – wie König Gudea – und mit langem Bart. Ihm gegenüber sitzt der Sonnengott Schamasch und gibt ihm die Inspiration. Hammurabi stellte seinen mächtigen Dioritblock mit den Gesetzen im Marduk-Tempel von Babylon auf. Die Stele wurde später, im zwölften Jahrhundert v. Chr., von den Elamiten nach Susa verschleppt. Und hier wurde sie 1897–99 von französischen Gelehrten ausgegraben. Der Stein ist heute wahrscheinlich das wertvollste Stück im Louvre-Museum zu Paris.

Hammurabi war nicht nur Gesetzgeber, sondern auch ein

Das Antlitz der Assyrer. Sie lösten in der vorchristlichen Geschichte die Babylonier in der Herrschaft über das Zweistromgebiet oft ab.

feiner Stilist und Briefeschreiber, ein großer Städtebauer und Eroberer. Er war auch ein Städte-Zerstörer, hatte Mari in Trümmer gelegt, beherrschte ganz Sumer, Akkad und Assyrien.

Diese bedeutendste Gestalt des Zeitalters regierte 42 Jahre lang, 1728 bis 1686 v. Chr. Wir besitzen – außer der Diorit-Stele – noch eine herrliche Skulptur des königlichen Kopfes aus schwarzem Granit. Das bärtige Antlitz, die Stirn- und Augenfalten, der intelligente Mund offenbaren ein wirkliches Herrscherhaupt, voller großer, weltweiter Erfahrungen, einen Mann, der sehr viel erlebt hat und der abgeklärt und weise wurde. Die Künstler der damaligen Zeit bildeten die Natur nicht in allen Zügen genau nach. Aber der Geist des Herrschers spricht noch unmittelbar und ungeheuer lebendig aus dem schwarzen Marmor, den man (wie die Stele) im Louvre bewundern kann. Seine Gesetze sind eigentlich »Rechtsurteile«, also Gerichtsentscheidungen, nicht mehr in der alten sumerischen Sprache, sondern akkadisch abgefaßt »Recht und Gerechtigkeit in der Sprache des Landes«. Für seine Strafbestimmungen gilt noch strenges Vergeltungs-(Talions-)Recht. Wirklich wird »Auge um Auge« bestraft, also ein ausgeschlagenes Auge durch Blenden, eine grobe Körperverletzung mit einer ebenso schweren Körperverletzungs-Strafe. Wer seinen Vater schlägt, verliert die Hand. Wer einen »Höhergestellten« ohrfeigt, muß 60 Hiebe mit dem Ochsenzie-

41

mer erdulden. Wenn einem Arzt die Operation gelang, so erhielt er seinen Lohn. Starb aber der Patient, so wurde dem Medicus eine Hand abgehauen. Sklaven wurden an der Haut markiert. Der Chirurg, der ohne Auftrag des Sklavenhalters eine solche Marke entfernte, verlor seine Hand. Übrigens mußten Ärzte Operationen an hohen Beamten billiger ausführen als an gewöhnlichen Bürgern. Stürzte ein Haus ein und kam der Eigentümer dabei um, so wurde der Architekt getötet. Starb der Sohn des Hausbesitzers, so mußte auch der Sohn des Architekten daran glauben. Wer ein fremdes Mädchen tötete, dessen eigene Tochter mußte sterben. Und wer eine falsche Anzeige erstattete oder ganz unbegründet Klage erhob, der wurde streng zur Verantwortung gezogen. Wir hören leider auch, daß Anklage wegen Zauberei möglich war: der Beschuldigte mußte die »Wasserprobe« machen, also ein Gottesurteil über sich ergehen lassen. Die Armen, die Witwen und Waisen suchte Hammurabi zu schützen, aber im großen und ganzen waren seine in Keilschrift niedergelegten »Rechtsurteile« doch noch so starr wie der Stein, der sie trug.

An Nebukadnezar, am Ende der babylonischen Geschichte, erkennen wir schon den Zerfall. Er unterwarf alles damals bekannte Land bis nach Ägypten. Er machte Babylon damals zu einem Wunder der Welt. Er baute Paläste und 54 Tempel. Er zog Kanäle vom Euphrat und Tigris weit ins Land hinein, um die Erde fruchtbar zu machen. Man kann noch heute vom Flugzeug aus die Spuren des Kanalsystems der Babylonier erkennen. Es ist längst ausgetrocknet ...

Am Ende seiner Regierung aber (562 v. Chr.) verfiel Nebukadnezar dem Rausch seiner Macht. Im Wahn und in schlaflosen Nächten hielt er sich selbst für ein Tier, kroch auf allen vieren brüllend durch seinen Palast und fraß Gras.

Nabonid, sein Nachfolger, ist schon kein Krieger mehr, sondern Gelehrter. Er betätigt sich als Archäologe und erforscht das damals schon alte Sumer.

Das Buch Daniel – im Alten Testament – berichtet uns von Belsazar. Es zeigt noch deutlicher die Ohnmacht und Angst einer untergehenden Dynastie. Belsazar liest in feuriger Schrift, die ihm an der Wand erscheint, das Ende, den Tod. In der gleichen Nacht wird er ermordet.

Neben den Babyloniern rangen jahrhundertelang die Assyrer um die Herrschaft über Westasien, ein rauhes, hartes Volk, das im Tale des oberen Tigris und an dessen bergigen Rändern lebte.

Das Plündern, Brennen und Morden der Assyrer gehört zu den blutigsten Kapiteln der menschlichen Geschichte überhaupt. Assurbanipal, Tiglath-Pilesar und Senacherib sind einige der bedeutendsten Könige der Assyrer, »bedeutend« nicht zuletzt als grausame Eroberer. Senacherib zum Beispiel machte 89 Städte und 820 Dörfer dem Erdboden gleich; er schleppte 208 000 Gefangene in die Verbannung.

Er kämpfte erbittert um Babylon, nahm die Stadt und brannte sie bis zu den Fundamenten nieder. Männer, Frauen, jung und alt schlug er tot. Die Leichen in den Straßen türmten sich so hoch, daß alle Fliehenden sich gefangen sahen, noch ehe die Stadt zu brennen begann.

Geschichte wird uns meist aus zweiter Hand mitgeteilt, darum erscheint sie oft so trocken und langweilig. Babylonien wird uns aber von einem Augenzeugen geschildert, von dem Griechen Herodot, der um 450 v. Chr. lebte und der die Stadt Babylon nur 150 Jahre nach dem Tod von Nebukadnezar sah. Wir wissen, daß Herodot oft etwas phantastisch berichtet. Dafür hat seine Schilderung den Wert des unmittelbaren – wenn auch übertriebenen – Erlebnisses. Nach Herodot war die Stadtmauer 85 Kilometer lang und so breit, daß ein Viergespann bequem auf der Mauer fahren konnte. Durch die Mitte der Stadt floß, von Palmen eingesäumt, der Euphrat. Brücken überspannten den Fluß, und sogar ein Tunnel führte unter dem Flußbett von Ufer zu Ufer. Man hat in den Trümmern von Babylon große Mengen von Ziegeln gefunden. Ziegel wurden in alten Zeiten mit dem Namen des königlichen Bauherrn gestempelt, und so tragen viele Ziegel Babylons die Inschrift: »Nebukadnezar, König von Babylon.« Unter ihm erlebte die Stadt eine letzte Blüte vor den Persern. Herodot berichtet uns auch von der Königin Semiramis von Babylon. Um diese chaldäische Prinzessin wurden schon im Altertum so viele Sagen und Legenden gesponnen, daß es heute schwer ist, die geschichtliche Wahrheit von der Dichtung zu trennen.

Wie konnten die Griechen die berühmten hängenden Gärten dieser Prinzessin zu den sieben Weltwundern zählen, wenn Semiramis selbst niemals gelebt hätte?

Semiramis ist die griechische Form des babylonischen Namens Shammuramat. Eine Säule, die man 1909 entdeckte, bezeichnet Shammuramat als »eine Frau des Palastes des Shamsi-Adad, des Königs der Welt, des Königs von Assyrien ...«. Die Inschrift beweist, daß Shammuramat eine einzigartige Stellung genoß und

Babylon kurz nach der Ausgrabung um die Jahrhundertwende. Im Vordergrund links erkennen wir das Ishtar-Tor, das deutsche Gelehrte im Pergamon-Museum in Berlin wieder aufbauten. Zwischen den Ruinen von Babylon fand man Tausende von Tontafeln, die uns in Keilschrift die Geschichte der damaligen Zeit mitteilen.

daß sie einen Regierungswechsel überdauerte. Sie lebte um 800 v. Chr. Wahrscheinlich unternahm sie einen Feldzug gegen die indogermanischen Meder und gegen die Chaldäer.

Soviel ist allenfalls Geschichte. Die Sage weiß – wie immer – mehr. Die Prinzessin, so heißt es, sei eine Mederin gewesen. Sie konnte sich an die heiße Sonne von Babylon nicht gewöhnen. Sie liebte die Berge ihrer nördlichen Heimat. Auf die oberste Terrasse ihres Palastes wurde daher viele Meter hoch Erde geschüttet. Blumen pflanzte man ein und vielerei Pflanzen. Ja, die höchsten Bäume ließ man dort Wurzel schlagen. Maschinen, in den tragenden Säulen verborgen, Tag und Nacht von Sklaven betrieben, pumpten Wasser aus dem Euphrat auf den luftigen botanischen Garten hinauf. Hoch über der Stadt saß die Prinzessin im Schatten der Bäume, und die Damen des Harems bedienten die anspruchsvolle Lady. Nachts war Babylon gut beleuchtet. Aus dem Boden Mesopotamiens schöpften schon die Babylonier Erdöl. Alexander der Große (356 bis 323 v. Chr.), der diese Nachricht für ein Märchen hielt, ließ den Kopf eines Knaben in die Flüssigkeit tauchen und zündete ihn mit einer Fackel an. Er war sicher, der Junge würde nicht verbrennen. Aber er hatte sich getäuscht.

Babylon muß auch Villenvororte gehabt haben. Wörtlich heißt

es in einem Brief aus einer Vorstadt an den König Kyros von Persien 539 v. Chr.: »Unser Besitz scheint mir der schönste auf der Welt. Er liegt so nahe der Stadt Babylon, daß wir alle Vorzüge der großen City genießen. Und doch: Wenn wir nach Hause kommen, sind wir aus dem Lärm und Staub heraus.«

Dennoch – oder deshalb – gab es dort wie überall auch Sklaverei. Der Kaufpreis der Sklaven richtete sich nach Alter und Fähigkeiten, Sklavinnen waren billiger als männliche Sklaven. Oft wurden Sklaven von ihren Herren abgegeben, um Schulden zu tilgen. Nach einer gewissen Zeit erhielt dann der Herr seinen Sklaven zurück. Schuldner konnten aber auch ihre Frau oder ihren Sohn »vermieten«, bis die Schuld gedeckt war. Sklave wurde man durch Geburt von Sklaveneltern, durch Kriegsgefangenschaft, durch Bestrafung oder durch Selbstverkauf. Die Sklaven waren vollkommen in der Gewalt ihres Besitzers. Er konnte über ihre Arbeitskraft, ihr Eigentum und ihre Kinder verfügen. Er konnte sie verkaufen und bestrafen. Töten durfte er sie allerdings nicht. Von den weiblichen Sklaven hatte der Eigentümer meist Kinder. Bis zum Tode des Vaters blieben die Kinder Sklaven, erst dann wurden sie frei. Beerben konnten sie ihren Vater aber nicht, es sei denn, daß er sie noch zu Lebzeiten zu seinen legitimen Kindern erklärt hätte. Es gehörte zum guten Ton, daß der Sklavenhalter für Nahrung und Unterkommen seiner Sklaven sorgte, Arztrechnungen bezahlte, Unterstützung bei mangelnder Arbeit und Alterspension. Zuweilen wurden Sklaven, die sich für ihre Dienste die besondere Gunst ihres Herrn erarbeitet hatten, auch freigelassen. Nur wenige aber errangen dieses zweifelhafte Glück – es war mit wirtschaftlicher Unsicherheit verbunden! Die anderen hatten sich mit dem Los der Unfreiheit völlig abgefunden, trugen ihr Schicksal wie Menschen, die niemals etwas anderes gekannt hatten, und bedauerten nicht einmal ihre Kinder, die auch als Sklaven geboren wurden. Nach und nach wurde diese dumpfe, unfreie Masse immer größer, immer wissender und damit allmählich aufsässig und bedrohlich, besonders in Zeiten außenpolitischer Gefahr.

Das Problem der Eheschließung war bei den Babyloniern nach Berichten Herodot so genial gelöst, daß es sich fast zur Nachahmung empfiehlt. Alle heiratsfähigen Mädchen wurden an einem bestimmten Tag auf dem Markt versammelt. Ein Ausrufer befahl einer nach der anderen, sich zu erheben – und versteigerte sie. Zuerst mußte die Allerschönste daran glauben. Sie brachte natürlich das meiste Geld ein. Dann kam die Zweitschönste an die Reihe und so eine nach der anderen bis zur Häßlichsten. Der gesamte Erlös der Versteigerung wurde in einer Kasse gesammelt. Von der »Halbzeit« der Versteigerung an bekam jeder, der nur noch ein häßliches Mädchen freien wollte, Geld dazu. Je häßlicher das Mädchen war, um so mehr Geld erhielt der zukünftige Ehemann. Herodot sagt wörtlich: »Auf diese Art brachten die schönen Mädchen die häßlichen und die Krüppel an den Mann!« Herodot schließt dieses interessante Kapitel (1, 195): »Das also war ihr weisester Brauch!«

Nun aber kommt, wie Herodot sich ausdrückt, »die häßlichste Sitte bei den Babyloniern«. Jedes Mädchen des babylonischen Landes mußte sich einmal im Tempel der Mylitta niedersetzen und einem Fremden »gefällig« sein. Die wohlhabenden Mädchen fuhren in geschlossenem Wagen zum heiligen Hain und nahmen ihre Dienerinnen mit. Zwischen den Mädchen wurden schnurgerade Gassen nach allen Richtungen frei gehalten. »Da gingen dann die Fremden durch und suchten sich eine aus.« Der erste Fremde, der dem Mädchen eine Münze in den Schoß warf, durfte seine Schöne mitnehmen. Danach war sie der Göttin geweiht, ging nach Hause und tat es – wie Herodot sich ausdrückt – nicht wieder, es sei denn, daß sie geehelicht wurde. »Die nun hübsch aussahen und wohlgewachsen waren, die kamen bald nach Hause. Die Häßlichen aber mußten lange Zeit dableiben, weil es ihnen nicht gelang, dem Gesetz zu genügen. Manche saßen wohl drei bis vier Jahre im heiligen Hain.«

Man hat Tontafeln ausgegraben, in die kleine Liebesgedichte, Lieder und Briefe in Keilschrift eingemeißelt waren. Eine dieser Tafeln erscheint uns erstaunlich gegenwärtig. Sie offenbart uns das Sehnen, das Suchen und die Einsamkeit eines liebenden jungen Herzens. Da ist die große, unpersönliche, harte Stadt, da ist ein Jüngling angekommen, fremd und voller Sehnsucht, und sie Bibiya – ist nicht da.

»An Bibiya. Mögen Gott Schamasch und Gott Marduk Dir immer Gesundheit verleihen. Ich sandte einen Boten aus, um mich nach Deinem Befinden zu erkundigen. Sag mir doch bitte, wie es Dir geht. Ich bin in Babylon angekommen – und sah Dich nicht. Ach, ich bin so traurig!«

Unendlich zart klingen die Worte eines Liebesliedes, dessen Anfang man in einem Katalog zu Assur fand: »Ein Mädchen führt' ich her. Ihr Herz war wie ein Saitenspiel. Ich dacht' an Dich – heut Nacht!« Und wie mag das schöne Kind ausgesehen haben, an das sich der Dichter dieser Zeilen erinnerte: »Zum Tore bist Du, mein Auge, gekommen. Auf diesen Abend! Auf diese Nacht!«

ÄGYPTEN
Ausgezeichnete Nähnadeln – 4600 Jahre alt

In jenen vorgeschichtlichen Zeiten sah Ägypten wesentlich anders aus
als heutigentags, wo es zu den trockensten und holzärmsten Gegenden
der Welt gehört. Damals war der Baumbestand noch erheblich, und
weite Strecken, besonders in Unterägypten, werden dschungelartigen
Charakter gehabt haben.   Alexander Scharff

Dreißig Dynastien haben in Ägypten geherrscht, von etwa 2850
bis 332 v. Chr., dem Zeitpunkt, als Alexander der Große Ägypten in Besitz nahm. Die 1. Dynastie setzte der berühmte deutsche
Historiker Eduard Meyer noch 3200 v. Chr. an. Der Deutsche
Scharff, der Engländer Hall und andere Geschichtsforscher lassen Ägyptens Geschichte im Jahre 3000 v. Chr. beginnen. Neuerdings neigt man zu der Annahme, daß Menes, der erste König
der 1. Dynastie, erst um 2850 v. Chr. regiert habe und daß damit
Ägypten seinen erstaunlichen 3000jährigen Geschichtsweg angetreten habe. Die »geschichtliche Zeit« ist eigentlich nur eine
künstliche Einteilung. Wir haben schon 2000 Jahre früher deut-
liche Kunde von der kulturellen Leistung der Ägypter.

Lange vor dem »Anfang ägyptischer Geschichte«, 15000,
20000 oder gar 30000 Jahre früher, stand der Mensch auf den
Höhen am Nil, der damals in einem sumpfigen Tal floß. Wie
dieser Mensch aussah, wissen wir nicht. Wir kennen nur seine
Werkzeuge. Und die Werkzeuge der Altsteinzeit – man nennt sie
auch »Paläolithikum« –, diese ältesten uns bekannten Steingeräte
des Menschen, sind im Niltal wie in den benachbarten Wüsten, in
ganz Nordafrika wie in ganz Westeuropa von gleicher Art. Vor
30000, 50000 oder sogar 80000 Jahren scheint Homo sapiens in
Eurafrika eine gemeinsame Kultur besessen zu haben, etwas, das
der Mensch seitdem nie wieder erreicht hat.

Noch im mittleren Paläolithikum – wir sind noch immer in
einer Zeit, die rund 15000 Jahre zurückliegt – entwickelte der
Mensch in ganz Nordafrika und Ägypten eine eigene Feuerstein-
technik, also Handwerkzeuge aus Feuerstein, die für dieses
große Gebiet charakteristisch sind.

Im Spätpaläolithikum, zwischen 12000 und 5000 v. Chr.,
brach die rätselhafte und noch ungeklärte Kultureinheit der Mittelmeerwelt auseinander. Feuerstellen aus gebrannter Erde, »Kü-
chenabfälle« fand man aus dieser Zeit an den alten Nilufern und

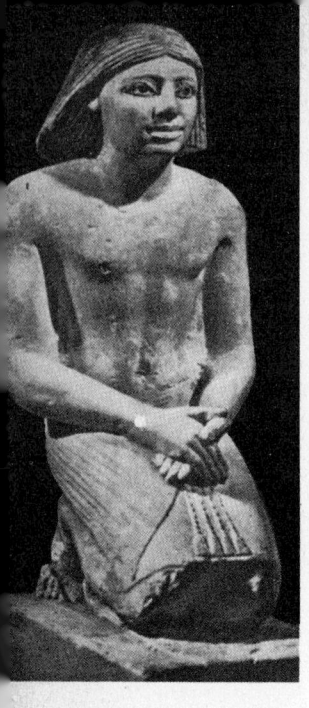

*5000 Jahre alt ist die Statue dieses Priesters.
Unglaublich lebendig und aufmerksam
blickt er kniend in die Ewigkeit. Er leitete
Beerdigungen und trug eine Perücke. Die
Augen sind eingelegte weiße und schwarze
Steine. Man fand ihn in einem Grabe zu
Sakkara.*

an vorgeschichtlichen Seen. Fischgräten, Tierknochen, Muscheln, Elfenbein, Asche, das alles grub man aus. Steine, die zum Mahlen von Korn ausgeschliffen waren, verraten, daß der Mensch vor 10 000 Jahren in Ägypten bereits Mehl herstellte. Er trieb nicht Ackerbau und sammelte Körner. Er kannte auch Pfeil und Bogen. Die vielen Pfeilspitzen aus Stein, Elfenbein und Knochen beweisen es. Tongefäße, so scheint es, stellte der Ureinwohner Ägyptens damals noch nicht her.

Im »Neolithikum«, so etwa zwischen 5000 und 3000 v. Chr., wandte sich der Mensch dem Ackerbau zu, begann Viehzucht zu treiben, Häuser zu bauen, Töpfe herzustellen, Stoffe zu weben.

Seit dieser Zeit, also rund 5000 Jahre v. Chr., im Neolithikum, fand in Ägypten ein merkwürdiges Naturereignis statt. Die Randgebiete am Nil trockneten aus. Jetzt mußte der Mensch der Natur unterliegen oder er mußte erfinderisch werden, Kultur bilden. Ägyptens Natur stellt also gleich am Anfang sehr hohe Ansprüche an Homo sapiens. In dem Augenblick, in dem der Mensch von den trockenen Rändern ins Niltal herabstieg und seßhaft wurde, mußte er für Bewässerung seines Ackerlandes sorgen. Er mußte hier gegen Überschwemmungen ankämpfen, er mußte Deiche bauen, er mußte Kanäle anlegen. So zwang der große, launische Nil den schwachen, kleinen Menschen, seine Anlage zum Organisieren zu entwickeln. Er brachte den Menschen hier früher auf Kulturideen als in so vielen anderen Gebieten der Erde. Überhaupt scheinen ja die großen Ströme und ihre Täler die besten Lehrmeister, die besten Erzieher der Menschheit gewesen zu sein.

Neolithische Gräber in der Nähe von *Tása* in Mittelägypten beweisen uns, daß schon die Ägypter dieser vorhistorischen Zeit an ein Leben nach dem Tode glaubten, ein Dasein, das dem täglichen Leben auf der Erde gleich schien. In einer ovalen Mulde wurde der Tote zusammengekrümmt auf die linke Seite gelegt, so als wenn er – wie im Mutterleib – schliefe. Sein Kopf war nach Süden, sein Gesicht gen Westen gewandt. Der Tote war in Felle, Matten oder Tücher gewickelt. Oft hatte er ein Lederkissen unter dem Kopf. Braune und grauschwarze Gefäße wurden dem Toten mitgegeben, mit Speisen und mit Getränken gefüllt, kleine Schminkpaletten aus Alabaster oder Schiefer mit Augen- und Gesichtsschminke, Elfenbeinarmbänder, Halsketten, kleine kosmetische Löffel, Getreidemörser, geschliffene Steinbeile, Steinmesser, Steinsägen und so weiter.

Die Bewohner von Tása mit ihren breiten Schädeln und Kiefern unterschieden sich zwar anthropologisch von den späteren historischen Menschen Ägyptens. Es scheint aber, als ob schon hier aus dem prähistorischen Dunkel die Gedanken über den Tod und über das Leben nach dem Tode in die altgeschichtliche Zeit Ägyptens hinüberreichen, jene Gedanken der unbedingten Erhaltung, die spätere Pharaonen zu Pyramidenerbauern machten.

Seit 1925 gruben die unermüdlichen Gertrude Caton-Thompson und Brunton in *Badari*, unmittelbar südlich von Tása, eine Kultur aus, deren Tongefäße bereits im Ofen gebrannt worden sind, die Kämme und Löffel aus den Hauern der Flußpferde kannte, und sogar Frauenstatuetten, Begleiterinnen der Toten, sind gefunden worden.

Ihre höchste Vollendung erreichte die Badari-Kultur in ihrem Schmuck. Wir begegnen hier wohl der ersten Quarzverarbeitung, die später in der ägyptischen Glas- und Fayenceherstellung eine so große Rolle spielt. Die Badari-Kultur aber lehrt noch mehr. Sie zeigt, daß die Völker Mittelägyptens bereits damals

Verbindung zu Zentralafrika hatten. Elfenbein wurde aus dem Süden und aus Nubien eingeführt, Muscheln bezog man von der Küste des Roten Meeres, Türkise von der Sinai-Halbinsel.

Andere Ausgrabungen im Norden, in Unterägypten – E. W. Gardner und Caton-Thompson seit 1925 im Faijum, Junker und Menghin seit 1928 in Merimde-Beni-Salame – haben Knochennadeln, Knochenhaken, Schöpfgefäße, Löffel und Schmucksachen zutage gefördert. Die Wohnstätten dieser Zeit bestanden aus Flechtwerk, Holz und Schilfmatten. Sie wurden oft als Rundbauten gestaltet. Ihre Toten bestatteten die Menschen jener Zeit in Grab-»Wohnungen« über der Erde und ließen sie darin an ihren täglichen Mahlzeiten teilnehmen.

Zwischen 3500 und 3000 v. Chr. blühte die »erste *Negade*-Kultur«, nach ihrem Fundort Negade in Oberägypten benannt. Hier erscheinen Kupfer, etwa als Angelhaken, eine Harpune, rotpolierte Keramik mit weißen Ornamenten und sogar mit Menschen, Tieren, Vögeln, Schiffen und Bäumen.

Noch feiner wird die Keramik in der zweiten Negade-Kultur, die auch nach einem weiteren Fundort »*Gerzeh*-Kultur« genannt wird, 3000 bis 2600 v. Chr. Jetzt erscheinen schon Menschengruppen, kämpfende Tiere, Vögel auf Bäumen, Krokodile, Gazellen, Giraffen. Man fand Flachbeile aus Kupfer, Kupfernäpfe, Kupfernadeln – ganz ausgezeichnete Nähnadeln übrigens, den unseren ganz ähnlich! Man machte sogar eine Anzahl außerordentlich überraschender Funde: man grub Tüllengefäße aus, ähnlich den Kannen, die man in Mesopotamien aus der gleichen Zeit fand, ferner Rollsiegel mit Tierreihen darauf, Gefäße mit gewellten Griffhaltern auf beiden Rundungen oder Gefäße in Tierform. Alles das macht es sicher, daß zwischen Ägypten und der Dschemdet-Nasr-Periode Mesopotamiens im frühen 3. Jahrhundert Beziehungen bestanden.

In Hierakonpolis fand man einen Raum, 2,50 Meter mal 2 Meter. Er war in zwei Abteilungen geteilt. In der einen lag wohl der Tote, die andere enthielt die Gebrauchsgegenstände des Dahingeschiedenen. Die Wände des Grabmals waren mit Flußszenen, mit Schiffen, mit Jagden, mit Kämpfen und mit Tanzbildern bemalt, ganz so wie auf vordynastischen Vasen.

Es gibt in Ägypten seit dem Ende der Negade-Zeit viele alte Königsgräber. Es sind große, flache, viereckige, aus Lehmziegeln errichtete Massive mit schrägen Seitenwänden. Von oben her führte ein Leichenschacht in den Felsenboden zu unterirdischen Kammern. Gewiß haben sich diese Grabbauten aus den neolithischen Gräbern entwickelt. Die eingeborenen Arbeiter nennen einen solchen sitzbankartigen Grabhügel »Mastaba«. Die Bezeichnung stammt vom arabischen Wort für »Bank«. In solchen Gräbern nördlich von Sakkara am Talrand des Nils wurden Könige der 1. und 2. Dynastie beigesetzt, Horus Aha, Horus Djer, Djers Gemahlin Merjet-Neith, Horus Wadjet, Horus Kaa, also die meisten der uns bekannten ersten Pharaonen.

Was bedeutet das Wort »Horus« vor dem Königsnamen? Horus war in vorgeschichtlicher Zeit der Hauptgott Oberägyptens. Noch in vorgeschichtlicher Zeit wurde das Nildelta von den Herrschern Oberägyptens erobert. Seitdem nannte man die Könige als sichtbar irdische Erscheinung des Reichsgottes selbst Horus, identifizierte also König und Gott. Das Zeichen des Horus war der Falke.

Die älteste geschichtliche Gestalt des ägyptischen Reiches, der Begründer der 1. Dynastie, war König Menes. Dieser König ist keine Sagengestalt. Sein Name aber lautete ursprünglich anders und stellte ein ehrendes Beiwort dar: »Der Ewige«. Er lebte etwa um 2850 v. Chr. Er vereinigte Ober- und Unterägypten. Man glaubte, annehmen zu können, daß er der Begründer von Memphis war. Man weiß, daß er aus dem Süden, also von Oberägypten her, das untere Ägypten eroberte. Im Jahre 1897 wurde ein Grab bei Negade in Oberägypten gefunden, das man ihm zuschrieb. Die ersten markanten Persönlichkeiten der ägyptischen Geschichte waren der König *Djoser* und ein Gelehrter, *Imhotep.* Imhotep war Architekt, Arzt, Priester, Magier, Schriftsteller, Spruchdichter und vor allem Ratgeber des Königs Djoser. Er lebte vor rund 4600 Jahren und zeichnete wohl Pläne für das älteste große Grabmal Ägyptens, die Stufenpyramide Djosers von Sakkara.

Was ist diese Stufenpyramide, und wie kam Baumeister Imhotep oder Pharao Djoser auf den Gedanken, eine »Pyramide« aus den in Stufen aufeinander gesetzten Blöcken zu errichten?

Wo ruht Pharao Sechem-chet?

Auf seinem leeren Sarkophag lag ein Ferulazweig.

Eine ganze Nacht lang brummen die Propeller über dem Mittelmeer. Noch ist die Sonne nicht aufgegangen, aber es ist schon hell. Rosarot und gelb ist der Himmel. Unter seinem ewigen Dunst liegt das Nildelta. Und plötzlich ist der Wüstenboden da. Heliopolis!

15 Kilometer weit erstrecken sich die Vorstädte von Kairo. Heliopolis liegt höher, trockener, gesünder als Kairo. Es ist eine riesige, künstliche Schöpfung, denn jeder Tropfen Wasser muß hier herangeschafft werden. Von Kairo zum Dorf Abusir fährt man 30 Kilometer. Die Dörfer Abusir wie auch Sakkara liegen unterhalb des Steilhanges der westlichen Wüste. Es sind sehr große Dörfer. Hier leben Nachkommen der Bewohner von Memphis, der ältesten Hauptstadt Ägyptens.

Und immer sieht man die Pyramide ... Sie liegt hoch auf dem Plateau wie eine Königin neben ihren viel kleineren Schwestern aus späterer Zeit. Wie alle Pyramiden erscheint die von Sakkara gelbbraun. Aber sie ist doch ganz anders. Sie zeigt ihre Stufen. Vor Djoser errichtete man über dem Königsgrab nur ein einziges großes, rechteckiges Massiv aus Ziegeln, also das, was die Araber Mastaba nennen. Djosers aus sechs solchen Bänken aufgetürmter Bau ist also keine Pyramide, sondern eine Stufen-Mastaba.

In den 19 Jahren seiner Regierung hat König Djoser diese Riesenanlage geschaffen, das heißt, von Imhotep bauen lassen. Djoser und seine vier Nachfolger sind die Pharaonen der 3. Dynastie. Djoser regierte um 2600 v. Chr. Dieser Pharao errichtete das erste monumentale Gebäude der Welt aus Naturstein. Bis dahin hatte man mit Lehmziegeln gebaut.

Was ist eine Pyramide?

Eine Pyramide ist ein ins Ungeheure gesteigerter Grabhügel aus Stein. Aber die Pyramide und die gesamte Grabanlage sind noch mehr: sie sind das Spiegelbild der Stadt, in der der Pharao lebte. So ist das Grabmal von Djoser eine Wiedergabe seiner im Tal liegenden Residenz Memphis. Was dort aus Lehm, Holz und Schilfmatten gebaut war, entstand hier oben in der Wüste aus Stein.

Und das hebt König Djoser aus allen Pharaonen heraus: er ist in jeder Hinsicht der erste große Pharao, der erste Pharao, der den Mut zur Pyramide fand. Die Pyramide ist nur ein Teil des Grabes. Eine mächtige Umfassungsmauer, darin Regierungsgebäude, Höfe für Feste, riesige Vorratslager, noch ein zweites Grab, ein Opfertempel, das alles gehörte zur Residenz des toten Königs.

Die Stufen-Mastaba des Pharao Djoser liegt heute einsam inmitten Tausender von Gräbern. So herrscht Pharao Djoser noch immer über seine toten Untertanen. Alles hier ist Totenstille und Totenland.

Eine Fliegeraufnahme zeigte, daß sich nahe der berühmten Stufen-Mastaba des Pharao Djoser eine andere Grabanlage auf dem Boden der Wüste abzeichnete.

Luftaufnahmen sind die Röntgenbilder der Archäologie. Besonders nach dem Regen erkennt man auf ihnen geheimnisvoll die Umrisse längst untergegangener Städte, Mauern, Gräber.

So lagen da jahrtausendelang zwei mächtige, geheimnisvolle Rechtecke. Erst 1915 begann der Chefinspektor der Altertümerverwaltung von Sakkara, Doktor Zakaria Ghoneim, zu graben.

Djosers Nachfolger regierten nur je sechs Jahre. Der Pharao, der die 1954 gefundene Grabanlage baute, unternahm etwas sehr Merkwürdiges. Er begann zuerst wie Djoser. Er errichtete eine Stufenpyramide, kam aber nur bis zur dritten Plattform. Dann änderte er seinen Sinn. Er wollte offenbar nicht unter einem »Hügel«-Grab liegen wie einst die Hirten und Nomaden Oberägyptens, sondern er wollte in einem »Haus« bestattet sein wie die Bauernkönige des unterägyptischen Deltas. Er füllte daher den ganzen Raum, den die Umfassungsmauer einschloß, bis zur Höhe der drei Stufen aus. Dabei schüttete er einen Teil der Umfassungsmauer zu, nämlich die nördliche Breitseite, über die hinaus er sein Grab verlängerte. So entstand eine Mastaba von unheimlicher Größe, 700 mal 200 Meter. Man bedenke, daß diese Grundfläche viel größer ist als die der Cheops-Pyramide, die nur etwa 250 mal 250 Meter beträgt.

Die erste Überraschung der Grabungen von Zakaria Ghoneim war die verschüttete Mauer. Warum? Weil sie unverändert und unbeschädigt in dem Zustand erhalten war, wie sie vor 4550 Jahren errichtet wurde.

Etwa gleichzeitig entdeckte Ghoneim drei der schrägen Außenwände, die zur ursprünglichen Stufen-Mastaba gehörten. Das alles liegt jetzt unter dem Wüstenniveau, denn in 4000

Jahren hat der Wind alles, alles mit Treibsand zugedeckt. Das große Problem hieß jetzt: Wo findet man den Eingang in die unterirdische Kammer unter dem Mastaba-Massiv? In der Tiefe unter der riesigen Aufschüttung mußte sich ja die Grabkammer befinden. Aber wo war ihr Zugang?

Im Laufe des Winters 1953/54 entdeckte Ghoneim 40 Meter nördlich vom Mastaba-Massiv den schräg durch den Fels in die Tiefe führenden Gang. Das ist an sich eine enorme Leistung, denn die Anlage ist gewaltig, und der Gang, also der »Tunnel«, ist nur ein »schräger Strich« in diesem monumentalen Werk. Man muß aber bedenken, daß nur rund 500 Meter entfernt die Grabanlage des Pharao Djoser liegt, also eine Stufen-Mastaba, die schon bekannt war und deren Bauplan man beim Angehen des neuen Grabes benutzen konnte. So wie auch Djosers Stufen-Mastaba seinem Nachfolger als Vorbild gedient haben muß, so diente sie jetzt als Plan unseren Archäologen.

Ghoneim räumte zunächst den entdeckten Gang zur Grabkammer aus. Dabei stürzte Deckenmaterial herunter und erschlug einen Arbeiter. Immer tiefer wühlte sich der Archäologe unter das Felsgestein, 40 Meter tief! Und dann stand er in der Grabkammer. Eine unheimliche, feuchte, dumpfe Hitze herrschte hier. Mitten in der Kammer ruhte da ein mächtiger Sarkophag aus Alabaster, aus einem Alabasterfelsen.

Zwei Dinge fielen auf: erstens stand der Sarkophag nicht genau in der Mitte der Grabkammer, und zweitens stand er etwas schräg. Das war an sich ungewöhnlich. Sprach das nicht dafür, daß der Sarkophag leer sein könnte? Wir befinden uns in Altägypten. Die alten Ägypter haben niemals einen so hochwichtigen Gegenstand des Kultes »ein bißchen unsorgfältig« hingestellt.

Eine ganz große Überraschung bildete die Tatsache, daß der Sarkophag verschlossen war. Fast alle bisher entdeckten Königskammern Ägyptens enthielten erbrochene und ausgeplünderte Sarkophage. Ungeöffnet waren unter Hunderten nur ganz wenige, zum Beispiel die von Tutanch-Amun, Osorkon, Psusennes und Königin Hetepheres.

Hier stand man also wieder vor einem dieser ganz seltenen Fälle eines unerbrochenen Grabes. Hier mußte ein Pharao liegen. Und ruhte ein Pharao hier, so war mit unermeßlichen Gold- und Kunstschätzen aus ältester Zeit zu rechnen, mit den ältesten Kunstschätzen der menschlichen Geschichte.

Am Sonnabend, dem 26. Juni 1954, wurde der massive Schiebedeckel des 15 Tonnen schweren Alabastersarkophags für die feierliche Öffnung gelockert. Dabei lugte man durch den ersten Spalt in das Innere. Man leuchtete hinein. Der Sarkophag war leer. Er war nicht nur leer, er war makellos sauber. Keine Spur auch nur des kleinsten Gegenstandes befand sich darin! Wie ist das zu erklären? Wurde der Pharao woanders beigesetzt? Gibt es eine zweite Grabanlage, in der der Pharao ruht? Gibt es noch eine zweite Königskammer in derselben Grabanlage? Handelt es sich nur um ein Scheingrab? Das wäre möglich, weil die Pharaonen jener Zeit je ein Grab für Ober- und Unterägypten anlegten, so wie es der Vorgänger Pharao Djoser kurz vordem innerhalb seiner Umfassungsmauer getan hatte.

Wir kommen hiermit zu einem Gegenstand, der uns die Zeit dieses Pharao unheimlich nahebringt. Wir wissen nicht, was hier in der Grabkammer geschah. Aber die Menschen, die sich vor rund 5000 Jahren hier unten aufhielten, haben uns ein unheimliches Andenken hinterlassen: auf dem Sarkophag fand man die Überreste eines großen Zweiges. Im Laufe von 5000 Jahren ist dieser Zweig so stark verfallen, daß er zu Pulver wird, wenn man ihn berührt. Botaniker haben einwandfrei festgestellt, daß es sich um »Ferula« handelt, ein Steckenkraut, das gewisse Harze liefert, die man als Arznei verwenden kann und die man vielleicht auch bei der Einbalsamierung benutzte.

Warum legte man den Zweig auf den leeren Sarkophag? Viel-

40 Meter unter dem Wüstenboden liegt die Grabkammer des Pharao Sechem-chet. Der 15 Tonnen schwere Sarkophag aus einem Alabasterblock war leer. Auf dem Sarkophag befand sich ein fast zu Pulver zerfallener Ferulazweig. Der Stein-Verschluß (vorne) konnte heruntergelassen werden.

leicht lag eine symbolische Bestattung vor. Der Pharao regierte weiter und wurde bei seinem wirklichen Tod in einer anderen Kammer beigesetzt.

Etwas Unfertiges bemerkt man hier im Innern der ganzen Anlage, etwas Improvisiertes, eine nicht zu erklärende Eile. Man denkt unwillkürlich an die kurze Regierungszeit des Pharao.

Des Pharao? Welches Pharao?

Den wichtigsten Titel des Pharao, der diese Grabanlage baute, kennen wir. Man hatte ihn bald gefunden. Auf einigen Krugverschlüssen aus Ton in der neuen Grabkammer las man immer denselben Titel. Er lautete: *Sechem-chet.*

Und damit kommen wir wieder zu einer erstaunlichen Tatsache dieses 5000 Jahre alten Grußes aus dem Jenseits: der Titel Sechem-chet ist völlig *neu.* Es ist ein ganz unbekannter Titel, der aber seiner Bildung und seinen Bestandteilen nach eindeutig in die 3. Dynastie gehört. Djosers Titel lautet zum Beispiel Netjer-chet, wobei das Wort »chet« in beiden Fällen »Leib« bedeutet.

Man darf annehmen, daß Sechem-chet der Nachfolger von König Djoser war, daß er also um 2575 v. Chr. starb, daß deswegen seine Gruft der Anlage des Königs Djoser benachbart ist und ähnelt. Stimmt das alles, so würde der König, dessen Titel Sechem-chet lautet, den Namen Djoser-Atoti tragen. Denn dieser Name folgt in den Königslisten auf Djoser.

Wie bei allen Pyramiden war die Rutschbahn, also der Gang, durch den der Sarkophag in die Grabkammer gezogen wurde, an zwei Stellen durch Steinblöcke versperrt. Vor einer dieser Sperren fand man im Gang tief unter dem Fels die Reste eines Schmuckkästchens. Dieses Kästchen ist zu Staub geworden. Aber der Schmuck blieb erhalten. Er besteht aus 21 goldenen Armreifen, einer goldenen Halskette, einer goldenen Pinzette und einer goldenen Muschel. Die Schalen dieser Muschel aus purem Gold ruhen ineinander und sind durch ein Scharnier verbunden.

Was uns mit dieser Muschel geschenkt wurde? Es ist die schönste Schöpfung der Goldschmiedekunst des ältesten Ägyptens, das zauberhafteste und zugleich älteste Zeugnis menschlichen Goldhandwerks überhaupt. Die unwahrscheinlich feine Filigranarbeit dürfte in ihrer Kleinheit das großartigste Ausstellungsstück des Museums von Kairo werden. Die Muschel besitzt nur einen Durchmesser von etwa zwölf Zentimetern.

Welche Königin, welche zarte Prinzessin hat diesen Schmuck

getragen? Welcher anmutigen Frau diente diese Muschel vielleicht als kleine Schmuck-, Parfüm- oder Schminkdose?

Und wie rätselhaft ist doch der Fund gerade hier, an dieser Stelle, im Gang, da doch kein Toter im Sarkophag liegt. Auch der Schmuck – wie der Zweig – deutet darauf hin, daß hier doch irgendwo ein Herrscher beigesetzt sein muß! Oder eine Herrscherin?

Man wird Jahre forschen und suchen. Man wird wahrscheinlich nie alle Geheimnisse dieser Grabanlage ergründen.

Und diese Kultur war einst Leben, von schlagenden Herzen getragen,
aus der Seele des Menschen erwachsen, entstanden aus echtem Glauben
und darum so festgefügt und so großartig. Denn wo kein Kern ist, da
kann nichts werden.   Der Verfasser.

In einer unglaublich kurzen Zeit lernten die Ägypter die größten
Steinmassen der Geschichte der menschlichen Baukunst zu bewegen und zu den erstaunlichen Pyramidenbauten zu formen.
Zwischen Pharao Djoser, der seine mächtige Stufen-Mastaba,
den ersten Riesensteinbau der Geschichte, bauen ließ, und den
Pharaonen, die ihre großen Pyramiden bei Gise auftürmten,
liegen nur 50 Jahre. In dieser kurzen Zeitspanne gaben die Ägypter den Ziegelbau auf, arbeiteten sich zu Baumeistern in Naturstein herauf, wie sie die Welt nie vorher, und man kann ruhig
sagen, nie danach erlebt hat. In weniger als 100 Jahren schwingt
sich die ägyptische Gott-Pharao-Verehrung vom Boden der Wüste, vom Tafelgrab, von der einfachen Mastaba bis zu Djosers
Wunderbau und bis zur 146 Meter hohen Spitze der Cheops-Pyramide hinauf. Dann werden die Pyramiden wieder kleiner.

Gegenüber von Altkairo, am Nil, liegt das Dorf Gise. Sieben
Kilometer westlich, am Rand der Wüste, heben sich einsam und
gigantisch drei Pyramiden gegen den tiefblauen Himmel ab.

Drei Könige, Chufu, Chef-Re und Menkau-Re, haben diese
weltberühmten Gräber in den Himmel getürmt. Chufu bedeutet: »Chnum« schützt mich. Chef-Re bedeutet: »Der Sonnengott (Re) geht leuchtend auf.« Menkau-Re bedeutet: »Ewig sind
die Wesenheiten des Re.«

Als der griechische Geschichtsschreiber Herodot in Ägypten
weilte und sich bei den Ägyptern über deren damals schon 2000
Jahre toten Pharao Chufu erkundigte, klang im Munde des Volkes der Name des Pharao Chufu wie Cheops. Daher nannte
Herodot den König Chufu »Cheops«. Cheops hat seine Pyramide an den steilen Nordostrand eines Fels-Plateaus gestellt. Die
des Chef-Re liegt weiter südwestlich und höher. Die dritte Pyramide, die des Menkau-Re, ist die kleinste.

»Alle Welt fürchtet sich vor der Zeit. Aber die Zeit fürchtet
sich nur vor den Pyramiden.« So lautet ein arabisches
Sprichwort.

Wer vor diesen Pyramiden steht, sollte bedenken: Hier starrte um 450 v. Chr. Herodot, der »Vater« der Geschichte, staunend die himmelstürmenden Grabstätten an. Hier ging Antonius mit seiner Kleopatra spazieren. Cäsar stand hier, Kaiser Septimus Severus und Napoleon. 2000 Jahre sind wie ein Nichts, 4500 wie eine Sekunde im Werden der Menschheit. Es ist, als reichten sie sich die Hände, die Pharaonen und Cäsaren dieses Atemzuges der Erdenzeit, die wir »Geschichte« nennen. Der mächtige Pharao Cheops, der mit seiner Phantasie und Beobachtungsgabe alle Reiche umspannende Grieche Herodot, der gestrenge Kaiser Severus und der kleine, ehrgeizige Korse – sind sie nicht alle eine Familie mit dir und mit mir – gegenüber der 30000, 50000 oder 80000-jährigen vorgeschichtlichen Vergangenheit des Menschen hier am Nil? Die Pyramiden wurden vor 4500 Jahren gebaut. Damals war der Homo sapiens, der den ersten Feuerstein zum Meißel geformt hatte, schon »alt«.

Der Sphinx, halb Löwe, halb König, ruht starr zur Rechten des Aufweges vom Talbau zum Totentempel der Chef-Re-Pyramide

Der Sphinx, eine Verkörperung des Pharao Chef-Re (IV. Dynastie) wahrscheinlich von ihm selbst errichtet. Im Hintergrund die Cheops-Pyramide bei dem Dorf Gise.

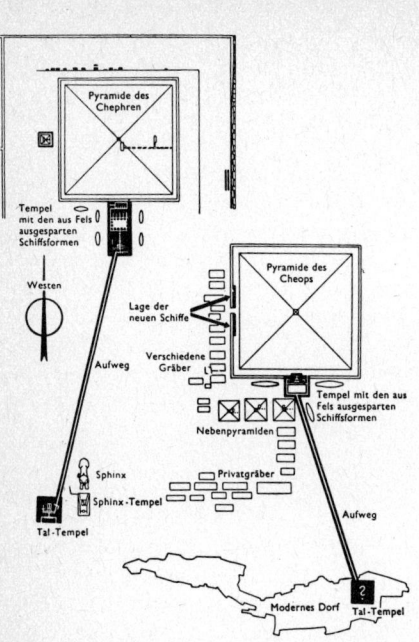

Genauer Lageplan der Chephren- und Cheops-Pyramiden und ihrer Schiffe. Alle Schiffe, die man früher ausgrub, waren nur Aussparungen im Fels. Ein wirkliches großes Schiff aus Holz fand man 1954 zum erstenmal in der Geschichte der ägyptischen Archäologie.

auf seinem Kalksteinsockel. Dieser gewachsene Fels brachte vielleicht den Pharao überhaupt erst auf den Gedanken, die Idee der Riesenplastik hier zu verwirklichen. In königlicher Haltung schaut das Doppelwesen weit über das vergehende Land. Es scheint zu lächeln, und sein Geheimnis bewahrt es doch für sich. Man hat den Sphinx gemalt, gemessen, photographiert. Über 70 Meter beträgt seine gesamte Länge, er ist 20 Meter hoch, sein Ohr mißt 1,37 Meter, und 2,32 Meter breit ist sein Mund. Das weiß man. Man wußte aber lange nicht, wer der Schöpfer dieser größten Skulptur der Erde ist. Der Sphinx ruht neben dem Tal-Tempel des Pharao Chef-Re, östlich und unterhalb seiner Pyramide. Man nimmt neuerdings mit Sicherheit an, daß Pharao Chef-Re ihn errichten ließ. Wie kam man auf diesen Gedanken? Die

Pyramide des Pharao Sahure, des Königs, der um 2430 in der 5. Dynastie regierte, lieferte den Beweis. Hier fand man nämlich ein Relief im Verehrungstempel, das den König als Sphinx darstellt, der seine Feinde erschlägt. Wenn Pharao Sahure nahe seiner Pyramide als Sphinx dargestellt wurde, so muß man annehmen, daß auch der Sphinx am Tal-Tempel des Pharao Chef-Re niemand anderen darstellt als den Pharao und daß auch der Pharao selbst sie errichten ließ. Der große Sphinx ist nicht eine Verkörperung des Sonnengottes Re, wie manche vermuten, er ist der König Chef-Re, dessen Pyramide ihn noch überstrahlt.

König Cheops, der Vater des Chef-Re, wollte der Zeit ein Schnippchen schlagen und für die Ewigkeit bauen. Er errichtete die größte Pyramide Ägyptens. 100 000 seiner Untertanen – vielleicht waren es auch weniger! – mußten wenigstens 23 Jahre lang ständig schwer arbeiten, um für den König ewiges Leben zu sichern, sie mußten 2 500 000 riesige Steinquadern heranschaffen. Einige dieser Steinquadern wiegen 150 Tonnen! Unsere größten Güterwagen können nur 40 bis höchstens 50 Tonnen bewältigen! Die Riesenlasten der mächtigen Steine mußten von weither, zum Teil über hunderte von Kilometern herangeflößt und dann noch auf Rampen hochgezogen werden. Der Granitquaderbruch bei Assuan liegt 800 Kilometer entfernt.

Das eigentliche Pyramidenmassiv wurde aus Steinen der Umgebung erbaut. Was man sich heute gar nicht mehr vorstellen kann und was der Pyramide eine fast unvorstellbare Schönheit verliehen haben muß, war die schneeweiße Verkleidung. Man stelle sich dieses strahlende Bild unter dem ägyptischen Sonnenhimmel vor! Die Verkleidung bestand nämlich aus schneeweißem Kalkstein. Dieser Kalkstein wurde von der Ostseite quer über das Niltal während der Überschwemmung herangeschafft.

Das gigantische Werk des Chufu, die Cheops-Pyramide, erreicht eine Höhe von 146 Metern und enthält 2 521 000 Kubikmeter Mauerwerk.

Wer von Pyramiden liest, hört in seiner Vorstellung die Peitschen knallen, vernimmt die grausamen Befehle der Antreiber, ahnt die Flüche und das Stöhnen. So aber war es nicht. In jener Blütezeit des »Alten Reiches« war das ganze Leben des einzelnen auf den Gott Pharao ausgerichtet. Durch den Pharao hatte sein Leben einen Sinn und durch das Fortleben des Pharao nach dem Tode eine Hoffnung. Darum bauten die 100 000 nicht unter dem Zwang der Peitsche, sondern aus religiöser Hingabe, und keine

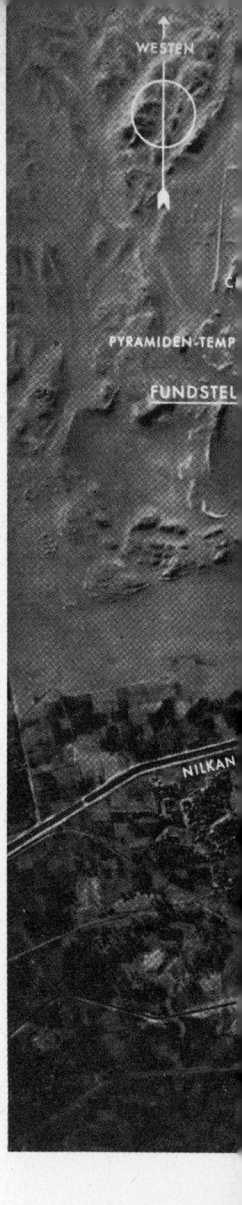

WESTEN

C

PYRAMIDEN-TEMP

FUNDSTEL

NILKAN

Luftaufnahmen der Pyramiden von Gise.

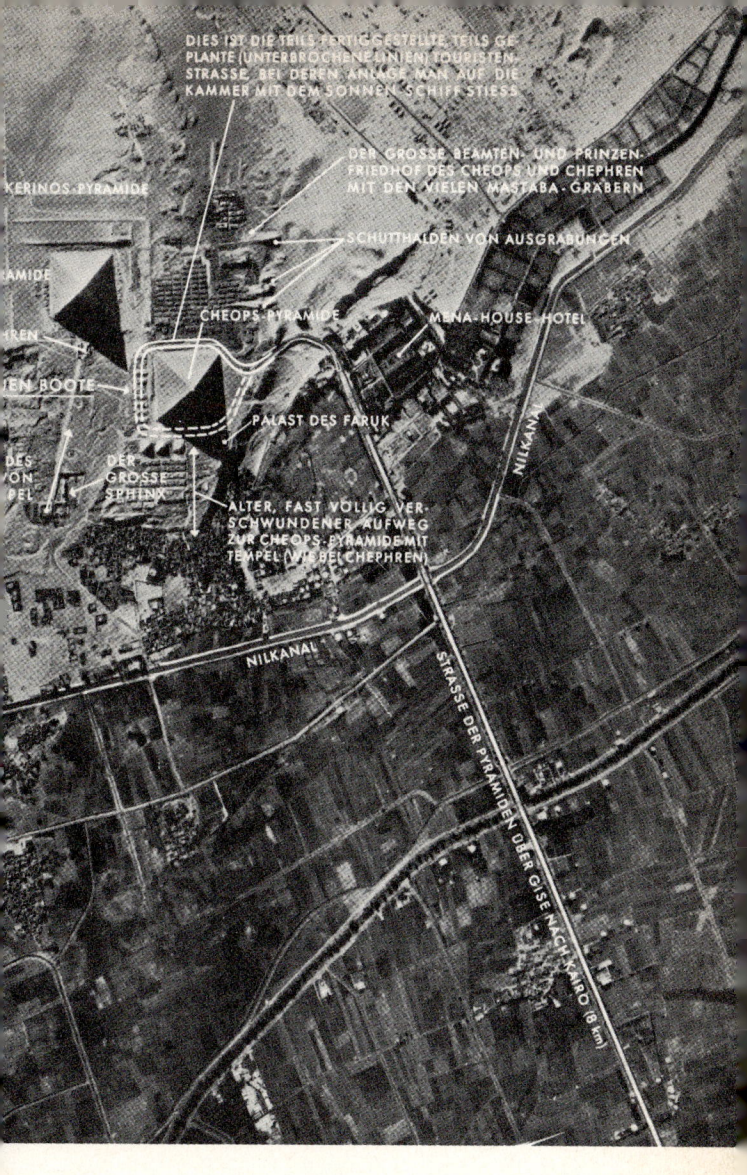

DIES IST DIE TEILS FERTIGGESTELLTE TEILS GE
PLANTE (UNTERBROCHENE LINIEN) TOURISTEN-
STRASSE, BEI DEREN ANLAGE MAN AUF DIE
KAMMER MIT DEM SONNEN SCHIFF STIESS

DER GROSSE BEAMTEN- UND PRINZEN-
FRIEDHOF DES CHEOPS UND CHEPHREN
MIT DEN VIELEN MASTABA-GRÄBERN

SCHUTTHALDEN VON AUSGRABUNGEN

KERINOS-PYRAMIDE

AMIDE

CHEOPS-PYRAMIDE   MENA-HOUSE-HOTEL

HREN

EN BOOTE

PALAST DES FARUK

DES
ON
PEL

DER
GROSSE
SPHINX

ALTER, FAST VÖLLIG VER-
SCHWUNDENER AUFWEG
ZUR CHEOPS-PYRAMIDE MIT
TEMPEL (WIE BEI CHEPHREN)

NILKANAL

NILKANAL

STRASSE DER PYRAMIDEN ÜBER GISE NACH KAIRO (8 km)

65

Rute und keine Macht hätte mit Gewalt den Fanatismus erpressen können, der aus freiem Willen die Gott-Pharao-Idee zu Stein werden ließ. Es gab damals kein anderes Ziel, keine andere Aufgabe, nichts, das alle Energien des ägyptischen Volkes so in Anspruch nahm wie der Bau der Pyramide. Etwas Zwang war freilich dabei. Dafür sorgten Priester und Beamte. Denn die ewige Stadt ihres toten Gott-Königs war jeder, wirklich jeder Mühe wert. Und brach man auch bei dieser Arbeit selbst zusammen, so war doch des Pharaos ewiges Leben gesichert und damit das Leben des einzelnen in ihm. So stand man als kleiner, schwacher Mensch in einem festgefügten, runden Weltbild, wo alles seinen Sinn hatte, wo nichts umsonst geschah und wo der Tod den Schrecken verlor. Freilich währte die Zeit einer so glücklichen Vorstellung nicht lange, wie ja die Perioden des Schwankens, des Zweifelns und der Ohnmacht in der Geschichte der Menschheit immer einen längeren Atem haben als die schöpferischen Zeiten, in denen der Mensch weiß, wo er steht.

Ägyptens Pharaonen hatten nie den Ehrgeiz, durch die Pyramiden berühmt zu werden. Dieser Gedanke wäre ihnen gar nicht gekommen. Sie wollten nicht wegen ihrer Monumentalbauten von der Nachwelt gerühmt und bewundert werden. Sie dachten nicht daran, »unsterbliche Architektur« zu schaffen. Aber sie wollten leben! Sie wollten weiterleben nach dem Tode, nicht bescheiden, nicht irgendwie, sondern in Größe und Sicherheit, ungestört und unvergänglich. Die Pharaonen glaubten, so wie später jeder Ägypter, daß der Körper von einem zweiten Wesen bewohnt wird, vom »Ka«. Wenn auch der Körper starb, der Ka verging niemals. Der Ka lebt auf jeden Fall. Wenn aber der Ka keinen Körper hat, dann ruht er, dann ist er aktionsunfähig. Es galt also, koste es, was es wolle, den leblosen Leib zu erhalten, den Körper gegen Grabschändung und Verwesung zu schützen. Dazu dienten die Pyramiden, in deren Innerem sich die Grabkammer befand. Der einbalsamierte Leib sollte ewig und unverändert ruhen, und die Pyramide sollte Zeiten und Zeiten überdauern. Ist dieser phantastische Plan der Pharaonen gelungen?

Die Cheops-Pyramide hat in 4500 Jahren sieben Meter an Höhe verloren. Der Wind läßt sich Zeit. Aber er arbeitet gewissenhaft, und die alte Verkleidung des riesigen Mauerwerks ist bereits verschwunden. Sie ist teils abgerutscht. Sie wurde und sie wird verheizt, ihr Kalkstein zu Kalk verbrannt. Das geschieht wie gesagt heute noch. Von den Totentempeln, von den Friedhöfen dürfen die Fellachen keine Kalksteine wegnehmen. Auch

Steine mit Text werden geschützt. Unbeschriftete Kalkstein-trümmer aber sind frei.

Wer heute in das Herz der Pyramide viele Stufen bis in die Grabkammer hineinsteigt – bei Cheops geht es hinauf –, der erkennt die Sinnlosigkeit des menschlichen Ringens gegen Zeit und Natur. Da steht man mit klopfendem Herzen in der dumpfen, toten, stillen Kammer. Hier herrscht wirklich Grabesschweigen. Einst ruhte hier Cheops in undurchdringlicher Dunkelheit und abgeschlossen von der Außenwelt durch Mauern, die selbst heute noch keine Bombe zertrümmern kann. Der Granitsarkophag des Pharao ist noch immer da. Aber er ist erbrochen. Das Grab wurde ausgeplündert, der Leichnam des Königs geraubt. Man hat ihn nicht mehr gefunden. Auch die anderen Pharaonen, die für alle Zeiten dem Anblick von Menschenaugen entgehen wollten, wurden aus ihren Gräbern herausgerissen, wurden im Tode noch bestohlen, verdorrten oft zu Staub irgendwo in der Wüste. Sie flogen mit dem Wind wirklich gen Himmel. Oder sie liegen in ärmlichen Glaskästen in Museen, wo staunende und erschreckte Menschenaugen auf sie glotzen.

Das 3000-jährige Bestehen Ägyptens scheint eine unerhörte Leistung an Leben, Selbsterhaltung und Kultur zu sein. Wir finden aber auch im Leben anderer Völker diesen eigenartigen Rhythmus von 3000 Jahren. Ein Volk beginnt die Geschichte mit seiner Schrift. Es erlebt Höhepunkte und fremde Herren. Es wird besiegt, untermischt und tritt etwa in der Mitte – nach 1500 Jahren – in sein Zeitalter der Generäle und Diktatoren. Es stürzt wieder in Tiefen, erlebt neue Blütezeiten und beendet seine Geschichte nach einer Periode von etwa 3000 Jahren. Wir finden diese Lebensspanne auch bei den Griechen, wenn wir ihre Geschichte etwa 1400 v. Chr. beginnen lassen und 1453 n. Chr. mit der Eroberung von Byzanz durch Mohammed II. beenden. So können wir uns auch die Lebenszeit Europas oder Europas und Amerikas ausrechnen, wenn wir die mitteleuropäische und abendländische Geschichte 451 n. Chr. mit der Schlacht auf den Katalaunischen Feldern beginnen lassen. Wir stehen dann, wenn wir den 3000-jährigen Rhythmus annehmen, genau auf der Mitte unseres Lebensweges. Wir stehen im Zeitalter der Generäle und Diktatoren. Wir sind da, wo Ägypten nach dem Mittleren Reich angelangt war. Wir haben Kriege und Vernichtung zu erwarten und dann eine große Blüte. Europa hätte demnach noch lange nicht den letzten Absturz, die Dekadenz und die Todesstunde erreicht. Uns bleiben noch 1500 Jahre!

Großartige Gestalten hat das alte Ägypten hervorgebracht, schreckliche und gute, grausame und milde, Pharaonen, die Länder eroberten, robuste und unendlich feingliederige Pharaonen, denen Literatur und Kunst am Herzen lagen, wie Nebkaure, Sesostris I. und Amenophis IV. Die Statue Chef-Re zeigt einen stolzen, furchtlosen Mann mit durchbohrenden Augen. In Stein gemeißelt steht er jetzt im Kairo-Museum. Seine Pyramide ist Denkmal eines unbeugsamen Willens. Da ist Amenemhet I. Er leitete eine Epoche großartiger Kunst ein und lebte um 2000 v. Chr. Im zwanzigsten Jahr seiner Regierung, 1971 v. Chr., machte dieser weise Pharao seinen Sohn Sesostris I. zum Mitregenten. Zehn Jahre regierten dann Vater und Sohn gemeinsam. Amenemhet I. ehrte den Gott Thebens, *Amun,* in seinem eigenen Namen. Da der Pharao ermordet wurde, erklärte sein Sohn Sesostris in einer Lehre: »Sei hart gegen Untertanen. Das Volk gehorcht nur denen, die Gewalt üben. Nähere dich niemandem allein, und mache niemand zu deinem Bruder. Glaube an keinen Freund. Wenn du zu Bett gehst, laß dich ja gut bewachen, denn der Mensch hat in Zeiten der Gefahr keinen einzigen Freund.«

Diese Gedanken sind uns durch den berühmten Papyrus ›Millingen‹ überliefert. Pharao Sesostris ist ihr Autor und legt sie seinem Vater Amenemhet in den Mund.

47 Kilometer südlich von Memphis, etwas westlich vom Dorfe Lischt, errichtete Sesostris seine Pyramide. Es ist ein Ziegelbau, dessen Inneres aus Blöcken vom Totentempel des Cheops besteht! Die Mumie des Pharao Sesostris wurde nicht gefunden. Das Grab war ausgeplündert.

Um diese Zeit baute man einen Kanal vom Nil zum Roten Meer. Das war also ein »Suez-Kanal« der vorchristlichen Geschichte.

Es ist übrigens interessant, daß man im Totentempel des Sesostris eine riesige Menge von Nahrungsmitteln, Vorräten und Blumen fand. Solche Vorräte wurden für alle dahingeschiedenen Pharaonen angelegt. Aber nur hier blieb alles bis in unsere Zeit erhalten: zubereitetes und noch ungerupftes Geflügel, Rindfleisch, Kopfsalat, Gurken, viele Brote, weißer und blauer Lotos. Hier fand man auch Nachbildungen der königlichen Schlächter beim Schlachten und Zubereiten der Ochsen. Eine Holzstatuette des schreitenden Königs Sesostris – etwas größer nur als einen halben Meter – mit roter Krone und Zepter, mit einem kurzen Schurz, nacktem Oberkörper und nackten Beinen wirkt so ungeheuer lebendig, natürlich und man möchte sagen »modern«, daß man nur darüber staunen kann, wie handwerklich sicher, wie feingebildet, wie unfehlbar im Treffen des rein Menschlichen überhaupt, wie weit die Künstler jener Epoche waren.

Alle Hochkulturen der Menschheit sind wie Inseln inmitten von Barbarei. Man lebt nur immer in der Gegenwart, und Gelehrte, Künstler, Dichter und alle freiheitliebenden Menschen sollten sich täglich des Glückes bewußt sein, das Friede heißt. Denn eines Tages stürmten Nomaden aus Asien heran und eroberten Ägypten. Das war um 1675 v. Chr. Sie überrannten das Niltal, wie die Kassiten kurz vorher Babylonien überrannten, wie die Römer Griechenland eroberten, wie die Hunnen nach Italien stürmten und wie die Mongolen Peking verbrannten. Wer waren diese Eroberer? Der ägyptische Priester und Geschichtsschreiber *Manetho,* er lebte um 280 v. Chr., hat unter anderem über den Einbruch der Fremden und die Aufrichtung des Reiches der »Hirtenkönige« berichtet. Seine Darstellung ist uns erhalten, am besten noch in der Fassung des Josephus, der leider viel umgedichtet und auf Israel bezogen hat. Zuverlässiger erzählen die ägyptischen Könige Kamose, Ahmose und Königin Hatschepsut von den »Amu«, den Nomaden, die in der Stadt Auaris saßen und von dort aus Nordägypten plünderten. Wenn die Hirtenkönige tatsächlich Amu, also syrische Semitenkönige waren, handelt es sich wahrscheinlich um Kanaanäer. Oder waren es dieselben Churri, die um 1680 v. Chr. in Mesopotamien einbrachen und später ein mächtiges Reich am Euphrat und Tigris gründeten, das Reich der Mitanni?

Daß es den Hirtenkönigen überhaupt gelang, Ägypten zu erobern, lag an den jahrzehntelangen Unordnungen im Lande Ägypten. 50 Jahre vorher schon ging alles drunter und drüber. Nach der 12. Dynastie fehlte eine Zentralautorität, immer wieder versuchten Generäle, die Macht an sich zu reißen. In dieser Lage war Ägypten ohnmächtig den Nomaden ausgeliefert.

Immer in der Geschichte werden Eroberer fett, faul und weichlich, wenn sie sich an einem nahrhaften Flußtal niedergelassen haben. Unter den letzten Herrschern der 17. Dynastie aus Theben begann der Befreiungskampf, und schließlich jagten die Pharaonen der beginnenden 18. Dynastie die Hyksos davon und gründeten ein großes, mächtiges Reich.

Auch eine große Frau ragt aus diesem Abschnitt der Geschichte Ägyptens heraus, die schon eben erwähnte Königin Hatschepsut. Sie regierte 1501 bis 1479 v. Chr. Da die Herrscher Ägyptens immer *Söhne* des Gottes Amun sein mußten, war eine Frau als

Pharao unvorstellbar. Königin Hatschepsut löste das Problem, indem sie sich einfach zum Mann machte und wie alle Pharaonen zum Sohn des Gottes erklärte. Sie ließ sich in Männerkleidung mit Bart darstellen. Sie verschönte und vergrößerte den Tempel von *Karnak.* Sie errichtete dort zwei mächtige Obelisken. Sie baute sich in Der-el-Bahari einen großartigen Grabtempel. Schließlich tat sie das, was schon ihr Vater und Großvater für notwendig hielten: sie ließ noch eine geheime Grabstätte für sich in den Fels schlagen, in das sanddurchwehte Bergmassiv der Westseite am Nil, im späteren »Tal der Könige«. 60 Königsgräber sind in die Felsen eingeschnitten. Allmählich entstand zu beiden Seiten des Nils bei Theben eine gewaltige Stadt, die der Lebenden im Osten, die der Toten im Westen.

Der Bruder der berühmten Hatschepsut, Tutmosis III., wurde der Begründer des Großreiches vom Sudan bis zum Euphrat. Er war der mächtigste Pharao der damaligen Epoche. Sehr jung wurde er mit seiner Halbschwester Hatschepsut verheiratet. Sie war so herrschsüchtig, daß sie die Regierung an sich riß. Als der Bruder erwachsen war, ließ er die Hatschepsut mit ihrem Geliebten Senmut ermorden. Jede Erinnerung an »seine geliebte Schwester« ließ er überall zerstören. Es sieht wirklich so aus, als ob die lange unterdrückte und dadurch geballte Energie, die in Tutmosis III. steckte, sich nun entlud. Er eroberte ganz Palästina, ganz Syrien und alle Länder bis zum Euphrat. Seine 16 Jahre währenden Feldzüge sind uns in Annalen überliefert, eingeschrieben in Stein auf den Wänden des Tempels von Karnak.

Amenhotep II. war ein großer Bogenschütze und Jäger. In Syrien unterdrückte er persönlich eine Revolte. Von der Härte der Pharaonen gegen ihre Feinde gibt er uns ein anschauliches Beispiel. Es wird berichtet, daß er sieben asiatische Könige in Ketten nach Theben brachte. Sechs hängte er gleich an der Stadtmauer auf, den siebten später, in Napata im Sudan. Manches Husarenstück wird von diesem Pharao berichtet, und manches scheint er während seiner 26-jährigen Regierung dazugeprahlt zu haben. Zwischen den Pranken des großen Sphinx befindet sich eine Stele. Dort ist Amenhotep II. als Bogenschütze abgebildet.

Amenhotep III. regierte nach 1400 v. Chr. In seinen Jahren strotzte das Reich vor Wohlstand, Reichtum, Luxus und Eleganz. Zu seiner Zeit war Theben eine so großartige Stadt wie vielleicht heute Paris. Auf den Märkten der Metropole wurden Waren der ganzen Welt verkauft. Die Tempelanlagen stehen

Der Tempel von Luxor in Theben wurde von Amenhotep III. 1413–1377 erbaut.

selbst den Bauten modernster Riesenstädte an Mächtigkeit nicht nach.

Dutzende von unterworfenen Staaten zahlten Tribut. Die Herrscher der großen asiatischen Königreiche Mitanni, Assyrien, Babylonien und der Hethiter sandten ihre Töchter in den Harem von Amenhotep III. und priesen sich glücklich, seiner Freundschaft versichert zu sein. In den Tempeln von Theben türmten sich Schätze von Gold. Herrliche Villen, mächtige Paläste, künstliche Seen stellten alles in den Schatten, was die Welt je gekannt hatte. Amenhotep III. war der Schöpfer des Tempels von Luxor und der Memnons-Kolosse, die vor seinem riesigen – vollständig verschwundenen – Totentempel wachend über die westliche Ebene von Theben blickten.

Der eigentümlichste Charakter in der großen Reihe der Pharaonen war der Sohn des Amenhotep III. und seiner Frau Teje,

71

die einem nichtadeligen Geschlecht entstammte. Im Jahre 1330 v. Chr. bestieg Amenhotep IV. den Thron. Der junge Pharao war erst 14 Jahre alt, und seine Mutter, die tüchtige Teje, leitete einstweilen an seiner Stelle die Staatsgeschäfte.

Amenhotep IV. war von Jugend an ein inbrünstiger Verehrer des Sonnengottes zu Heliopolis. Die Priesterschaft des Sonnengottes Re in Heliopolis mag schon lange in einem heimlichen Gegensatz zur Priesterschaft des Amun von Theben gestanden haben. Der Sonnengott Re war älter als der spätere Gott Amun, der seit der 12. Dynastie hervorragende Bedeutung gewann.

Noch war es nicht zum offenen Kampf gekommen. Beide Götter hatten ihren Platz im ägyptischen Pantheon. Gott Amun wuchs in seiner Bedeutung dadurch, daß man ihn als eine Erscheinungsform des Gottes Re erklärte. Er war jetzt Amun-Re.

Der junge Pharao verehrte den Sonnengott besonders in seiner sichtbaren Gestalt als Sonnenscheibe Aten. So und nicht anders ist der Name »Aten« zu lesen. Aton ist falsch!

Aten war die sichtbare Quelle alles Lebens, aller Schöpfung, alles Wachstums und alles Handelns. Überall ließ der König Tempel für seinen Sonnengott erbauen. Er nahm zu Ehren des neuen Reichsgottes Aten den Namen Achen-Aten an. Nach jahrelangen Spannungen, nach endlosen Auseinandersetzungen und Reibereien mit der Priesterschaft des Amun in Theben gab der Pharao diese Stadt als Metropole auf. Achenaten gründete in der Gegend von El Amarna seine neue Residenz, die Stadt des Lichtortes des Aten, Akhet-Aten, »Stadt des Horizonts des Aten.«

Achenaten schuf das schönste Gedicht, das uns überhaupt aus der ägyptischen Literatur bekannt ist: »Herrlich erhebst du dich am himmlischen Lichtberg, ewige Sonne, Ursprung des Lebens! ... Du hast die Erde geschaffen nach deinem Belieben. Allen Lebendigen gabst du Speise für immer. Du erteilst das Maß der Lebenszeit einem jeden. Du bist das Pochen in meinem Herzen. Alles, was wir in deinem Licht schauen, wird vergehen. Du aber lebst und blühst für immer und ewig.« Dieser Aten-Hymnus findet sich immer und immer wieder in Ägypten, auf Grabwänden, an den Mauern von Tempeln, überall, wo Achenaten baute.

Man muß versuchen, sich vorzustellen, was man in der alten Königsstadt Theben empfand, als der Pharao mit seinem gesamten riesigen Hofstaat auszog. Man muß sich ausmalen, wie die Priester des Amun-Tempels bangten und grollten, als sie sahen, daß der Königsglanz von ihnen ging. Aber damit nicht genug.

Achenaten ließ in den heiligen Stätten des Amun überall den Namen des Gottes ausschaben. Alles, was des Gottes Amun war und deshalb nicht Gott Aten diente, mußte vernichtet werden. Überall wurde Amuns Name zerstört. Die Staatsarchive wurden durchgekämmt. Alte Archivare mußten prüfen, ob sich nicht irgendwo in Papyrus-Akten doch noch der Name des verfemten Gottes befand. Amuns Priester verloren ihre Bezüge und ihre Staatsstellungen. Nur noch der sichtbare Sonnengott sollte angebetet werden. Es war ein Bildersturm, wie ihn Ägypten noch niemals erlebt hatte.

Wie kam der so junge Pharao dazu, eine so grundlegende Reformation durchzuführen? War er ein religiöser Fanatiker? Stand die Priesterschaft des Gottes Re hinter ihm? Die Mutter Teje? Hatte er schlaue staatspolitische Beweggründe?

Alle diese Vermutungen werden der Persönlichkeit des Achenaten nicht gerecht. Er war der felsenfest überzeugte Verkünder einer neuen Zeit, eines in ihm und aus ihm wachsenden Gedankens. Er war ein Idealist. Irgendwo, geheimnisvoll aus ihm, lugt das Genie hervor. Es ist die Energie der Stunde, die in ihm wirkt. Es ist das Aufbäumen der Zeit, die vor ihrem langsamen Absinken noch letzter, großer, genialer Schöpferkraft fähig ist.

Denn nun zog eine völlig neue Epoche des Schaffens in der Kunst herauf. Was in den Werkstätten der damaligen Zeit zu Akhet-Aten geschaffen wurde, gehört zu den herrlichsten Stükken der ägyptischen bildenden Kunst, die wir kennen. Wir stehen vor dem *»Amarna-Stil«*.

Was ist das?

Es ist eine Neuentdeckung der Natur, eine Steigerung und Verlebendigung aller Ausdrucksmöglichkeiten, eine Vermenschlichung der ägyptischen Kunst, sehr stark von Kreta beeinflußt, ein Bruch auch mit so vielen strengen und bisher unantastbaren Gesetzen. Es ist auch Dekadenz, nicht, wenn man den Stil losgelöst betrachtet, sondern im Vergleich zu den ägyptischen Epochen der Höhe. Plötzlich wurde der König, der bis dahin in seiner Heiligkeit unnahbar war, zum Menschen, zu einem Wesen, dessen Lebensgewohnheiten man kennenlernen, ja, den man auch bei allen täglichen Funktionen abbilden durfte. Plötzlich öffnen sich die geheimsten Schleier vor den Gemächern der Gemahlin des Königs. Die berühmte Nofretete tritt heraus. Und sie wird immer wieder herrlich naturgetreu dargestellt. Plötzlich werden die Prinzessinnen abgebildet, wenn die königlichen Eltern sie umarmen. Die Künstler durften aus der Natur

Nofretete, die Gemahlin des Pharao Amenhotep IV. Vielleicht war sie die Tochter einer Mitanni-Prinzessin, also keine Ägypterin. Berlin, Staatl. Museum, Bildarchiv Foto Marburg.

schöpfen, was sie wollten. Sie sollten nur malen und meißeln, so wie sie die Dinge wirklich sahen. Darum besitzen wir so herrliche Skulpturen der Gemahlin des Pharao, der Nofretete, von sonst unerreichter Schönheit, ein Frauenantlitz von unsagbarer Vollkommenheit und Zartheit, in herrlichen Farben.

Wer war diese Nofretete?

Wir haben schon gehört, daß Achenatens Vater, Amenhotep III., neben anderen asiatischen Königstöchtern zwei Prinzessinnen von Mitanni in seinem Harem hatte. Der Staat Mitanni lag zwischen Euphrat und Tigris, dort wo sich die beiden Flüsse am weitesten voneinander entfernen. Damals herrschte über Mitanni König *Tuschratta.* Die indoarischen Prinzessinnen, die Tuschratta an den Hof des Pharao sandte, hießen *Taduchepa* und *Giluhepa.* Diese Prinzessinnen wurden nach dem Tode von Amenhotep III. in den Harem seines Sohnes übernommen. Es ist nicht ausgeschlossen, daß eine der Mitanni-Prinzessinnen eine Tochter hatte, die dann Gattin des bedeutenden Reformatorpharaos wurde und daß wir in dieser Tochter die weltberühmte Nofretete wiederfinden. Nofretete hätte dann indoiranisches Blut in den Adern gehabt.

Amenhotep IV. war nur zwölf Jahre alt, als er mit der zehnjährigen Nofretete verheiratet wurde. Während seiner Regierungs-

Pharao Amenhotep IV. wurde als Zwölfjähriger mit der zehnjährigen Nofretete vermählt. Er starb 1347 v. Chr. Bildarchiv Foto Marburg.

zeit stand sie, die Sorgen aller Staatsgeschäfte mit ihm teilend, immer zu seiner Seite. Nofretete hat so gar nichts mit dem Bild einer asiatischen Königin gemein, deren vornehmste Pflicht es ist, im Harem unsichtbar zu bleiben.

Das Glück dieses jungen Königs und seiner schönen Nofretete währte nicht lange. Amarna, die neue Königsresidenz, war von Anfang an eine Stadt der Parvenus. Adel, Tradition, Besitz und Stellung blieben in Theben. Der König war zu feinnervig und zu schwach für seine Riesenaufgabe. Die Opposition der Amun-Priesterschaft ließ nicht nach, sondern wurde aus dem Untergrund immer neu genährt. Dazu kam, daß der Pharao sich überhaupt nicht für Außenpolitik interessierte. Als die abhängigen Länder, die Tribute zahlten, spürten, daß nicht ein grausamer Tyrann, sondern ein feinsinniger Reformator auf Ägyptens Thron saß, stellten sie die Zahlungen ein. Ägyptens Machtstellung in Vorderasien brach langsam und sicher zusammen. Achenaten wurde einsam. Viele Freunde verließen ihn. Er war kaum 30 Jahre alt, da starb er im Jahre 1347 v. Chr. Eine Büste des Pharao, die man in Tel-el-Amarna fand, zeigt sein außerordentlich feines Profil, ein fast weibliches, mildes Gesicht, sehr sensibel und gescheit. Er hatte große, verträumte Augen und einen dekadenten Körper.

Als Achenaten gestorben war, glaubte Nofretete, den Thron für ihre Kinder – und vielleicht auch für sich – nur dadurch halten zu können, daß sie sich an den fernen Hethiter-König wandte. Sie bat um Übersendung eines Hethiter-Prinzen. Sie wollte ihn heiraten und mit der Macht der fremden Hethiter ihren eigenen Thron festigen. Der Versuch mißlang, weil der Prinz auf der Reise zu der schönen Nofretete umgebracht wurde. Man weiß nicht, wie Nofretete starb. Wahrscheinlich legte man ihren Schritt beim König der Hethiter als Hochverrat aus. Wahrscheinlich brachte man sie um.

Daß sich Nofretete überhaupt an den Hethiter-König wandte – an einen Indoeuropäer – ist sehr interessant. Vielleicht wäre auch das ein Hinweis darauf, daß Nofretete ähnlichen Blutes war, eben die Tochter einer der Mitanni-Prinzessinnen. Beide Mumien, die des Echnaton wie die seiner Nofretete, hat man nicht gefunden.

Nach dem kühnen Reformator Echnaton folgte eine Zeit großer Wirren. Erst regierte Semenchkare, der Schwiegersohn des Achenaten. Man lebte zu jener Zeit nicht lange. Semenchkare starb sehr bald, sicherlich keines natürlichen Todes. Sein Nachfolger *Tutenchamun* war ebenfalls ein Schwiegersohn des Achenaten. Dieser durch die Ausgrabungen Howard Carters berühmt gewordene Pharao hieß anfänglich Tutanch-Aten und mußte unter dem Druck der Amun-Priesterschaft von Theben seinen Namen ändern. Noch mehr: er mußte seine Residenz Amarna nach Theben zurückverlegen und dem Aten-Kult abschwören. Auch er starb früh.

Die Ägyptologen zerbrachen sich jahrzehntelang den Kopf, wie alt Tutenchamun gewesen sei, als er starb. Als sein Grab 1922 entdeckt wurde, da ging der Name des jungen Pharao durch alle Welt. Man öffnete den Sarkophag und fand einen zweiten. Vorsichtig klappte der Forscher Howard Carter den zweiten Sarkophag auf. Er enthielt einen dritten. Und der war aus purem Gold! Es war ein Sarg in der Form eines Menschen. Darin lag die Mumie des jungen Pharao. Und jetzt erkannte man: er war ein Jüngling von nur 18 Jahren, als er starb.

Der große Verräter und Ränkespieler jener Zeit hieß *Eje*. Er schmiedete seine dunklen Pläne bereits als Beamter und Amun-Priester von Theben zu Lebzeiten des Achenaten. Es gelang ihm sogar, schließlich König zu werden. Er saß auf dem Thron. Aber er kam nicht in den Genuß seiner Machenschaften. Auch er hatte einen zähen Gegner, den Befehlshaber der unterägyptischen Armee, *Haremhab.* Nach vier Jahren gelang es Haremhab, Eje zu ermorden. Und nun bestieg der General selbst den Thron. Die Geschichte Ägyptens ist wie ein unübersehbares Meer, in dessen Wogen man ertrinken kann und in dessen Weite man sich verliert.

Wer heute durch das Nilland reist, wird oft den Ruf vernehmen: »Schon wieder der Ramses.« Dieser Ramses II. war sozusagen Serienproduzent. Er hat sehr viel ruiniert, weil er überall sich selbst aufstellte. Er war ein Egoist, ein Monomane. Er war ein so baulustiger König, daß fast die Hälfte der noch erhaltenen Ruinen Ägyptens aus seiner Regierung stammt. Er vollendete eine riesige Halle in Karnak. Er erweiterte den Tempel in Luxor. Er errichtete für sich einen mächtigen Totentempel, das Ramasseum, und stellte überall im Land Kolossalstatuen von sich selbst auf. Er erneuerte den Kanal vom Nil zum Roten Meer. Er heiratete einige 100 Frauen, was jedoch die alten Ägypter weniger überraschte als uns, da die meisten Pharaonen viele Frauen ehelichten. Ramses II. soll 100 Söhne und 50 Töchter gehabt haben. Manche dieser Töchter heiratete er selbst, auch das nicht ungewöhnlich im alten Ägypten!

Schon 100 Jahre nach seinem Ende war sein Name verhaßt. Seine Dynastie starb mit seinem Nachfolger aus. Seine Mumie aber ist uns erhalten, ein feines Gesicht, dem weder 67 Jahre Regieren noch 90 Jahre Leben noch über 3000 Jahre Tod viel anhaben konnten.

Unter Ramses III. hatten Macht und Besitz des Gottes Amun erstaunliche Ausmaße erreicht. Wahrlich, die Amun-Priesterschaft lebte jetzt im Überfluß! Ihre Vorratskammern waren zum Bersten gefüllt. Ihnen dienten 107000 Sklaven. Wie viele alte Zahlen mag auch diese übertrieben sein. Aber sie deutet das an, was die alte Zeit sagen will: »Es waren ihrer sehr viele.« Wenn man die damalige Bevölkerung Ägyptens auf 5–6 Millionen ansetzt, so war jeder fünfzigste oder sechzigste Mensch Tempeleigentum. Im Britischen Museum befindet sich der berühmte »Papyrus-Harris«, die längste altägyptische Handschrift, die wir besitzen. Sie ist 40,5 Meter lang! Der sehr gut erhaltene Text enthält genaue Aufzählungen aller Geschenke und Stiftungen, die Ramses III. während seiner Regierung den ägyptischen Tempeln zukommen ließ. Folgen wir diesen ausführlichen Angaben, so gehörten dem Gott Amun und seinen Priestern ein Siebentel alles anbaufähigen Landes, 169 Städte in Ägypten, Syrien und Kush, eine Flotte von 88 Schiffen, 53 kleine und große Werften und eine Herde von 500000 Rindern.

Es gab damals soviel Feier- wie Arbeitstage. Damit wuchsen die Einkünfte der Amun-Priester ins Ungemessene. So waren die Könige nur noch Diener der Männer Gottes. Um die Götter leben zu lassen, mußten Macht und Stellung des Königs immer mehr leiden. Und die Lage des Pharao wurde immer gefährlicher. Er mußte sich jetzt auf große Mengen von Söldnern in seiner Armee verlassen. Sehr bezeichnend ist der Mordanschlag auf Ramses III., dessen Fäden – wie sooft in der Geschichte des Orients – im Harem gesponnen wurden. Eine der Königinnen des Harems wollte ihrem Sohn die Krone sichern. Sechs Frauen von Offizieren der Torgarde des Harems wurden für die Beseitigung des Pharaos gewonnen. Man sicherte sich die Hilfe noch anderer einflußreicher Personen. Als die Revolte verraten wurde, als ein hohes Gericht von Ramses beauftragt wurde, die Schuldigen gerecht zu bestrafen, gelang es den angeklagten Haremsdamen sogar, zwei der Richter in ihren Wohnungen zu besuchen und sie für sich zu gewinnen. Nun kamen die Richter vor ein Gericht. Man schnitt ihnen die Ohren und die Nase ab. Einer der so Bestraften verübte Selbstmord. 32 hohe und kleine Beamte wurden sehr milde verurteilt: sie durften sich das Leben nehmen. Der alte Pharao aber lebte nach all diesen Aufregungen nicht mehr lange. Er starb 1167 v. Chr. Das waren die Zeichen der Zeit: Priesterherrschaft, Harems-Intrigen, Verrat, Überfremdung, und so ging Ägypten allmählich seinem Ende entgegen. Die Libyer stürzten ins Land, die Äthiopier, die Assyrer. Die Perser eroberten Ägypten unter Kambyses. Alexander machte Ägypten zu einer Provinz Mazedoniens. Im Jahre 48 v. Chr. nahm Cäsar Ägyptens Hauptstadt Alexandrien. Er schenkte Kleopatra den Sohn, der nicht mehr auf Ägyptens Thron sitzen sollte. Und schließlich wurde Ägypten eine Provinz der Weltstadt am Tiber und galt als die Kornkammer des Römischen Imperiums. Das gigantische Reich und drei Jahrtausende Geschichte erloschen.

Geblieben sind Pyramiden, Tempel, Felsengräber, Königsstatuen aus Kalkstein, Alabaster und Diorit, geblieben sind Bilder, Inschriften, Papyrusrollen. Geblieben ist der regenlose, glühende Himmel und das jährliche Anschwellen des Nils, dessen Beginn am 19. Juli die alten Ägypter zu ihrem Neujahrstag machten. Geblieben ist der fruchtbare, schwarze Nilschlamm, nach dem die Ägypter ihr Land »keme«, »das Schwarze« nannten, und woraus sich über die »Schwarze Kunst« des Mittelalters unser Wort »Chemie« entwickelte. Geblieben ist auch der Ägypter als Mensch, so wie er immer war, trotz aller Rassenvermischungen und aller Anstürme fremder Mächte. Aber das einst künstlerisch so überreich begabte Volk unvorstellbarer Tatkraft hat den himmelstürmenden Mut, die Phantasie, den Willen zum ewigen Leben, diesen Drang zur elementaren Kunst seiner großen religiösen Epochen völlig verloren. Verloren ging Gott und damit das Streben nach ihm. Verloren ging der Glaube und damit die Schöpferkraft. Der größte Erzieher hier war einst der Nil. Er zwang den Menschen zum Bau von Deichen und Kanälen. Seine überquellenden Wasser führten den Ägypter aus der Not zum Brot, brachten ihn auf die Idee, Verbände zu bilden, öffentliche Arbeiten zu leisten, und so wurde ein Staat. So entstand ägyptische Kultur. Diese Wasser, diese Überschwemmungen, dieser Zwang, diese segensreiche Peitsche der Natur, haben mit den groß angelegten Staudämmen und ihren Maschinen längst aufgehört zu wirken.

Geblieben ist der glühende Südostwind zwischen März und Mai mit seinem alles erfüllenden Staub. Geblieben ist der süße Hauch des Nordwestwindes für den Rest des Jahres. Alles nagt, alles schleift und zehrt an der großen ägyptischen Kultur, der Sand, der Wind, die Zeit. Aber die große Trockenheit dieses Landes blieb auch überall dort ihr großer Kultur-Bewahrer, wo der Nil mit seinen Armen nicht hinlangen konnte. Und selbst er kann nur das zerstören, was greifbar von Menschenhand geschaffen noch da ist, die Werke, nicht den Geist.

Was Ägypten der Menschheit geschenkt hat, was Ägypten an die westliche Kultur weiterreichte, ist so gewaltig, daß man es kaum aufzählen kann. Schmiedehandwerk, Architektur, die Säule, Steinbaukunst, Mönchtum, große Teile der religiösen Vorstellung des Abendlandes, Klosterwesen, Staatsorganisationen, die auf das Römerreich übergingen, Beamtenwesen, die Erfindung von Glas, Kalender und Uhr, Geometrie, feine Kleider und Schmuck, Möbel und Häuser, Post, Astronomie, Medizin. Alles das reichte das blühende Ägypten der noch in den Wäldern und Steppen hausenden Menschheit. Bildhauerei und Malerei erreichten in Ägypten eine Höhe, die kaum eine Epoche danach wieder erklimmen konnte. Über Phönizier, Syrer und Juden, über Kreter, Griechen und Römer kam ägyptische Kultur als ein wesentlicher Bestandteil unseres Lebens zu uns. Die erstaunliche Dauer des einmal geformten ägyptischen Lebens, das Vorbild und die gleichzeitige Unnachahmlichkeit der ägyptischen Kunst, der Fanatismus und die Energie ägyptischer Pharaonen, Handwerker und Künstler, dieses Hinfinden zu einer festen Vorstellung des »Woher« und »Wohin«, diese unglaubliche Höhen im Wertsinn eines doch kleinen Volkes an einem großen trägen Fluß, das alles wird in der Kulturgeschichte der Menschheit niemals wiederkehren und nie wieder erreicht werden. Ägypten ist die Bühne für das dramatische Schauspiel einer Kultur, die beinah den Himmel erreichte und noch nicht wieder zu Erde geworden ist, der größten Kultur, die bisher auf unserem Planeten blühte.

Und diese Kultur war einst Leben, von schlagenden Herzen getragen, aus der Seele der Menschen erwachsen, entstanden aus echtem Glauben und darum so festgefügt und so großartig. Denn wo kein Kern ist, da kann nichts werden.

»Ich lag zu Bett – und ich war wach.« Solche Notizen fand man auf jahrtausendealten Papyrusrollen.

Man ist gepackt von den Gesichtern der Mumien, die im Tode noch so lebendig und eindrucksvoll sind, als hätten sie gestern erst ihre Augen geschlossen. 5000 Jahre warten manche schon auf ihre Auferstehung. Forscher haben festgestellt, daß die Fußsohlen von 2000 und 3000 Jahre alten Mumien noch weich und elastisch sind.

Im Tode verläßt die Seele den Körper. Bei der Beisetzung des Leichnams aber wird sie vom Priester zurückgerufen, so glaubten die alten Ägypter, und vereinigt sich wieder mit dem Körper. Das war die entscheidende Stunde. Dann mußte der Körper intakt sein, und so balsamierten sie Tausende, Hunderttausende, Millionen ihrer Toten ein. Nicht nur Könige, sondern jeden, der es sich leisten konnte.

Um 700 n. Chr., als man aufhörte, die Toten für die Ewigkeit zu präparieren, wurden noch einige 100000 Menschen einbalsamiert. Tausende von Mumien liegen noch wohlerhalten in Ägyptens Gräbern, ohne ausgegraben zu sein. Die Mumien vieler Pharaonen liegen in Museen. Einige Pharaonen aber ruhen noch ungestört. Auch »Alexander den Großen«, der in Wachs und Honig einbalsamiert wurde, hat man noch nicht gefunden.

Es gibt drei Methoden, tote Körper zu erhalten: durch Kaltlagerung, durch die moderne Methode, bakterientötende Mittel in die Blutgefäße einzuspritzen, und durch Austrocknung und Trockenerhaltung. Diese letzte Methode wurde im alten Ägypten angewandt. Da 75 Prozent des menschlichen Körpers Wasser sind, war es nicht leicht, den Körper vollständig auszutrocknen. Wahrscheinlich benutzten die Ägypter Feuer für dieses Verfahren und in selteneren Fällen Sonnenhitze. In der Totenstadt von Theben fand man eine Kammer im Grab eines gewissen Hatiay. Hier lag eine große Zahl von Mumien fast bis zur Decke aufgestapelt. Der Forscher Yeivin meint, daß diese Mumien über schwachem Feuer getrocknet worden seien, was die Rußspuren an den Wänden der Kammern und Gänge erklären würde. Man dachte aber auch, daß solche Rußspuren von Feuern herrührten, die man am Eingang der Grabkammer mit Reisig entfachte, wenn man Grabräuber überraschte. Man räucherte diese Grabschänder einfach aus.

Es gibt noch andere Mittel, die Austrocknung zu bewirken, als Hitze, nämlich dehydrierende, das heißt, entfeuchtende Mittel: Kalk, Salz und Natron. Forscher haben tatsächlich Kalk, Salz und Natron in ägyptischen Mumien chemisch festgestellt. Sie fanden auch Vasen und Töpfe in Gräbern, die mit Natron gefüllt waren.

Nach der Beschreibung des Griechen Herodot, die sich im großen und ganzen mit dem modernen Forschungsergebnis deckt, wurden die Toten wie folgt einbalsamiert: Zuerst entfernte man Gehirn, Eingeweide und Mageninhalt, dagegen nicht das Herz und die Nieren. Das Innere des Körpers wurde mit Wein und Kräutern gereinigt, dann tat man Myrrhen, Kassia und aromatische Essenzen hinein sowie Leinentücher, Sägespäne, Sand, Natron und gelegentlich ein paar Zwiebeln. In die Arterien und Blutgefäße wurden chemische Mittel gespritzt. Der äußere Leib wurde mit Zedernöl gesalbt und mit Myrrhen und anderen wohlriechenden Essenzen eingerieben. Es ist erstaunlich, daß manche Mumien noch nach einigen 1000 Jahren den Duft dieser Essenzen ausströmen. Dann wurde der Leichnam in Leinen eingewickelt. Die Leinentücher waren mit Teer und anderen Medikamenten getränkt. Über das Gesicht wurde oft eine dem Lebenden gleichende Maske aus Leinen und Stuck gelegt oder aus Gold und Steinen und Edelmetallen. Man legte die Mumie wie einen Schlafenden auf die linke Seite, den Kopf auf eine Stütze, und verschloß den Sarg. Mit welcher Sorgfalt diese Balsamierung betrieben wurde, beweisen die Tische, die man für die Prozedur verwendete und die man ausgegraben hat. Auf diesen Tischen fand man noch Natron und Salzspuren. Nach einer Inschrift dauerte die Prozedur manchmal nicht weniger als zehn Monate. In früher Zeit bekam der Verstorbene seinen ganzen Haushalt mit ins Grab. Dieses selbst glich einem Wohnhaus oder Palast. Später aber legte man dem Toten nur noch Fleisch und Getränke in seine Sargkammer, dazu ein tönernes Haus mit einem kleinen Hof, kleine Speicher mit Figuren von Arbeitern, die von oben her Kornsäcke hineinschütteten. Man gab ihm kleine und größere Statuen mit, Dienerinnen, die spinnen und weben und ihren Herrn wie im Leben bedienen sollten. Reichgeschmückte Mädchen bringen ihrem Herrn Spiegel und Speisen. Eine Frau mahlt das Korn. Man setzte auch kleine Figuren unbekleideter Mädchen in das Grab, bei denen der untere Teil der Beine fortgelassen war. In ältester Zeit nämlich wurde das Hofgefolge des Königs lebendig mit dem Herrn begraben. In späterer Zeit setzte man Puppen an Stelle jener armen Opfer. Und damit die Puppen nicht fortliefen, formte man sie gleich ohne Unterschenkel. Ägypten nahm unendlich viel mit ins Grab, so gewaltige Schätze, daß man sich nur wundert, warum dieses Volk erst nach vielen Jahrhunderten gleichsam an seinen Toten zugrunde ging.

Aber die Ägypter verstanden sich nicht nur auf die Kunst, den Tod zu überdauern. Sie verstanden auch zu leben. Trotz Totenkult und Aberglauben waren sie ein recht sachliches Volk. Sie waren humorvoll, was uns schon ihre gelungenen Karikaturen beweisen. Aber sie töteten auch ohne große Bedenken.

Sie vertrieben sich die Zeit mit Brettspielen, die 20 und 30 Felder besitzen und die wir in Gräbern gefunden haben. Sie kannten ein eigentümliches Schlangenspiel mit Figuren von Löwen und Hunden, das auf kreisrunder Tafel gespielt wurde. Sie würfelten, sie stellten schönes Spielzeug für ihre Kinder her, sie liebten Ringkämpfe und Sport. Vor ihren hohen Herren und Damen mußten die Diener und Sklaven als Ringer kämpfen. Die vornehmen Häuser hielten sich auch Kämpfer, die im Stockfechten ausgebildet waren. Bei diesen Kämpfen durften sich die Gegner nicht schonen. Oft mußte einer der beiden herausgetragen werden. Trainierte Mädchen wurden gehalten, die Ball spielen mußten und dabei turnen. Artistinnen, Tänzerinnen und Musikanten vertrieben den Vornehmen die Zeit. Man spielte Harfe, Flöte, Laute und ein in Ägypten eigentlich fremdes Instrument, die orientalische Leier. Sänger schlugen sich immer durch Händeklatschen den Takt. Sängerinnen bewegten dabei nur die Hände. Für die Unterhaltung ihrer Gebieter sorgte die Dienerschaft auch mit allerhand Belustigungen. Junge Mädchen bedienten die Fliegenwedel. Zwerge waren Schmuck- und Kleidermeister. Sie führten auch die Hunde und Affen ihres Herrn oder ihrer Herrin spazieren. Sehr beliebt waren bucklige Spaßmacher. So mancher Pharao hatte seinen »Leibzwerg«.

Auf Festen ließen sich die Ägypter von Dienern und Dienerinnen salben und mit Blumen bekränzen. Man trank Wein und Bier, man kam in Stimmung, man wurde »wie ein zerbrochenes Ruder im Schiff, das nach keiner Seite mehr gehorcht«, und ein Gemälde des Neuen Reiches zeigt eine Dame der Gesellschaft,

die sich leider übergibt. Zu spät und etwas bestürzt eilt die Dienerin mit einer Auffang-Vase herbei.

Die Ägypter waren schöne Menschen, und die Vornehmen hatten so etwas wie die Haltung von Königen. Die Männer waren kräftig und muskulös. Sie hatten breite Schultern und schmale Hüften, volle Lippen und ernste, kraftvolle Mienen. Reiche Ägypter legten Wert darauf, schlank zu sein. Es gab sehr schöne, ovale Gesichter unter den Ägyptern, mit langer, gerader Nase und sehr eindrucksvollen, groß geöffneten Augen. Ihre Haut war bei der Geburt weiß, wurde aber unter der heißen Sonne Ägyptens bald braun. Die Künstler stellten auf ihren Gemälden die Männer mit rötlicher Haut dar, die Frauen mit gelblicher, da sie sich ja dem Tageslicht weniger aussetzten.

Zu allen Zeiten der ägyptischen Geschichte wandelte sich die Mode, sehr langsam zwar, aber doch so merklich, daß man meist aus der Mode schon die Zeit bestimmen kann. Im Alten Reich, also von etwa 3000 bis 2270 v. Chr., tragen Männer nur einen Schurz. Über 700 Jahre lang, wahrscheinlich aber seit Menschengedenken, blieb der Oberkörper frei. Mal trug man den Schurz eng und kurz, dann wieder länger und weiter, wie zur Zeit des Pharao Cheops. Man trug den Schurz auch je nach der Mode in verschiedenartiger Faltung. Im Mittleren Reich, also etwa zwischen 2100 und 1700 v. Chr., trugen die Männer einen doppelten Schurz, einen engen, kurzen aus festem Leinen als Untergewand und einen leinenen, längeren, durchsichtigen darüber. Mit dem »revolutionären« doppelten Schurz trat ein kurzer Überwurf in Erscheinung. Ja, wir finden auch ein enges, gestreiftes Kleid, das vom Halse bis zum Fuß reicht, ein Gewand, das vor allem von Vornehmen getragen wird. Später tragen nur noch einfache Diener und Bauern den kurzen Schurz. Im Neuen Reich, 1550 bis 700 v. Chr., wurde der Oberkörper der Männer verhüllt.

Selbstverständlich unterschieden sich auch die verschiedenen Gesellschaftsschichten in ihrer Kleidung, und Bauern, Hirten, Arbeiter und Sklaven trugen meist nur eine kurze Lendenhülle oder einen Gürtel. Männer, die hart arbeiten mußten, taten dies

Linke Seite:

Bierbrauen vor fast 5000 Jahren, Bier wurde damals aus Wasser und Brot hergestellt. Das Brot ließ man in Gärung übergehen. Kleine Plastiken wie diese wurden den Toten ins Grab mitgegeben. Höhe: 40 cm. Es ist fast erschreckend, wie sehr das Leben der alten Ägypter dem unserer Zeit ähnelte. Und was hat die Kunst in 5000 Jahren dazugelernt?

oft nackt, denn das Gefühl der körperlichen Scham war kaum bekannt, »gehören doch«, wie der berühmte Ägyptologe Adolf Erman sagt, »zu den gebräuchlichsten Zeichen der Hieroglyphenschrift Dinge, die wir nicht gerade zu zeichnen pflegen«.

Neben der Vielfalt der Männertrachten war die Kleidung der Frau sehr einförmig. Von Anbeginn ihrer Geschichte oder ihrer bildenden Kunst tragen alle Frauen gleiche Kleidung: ein faltenloses, langes Hemd, ganz eng anliegend, so daß alle Körperformen deutlich sichtbar sind. Dieses Hemd beginnt unter den Brüsten und reicht bis zu den Knöcheln. Nur die Tragbänder, die das Kleid auf den Schultern festhalten, bedeckt die Brüste. Und nur in diesen Tragbändern wurde Mode gemacht. Mal lagen sie gerade über die Schultern, mal schräg oder gekreuzt, mal bedeckten sie die Brüste ganz, mal weniger oder gar nicht, und dann wieder waren sie mit Rosetten verziert, die auf den Brüsten auflagen. Diese Gewänder waren meist weiß, seltener rot, gelb oder grün und fast immer völlig schmucklos. Das Erstaunlichste an der Frauenmode aber bleibt die Tatsache, daß von der Königin bis zum ärmsten Mädchen kein Unterschied herrschte. Erst später, im Anfang der 18. Dynastie, wurden zwei Kleidungsstücke »modern«, zu dem engen Hemd kam ein zweites Obergewand. Beide waren aus so feinem Leinen hergestellt, daß die Körperformen durchschimmerten.

Die Dienerinnen waren fast genauso gekleidet wie ihre Herrinnen. Wenn sie aber schwer arbeiteten, so konnten sie sich natürlich in dem engen Hemd nicht bewegen und trugen daher wie die Männer nichts als einen kurzen Schurz. Oberkörper und Beine blieben auch bei den Tänzerinnen frei, und junge Dienerinnen des Neuen Reiches reichten die Speisen beim Gelage ganz unbekleidet dar, nur mit einem gestickten Gürtel um die Hüften.

Ihre sehr feinen, weißen Leinengewänder hielten die Ägypter peinlich sauber, und unter Aufsicht des Oberwäschers nahm das Waschen, Wringen und Schlagen der Wäsche kein Ende. Die von Salben und Ölen befleckten Gewänder erforderten auch Waschmittel. Wahrscheinlich war es Soda.

Alle Ägypter gingen barfuß, und nur wenn es dringend notwendig war, benutzte man Sandalen.

Die vornehmen Ägypter ließen sich die Haare kurz scheren, zogen eine eng anliegende Kappe darüber oder trugen eine Perücke. Das Perückenmachen war eine große Kunst, und wir finden alle möglichen wunderschönen Gebäude von Strähnen und Löckchen. Unter den Perücken kann man auf den Bildern oft das natürliche Haar erkennen, das irgendwo herauslugt. Alle Frauen trugen im Alten Reich langes, glattes Haar. Es kam auch vor, daß vornehme Frauen ihr kürzeres Haar zu Locken drehen ließen. In unseren Museen befinden sich ägyptische Perücken, die nicht aus Menschenhaar, sondern aus Schafwolle gemacht sind.

Die Damen Alt-Ägyptens malten sich die Lippen, lackierten sich die Fingernägel, ölten ihre Haut und ihr Haar. Eine junge Ägypterin, die etwas auf sich hielt, hatte verschiedene Arten Creme und verschiedene Sorten Rouge – so zu Lebzeiten und so im Grabe. Mit einer grünen Schminke aus Malachit färbte man das untere Augenlid, mit einer schwarzen aus Bleiglanz bemalte man Brauen und Lider. So erschienen die Augen größer und glänzender. Proben dieser Schminken fand man in Gräbern. Mit Holz- und Elfenbeinstäbchen, sogenannten Schminkgriffeln, trug man die Schminke auf. Die Schminke wurde in kleinen, länglichen Dosen aus Elfenbein, Stein, Fayence und Holz aufbewahrt. Man hat ganze Berge von Toilettenartikeln ausgegraben: Metallspiegel mit Griffen aus Holz, Elfenbein und Fayence, Spiegel in Gestalt schlanker, unbekleideter Mädchen, Spiegel aus Gold, aus Silber und herrliche Behälter dazu, Salbendosen aus Alabaster, Kämme, Haarwickler und Haarnadeln, Puderdosen, Rasiermesser, kleine Salbenlöffel aus Holz, Elfenbein, Alabaster und Bronze. Auch Parfum wurde natürlich in einer so verwöhnten Kultur benutzt.

Männer und Frauen trugen reichen Schmuck: Halsketten aus Perlen, Karneol, Malachit, Lapislazuli, Amethyst und Fayence, Armringe aus Elfenbein, Knochen, Horn, Kupfer oder Feuerstein, Fußringe, Halskragen aus Perlenschnüren, Ohrringe und große Ohrgehänge, die die Männer seit der 19. Dynastie ablegten und den Frauen überließen. Seit ältester Zeit trugen die Ägypter auch Ringe aus Gold, Silber, blauer und grüner Fayence. Der König trug eine Krone, und die Vornehmen aller ägyptischen Dynastien hatten Stäbe und Zepter in der Hand. In Fragen der Kosmetik und des Schmucks hätten die Ägypter von uns gar nichts lernen können. Viel eher könnten wir aus ihrem ungeheuren Reichtum auf diesen Gebieten unendlich viel übernehmen.

Leidenschaftliche Jäger waren die vornehmen Ägypter. Mit dem Wurfholz suchten sie vom Boot aus Vögel zu fangen. Sie müssen mit diesen eigenartigen Bumerangs, die wie ein langgezogenes S geformt waren, sehr geschickt gewesen sein. Vögel für die Küche wurden mit ausgespannten Netzen gefangen. Man fing auch Gänse ein und brachte sie auf den Landgütern in großen Gehegen unter. Gänse wurden auch gemästet. Bilder von Grabwänden zeigen uns, wie die armen Vögel mit Stopfnudeln genudelt werden. Erstaunlicherweise nudelten die Ägypter auch Kraniche. Enten und Tauben fing man in kleinen automatischen Schlagnetzen. Die vornehmen Herren liebten den Sport des Fisch-Stechens. Man angelte auch und fing Fische mit dem Handnetz wie mit der Reuse oder dem Schleppnetz. Die Fische wurden in der Sonne gedörrt und bildeten die Hauptnahrung der Armen. Sie waren billiger als Korn. Für den König wurden Treibjagden organisiert. Gazellen, Steinböcke, Säbelantilopen, Mähnenschafe, Hirsch, Wildstier und Nilpferd wurden erlegt. Man fing auch wilde Tiere mit dem Lasso, und die so eingebrachten Hyänen wurden gemästet. Tutmosis III. soll bei einer einzigen Jagd 120 Elefanten erlegt haben! Ramses II. besaß einige zahme Löwen. Ein vornehmer Ägypter am Hof des Königs Chefren liebte seine zwei Paviane. Kleine Meerkatzen waren Schoßtiere, und schon damals zog man Äffchen an. Katzen waren Spielzeug für Mädchen. In keinem vornehmen Hause fehlte der Hund. Wir sehen auf Wandgemälden, wie Ägypter zahme Hyänen an der Leine führen. Man schätzte Windspiele, man kannte den Dachshund. Wildernde und verwahrloste Köter liefen schon damals in den Straßen ägyptischer Städte herum.

Aus ägyptischen Schulen besitzen wir noch »Schulhefte«. Es waren natürlich Schul-Rollen, denn man schrieb ja auf Papyrus, der aufgerollt wurde. Gehorsam wurde durch Prügel erzwungen. Die Schulen waren sehr streng. So schreibt ein Schüler an seinen Lehrer: »Du hast mich verprügelt, darum sind deine Lehren in mein Ohr eingegangen.« »Der Jüngling hat einen Hintern, er hört, wenn man ihn schlägt«, so lesen wir. Oder: »Sei keinen Tag müßig, oder man wird dich prügeln.«

»Papier« wurde hergestellt, indem man die Papyruspflanze in Streifen schnitt, diese aneinander legte und andere kreuzweise darauf. Das Ganze wurde dann gepreßt, und so entstand jenes »geduldige« Material, das nach 5000 Jahren zum Teil noch gut erhalten und lesbar ist.

Die Ägypter haben zu Beginn ihrer Handelsbeziehungen die sumerische Schrift kennengelernt und angeregt durch diese ihre eigene Schrift entwickelt. Diese beruht auf der Verwendung von Bildern, die man mit je einem Wort »las«. Es gab Worte, die nur aus einem Konsonant und dem zugehörenden Vokal bestanden, andere aus zwei oder drei Konsonanten. Da man im Orient stets nur Konsonanten schreibt und die Vokale nur dazu spricht, ergab sich die Möglichkeit, einen zwei- oder dreikonsonantigen Wortstamm in Bildern auszudrücken. So bezeichnete das Bild des heiligen Mistkäfers einmal den Käfer selbst (chpr), dann das Wort »werden« (chpr), das man nun mit Hilfe des Käferbildes schrieb, aber zum Unterschied vom Käfer mit einem Zusatzzeichen versah. Einkonsonantige Worte ermöglichen es so, die sämtlichen Buchstaben des Alphabets zu gewinnen. Aber zu diesem Schritt gelangten die Ägypter nie. Das Alphabet haben erst die Phönizier aus der ägyptischen Schrift übernommen: diese kannte 600 Bilder für Gegenstände.

Zahlreiche Schriften sind uns aus der Zeit zwischen 2000 und 1000 v. Chr. erhalten. Man fand Papyrus-Rollen, die in Krügen aufbewahrt waren, etikettiert und geordnet. Man fand auf solchen Papyri die erstaunlichsten Abenteuergeschichten, Reiseberichte, Märchen, Gedichte. Auf einem Papyrus aus der Zeit um 1220 v. Chr. – es ist der sogenannte ›d'Orbiney-Papyrus‹ im Britischen Museum – lesen wir die Geschichte der Ehebrecherin, die zwei gute Brüder zu Feinden macht. Es könnte ein literarisches Muster der Eifersucht, des Bruderhasses und der Bruderliebe für alle Zeiten genannt werden. Auf einer anderen Rolle, dem sogenannten ›Petersburger Papyrus‹, lesen wir die herrliche Geschichte eines Schiffbrüchigen, der von der Sturmwelle auf eine einsame Insel geworfen wird und dort die merkwürdigste Begegnung seines Lebens mit einer goldüberzogenen Schlange hat. Das Leben des Sinhue und seine Abenteuer unter syrischen Beduinen lesen sich wie eine unheimlich spannende Reisegeschichte unserer Zeit. Dabei spielt die Geschichte in den Tagen des Königs Sesostris I., etwa zwischen 1980 und 1935 v. Chr. Der vollständigste Text ist auf einem Papyrus des Berliner Museums erhalten.

Das Schreiben von Zahlen und das Rechnen waren ein wenig umständlich, schwerfällig und langsam. Aber das Dezimalsystem war bekannt. Ein Strich bedeutet »1«, zwei Striche »2«, neun Striche »9«. Für Zehn gab es ein neues Zeichen, das Bild einer bügelartigen Anbindevorrichtung für weidende Rinder. Zwei solcher Zeichen bedeuteten »20« usw. Ein Zeichen gab es für 100, ein anderes für 1000 – es war ein Lotosblatt –, für 10000 das Bild eines Fingers, für 100000 das einer Kaulquappe. Das Zeichen für 1000000 war ein Mann, der seine Hände über den Kopf hielt, als ob er erstaunt wäre, daß so eine Ziffer überhaupt existieren könne. Um eine dreistellige Zahl zu schreiben, mußte man oft über zwanzig Zeichen benutzen. Die Multiplikation war ein wenig kompliziert, man multiplizierte im Kopf nur immer mit zwei, so daß 4 mal 4 über die Stationen, 4, 8, 16 ging. Noch schwieriger war die Division, und der Bruch im Sinne unserer Arithmetik war nicht bekannt. Es gab ein Fünftel und ein Fünftel und ein Fünftel. Aber es gab nicht drei Fünftel. Dennoch war die Mathematik hochentwickelt. Ägyptens Baukunst wäre sonst nicht möglich gewesen. Der Lauf der Sterne wurde durch Tausende von Jahren beobachtet. Man unterschied genau zwischen Planeten und Fixsternen. Sterne bis zur fünften Größe, für das bloße Auge unsichtbar, wurden schon damals registriert.

Uns sind sehr interessante medizinische Texte erhalten geblieben, davon zwei wichtige Rollen: der ›große medizinische Papyrus‹ des Berliner Museums und der ›Papyrus Ebers‹, früher in der Leipziger Bibliothek. Die Ägypter studierten Knochenbau und Blutkreislauf, die Funktion des Herzens und die Funktionen des Magens wie der Milz. Das Herz, das wußte man, »spricht in den Gefäßen aller Glieder«. Einer der interessantesten medizinischen Papyri, benannt nach seinem Entdecker Edwin Smith, ist eine 5 Meter lange Rolle und 3600 Jahre alt. Darin werden 48 chirurgische Operationen geschildert. Daß die Bewegungen der Gliedmaßen vom Hirn her geleitet werden, scheint die Medizin damals klar erkannt zu haben. Im übrigen waren auch die Ägypter von den meisten Krankheiten, unter denen wir leiden, nicht verschont; wir hören allerdings nichts von Syphilis oder Krebs, und die Zahnfäule scheint sich erst als Folge der Zivilisation in den letzten Jahrhunderten der ägyptischen Geschichte eingestellt zu haben. Merkwürdigerweise wird uns schon in der älteren ägyptischen Zeit von der Verkrümmung der kleinen Zehe berichtet, woraus man schließen kann, daß diese Verkrümmung nicht dem Tragen von Schuhen zuzuschreiben ist, gingen doch die Ägypter fast immer barfuß. Im ›Ebers-Papyrus‹ sind viele hundert Medikamente verzeichnet. Ein Zehntel aller Mittel bilden Arzneien gegen Augenkrankheiten. Augenkrankheiten waren wahrscheinlich sehr verbreitet. Es gab Arzneien, die uns ein wenig schaudern machen, Kot von Menschen und Tieren, Fliegendreck, Harn. Es gab aber auch Mittel, Blut aus einer Wunde zu ziehen, etwa Wachs, Fett, Dattelwein, Honig und gekochtes Korn. Man fand in Gräbern ganze Medizinkästen. Glatze wurde durch Einreiben mit Fett bekämpft. Die Ägypter suchten auch ihre Gesundheit zu erhalten. Sie sagten: »Der größte Teil dessen, was wir essen, ist zuviel. Also leben wir von einem Viertel dessen, was wir verschlingen. Von den restlichen drei Vierteln leben die Ärzte.« Der Grieche Herodot schrieb: »Neben den Libyern sind die Ägypter das gesündeste Volk der Erde.« Die Ägypter führten die Speisen mit ihren Fingern zum Munde – nicht anders übrigens als auch wir noch zur Zeit Shakespeares.

Die Pharaonen heirateten sehr oft ihre Schwestern, um das königliche Blut rein zu halten. Ob diese Sitte auf die Dauer schädlich wirkte, kann man nicht sagen. Jedenfalls glaubten die Ägypter das nicht, obwohl sie einige 1000 Jahre lang Erfahrung auf dem Gebiet sammeln konnten. Bis zum 2. Jahrhundert n. Chr. herrschte in Arsinoe Geschwisterehe bei drei Vierteln der Bevölkerung. »Bruder« und »Schwester« nannte man in Ägypten übrigens den Geliebten und die Geliebte. Der Pharao hatte daneben noch einen großen Harem, zu dem nicht nur die Töchter der Vornehmen gehörten, sondern auch auf Kriegszügen erbeutete Frauen.

Der größte Teil der Ägypter aber lebte in Einehe, und das Familienleben war so gut wie sonst nur in christlichen Ländern. Ehescheidungen waren im allgemeinen selten. Die Stellung der Frau war etwa die gleiche wie in unserer heutigen Zeit. Vielleicht gab es kein altes Volk, das die Frauen so verehrte und bevorzugte wie die Menschen am alten Nil. Griechische Reisende, die aus ihrer Heimat gewohnt waren, den Frauen wenig Freiheit zu gestatten, staunten über die »fortschrittlichen« Ägypterinnen. Der Grieche Diodorus Siculus (er lebte in der zweiten Hälfte des 1. Jahrhunderts n. Chr.) berichtete – etwas empört –, am Nil werde der Mann im Ehevertrag verpflichtet, seiner Frau gehorsam zu sein; eine Verpflichtung, die sich im modernen Amerika erübrigen dürfte. Die Frau, glaubte er, warb um den Mann, und sie schlug die Ehe vor. Sie war auch nicht immer bescheiden: »Oh, mein schöner Freund«, so heißt es in einem Brief, »mein Wunsch ist, Deine Frau zu werden und die Herrin all Deines Besitzes.«

Man war heißblütig am Nil. Mit zehn Jahren waren die Mädchen heiratsfähig. Man genoß und liebte vor der Ehe, wen und was man wollte. Eine Kurtisane soll eine ganze Pyramide aus den Einkünften ihrer Liebesabenteuer erbaut haben!

Die größte uns erhaltene Sammlung ägyptischer Liebesgedichte finden wir auf der Vorderseite des sogenannten ›Papyrus Harris 500‹ im Britischen Museum. »Das Schönste ist, aufs Feld zu gehen, zu dem, den man liebt«, so lesen wir da. In den Sprüchen des Ptah-hotpe, der als Vesir unter König Asosi um

2600 v. Chr. lebte, finden wir manch wertvolle Lehre, die den Sprüchen Salomons ähnlich ist. Die Spruch-Sammlung ist uns auf dem ›Papyrus Prisse‹ in der Bibliothèque Nationale Paris erhalten. »Nimmt der Sohn an, was sein Vater sagt, dann wird keiner seiner Pläne fehlschlagen«, so heißt es da. »Gib acht, wenn du sprichst, was du sagst.« »Wünschest du dauerhafte Freundschaft mit dem Haus zu knüpfen, in dem du als Herr, als Bruder oder als Freund verkehrst, so hüte dich, den Frauen zu nahen. Der Ort, an dem sie sich aufhalten, ist nicht gut.« »Die Wahrheit währt bis in die Ewigkeit. Sie steigt mit dem, der sie übt, zur Totenstadt hinab.« Dieser schöne Satz findet sich in der Geschichte vom beredten Bauern. Sie stammt aus der Zeit zwischen 2000 und 1800 v. Chr.

Um dem Leben im alten Ägypten einen Augenblick ganz nahe zu sein, hier einige Sätze aus entzifferten Papyrusrollen. Es sind Briefe, kleine Aufzeichnungen, Notizen und so weiter.

Wie heutzutage wollten Verliebte beständig zusammen sein. Darum schreibt: »Er«: »Ich gehe spazieren, und Du bist bei mir, an jedem schönen Ort, und meine Hand ist in Deiner Hand.«

Woran dachte wohl der Mann vor ein paar 1000 Jahren, der schrieb: »Ich lag zu Bett – und ich war wach.« Worüber hatte sich das Mädchen geärgert, das folgendes hinkritzelte: »Ein andermal brauchst Du nicht zu kommen.«

Ein gewisser Anna ruft den Besuchern seines Grabes zu: »Höret! Möget Ihr das Schöne tun, das ich getan habe, damit Euch ebenso getan werde.« Und eine Unbekannte weint um ihren Geliebten in alle Jahrtausende hinein: »Ich bin zuwider Deinem Herzen – durch was?«

Ein nachdenkliches Gedicht – es ist 4000 Jahre alt – mahnt uns an die Vergänglichkeit des Menschenlebens:

»Niemand kommt aus dem Jenseits, um uns mitzuteilen, wie es ihm erging ... Feiere fröhlich den Tag. Sei nicht traurig im Leben. Sieh, niemand nimmt mit, was er besitzt, und niemand kehrt zurück, der dahingeschieden ist.«

Und ein kleines Liebesgedicht ist wirklich ewig:

»Es ist verwirrend, deine Stimme zu hören. Mein ganzes Leben hängt an deinen Lippen. Dich zu sehen ist besser als alle Speise und aller Trank.«

Sie hatten niemals Zeit ...

»Schelme, tausendfachen Tand mitführend im dunklen Schiff.«
Homer um 800 v. Chr.

Wir wissen genau, welcher Menschenrasse sie angehörten. Wir wissen aber nicht sehr viel von ihrer Geschichte. Sie haben wenig Geschriebenes hinterlassen, kaum irgendeine Literatur. Sie hatten einfach keine Zeit zum Dichten. Wir wissen, woher sie kamen. Wir kennen ihre Städte. Und wir wissen, wohin sie reisten ...

Das allerdings ist das erstaunlichste an den Phöniziern: sie waren wohl die größten Seefahrer der Antike! Kaum ein Volk des Altertums erscheint uns so rätselhaft, kaum ein Volk ist so schwer zu erforschen wie diese Menschen, die an allen Küsten Städte bauten, in der Heimat aber kein großes, dauerhaftes Reich hinterließen.

Die Urväter der Phönizier waren Semiten. Sie gehörten zu den Kanaanitern, die wir aus der Bibel kennen. Dieser Name lautete damals »Kinahni«. Wir lesen ihn aus den »Amarna-Tafeln«. Diese Tafeln wurden in einer ägyptischen Stadt, El-Amarna, gefunden. Das waren auf Ton geschriebene Briefe an den ägyptischen Hof aus der Zeit nach 1400 v. Chr.

Wenn die Phönizier Semiten waren – auch ihre Sprache deutete darauf hin –, so muß man sich wundern, daß sie eine so unsemitische Liebe für die See entwickelten. Furchtlos und mit unendlicher Geduld fuhren sie über die Meere bis zu Ländern, zu denen sich niemand vor ihnen gewagt hatte. Das alte Phönizien war das Küstenland der heutigen Staaten Syrien, Libanon und Israel. Hier lagen die Hafenstädte der Phönizier am Meer: Byblos, Tyrus, Sidon, Marathus, Ugarit, Beirut und noch viele andere. Der Name »Phönizier« stammt vielleicht von der griechischen Bezeichnung für Palme »phönix« oder vom griechischen »phoinos«, was rot bedeutet. Vielleicht nannten die Griechen jene Menschen so, weil die Phönizier rötliche oder vielmehr braunrote Hautfarbe hatten. Vielleicht aber auch wegen des purpurfarbenen Stoffes, den die Phönizier herstellten und durch den sie berühmt wurden.

Als der Grieche Herodot Phönizien bereiste, versicherte er,

daß Tyrus »vor 2300 Jahren« gegründet worden sei. Wenn Herodot um 450 v. Chr. in Phönizien war, so ergibt sich für Tyrus das Gründungsjahr 2750 v. Chr. Als diese erstaunlichen Seefahrer um 1200 v. Chr. von der ägyptischen Herrschaft freikamen, waren sie die unumstrittenen Herren des östlichen Mittelmeeres. Sie stellten Glas und Metallgegenstände her, kostbare Vasen, Waffen, Schmuck. Sie handelten mit Getreide, Wein und Stoffen. Sie tauschten diese Waren an allen Küsten des Mittelmeeres ein und transportierten sie bis zu den fernsten Gestaden. Von den Südufern des Schwarzen Meeres holten sie Blei, Gold und Eisen. Kupfer, Zypressen, Holz und Getreide luden sie in Cyprus ein, Elfenbein und Gold in Afrika, Wein in Südfrankreich, Zinn im Atlantik; und überall griffen sie Fremde auf, machten sie zu ihren Sklaven. Mit den gefangenen Mädchen versorgten sie die Harems der damaligen Welt. Sie trieben Handel mit Tarschisch, das wohl noch heute als Tartessus in Südwestspanien bekannt ist. So viel Silber handelten sie dort ein, daß sie angeblich ihre Schiffsanker aus purem Silber machten. Von Gadeira, dem heutigen Cadiz, segelten sie in den Atlantischen Ozean hinaus, bis zu den »Zinn-Inseln«, vermutlich Cornwall in England.

700 Jahre v. Chr. sollen sie Afrika umsegelt haben. Sie waren dann die Entdecker des ›Kaps der guten Hoffnung‹, 2000 Jahre vor Vasco da Gama! Ihre niedrigen, schmalen Galeeren, die oft 30 Meter lang waren, jagten in alle Windrichtungen. Ein großes, viereckiges Segel unterstützte die rudernden Galeerensklaven. An Deck standen Soldaten, und die Parole lautete: Handel oder Krieg! Den Handel schätzten sie sehr, die Waffen benutzten sie nur gegen solche Partner, bei denen gutes Zureden nichts half. Natürlich mußten sich die Schiffe mit nur anderthalb Meter Tiefgang und ohne Kompaß möglichst in der Nähe von Küsten halten. Aber die phönizischen Lotsen lernten schließlich, sich nach den Sternen zu richten. Der Polarstern wurde darum später von den Griechen der »Phönizische Stern« genannt.

An allen strategischen Punkten des Mittelmeeres errichteten sie Handelsplätze und Garnisonen, bei Cadiz, in Karthago, Marseille, auf Malta, Sizilien, Sardinien und Korsika, ja, wahrscheinlich selbst an den Gestaden des fernen England und auf erst uns wieder bekannten Inseln im Atlantik. Sie beherrschten Cyprus, Melos, Rhodos. Sie ließen Sklaven in Minen arbeiten. Sie waren niemals kleinlich, wenn es galt, Handel mit Raub zu verbinden. Sie bestahlen die Schwachen und begaunerten die Dummen. Nur mit den besten Kaufleuten verhandelten sie ehrlich. Sie trieben auch Piraterie und luden Fremde zur Besichtigung ihrer Schiffe ein. Wenn diese dann an Bord waren, segelten sie einfach los. Die Griechen, die selber Piraterie nicht verachteten, nannten jeden Räuberhauptmann zu See »Phönizier«. Und der Dichter Homer – er lebte um 800 v. Chr. – singt in seiner ›Odyssee‹ treffend: »Da nun kamen Phönizier, die schiffsgepriesenen Männer, Schelme, tausendfachen Tand mitführend im dunklen Schiff« (Odyssee XV, 415).

Die Phönizier waren aber nicht nur Kaufleute und Piraten – sie waren auch Kulturträger im wahrsten Sinne des Wortes. Sie trugen Wissenschaften und die Kunst zu schreiben aus Ägypten, aus Kreta und aus dem Nahen Osten nach Griechenland, Afrika, Italien und Spanien. Sie verbanden Osten und Westen durch Handel. Sie waren die Mittelsmänner zwischen Babylon und Ägypten. Mit den Ballen und Fässern ihrer Handelswaren trugen sie Kultur nach Europa und befreiten den damals neuen und jetzt alten Kontinent vom Leben in der Höhle.

Die Handelsaristokraten der Phönizier hielten viel von guten Geschäften und wenig von Krieg. Darum wurden ihre Städte unerhört reich. Byblos war wohl die älteste ihrer Metropolen. Papyrus, also Papier, war eine der wichtigsten Waren des phönizischen Handels. Deshalb nannten die Griechen jedes Buch einfach »Biblos«. Von dieser Bezeichnung für Buch stammt der Name unserer Bibel ab, über das griechische »ta biblia«.

Etwa 75 Kilometer südlich von Byblos, ebenfalls an der Küste, lag Sidon. Diese Stadt lieferte dem Perserkönig Xerxes fast die gesamte Flotte. Die Seeschlachten der Perser gegen die Griechen wurden zumeist auf phönizischen Schiffen ausgetragen. So waren es eigentlich phönizisch-griechische Kriege. Als die Perser Sidon belagerten und nahmen, verbrannten die stolzen phönizischen Großkaufleute ihre eigene Stadt, jenes Hamburg der alten Geschichte. 40000 Menschen kamen im Brande um.

Die bedeutendste phönizische Stadt aber war Tyrus. Auf einer Insel erbaut, einige Kilometer vor der Küste, hatte sie einen großartigen Hafen. Sklaven aus allen Ländern des Mittelmeeres trugen hier Ballen, Kisten und Fässer von Speichern zu Schiffen und umgekehrt. König Hiram I. von Tyrus (969–936 v. Chr.) war ein Freund der Könige David und Salomon. Er stellte den beiden Zedern und Zimmerleute und Steinmetzen. Um 520 v. Chr. war Tyrus so reich, daß es Silber »wie Sand am Meer« und Gold »wie Kot auf der Gasse« hatte. (Sacharja, 9, 3.)

Die Stadt hatte nur etwas über vier Kilometer Umfang, dafür

3500 Jahre alt ist dieses phönizische Männchen, 17 cm hoch, aus Bronze, ein Gott. Er ist keine Schönheit, so ähnlich aber sahen die Phönizier aus. Statuette aus einem karthagischen Grab.

aber Hochhäuser, so daß 25 000 Menschen bequem dort leben konnten. Die Stadtbevölkerung war aber noch größer, da es gegenüber der Insel ein Festland-Tyrus gab, Alt-Tyrus genannt. Wir erfahren, daß Nebukadnezar die Stadt 13 Jahre lang belagerte, von 585 bis 572, ohne daß wir von einer Eroberung hören.

Alexander der Große konnte dieser Feste nur dadurch beikommen, daß er zuerst Festland-Tyrus zerstörte und aus den Trümmern einen Damm nach Insel-Tyrus hinüberbaute. Im Laufe der Jahrhunderte bildete sich durch Anschwemmung eine Landenge, die heute an der schmalsten Stelle 600 Meter breit ist.

Auch Karthago war eine phönizische Gründung (878 v. Chr.), und die Karthager waren Phönizier. Hannibal war ein Sohn dieses eigenartigen Volkes von Kaufleuten und Seefahrern. Phönizischer Geist schuf die Hochstadt Karthago mit den großen Mietshäusern und den engen Straßenschluchten. Lange hielt sich Karthago gegen Rom, aber schließlich kapitulierten die Kaufleute vor den besseren Soldaten. Neue Ausgrabungen zeigen, daß Karthagos Straßensystem in rechten Winkeln wie das von New

York angelegt war. 700 000 Menschen lebten hier im Jahre 140 v. Chr.

Die phönizischen Karthager hatten ein sehr praktisches System, den gesamten nordwest-afrikanischen Handel durch ihren Hafen zu leiten. Ausländische Kaufleute durften stets nach Karthago kommen. Sie waren sehr willkommen. Fanden die Phönizier aber fremde Kaufleute in ihren anderen westafrikanischen Kolonien, so banden sie ihnen einen Stein ans Bein und versenkten sie im Ozean.

Die Phönizier hatten viele Götter, und jede phönizische Stadt hatte ihren »Baal«. Der Baal von Tyrus wurde Melkarth genannt. Er war stark wie der Herkules der Griechen und vollbrachte Taten, um die ihn Münchhausen beneidet hätte. Von den Babyloniern hatten die Phönizier Ischtar übernommen, die Göttin der Fruchtbarkeit. So wie Jungfrauen der Ischtar-Mylitta von Babylonien dienten, so mußten auch Dienerinnen der Astarte zu Byblos ihre langen Haare der Göttin opfern oder im Vorhof des Tempels jedem fremden Wanderer zu Diensten sein. Schließlich gab es noch den »Moloch«, jenen schrecklichen Gott, dem die Phönizier lebende Kinder zum Verbrennen opferten. Als Karthago im Jahre 204 v. Chr. belagert wurde, ließ die Stadt 100 Knaben der besten Familien auf dem Altar des Moloch verbrennen, um den Gott günstig zu stimmen und die Belagerung abzuwenden.

Wie die Ägypter, so legten auch die Phönizier großen Wert auf dauerhafte Bestattung der Toten. In der Nähe von Byblos – jetzt Jebeil – gruben französische Archäologen unter Führung von Montet 1921–1923 den schönen Sarkophag des Ahiram aus. Auf ihm befindet sich eine der ältesten uns bekannten phönizischen Inschriften.

Die phönizischen Kaufleute waren praktische Männer. Sie waren weder Phantasten noch Dichter. Sie hatten wie die Menschen aller Großstädte »niemals Zeit«. So ist uns wenig von diesem Volke erhalten geblieben. Die meisten Baudenkmäler wurden vernichtet oder zerbröckelten im Laufe der Zeit. Während sich die Papyrusrollen im trockenen Ägypten durch die Jahrtausende hindurch lesbar erhielten, mußte an der feuchten Küste Syriens alles verderben. Kaum mehr als zwölf Inschriften, in Steine gemeißelt, hat man im eigentlichen Phönizien ausgegraben. Vom großen Heiligtum des Melkarth in Tyrus steht nicht ein Stein mehr auf dem anderen. Die Städte sind zerstört, die spärlichen Kunstgegenstände, die man fand, zeigen fast immer Ähnlichkeit mit ägyptischen und babylonischen Formen.

Da die Phönizier so viele Errungenschaften der zu ihrer Zeit modernen Technik und Kunst in alle Länder brachten, hielt man lange Zeit die Seefahrer selbst für die Entdecker von Glas, Münzwesen, Fayencewaren, ja, für die Erfinder des Alphabets. Die neusten wissenschaftlichen Forschungen aber beweisen, daß die Phönizier zwar große Nachahmer und Überbringer aller Kulturgüter waren, weniger aber deren Erfinder. Sie brachten all die schönen Sachen auf die Märkte. Die Ideen aber hatten andere Völker. Arithmetik, Gewichte, Maße und Münzen kamen von den Babyloniern. Herstellung von Glasfluß und Fayence waren den Ägyptern viel früher bekannt als den Phöniziern. Später erst wurden die Glasfabrikate Sidons »weltberühmt«. Auch das Alphabet hatte vor den Phöniziern eine ganze Kette von »Bearbeitern«.

Unsicher ist sogar, ob die Phönizier die ersten Hersteller der Purpurfarbe waren. Diese Kunstfertigkeit machte die Phönizier im Altertum weltberühmt. Sie entwickelten den begehrten Farbstoff aus einer Drüse der Purpurschnecke. Der Purpur aus Tyrus war nicht, wie man häufig glaubt, scharlachrot, sondern ein sattes, ins Schwarze übergehendes Violett, der Farbe geronnenen Blutes vergleichbar. Von der Seite und von unten betrachtet, sowie bei scharfer Beleuchtung, schillerte er ins Helle. Die vornehmen Damen Ägyptens, ja, die elegante Welt des ganzen Mittelmeeres, schätzte die in Tyrus gefärbten Stoffe sehr.

Auf der Südseite der ehemaligen Insel Tyrus hat man mächtige Bänke gefunden, die sich aus den steinharten Konglomeraten der Abfälle ehemaliger Purpurwerkstätten gebildet haben. Die Griechen rümpften bei dem Gedanken an Tyrus die Nasen, denn die vielen Färbereien dort entwickelten einen widerlichen, an Knoblauch erinnernden Geruch. Die mit Purpur gefärbte Wolle war kostspielig, und Purpurgewänder zu tragen wurde zu einem Zeichen der Königswürde.

Die lebenden Muscheln fingen die Phönizier in reusenartigen Gestellen aus der See, spalteten dann die Schale und nahmen den Drüsenkörper heraus. In bleiernen Gefäßen wurde der Saft über gelindem Feuer zehn Tage lang eingesotten und durch Abschäumung geklärt. War die Flüssigkeit genügend eingedickt, so wurden die Stoffe, die man färben wollte, eingetaucht und, vollständig durchtränkt, dem Sonnenlicht ausgesetzt. Dann erst entwickelten sich die prächtigen Farben. Sie kamen erst durch das Licht zum Vorschein, und deswegen blichen sie nicht aus!

Als Alexander der Große im Juli 332 v. Chr. die Stadt Tyrus

eroberte, war das weitverzweigte Reich der Phönizier schon am Ende. 8000 Tyrer wurden erschlagen, 30 000 als Sklaven verkauft. Noch einmal lebten die Städte Aradus, Sidon, Tyrus und Tripolis zur Zeit des Pompejus, 64 v. Chr., auf. Aber sie nahmen römische Sitten an. Sie begannen, griechisch und lateinisch zu sprechen. Sie heirateten fremde Frauen. Und schließlich trat dieses rätselhafte Volk der furchtlosen Seefahrer von der Bühne der Weltgeschichte ab.

PERSIEN
Als Ahasverus nicht schlafen konnte

Als der König Xerxes – 480 v. Chr. vor der Seeschlacht bei Salamis – nach der Küste schaute, übersah er seine Land- und Seemacht. Er weinte und sprach: »Ja, es jammert mich, wenn ich bedenke, wie kurz das ganze Menschenleben ist. Denn von allen diesen Leuten wird nach hundert Jahren keiner mehr am Leben sein.«   Herodot

Die uns bekannte Spanne der Menschheitsgeschichte ist so kurz, daß sich gerade die interessantesten Fragen im Dämmerlicht der Vergangenheit verlieren. Wahrscheinlich lebte auf unserer Erde vor einigen 100000 Jahren nur ein und dieselbe Art des Menschen, und alle »Rassen« sind späte Abwandlungen dieses einen Zweibeins, Schattierungen jenes »homo sapiens«, der sich im Laufe seines Erdenlebens dem Klima, den Nahrungsverhältnissen, dem Boden und den Jagdmöglichkeiten anpaßte. Das Buch der Weltgeschichte müßte 1000 Bände umfassen, und nur das letzte Kapitel des letzten Bandes können wir lesen. Hier in diesem letzten Abschnitt spielte sich die Ablösung der orientalischen Völker im Nahen Osten durch die Herrschaft indoarischer oder »arischer« Völker ab. Die Urheimat dieser Eroberer waren vielleicht die großen Steppen Innerasiens, die Ebenen Südrußlands oder die Ufer der Ostsee. Alte Legenden berichten von einem verlorenen Land »Aryanem-Vaejo« und von Wanderungen nomadischer Völker über Buchara und Samarkand nach Persien und nach Indien.

Das altpersische Reich, dieses größte Weltreich der alten Geschichte, blühte nur rund 300 Jahre lang, von 600 bis etwa 300 v. Chr. In diesen 300 Jahren aber spielte ein so faszinierendes Drama auf dem iranischen Hochplateau und im ganzen Nahen Osten, ein Schauspiel, so märchenhaft und so unglaublich, daß wir geblendet vor dem genialen Wahn stehen, vor den grausamen Taten, vor dem Luxus, aber auch vor der Größe einiger medischer und persischer Könige, die hier vor über 2000 Jahren Geschichte machten.

Das persische Reich baute sich auf den Trümmern der Herrschaft des Volkes auf, das wir »Meder« nennen.

Woher kamen diese Meder?

Ihr Aufbruch erfolgte offenbar von Südrußland aus. Über die

Berge zwischen dem Schwarzen und Kaspischen Meer kamen sie nach Persien. Ein Teil zog nach Indien weiter (Inder), die anderen blieben in Iran. Hochgewachsene, weiße Menschen, Nomaden, Hirten waren sie, und die wichtigste kulturelle Neuerung, die sie mitbrachten, war das Pferd. Sie und ihre Nachfolger herrschten bald über die babylonischen, assyrischen und syrischen Reiche.

Der erste uns bekannte König der Meder, Deioces, gründete seine Hauptstadt *Ekbatana* auf einem Hügel und krönte sie mit einem Tempel, der in der Sonne glitzerte. Sieben Mauern sollen diese Stadt umgeben haben, die innerste von purem Gold, die zweite aus Silber, die dritte aus glänzenden, orangefarbenen Ziegeln, und weitere blau, scharlachrot, schwarz und weiß. Nichts ist von dieser Märchenstadt erhalten. Ob aber die goldene Mauer einmal ausgegraben wird? Niemand aus dem Volke durfte vor den König treten, so berichtet der Grieche Herodot, und man glaubte, daß er von anderer Gestalt wäre als die übrigen Sterblichen.

Der bedeutendste König der Meder war Kyaxares. Er zerstörte Ninive und belagerte schließlich Sardes. Eine Sonnenfinsternis jagte den Belagerten wie den Belagerern so große Furcht ein, daß sie sofort Frieden schlossen. Sie tauschten zwei Becher Menschenblut aus und leerten die Becher bis auf den Grund. Zum Abschluß des soundsovielten »Weltkrieges«, denn die Welt war damals noch nicht rund.

Kein Stein, keine geschriebene Zeile, kein Brief und kaum einige Kunstgegenstände sind von diesen Medern zurückgeblieben.

Astyages übernahm 585 v. Chr. die Herrschaft von seinem Vater Kyaxares. Da saß er nun auf dem Königsthron der Meder zu Ekbatana – heute Hamadan – und war gewillt, sein Reich lange zu behalten und lange zu genießen. Prächtige Moden führte er ein und allen erdenklichen Luxus. Die Herren ließen ihre Hosen mit Stickereien verzieren. Ja, Hosen hatte es überhaupt noch niemals gegeben. Sie sind eine medische Erfindung! Die Damen interessierten sich für ihre feine Haut, für Kosmetik und Juwelen. Pferde in einem Land, das den Kavallerie-Angriffen der nördlichen und östlichen Steppen stets ausgesetzt war, mit ihren Reitern auf Leben und Tod verbunden, wurden mit goldverbrämten Decken verziert. In der glitzernden Hauptstadt Ekbatana löste ein Fest das andere ab.

Solche Herrlichkeit sagt immer die zwölfte Stunde an, den

Zweifel, den nahen Untergang und Angst vor dem bösen Traum. Auf dem Gipfel seiner Macht benimmt sich der Mensch meist ungehörig. König Astyages erfuhr von Traumdeutern, das Kind seiner Tochter werde einst ganz Medien beherrschen. Er verheiratete daher seine Tochter Mandane nicht mit einem Meder, sondern mit dem Prinzen eines Vasallen-Staates, dem Perser Kambyses. Das Kind einer solchen Ehe, so meinte Astyages, konnte man später beseitigen, denn auf Perser legen die Meder keinen so großen Wert; man verachtete sie ein wenig. Als die medische Königstochter Mandane dem Perser Kambyses einen Sohn schenkte – Kyros –, befahl Astyages seinem Kanzler Harpagus, das Kind zu töten. Harpagus befolgte den Befehl nicht, sondern trug den kleinen Kyros zu einem Rinderhirten. Hier, nördlich von Ekbatana, in den rauhen Winden des Hochlandes, wuchs der kleine Kyros heran, um später der größte Staatsmann seiner Zeit zu werden.

Es ist eine grausame Geschichte, die uns Herodot erzählt: Eines Tages erfuhr Astyages, daß Harpagus das Leben des kleinen Kyros geschont hatte. Er servierte ihm zur Strafe einen Braten. Es war der Sohn des Harpagus ohne Kopf, ohne Füße, ohne Hände. Noch an der Tafel ließ der König seinem Kanzler das Haupt des getöteten Kindes zeigen. Der Vater, Harpagus, bewahrte äußerlich völlige Ruhe. »Alles, was der König tut, ist gut«, sagte er. Dann wartete er klug ab, bis Kyros zum Mann geworden war, verbündete sich mit ihm, ließ ihn in das Mederland ein und verhalf ihm zum Siege. Es ist interessant, gleich am Anfang des Weges dieses Kyros in die Unsterblichkeit festzustellen, daß er den gestürzten und zunächst gefangenen Astyages in Freiheit und in Ehren weiterleben ließ.

So fiel das Land der Meder in die Hände der verwandten Perser. Denn wie die Meder waren die Perser Indogermanen. Sie hatten sich in *Anzan,* in Süd-Elam, niedergelassen. Ihre Hauptstadt war *Susa,* ihr Königsgeschlecht das der Achämeniden, benannt nach ihrem ersten König Achämenes, der um etwa 700–675 v. Chr. regierte. Ihm folgten die Könige Teispes, Kyros I., Kambyses I. und Kyros II. Diese Achämeniden besaßen 500 Kilometer südöstlich von Susa einen zweiten, sehr alten Stützpunkt, Parsagarda, »Lager der Perser«, eine Feste, die von den Griechen *Pasargadae* genannt wurde. Mit Kyros II. und seinem Kernland Parsa – Persis – beginnt die eigentliche Geschichte der Perser. Hier grub E. Herzfeld im Jahre 1928 unweit vom Pulvar-Fluß bei Madar-i-Sulaimann 38 Kilometer von der modernen

So sah ein Perser vor rund 2500 Jahren aus. Aus einem Relief, das man in Persepolis ausgrub. Die Haare waren künstlich gelockt. Die Perser stürzten die Reiche der Babylonier und Assyrer. Sie vermischten sich mit diesen Völkern und nahmen deren Sitten an. Die Gesichtsform eines »reinen Persers« ist uns daher kaum noch erhalten.

Stadt Schuster die Ruinen der königlichen Residenz Pasargadae aus. Hier erkannte im Jahre 1935 Erich F. Schmidt aus dem Flugzeug die Umrisse einer Festung. Und hier trotzt einsam und schlicht bis zum heutigen Tage das Grabmal des Kyros aller Sonnenglut und allen Steppenwinden. Einst war es von einem Park, von Säulengängen und Mauern umgeben. Man fand auf einem Pfeiler noch in Keilschrift die Worte: »Ich bin König Kyros, der Achämenide.« Aber das Grab ist leer, und der goldene Sarkophag, in dem Kyros der Große einst ruhte, ist längst geraubt und verschwunden.

Mit der Eroberung von Ekbatana wurde Kyros mit einem Schlage Herr über ganz Medien und begründete dadurch das Perserreich. Er war für die Perser schlechthin das Sinnbild der Schönheit. Ich glaube aber, sie liebten ihn nicht, weil er schön war, sondern sie fanden ihn schön, weil sie ihn liebten. Plutarch erzählt, daß die Perser gebogene Nasen als sehr schön empfanden. Warum? Weil Kyros eine solche Nase hatte. Viel wissen wir von diesem Kyros nicht. Denn was Xenophon in seiner ›Kyrou Paideia‹ erzählt, ist mehr eine Hymne auf die Monarchie, ein durchaus griechisches Lehrbuch für Erziehung und Philosophie, als ein Werk der Geschichte. Es wurde für einen späteren Perserprinzen namens Kyros – für Kyros den Jüngeren – geschrieben und ist von der Philosophie des Sokrates, des Freundes des Xenophon, stark beeinflußt.

Erst stellte Kyros eine mächtige Armee auf, dann eroberte er Lydien mit der berühmten Stadt Sardes.

Wie eine Morgenstunde der Menschheit erscheint der Siegeszug des Königs Kyros, getragen gleich der Staatskunst Caesars von geheimnisvollem Zauber, geführt vom Geiste der Befreiung, gelenkt von Edelmut und wahrer menschlicher Größe.

Karien, Lykien und Ionien ergaben sich den Generälen des Persers.

Im Osten sicherte Kyros sein Reich gegen die verwegenen Saka-Stämme (Skythen) des Turenischen Steppengebietes. Auf Baktrien, Margiana und Sogdiana legte er seine mächtige Hand, und fern am Jaxartes, nördlich noch vom heutigen Samarkand, gründete er die mächtige Grenzfeste Kyreschata. Er nahm das mit seinem Herrscher Nabonid unzufriedene Babylon. Am 29. Oktober des Jahres 539 zog er, jubelnd begrüßt und gefeiert, in die uralte Stadt ein, befreite die dort gefangenen Juden, opferte dem Gott der Babylonier Marduk und setzte der Herrschaft der Semiten in Westasien für 1000 Jahre ein Ende.

So wurde das persische Weltreich die größte Staatsorganisation des vorrömischen Altertums.

Kyros scheint ein Herz für die Religionen anderer Völker gehabt zu haben. Er hatte Ehrfurcht vor ihren Göttern, verneigte sich vor ihren Heiligtümern und hielt es wohl für ratsam, die Götter- und Götzenbilder der Besiegten nicht zu zerstören, pflegte ihre Tempel und sah andächtig zu, wie der Weihrauch vor jedem Götterstandbild in den Himmel aufstieg. Nie ging es ihm um Ausrottung, immer wollte er die Menschen gewinnen. Er war der neue Geist, das bedeutendste Genie Westasiens vor Alexander dem Großen.

Kein Wunder, daß ihm die Völker zujubelten. Kein Wunder, daß er Babylon mit Zustimmung eines großen Teils der Bürger dieser alten Stadt besetzte und daß sich das Heer Belsazars auflöste. Kein Wunder, daß die Menschen von Sumer und Akkad, daß Heerführer und Prinzen vor ihm niederfielen und ihm die Füße küßten. Er war wirklich tolerant, und er ahnte vielleicht, daß außerhalb seiner eigenen Religion, abseits von Ahura-Mazda, ein Gott die Welt regierte, den er noch nicht kannte. Sicher ist es kein Märchen, daß gerade dieser Kyros für die Juden in Jerusalem den zerstörten Tempel des Jahve wieder aufrichtete!

Kyros starb nicht daheim, in seiner Stadt Ekbatana, im Bett. Dem Ansturm asiatischer Bogenschützen warf er sich entgegen, den reitenden Massageten im Norden, die – von Skythen geschoben – aus den Steppen Turkestans heranjagten. Im Heldenkampf gegen die größte Gefahr für Persien fiel der Achämenide im Sommer des Jahres 530 v. Chr., ein Opfer vermutlich der hinterlistigen Taktik der Steppenreiter und ihrer gefährlichen Pfeile.

Die Staatsmänner unserer Zeit könnten viel von Kyros lernen. Niemand wird es merken, denn Kyros lebte immerhin vor 2500 Jahren. Ziemlich sicher ist, daß die Intelligenz von Staatslenkern seit dieser Zeit nicht zugenommen hat. Ein Beispiel: König von Lydien war der berühmte und viel beneidete Krösus. Sein sagenhafter Reichtum beruhte auf den Erträgnissen vieler Bergwerke und Goldminen. Die Hauptstadt des Krösus, Sardes, war eine glänzende Hochburg der Künste und Wissenschaften. Als Krösus den Philosophen Solon fragte, was er denn von so viel Glück und Reichtum halte, antwortete Solon ruhig, niemand dürfe sich glücklich nennen, ehe er sein Leben zu Ende gelebt habe. Bald darauf – 546 v. Chr. – eroberte Kyros die Stadt Sardes, und die Perser setzten den Krösus auf einen Scheiterhaufen. So nahe dem Tode, erinnerte sich Krösus an die Prophezeiung und murmelte den Namen des Solon vor sich hin. Kyros hörte das und bat um eine Erklärung. Als Krösus alles erzählt hatte, schenkte der weise König Kyros dem besiegten persischen Staatsfeind Nr. 1 sehr viel Land, gab ihm einen hohen Posten am Hof und machte ihn zu seinem eigenen Berater. 30 Jahre diente Krösus so dem klugen König und sogar noch dem Nachfolger des Kyros, dem Kambyses.

Der Sohn des Kyros entsprach schon mehr dem Bild, das wir uns von einem modernen Diktator machen. Er regelte alles anders als sein Vater. Er tötete seinen Bruder Smerdis. Er dehnte sein Reich bis zum Nil in Ägypten aus und schlug dabei die Gefangenen tot. Kambyses soll die Götter der Ägypter in den Staub geworfen haben. Er öffnete ihre königlichen Gräber und nahm die Mumien heraus. Damals galt das noch als Verbrechen. Er wollte die Ägypter von ihrem »Aberglauben« heilen. Als er aber dann schließlich größenwahnsinnig oder epileptisch wurde, lachten die Ägypter, denn jetzt waren sie überzeugt, daß ihre Götter den Kriegsverbrecher König Kambyses gestraft hätten. Kambyses muß am Ende seiner Lebenszeit eine Art Nero gewesen sein. Er tötete seine Schwester durch einen Faustschlag in den Magen. Er brachte seine Frau Roxane um. Mit einem Pfeilschuß traf er seinen Sohn Prexaspes tödlich. Zwölf vornehme Perser begrub er zur Abwechslung lebendig. Er verurteilte den Krösus,

In der großen Palasthalle des Darius zierte dieser Stier das Kapitell einer Säule. Das Kunstwerk aus dem vierten vorchristlichen Jahrhundert besteht aus grauem Marmor und wurde in Susa aufgefunden. Das Tier trägt auf dem Rücken mächtige, hölzerne Deckenbalken.

von dem wir schon gehört haben, zum Tode. Kaum hatte er das Urteil ausgesprochen, so bedauerte er es wieder und weinte. Als er erfuhr, daß man die Hinrichtung nicht durchgeführt hatte, geriet er aber wieder in Wut und bestrafte die Offiziere, die ihm nicht gefolgt waren. Der ganze Wahnsinn endete mit einer Revolution. Ein religiöser Fanatiker erklärte, er sei Smerdis, Bruder des Königs, jener Smerdis, der in Wahrheit längst getötet worden war. Eine zweite Revolution stürzte diesen Smerdis und brachte Darius auf den Thron.

Dieser Darius ist uns aus der griechischen Geschichte bekannt. Er wurde bei Marathon (490 v. Chr.) geschlagen. Herodot erklärt den mißglückten griechischen Feldzug damit, daß Darius hier einmal dem Rate eines Weibes gefolgt sei: Der König habe sich den Fuß verrenkt, als er auf einer Wildjagd vom Pferd sprang. Die ägyptischen Ärzte galten damals immer noch als die bedeutendsten Mediziner. (Die Sache stimmte aber nicht mehr, denn wir sind schon im Jahre 492 v. Chr., und offenbar hatten griechische Ärzte bereits die Ägypter überflügelt.) Die Ägypter versuchten, den Fuß des Königs mit Gewalt wieder einzurenken, machten das Übel aber so schlimm, daß der König sieben Nächte nicht schlafen konnte. Er hatte vom griechischen Arzt Democedes aus Kroton gehört und befahl, diesen schleunigst herzubringen. In Ketten und in Lumpen gekleidet, brachte man ihn an. Viel zu wissen ist gefährlich. Democedes war ein begehrter Mann, so wie heute die Atomphysiker. Er hatte also Angst, nicht wieder nach Hause zu kommen, wenn Darius merken würde, wie fähig er sei. Er sagte deshalb, er verstehe nichts von Medizin. Darius ließ Geißeln und Stacheln bringen und drohte dem Arzt, der sich verstellte, mit diesen Mitteln. Das half! Democedes machte den Fuß gesund, und der König schenkte ihm zwei Paar Goldketten. Wir sehen, Democedes war eine Art Sauerbruch seiner Zeit. Und die krotonische Medizin wurde weltbekannt wegen dieses Mannes. Jetzt saß Democedes beim persischen König und sehnte sich nach seiner Heimat. Wäre nun Griechenland mit Persien vereint gewesen, so hätte er in seine Heimat reisen können. So aber konnte er nicht hinter den »eisernen Vorhang«, nach Griechenland, fahren. Die Frau des Darius, Atossa, litt an einem Brustkrebs. Zuerst verheimlichte sie das Übel. Als aber die Krankheit weiter fraß, ließ sie den Democedes rufen. Er versprach, die Königin gesund zu machen, wenn sie ihm eine Bitte erfüllen würde. Sie sollte den König beeinflussen, Griechenland zu erobern. Atossa wurde geheilt. Eines Nachts im königlichen Schlafzimmer begann sie also, ihren Herrn und Gemahl zu bereden. »Ziehe wider Hellas«, sagte sie, »denn ich möchte Dienerinnen haben aus Sparta, aus Argos, aus Athen und aus Korinth. Du hast ja einen guten Berater, der die Verhältnisse in Griechenland kennt, du hast ja unseren Arzt Democedes.« Der König ließ sich bereden, und so kam es zum Feldzug gegen Griechenland, der mit Marathon endete. So erklärten die Griechen den Vorgang!

Der »geschlagene Darius« ist sozusagen »die europäische Seite« des Darius. In Westasien aber baute er das Riesenreich der Perser wieder auf.

Er unterwarf gefährliche Aufstände, die in vielen Provinzen schwelten und aufflackerten. Er ordnete die persische Weltherrschaft und das Reich durch die straffe Bürokratie seiner Kanzleien und seiner Beamten. Er verband den riesigen Verwaltungsapparat durch eine Welt-Kanzlei-Sprache: das Aramäische.

Bei *Behistun,* das man jetzt »Bisutun« ausspricht, an der Königsstraße von Babylon nach Ekbatana, im Zagros-Gebirge, ließ Darius 520 v. Chr. über der Straße eine ganze Felswand mit Reliefs und Inschriften bedecken. Die Schilderung der Taten des Königs ist so hoch angebracht, daß man sie niemals von der Straße aus lesen konnte. Darius dachte nämlich nicht an seine Zeit, ihm ging es um viel spätere Epochen. So schuf er tatsächlich ein Riesen-Monument, das allen Zeiten und Stürmen bis auf unsere Tage trotzte. Immer sickerte über die Kante des Felsens

Wasser, 2500 Jahre lang. Aber selbst diese steten Tropfen konnten der Felswand-Inschrift nicht viel anhaben. Man hat mit Recht gesagt, sie sei die Königin aller Inschriften der Welt. In drei Sprachen ist sie abgefaßt, in Persisch, Elamitisch und Babylonisch. Und sie ist heute noch recht gut zu lesen.

Darius war eine der größten Herrscher-Gestalten der Weltgeschichte, ein Organisator ersten Ranges, ein Wirtschafts-Praktiker auf dem Thron, wie ihn die Erde noch nie erlebt hatte, manchmal im Einziehen von Tributen Pedant, so daß man ihn einen »Pfennig-Fuchser« nannte, dabei kein so schlechter Stratege und angesichts der gefährlichen Weiten Rußlands ein weiserer Feldherr als Napoleon. Seine Armeen führte er über den Bosporus, dann nach Norden durch Thrakien bis zur Donau. Hier setzte er mit 70 000–80 000 Mann über den Fluß und marschierte in die unbekannte Wildnis gegen das immer wieder anreitende Steppenvolk der Skythen. Wohin er dort weiter vorrückte, ist ungewiß. Ohne den Dniester überschritten zu haben, trat er, dem Verdursten nahe, den Rückmarsch an. Unter Zurücklassung des Nachschubs und der Kranken überquerte er mit seinem erschöpften Heer wieder die Donau. Die Skythen entscheidend zu besiegen, gelang ihm nie. Er zog durch Afghanistan bis in das Tal des Indus. Er gewann viele Millionen fremder Menschen für sein Königreich und Gold für seine Kassen.

In seinem Stammland Persis gründete er die neue Hauptstadt *Persepolis.* Die Ruinen dieser einstigen Residenz – 40 Kilometer Luftlinie südwestlich von Pasargadae und ebensoweit entfernt von der heutigen Stadt Shiraz – wurden im Auftrag des Orientalischen Instituts der Universität Chicago zwischen 1931 und 1934 von Ernst Herzfeld ausgegraben. Von 1935 bis 1937 übernahm dann Erich F. Schmid die Leitung der Grabungen. Diese beiden hervorragenden Archäologen legten die riesige, künstliche Plattform frei, eine Terrasse, auf der Darius 518 v. Chr. zu bauen begann und wo über 50 Jahre lang von den Königen Xerxes und Artaxerxes weitergebaut wurde bis 460 v. Chr. In seiner eigenen Bau-Inschrift nennt König Darius die Terrasse »Burg«, »Festung«. Man kann sie auch als Herrschersitz bezeichnen mit riesigen Palästen, mit einer »Hunderttausend-Halle«, mit Häusern für den Harem des Darius und später des Xerxes, mit Unterkunft für die Wache des Harems, mit Häusern für Beamte, für Tausende von Dienern und Dienerinnen, mit Gebäuden für Wirtschaft und Verwaltung, mit Zisternen, Befestigungen und Gräbern. Ein groß angelegtes System unterirdischer Tunnel diente wahrscheinlich der Frischwasser-Versorgung. Herzfeld fand in der Nordost-Ecke der Terrasse 30000 Tontafeln in elamischer Sprache, die jetzt im Orientalischen Institut der Universität Chicago gesichert und bearbeitet werden. Die Tafeln enthalten genaue Buchführung über die mächtigen Bauten, Lohnaufstellungen, Eintragungen über Materialkosten und so weiter.

Nach den Mißerfolgen seiner Heere in Griechenland bereitete Darius einen neuen Feldzug gegen die Griechen vor. Als Herrscher über das größte Weltreich der Geschichte und unbesiegbarer Herr über Millionen und aber Millionen von Menschen aller Sprachen sah er Marathon als zufälliges Mißgeschick an. Da, mitten während der Vorbereitungen zum entscheidenden Feldzug gegen Griechenland, im Herbst des Jahres 486 v. Chr. starb der gewaltige Welteroberer.

Noch zu Lebzeiten hatte er sich eine Ruhestätte für die Ewigkeit bauen lassen. Unweit von Persepolis, in der steilen Felswand von Naksh-i-Rustam, befinden sich die Grabkammern Darius' des Großen und seiner Nachfolger. Jedes Grab ist in drei Zonen in den Fels gemeißelt. Die mittlere Zone mit dem Eingang ist

Hier ruhte König Artaxerxes II. zu Persepolis. Er regierte (405–359 v. Chr.), als das Persische Weltreich sich schon seinem Untergang zuneigte. Nicht nur der König selbst, sondern auch seine Familie waren im Grabe beigesetzt; ein grausamer Scherz, wenn man bedenkt, daß der König fast seine ganze Familie selbst umgebracht hatte. Die Leichen waren einbalsamiert und von Grabräubern längst verschleppt.

breiter als die anderen, so daß das Grab wie ein in den Fels geschnittenes Kreuz aussieht. Einer der interessantesten Texte, die wir aus dem Altertum besitzen, ist die dreisprachige Inschrift, die König Darius hier an seinem Grabe anbringen ließ. Ernst Herzfeld hat sie uns in wunderbarer Weise lesbar gemacht: »Ein großer Gott ist Ahura Mazda, der dies ... Werk geschaffen hat, das sichtbar ... ist. Durch Ahura Mazdas Willen bin ich von solcher Art: Was Recht ist, liebe ich, Unrecht hasse ich. Nicht ist mein Gefallen, daß der Niedere des Hohen wegen Unrecht leide ...«

Der Nachfolger des Darius ist uns aus der Bibel bekannt. Es ist der König »Ahasverus«, der zu Susa thronte und die Esther zur Königin machte. Der Ahasverus des Alten Testaments wird von Herodot Xerxes genannt. Auch er war, wie Kyros, ein sehr schöner Mensch, groß und kräftig. Schöne Männer sind meist eitel und dazu noch in Gefahr, von Frauen an der Nase herumgeführt zu werden. Xerxes besaß einen ganzen Harem eifersüchtiger Weiber. Er wußte zuletzt selbst nicht mehr, wen er liebte, und schon gar nicht, von wem er geliebt wurde. Das Volk tuschelte in allen Gassen Susas von seinen Skandalgeschichten und Ausschweifungen. Kein Zufall darum, daß der eindrucksvollste Bau des Xerxes in Persepolis sein Harem ist. Und eine Überraschung: Jeder kann sich heute den Harem, also das Frauenhaus dieses eigenartigen Königs, hier zu Persepolis ansehen. Denn nach Angaben von Ernst Herzfeld hat der Architekt Friedrich Krefter das mächtige Gebäude wieder genauso errichtet, wie es vor rund 2500 Jahren aussah. Es erscheint erstaunlich modern und sachlich, und es ist von großer Schönheit in seinen einfachen, klaren Linien. Daß es sich bei den Ruinen wirklich um den Harem des Königs handelte, erkannte Herzfeld an den vielen gleichförmigen Gemächern, die jeweils mit einem langen oder zwei kleinen Räumen verbunden waren. Lange Korridore und Zimmer für die Versorgung und Bedienung der Haremsdamen waren angeschlossen.

Sehr prunksüchtig war dieser Herr. Er berauschte sich an Wein, Festgelagen und riesigen Bauwerken. Bei Salamis wurde seine Flotte von den Griechen besiegt. Dieser See-Sieg, dann Platäa und vor allem die Vernichtung einer zweiten, großen persischen Armee an der Halbinsel Mykale, der »Sieg der Lanze über den Bogen«, bewirkten, daß Persien fortan in Asien bleiben mußte und keine europäische Macht wurde. Nach 20 Jahren Hofintrigen und Mißregierung wurde Xerxes bezeichnenderweise im Schlafzimmer ermordet. Man begrub ihn mit großem Pomp, denn jeder freute sich, daß er tot war, und alle waren zufrieden.

Kyros und Darius hatten das persische Weltreich aufgebaut. Xerxes hatte es geerbt und ließ es in Ausschweifung und Luxus verkommen. Unter den Nachfolgern des Xerxes erleben wir den Untergang. Denn jetzt beginnt die Kette von Mord und Totschlag.

Der Mörder des Xerxes wurde von König Artaxerxes umgebracht. Sein Nachfolger, Xerxes II., wurde von einem Halbbruder ermordet, der wiederum von Darius II. Das Blut floß in Strömen. Darius II. unterdrückte eine Revolte auf das grausamste. Er ließ sein Weib in Stücke schneiden, seine Mutter, Brüder und Schwestern lebendig begraben. Artaxerxes II. tötete seinen Sohn und starb gebrochenen Herzens, als er erfuhr, daß ein anderer Sohn, Ochus, wiederum seine Ermordung vorbereitete. Ochus regierte 20 Jahre lang und wurde von einem General vergiftet. In Totschlag, Meuterei, Grausamkeit, in Tränen und in Blut ertrank das Riesenreich der Perser.

Alexander der Große brauchte nur noch das zu zerschlagen, was schon faul und innerlich krank war. Dennoch ist dieser Augenblick der menschlichen Geschichte so ungeheuerlich packend, jener November des Jahres 333 v. Chr., als Darius III. mit dem Beinamen Kodomannos, der letzte Achämenide, mit einem Heer von vielleicht 30000–40000 Mann den 20000 Fuß-Soldaten und 5000 Kavalleristen des Alexander bei Issus gegenüberstand. Alexander siegte mit seiner schiefen Schlachtordnung vor allem, weil Darius aus dem Zentrum der Perser beim Heranstürmen Alexanders in seinem Schlachtwagen floh und sein Heer führerlos zurückließ. Als der Kampf beendet war, hatte Alexander nur 450 Mann verloren, die Perser vielleicht das Zehnfache. Nicht mehr! Denn die Zahlen, die uns von den Griechen überliefert wurden – ein Perserheer von 600000 und davon 110000 Verluste – sind maßlos übertrieben. Das ist verständlich, weil dadurch der Sieg Alexanders noch viel eindrucksvoller wurde. Der geflohene Darius ließ im königlichen Zelt seine Mutter, seine Frau, zwei Töchter, seinen königlichen Wagen und all den goldenen Schmuck, die Edelsteine und Reichtümer zurück.

Wenn wir den griechischen Geschichtsschreibern glauben dürfen, so benahm sich der Sieger Alexander wie ein Gentleman und Märchenheld. Er behandelte die Angehörigen des Darius mit großer Höflichkeit. Er heiratete des Darius Tochter Roxane. Die

Mutter des Darius war so angetan vom großen Mazedonier Alexander, daß sie nach dessen Tode aus freiem Willen verhungerte.

Alt-Persien war untergegangen. Seine faszinierende Geschichte liegt in Trümmern vor uns. Mühselig graben Gelehrte Stein um Stein dieses glänzenden, einstigen Weltreichs aus. Es ist immer das Zeichen für das Ende eines Volkes und seiner Könige, wenn der Eroberer so viel größer und edler ist als der Geschlagene. Darius wurde auf der Flucht von seinen eigenen Offizieren umgebracht. Alexander aber verurteilte die Mörder seines Feindes zum Tode und ließ Darius in einem Staatsbegräbnis zu Persepolis beisetzen. So prunkvoll und großartig war dieses Begräbnis, daß die Menschen Westasiens noch Jahrhunderte später davon erzählten. Zu Tausenden strömten die Perser zum großen Alexander. Sie waren geblendet von seiner Männlichkeit, von seiner Jugend, von seinem Großmut. Sein Name überstrahlt selbst Persiens bedeutendste Könige Kyros und Darius.

Die Könige starben – die Bürokratie schien ewig

»Was ist fünftes der Erde am leidvollsten? Darauf erwiderte Ahura-
Mazda: Wenn man, o Zarathustra, eines reinen Mannes Weib oder
Knaben als Beute wegführt auf staubigen trockenen Straßen, und die
Gefangenen weinen.«   Awesta, 3. Kapitel des ›Wendidad‹

Unter König Darius I. dem Großen (521–485) umfaßte das persische Reich 20 Provinzen, »Satrapien«, die von je einem »Achsa-
drapan«, einem Satrapen, verwaltet wurden. Das Weltreich hatte
seine größte Ausdehnung erreicht. Es reichte von Ägypten über
Palästina, Phönizien, Phrygien, Ionien, Kappadozien, Cilizien,
Armenien bis Assyrien. Es erstreckte sich über den Kaukasus,
Babylonien, Medien, das heutige Persien, das jetzige Afghanistan, Belutschistan, Indien westlich des Indus, Soktrien und
Baktrien. Es reichte weit bis zu den Steppen Zentralasiens. Kein
König vorher hatte ein so großes Gebiet unter sein Zepter gebracht. Viele Völker, alles in allem wohl 50 Millionen Menschen,
lebten in diesem Weltreich der Achämeniden. Dabei war die Zahl
der Perser, die Zahl der Bewohner des Kernlandes Persis, nicht
größer als rund 500000. Zweihundert Jahre lang waren diese
wenigen Perser die Herren der Welt.

Die Menschenrasse, diese harten Bergvölker, die wir Indogermanen nennen, sollten wir eigentlich Indoeuropäer heißen. Sie
hatten das weiße, lange europäische Gesicht. Sie waren die Urväter der meisten europäischen Völker, nicht nur der Germanen.
Sie kamen aus Südrußland über den Kaukasus. Sie hatten früher
schon Afghanistan durchquert.

Sie wanderten 1500 Jahre v. Chr. in das Tal des Indus. Viele
Sprachen wurden im Perserreich gesprochen. Aber die Hofspra-
che zur Zeit der Regierung des Darius I. war Altpersisch. Dieses
Altpersisch ist dem indischen Sanskrit verwandt. Seit langem
wurde die erstaunliche Tatsache festgestellt, daß viele Wörter in
Europa wie im Tal des Indus gleichen Ursprungs sind.

Wer denkt daran, daß etwa das Wort »Bruder« so weit entfernt
in einem Urstromtal unter dampfenden Dschungeln altindisch
»bhratar« hieß, im altpersischen »Zend-Avista« »bratar«, im
Griechischen »phrater«, im Lateinischen »frater«, im Altirischen
»brathir«, im Altslawischen »bratru«, im Althochdeutschen

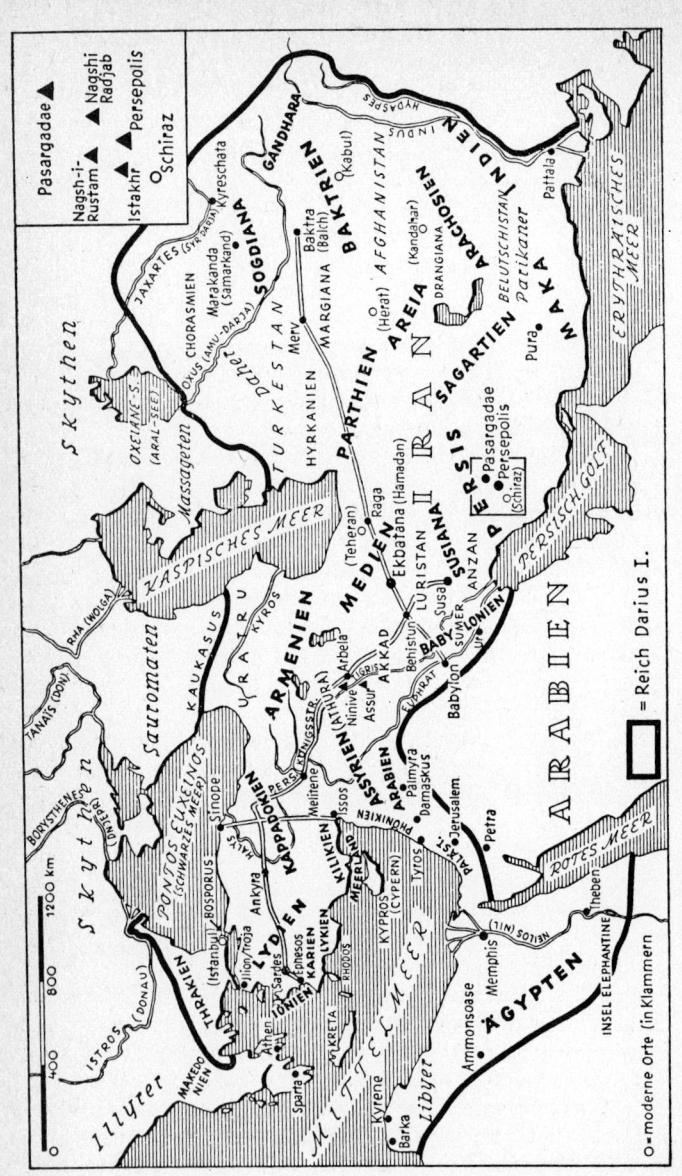

Reich Darius I.

Legende:
- Pasargadae ▲
- Nagsh-i-Rustam ▲
- Naqshi Radjab ▲
- Persepolis ▲
- Istakhr ▲
- ○ Schiraz

ERYTHRÄISCHES MEER

INDIEN
INDUS
HYDASPES
Pattala

GANDHARA
BAKTRIEN
Baktra (Balch)
MARGIANA
Merv
Marakanda (Samarkand)
SOGDIANA
Kyreschata
JAXARTES (SYR-DARJA)
OXUS (AMU-DARJA)
CHORASMIEN
OXIANES-S. (ARAL-SEE)
TURKESTAN
Dahes

AREIA
AFGHANISTAN (Herat)
Kandahar
DRANGIANA
Pura Patikaner
BELUTSCHISTAN
MAKA
SAGARTIEN
ARACHOSIEN

IRAN
PARTHIEN
HYRKANIEN

Skythen
Massageten

MEDIEN
Raga (Teheran)
Ekbatana (Hamadan)
LURISTAN
SUSIANA
Susa
ANZAN
PERSIS
Pasargadae
○ Persepolis
○ Schiraz
SUMER
BABY-LONIEN

KASPISCHES MEER

URARTU
KYROS
ARMENIEN
KAUKASUS
Behistun
Arbela
Ninive
Assur
AKKAD
EUPHRAT
Palmyra
Damaskus

Sautomaten
RHA (WOLGA)
TANAIS (DON)
BORYSTHENES (DNJEPR)

Skythen

ASSYRIEN (ATHRA)
ARABIEN
PHÖNIKIEN
Tyros
PALÄSTINA
Jerusalem
Petra
ROTES MEER

ARABIEN

PONTOS EUXEINOS (SCHWARZES MEER)
Sinope
KAPPADOKIEN
Melitene
Issos
KILIKIEN
Melitene
PERS. KÖNIGSSTR.
BOSPORUS (Istanbul)

THRAKIEN
MAKEDONIEN
Ilion/Troja
Ankyra
LYDIEN
Sardes
IONIEN
Ephesos
KARIEN
Athen
Sparta
KRETA
KYPROS (CYPERN)
MITTELMEER

1200 km
800
400
0

ISTROS (DONAU)

Illyrer

Kyrene
Barka
Libyer

ÄGYPTEN
Ammonsoase
Memphis
NEILOS (NIL)
Theben

INSEL ELEPHANTINE

○ = moderne Orte (in Klammern)

☐ = Reich Darius I.

»bruoder« und im Englischen »brother«. Das Sanskritwort »pitar« heißt altpersisch ebenso, griechisch »pater«, ebenso lateinisch, im Englischen »father« und im Deutschen »Vater«. »Mutter«: Sanskrit »matar«, ebenso altpersisch. Griechisch »meter«, lateinisch »mater«, russisch »match«, englisch »mother«. »Stehen«: Sanskrit »stah«, altpersisch »cta«, griechisch »istemi«, lateinisch »sto«, russisch »stojatch«, englisch »stand«.

Die Perser übernahmen aus etwa 300 babylonischen Silbenzeichen 36 Buchstaben, die in Keilschrift geschrieben wurden. Aber Schreiben erschien den Persern als eine unmännliche Kunst. Viel wichtiger war ihnen der Krieg, die Jagd und der Harem. So tief »hinabzusteigen«, um Literatur zu produzieren, hielten sie für anrüchig. Darum haben sie uns kaum etwas Schriftliches von Bedeutung hinterlassen. Nur die Geschichte ihres großen Propheten ist durch mündliche Überlieferung und einige Aufzeichnungen bis zu uns gekommen. Lange vor Christus erschien in der Urheimat Aryana-Vaejo ein gewisser Zarathustra, den die Griechen Zoroaster nannten. Seine Schüler schrieben seine Lehren und Gebete nieder. Und diese »Bibel« des Zarathustra wurde später Zend-Awesta genannt: übersetzt etwa »Erklärung und Text«.

Der römische Historiker Plinius berichtete, es habe ursprünglich zwei Millionen Verse des Zoroaster gegeben, und die Perser berichten, daß das ursprüngliche Werk auf 12 000 Kuhhäuten in goldenen Lettern in der großen Bibliothek zu Persepolis aufbewahrt war. Als Alexander der Große den Palast von Persepolis niederbrannte, soll dieser Urtext in Flammen aufgegangen sein. Erhalten sind ein Buch und einige Fragmente.

Wann lebte dieser Zarathustra? Die moderne Forschung setzt ihn um etwa 700 v. Chr. an. Die Griechen aber meinten, er habe 5500 Jahre vor ihrer Zeit gelebt.

Wir wissen nicht viel von Zarathustra. Seine wirkliche Heimat mag Ostiran oder Baktrien gewesen sein. Der Prophet soll sich wie Christus in eine Bergwildnis zurückgezogen haben. Er mied eine Zeitlang die Gemeinschaft der Menschen. Der Teufel versuchte ihn, aber ohne Erfolg. Zarathustra wurde verlacht und verfolgt. Aber er setzte sich durch. Er wurde sehr alt und stieg schließlich in einem großen Licht in den Himmel.

Viele Worte und Sätze der Awesta ähneln den indischen Veden, andere alten babylonischen Überlieferungen. So sei die Erde in sechs Zeiten geschaffen worden, alle Menschen stammen von einem ersten Mann und einer ersten Frau ab, und es gab ein irdisches Paradies. Zarathustra glaubte, wie die Propheten unserer Bibel, an *einen* höchsten Gott. Er trat als Religionsstifter in eine Welt, die von den alten, volkstümlichen Göttern der Indogermanen beherrscht war. Zwar waren diese Götter unsichtbar, zwar gab es wahrscheinlich unter den Ariern Alt-Irans keine menschlichen oder tierischen Nachbildungen von Göttern, aber die Idee eines *einzigen*, allumfassenden, unsichtbaren Gottes war noch nicht geboren.

Der Götterkult Irans lag vor Zarathustra in den Händen der Magier. Über diese Magier ist uns wenig überliefert. Sie waren ein sehr phantasiebegabter, hochreligiös veranlagter Volksstamm der Meder, und sie saßen im westlichen Iran. Die Metropole ihres Priesterstaates war die Stadt Raga, unweit des heutigen Teheran. Wenn wir das Wort »Magie« gebrauchen, ist uns kaum mehr bewußt, daß wir damit den Geist eines uralten iranischen Volkes zitieren. Nun waren die Magier aber keine Zauberkünstler, sondern Priester. Ohne Beisein eines Magiers, so berichtet Herodot, durfte man nicht opfern. Der Magier stand dabei und sang die Opferliturgie. Das Töten gewisser Tiere mit eigener Hand, vor allem wohl Schlangen und Vögel, gehörte zum religiösen Kult der Magier. Auch wurden die Magier nach ihrem Tode nicht mit Wachs übergossen und begraben wie die anderen Menschen in Iran. Sie wurden ausgesetzt und von Vögeln und Hunden aufgefressen. Spätere Zeiten zählten Zarathustra zu den Magiern – oder die Magier zu Zarathustra –, obgleich Zarathustras Ideen und die Magier-Priesterschaft ursprünglich in schärfstem Kampf lagen. Aus der späteren Verwischung der Gegensätze hat sich der Brauch des Aussetzens erhalten: gerade die einstigen Gegner der Magier, die letzten noch überlebenden Anhänger Zarathustras, etwa 100000 Parsen in Indien, dürfen ihre Toten weder verbrennen noch bestatten. Sie legen sie auf freistehende Türme, Türme des Schweigens, und überlassen sie den Geiern zum Fraß. In Persien gibt es heute nur noch rund 10000 Anhänger des Zarathustra.

Unter den Göttern der iranischen Vergangenheit nahmen Mithra und Anahita eine hervorragende Stellung ein. Mithra war ursprünglich ein altiranischer Kriegsgott. Anahita war die Göttin der Fruchtbarkeit und hatte ihre Urheimat wohl im semitischen Babylon.

Als Zarathustra nun um 700 v. Chr. bei den Vorfahren der Meder erschien, stellte er fest, daß die Menschen Tiere und viele Götter anbeteten. Zarathustra empörte sich über »solches Heidentum« und über die Magier, das Priestervolk, das von der Anbetung so vieler Götter lebte. Es gibt nur einen Gott, so predigte Zarathustra, und dieser eine, Ahura-Mazda, ist der Gott des Lichts und des Himmels.

Von Uranfang an bis zur Gegenwart lag Ahura-Mazda im Streit mit dem bösen Geist. Dieser böse Geist heißt Ariman-Angramanyu. Auf der einen Seite ist die Wahrheit, das Gute, das Licht, das Feuer und alles das umfassend Ahura-Mazda. Auf der anderen Seite ist die Gewalt der Finsternis, das Böse, getragen – immer angriffslustig – von Ariman. Beide Mächte, das Gute wie das Böse, ringen seit Ewigkeiten um die Beherrschung der Welt. Es ist ein ununterbrochener Kampf, und die Macht der Finsternis ist sehr erfinderisch. Die interessanteste Seite des indogermanischen Teufels ist seine schöpferische Kraft. Zarathustra hat damit die Frage nach dem Ursprung des Bösen in seiner ganzen Kompliziertheit und Vielfältigkeit gestellt und versucht, sie zu beantworten. Mazdas Kampf gegen die sehr aktiven und schöpferischen dunklen Mächte ist somit tatsächlich das ewige Ringen des Guten gegen die unvorstellbare Gewalt des Bösen. Zwischen Mazda und Ariman liegen Welten. Nichts verbindet sie, alles trennt sie. Nichts ist ihnen gemeinsam, »weder Gedanke noch Lehre, weder Wille noch Ansichten, weder Worte noch Taten, weder unser Selbst noch unsere Seele.«

Was aber machte Zarathustra mit den alten Naturgöttern? Sie wurden in Zarathustras Lehre zu Dämonen – »daevas« –, und diese daevas, zu denen wahrscheinlich auch Mithra und Anahita gehörten, schlugen sich auf des bösen Geistes Seite und steckten – wie immer falsche Götter – die Menschen an.

In der geistigen Schlacht zwischen Ahura-Mazda und Ariman steht der Mensch. Er kann frei wählen, aber er *muß* sich entscheiden. Er muß *dauernd* wählen, bis er drei Tage nach seinem Tode vor dem Gericht steht über Lebende und Tote. Hier erwarten den Gottlosen, den Bösen, den Lügner ewige Höllenqualen; den Rechtschaffenen Gnade sowie Unsterblichkeit seiner Seele.

Außer diesem Gericht über den einzelnen gibt es noch ein *Weltende, Auferstehung* aller Toten und ein *jüngstes Gericht.* Bei diesem Weltgericht wird der Kampf des Lichtes gegen das Dunkel endlich entschieden. Siegen wird der gute Geist, und die Menschheit wird erlöst. Das Böse hört für immer auf. Alle guten Menschen kommen mit Ahura-Mazda im Paradies zusammen. Die Bösen aber werden in eine Schlucht ewiger Dunkelheit fallen. Die Pflicht jedes Menschen, so heißt es in der Awesta, ist dreifach: Seinen Feind zum Freund zu machen, den Bösen zur Güte zu bekehren, den Unwissenden zum Wissen.

Dieser Sieg des Ahura-Mazda in Zarathustras Lehre ist entscheidend: Trotz des »Dualismus«, also trotz der doppelten Macht »gut und böse« ist somit Zarathustras Religion »monotheistisch«, eine Lehre also von *einem* Gott. Ihm war dieser Gott erschienen, Erhalter des Firmaments und der Erde, Herr aller Winde, Wolken und Wasser, Lenker der Sonnen und der Sterne, Schöpfer der Pflanzen und Tiere, Erschaffer der Seele. Zu diesem Gott konnte man an jedem beliebigen Ort beten, und in dieser Religion gab es weder Götterbilder noch Gotteshäuser. Niemals hat man dem Ahura-Mazda einen Tempel erbaut. In den Burgen von Pasargadae und Persepolis fand man keine religiösen Bauten. Nur Feuer-Altäre auf den Bergen der Umgebung mögen einst mit ihrem Opferrauch auch den Gott des Zarathustra gegrüßt haben. Von den Griechen wissen wir, wie sehr die Perser zur Zeit des Darius auf die Völker herabsahen, die Götter in Menschen- oder gar Tiergestalt darstellten und sie dann noch in ein enges, dem Gott des Alls so gar nicht angemessenes Haus zwängten.

Persiens Könige, die Achämeniden, folgten nicht eindeutig der Lehre des Zarathustra und den Geboten der *»Gathas«*, den Versen der Awesta. Sie anerkannten die Götter der unterworfenen Nationen und huldigten ihnen. Vielleicht war das nur Politik. Wahrscheinlicher aber ist, daß Zarathustras Religion 200 Jahre brauchte, ehe sie sich endgültig durchsetzte. Erst König Darius I. nahm Zarathustras Lehre an und schaffte die alten Götter und die Priesterschaft der Magier ab. Mehr oder weniger! Denn das Volk hing sicher auch weiterhin der Naturreligion an, und die Magier starben nie. Darius aber erklärte den Zarathustra-Glauben zur Staatsreligion. Wieweit Persiens Könige vor Darius an Zarathustra glaubten, wissen wir nicht, denn außer den fünf Worten der Grabinschrift des Kyros existieren keine persischen Inschriften von ihnen. Nur Darius spricht vom »größten aller Götter«, und auf seinen Inschriften dominiert Ahura-Mazda. Für Darius ist Mazda Schöpfer der Erde, des Himmels, des Weltalls, der Menschen und vor allem seines eigenen Wohlergehens.

Die Nachfolger des Darius scheinen sich von Zarathustra wieder entfernt zu haben. Artaxerxes II. betet nicht nur zu Ahura-Mazda, sondern auch zu Mithra und Anahita. Berossos, der Bel-Priester aus Babylon, berichtet um 250 v. Chr., Artaxerxes II. sei der erste König gewesen, der die Perser gelehrt habe, Götter in Menschengestalt zu verehren. Unter ihm fand der Kult des Mithras und der Göttin Anahita staatliche Anerkennung. Die Mithras-Religion eroberte schließlich die ganze Welt, nachdem sie sich in Kleinasien an den dortigen Mysterien-Lehren sattgetrunken hatte. Im Römertum wurde der Mithras-Glaube Soldatenreligion und schließlich die größte Gegnerin des Urchristentums.

Und Zarathustra? Wo blieb die Lehre des alten, gewaltigen, religiös so unerhört schöpferischen Mannes?

Zarathustra hatte keine nationale Religion geschaffen. Er wandte sich mit seiner Lehre an alle, und jeder konnte den einen Gott annehmen. Alt-Persiens politische Geschichte hörte mit der Zerstörung von Persepolis durch Alexander auf. Alt-Persiens und Mediens *formender* Geist aber lebte in der orientalischen und dann in der westlichen Religionsgeschichte weiter. Es gibt eben – wie der große Mithras-Forscher Franz Cumont betont hat – in der Geschichte der Religion nicht nur einen »Hellenismus«, es gibt auch einen »Iranismus«, eine heimliche, kaum mehr erkennbare, uralte schöpferische Kraft. Vielleicht ist Ahura-Mazda die erste Zusammenfassung all der Kräfte in der Religionsgeschichte der Menschheit, die Moral und Gerechtigkeit als höchstes Gesetz ansehen. Zarathustras Lehre strahlte tief in die Glaubensgeschichte der europäischen Menschen. Von ihm aus entwickelte sich die jüdische Jahve-Vorstellung, von ihm der universale Himmelsgott, der Dualismus Gott und Teufel, der Erlösungsgedanke und das Weltgericht. Ewig ringen Gut und Böse um die Herrschaft dieser Welt. Wo in den Steppen und Gebirgen Ostirans stand Zarathustras Wiege? Wann hat er gelebt? Einmal und irgendwo erschien ihm sein Gott, und unheimlich scharf erkannte er, daß die Menschheit in Tausenden von Jahren noch die Feuerfackel des Guten in die Finsternis tragen würde.

Rund 700 Jahre vor unserer Zeitrechnung predigte Zarathustra, rund 700 Jahre nach Beginn unserer Zeitrechnung Mohammed. Zwischen beiden steht der Christus unserer Religion.

An der Spitze der Staatsorganisation des größten irdischen Reiches vor Christi Geburt stand der König. Alle anderen Herrscher waren seine Vasallen. Darum nannte er sich »König der Könige, König der Länder vieler verschiedener Völker, König dieser großen, weiten Erde«.

Der König besaß viele Ehefrauen. Dazu hatte er einen sehr großen Harem mit Nebenfrauen, »so viele wie Tage im Jahr«, sagten die Griechen. Keine durfte des Königs Lager zweimal besuchen, es sei denn, »der König fand an ihr Gefallen«. Wir wissen das aus dem 2. Kapitel des Buches Esther (12 ff.). »Am Abend ging sie hinein; am Morgen kehrte sie zum Frauenhaus zurück, in die Obhut des Aufsehers der Weiber.« Vorher wurde jede einzelne zwölf Monate lang einer kosmetischen Kur unterzogen, mit Myrrhenöl, Balsamen und anderen Schönheitsmitteln.

Herodot berichtet, daß jeder vornehme Perser viele rechtmäßige Ehefrauen hatte, »aber noch viel mehr Freundinnen in den Harem nahm«. Reiche gingen ohne einen Troß von Weibern niemals in den Krieg. Unter den Frauen des Königs befanden sich viele Ausländerinnen. Kyros und Kambyses besaßen auch medische und ägyptische Prinzessinnen. Darius I. hatte den Harem des Kyros übernommen und heiratete zwei Töchter dieses Königs, Atossa und Arystone. Atossa, die schon vorher mit ihrem Bruder Kambyses vermählt war, war die Mutter des Thronfolgers Xerxes. Artaxerxes II. nahm sogar zwei seiner eigenen Töchter in den Harem.

Der Harem wurde von Eunuchen bewacht. 500 verschnittene Knaben wurden alljährlich als Teil der babylonischen Tributleistung für diesen Beruf als Pagen an den persischen Königshof gesandt und angelernt. Durch ihren Einfluß auf die Frauen, die dem König nahestanden, wurden die Eunuchen zur großen Klatsch- und Intrigenplage aller persischen Höfe. Ihr Einfluß war so groß, daß sie Könige stürzten, Palastrevolutionen anzettelten, daß sie Meuchelmorde anstifteten und die Eifersüchteleien der Weiber nach ihrem Ermessen ausnutzten. In den späteren Jahren des persischen Reiches wurde die Thronfolge grundsätzlich durch Mord und Revolution geregelt. Die Perserkönige stützten ihre Macht auf riesige Heere, eine »Orient-Armee« mit babylonischer Sprachverwirrung. Sie setzten ihre Hoffnung immer nur auf die große Zahl ihrer Soldaten und wurden dementsprechend oft geschlagen. Die Expeditionsarmee des Xerxes nach Griechenland bestand nach Herodot aus 170 000 Mann. Wenn auch diese Zahl ungeheuer übertrieben ist – schon ein Zehntel, 17 000 Mann, wären in der damaligen Zeit ein gewaltiges Heer gewesen –, so sehen wir doch infolge des bunten Völkergemisches bei der Niederlage einen wilden, verzweifelten Haufen von Menschen, ein Heer, das sich in endlosen Kolonnen zurück nach Europa hinüber wälzte. Bei so verschiedenen Menschen war dieser Rückzug noch eine große Leistung der persischen Kriegskunst.

Der König war der oberste Richter, sein Wort war Gesetz. Die

Monarchie war absolut. Als Beauftragter des Königs besorgten königliche Rechtsträger, auf Lebenszeit ernannt, die Rechtsprechung. Nur wegen Verbrechen oder Bestechen konnten sie abgesetzt werden. Und oft vererbte sich ihr Amt auf ihre Söhne. Persiens Gerichte verurteilten nicht nur zu Strafen, sondern teilten auch Belohnungen aus. König Kambyses machte der Bestechlichkeit der Richter dadurch ein Ende, daß er einen seiner Richter totprügeln ließ, den Richtersessel mit der Haut des so Verurteilten bespannte und dessen Sohn als obersten Richter darauf setzte. Kleine Vergehen wurden mit 5 bis 200 Pferdepeitschenschlägen bestraft. Schwere Vergehen wurden durch Verkrüppelung, Blenden, Gefängnis oder Tod gesühnt. Wer sich einer Haremsdame des Königs näherte, hatte nichts zu lachen. Und wer sich auf den Thron des Königs setzen wollte, hatte sein Leben verspielt. Kreuzigung, Galgen, Steinigung, Lebendig-begraben-Werden, heiße Asche und noch schlimmere Grausamkeiten waren Strafen, die das persische Reich zusammenhielten.

Dennoch war das Weltreich nicht eine staatliche Organisation der Ungerechtigkeiten und Grausamkeiten. Herodot betont, daß im Reich des persischen Königs niemand ohne triftigen Grund zum Tode verurteilt wurde, kein Freier und kein Sklave. Ein guter König, ein Herrscher wie Darius I., ließ sich nicht von Willkür hinreißen. Er achtete die Gebote Ahura-Mazdas und trachtete danach, das Recht seines Volkes nie zu verletzen.

Die 20 Satrapen an der Spitze der Provinzen waren Männer vornehmer Geburt oder Mitglieder der königlichen Familie. Der Satrap leitete die Provinzverwaltung, vertrat die Interessen des Königs und des Reiches und sorgte für Ordnung und Sicherheit. In der Provinz war der Satrap oberster Richter.

Macht ist das Salzwasser des Durstes nach unbeschränkter Herrschaft. So steckt fast geographisch und damit naturhaft bedingt in jedem Statthalter einer weit entfernten Provinz der heimliche Rebell. Sicherungen waren also angebracht! Darum war dem Satrapen ein königlicher Sekretär beigegeben, der stets dafür zu sorgen hatte, daß die Verbindung zur Residenz des Herrschers intakt blieb. Er leitete Empfang und Abfertigung der königlichen Korrespondenz. Berittene Post jagte über die königlichen Straßen von einem Ende des Weltreiches zum anderen, von Ephesos und Sardes nach der mehr als 2000 Kilometer entfernten Hauptstadt Susa, von Babylon durch die Zagros-Kette am Fels an Behistun vorüber nach Ekbatana und weiter bis zur baktrischen und indischen Grenze, eine Gesamtstrecke von 3000

Kilometern! Die Straßen waren nach »Parasangen« vermessen. In bestimmten Abständen waren königliche Posthaltereien und Herbergen errichtet. Königliche Befehle und Regierungsdepeschen jagten auf Reiter-Stafetten in Tag und Nacht ununterbrochenem Galopp bis an ihre Bestimmungsorte, »schneller als die Kraniche«, wie die Griechen sagten. Es soll sogar eine Telegraphie durch Feuersignale gegeben haben!

Jede Satrapie besaß eine Garnison und einen Festungskommandanten. Dieser General überwachte den Satrapen und umgekehrt der Satrap den General. Und schließlich gab es noch »des Königs Auge«. Des Königs Auge war ein sehr hoher Beamter, meist Bruder oder Sohn des Herrschers. Er reiste mit bewaffneter Truppe von Satrapie zu Satrapie, tauchte ganz unangemeldet auf und inspizierte die Verwaltung. »Seiner Majestät Auge und Ohr« erschien immer plötzlich und unerwartet. Er prüfte die Ausgaben und andere Angelegenheiten des Staates. Die Satrapen wie die Garnisons-Kommandanten wie die Königlichen Sekretäre mußten daher stets vorsichtig und umsichtig bleiben. Diese klug ausgedachten Kontrollen sicherten die gottgewollte königliche Macht im riesigen Weltreich erstaunlich gut. Sie funktionierten aber nur so lange, wie der oberste Herrscher ein Staatsmann und kein Spielball des Harems war.

Trotz der riesigen Steuern, trotz der Ausschweifungen der »Staatslenker«, trotz Revolten und trotz Kriegen lebten Babylon, Phönizien, Palästina und die anderen unterworfenen Völker ganz gern unter Persiens Oberherrschaft. Sie waren immer der Ansicht, daß ihre eigenen Generäle und Steuerbeamten sie noch übler plündern würden. Unter Darius I. war das persische Weltreich eine so glänzend funktionierende Staatsorganisation, wie es das erst später wieder unter den großen römischen Kaisern Trajan, Hadrian und Antonius gab.

Unter den Satrapen regierte aber auch die Bürokratie. Die Könige starben, aber die Bürokratie schien ewig. Die Satrapen bauten kostspielige Paläste, hielten sich große Harems, schufen sich herrliche Jagd-Domänen, Parkanlagen, die von den Persern »Paradiese« genannt wurden. Die Kosten für die Hofhaltung des Satrapen sowie für die gesamte Verwaltung trugen die Untertanen. Dazu mußten sie noch die Abgaben an den König aufbringen. Jede Satrapie sandte an den König ihren Tribut in Gold- oder in Silber-Talenten. Ein persisch-euböisches »Gold-Talent« enthielt 25,20 Kilogramm reines Gold, ein babylonisches »Silber-Talent« 33,6 Kilogramm Silber. Den höchsten Tribut zahlte die vereinigte Satrapie Babylonien-Assyrien. 1000 Silber-Talente flossen von hier alljährlich in die Schatz-Truhen des persischen Königs. Es folgten Ägypten mit 700 Talenten. Die Küsten-Satrapien von Klein-Asien, also Lydien und Mysien, zahlten 500 Talente, Karien 400! Die Kiliker, die 500 Talente zahlten, durften 140 Talente für die wachhabende Reiterei in ihrer Provinz absetzen. Dafür lieferten sie jährlich 360 schneeweiße Pferde edelster Zucht an den Hof. Da das Kernland Persis keinen Tribut zahlte, sondern wohl nur Geschenke an den König sandte, schütteten im ganzen 19 Satrapien ihre Abgaben in die königliche Reichskasse. Diese 19 Satrapien zahlten insgesamt 7600 Babylonische Silber-Talente, das sind (das Talent zu 3000 Mark gerechnet) 22 800 000 Mark, also gar nicht so viel, wie man sieht. Nachdem der geschlagene König Darius III. 8000 Talente auf seiner Flucht vor Alexander mitnahm, erhielt Alexander der Große von den Städten Susa, Persepolis und Pasargadae immer noch 180 000 Talente in geprägtem und ungeprägtem Gold und Silber. Das entspricht einer Summe von rund 1 Milliarde und 140 Millionen Mark.

Außer den Tributen leistete jede Provinz Naturalabgaben an den König. Kappadokien lieferte jährlich 1500 Pferde, 2000 Maultiere und 50 000 Schafe, Medien fast das Doppelte. Von den Arabern wurde kein Tribut erhoben. Dafür sandten sie 1000 Talente Weihrauch an den König der Welt. Auf endlosen Kamel-Karawanen schaukelte das kostbare Gut der Gerrhäer und Minäer, der Handelsvölker Arabiens, über die berühmte Weihrauch-Straße nach den Metropolen Persiens. »Das arabische Land duftet aber auch himmlisch«, sagt Herodot. Und eingehandelte Sklaven wanderten auf demselben endlosen Weg zurück. Auf einem Verzeichnis der Minäer werden Sklavinnen aufgeführt, die ihr Leben den Göttern weihen müssen. Da lesen wir: je eine kommt aus Ammon und Moab, 3 aus Quedar, 6 aus Dedan, 7 aus Ägypten und 24 aus Gaza. Äthiopien sandte an den König der Perser 200 Stämme Ebenholz, 20 große Elefantenzähne und – fünf Negerknaben!

Unter dem kostspieligen, blutigen, oft grausamen, aber im großen und ganzen durchaus erträglichen Bild dieses Staatsapparates lebten die Menschen so vieler Völker mehr oder weniger glücklich, mehr oder weniger frei, ganz so wie wir. Sie waren gutherzig, sehr gastfreundlich – wie heute noch die Perser –, sie liebten, sie haßten, sie lachten und sie weinten.

Gleichgestellte Menschen begrüßten sich durch Lippenkuß. Untergeordnete küßten Übergeordnete auf die Wange, und die

Bürger verbeugten sich abgrundtief vor der Obrigkeit – eine Schwäche, die der Menschheit seit den Tagen der persischen Weltherrschaft nicht mehr abzugewöhnen ist. Naseschneuzen und Spucken auf der Straße waren verpönt, auch das Essen in der Gasse. Die Flüsse durften niemals verunreinigt werden, eine sehr gesunde Vorschrift, die wir heute nicht mehr kennen. Ansteckende Krankheiten wurden unter Quarantäne gestellt. Bis zur Erreichung der höchsten Höhe persischer Weltmacht, also bis zu Darius I., lebte der Perser gesund, nahm am Tage nur eine Mahlzeit und hielt sich streng an seine Naturreligion oder an das Gebot des Zarathustra, der Lügen für die allerschändlichste Sünde hielt. Reiten, Bogenschießen, die Wahrheit reden, dazu wurde Persiens männliche Jugend vom fünften bis zum zwanzigsten Lebensjahr erzogen. Langsam wurde das persische Weltreich aber ein Opfer eines vielfarbigen Völkergemisches. Die Perser übernehmen allen erdenklichen Luxus, wie sie ja überhaupt – das sagt Herodot – fremden Sitten sehr aufgeschlossen waren. Nach und nach ließen sich die Vornehmen immer mehr Speisen auftragen. Sie tranken gerne und viel und berieten wichtige Angelegenheiten oft in trunkenem Zustand. Wieder nüchtern, überprüften sie dann ihre Entschlüsse. Wenn sie sich dagegen nicht einigen konnten, dann berieten sie die ganze Sache noch einmal – unter dem Einfluß aussöhnenden Weines!

Herodot berichtet: Eine Frau zu entführen, werde von den Persern als böse Handlung angesehen. Wer aber eine solche Tat rächen wolle, sei töricht. Denn es sei doch klar, daß keine Frau ohne ihren Willen entführt werden könne. Da der König Soldaten brauchte, war Vielweiberei erlaubt. Die Kinder wurden durch ihre Eltern verheiratet, und Ehen zwischen Bruder und Schwester, Vater und Tochter, Mutter und Sohn waren möglich. Die Frauen gingen im übrigen unverschleiert und frei spazieren, sie führten den Haushalt und konnten im Namen des Mannes Geschäfte abschließen. Nur die Frauen der Vornehmen durften sich öffentlich nicht mit Männern sehen lassen, nicht einmal ihre nächsten männlichen Verwandten jemals anblicken.

Söhne waren begehrter als Töchter. Wer recht viele Söhne hatte, wurde vom König belohnt. Man betet nicht um eine Tochter, sagten die Perser, und die Engel rechneten Töchter nicht zu den guten Gaben der Menschheit. Die Medizin war eine Verbindung von Magie und Arztkunst. Wenn aber Chirurg, Kräuterarzt und Priester erreichbar waren, so sollte man den Arzt holen, »der mit dem heiligen Wort heilt«. Seelenheilung hielt man für besser als chirurgische Eingriffe, denn beim Heilen der Seele konnte nichts passieren, das Skalpell aber konnte tödlich sein.

Schöne Häuser hatten die Perser und großartige Gärten; kostbare Möbel, herrliche Lagerstätten, goldene Gefäße. Die meisten dieser schönen Dinge verkauften ihnen Handwerker fremder Völker, denn sie selbst hatten mit der Verwaltung des Staates, mit Kriegen und mit Ackerbau genug zu tun. Nur in der Architektur schufen die Perser Eigenes. Der Palast des Xerxes I. zu Susa muß wirklich von unwahrscheinlicher Großartigkeit gewesen sein. Darauf deuten Ausgrabungen und die Schilderungen im Buch Esther des Alten Testaments hin. Auch die Ausgrabungen in Persepolis offenbaren noch die Größe der persischen Königspaläste. Schiffsbrücken, die die persischen Könige auf ihren Kriegszügen über Flüsse und Meeresstraßen schlugen, müssen uns heute noch in Erstaunen setzen. Sie wurden vom Sturm und von den Wellen schon damals vernichtet. Aber was Herodot uns schildert, was Sklaven und Soldaten vor rund 2500 Jahren erbauten, grenzt heute noch ans Märchenhafte.

Griechische Reisende kehrten aus dem persischen Weltreich voller Bewunderung zurück und erzählten von Hallen, Palästen und den Wundern des damaligen persischen Luxus. Die Ausschweifungen, die prunkvollen Kleider, die Juwelen nahmen von Jahrzehnt zu Jahrzehnt zu. Die Kultur wurde bunter, reicher, großartiger, die Könige aber wurden immer schwächer und immer wahnsinniger. Unter den Gütern des Wohllebens und unter seinem Luxus erstickte schließlich dieses erstaunliche, großartige Reich, das schon an *einen* Gott glaubte und doch nicht alt genug wurde, um Christus zu erleben.

Da erbebte der König, ging in des Tores Obergemach und weinte. Im
Gehen rief er: »... Wäre ich doch an deiner Statt gestorben!«

2. Sam. 19, 1. Übersetzung Rießler-Storr.

Das kleine Palästina hat auf das Leben der Menschheit, auf ihr
Denken, auf ihre Moral und auf ihren Glauben mehr Einfluß
gehabt als Babylonien, Assyrien, Persien, Ägypten, Indien und
China. Ja, das kulturelle Erbe, das Palästina hinterließ, hat in
seinen Auswirkungen mehr erreicht als die gesamte griechische
Kultur. Das kleinste der Länder schenkte der Welt die Religion,
die mit beispielloser Dynamik gefüllt ist, das Christentum. Das
›Buch der Bücher‹, die Bibel, überdauerte das Totenbuch der
Ägypter, das Mahabharata der Inder, die Lehren des Konfuzius
der Chinesen und die Götter der Azteken. Unaufhaltsam, unge-
brochen lebt die Geschichte des Jahve und des von ihm auser-
wählten Volkes fort, von Generation zu Generation.

Kein Werk wurde so oft verbrannt wie die Bibel, keines so viel
übersetzt, keines so oft angegriffen und keines so verehrt. Es ist
das meistgedruckte Buch der Menschheit. Die Literatur um die
Bibel ist ein Ozean, aus dem ein Mensch nur mit dem Maß eines
Fingerhutes trinken kann.

Die Juden sind – wie Babylonier, Phönizier und Araber – ein
semitisches Volk, das schon in sehr alter Zeit in Palästina lebte.
Als Nomaden hießen sie Chabiri.

Der Name »Jude« stammt von »Judah«, und die Juden waren
zuerst die Nachfahren dieses Judah, des vierten Sohnes des Jacob
und der Leah. Obwohl die Bezeichnung »Jude« erst seit 516
v. Chr. bekannt ist, ist die Geschichte der Juden einige tausend
Jahre älter.

Abraham, der Stammvater der Juden, wird in der Bibel als
»Hebräer« bezeichnet (I. Mose 14, 13). Er lebte etwa 1700 v. Chr.
und kam aus Ur, Mesopotamien. Er baute Altäre für den lebendigen Gott. Das Neue an diesen Altären war, daß sie keine Standbilder hatten. Abraham hatte die Geistigkeit Gottes erkannt.
Sicher hat Abraham gelebt, wie ja überhaupt die moderne Archäologie immer mehr Beweise für die Geschichtlichkeit des
Alten Testaments erbringt. So hieß Abraham in der chaldäischen
Sprache seines Ursprungslandes »Orham«, und er scheint ein

Fürst von Ur gewesen zu sein. Er soll das Menschenopfer durch Opferung von Böcken ersetzt haben.

Dieser Mann wanderte vor fast 4000 Jahren nach Kanaan. Er lernte in jahrelanger Erziehung und nach allerlei Irrungen den Glauben, an Gottes Zusagen festzuhalten, und er bewahrte seinen Glauben, als er auf die Probe gestellt wurde. Die Isaac-Geschichte scheint ein Protest gegen die kanaanitische Sitte des Menschenopfers gewesen zu sein. Gott versuchte Abraham: »Nimm Isaac, den du liebhast, und opfere ihn mir zum Brandopfer.« Abraham band seinen Sohn, legte ihn auf den Altar, faßte das Messer, um seinen Sohn zu töten. Aber der Engel erließ Abraham dieses Opfer.

Abraham läßt sich später von seinem Knecht schwören, er dürfe für seinen Sohn Isaac keine Kanaaniterin als Frau wählen. Der Knecht bricht mit zehn Kamelen in das Geburtsland Abrahams, nach Mesopotamien, auf, wandert in das Zweistromland und findet unter den Töchtern der Stadt Hatran das Mädchen Rebecca. Isaac heiratet Rebecca. Er begräbt seinen Vater mit Ismael zusammen in brüderlicher Eintracht. Er erntet hundertfältig, denn der Herr segnet ihn. Seine Friedensliebe überwindet seine Feinde. Er gräbt zwei Brunnen, überläßt sie zankenden Hirten und gräbt sich einen dritten. Dem Isaac folgt Jacob, der den Zunamen Israel erhält. Er hat zwölf Söhne. Sie werden die Stammväter der zwölf Stämme Israel.

Nach 1500 v. Chr. stand Palästina unter ägyptischer Fremdherrschaft. Die Amarna-Briefe geben uns Kenntnisse über die Verhältnisse in Palästina zu jener Zeit, etwa zwischen 1400 und 1350 v. Chr. Es sind die 350 Briefe vorderasiatischer Fürsten an die ägyptischen Könige Amenophis III. und IV., die 1887 in El Amarna, Ägypten, gefunden wurden. Nach der Sklaverei unter dem Joch der Ägypter wurden die Kinder Israels von Moses zu einer Nation geformt. Moses führte die Israeliten auf einem sehr langen und mühevollen Marsch durch die Wüste nach Kanaan. Diese Wanderung erfolgte nicht in einem Zuge. Sie währte 40 Jahre. Es wurden viele Stationen gemacht. Man führte ein Nomadenleben. Weiber und Kinder bewegten sich in diesem oft rebellischen Gottestroß, große Herden, Hab und Gut auf Eselrücken. Man heiratete, man erzog Kinder, man fand seinen Gott und tanzte dann wieder um das »Goldene Kalb«. In diesen 40 Jahren wird Israel zum »priesterlichen Königreich und heiligen Volk«, vernimmt es die 10 Gebote vom Sinai, empfängt Moses die Bundestafeln. Dieser Moses, der Jahve als Gewittergott er-

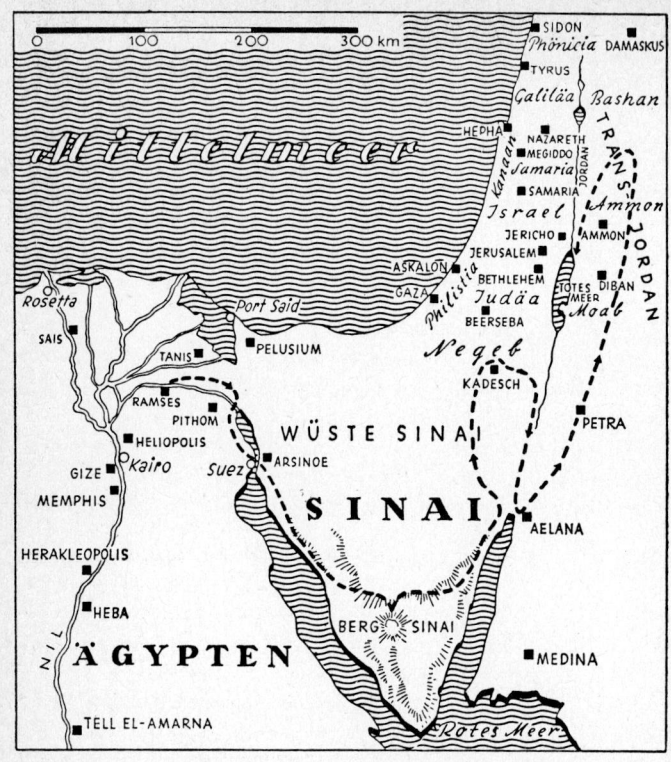

Sinai-Halbinsel, Ägypten und das Gelobte Land. Die gestrichelte Linie zeigt die Wanderung der Israeliten unter Moses von Ägypten bis zum Toten Meer, wo Moses starb.

lebt oder im feurigen Busch, war eines der größten Genies der Menschheit. Er war Feldherr und Prediger, Organisator, Baumeister und Geschichtsschreiber, ein oft düster erscheinender Mensch, zum Jähzorn neigend. Alle Zivilisation, so schien ihm – wie übrigens auch Tolstoj –, sei Abtrünnigkeit von Jahve.

Moses ist ein ägyptischer und kein jüdischer Name. Professor Garstang von der Universität Liverpool glaubte in den königlichen Gräbern von Jericho Zeugnisse endeckt zu haben, die darauf hinweisen, daß Moses 1487 v. Chr. von einer ägyptischen Prinzessin – der späteren Königin Hatschepsut – als kleines Kind gerettet wurde, daß er von ihr am Hof erzogen wurde und später aus Ägypten floh.

Bis zum Erscheinen Christi hatten sich 39 Bücher angesammelt, die in hebräischer und aramäischer Sprache geschriebene religiöse Literatur der Juden. Diese Literatur – das Alte Testament – besteht aus drei großen Teilen: Thora (das Gesetz), die Nebiin (die Propheten), die Ketubim (die heiligen Schriften). Die Thora besteht aus fünf Büchern. Moses gilt als Urheber dieser »fünf Rollen«, denen man später den griechischen Namen ›Pentateuch‹ gab. Die fünf Bücher nahmen bei den Juden den Rang des Gesetzes ein. Wann, wo und von wem wurden sie niedergeschrieben? Eigentlich sollte man vor dieser Frage erschrecken, denn eine Literatur von 50000 Bänden befaßt sich mit der Beantwortung dieser Fragen. Um diese 50000 Bände auf einen Nenner zu bringen: Die Wissenschaft faßt die ältesten Elemente der Bibel, also verschiedene sich ähnelnde Erzählungen der Schöpfungsgeschichte, unter den Buchstaben »J« und »E« zusammen, denn ein Teil nennt den Schöpfer Jahova (Jahve), der andere Teil Elohim. Die »jehovistischen« Erzählungen sollen in Judah niedergeschrieben worden sein, die »elohistischen« in Ephraim. Nach dem Fall von Samaria, also nach 719 v. Chr., wurden beide Sammlungen vereint. Eine dritte Gruppe, der man den wissenschaftlichen Namen »D« gab, enthielt das ›Deuteronomische Gesetz‹. Ein viertes Element, »P«, wurde später durch Priester eingefügt. Die vier Werke erhielten ihre heutige Form um etwa 300 v. Chr.

Die ältesten hebräischen Literaturdenkmäler stammen aus der Zeit um 1200 v. Chr. Es sind Inschriften in altcanaanäischer Schrift, die 22 Buchstaben enthielt. Wahrscheinlich brachten die Hebräer Sprache und Schrift aus Sinai nach Canaan mit. Man hat nämlich eine alte Buchstabenschrift der Semiten gefunden, die auf der Sinai-Halbinsel vor 1600 v. Chr. gebraucht wurde. Außerhalb der Bibel ist die althebräische Schrift nur von wenigen Inschriften her bekannt. So fand man auf der Stele des Mesa die Inschrift des aus der Bibel bekannten Königs von Moab. Sie ist in einer Schrift und Sprache abgefaßt, die praktisch dem Althebräischen gleicht, und stammt aus dem Jahre 855 v. Chr. Der Stein wurde 1868 in Diban, Transjordanien, gefunden und befindet sich jetzt im Louvre, Paris.

Unsichtbar ist der Gott der Juden, und doch thront seine Religion auf jahrtausendealten Kulturen. Die Bundeslade erinnert an die tragbaren Götterwohnungen des Nillandes. Aus

An diesen Orten Palästinas wurde gegraben

Megiddo. Das Orientalische Institut der Universität von Chicago nimmt hier seit 1925 Ausgrabungen vor. Die oberste Schicht enthielt Ruinen aus der babylonischen und persischen Zeit. Schicht 2: Ruinen von Palästen, die die Assyrer benutzten. Schicht 3 und 4 waren isrealitisch. In der vierten Schicht fand man Bauten des Salomo. Aus der Zeit der Patriarchen um 1900 v. Chr. fand man Ruinen von drei Tempeln und einem Altar.

Beth-shan. Von 1921 bis 1933 grub hier das Universitäts-Museum von Philadelphia. Die wichtigsten Funde: eine byzantinische Kirche und ein Kloster, ein hellenischer Tempel aus dem 3. Jh. v. Chr., kanaanitische Tempel aus dem 10. und 14. Jh. v. Chr. Zwei dieser Tempel, die »Häuser« der Ashtoreth und des Dagon, werden im Alten Testament erwähnt (1. Samuel 31; 10. 1. Chroniken 10; 10).

Samaria. Ausgrabungen 1931 und 1935 unter Leitung des englischen Archäologen J. W. Crowfoot. Man fand Elfenbeinschnitzereien aus Ahabs »Elfenbeinhaus« (1. Kg. 22; 39) und das Becken, wo sein Kriegswagen gewaschen wurde (1. Kg. 22; 38).

Ai. Mrs. Krause-Marquet leitete hier 1933 bis 1934 Ausgrabungen. Im 3. Jahrtausend v. Chr. war Ai eine der bedeutendsten Städte Palästinas. Sie wurde um 2200 v. Chr. zerstört und nie wieder aufgebaut. Etwa zwei Kilometer entfernt entstand dann Bethel.

Jericho. Hier grub der Engländer John Garstang 1930 bis 1936. Er erkannte, daß die Stadt um 1300 v. Chr. gewaltsam zerstört wurde, wie im Buch Josua, Kapitel 6, beschrieben. In den Häuserresten fand man verkohlte Zwiebeln, Brote und Datteln. Jericho bestand schon vor 5000 v. Chr. – als Dorf.

Lachish. Ausgrabungen der Expedition »Welcome-Marston« 1932 bis 1938. Funde: ein kanaanitischer Tempel, eine doppelte Befestigung von Rehoboam (2. Chr. 11; 9), außerdem Briefe aus der Zeit des Propheten Jeremia, persischer Palast und Tempel.

Jerusalem. Ausgrabungen durch die »Palestine Exploration Stiftung«, C. N. Johns und »Palestine Departement of Antiquities«. Funde: Stadtmauer des Königs Herodes (37 bis 4 v. Chr.), Ruinen des Turmes, den David errichtete.

Teleilât el-Ghassûl. Ausgrabungen brachten hier ein kleines Hirtendorf ans Tageslicht, aus dem 5. und 4. Jahrtausend v. Chr.

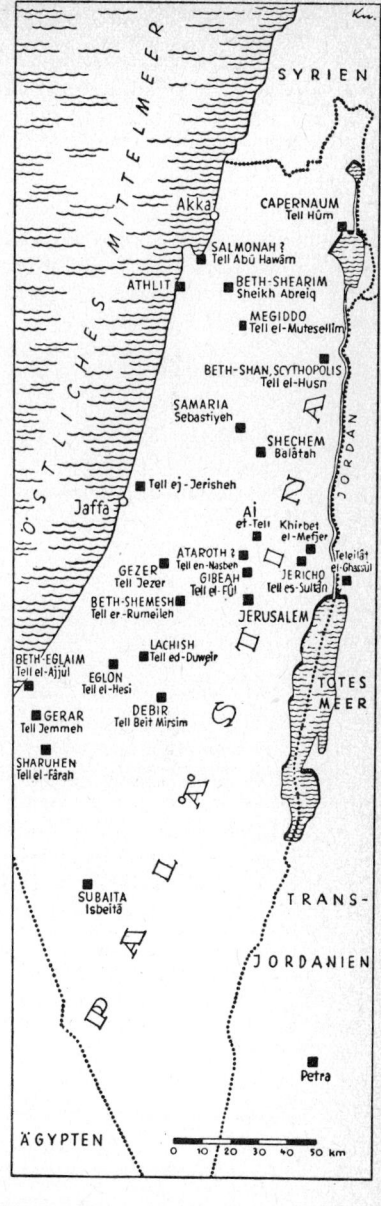

Ägypten weht der Hauch des Zauberertums. Sintflut und Zahlenglaube erinnern an Babylon. Der babylonische Gott Gilgamesch wird zum Nimrod. Den geflügelten Stieren der Assyrer gleichen bei den Hebräern die Cherubim. An Persien gemahnt die Sage vom Paradies, die Satansgestalt des Ahriman und die Herrschaft der Engel und Erzengel. Den Gott Baal der Phönizier und der Canaaniter erkennen wir in den Namen der Söhne des Saul, »Eschbaal« und »Meribaal«. Die syrischen Philister, die wahrscheinlich aus Kreta stammten, sahen die Taube als göttlich an, und den Fisch, der zu Askalon angebetet wurde, finden wir wieder in der Jonas-Sage. Die semitischen Aramäer verehrten eine »Mutter des Lebendigen«. Sie hieß »Chavva«, und von ihr scheint der Name Eva abgeleitet zu sein.

Im 10. Jahrhundert v. Chr. wurde Israel Monarchie. Das alte Testament gibt uns in den Büchern ›Samuel und Könige‹ eine Schilderung der Gestalten jener Königszeit. Sie sind grandios in ihrer Wildheit, oft von kindlichem Urglauben beseelt, mit allen menschlichen Schwächen gezeichnet und so lebenswahr geschildert, daß alle Dichtung wie alle Geschichtsschreibung vor diesen Bildern verblassen muß. Nicht die Geschichtlichkeit des Alten Testaments kann angezweifelt werden, denn es gibt kaum Geschichte, die so lebenswahr vor uns steht wie diese ›Heiligen Bücher‹.

Saul war ein schöner, ritterlicher Mann. Im Jahre 1025 v. Chr. wurde er von Samuel zum König von Israel berufen. Ruhig und großmütig ist er, religiös bewegt, kampffroh und sieghaft. Er ist seinem Gott immer gehorsam, aber je älter er wird, um so ungeduldiger erscheint er, um so zaudernder, unruhiger, jähzorniger. Gehässig wie ein wütender Dämon steht er am Ende seines Lebens da. Als er von Gott keine Antwort mehr erhält, geht er zur Wahrsagerin, und schließlich stirbt er durch eigene Hand.

Ihm folgt nicht sein Sohn Jonathan, sondern David. Dieser David ist der größte König Israels. Ihm gelingt die Einigung des Volkes, Sieg über die Nachbarn, Gründung der Hauptstadt Jerusalem und die Verbindung zwischen Thron und Altar. Er ist eine titanisch gezeichnete Figur, mit vielen guten Seiten und doch mit allen menschlichen Schwächen behaftet. David ist Besieger des Goliath. Zärtlich liebt er seinen Sohn Absalom. Aber er liebt auch viele Mädchen. Nackt tanzt er wilde Tänze, spielt die Harfe und singt herrliche Lieder. 40 Jahre lang ist er ein sehr fähiger König, und doch entführt er das Weib des Uriah in seinen großen Harem und schickt den Uriah in die Schlacht, um ihn loszuwerden. Die schöne Bathseba nämlich, die er in einer heißen Sommernacht von der Terrasse seines Schlosses aus im Bade sieht, läßt er holen und behält sie bei sich. Er vergibt seinem undankbaren Sohn Absalom, der eine Verschwörung gegen ihn angezettelt, und dann weint er, als der Sohn getötet ist: »Oh, mein Sohn Absalom, mein Sohn, mein Sohn!« Im Greisenalter wird es kalt um ihn, und man bringt ihm Abisag, das Mädchen aus Sunem. Man legt sie zu ihm, daß sie ihn wärme. Als David spürt, daß er sterben soll, ruft er seinen Sohn Salomo und spricht: »Ich gehe den Weg aller Welt. So sei getrost und sei ein Mann.« Er empfiehlt, an einigen seiner alten Gegner Rache zu nehmen, andere zu schonen. David regierte von 1012 bis 972 v. Chr. Er ist eine geschichtliche Königsgestalt, noch Barbar und doch schon ein anspruchsvoller orientalischer Herrscher, einer der größten Dichter und Sänger der Weltgeschichte. Die moderne Wissenschaft bestätigt die uralte Annahme, daß dieser königliche Sänger Dichter der meisten Psalmen war.

Salomo, sein Nachfolger, muß wirklich einer der weisesten Könige der Menschheitsgeschichte gewesen sein. Wer sonst hätte ein Leben in ausgesuchtem Reichtum und in erlesensten Annehmlichkeiten mit der pünktlichen Erfüllung aller Pflichten eines Königs verbinden können? Der Name Salomo kommt von »Shalom« – Friede. Und wirklich gewöhnte König Salomo sein Volk nicht nur an Ordnung und Gesetz, sondern sicherte ihm auch Frieden. Jerusalem wurde während der Regierungszeit dieses weisen Königs eine der reichsten Städte des Nahen Orients. Phönizische Kaufleute führten ihre Karawanen durch Palästina bis nach Jerusalem, und Israels Waren wurden in Tyrus und Sidon ausgetauscht. Auf dem Roten Meer lag Salomos Flotte. Er trieb Handel mit Arabien und Afrika. Goldbergwerke legte er in Arabien an. Eine so mächtige Frau wie die Königin von Saba bemühte sich um seine Freundschaft. Er hob Heere von Fronarbeitern aus. Er überführte die Bundeslade in den Tempel, sprach das Weihegebet und segnete die Gemeinde. Aber er liebte auch das Leben wie kaum ein Mensch vor ihm. Er sammelte Frauen, und sein Eifer auf diesem Gebiet bleibt nur wenig geschmälert, wenn die exakte Wissenschaft erklärt, seine 700 Frauen und 300 Konkubinen seien in Wahrheit nur auf 60 und 8 anzusetzen.

Das Orientalische Institut der Universität von Chicago führte umfangreiche Ausgrabungen bei Megiddo durch. Die Arbeiten begannen 1925. Die erste Schicht zeigte Ruinen der babylonischen und persischen Zeit. Die zweite Schicht enthielt Ruinen von Palästen der Assyrer. Schicht 3 und 4 waren israelisch. Die vierte Schicht wies Spuren von Bauten des Salomo auf, der diesen Ort zur Hauptstadt seines fünften Verwaltungsbezirks in Israel gemacht hatte. Königliche Pferdeställe und der für Baana gebaute Palast kamen ans Licht. Baana war dort Gouverneur, wie wir aus der Bibel erfahren (1. Könige 4; 7 und 12). Zwischen 1935 und 1938 wurden die Ausgrabungen weitergeführt. Man stellte fest, daß Megiddo um 3500 v. Chr. gegründet worden war. Aus der Zeit der Patriarchen, also Abrahams und seiner Nachfolger, etwa 1700 v. Chr., stammen drei Tempel mit einem Altar für Brandopfer. Dieser Altar ist der erste, den man ziemlich vollständig in Palästina fand.

Nach dem Tode des Salomo, 932 v. Chr., brach eine Revolution aus. Zehn der zwölf Israelstämme spalteten sich von Rehoboam, dem Sohn Salomos, ab und gründeten das Königreich Israel. So blieb Rehoboam nur mit zwei Stämmen in Judäa zurück. Und Jeroboam wurde König von Israel und Herr über die zehn abtrünnigen Stämme.

Seit dieser Zeit gab es ein Königreich Judäa und ein Königreich Israel. Das größere Königreich Israel bestand nur 200 Jahre und endete mit der Eroberung von Samaria durch den Assyrer Sargon II. 721 v. Chr. Von den zehn Stämmen wurden 27000 Menschen nach Innerasien verschleppt. Seitdem sind sie aus der Geschichte ausgeschieden. Man hat niemals wieder von dem Schicksal der zehn Stämme gehört, und es ist ein Rätsel der Geschichte, was aus ihnen wurde. Es ist auch ein beliebter Sport der Historiker, die zehn Stämme »wieder zu entdecken«. Da man Steine mit jüdischen Hieroglyphen in China fand, glaubten einige Wissenschaftler, daß sie dort ihre letzte Bleibe gefunden haben. Andere stellten Abkömmlinge der zehn verlorenen Stämme in Indien fest. Wieder andere halten die Angelsachsen für späte Enkel dieser »Deportierten«, und die »angloisraelitische Theorie« hatte eine ganze Literatur zur Folge.

Fast überall in der Welt will man die Endstation der zehn verlorenen Stämme endeckt haben: in Mexiko, wo Cortez als »Weißer Heiland« erwartet wurde; in Afrika; ja selbst in Nordamerika bei den »Weißen Indianern«. Das Buch ›Mormon‹ ist der Niederschlag dieser Theorie.

Die heutigen Juden sind Abkömmlinge des kleineren Königreiches Judäa. Sie wurden 586 v. Chr. durch Nebukadnezar nach Babylon enführt. Das ist die »Babylonische Gefangenschaft«. Kyros, König von Persien, erlaubte ihnen 538 v. Chr., nach

Palästina zurückzukehren, wo sie den Tempel wieder aufbauen sollten. Endlich, 516 v. Chr., stand der Tempel. Da strömten die Juden aus ganz Judäa herbei, betrachteten das Bauwerk als eines der Wunder der Welt und beteten zu Jahve.

Die Kernidee der judaistischen Theologie war die Sünde. Das Fleisch war schwach, die Gesetze waren allumfassend. Darum war die Sünde unvermeidlich. Wenn Regen ausblieb, wenn Seuchen wüteten, wenn Städte zerstört wurden – immer sahen die Juden in ihrer Sünde die Ursache. Es gab keine Hölle. Aber Sheol, das Reich der Dunkelheit unter der Erde, war die Stätte, in die Gute wie Böse einfahren mußten. Nur Auserwählte, wie Moses, Enoch und Elija, waren ausgenommen.

Die Juden glaubten zuerst nicht an die Unsterblichkeit der Seele. Strafe wie Belohnung gab es nur hier auf Erden. Erst als die Juden alle Hoffnung auf den Triumph ihrer Geschichte verloren hatten, erwachte, veranlaßt durch die äußere Berührung mit Persien und vielleicht auch mit Ägypten, bei ihnen der Glaube an die Auferstehung. Aus Zerstörung, aus Hoffnungslosigkeit, aus unendlichem Leid, aus dem Schicksal von Millionen von Menschen, die Trost suchten, wurde schließlich der Boden für das Christentum vorbereitet.

Und das ist wohl eine tiefe Wahrheit: Nichts Großes, nichts Überdauerndes, nichts Bleibendes und nichts Ewiges entsteht aus dem Wohlleben und Glück. Der Himmel öffnet sich nur dem Suchenden, dem Rufenden aus tiefstem Leid.

Sie hatten eine tiefe und fundamentale Erkenntnis. Sie wußten, was im Menschen steckt, und sie wußten darüber hinaus, daß Einer jenseits des menschlichen Wissens ist und das Universum lenkt. Sie lebten, sie litten, und sie starben um einer besseren Welt willen.

Wenn man einen Menschen unserer Zeit fragen würde, was ein Prophet sei, so würde er antworten: »Das ist doch ganz einfach. Ein Prophet ist ein Mann, der die Zukunft voraussagt.«

Die Propheten des Alten Testaments beschäftigten sich aber nicht nur mit der Zukunft. Sie erhoben nicht nur Anspruch darauf, aus göttlicher Erleuchtung die Zukunft zu erkennen, sie weissagten nicht nur das Kommen des Messias, ihr Wesen und ihre Bedeutung waren etwas ganz anderes.

»Prophetes« ist ja ein griechisches Wort. Der Begriff des Vorhersagens könnte in der hebräischen Sprache gar nicht durch ein einfaches Wort ausgedrückt werden. Den Propheten nennt die hebräische Sprache »nabi«, weshalb die prophetischen Bücher der Bibel von den Hebräern »Nebiim« genannt wurden. Das Wort »nabi« hat sich nicht auf israelitischem Boden gebildet. Und wir müssen dem Ursprung des Wortes nachgehen. Wo nämlich das Wort herkommt, kommt vielleicht auch die Sache her. »Nabaa« finden wir in den assyrisch-babylonischen Sprachen wie auch im Arabischen. Im Assyrischen bedeutet es: reden, sprechen, verkünden, benennen. Es gab einen babylonischen Gott »Nabu«, und wir finden das Wort wieder in den Königsnamen »Nabo-Palassar« und »Nebu-Kadnezar«.

Für die wissenschaftliche Erforschung der semitischen Sprachen hat das Arabische vielleicht die größte Bedeutung, weil diese Sprache dem Ursemitischen noch näher steht als das Sanskrit dem Urindogermanischen. Im Arabischen bedeutet »naba'a« »ansagen«. Hier finden wir also die Idee, daß der Sprecher nicht etwas Eigenes sagt, sondern einen Auftrag auszurichten hat. Der Nabi ist daher der beauftragte Sprecher, also einer, der eine Botschaft auszurichten, eine bestimmte Mitteilung zu machen hat. Und damit haben wir auch das Wesen der Sache gefunden. Die Propheten hatten nicht das Bewußtsein, aus eigener

Macht zu sprechen, sondern als Werkzeug eines Höheren. Sie fühlten sich als »Mund Gottes«.

Auch das griechische Wort »prophetes« ist nicht mit Vorhersagen identisch; das »pro« heißt nicht »vorher«, sonder »heraus«.

Die Grundüberzeugung, die Gewißheit der Propheten war es, daß ihre Gedanken von Jahve kamen. »So hat Jahve zu mir gesprochen«, das ist oft der Anfang ihrer Reden.

Wenn nun das Wort aus Arabien kam, vielleicht war dann auch Arabien die Urheimat jener ersten Seher, jener ekstatischen »Erkenner«, denen doch gewiß etwas Wüstenhaftes eigen ist. Der erste Prophet, von dem das Alte Testament berichtet, Elia, kam aus dem Ost-Jordan-Lande, aus einer Gegend, wo sich Juden und Araber nachweislich vermischten. Samuel wird noch »Seher« genannt. Wie alles in der Entwicklung der Menschheit, so hat auch die Prophetie ihre Geschichte. Erst waren die Propheten »Seher«, dann wurden sie mündliche Übermittler religiöser Gedanken und Stimmungen, und schließlich schrieben sie ihre Prophetie nieder.

Wenn wir heute von den Propheten des Alten Testaments reden, so denken wir in erster Linie an die »schriftstellerischen Propheten«, deren erster Amos war. Es sind im ganzen 16 Männer, deren Namen wir auf der Schule gelernt – und später wieder vergessen haben. Von Amos, der um 750 v. Chr. lebte, bis zu dem Unbekannten, der 275 v. Chr. die Kapitel 9–14 Sacharja verfaßte, nimmt diese schriftliche Prophetie zu. Das Wüstenhafte wurde von den eigentlichen Propheten überwunden und abgestreift.

Wir erkennen den Unterschied zwischen dem Ideengut der Propheten und der sonstigen orientalischen Gottheitsvorstellung am besten, wenn wir den Koran lesen. Mohammed (569–632) war so ängstlich darauf bedacht, die Allmacht Gottes zu betonen, daß Gott bei ihm oft wie ein eigenwilliger Despot wirkt. Wer weiß, ob das Weltall in seiner Bewegung und in seinem Ablauf funktionieren würde, wenn Gott so unberechenbar und launisch wäre, wie Mohammed ihn schildert. Die Allmacht Gottes bei den Propheten ist niemals wider die Natur. Gott ist absolut, aber man kann auf ihn bauen, sich auf ihn verlassen wie auf den gestirnten Himmel. Weil die Propheten Jahve so erkannten, konnten sie schon auf Grund dessen manches voraussagen, was er als Schicksal senden würde. Einen solchen Gott kann die Wissenschaft niemals widerlegen.

Die Propheten sahen Gott als Herrn der Natur. Im 8. Jahrhundert v. Chr. vielleicht schon früher, erfüllten sie dies unbewußt.

Dieses Gefühl fand seinen Audruck in der Schöpfungserzählung. Ja, Jahve war auch der Herr der Weltgeschichte. Wer dem unergründlichen Auf und Ab der Menschheit nachgeht, wer die letzten Ursachen erforschen will, wird den Gesetzen der Natur und des All und schließlich deren Schöpfer sehr nahe kommen. Darum ist es auch richtig, daß das Ende der Dinge in Gottes Hand liegt.

Dennoch gibt es Dinge, die nicht im Willen Jahves lagen. Wenn ein einzelner oder eine Nation wider die Natur handelte, gegen Gottes Gesetz, so setzte er etwas Böses in die Welt, etwas Fortwirkendes und Tödliches. Irgendwo und irgendwann mußte das Folgen haben, und diese Folgen waren die Strafe.

Und das ist das Große an den Propheten: Sie waren keine Träumer, sie waren keine Hellseher, sie deuteten nicht die Zukunft, und sie behaupteten vor allem nicht, magische Kräfte zu besitzen. Zu einer Zeit, da die Welt noch voll Magie war, voll von dunklem Zauber und von bösen Geistern, fanden die Propheten einen neuen Himmel, eine neue Erde, unstürzbare Ideale für die Menschheit und den Weg zu dem einen Gott. Diese Männer standen allein gegen die Überzeugungen der ganzen damaligen Welt. Sie fanden Ideale für Zeiten und Zeiten der Menschheit, Ideale, die noch heute unser ganzes Leben bestimmen. Jonas' Walfisch und Daniels Löwengrube sind uralte Sagen, denen zwar ein tiefer Sinn zugrunde liegt, die aber nichts mit Prophetie zu tun haben. Die Propheten Israels verachteten Scharlatane und Magier. Geistig standen sie weit über den vielen Naturvölkern, die ihre Nachbarn waren. Geistig wurden sie weder von Naturkatastrophen noch von Eroberern umgeworfen. Geistig waren sie der ganzen Welt überlegen und das für Tausende von Jahren der Zukunft. Die übrige Welt wurde von Hausgespenstern, von goldenen Stieren, von menschenfressenden Molochen, von opferschluckenden Baals und Zauberern terrorisiert.

Die großen Religionslehrer, die wir Propheten nennen, haben niemals behauptet, daß sie Wunder vollbringen könnten. Doch Elijah und Elisha führen ein Leben voller Wunder. Sie gingen dahin, ohne der Nachwelt auch nur ein einziges geschriebenes Wort zu hinterlassen. Elisha lebte nur 50 Jahre vor Amos. Aber als Amos, der erste Schriftsteller-Prophet, kam, hörten alle diese Wunder auf.

Sturmvögel der Weltgeschichte waren die Propheten. Sie erkannten Gott im Schicksal der Menschheit. Sie waren das verkörperte Gewissen des Volkes. Sie sahen die zeitlichen Dinge mit den Augen der Ewigkeit. Sie erkannten überall Gottes Walten. Wollte man das »wissenschaftlich« erklären, so würde ich sagen: sie führten zum ersten Male die Menschheit an jene Grenze, wo das Riesenreich beginnt, das wir mit keinem Maß zu messen vermögen, mit keiner Physik, mit keiner Chemie, ja nicht einmal mit den großartigsten Teleskopen der modernen Astronomie. Dieses unmeßbare ewige Reich ist Gott, nicht Zauberei, nicht Götzentum aus Stein oder Gold.

Das erkannten sie. Und wenn es uns heute so selbstverständlich erscheint, so muß man doch bedenken, daß damals die Grenzen des Erkennens nicht die unmeßbare Ewigkeit und der unmeßbare Raum waren. Damals herrschte die Diktatur der Zauberei, die das Leben zur Hölle machte und die Unendlichkeit zum Spielplatz der Dämonen.

Merkwürdige Männer waren diese Propheten. Hesekiel litt an zeitweiliger Stummheit. Ihm war, als klebe seine Zunge am Gaumen, bis sich dann sein Mund mit einem Male wieder auftat. Eine Zeitlang war er gelähmt. Jesaja ging drei Jahre lang nackt umher. Man muß sich vorstellen, wie die Kinder hinter ihm herliefen, wenn er sich so sehen ließ, und wie das Volk den Kopf schüttelte. Jeremia trat gelegentlich mit einem Joch auf dem Nacken auf – wie ein Rind. Hosea gab seiner Tochter den Namen »Unhulda«. Sein Weib, das öffentlich wegen Unzucht bekannt war, nahm er wieder in sein Haus auf.

Es war Prophetenart, so seltsame Dinge zu tun. Wollten sie Aufsehen erregen? Handelten sie in Ekstase? Wer will das Tun des Genies beurteilen! Und wer will diese Männer richten, die Gottes Gedanken schilderten, die von überwallender Leidenschaft erfüllt waren, von flammender Begeisterung, Männer, deren Geist in Sphären drang, in die kein Denken hineinreicht!

Sicher haben alle 16 Propheten gelebt. So konkrete Einzelheiten, wie sie die Bücher der Propheten schildern, kann man nicht erfinden. Und die textvergleichende Wissenschaft findet mehr und mehr Beweise für die Geschichtlichkeit dieser Männer.

Amos war ein Schafhirt aus Thekoa und Züchter von Maulbeerfeigen. Er hatte ein scharfes Auge für das gottvergessene Wohlleben der Mächtigen und für die Unterdrückung der Armen. Wahrscheinlich war ein schweres Gewitter oder ein Erdbeben der erste Anlaß zur schriftlichen Aufzeichnung seiner Reden, und die Erinnerung an dieses Ereignis zittert noch nach in seinen Zeilen (Amos 3; 8). Seine Sprache ist sehr kunstreich und dabei unerhört original. Er war ein Meister bildhafter Schilderungen.

Hoseas Leben war eine Tragödie. Er liebte seine Frau, wie man seine Gattin nur lieben kann. Sie aber verließ ihn, nahm sich verschiedene Geliebte, fiel schließlich in Sklaverei. Hosea nahm sie wieder auf. Und aus diesem Erlebnis schaute er die große göttliche Liebe, diese Liebe, zum erstenmal in der Geschichte der Menschheit, in Worte kleidend.

Jesaja wohnte in Jerusalem, war verheiratet und hatte zwei Söhne. Er lehrte gewiß zwischen 740 und 700 v. Chr. Ein Riese ist er unter den geschichtlichen Propheten, das klassische Genie des Judentums. Sprache und Gedanken fanden in ihm die höchste Vollendung. Er war ein großer Staatsmann, verkehrte mit Königen und Politikern und war vielleicht der glänzendste Lehrer der Theologie in Israel vor Christus. Unter allen Propheten hatte er wahrscheinlich den größten Einfluß.

Micha lebte etwa von 750 bis 685 v. Chr. an der großen, internationalen Landstraße zwischen Ägypten und Assyrien. Er kannte die Völker und die politischen Einflüsse von ganz Westasien, und er wußte, was sein Volk geschichtlich zu erwarten hatte. Die Gewalt seiner Sprache steigert sich zuweilen bis zur dramatischen Ausdrucksweise. Ganz gleich, ob das 5. Kapitel 1–3 des Buches Micha von ihm selbst oder von einem Namenlosen geschrieben wurde: vor der Prophetie dieser Verse werden Generationen um Generationen von Christen staunend und andächtig niederknien. Denn diese Verse wurden Hunderte von Jahren vor Christus verfaßt: »Du aber, Bethlehem-Ephrata, bist zwar zu klein, um unter den Hauptorten Judas zu sein. Aber aus Dir wird der hervorgehen, der in Israel Herrscher sein soll und dessen Herkunft der Vergangenheit, den Tagen der Urzeit angehört.«

Jeremia wurde schon in jugendlichem Alter zum Amt eines Propheten berufen. Er stammte aus einer priesterlichen Familie. 41 Jahre lang weissagte und mahnte dieser Mann, und er sorgte sich selbst um die Zusammenstellung seiner Reden. Sein öffentliches Auftreten fiel in die Jahre 626–584 v. Chr. Kein Prophet hinterließ durch die Kraft seiner Persönlichkeit einen so tiefen Eindruck auf seine Zeitgenossen und die Nachwelt wie dieser Jeremia. Sein eigenes inneres Ringen legte er mit einzigartiger Offenheit dar. Er konnte nicht schweigen, denn seine innere Stimme ließ ihm keine Ruhe. Tat er aber den Mund auf, so machte er sich jeden zum Feinde. Ungeheuerlich litt dieser Mann unter der Last seiner Berufung, und kein Prophet ähnelt Christus so sehr wie dieser Jeremia. Niemand vor Christus hat auch so energisch die Verinnerlichung der Religion gefordert, und niemand vor Christus hat so zielbewußt wie Jeremia den Kampf gegen äußerliche Dogmen und Gesetze geführt. Ehelos, einsam litt, duldete und betete dieser Mann – wie der Leidende von Gethsemane.

Hesekiel wurde im Jahre 598 v. Chr. mit vielen anderen Judäern in die babylonische Gefangenschaft geführt. Voller Glut sind seine Reden und doch immer klug und besonnen. Er war gebildet und sehr gelehrt. Er schaute bis zum Anfang der Menschheit und sah hinauf bis zum letzten, selbstverderbenden Ansturm der Völker auf das Gotteshaus.

Die Zeit, in der Sacharja auftrat, war das zweite Jahr des persischen Königs Darius (520 v. Chr.). Über sein Leben ist wenig bekannt.

Haggai wurde in Babylonien geboren. Er rief die Hohen seines Landes zur Wiederaufnahme und Vollendung des Tempelbaues auf. Sieht man nicht alle Kathedralen der Erde, wenn man bei Haggai liest: »Es soll die zukünftige Herrlichkeit dieses Hauses größer werden, als die frühere war«? Um das Jahr 275 v. Chr. hört die Prophetie auf. Alle Propheten haben ihre Erlebnisse verhüllt, ihre Gedanken aber offenbart. Darin sind sie Homer und Shakespeare ähnlich. Eine fast ununterbrochene Reihe großartiger Geister bilden die 16. Sie alle kämpften gegen fremde Kulte und gegen Vielgötterei. Ihnen stand ein umfassendes Zukunftsbild vor Augen, ein gewaltiges Jahvewerk, vielleicht das, was die westliche Kultur im wahrsten Sinne des Wortes hätte werden können – und hätte werden sollen. Einst, so erklärten sie, werde der größte aller Propheten kommen, der demütig den Tod auf sich nimmt, und seine Jünger werden sagen: »Er ist auferstanden.« Am Schluß würden eine neue Schöpfung und ein neues Goldenes Zeitalter sein.

Die Propheten hatten eine tiefe und fundamentale Erkenntnis. Sie wußten, was im Menschen steckt, und sie wußten darüber hinaus, daß EINER jenseits des menschlichen Wissens das Universum lenkt. Sie lebten, sie litten und sie starben um einer besseren Welt willen.

Eigentlich haben wir alle keine andere Aufgabe.

Es gibt keine schönere.

Der Mensch ist arm an Lebenszeit, aber reich an Unruhe
Das Buch Hiob

»Alle Welt ist darin einig, der Bibel den Titel des größten Buches der
Menschheit zuzuerkennen. Sie ist das Buch, in dem unsere ganze Zivilisation zu lesen gelernt hat, aus dem wir alle unsere moralischen, künstlerischen und literarischen Ideen geschöpft haben und dem, wie ein Strom
fruchtbringenden Wassers, ein unerschöpflicher Schatz der Heiligkeit
und des Geistes entsprungen ist.«

Paul Claudel, Dezember 1940.

Fast alle großen Kulturvölker besitzen einen eigenen Schatz von
Sagen. Die gedichtete Sage scheint bei den Juden zu kurz gekommen zu sein. Was es an Heldendichtung gibt, wurde zumeist aus
uralten, fremden Quellen übernommen und von Propheten und
Priestern lehrhaft bearbeitet. Israel kannte auch kein Theater.
Die dramatische Dichtung war unmöglich, weil die Darstellung
des Lebens auf der Bühne gegen das Verbot menschlicher Abbildung verstoßen hätte.

Nur die lyrische Poesie kam bei den Hebräern zu großartiger
Entfaltung. »Lyrik« stammt vom griechischen Wort »Lyra«. Die
Lyra war eine Leier, und Lyrik war ein zur Lyra gesungenes
Gedicht. Die Lyrik unterscheidet sich von der gedichteten Sage
(Epik) und vom Drama vor allem durch die stärkere Nähe zur
Musik. 30 von den 150 Psalmen des Alten Testaments enthalten
im Titel musikalische Anweisungen. Die Psalmen sind Lieddich-
tungen. Daneben entwickelte sich die Spruchdichtung in den
Salomonischen Sprüchen und im »Prediger«. Im Buch Hiob ist
Lied und Spruch in wunderbar schöner Weise vereinigt.

Die ›Poetischen Bücher‹ oder die Lehrbücher des Alten Testa-
ments umfassen: Hiob, Psalmen, Sprüche, Prediger, Lied der
Lieder. Das sind im ganzen fünf. Die Bibel der römisch-katholi-
schen Kirche, in der lateinischen Übersetzung des Hieronymus
Vulgata genannt, enthält noch das ›Buch der Weisheit‹ und das
›Buch Jesus Sirach‹, im ganzen also sieben. In der hebräischen
Bibel gehören diese Bücher zu den »Ketubim« oder »Schriften«.

Der Verfasser des Buches Hiob ist uns nicht bekannt. Aus dem
Lehrgedicht können wir nur ersehen, daß er ein Israelit war.
Aber auch das erscheint zweifelhaft. Vielleicht war er ein Araber,
der das israelitische Gesetz nicht kannte. Man hat sogar die Frage

aufgeworfen, ob die Geschichte Hiobs nicht sogar aus Babylon stamme. In der Bibliothek des Königs Assurbanipal zu Ninive und in Sippar fand man Bruchstücke eines Liedes vom leidenden Gerechten. Da wird ein frommer König durch schwere Krankheit gelähmt und darauf als großer Sünder bezeichnet. Er muß sich viele Schmähungen gefallen lassen, und in seiner Not entdeckt er seine Sünde. Diese Sünde besteht darin, daß er sich seinem Gott gleichgestellt hatte. Am Ende sieht man ihn wieder geheilt und glücklich. Und im Traum erscheint ihm Gott Marduk. Diese babylonische Geschichte und die biblische unterscheiden sich aber sehr wesentlich: Hiob ist unschuldig, der Babylonier dagegen war wirklich sündig.

Vielleicht hat Hiob zur Zeit der Patriarchen – Abraham, Isaac, Jacob – um 1700 v. Chr. nahe der Arabischen Wüste am Ostrande Palästinas gelebt. Der Name Hiob findet sich nämlich schon in ägyptischen Dokumenten um 2000 v. Chr. wie auch in den Amarna-Briefen um 1400 v. Chr. Als das Buch Hiob geschrieben wurde, war der Mann schon zu einer Art Sagengestalt geworden.

Wann aber wurde das Buch verfaßt?

Über diese Frage hat man viele gelehrte Werke geschrieben, und wie so oft, können sich die Gelehrten nicht einigen. Das Buch muß etwa zwischen 600 und 200 v. Chr. entstanden sein. Einig ist man sich nur darüber, daß diese heilige Dichtung das großartigste Meisterwerk der alten hebräischen Literatur ist. Der Deutsche Goethe, der Franzose Victor Hugo und der Russe Tolstoj bezeichneten das Buch Hiob als die bedeutendste Dichtung der Menschheit. Es ist ein allumfassendes Epos des inneren Lebens.

Der Dichter hat offenbar eine alte Volkserzählung benutzt und ein Seelendrama in Reden in den Rahmen der Hiobserzählung eingebaut. Im Buch tritt ein gewisser Elihu auf. Seine Reden scheinen Einschübe zu sein, da sie einen stärkeren aramäischen Einschlag in der Sprache aufweisen. Wahrscheinlich bilden diese Elihu-Reden einen späteren Nachtrag.

Es lebte einst ein Mann im Lande Uz, Hiob mit Namen, und dieser Mann war fromm und rechtschaffen, fürchtete Gott und mied das Böse. Sieben Söhne und drei Töchter wurden ihm geboren; dazu besaß er 7000 Stück Kleinvieh und 3000 Kamele, 500 Paar Rinder, 500 Eselinnen und ein sehr zahlreiches Gesinde, so daß dieser Mann unter allen Bewohnern des Ostlandes der Angesehenste war ...

Nun begab es sich eines Tages, daß die Engel kamen, um sich vor Gott den Herrn zu stellen. Und unter ihnen erschien auch der Satan. Da fragte der Herr den Satan: »Woher kommst du?« Der Satan gab dem Herrn zur Antwort: »Ich bin auf der Erde umhergeschweift und habe eine Wanderung auf ihr vorgenommen.« Da sagte der Herr zum Satan: »Hast du wohl auf meinen Knecht Hiob achtgegeben? Denn so wie er ist kein Mensch auf der Erde, so fromm und rechtschaffen, so gottesfürchtig und dem Bösen feind.« Der Satan erwiderte dem Herrn: »Ist Hiob etwa umsonst so gottesfürchtig? Hast du nicht selbst ihn und sein Haus und seinen ganzen Besitz umhegt? Was seine Hände angreifen, das segnest du, so daß sein Herdenbesitz sich immer weiter im Lande ausgebreitet hat. Aber strecke doch einmal deine Hand aus und lege sie an alles, was er besitzt: dann wird er sich schon offen von dir lossagen.« Da antwortete der Herr dem Satan: »Gut! Alles, was ihm gehört, soll in deine Gewalt gegeben sein! Nur an ihn selbst darfst du die Hand nicht legen.« Da ging der Satan vom Angesicht des Herrn hinweg.

Das ist die Rahmenerzählung, die Wette Gottes mit dem Teufel. Das Objekt der Wette ist Hiobs Glauben.

Und nun tritt Bote um Bote auf, und jeder bringt eine »Hiobs«-Botschaft. Überfall, Hiobs Herden hat man weggetrieben, seine Knechte erschlagen. Der Blitz hat eingeschlagen, Kleinvieh und Knechte verbrannt. Die Chaldäer sind über die Kamele hergefallen. Ein Sturmwind hat die Söhne und Töchter ums Leben gebracht. Da stand Hiob auf, zerriß sein Gewand und schor sich das Haupt, warf sich auf die Erde und rief: »Nackt bin ich aus meiner Mutter Schoß gekommen, und nackt werde ich dorthin zurückkehren; der Herr hat's gegeben, der Herr hat's genommen; der Name des Herrn sei gepriesen!«

So kommt Satan Hiob nicht bei. Also geht er wieder zum Herrn: »Haut um Haut! Ja, alles, was ein Mensch hat, gibt er für sein Leben hin. Aber strecke nur einmal deine Hand aus und lege sie an sein Gebein und sein Fleisch, so wird er sich sicherlich offen von dir lossagen!« Gott gibt Hiob in die Gewalt des Satans. Nur das Leben soll Satan schonen. Bösartige Geschwüre von der Fußsohle bis zum Scheitel verhängt Satan über Hiob. Und Hiob sitzt auf der Asche und schabt sich mit einem Scherben. »Hältst du denn immer noch an deiner Frömmigkeit fest?« fragt seine Frau. Hiob läßt sich nicht erschüttern: »Du redest wie die erste beste Törin. Das Gute haben wir von Gott. Sollten wir nicht auch das Schlimme hinnehmen?« Hiobs Freunde Eliphas, Bildad und

Zophar begeben sich zu Hiob, um ihm ihr Beileid auszudrücken und ihn zu trösten. Sie erkennen ihn nicht mehr. Sie weinen, sie zerreißen ihre Gewänder. Hiob bricht das Schweigen, verflucht den Tag seiner Geburt.

Damit entrollt sich das ungelöste Problem der Vergeltung. In drei Redereihen – jeder Rede der Freunde folgt eine Widerrede Hiobs – suchen sie den Grund von Hiobs Leiden. Ist es Gottes unberechtigter Zorn? Ist es Gottes Güte, Hiob von seinen Fehlern zu bekehren? Überhaupt: Wie wirken Gerechtigkeit, Weisheit und Macht in dieser Welt? Hiob, im Bewußtsein seiner Unschuld, in der Tiefe seiner Leiden, richtet heftige Angriffe gegen Gott. Dennoch bleibt er Gott im innersten Herzen treu. Er hofft und hofft auf Rechtfertigung, auf Wiederherstellung. Er wünscht sich einen gottgesandten Richter. Ja, er bringt seine Freunde schließlich zum Schweigen. Da tritt Elihu auf, der sich als Schiedsrichter vorstellt: »Warum hast du den Vorwurf gegen Gott erhoben? Gott redet auf die eine und auf die andere Weise, im Traum, im Nachtgesicht, wenn tiefer Schlaf die Menschen befällt. Auch wird der Mensch durch Schmerzen auf seinem Lager in Zucht genommen.« Elihu rügt den überheblichen Ton des Hiob. Es gibt nicht nur Leiden als Strafe, sondern auch Leiden, die der Vervollkommnung und Läuterung unschuldiger Frommer dienen.

Schließlich spricht Jahve selbst. Er öffnet Hiobs Augen für etwas Übergroßes. Er zeigt ihm die Natur, die Allmacht, die Weisheit, die Gerechtigkeit und die Liebe des Schöpfers in der ganzen, unermeßlichen Schöpfung, im Aufbau des Weltalls. Alle scheinbaren Rätsel, Geheimnisse und Widersprüche der Natur sind nur ein wohldurchdachter, unübersehbarer Plan. Und Hiob kann nur noch schweigen. Schließlich sagt er: »Ich habe erkannt, daß du alles vermagst und kein Plan dir unausführbar ist. So habe ich denn in Unverstand geurteilt über Dinge, die zu wunderbar für mich waren und die ich nicht begriff.«

Der Herr stellte dann Hiobs Glück wieder her, ja er vermehrte Hiobs Besitz, daß er doppelt so groß wurde wie früher. Danach lebte Hiob noch 140 Jahre und starb alt und lebenssatt. Satan hatte die Wette verloren.

Dieses Buch ist so erstmalig, so einmalig und so revolutionär, weil es die uralte Vergeltungstheorie über den Haufen wirft. Glück und Unglück werden nicht nach Würdigkeit oder Unwürdigkeit bemessen. Gottes Plan ist die ganze Welt, der ganze Kosmos. Er geht über das menschliche Begreifen weit hinaus.

Nicht der einzelne Mensch, nicht das einzelne Volk, sondern die Gesamtheit, das Ganze der Welt, das ist das letzte Ziel göttlichen Handelns. Der unschuldig Leidende kann daher an seinem guten Gewissen festhalten. Und er sollte nicht nur an Gott glauben, weil er an einen Ausgleich im Jenseits denkt. Denn das wäre ja doch nur wieder ein selbstsüchtiges Motiv. Der Jenseitsgedanke blitzt im Buche Hiob nur eben einmal auf. Hiob ruft: »Oh, wenn du mich doch im Totenreich verwahrtest ... doch wenn der Mensch gestorben ist, kann er wohl wieder aufleben? Dann wollte ich alle meine Tage meines Leidenskampfes harren, bis die Ablösung für mich käme.« Aber diese Hoffnung, die dann erst Christus bringt, versiegt gleich wieder: »Du überwältigst den Menschen auf ewig, und er muß davon; sein Antlitz entstellend, läßt du ihn dahinfahren.« Das Hiob-Buch ist das erschütterndste Zeugnis von dem gewaltigen Ringen des Menschen mit seinem Gott.

Die tiefste Weisheit dieses Buches ist so groß, daß kein Mensch ihr gewachsen wäre. Sie würde das innere Sich-Losreißen von menschlich beschränkter Gottesauffassung und Frömmigkeit bedeuten, von irdischer Einschätzung der Güter des Lebens.

Das ist das Seelendrama Hiobs, das ist das Zappeln und Ringen der Menschheit im großen Rätsel der Schöpfung. Das ist die Sinnlosigkeit aller Forschung und Wissenschaft. Das ist das andere, das Größere, das Umfassendere, das wir nicht kennen. Und die einzige Gewißheit, die wir haben, bleibt: daß nichts im Kosmos verlorengeht, daß du nicht verlorengehst und ich nicht. Und daß das reine Herz der einzige Schlüssel zu dieser endlosen Kette ist.

So gut verbürgt wie die Bücher des Neuen Testaments und ihr Inhalt sind wohl keine anderen Überlieferungen der Menschheit. »Gerade die Wut so vieler gegen Christus verkündigt, daß er noch nicht tot ist.«
                    Giovanni Papini in seiner ›Lebensgeschichte Christi‹

Während der Regierungszeit des Königs Herodes wurde zu Bethlehem im vierten Jahr vor unserer Zeitrechnung der Heiland der Christen geboren, Jesus, der Sohn der Maria. »Christus« kommt vom griechischen Wort »christos«, der Gesalbte. Jesus wurde im Jahre 29 oder 30 unserer Zeitrechnung gekreuzigt. Er hat wirklich gelebt. Und er ist wirklich ans Kreuz geschlagen worden.

Seit rund 1900 Jahren versucht man, ihn ein zweites Mal zu morden. Man hat versucht zu beweisen, Jesus sei eine erdichtete Gestalt gewesen. Man behauptete, Jesus sei niemals auf dieser Erde geboren worden. Märchendichter und Phantasten wollten die Evangeliengeschichte zur Legende machen.

Giovanni Papini, der Florentiner, der eine Lebensbeschreibung Christi schrieb, fragt alle diese Leugner: »Was sollte den Platz des großen Hinausgeworfenen einnehmen? Immer tiefer grub man das Grab für ihn, aber man brachte ihn nie endgültig hinein.« Nach allem Leugnen, nach allem Verfälschen, nach aller Kritik, nach allem Ausradieren, Zerstören und Verbieten ist Christus noch immer nicht von der Erde verjagt. Noch immer leben wir nach der »christlichen Zeitrechnung«. Noch immer ist sie nicht zu Ende. Hätte ein Geist das Leben Christi erfunden, er wäre großartiger als Christus selbst.

Woher wissen wir von Jesus, von seinem Leben, von seinem Wirken? Welche »Geschichtsquellen« besitzen wir? Unsere Quellen sind die Schriften des ›Neuen Testaments‹. Das Neue Testament ist nicht ein einzelnes Buch. Es ist eine kleine Bibliothek von Büchern aus verschiedenen Zeiten, von verschiedenen Verfassern, mit verschiedenen Inhalten. Die Kirche sammelte sie im Laufe der ersten Jahrhunderte. Das sind die christlichen Quellen des Lebens Jesu.

Die Briefe des Paulus, vor allem der Römer- und der Galaterbrief sowie die zwei Briefe an die Korinther, sind das früheste Zeugnis über Jesus aus christlichem Munde. Paulus – er hieß ursprünglich Saulus – wurde in Tarsus, der Hauptstadt von Kilikien, geboren. Seine Eltern waren Juden, aber sie besaßen das römische Bürgerrecht. Sie schickten ihren Sohn in früher Jugend nach Jerusalem. Hier saß er zu Füßen des Gamaliel und erlernte fleißig »das Gesetz«, außerdem das Handwerk eines Zelt- und Teppichmachers. Saulus strebte mit unerbittlichem Ernst nach vollkommener Gerechtigkeit, nach Befolgung des jüdischen Gesetzes. Männer und Weiber, die Christen geworden waren, fesselte er und überlieferte sie dem Gefängnis. Der Saulus verfolgte die Christen, weil der gekreuzigte Christus als Messias verehrt wurde und weil Jesu Verkündigung von der Liebe Gottes das alte Gesetz aufhob. Vom Hohenpriester ließ er sich Vollmachten für

Durch das obere, jetzt vermauerte Fenster rettete sich Paulus. Er floh, weil die Juden ihm nach dem Leben trachteten und die Häscher des Araberkönigs Aretas ihm auflauerten. Paulus selbst berichtet im 2. Brief an die Korinther (11; 32; 33): »In Damaskus hat der Statthalter des Königs Aretas die Stadt bewachen lassen, um mich festzunehmen. Da hat man mich durch ein Fenster in einem Korb über die Stadtmauer hinabgelassen, und so bin ich seiner Hand entronnen. Gott weiß, daß ich nicht lüge.«

Damaskus ausstellen. Auch dort wollte er Abtrünnige gefangennehmen, nach Jerusalem führen und sie dort bestrafen lassen. Auf dem Wege nach Damaskus aber strahlte ihn plötzlich ein Licht vom Himmel an, und er hörte eine Stimme: »Saulus, Saulus, was verfolgst du mich?« In Damaskus ließ er sich taufen. Dies geschah wahrscheinlich im Jahr 35 n. Chr. Paulus trug als erster die Kunde vom Erlöser in die Welt. Sein Leben ist eines der heldenhaftesten, das je gelebt worden ist. Sein Wahlspruch lautete: »Nicht ich, ER in mir!« Alte Überlieferungen melden, daß Paulus am 29. Juni 67 n. Chr. zu Rom den Tod durch Henkershand erlitten habe.

13 Briefe des Paulus enthält das Neue Testament. Wahrscheinlich sind es 14, wenn man den Brief an die Hebräer, der sich in Form, Stil und Art der Gedankenführung von den anderen unterscheidet, dazurechnet. Die Briefe des heiligen Paulus sind die frühesten Zeugnisse über das Leben Christi aus christlichem Munde. Alles übrige, was wir an Briefen im Neuen Testament besitzen, ist nach-paulinischen Ursprungs.

Die zwölf Jünger Jesu und Paulus waren die Hauptmissionare des Christentums, die »Gesandten«, die wir nach griechischer Bezeichnung »Apostel« nennen. Als sie vom Jahre 60 n. Chr. an einer nach dem anderen starben, entstand das Bedürfnis nach schriftlicher Aufzeichnung der Verkündigung Jesu, der Boschaft also, die nach dem griechischen Wort »Evangelium« heißt. Wir besitzen dieses Evangelium Christi nach vierfachem Bericht nach Matthäus, Markus, Lukas und Johannes. Die drei ersten bilden eine Gruppe gegenüber dem vierten. Sie sind in der Anlage, in der Stoffauswahl und in Einzelheiten des Wortlautes miteinander verwandt, »zusammen-geschaut«, und haben daher seit 100 Jahren in der Wissenschaft den Namen »Synoptiker«.

Zu Jerusalem lebte eine angesehene Christin, die mit Petrus befreundet war. Oft versammelten sich in ihrem Hause die Apostel. Sie hieß Maria, und ihr Sohn war Markus. Petrus hatte ihn bekehrt und getauft. Dieser Markus kannte die Worte und die Taten Christi aus den Erzählungen seines Lehrers Petrus. Und »genau, doch nicht der Reihenfolge nach«, schrieb er sie 65-67 n. Chr. nieder. Der Märtyrer Justin, eine historische Gestalt, geboren im Jahre 100, getötet im Jahre 165 zu Rom, nannte daher das Buch des Markus ›Petrus-Evangelium‹. Papyas, der um 100 n. Chr. lebte, meint, Markus sei persönlich nicht Zuhörer und Nachfolger Christi gewesen. Vielleicht war Markus aber doch der Jüngling, der bei der Gefangennahme Christi anwesend

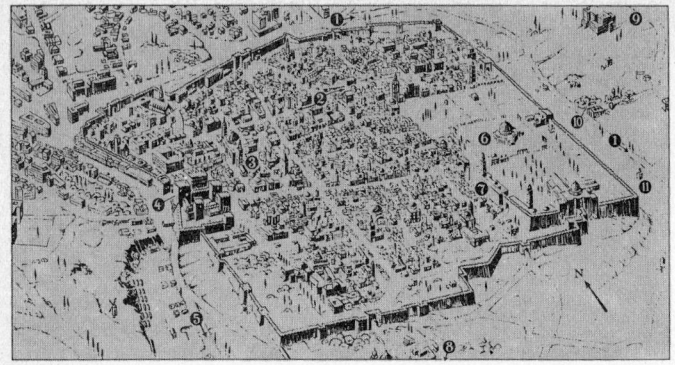

Panorama vom heutigen Jerusalem. 1. Jericho-Straße, 2. Via Dolorosa – der Weg Jesu Christi zum Kreuz, 3. Kirche vom Heiligen Grab, 4. Davidturm, 5. Straße nach Bethlehem, 6. Felsendom, 7. Klagemauer, 8. Davids Grab, 9 Ölberg, 10. Garten Gethsemane, wo Jesus betete, 11. Grab Absaloms. (Jerusalem = assyrisch Urusalimmu.)

war, sein Gewand fahren ließ, als man ihn packte, und nackt entfloh. Die Stelle Markus 14; 51, 52 wäre dann autobiographisch.

Matthäus war einer der zwölf Jünger Christi, von Beruf Zöllner beim römischen Zollamt am See Tiberias. Mit einem großartig historischen Blick legte er die Geschichte Jesu dar. Das geschah in den Jahren zwischen 70 und 80 n. Chr.

Lukas stammte aus Antiochien in Syrien. Wir wissen auch das durch das Zeugnis einer geschichtlichen Gestalt, nämlich des Eusebius. Lukas war von Beruf Arzt. Er schrieb sein Evangelium im Jahr 70 n. Chr. nieder.

Johannes war der Sohn eines Fischers am Galiläischen See. Seine Mutter war Salome, Schwester der Mutter Jesu. Bis ans Kreuz folgte sie dem Heiland. Dem Johannes vertraute Christus im Tode seine Mutter Maria an. Johannes starb in hohem Alter um 100 n. Chr. Auf Bitten seiner Freunde schrieb er sein Evangelium, wahrscheinlich in Ephesus.

Das Neue Evangelium ist in allen seinen Teilen griechisch geschrieben. Was Matthäus, Markus und Lukas erzählen, war aber vor der Niederschrift in aramäischer Sprache mündlich überliefert. Vor der griechischen Niederschrift liegt also bei diesen drei »Synoptikern« die aramäische mündliche Erzählung.

Auch die Muttersprache des Christus war sicher aramäisch. Im ersten christlichen Jahrhundert war nun Griechisch die Sprache der Literatur, und da das Evangelium in die Welt getragen werden sollte, mußte es in einer Weltsprache verfaßt werden.

Jesus war im Lande Galiläa zu Hause. Hier lag die Grenze zwischen der jüdischen und der hellenistischen Welt, und es ist – wie Martin Dibelius meint – gut möglich, daß Jesus und seine Jünger Griechisch verstanden, vielleicht sogar sprachen. Sicher aber sprachen und schrieben die Evangelisten außer ihrer Muttersprache auch Griechisch.

Was wir über Jesus wissen, ist nicht Mythos, Sage oder Geisterseherei, sondern schwarz auf weiß nur 30–75 Jahre nach der

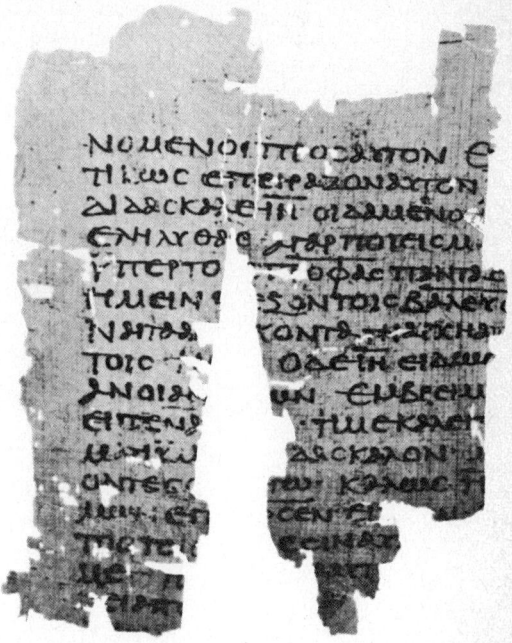

70–120 Jahre nach der Kreuzigung Christi wurde dieser Text geschrieben. Der ›Egerton-Papyrus‹ berichtet über das Leben Christi. Ein fast unmittelbares Zeugnis. Es stützt sich auf die vier Evangelien und bestätigt sie in so alter Zeit. Vielleicht hat der Schreiber noch Christus erlebt. Das Fragment wurde von H. I. Bell und T. C. Skeat 1931 veröffentlicht und ist eines der wertvollsten Zeugnisse für das Leben Jesu Christi.

Kreuzigung Jesu niedergeschrieben worden. Wenn wir auch nicht – oder bisher noch nicht – die Originalhandschriften der Evangelisten gefunden haben, so besitzen wir doch Fragmente sehr, sehr alter Abschriften. Die ältesten dieser Fragmente sind Papyrushandschriften. In der römischen Kaiserzeit, in der die Schriften des Neuen Testaments entstanden, gab es große Fabriken und Ausfuhrhäuser dieses aus Papyrusschilf angefertigten »Papiers«. In den Kellern aller großen Museen der Welt befinden sich große Mengen gefundener Papyri. Viele sind noch nicht entziffert, noch nicht gelesen, und wer weiß, was wir noch alles entdecken werden!

Was wir heute besitzen, ist schon erstaunlich genug. 1931 wurden 126 Papyrusblätter aus der Chester-Beatty-Sammlung veröffentlicht, die Stücke aus Büchern des Neuen Testaments wiedergeben. Sie sind zwischen 200 und 300 n. Chr. geschrieben worden. 1935 veröffentlichte C. H. Roberts Papyrus-Fragmente des Johannes-Evangeliums aus der Zeit des Hadrian, der 135 n. Chr. starb. Diese uns über Christus berichtenden Zeugnisse wurden also rund 100 Jahre nach der Kreuzigung niedergeschrieben! Im gleichen Jahr veröffentlichten H. I. Bell und T. C. Skeat ein größeres Papyrus-Fragment aus dem Britischen Museum, das ein Bruchstück eines Berichtes vom Leben Christi enthält. Dieser Text stützt sich auf die vier Evangelien und wird darum »Harmonie« genannt. Forscher haben festgestellt, daß dieses Manuskript-Fragment zwischen 100 und 150 n. Chr. entstanden ist. Man wird mit einiger Ehrfurcht den hier abgebildeten Edgerton-Papyrus betrachten, wenn man bedenkt, wie unmittelbar er das Leben Christi bezeugt.

Fast alle Papyrus-Fragmente der Bücher des Neuen Testaments wurden in den letzten 40 Jahren entdeckt, und fast alle wurden in Oberägypten, in Oxyrhynchos gefunden. Hier ist der Boden so trocken, daß er vergängliches Material großartig erhält. Die Ruinenstadt Oxyrhynchos, 150 Kilometer von Kairo entfernt, ist daher zu einer Art Urwiege der neutestamentarischen Forschung geworden.

Der andere, große Träger der literarischen Überlieferungen des Altertums ist das Pergament. Es ist jünger als Papyrus. Pergament ist fein zubereitetes Fell von Ziegen, Eseln, Schafen, Kälbern oder Antilopen. Das Verfahren wurde im 2. Jahrhundert v. Chr. in Pergamon verbessert, und von diesem Ort hat das Pergament seinen Namen.

Die vier bekanntesten, großen Handschriften des Neuen Testaments werden von der Wissenschaft mit B, א, A, C bezeichnet. »B« ist der ›Codex Vaticanus‹ aus dem 4. Jahrhundert, die älteste Pergamenthandschrift, die aus dem Altertum erhalten ist. א ist der ›Sinaiticus‹, von Tischendorf bei seinem Aufenthalt auf dem Sinai im Jahre 1844 gefunden. Auch diese Handschrift stammt aus dem 4. Jahrhundert. »A« ist der ›Alexandrinus‹ aus dem 5. Jahrhundert. Und »C« ist der sogenannte ›Codex rescriptus‹ (5. Jahrhundert). Das sind die vier ältesten und berühmtesten, vollständigen Handschriften des Neuen Testaments.

So gut verbürgt wie die Bücher des Neuen Testaments und ihr Inhalt sind wohl keine anderen Überlieferungen der Menschheit. Im Jahr 1874 zählte die Wissenschaft bereits 120000 nur wenig voneinander abweichende Manuskripte des Neuen Testaments alten oder sehr alten Datums. Im Jahre 1892 kannte man bereits 150000. Es gibt mehr Varianten des Neuen Testaments als Worte darin. Wenn auch diese Manuskripte alle mehr oder weniger untereinander verschieden sind, so bleibt doch die Substanz des Inhalts unerschüttert.

Die Kirche hat aus der Flut der urchristlichen Literatur die ältesten Schriften herausgehoben. Sie galten schon kurze Zeit nach der Kreuzigung Christi als die zuverlässigsten. Was die Menschheit auch zerstören mag, wieviel Kirchen sie auch ausbombt oder niederbrennt, wenn die Menschen alle Kreuze aus der Erde reißen, wenn sie Altäre um Altäre vernichten, wenn sie die Gemälde zerstören und die Marienbilder entweihen – immer und immer wird das Leben Jesu diese Welt erfüllen.

Das größte Rätsel der Menschheitsgeschichte
Mohenjo-daro und Harappa

3600 Jahre reicht diese Induskultur zurück. Vor Beginn menschlicher Geschichte lag eine Epoche, die wir »hochmodern« nennen müssen.

Zur Zeit der großen Königin Victoria, im Jahre 1856, baute England die Ostindische Eisenbahn von Karachi nach Lahore. Zwei Brüder leiteten diesen Bahnbau, John und William Brunton. John legte den südlichen Teil der Strecke, William den nördlichen bis zum Punjab hinauf.

Um eine solide Böschung zu bauen, braucht man festen Grund und Steine. Der gute John zerbrach sich immer den Kopf, wo er diese Steine hernehmen sollte. Unweit seiner Strecke lag Braminbad, eine Stadtruine aus dem Mittelalter. Hier lagen Berge von Ziegeln, und der forsche englische Ingenieur holte sich, was er brauchte. John berichtete seinem Bruder William, wie man der Steinsorge am besten Herr wird. Und William sah sich ein wenig um auf seiner Strecke zwischen Multan und Lahore. Bald entdeckte auch er eine alte Stadtruine, auf deren Trümmer das moderne Städtchen Harappa erbaut war. »Endlich Steine«, sagte er sich, »gute, solide Ziegelsteine.« Es war gerade das, was er für die Böschung brauchte. So wurde die Stadtruine bei Harappa nach Kräften abgeräumt. Heute donnern Züge zwischen Lahore und Karachi über 150 Kilometer Bahngeleise, die auf 3600 Jahre alten Ziegeln ruhen! Es sind die Ziegel einer der ältesten Hochkulturen der Menschheit. Die Ziegel sind noch immer so stabil, so unverwüstlich, daß die modernen Lokomotiven sie nicht zu Pulver zerstampfen können. Harappas Steinmetzen aber waren schon über 1500 Jahre tot, als Christus geboren wurde ...

Im Jahre 1922 war der Inder R. D. Banerji damit beschäftigt, am unteren Indus bei Mohenjo-daro, dem »Hügel der Toten«, ein altes buddhistisches Kloster auszugraben, das etwa aus dem Jahre 300 n. Chr. stammte. Dabei stellte er fest, daß die Ziegel, die jene alten Buddhisten benutzt hatten, aus einer sehr viel älteren Zeit stammten, ja, daß unter dem Kloster und dem »Hügel der Toten« eine uralte Stadt begraben lag. Etwa gleichzeitig begann der Direktor des Indischen Archäologischen Dienstes, Sir John Marshall, mit der Durchführung umfangreicher Ausgrabungen auch bei Harappa. Bald stellte man weiter fest, daß Stätten dieser vorgeschichtlichen Induskultur bis nach Belutschistan reichten, und man kam zu der Überzeugung, daß, lange bevor die sogenannten Arier vom Kaspischen Meer nach Indien eingewandert waren (etwa um 1500 v. Chr.), hier in Nordwestindien eine viel ältere Kultur untergegangen sein müsse. Diese vorgeschichtliche Hochkultur blühte zwischen 1700 und 1500 v. Chr. Wie konnte man feststellen, wann die Menschen lebten, die Harappa und Mohenjo-daro erbaut hatten?

Man hatte am Indus nur Siegel mit unbekannten, bis heute noch nicht entzifferten Schriftzeichen gefunden, sonst kaum etwas »Schriftliches«. So also kam man an das Geheimnis nicht heran. Aber die Archäologen, die am Euphrat und Tigris sumerische Städte ausgruben, fanden einige ganz ähnliche Siegel und ein paar Topfscherben, die zweifellos aus Indien stammten, ganz sicher aus jenen alten Städten am Indus. Da die Keilschrift der Sumerer entziffert war, und da man hier präzise Daten festlegen konnte, schloß man aus den Erdschichten, in denen jene Siegel zusammen mit sumerischen Gegenständen gefunden wurden, auf die Zeit von Harappa und Mohenjo-daro. Mohenjo-daro- und Harappa-Menschen waren demnach Zeitgenossen einer Periode von Sumer, die etwa um 1700–1500 v. Chr. anzusetzen ist.

Woher kamen diese alten Städtebauer? Man weiß nur wenig. Ganz sicher ist, daß ihre Städte schon blühten, bevor die »arisch« sprechenden Einwanderer nach Nordindien kamen. Vielleicht waren die Harappa-Menschen selbst Eindringlinge, die irgendwoher jenseits der Grenzen Nordwestindiens zu einer großen Wanderung aufgebrochen waren. Sicherlich waren sie schon hochzivilisiert, als sie ihre Städte zu bauen begannen. Daß man ihre Schriftzeichen nur auf Siegeln – wahrscheinlich sind es Amulette! – und einigen Scherben und Werkzeugen fand, und daß sich diese Schriftzeichen in den verschiedenen Schichten, also Epochen, der Ausgrabungen von Harappa und Mohenjo-daro kaum verändert haben, besagt, daß diese Menschen sich nach ihrer Ankunft in Indien geistig nur noch wenig weiterentwickelten, vielleicht als Folge des entnervenden Klimas. Die Tatsache, daß man keine großen »Schriftstücke« fand, könnte darauf hindeuten, daß umfangreichere Schriften auf Rinde, Baumwolle, Leder, Palmblätter oder Holz fixiert wurden, die sich natürlich im feuchten und salzigen Boden Indiens längst in Nichts aufgelöst haben.

Während der Ausgrabungen fand man in Mohenjo-daro einige Gruppen von Skeletten, eine, bestehend aus 15, in einem großen Raum, eine andere, aus sechs Skeletten, in einer Straße. Die zusammengekrampften Todesstellungen deuten darauf hin, daß diese Menschen eines gewaltsamen Todes gestorben sind. Die Archäologen wollen erkannt haben, daß Mohenjo-daro und Harappa etwa zu gleicher Zeit von den damaligen Einwohnern verlassen wurden. Man weiß natürlich nicht, warum.

Beide Städte scheinen nach wohlüberlegtem Plan erbaut worden zu sein. Die Straßen von Harappa laufen durchwegs etwa parallel und werden von anderen parallelen Straßen in rechten Winkeln gekreuzt. Gewundene Gassen, wie im mittelalterlichen Europa, hat es in diesen alten Städten am Indus nicht gegeben. Der Städtebau lag also in sehr kompetenten Händen. Mohenjo-daro wie Harappa bilden die Beispiele der ältesten, uns bekannten Stadtplanungen der Welt.

Interessant ist auch, daß hier kaum je ein Haus sich vorwitzig auf die Straße vorzuschieben wagte. Die Fassaden bildeten ziemlich gerade Linien. Die Hauptstraßen zogen sich durchwegs von Osten nach Westen und von Norden nach Süden. Wahrscheinlich hatte man so gebaut, damit die Nord-Süd-Winde die Straßen gut durchlüften konnten. Einige Straßen von Mohenjo-daro waren ziemlich breit. Die »Straße Nr. 1«, die etwa einen Kilometer lang ist, lief schnurgerade von Norden nach Süden und teilte die Stadt in zwei Hälften. Teilweise waren diese Straßen bis zu zehn Meter breit, und Wagen und Karren konnten bequem aneinander vorbeifahren. Die Hauswände der ausgegrabenen Hauptstraßen reichen jetzt bis zu sechs Meter tief und werden noch tiefer werden, wenn sie ganz ausgegraben sind. Man ist an die Fundamente noch nicht herangekommen. Einige Häuserfronten hat man aber schon acht Meter tief freigelegt.

Die Häuser an den Straßenecken waren abgerundet, damit Lasttiere und Menschen nicht »aneckten«. Fast alles, was in Harappa und Mohenjo-daro steht, ist aus gebrannten Ziegelsteinen gebaut, die im Format etwa unseren Ziegeln entsprechen. Was an Mohenjo-daro auffällt, ist die Schlichtheit seiner Gebäude: Kaum irgendwelche Verzierungen, keine Säulen, keine Erker, keine Bildhauerei, keine Fenster, nur enge Türen und flache Dächer. Fenster waren im heißen Indus-Tal unpraktisch. Manche Häuser sind wahre Irrgärten. Vielleicht wollte man sich tief im Innern ganz sicher fühlen. Die Verzierungen der Häuser aber können aus Holz bestanden haben, wie heute noch zum großen

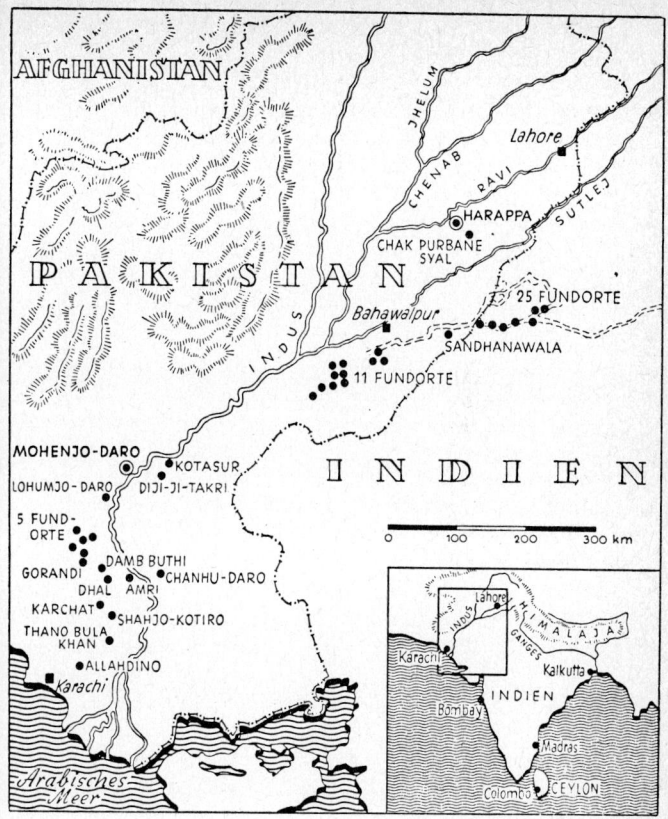

Fundorte des Indus-Kultus

Teil in Indien; und davon ist natürlich nach 3500 Jahren nichts erhalten.

Wer durch die Ruinen von Mohenjo-daro und Harappa wandert, erkennt, daß hier einst Wohnhäuser standen, die sozusagen mit allem Komfort eingerichtet waren. Nichts fehlte zur Bequemlichkeit. Das Bad war da, die Toilette, Kanalisation und Frischwasser-Tanks, ein hübscher Innenhof – wie heute noch überall im Orient –, bequeme Schlafräume, Fremdenzimmer, Portierloge, Speisekammer. Alles das ist »vorgeschichtlich«. All das lebte zu einer Zeit, da man in Mitteleuropa außer der Höhle noch keine Behausung erfunden hatte.

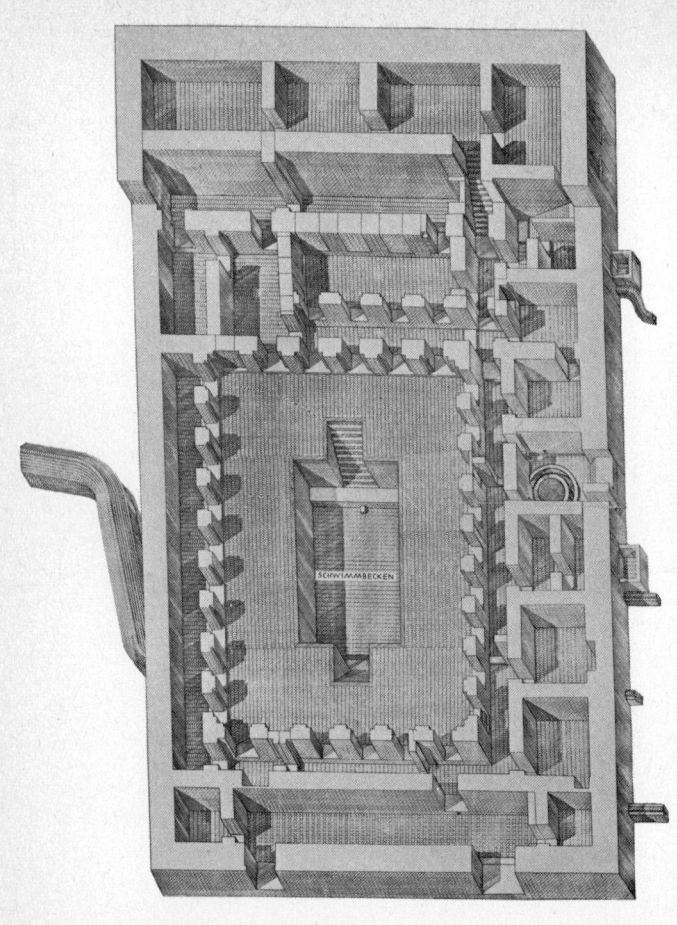

Das große Bad (Rekonstruktion). Der Archäologe Sir John Marshall schreibt: »Diese massive Konstruktion kann schwer übertroffen werden. Das Schwimmbecken war wasserdicht. Nach 5000 Jahren ist es immer noch fast intakt. Ein Abflußkanal (links) und unterirdische Zuleitung sorgten für Austausch des Wassers. Dampfbäder und kühle Brunnen, Umkleideräume und Ruhestätten, alles, was eine moderne Badeanstalt hat, gab es hier in Mohenjo-daro lange vor Beginn unserer Weltgeschichte.«

Der bedeutendste Bau, den man bisher in Mohenjo-daro ausgrub, ist das große Bad. Heißluft, Dampf und Wasser gab es hier, ein großartiges Schwimmbecken, Ankleideräume, kleine Baderäume, Wasserleitungen, kalte Brunnen usw. Wer den Plan dieser Anlage betrachtet, wird sich vom Staunen kaum erholen, vom Staunen über diese hochmoderne Bauart der Menschen, die vor über 3000 Jahren lebten.

Westlich des »großen Bades« grub man im Jahre 1950 einen riesigen Kornspeicher aus. Die einzelnen Silos sind so angelegt, daß Luftzirkulation ständig das Feuchtwerden des Getreides verhindert. Ursprünglich muß diese Anlage 50 mal 25 Meter groß gewesen sein, man hat sie aber auf der Südseite noch erweitert. Der englische Gelehrte Sir Mortimer Wheeler meint, man müsse sich vorstellen, wie hier diese wichtigste Substanz des bürgerlichen Wohlstandes von Beamten verwaltet und verteilt wurde, wie Staatsribute die Silos immer wieder füllten und daß hier – in einer geldlosen Zeit – praktisch der Staatsschatz eingelagert war.

Das mächtigste Gebäude aber ist noch nicht ausgegraben. Hier steht nämlich ein buddhistisches Heiligtum, ein Stupa, und man müßte ihn abbauen, ehe man an dieses Geheimnis herankommt. Die Inder wünschen aber keine Beschädigung ihres Stupa, und so kann man an dieses unterirdische Wunder – vielleicht einen 4000 Jahre alten Tempel – nicht heran. Man hat in Mohenjo-daro und Harappa viele Frauenstatuetten gefunden. Wahrscheinlich sind es Bildnisse einer Göttin. Ihr Name ist unbekannt. Der größte und gewissenhafteste Erforscher der Induskultur, Sir John Marshall, hält diese Göttin für die Muttergöttin, die heute noch von Indern angebetet wird und die offenbar in eine vorgeschichtliche Zeit zurückreicht. Auf einigen Amulettsiegeln ist eine sitzende Gestalt, von Tieren umgeben, abgebildet, die man mit Recht für einen Vorläufer Shivas hält, des einen der beiden großen Götter des heutigen Hinduismus. Dazu gab es noch Tiergötter, heilige Feigenbäume, einen ganzen Tierpark von Götzen. Nach der Kleidung der Gottesmutter zu urteilen, trugen die Frauen von Mohenjo-daro und Harappa nur Röcke, die kaum bis zum Knie reichten. Diese Röcke wurden von Gürteln gehalten. Vielleicht gab es auch einen Mantel, der die Arme bedeckte, aber die Brust frei ließ. Eine nackte Statuette aus Bronze stellt eine Tänzerin dar. Die Männer trugen wahrscheinlich über einer Art Lendenschurz ein Gewand, das über die linke Schulter reichte und sich unter dem rechten Arm schloß.

Man hat viele Juwelen in silbernen, kupfernen und bronzenen Gefäßen gefunden, Halsketten, Schmuck aus Gold, Elektrum, Silber, Kupfer und Bronze. Elektrum ist eine Legierung von Silber und Gold. Fingerringe, Armbänder, Nasenschmuck, fast alle uns bekannten Edel-und Halbedelsteine, Spiegel aus Bronze mit Holzgriffen, kosmetische Mittel, Rasiermesser, das alles wurde in großen Mengen ausgegraben. Ja, man hat eine Säge gefunden mit gewellten Zähnen, die erste ihrer Art. Bei der modernen Säge ist jeder Zahn einzeln gebogen. Viele Angelhaken erzählen von Fischfang. Man fand sogar noch Baumwollfäden an den Haken.

Auf vielen Werkzeugen und Waffen befinden sich kleine Inschriften. Vielleicht sind es Namen, vielleicht Nummern. Man fand Steingewichte aus Alabaster, Quarz, Jasper, Kalkstein. Diese Gewichte hatten etwa die Einheit von 0,8565 Gramm und steigerten sich wie 1, 2, 4, 8, 16, 32, 64, 160, 200, 320, 640, 1600, 3200, 6400, 8000, 12800. Offenbar waren die Mohenjo-daro-Menschen ehrlich, denn man hat kaum gefälschte Gewichte entdeckt, das heißt, Gewichte, die von der Norm abweichen. Die Waagen bestanden aus einer Bronzestange mit angehängten Kupfertellern. Man hat auch ein Längenmaß gefunden, einen Streifen aus Muschel mit einer Einteilung von je 0,67056 Meter. Der Irrtum, also die Abweichung von der Norm, beträgt auf diesem Maß nur 0,00762 Zentimeter.

Baumwolle wurde gesponnen und gewebt. Viele Spindeln legen davon Zeugnis ab. Töpfe und Gefäße haben nichts Primitives an sich. Die Technik ist sehr fortgeschritten, die Formen sind vielgestaltig. Hier waren Menschen am Werk, die jahrhunderte- oder jahrtausendealte Handwerkstradition in sich aufgenommen hatten. Mit den Gefäßen der Sumerer und Ägypter kann man diese Gegenstände des Gebrauchs allerdings nicht vergleichen. Am Indus formte man wahrscheinlich sehr viel früher und behielt die alten Formen bei.

Die Kinder von Harappa und Mohenjo-daro konnten sich so gut unterhalten wie die heutigen Kinder von New York. Alle Arten von Spielzeug gab es hier: kleine Ochsen, die Karren zogen, Klappern mit Steinchen im Innern, bunt dekoriert, kleine Tiere, Vögel. Ein Vögelchen hat den Schnabel offen. Es singt stumm über 3500 Jahre hinweg, und dabei war es ein winziges Vogelbauerspielzeug. Auch eine Pfeife fand man. Ein kleines Tier, das an einer Stange hochklettert, konnten die Zoologen noch nicht klassifizieren. Puppen gab es nicht. Aber Puppenge-

Sie war Tänzerin in Mohenjo-daro. Die Bronze-Statuette zeigt schweren Armschmuck, schräge Haarfrisur und erstaunliche Anmut in der Bewegung.

schirr mit Fingerabdrücken der kindlichen Hersteller, die sich im Ton erhalten haben. Ein kleiner Ochse muß die Kinder von Mohenjo-daro und Harappa sehr belustigt haben: er konnte nämlich nicken.

Man liebte, man trank, man spielte. Die Würfel dieser Menschen waren hervorragend gearbeitet. Auf jeder Seite befindet sich eine Nummer, die man sogar entziffern kann, von 1-6. Die 1 steht der 2 gegenüber, die 3 der 4 und die 5 der 6. Die Zahlen sind also nicht so geordnet wie bei unseren Würfeln, bei denen zwei gegenüberliegende Seiten immer 7 ergeben.

Ganz sicher wurde hier Fleisch gegessen. Das bezeugen die Reste von Wild, von Büffel, Schweinen, Schildkröten, Ziegen und Rindern. Die Menschen des Industals saßen auf Matten um ihre Tafel. Wahrscheinlich benutzten sie aber auch Stühle und Tische, worauf einige Bildschriftzeichen hindeuten. Die vielen Geweihe, die man in Mohenjo-daro ausgrub, haben die Forscher auf den Gedanken gebracht, daß man sie vielleicht in gemahlenem Zustand für die Medizin verwandte, eine Sitte, die heute noch von Indien bis China geübt wird.

Die Ausgrabungen von Mohenjo-daro und Harappa haben bewiesen, daß wir mit unserer Geschichtsschreibung immer wieder neu anfangen können. Man hielt die vorgeschichtliche Zeit Indiens für eine dunkle Epoche der Barbarei und Kulturlosigkeit. Und jetzt erkennt man, daß lange vor dem »Anfang aller Kultur« schon eine viel ältere, unerhört hohe Lebensstufe der Menschheit lag. Es grenzt doch an das Märchenhafte, wenn der so gewissenhafte Forscher Marshall erkärt, der Schmuck jener Menschen am Indus sei so vollendet und glänzend geschliffen gewesen, daß er eher aus der heutigen Bond-Street in London stammen könnte als aus einem prähistorischen Haus vor über 3000 Jahren.

Als Ägyptens Königin Nofretete lebte, als sie ihren Gemahl, den Pharao Achenaton, liebte, war auch hier am Indus eine Höhe erreicht, ein Leben in modernen Städten, deren Gründungszeiten sich weit, weit im Dunkel der Vorgeschichte verlieren. Und das Erstaunlichste: gerade die ältesten Stücke der Induskultur zeigen die höchste Vollendung und das größte Kulturgefühl.

Was man hier ausgrub, ist also schon eine abfallende Entwicklung, deren strahlender Ursprung das größte Rätsel der Menschheitsgeschichte bis zur Stunde bleibt.

INDIEN
Ein Atom kann nie den Kosmos verstehen

Formlos tastete sich Indiens Geist aus dem Dunkel der Urzeit vor. Und
dann kam Buddha.

Aus dem Dunkel einer längst vergangenen Zeit, die vielleicht
3000 Jahre, vielleicht viel länger zurückliegt, schickt uns Indien
diese Sätze: »Das Studium und das Lehren machen Freude. Man
wird gesammelten Geistes und frei. Tag für Tag gewinnt man
Vorteil, schläft ruhig und wird der beste Arzt seiner Seele. Zäh-
mung der Sinne, Freude am Alleinsein, Wachstum der Erkenntnisse, Ansehen und Reife werden die Folge sein.«
   Wer war der Geist, der diese Sätze formte?
   Wo lebten die Menschen, die so dachten?
   Wo können wir noch mehr solcher Sätze lesen?
   Die Anfänge der Geschichte Indiens liegen in undurchdringli-
chem Dunkel. Wir wissen nicht, welche Völker zuerst den indischen Kontinent bewohnten. Wir kennen nicht ihr Schicksal ...
   Die älteste Hochkultur, die aus dem indischen Boden freigelegt wurde, ist die von Mohenjo-daro und Harappa. 3500-4000
Jahre liegt diese Kultur zurück. Sie ist vorgeschichtlich.
   Später, vielleicht 1500 Jahre v. Chr., drangen die Arier in
Nordindien ein. Aus der Zeit ihrer Einwanderung haben sie
keine Denkmäler aus Stein oder Erz hinterlassen, keine Schriften, keine handfesten Zeugnisse ihres Lebens. Dafür besitzen wir
ein fast unheimlich anmutendes Erbe, das auf diese Menschen
zurückzuführen ist, das Erbe ihrer durch mündliche Überlieferung von Jahrhundert zu Jahrhundert weitergereichten Gedanken. Diese Gedanken waren nicht aufgeschrieben, nirgends eingemeißelt, noch in Buchstaben gesetzt. Die ältesten Dichtungen
der Menschheit, ›Ilias‹, ›Odyssee‹, und germanische Sagen wurden nicht niedergeschrieben, sondern von Generation zu Generation mündlich überliefert.
   So auch der indische Veda. Erst im 7. oder 8. Jahrhundert
v. Chr. brachten Hindu-Kaufleute aus Westasien eine semitische
Schrift mit. Von dieser sogenannten ›Brachmi-Schrift‹ stammen
alle späteren Alphabete Indiens ab. Im Laufe der folgenden
Jahrhunderte wurde auch der Veda schriftlich fixiert. Götter-
hymnen, Opferformeln, Zaubersprüche, rituelle Vorschriften,

theologisch-philosophische Erörterungen, das alles umfaßt der Veda, ein erstaunliches geistiges Denkmal, das sich die »arischen« – wir nennen sie auch »indo-europäischen« – Einwanderer für alle Zeiten setzten und das im Laufe der Jahrhunderte fort und fort entwickelt wurde. In der großen Veda-Literatur ist der Rig-Veda die älteste Sammlung. Er enthält etwa 1000 Hymnen, die aus etwa 10000 Versen bestehen. Zur Veda-Literatur gehören außerdem der Sama-Veda, der Yajur-Veda, der Atharva-Veda, die Brahmanas, die Aryankas, die Upanischaden und die Sutras.

Die wichtigsten Werke einer späteren Epoche sind das Mahabharata und das Ramayana. Das Mahabharata besteht aus 100000 Doppelversen, ist also rund achtmal so umfangreich wie Homers ›Ilias‹ und ›Odyssee‹ zusammen. Es ist das große Heldenepos Indiens und darüber hinaus ein ungeheures Sammelbecken von Sagen, Legenden, Mythen und Lehrtraktaten aller Art.

Das Ramayana, bestehend aus 24000 Doppelversen, ist eine Dichtung, die die seltsamen Abenteuer und Heldentaten des Königs Rama schildert. Wir kennen den Verfasser dieses Epos. Er heißt Valmiki.

Man begreift jetzt, daß nur Menschen solche Riesenwerke auswendig lernen und durch Jahrhunderte weitertragen konnten, denen das »Studium und das Lehren Freude machten«. Dieser Satz steht in den Brahmanas.

Alles, was man sich erträumen, erdenken und erdichten kann, findet sich in den 3500–4000 Jahre alten Gedanken des Veda. Da ist Gott Indra, Siegfried, Adam und Noah in einer Person. »Er erschlug die Schlange, schuf den Gewässern einen Ausweg und spaltete die Weichen der Berge. Er erschlug den Drachen, der auf dem Berge sich ausstreckte ... Wie mit der Axt gefällte Baumstämme, so lag gefällt der Drache platt auf der Erde.« Da ist ein Pilatus, der sich die Hände in Unschuld wäscht: »Führt all dieses hinweg, was von Sünde an mir ist, ihr Wasser; wenn ich treulos war oder geflucht habe, und jede Lüge.« Da ist ein herrlicher Satz über die Nacht: »O Nacht, du hast den irdischen Raum nach des Allvaters Geboten erfüllt. In der Höhe breitest du dich bis zu den himmlischen Sitzen aus. Es naht das sternefunkelnde Dunkel.«

Ist es nicht erstaunlich, wie deutlich der Mann die Vergänglichkeit allen Besitzes erkannte, der diese gute Tat ersann: »Der Vermögende soll dem in Not Geratenen schenken und den weiten Weg bedenken, denn die Reichtümer drehen sich wie Wagenräder und kommen immer wieder zu einem anderen.«

Hier eine Anweisung für die Wahl der Gattin: »Der Mann soll

ein Mädchen heiraten, das Verstand, Schönheit, Tugend und die Glückszeichen besitzt – und das gesund ist. Allerdings sind die Glückszeichen schwer in Erfahrung zu bringen ...«

Etwas über die Morgenstunde, die Gold im Munde hat: »Wie Indrani, eine Frühaufsteherin, sollst du wachend die Morgenröte, der der Schein des Feuers vorausgeht, erwarten.« Über Schlaf und Traum: »Der du nicht lebend, nicht tot bist, du, o Schlaf, bist das himmlische Kind der Götter. Du bist der Endemacher, bist der Tod, so kennen wir dich, o Schlaf, genau. Bewahre du uns, o Schlaf, vor bösem Traum.«

Und hier geht es um die eifersüchtige Liebe einer Frau zu einem Mann aus einer Zeit, da man zu singen wußte, aber noch nicht zu schreiben: »Ich führe das Wort, nicht du. In der Versammlung meinetwegen führe du das Wort. Mir sollst du ganz allein gehören. Du sollst von anderen Frauen nicht einmal sprechen.« Welche Frau aber hätte jenem widerstehen können, der diese Ansprüche stellte: »Wie den Baum die Liane rings umschlungen hält, so umschlinge du mich, auf daß du in mich verliebt seiest und mir nicht untreu werdest.« Ja, er wollte nicht nur ihren Leib, sondern auch ihre Seele: »Wie der Greif auffliegend mit beiden Schwingen sich an den Boden klammert, so klammere ich mich an deinen Sinn.« Gegen Wahnsinn: »Agni soll deinen Geist beruhigen, wenn er aus Rand und Band ist. Ich bereite kundig ein Heilmittel, auf daß du von Wahnsinn frei werdest.«

Eine Schöpfungsgeschichte: »Finsternis war im Anfang, von Finsternis verhüllt. Diese ganze Welt war unkenntliches Chaos. Der Lebenskeim, der von der Leere umgeben war, das eine, kam zur Geburt, kraft seines heißen Dranges. Über dieses kam am Anfang das Liebesverlangen.«

»Diese Welt war im Anfang weder nicht-seiend noch seiend. Sie war, und sie war nicht. Sie war nur Denken.«

»Diese Welt, alles was da ist, wurzelt letzten Endes nur im Denken. Dieses Denken ist das Brahman, das da heißt ›Morgenbesser‹.«

Über das Wirken der Zeit: »Durch die Zeit weht reinigend der Wind, durch die Zeit ist die Erde groß, der große Himmel ruht in der Zeit.«

Die Furcht eines Einsamen: »Er fürchtete sich. Warum fürchtet sich einer, der ganz allein ist? Und er sann nach: Wenn außer mir nichts anderes ist, vor wem fürchte ich mich eigentlich? Da wich seine Furcht.«

Unfaßlich, wie hier im Dunkel der Frühgeschichte Indiens der kleine Mensch um große Erkenntnisse ringt! Unfaßlich, wie rührend menschlich hier so vieles ist, wie kühn dabei der Geist in das Unermeßliche von Raum und Zeit greift, wie er sich seine Götter zusammensucht und praktische Regeln für sein Dasein. Noch ist nichts festgefahren und in Formeln gepreßt. Noch ringt der Mensch frei und unvoreingenommen mit allen Problemen.

Über den Teil des Veda, der ›Upanischad‹ heißt, sagt Schopenhauer: »Es ist die belohnendste und erhebendste Lektüre, die auf der Welt möglich ist: sie ist der Trost meines Lebens gewesen und wird der meines Sterbens sein.«

Was am Anfang noch blutvoll und lebendig erscheint, löste sich nach und nach in eine Unzahl von Irrlehren, Magie, Zauberglauben und Wahnvorstellungen auf. Viele Menschen verachten die Priester, zweifelten alle Götter an, waren »Nihilisten«. Ein gewisser Sanjaya verwarf alle Kenntnisse und forderte, daß die Philosophie nur den Frieden erstreben solle. Purana Kashyapa lehrte, daß die Seele ein unlenkbarer Sklave des Zufalls sei. Maskarin Gosala glaubte, das Schicksal entscheide alles, ganz unabhängig vom menschlichen Verdienst. Ajita Kesakambalin erklärte, Narren wie Weise seien nach dem Vergehen des Körpers zerstört und dahin; nach dem Tode seien sie nichts.

Da, in dieser Zeit, wurde Buddha geboren, der Stifter der später größten asiatischen Religion. Als Buddha heranwuchs, hörte er in den Gebäuden, in den Straßen und in den Wäldern Nordindiens Philosophen, Kaufleute und Bauern hin und her disputieren, ohne irgendeinen festen Halt für ihre Gedanken. Haarspalter und aalglatte Redner predigten die Sinnlosigkeit aller Tugend.

Um etwa 560 v. Chr. wurde dem reichen Fürsten Shuddhodana und seiner Gattin Maya in der Nähe von Kapilavastu, im heutigen Nepal, ein Sohn geboren. Hier in der Nähe steigen die Himalaja-Gebirge aus der Ebene des Ganges in den Himmel. Etwa 400 Kilometer von der Geburtsstadt des Buddha thront der einsame Mount Everest.

Rechte Seite:
Buddhastatue aus der Guptaepoche. Diese Blütezeit der indischen Kunst beginnt mit König Chandragupta 320 n. Chr. Die Schrift auf dem Sockel gehört dem fünften Jahrhundert an. Diese Statue zeigt deutlich den Einfluß griechischer Kunst, die sich in Nordwestindien mit der einheimischen verband.

Der Name Buddha ist ein theologischer Titel und bedeutet »der Erleuchtete«. Der spätere Träger dieses Titels war seinen Zeitgenossen unter dem Familiennamen Gautama bekannt. Seine Jugend verbrachte Gautama in Freuden und Luxus. Als er aber erkannte, daß das Ende der Menschen Alter, Krankheit und Tod ist, daß das Dasein Leid bedeutet, daß alles vergänglich ist, verließ er mit 29 Jahren seine Frau und sein Kind und wurde wandernder Asket. Er legte sich die härtesten Formen körperlicher Entbehrungen auf, bis er so schwach und mager war, daß er seinen eigenen Tod vor Augen sah. Da gab er die Selbsttortur auf, verharrte aber in tiefstem Nachdenken über dieses Leben und seinen Sinn. Eine durchwachte Nacht brachte ihm schließlich die Erleuchtung, unter dem Bodhibaum zu Uruvela, dem heutigen Bodh-gaya in Bengalen.

Gautama war zum Buddha geworden, zum Erleuchteten, und beschloß, seine Erkenntnisse der Welt zu verkünden. Er bekehrte fünf Asketen, die seine Gefährten waren und nahe von Benares lebten. Bald strömten 60 Jünger zu ihm, die er als Missionare aussandte. Er selbst bekehrte 1000 Menschen in Uruvela. Buddha machte König Bimbisara zu seinem Anhänger. Der König schenkte ihm seinen Park, wo Buddha und seine Anhänger leben sollten.

Nach diesen Ereignissen erfahren wir wenig vom Predigen und Lehren des Buddha während eines Zeitraumes von 45 Jahren. Wahrscheinlich wanderte er durch den östlichen Teil des Ganges-Tales und verbrachte nur die Regenzeit in festen Behausungen oder Felsenhöhlen.

Weder Sokrates, noch Christus, noch Buddha kamen jemals auf den Gedanken, ihre Lehren niederzuschreiben. Was sie predigten, wurde von ihren Jüngern weitergegeben. Buddha war ein Mann von eisernem Willen, von großer Überzeugungskraft. Stolz, aber sehr liebenswürdig im Benehmen und im Reden. Er hat niemals erklärt, daß er das Werkzeug eines Gottes sei. Er sann Tag und Nacht darüber nach, wie man die Zerstörung von Leben verhindern könnte. Feinde versuchte er zusammenzubringen. Überall stiftete er Frieden. Wie Christus trachtete er, Böses mit Gutem zu vergelten, und wer ihn verletzte, dem hörte er schweigend zu. Im Gegensatz zu den Helden dieser Erde hatte Buddha Sinn für Humor. Er wußte, daß alles übersinnliche Wissen ohne ein Lächeln unbescheiden ist.

Von Stadt zu Stadt, von Dorf zu Dorf wanderte er unermüdlich, gefolgt von 1200 Ergebenen. Er kümmerte sich wenig um sein leibliches Wohl und sorgte sich niemals um den nächsten Tag. Einmal erschreckte er seine Jünger dadurch, daß er im Hause einer Kurtisane Speise annahm. Buddha war überzeugt, daß Leid und Mißgeschick die gute Seite des Lebens so überschatten, daß es besser wäre, niemals geboren zu sein. »Mehr Tränen sind auf dieser Erde geflossen, als alles Wasser der vier Ozeane.« Alle Freuden schienen ihm zweifelhaft, weil sie so kurz währen. Fünf Moralregeln verkündete er: »Niemand soll ein lebendes Wesen töten. Niemand soll nehmen, was ihm nicht gegeben wird. Niemand soll lügen. Niemand soll sich betrinken. Niemand soll unkeusch sein.«

In der Gesellschaft von Frauen fühlte sich Buddha nicht wohl. »Was sollen wir tun, wenn Frauen zu uns sprechen?« fragte ein Jünger. »Sei sehr wachsam«, antwortete Buddha.

»Niemals in der Welt hört Haß durch Haß auf. Haß ist nur durch Liebe zu beseitigen.« Buddha mühte sich einzig und allein um das Verhalten der Menschen. Niemals verlangte er Anbetung oder Theologie. Der interessanteste Zug an diesem Heiligen Asiens bleibt, daß er eine weltweite Religion stiftete und dabei ablehnte, auf irgendeine Diskussion über Ewigkeit, Unsterblichkeit oder Gott einzugehen.

»Ein Atom kann niemals den Kosmos verstehen.« Buddha lehnte jedes Rätselraten ab: über den Anfang der Welt und das Ende; ob die Seele dasselbe sei wie der Leib und ob selbst ein Heiliger jemals in einen Himmel komme. Alle solche Fragen erklärte er für Gespinst, Dickicht oder Wüste. Scharf und ärgerlich war Buddha nur gegen die Priester seiner Zeit. Er leugnete, daß der Veda von Göttern inspiriert sei, und er schalt das Kastenwesen. »Arme und Reiche, Junge und Alte, alle sind eins«, sagte er. Buddha schuf eine Religion ohne Gott. Die Wiedergeburt hielt er für eine Tatsache. Diese Idee war vielleicht die einzige, die er ohne jeden Zweifel übernahm. Sein Denken und Streben war darauf gerichtet, das »Nirwana« zu erreichen. Was aber »Nirwana« ist, das wollen wir nicht zu erklären versuchen, denn darüber sind ganze Bibliotheken geschrieben worden.

Am Ende seines Lebens vergötterten seine Anhänger bereits den alten Mann. Er war jetzt 80. Er war schwach und sehr dürr. Aber er wanderte fort und fort, immer lehrend und predigend. Auf dem Wege nach Kusinara, einer alten Stadt, wurde er von einer Krankheit befallen, nachdem er verdorbenes Schweinefleisch gegessen hatte. Seine letzte Mahnung an die Jünger war, sie sollten von nun an seine Lehre als obersten Herrn ansehen und ernsthaft danach streben. Er starb 483 v. Chr.

»Nun denn, o Mönche, ich spreche zu euch. Alle körperlichen Dinge sind zum Verfall verurteilt. Strebt mit Ernst.« Das waren seine letzten Worte.

Buddhas Lehre aber ging im Laufe der Jahrhunderte in Indien unter, überwuchert von der Masse der altindischen Urreligion. Im 12. und 13. Jahrhundert n. Chr. ging das Licht des Buddhismus in Indien aus. Im 14. war Buddhas Lehre so gut wie verschwunden. Dafür eroberte sie fast den gesamten asiatischen Kontinent, von den Grenzen Sibiriens bis zu den heißen Inseln Indonesiens, von Tibet bis zu den klingenden Gongs und Weihrauchkerzen der Zen-Priester in Japan.

Verlassen liegt Angkor im Dschungel

Dem Urwald entrissen wurden erst vor hundert Jahren die erstaunlichsten Tempel- und Stadtruinen Asiens. Wer durch diese gigantischen Ruinen wandert, ist plötzlich in einer versunkenen Zeit bei den Göttern Indiens.

Zu Lissabon im Jahre 1524 wurde ein sehr merkwürdiger Mensch geboren. Der Vater war Kapitän eines großen Seglers und ertrank vor der Küste von Goa. Der Junge war ein Taugenichts, Rebell und Phantast. Aber er wurde der größte Dichter seines Landes überhaupt. Luíz de Vaz de Camões berauschte sich an der großen Seevergangenheit seines Landes. Er war ein Christ und verehrte als Mensch der Renaissance die Schönheit der klassischen Antike. Er war ein geistiger Bruder von Dante, Petrarca, Ariost und Tasso.

Großes Talent verbindet sich oft mit leidenschaftlichem Temperament. Camões verliebte sich in eine Dame des Hofes. Bei jedem Streit zog er den Degen, besonders wenn es um Liebesdinge ging. Er wurde verbannt. Er wurde aus Verzweiflung Soldat. Er kämpfte mit der portugiesischen Flotte gegen Marokko und dichtete inmitten von Seeschlachten. Vor Ceuta löschte ein Pfeil sein rechtes Auge aus. Einäugig wie Nelson segelte er 1553 nach Indien. Er schrieb Ruhmgedichte über die Heldentaten der damaligen portugiesischen Seefahrer. Er schrieb auch Satiren und erhielt als Strafe das, was jeder Dichter braucht, um Weltruhm zu erlangen: Verbannung und Kerker. Dann wurde er wieder frei und jagte mit allen Winden über die Meere. Er dichtete das größte Ozean-Epos nach Homers Odyssee: die Lusiaden.

An der Mündung des Mekong in Cochin-China zerschellte seine Karavelle. Da sehen wir ihn durch das heiße Meer schwimmen, in einer Hand das Kostbarste über den Wellen haltend, was er besitzt, das große Gedicht, die Lusiaden.

König Sebastian ist noch ein Kind, aber Herr eines Weltreiches, Herr von Portugal. Es ist ein großer Augenblick für den jungen König wie für Camões, als der Dichter dem König die Lusiaden überreicht. Aber Sebastian fällt in der Schlacht vor Alcazar. Eine königliche Familie erlischt. Und Portugal tritt von der Bühne der Weltgeschichte ab.

Im fahlen Mondlicht der sonst dunklen Stadt Lissabon bettelt nachts ein Sklave. Sein Herr, König aller Dichter dieser Welt, hungert. Und er selbst, ein Dunkelhäutiger, ein später Nachkomme der Könige am Mekong, entführt und verschleppt aus den Urwäldern von Kambodscha, bettelt hier, damit sein Herr dichten kann.

Was zu Zeiten des Camões ein unerhörtes Wagnis war, die Seereise nach Kambodscha, wird heute in fast lautlos gleitenden Schiffen in 25 Tagen verträumt, auf sonnenfunkelndem Meer, unter lichtem Himmel vor fernen, grünen Kokospalmen.

»Fünf Ananasfrüchte auf einem Hügel«, nannte Frankreichs berühmter Schriftsteller Paul Claudel Asiens großartigste Tempelruinen Angkor Wat. Es sind die Türme der Tempelstadt. Sie leuchten rot im Untergang der Sonne, sie schimmern grünlichgrau in der Morgendämmerung. Sie scheinen unirdisch blau in den Nächten, wenn das Mondlicht auf dem Urwald liegt. Pierre Loti, der Autor der ›Island-Fischer‹, staunte vor diesen Ruinen, der Herzog von Windsor war hier und Könige, Staatsmänner, Dichter und Philosophen.

Tempel, Städte, Heiligtümer blieben hier jahrhundertelang vom Urwald umwuchert, getarnt, vergessen. Bis 1815 Jesuitenpatres kamen. Bis Abel Rémusat altchinesische Beschreibungen von Städten, die man für untergegangen hielt, übersetzte. Bis 1858 ein französischer Forscher auf seinem mühsamen Weg im Tale des oberen Mekong durch das Urwaldgewirr die Wunder erblickte, die riesigen Tempel, von Lianen überwuchert, im Dornröschenschlaf. Mächtige Quadern waren von Urwaldbäumen auseinandergesprengt, wie die Natur ja immer über Menschenwerk triumphiert. Bis Henri Mouhot 1863 seine Reise um die Welt veröffentlichte. Ja, bis man endlich begriff, daß die Ruinen von Angkor wiederentdeckt waren. Langsam arbeiteten sich wissenschaftliche Expeditionen in Gehröcken und Vatermördern durch den Urwald. Dann brachte de la Porte die ersten Skulpturen nach Paris, und im Museum von Guimet lüfteten die Herren ihre Zylinder, die Damen zückten die Lorgnons und schaukelten mit ihren »culs«. Am 15. Dezember 1898 gründete Paul Doumer, damals Generalgouverneur von Indochina, die französische Fernostschule in Hanoi, die Indochina, seine Geschichte, seine Bauten, seine Sprache, Indien, Indonesien, China, Japan erforschen sollte.

Bis in unsere Tage werden immer neue Tempel und Städte dem Urwald entrissen, wird die alte Herrlichkeit wieder aufgebaut,

Alles, was die große Khmerkultur einst geschaffen hat, wäre vom Dschungel verschluckt worden, wenn nicht die Archäologen eingegriffen hätten. Statuen von Göttern und Dämonen liegen zerbrochen am Urwaldboden. Fotos: H. Meißner.

Im Tempel von Bayon zu Angkor Tom befinden sich 50 solcher Türme, geschmückt mit dem vierfachen Antlitz des Brahma. Angkor Tom wurde 890 n. Chr. Hauptstadt der Khmer. Französische Archäologen entrissen die Tempel dem alles verschlingenden Urwald. Foto: Meißner.

wird gemessen, entziffert, übersetzt, geforscht. Und heute zählt Angkor zu den Wundern der Welt.

»Alle Wege Asiens kommen aus Indien«, sagte der noch lebende, berühmte indische Archäologe Ananda Coomaraswamy. Indiens Kunst begleitete Indiens Religion nach Ceylon, nach Java, nach Kambodscha, nach Siam, nach Burma, nach Tibet, nach Turkestan, nach China, nach Korea und Japan. Chinas, Japans, Tibets und Südostasiens Buddhismus kamen aus Indien. Auch die Ruinen von Angkor Wat spiegeln indischen Geist, der freilich viel älter ist als Buddha. Und die Tempelruinen von Borobudur auf Java künden in Stein Indiens Vision der Welt.

70 Meter hoch über den Urwald ragt der Hauptturm von Angkor Wat. 40000 Quadratmeter deckt der dreiterrassige, neuntürmige Tempel. 20 Kilometer Umfang mißt der äußere Wassergraben der Anlage. 109 Meter breit ist dieser nasse Schutz. Angkor Wat ist ein rechteckig angelegtes, gigantisches Bauwerk, eine Hymne aus Stein für Götter, die jedoch versagten, die nicht stark genug waren, ihre Tempel zu erhalten. Angkor Wat ist ein Abbild der Welt. Sie ist eine viereckige Fläche, von Wasser – vom Ozean – umgeben. Die Gottheit ist im König verkörpert. Der Berg der Welt ist der höchste Turm. Er strahlt die Macht des Gottes nach allen Himmelsrichtungen aus.

Wer aber waren die Erbauer dieser Gebete in Stein? Als zu Bethlehem der Heiland der Welt geboren wurde, lebte hier in Kambodscha ein Volk, das sich Khmer nannte. Sprachlich und rassisch scheinen sie aus verschiedenen Welten gekommen zu sein. Die Khmers sind größer, dunkler und schlanker als ihre benachbarten Völker. Ihre Augen ähneln denen indoeuropäischer Rassen. Sprachlich dagegen sind sie mit den Menschen Indonesiens und der Südsee verwandt, aber auch mit Melanesiern und Polynesiern. Während Polynesier, Mongolen, Chinesen und Japaner glattes schwarzes Haar haben, neigt das Haar der Khmer zur Lockenbildung. Wahrscheinlich sind die Khmer ein Produkt ständiger Mischung vieler Rassen, mit denen sie in Berührung kamen. Man muß auch bedenken, daß China seine Menschenlawine durch alle Jahrhunderte nach Norden und nach Süden rollte und daß in Hinterindien Völkerdruck entstand, der sich bis zu den wagemutigen Seefahrten der Polynesier auswirkte, die schließlich auf der Osterinsel das östliche Ende des Pazifiks erreichten. Ja, Nordostasien hat vielleicht verwandte Rassen bis auf die Hochebenen von Südamerika geschickt, Menschen, die wir seit Kolumbus Indianer nennen.

Als Kublai Khans Gesandtschaftssekretär Tschu-ta Kuan um 1296 die Hauptstadt der Khmer, Angkor Thom, besuchte, fand er hier ein merkwürdiges Volk vor, das im Schweiße seines Angesichtes Reisfelder anlegte und Göttertempel baute. Der König der Khmer hatte fünf Frauen, eine Hauptfrau und vier andere, die den Haupthimmelsrichtungen des Kompasses entsprachen. Außerdem standen ihm rund 4000 Konkubinen zur Verfügung. Er schwamm sozusagen in Gold und Juwelen. Auf den Seen lagen verträumte Vergnügungsboote. Königliche Elefanten schoben sich schaukelnd durch die Straßen. Über eine Million Menschen lebten allein in Angkor Thom. Es gab Krankenhäuser, die an die Tempel angeschlossen waren, darin Krankenschwestern und Ärzte.

Sklaven und Kriegsgefangene bauten zwischen 1113 und 1150 für König Suryavarman II. Angkor Wat. Ein architektonisches Werk, so bedeutend wie die großen Bauten der Ägypter, der Griechen, und mächtig wie die Kathedralen von Europa. Tau-

Haupttempel von Angkor Wat, Kambodscha. 70 Meter ragt der höchste Turm in die Höhe.

sende von Sklaven legten Urwaldbäume um, zogen und hoben mächtige Quadern, Künstler meißelten in Stein, Priester hielten böse Geister fern. Um genug Sklaven zu haben, führte der König Kriege. Aber Kriege sind Glückssache, und schließlich eroberten Siamesen die Tempel und Städte, und was schließlich übrigblieb, waren Ruinen.

Die Khmer sollen große Bibliotheken besessen haben, aber nichts ist erhalten. Ihre Unsterblichen sind so tot wie ihre Sterblichen. Angkor Wat besitzt insgesamt etwa 2400 Meter Steinreliefs. Sie zeigen, daß Männer und Frauen Moskitonetze trugen. Und wer heute noch durch die Ruinen geht, spürt, wie wichtig dieser Schutz war.

Zwischen 2000 und 500 v. Chr. entstand in Indien die heilige Literatur des Veda.

Gott Wishnu ist die Zentralgestalt der Sanskritschriften Mahabharata und Ramayana. Auch die Götter Shiva und Brahma kommen aus uralter indischer Literatur. Diese heiligen Schriften Indiens und diese Götter fanden hier am Mekong ihre Tempel, ihre Heiligtümer, ihre Städte. Auch Buddhas Geist gesellte sich dazu – Buddha lebte 560–480 v. Chr. Die heilige Schlange Naga zeigt ihr fächerförmiges Haupt überall in der Kunst der Khmer, und so waren schließlich alle Götter beisammen.

Es ist immer dasselbe: die Menschen wollen auf nichts verzichten, was vom Himmel kommt. Wenn die Römer ein neues Volk besiegt hatten, stellten sie dessen Gott in ihre Tempel. Mohammed übernahm für den Islam alle Propheten, Abraham, Moses und sogar Christus. Die Christen übernahmen das heidnische Weihnachtsfest und die Khmer alle Götter Indiens.

Die Eingeborenen, die heute in Kambodscha leben, sind Nachkommen der Khmer. Aber was ist das für eine merkwürdige Entwicklung? Während ihre Ahnen für die Ewigkeit zu bauen versuchten, so gewaltig, daß unsere Archäologen noch staunen, leben diese späten Enkel in hochstelzigen Hütten, zu denen Leitern führen. Nachts ziehen sie die Leiter ein. Aber die oberste Sprosse muß bleiben, für den Geist, der auf dieser Sprosse sitzt und die Schlafenden vor Dämonen bewacht.

Chinas Urahn lebte vor 500000 Jahren

Alle Menschen, von denen wir überhaupt etwas wissen, haben mindestens Keime einer Kultur – selbst der Peking-Mann (Sinanthropus Pekinensis) stellte Geräte her und kannte den Gebrauch des Feuers.

Kaj Birket-Smith

Die Geschichte beginnt mit den Hühnerknochen ...

Es ist noch gar nicht lange her, da wurden 50 Kilometer südwestlich von Peking auf einem Hügel Knochen und Skelette vieler Vögel ausgegraben. Die Chinesen dieser Gegend glaubten, es handle sich um Hühnerknochen, nannten daher den kleinen Berg Hühnerknochen-Hügel und machten sich wie immer weiter keine Sorgen. Archäologen untersuchten die Knochen unter dem Mikroskop und stellten fest, daß sie hier versteinerte Gebeine von Vögeln, Nagetieren, ja sogar von Raubtieren vor sich hatten. Der Hühnerknochen-Hügel wurde interessant. Die ganze Gegend ist unter dem Namen Chou K'ou Tien bekannt, und die europäischen Archäologen ließen nicht mehr locker.

Es ist bezeichnend, daß die europäischen Völker an der Archäologie weit mehr interessiert sind als die orientalischen. Der Europäer will wissen. Der Orientale will leben. In den Apfel des Paradieses muß ein Europäer gebissen haben, ganz gewiß kein Orientale. Der Europäer forscht, zerstört und schafft. Der Orientale läßt verfallen ...

Man fand unter dem Hühnerknochen-Hügel den Backenzahn eines menschenähnlichen Wesens, und man fand immer mehr. Über 1000 Koffer mit versteinerten Knochen wurden nach Peking gebracht, dort untersucht und geordnet. Menschliche Kinnbacken, Schädelstücke wurden entdeckt. Als man sich die ganze Herrlichkeit ansah, stellte man fest, daß diese Knochen 25 verschiedenen Personen angehörten.

Dann kam das Jahr 1929 und damit eine echte Sensation. Ein vollständiger Schädel wurde ausgegraben, der Schädel des sogenannten »Sinanthropus Pekinensis«. Dieser Herr ist noch nicht der Adam der Menschheit. Er hat einen Vorgänger, den aufrechtgehenden Affenmenschen von Java. Aber der Peking-Mensch hat immerhin schon eine recht beachtliche Zeit in seiner Höhle unter dem Hühnerknochen-Hügel gelegen: Rund 500000 Jahre lang! Hätte er schreiben können, so hätte er uns erzählt, wie unsere Welt vor einer halben Million Jahren – im frühesten Steinzeitalter – aussah, was ihm Sorgen machte und was er dachte. Daß er nämlich denken konnte, wissen wir genau. Das Fassungsvermögen seines Schädels betrug 964,4 Kubikzentimeter, etwas weniger als das Fassungsvermögen von 1000 Kubikzentimetern des heutigen Menschen. Man studierte sein Sprachzentrum und stellte fest, daß dieser Mensch auch sprechen konnte. Noch mehr: seine Zähne und sein Kiefer deuten darauf hin, daß er mit Mongolen, Eskimos, Chinesen oder Japanern verwandt war. Die Chinesen, die wir zu der mongolischen Rasse zählen, saßen demnach schon zu Urzeiten im heutigen Nordchina.

Die Archäologen waren selbst mit diesen erstaunlichen Ergebnissen noch nicht zufrieden. Aus Resten gelber Asche schlossen sie, daß der Peking-Mann bereits das Feuer kannte. 3000 von Menschenhänden gleichförmig bearbeitete Knochen beweisen, daß hier ein kleines »Industriezentrum« lag. Tausende von Quarzsteinen waren durch mächtige Hammerschläge bearbeitet. Die Knochenfunde von Büffeln, Hirschen und anderen Waldtieren zeugen davon, daß einst Sümpfe, Seen und Wälder hier in einem warmen, feuchten Klima lagen. Heute ist die Gegend um Peking waldlos, trocken und im Winter sehr kalt.

Nahe dem Hühnerknochen-Hügel, in der gleichen Chou K'ou Tien-Gegend, wurde eine zweite Fundstelle ans Tageslicht gebracht, die sogenannte »Obere Höhle«. Der Urmensch dieses Gebietes war schon ein Künstler. 28 Tierzähne beweisen, daß vor 3000, 4000 oder 5000 Jahren eine Schöne bereits ein Halsband trug. Und Geräte aus Knochen waren rot bemalt.

Auch eine andere wichtige Fundstelle, die im Ordos-Bogen, kündet von dieser frühen Steinzeitkultur. Hier waren die Menschen noch »moderner«. Reste von Holzkohle deuten Lagerfeuer an. Knochenstücke von Rhinozerossen, Hyänen, Antilopen, Kühen, Büffeln und Eierschalen eines ausgestorbenen Riesenstraußes schildern den Küchenzettel. Hatte hier ein hochentwikkelter Affe gehaust? Keineswegs! »Homo sapiens«, der Mensch, hat auch hier ein Andenken hinterlassen, einen einzigen Zahn, der aber genügt, um in dieses ungeheuere Dunkel der Vergangenheit Licht zu werfen.

Zwischen der frühen Steinzeit – man nennt sie auch Paläolithikum, 500000 v. Chr. – und 2500 v. Chr., liegt eine unermeßliche Zeitspanne, von der wir nichts wissen.

Was war geschehen?

War die Menschheit ausgestorben?

Hatte sich nach einer Sintflut ein chinesischer Noah auf irgendeinen Berg gerettet?

Wir wissen es nicht. Denn die nächste Botschaft von Menschen kommt aus Yang-Shao. Diesmal – es war im Jahre 1921 – fand man ein ganzes Dorf. Hier begegnete man einer 4000–5000 Jahre alten Hochkultur, deren Entwicklungsgeschichte verborgen bleibt. Es ist wie im indischen Mohenjo-daro: nichts vorher, und plötzlich eine vollkommen entwickelte, ziemlich große Bevölkerung. Tonscheiben bildeten eine Art Spinnrad und kündeten von der Zucht einer Faserpflanze. Auf Tongefäßen fand man Webemuster. Werkzeuge aus Knochen und Horn, Nähnadeln mit feinem eingeschnittenem Öhr, Töpfe mit Hälsen und Henkeln, elegante, dünnwandige Vasen mit hohen Hälsen, große Urnen mit Darstellungen von Menschen, Hunden, Pferden und Orna-

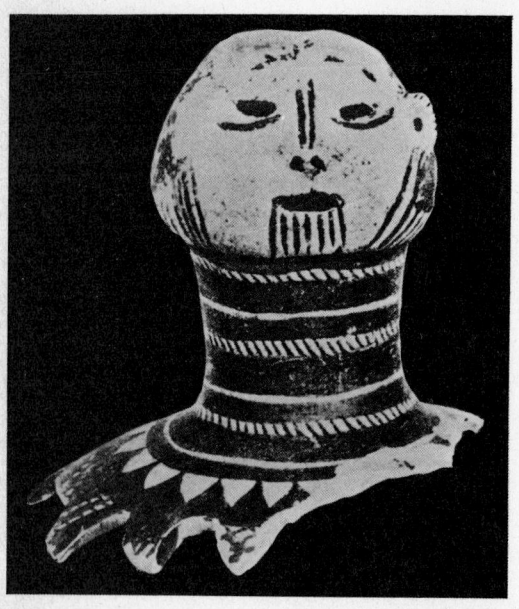

Hals einer Totenurne mit menschlichem Antlitz. Das Kunstwerk stammt aus der 4000–5000 Jahre alten Stein-Bronze-Kultur von Yang Shao. Die schrägen Augen lassen deutlich die mongoloide Rasse erkennen.

menten. Eine Katze, nur 3 Millimeter hoch, beweist, daß dieses Tier wahrscheinlich schon damals zur menschlichen Behausung gehörte. Diese Zeit – sie wird die Stein-Bronze-Zeit genannt – kannte vielleicht sogar schon eine Schrift, denn in Gräbern in der Provinz Kansu fand man die frühesten Anzeichen von Hieroglyphen. Die Skelettüberreste aus Kansu von etwa 120 Männern und Frauen beweisen, daß auch hier Menschen der mongolischen Rasse lebten. Ob aber der 4000–5000 Jahre alte Stein-Bronze-»Chinese« von dem rund 500000 Jahre alten Peking-Menschen abstammt, wissen wir nicht.

Etwa tausendmal war die Erde um die Sonne gewandert, da legten Menschen ihre Toten in Gräber, die jetzt in unserer Zeit aufgebrochen wurden. Es sind die Gräber der Shang, die man auch die »Gräber der Yin« nennt. Sie liegen in der heutigen Stadt Anyang, in der Provinz Honan, 120 Kilometer nördlich des Gelben Flusses. Die Shang-Dynastie ist die erste chinesische Epoche, deren wirkliches Leben wir durch zuverlässige Nachrichten kennen. Diese Kaiser-Dynastie begann im Jahre 1450 v. Chr. und währte bis 1050 v. Chr. Der Himmel selbst öffnete den Boden, denn im Jahre 1079 riß ein heftiger Sturm die Erddecke fort und enthüllte zum ersten Mal das Grab eines Shang-Herrschers.

Die Chinesen jener Gegend fanden einige Bronzegefäße und verkauften sie – praktisch, wie sie immer sind – schleunigst auf dem Markt. Dann wurde ein Dorf über der Fundstelle erbaut, und man trampelte wieder lustig auf den Jahrtausenden herum. Um die Jahrhundertwende stießen Bauern beim Pflügen auf mit Zeichen bedeckte Tierknochen und Schildkrötenpanzer.

Alles, was geheimnisvoll und auch nur halbwegs eßbar ist, gilt in China als Medizin. Die ausgegrabenen 4000jährigen Knochen und Schildkrötenpanzer wurden von den Chinesen pulverisiert, an Apotheken verkauft und zur »Lebensverlängerung« geschluckt. Der menschliche Magen verträgt mehr, als man gemeinhin glaubt. Aber die Archäologie leidet unter solchen Maßnahmen. Das neue Medikament ging so lange gut, bis die neugierigen Weißen auftauchten. Die kauften die beschriebenen Knochen und Schildkrötenschalen auf und sandten sie an die Museen in aller Welt. Andere »weiße Barbaren« kamen an, und die chinesischen Bauern staunten, warum die vielen zehntausend langweiligen Knochen aufgekauft wurden.

Nun, die Funde trugen die ältesten Schriftzeichen Chinas, und solche 4000jährige Botschaften bilden unschätzbare Fundgruben

Die ältesten Schriftzeichen Chinas. · Sie haben folgende Bedeutung (von links nach rechts): Sohn mit Banner, Enkel, Hahn, Karren, Elefant und ganz rechts das heutige Zeichen für denselben Begriff.

für die Geschichte der Menschheit. Die Schildkrötenpanzer und Knochen aus den Gräbern der Shang ließen deutlich Fragen erkennen, die man an »das Orakel« stellte, und die Antworten auf diese Fragen. Fragen an Götter, an Ahnen, Fragen über Reisen, Fischfang und Jagd, Fragen über das Wetter, Fragen nach der Ernte, Fragen über Krankheit, Deutung von Träumen, alles beantwortete das geduldige Schildkröten- und Knochen-»Papier«. Daraus entstand ein Bild der chinesischen Kultur aus grauer Vergangenheit.

Hier ein Beispiel: »Heute nacht wird es regnen, ein Elefant muß gefangen werden.« Es gab also hier in Mittelchina damals Elefanten.

Oder: »Bitte um Regen von Großmutter Yi.« Ahnenkult vor fast 4000 Jahren!

Die Schriftzeichen für »Fischen« zeigen bildlich, daß die Shang-Menschen Angelrute, Schnur, Köder und Netz verwendeten. Die Schriftzeichen für »Jagen« beweisen, daß Pfeil und Spieße bekannt waren. Das Pferd wurde zum Ziehen von Wagen benutzt, was aus den Schriftsymbolen zu erkennen ist. Das Wort »Mann« wurde durch eine Verbindung der Zeichen »Kraft« und »Feld« wiedergegeben. Die Symbole für Getreide zeigen Korn, Hirse und Reis. Auch Maulbeeren wurden angepflanzt. Man stellte Seide her zu einer Zeit, da der größte Teil der Menschheit noch nackt herumlief oder Felle trug. Nur die Kulturen am Mittelmeer und in Mittelamerika kannten schon die Kleidung.

Aus den Gräbern von Shang kamen Bronzegegenstände ans Tageslicht. Kupfer, Zinn, Eisen, Silber und Blei wurden verschmolzen. Opfergefäße, Werkzeuge, herrliche Kannen, wunderbare Bronzevasen in Tiergestalt, Bronzespiegel, Weihrauchverbrenner, eine unerhört fein ausgebildete Kultur überraschte die staunenden Gelehrten.

Und nicht nur die Gelehrten staunten. Auch der Reisende in Nordchina konnte echte Bronzegefäße der Shang-Zeit beim Kuriohändler kaufen. Wer während des letzten Krieges in Peking lebte, wird niemals Herrn Chuan vergessen. Sein prächtiger Laden lag in einer staubigen Seitengasse. Für 50, 100 oder 500 amerikanische Dollar stellte er dem staunenden Fremden ein echtes Shang-Gefäß auf den Tisch, ein märchenhaft schönes Stück, das 1450 Jahre vor der Zeit erschaffen worden war, da der Heiland der Welt das Evangelium verkündete. Dabei war jene Zeit der hohen Bronzekunst eine sehr blutige Epoche. Tausende von Menschen wurden dem Gott des Erdbodens geopfert, ihr Blut in Opfervasen gegossen. Nach und nach degenerierte das Haus der Shang-Kaiser in Wohlleben und Schwelgerei. Wie es in Rom einen Kaiser Nero und einen Heliogabal gab, so hier am Ende einer großen Zeit das Ungeheuer Chou Hsin, den letzten der Shang. Er war stark wie Samson und tötete wilde Bestien mit einem Faustschlag. »Mit seiner Beredsamkeit widerlegte er jeden guten Ratschlag, und mit seinem Witz verdeckte er seine Fehler.«

Eines Tages kam die gerechte Strafe. Kaiser Chou Hsin, von seinen Kriegern verlassen, wußte nicht mehr ein noch aus. Er zog seine prächtigsten Kleider an und schmückte sich mit Juwelen. Dann zündete er den Palast über seinem Kopfe an und endete in einem Meer von Flammen. Seine Konkubinen aber, die mit ihm geschwelgt hatten, wurden von den Eroberern des Landes übernommen.

Sie lächelten.

Denn sie waren schwächer und doch weiser als ihr Herr, der Kaiser.

CHINA
Konfuzius und Laotse

Wenn du nicht das Leben kennst, wie willst du den Tod kennen?
Konfuzius

Sei nie der Erste auf der Welt.
Laotse

Die Menschheit jedes Zeitalters glaubt, sie habe den Gipfelpunkt aller Weisheit erreicht. Immer hieß es: »Unsere fortschrittliche Zeit.« Immer sah man mit Verachtung zurück, und niemals beneidete man die Zukunft. Wollte man aber alle geschichtlichen Jahrhunderte und Jahrtausende überblicken, und wollte man einer Epoche den Preis der größten geistigen Leistungen überreichen, so müßte man, meiner Ansicht nach, das 6. und 5. vorchristliche Jahrhundert wählen, also die Zeit zwischen 600 und 400 v. Chr. In dieser Zeit nämlich gab es einen brillanten Ausbruch religiösen, philosophischen und literarischen Genies fast auf der ganzen Welt.

Den »Oskar« für Morallehre hätte die Menschheit vor rund 2500 Jahren erhalten. Etwa um diese Zeit lebten und lehrten Buddha in Indien und Zarathustra in Persien. Jeremia, Hesekiel, Jesaja verkündeten die Hoffnung auf den Messias, und es formte sich das Alte Testament. Unter Solon und Kleisthenes wurde in Griechenland die Demokratie aus der Wiege gehoben, und zwischen 480 und 430 v. Chr. erlebte Athen sein goldenes Zeitalter der Macht und Kultur. In diesen Jahrhunderten wurden auch die beiden bedeutendsten Philosophen Chinas geboren: Laotse und Konfuzius.

Griechenland, Judäa, Persien, Indien und China hatten noch wenig Verbindung. Man muß fast an ein astrologisches Wunder glauben, daß zu gleicher Zeit in so verschiedenen Völkern und in so verschiedenen Teilen der Welt die größten Gedanken der Menschheit gedacht wurden.

Chinas berühmtester Philosoph, Konfuzius – chinesisch K'ung Tzu –, wurde 551 v. Chr. in der heutigen Provinz Shantung geboren. Wir wissen wenig von seiner Kindheit. Jedenfalls war er ein ernster, nachdenklicher Junge, und da sein Vater gestorben war, arbeitete er nach dem Schulunterricht, um seine Mutter zu unterstützen. Bei einem so bedeutenden Morallehrer, wie Konfuzius es wurde, ist es leicht verständlich, daß die Chinesen bezweifeln, ob Konfuzius überhaupt einen irdischen Vater hatte! Als Junge erlernte er bald Bogenschießen und Musik. Er heiratete mit 19 Jahren, ließ sich mit 23 Jahren wieder scheiden – denn ein Morallehrer sollte Junggeselle bleiben, wie das Beispiel der Ehe des griechischen Philosophen Sokrates mit Xanthippe beweist. Bald wurde Konfuzius als Lehrer bekannt, denn er griff keinen anderen Philosophen an und verlor keine Zeit mit Widerlegungen. Er war mit seinen Schülern streng und liebte sie doch. Als einer von ihnen – Yen Hui – starb, weinte er und sprach: »Er liebte zu lernen. Noch nie hatte ich einen Schüler, der so gerne lernte wie er. Seine Zeit war kurz, und nun gibt es keinen mehr wie ihn.« Yen Hui war also eine Art Johannes beim Meister K'ung.

Konfuzius lebte in jener Epoche, die wir die chinesische »Feudalzeit« nennen. Damals herrschten Feudalherren in ummauerten Städten, die von Ackerland und Jagdrevieren umgeben waren. Diese Feudalstädte lagen im heutigen Honan und in Teilen von Shansi, Shensi und Shantung. Die wichtigsten dieser Stadtstaaten wurden schließlich Ch'i und Ch'in. Der Staat Ch'in eroberte alle anderen, schuf ein geeintes Reich und gab – wahrscheinlich – China seinen Namen. Alle Menschen der Welt nennen »das Reich der Mitte« China – nur die Chinesen nicht.

Als Konfuzius lebte, waren die Feudalstaaten noch nicht geeint, und so zog der Meister von Staat zu Staat, beobachtete, wie schlecht überall regiert wurde, ärgerte sich darüber und predigte, wie man es besser machen könnte. Dieser und jener Fürst gab ihm auch Gelegenheit, ein Amt zu verwalten. Aber wahrscheinlich dauerte es niemals lange, bis Konfuzius es leid wurde, sich mit Beamten und Fürsten herumzuärgern. Vielleicht war er auch unbequem, weil er ehrlich und weise war.

»Mit 15 Jahren«, so sagte er, »war mein Geist mit Lernen beschäftigt. Mit 30 hatte ich feste Anschauungen. Mit 40 war ich frei von Zweifeln. Mit 50 kannte ich die Gesetze des Himmels. Mit 60 war mein Ohr ein gehorsamer Sinn für Aufnahme von Wahrheiten. Mit 70 konnte ich fassen, was mein Herz verlangte, ohne den Weg zu verlassen, der rechtschaffen war.« Konfuzius starb im Alter von 72 Jahren. Eines frühen Morgens hörte ein Schüler ihn traurig singen: »Der größte Berg muß zerfallen, der starke Mast muß brechen, und der weise Mann vergeht wie eine Pflanze.« Da lief ein anderer Schüler heran, und Konfuzius rief: »Kein weiser Herrscher erscheint. Niemand im ganzen Reich will mich zu seinem Berater machen. Es ist Zeit für mich zu sterben.« Er legte sich nieder und hauchte seinen Geist nach sieben Tagen aus. Der Schüler aber, der den Meister am meisten liebte, Tzu Kung, saß drei Jahre noch an seinem Grabe und beweinte allein den großen Lehrer.

Was hatte dieser Titan der praktischen Moral gelehrt?

Er hinterließ fünf Bände, die in China als die fünf Ching bekannt sind. Wahrscheinlich war Konfuzius nicht der Autor dieser Schriften, sondern nur ein Überlieferer der nicht zu übertreffenden Weisheit des Altertums. Er widmete sich der Herausgabe der alten klassischen Schriften, die Denken und Kultur Chinas bis ins 20. Jahrhundert beeinflußten. Gewiß hat er die alten Lehren in seinem Geist überliefert und redigiert, aber nur in dem Bestreben, das Wissen und die Moral der Alten und nicht seine eigenen Ideen zur Geltung zu bringen.

Mesopotamien, Judäa, Arabien und Indien sind die Gegenden, wo die großen Religionen der Menschheit entstanden. China war immer das Land der großen Philosophen, das Land der praktischen Morallehren. Um Gott, um Jenseits und um Theologie haben sich die Chinesen nie gekümmert. Aber sie lieben das Leben, das Leben, so wie es wirklich ist. Sie erkannten das, was ist und was sein muß: Arme und Reiche, Gute und Böse, Räuber, Generäle und Könige, den bunten Regenbogen und den blassen Mond. Sie lieben die gewölbte Brücke und ihre Spiegelung im Teich, die Lotosblume und den Tee, Seide und Weihrauch, feingliedrige Frauen und gutes Essen, eine Zikade im Käfig und ein Segel im Abendwind. Die kleinen Dinge des täglichen Lebens sind es, von denen Chinas Romanschriftsteller berichten. Geselligkeit, aber auch Festgelage, das Kichern junger Mädchen, dunkle Wolken vor dem Mond, Wildenten, die ins Wasser flüchten, Familienfeste, Ehe, Kindbett, treue Söhne, gehorsame Schwiegertöchter, das ganze ergreifend schöne Leben in seinen glücklichen und in seinen tragischen Stunden. Für die Unsterblichkeit, für das Leben nach dem Tode, für Gedanken, die nicht aus dem Boden kommen, für das, was über dem Himmel vor sich geht, und für das, was unter der Erde liegt, hat China einfach keine Zeit und Lust. Darum schuf auch Konfuzius kein philosophisches System, sondern eine Schule des klaren Denkens. Darum führte er keine theologischen Gespräche, sondern verwendete sein Denken auf Regeln für das persönliche Benehmen der Menschen und der Regierung. Darum errichtete er keinen Gottesstaat, sondern suchte den streng aristokratischen Staat

Das ist K'ung Tzu, Lehrer, Philosoph, Staatsmann, Soziologe und Festiger der alten Moral. Er lebte von 551 bis 479 v. Chr. Zu seinen Lebzeiten erntete er sehr wenig Erfolg. Erst 300 Jahre nach seinem Tode wurde der Konfuzianismus zum moralischen Leitfaden der vornehmen Gesellschaft. Im Jahre 174 v. Chr. opferte der erste Han-Kaiser auf dem Grabe des Konfuzius.

seiner Zeit zu festigen und zu verbessern. Als man ihn nach dem immerhin wichtigen Problem des Todes befragte, antwortete er: »Wenn du nicht das Leben kennst, wie willst du den Tod kennen?«

Seine ganze Lehre geht am besten aus folgenden Sätzen hervor: »Die Alten, die höchste Tugend im Lande vorleben wollten, ordneten zuerst ihren eigenen Staat. Um ihren eigenen Staat zu ordnen, arbeiteten sie zunächst an sich selbst. Um an sich selbst zu arbeiten, reinigten sie ihr eigenes Herz. Um ihr eigenes Herz zu reinigen, trachteten sie danach, ehrlich in ihren Gedanken zu sein. Um ehrlich in ihren Gedanken zu sein, erweiterten sie ihre Kenntnisse. Um ihre Kenntnisse zu erweitern, forschten sie nach den Dingen. Nachdem die Dinge erforscht waren, wurde die Kenntnis umfassend. Als ihre Kenntnisse umfassend waren, wurden ihre Gedanken ehrlich. Als ihre Gedanken ehrlich waren, wurden ihre Herzen gut. Als ihre Herzen gut waren, wurden sie selbst anständig. Als sie selbst anständig waren, wurden ihre Familien ordentlich. Als ihre Familien ordentlich waren, wurde auch ihr Staat ordentlich regiert. Als aber ihr Staat ordentlich regiert war, lebte die ganze Welt ruhig und zufrieden.«

Die Weisheit muß also am eigenen Herd beginnen. Darin stimmt Konfuzius mit allen Genies dieser Welt überein, daß der Mensch erst in der eigenen Seele Ordnung schaffen muß, bevor er die Außenwelt zu ordnen beginnt. Konfuzius war wirklich ein gescheiter Mann, denn er war der Überzeugung, daß unser ganzes Leben und diese Welt in Ordnung und Frieden sind, wenn jeder einzelne sich anständig benimmt. Aber er ging über diese Forderung an den einzelnen weit hinaus. Konfuzius war vielleicht der bedeutendste Lehrer der Soziologie. Er trachtete danach, das Verhältnis der Menschen zueinander zu ordnen sowie das Verhältnis des Volkes zur Regierung. Man fragte ihn: »Gibt es ein Wort, das als praktische Regel für das ganze Leben gelten kann?« Er antwortete »Gegenseitigkeit«, und meinte damit die Abhängigkeit aller Dinge voneinander, aller Handlungen voneinander, aller Lehren voneinander und aller Menschen voneinander. Er meinte das Verzeihen. Er meinte das gute Verhältnis aller hier auf Erden. Dostojewskij sagte: »Jeder ist für jeden verantwortlich!«

Über alles haßte Konfuzius dunkle Andeutungen und halbes Denken. Unklarheit hielt er für eine nationale Katastrophe. »Handeln, bevor man spricht, und so sprechen, wie man gehandelt hat.« Das war immerhin eine sichere Methode. »Der ›hochstehende‹ Mensch bewegt sich so, daß seine Bewegungen für alle Generationen einen gemeinsamen Pfad bahnen. Er benimmt sich so, daß sein Benehmen für alle Generationen Gesetz wird. Er spricht so, daß seine Worte für alle Generationen eine gültige Lehre sind.« Konfuzius war wohl der überzeugendste Prediger der goldenen Regel: »Was du nicht willst, das man dir tu’, das füg’ auch keinem andern zu.« Ja, noch mehr. Man fragte ihn: »Was sagst du dazu, daß man Böses mit Gutem vergelten soll?« Er antwortete: »Und womit soll man dann Gutes vergelten? Vergeltet Böses mit Gerechtigkeit und Gutes mit Gutem.«

Die Lehren des Konfuzius bilden ein ungeheures Kaleidoskop ganz praktischer Anweisungen. Würde man sie befolgen, so hätte man zwar keinen Gott und keine Religion, aber ein erträgliches Leben hier auf Erden. Konfuzius wurde von den Chinesen auch nie als Gott oder Religionsstifter angesehen. In den Konfuzius-Tempeln findet man nichts als die Tafel mit seinem Namen und Täfelchen mit seinen Lehren. Seine Lebensregeln wurden erst einige Jahrhunderte nach seinem Tode zum allgemeinen Moralkodex der vornehmen chinesischen Gesellschaft. »Nur zweierlei Menschen können sich niemals ändern«, sagte er, »die ganz weisen und die ganz dummen.« Konfuzius war ein ganz weiser, und er haßte die Einfaltspinsel.

Sein Zeitgenosse Laotse war ebenfalls ein sehr weiser Mann, aber er liebte die Einfältigen. Man weiß von Laotse noch weniger als von Konfuzius. Wahrscheinlich hat er gelebt, aber auch das ist nicht ganz sicher. Nur kann man sich schwer vorstellen, daß sein Name und seine Lehre einfach aus dem Nichts entstanden sein sollen. Konfuzius, so wird berichtet, soll einmal den Laotse getroffen und gesprochen haben. Sicher haben die beiden sich nicht gut verstanden, denn sie waren zu verschieden.

Konfuzius gehört in die Stadt, Laotse aufs Land.

Laotse heißt im Chinesischen »der alte Meister«, sein eigentlicher Familienname soll Li gewesen sein, das heißt »Pflaume«. Sein Werk ist eine Aneinanderreihung von einzelnen Erkenntnissen und wird Tao Te Ching genannt, ›Buch des Weges und der Tugend‹. Während Konfuzius die Verhältnisse der Menschen zueinander zu organisieren versuchte, ist Laotses Lehre das Wichtigste und Spitzbübischste, was die Menschheit erdacht hat. Laotse hat es sich nicht so leicht gemacht wie Konfuzius, denn er gibt gerade dem geistig weniger Bemittelten eine Lehre in die Hand, die sehr tröstlich und sehr wirksam ist. Der Weg ist im Grunde genommen »der Weg zu denken«, oder vielmehr »nicht zu denken«. Denn das Denken ist nur gut, um sich zu streiten, während Gedankenarmut Ruhe verbürgt. Man soll also bescheiden leben, sich immer zurückziehen, man soll das Land lieben, man soll in der ruhigen Betrachtung der Natur glücklich sein, man soll, wie Voltaire sagt, das Weiseste tun, was der Menschheit noch zu tun bleibt: seinen Acker bestellen. Kenntnisse haben nichts mit Weisheit zu tun. Und der »Intellektuelle« ist so weit von Glück und Weisheit entfernt wie der Mond von der Erde. Ein Philosoph an der Spitze des Staates, das wäre der schrecklichste aller Schrecken, wogegen ein gütiger, einfacher Landesvater in Laotses Augen ideal ist. Je mehr die Menschen denken, je mehr sie bauen, je mehr sie erfinden, je mehr sie tun, um so näher rückt die Katastrophe, was unbezweifelbar richtig ist, wenn man an die letzte Erkenntnis des Wissens und Erfindens denkt: das Atom und seine geplante Verwendung. Laotse verlangt wie der Franzose Rousseau die Rückkehr zur Natur. Er kommt dem chinesischen Volksgeist näher als Konfuzius, und wahrscheinlich ist seine Lehre sehr, sehr alt. Sie kommt aus dem Urbewußtsein Chinas. Nur solange der Mensch einfach, ganz einfach ist, ist er frei, und gut ist eine Regierung, die nichts tut. »Sei nie der

Erste auf der Welt«, so predigte Laotse, »und die beste Weisheit des Lebens ist, sich nirgends hineinzumischen.« Chuang Tzu, sein größter Anhänger, ein Mann, der glänzend schrieb und sehr lebendig darzustellen verstand, hatte Laotses Lehre ganz richtig erkannt, als er sagte: »Dem Strom des Wassers folgen wie ein Tropfen und darin sich nicht eigenmächtig gebärden.«

Diese Einstellung zum Leben, dieses Abwarten, diese Geduld, dieses Sichbescheiden und -einfügen, dieses An-sich-herankommen-lassen, diese Kraft aus dem Negativen hat für die gesamte fernöstliche Kultur den Lebensrhythmus bestimmt. Laotse ist so genial, weil er die erfolgreichste Philosophie der Selbsterhaltung erfand. Es ist die Philosophie, sich zu verstecken, nicht zu stürmen, sondern unter die Decke zu kriechen, nicht zu streiten und damit nicht zu Fall zu kommen. Es ist die Theorie der Kraft aus Unwissenheit und der Dummheit als besten Schutz gegen die Tyrannen dieser Welt. Laotse hat wie Salomo die Vergeblichkeit allen Strebens erkannt: den Vorteil der Einfältigen, die Kraft der Schwachen und die Genialität des Blinde-Kuh-Spielens. Wer in China ein großer, vielleicht sogar guter und gerechter Staatsmann wurde, hat sicher Konfuzius gelesen. Wer unter diesen Herrschern aber der Welt entfloh, sich wie im Paradies die Äpfel von den Bäumen pflückte und am Leben blieb, kam aus der Schule des Laotse.

»Weil jeder Mann unter dem Himmel die Schönheit als Schönheit erkennt, nur deswegen gibt es die Häßlichkeit.« – »Der Weise regiert, indem er die Herzen leicht macht, die Mägen füllt, der Intelligenz zu Leibe rückt, die Sehnen stärkt und danach strebt, das Volk vor Erkenntnissen zu bewahren und wunschlos zu machen.« – »Die Kraft von Worten ist bald verausgabt. Es ist viel besser, das für sich zu behalten, was man im Herzen hat.« – »In alter Zeit«, so sagte Laotse, »machte die Natur die Menschen und das Leben einfach und friedfertig, und die ganze Welt war glücklich. Aber dann erlangte der Mensch Kenntnisse, und das Leben wurde kompliziert. Die Menschheit machte Erfindungen und verlor ihre Unschuld. Die Menschheit zog von den Feldern in die Städte und begann, Bücher zu schreiben. Da entstand alles Elend, und da brachen die Tränen aus den Augen der Philosophen. Der weise Mann wird die Städte meiden, das verderbende und entnervende Netz der Gesetze und der Zivilisation. Er wird sich im Schoß der Natur verstecken, weit von der Stadt, von den Büchern, von den giftigen Beamten und von erfolglosen Weltverbesserern. Die geheime Weisheit dauernden

Glücks ist Gehorsam zur Natur, das schlichte Wandeln auf den stillen Wegen der Erde.«

Gibt es einen besseren Ausspruch als diesen: »Alle Dinge in der Natur wirken still, sie werden, und sie besitzen nichts. Sie vollbringen ihre Aufgabe und verlangen nach nichts. Alle Dinge tun ihr Werk. Und dann sehen wir, wie sie zurücktreten. Wenn sie ihre Blüte erreicht haben, kehren sie in ihren Ursprung zurück. Diese Rückkehr ist Ruhe und Erfüllung des Schicksals. Dieses Auf und Ab ist ein ewiges Gesetz. Das Gesetz zu kennen ist Weisheit.«

CHINA
Das achte Weltwunder

»Wird dir ein Sohn geboren, gib acht und hebe ihn nicht auf, wird dir ein Mädchen geboren, füttere sie und ziehe sie auf, sie braucht nicht zu sehen, wie am Fuße der Mauer Leichen und Knochen aneinanderlehnen.«
Shui-ching-ch'u, Kap. 3.

Sie ist das größte Bauwerk der Menschheit. Sie ist ein gigantisches Denkmal menschlichen Willens. Sie ist über 2000 Jahre alt und spottet in ihrer großartigen Einsamkeit noch heute aller modernen Technik. Die Chinesen nennen sie Wan Li Ch'ang Ch'eng, Mauer der 10000 Li. Rund 500 Meter hat ein Li.

Ist demnach die Chinesische Mauer 5000 Kilometer lang?

Man weiß es nicht, wie man eigentlich nichts so recht über China weiß. Ein Menschenleben, 50, 60 und 70 Jahre reichen nicht aus, um das 400-Millionen-Volk mit seiner 5000jährigen Geschichte zu erfassen. Das größte Volk der Erde hat das größte Mauerwerk geschaffen, ein so verwirrendes Titanenwerk, daß kein Forscher, kein menschliches Maß, kein Kartograph und kein Wanderer dieser steinernen Schlange bisher gewachsen waren.

Die Mauer an sich ist vielleicht »nur« 2500 Kilometer lang. Aber die Chinesen haben Zweigmauern gebaut, die Staaten wie Belgien umarmen würden, doppeltes und dreifaches Mauerwerk, das, aneinandergelegt, von England über den Atlantik bis Amerika reichen würde. Ganz Nordchina deckt die Mauer gegen Norden ab. Sie trennt Ackerland von Steppe, China von der Mongolei, Chinesen von Mongolen, Bauern von Nomaden.

40000 Türme ragen aus der Mauer hervor. Zuerst waren die Türme da. Dann wurden sie durch die Mauer verbunden. Zuerst war die Mauer ein ungeheuer langer Erdwall. Heute ist sie ein Ziegelwerk.

Ich bin auf der Mauer gewandert.

Man kann Tage, Wochen, Monate auf ihr gen Westen gehen. Wer dort oben geht, dem wird dieses Werk von Tag zu Tag unbegreiflicher. Immer bildet die Mauer die höchste Zinne der Gebirge. Immer schlängelt sie sich auf die höchsten Grate hinauf. Sie türmt sich steil in den Himmel und fällt jäh von den Bergrücken in die Tiefe. Unendlich einsam ist die Landschaft, kahle, braune Gebirge, menschenleere Steppe, und immer nagt und frißt der Wind an ihr ...

Die Mauer ist ein riesiges Verteidigungswerk. Auf ihr konnte man Regimenter bewegen, und, wo sie nicht allzu steil war, konnten bequem zwei Wagen nebeneinander auf ihr fahren. Sie besaß Unterkünfte für Truppeneinheiten, Kastelle, Signalstationen, Verpflegungsspeicher, Schießscharten, Bunker und Gefängnisse.

In neuester Zeit ging eine Meldung durch die Presse, die Regierung habe den Chinesen gestattet, die Mauer abzutragen und Häuser aus den Ziegeln zu bauen. Man bedauerte den kulturellen Verlust!

Die Mauer lacht über solchen Unsinn. Sie wird seit 2000 Jahren »abgetragen«. Seit 2000 Jahren werden Steine und Mörtelwerk gestohlen. Dieser Diebstahl wirkt, wie wenn Vögel am Himalaja ihren Schnabel wetzten ...

Die Mauer ist ein echt chinesisches Werk. Kein anderes Volk hätte den unvorstellbaren Fleiß und die Energie aufgebracht, eine solche Steinlawine heranzurollen. Immer schließt sich der Chinese ein. Mauerwerk umgibt sein Haus. Mauern umschließen seine Städte. Würde man die Mauern der nordchinesischen Städte und die Große Mauer aneinanderreihen, so könnte man den ganzen Äquator umgürten!

Im Jahre 214 v. Chr., als der Mauerbau begann, bestaunten die fernen Völker des Mittelmeeres sieben Weltwunder:

1. 130 Meter hoch grüßten die »Hängenden Gärten von Babylon« den Wanderer schon aus der Ferne. Terrassen über kühnen Bogen! Und oben wuchsen Blumen, glänzten Teiche in der Sonne, strebten Bäume in das Himmelsblau. Schlingpflanzen hingen herab, und Tag und Nacht arbeiteten Wasserpumpen, diese Himmelsgärten zu bewässern. Für Shammukamat, in griechischer Sprache »Semiramis«, hatte der König von Assyrien dieses »Monbijou des Altertums« erbaut.

2. Das einzige der sieben Weltwunder, das heute noch steht, ist die Pyramide von Giseh, erbaut von König Kufu.

3. 200 Jahre lang mühten sich Tausende von Menschen, den Tempel der Diana von Ephesus zu errichten. 772 v. Chr. wurde mit diesem Bau begonnen. In der Nacht, als Alexander der Große geboren wurde, zündete ein gewisser Herostrat das Weltwunder an. Warum? Er wollte der Nachwelt für alle Zeiten bekannt werden!

4. 435 v. Chr. schuf Phidias zu Elis eine Statue. 20 Meter hoch,

Die große chinesische Mauer wurde zuerst als Erdwall von Kaiser Schi-huang-ti 221 bis 210 v. Chr. ange-legt und in ihrer heutigen Form un-ter der Ming-Dynastie im 15. Jahr-hundert erbaut. Von Su-tschou in Kansu bis Schan-hai-kuan am Golf von Liao-tung ist sie 2450 Kilometer lang.

aus Gold und Elfenbein war sein Jupiter Olympos – so schön und vollendet, daß man glaubte, nichts werde dieses Werk je übertreffen. In seinen Sockel eingemeißelt war zu lesen: »Phi-dias, der Athener, machte mich.«

5. 354 v. Chr. zu Halikarnassos in Carien schuf eine Frau ihr Weltwunder. Es war das Grab des Maussolos, nach dem das Wort »Mausoleum« geprägt wurde. 36 ionische Säulen umga-ben diesen Märchenbau. Maussolos aber wurde nie in sein Grab gelegt, denn seine Witwe schüttete die Asche ihres Ge-mahls in kostbaren Wein und trank die schreckliche Mischung aus, damit *ER* in *IHR* begraben sei.

6. 150 Kilometer weit sandte der Leuchtturm von Pharos sein Licht über das Meer. Im Jahre 283 v. Chr. wurde der Turm auf der Insel Pharos vollendet. Immer brannte auf der oberen Plattform ein Feuer. 1500 Jahre lang!

7. Ein großes Segelschiff konnte zwischen den Beinen jener Statue durchfahren, die eine gigantische Vorgängerin der Frei-

heitsstatue zu New York war. 280 v. Chr. wurde in zwölf
Jahre langer Arbeit der Koloß von Rhodos erbaut. Das gewaltige Gußwerk war so groß, daß man den Daumen dieser Statue
mit beiden Armen nicht umfassen konnte. Gläser hingen am
Nacken des Giganten. Durch diese antiken Fernrohre konnte
man 40 Kilometer weit über das Meer schauen.

Das waren die sieben Weltwunder der Antike. Die Chinesische
Mauer, das größte Weltwunder, zählte man nicht dazu, denn
China lag zu weit entfernt, und was man heute nur schwer
begreifen kann, galt damals einfach als Märchen, wenn überhaupt schon Kunde aus China bis zum Mittelmeer drang.

Mühsam schoben sich die Elefanten des einäugigen Hannibal
im Jahre 218 v. Chr. über die Alpen. Das war der Marsch auf
Rom, der zweite Punische Kriegszug der nordafrikanischen Karthager gegen Italien. Zur gleichen Zeit, am Ende des Zeitalters
der größten Bauten der Antike, entstand im Kopf eines halb-
wahnsinnigen Genies die Idee der Großen Mauer. Ch'in Shih-
huang-ti, erster Kaiser der Ch'in-Dynastie, nannte sich der
Herrscher, der diesen gigantischen Plan faßte. Ewig sollte seine
Dynastie währen. Ewig sollten alle Kaiser nach ihm als »zweiter«, »dritter« und so fort numeriert werden. Ewig sollte sein
Reich bestehen, und ewig sollte an der Mauer gebaut werden. Er
hatte eine stark gebogene Nase, schmale, eng beieinanderliegen-
de Augen, die Brust eines Raubvogels und die Stimme eines
Schakals. Die gesamte chinesische Geschichte vor ihm sollte
ausgelöscht werden, die Erinnerung an alle Staaten Chinas, die
mit ihm um die Macht gerungen hatten, sollte getilgt sein.

Da knisterten Bambusannalen und die Archive des Wissens.
Da stieg zischend das Buch der Lieder des Konfuzius als Rauch
in den Himmel. Da brannten die Sätze der Intellektuellen und die
Logik der streitenden Staaten. Da sollte der Geist der Tradition
endgültig beseitigt werden.

Als die Gelehrten gegen die Ausradierung der Vergangenheit
protestierten, ließ Kaiser Shih-huang-ti sie »in die Grube fallen«
und stopfte ihnen den Mund durch Steinigung. Andere Nörgler
und Kritikaster folgten. Über den Gebeinen der schnell Begrabenen wuchsen dicke Melonen.

Ch'in Shih-huang-ti liebte keine halben Maßnahmen. Gegen
die Vorfahren der Mongolen, die nomadisierenden Hunnen, die
»Dämonen«, wie man damals sagte, gegen die Völker, die China
immer und immer wieder von Norden bedrohten, ließ er den
großen Wall errichten, der später zur Mauer wurde. Da wurden

Hunderttausende in die öden Gebirge geschickt, Soldaten, Gefangene, Verbrecher, bestechliche Würdenträger, Gelehrte, die verbotene Bücher nicht zur Verbrennung abgeliefert hatten, die unbequeme Intelligenz und die allzu bequemen Beamten. Zitadellen und Wachtürme schossen aus felsigen Höhen wie die Pilze. Garnisonen entstanden in den Tälern. Im Winter quälte unablässig der Wind von Sibirien her das wimmelnde Heer der Arbeiter, während im Sommer die sengend heiße Luft mit ihrem Staub Augen und Ohren der Unglücklichen füllte. Sehnsüchtige Gedichte, Briefe voller Heimweh, Lieder voller Melancholie entstanden an der Mauer. Und der traurig-schwermütige Rhythmus jenes Mannes, der sein Pferd in den Pfützen unterhalb der Großen Mauer tränkte, scholl klagend über die einsame Landschaft.

Wieviel Blut, wieviel Tränen, wieviel Leid in diese steinerne Passion eingemauert sind, vermag keine Schilderung wiederzugeben. Aber das war nicht genug für den ersten Herrscher der Welt. Um seine Herrschaft zu sichern, versammelte er alle Mächtigen und Reichen des Landes in der Hauptstadt Hsien Yang, nicht weit vom heutigen Sianfu. Hier konnte er sie gut kontrollieren, und gleichzeitig verliehen sie der Hauptstadt Glanz. Er teilte das Reich in 41 Provinzen, setzte neue Einheiten für Maße und Gewichte fest, ordnete das Schriftsystem, ließ Kanäle anlegen und ein riesiges Netzwerk von Straßen. Seine Heere überrannten alle Länder bis hinunter nach Kanton. Bis zum Tonking im ehemaligen Französisch-Indochina reichte der Einfluß dieses vielleicht mächtigsten Kaisers der Weltgeschichte.

Nahe seiner Hauptstadt Hsien Yang ließ der Kaiser Paläste bauen. Fünf Kilometer nordwestlich der Stadt kann man noch heute einen Erdwall mit den Einschnitten für die Tore erkennen. In einem kaiserlichen Park, im »Wald seiner Majestät«, lag die Sommerresidenz. 700000 Gefangene arbeiteten an diesem »A Fang Palast«. 170 weitere Paläste ließ er im Umkreis von 100 Kilometern errichten. Aus allen eroberten Staaten ließ er Kunstgegenstände, wertvolle Steine und seltene Hölzer heranschaffen. Und in die Paläste setzte er die schönsten Frauen der damaligen chinesischen Welt.

So viele Räume soll sein Hauptpalast umschlossen haben, daß der Kaiser 36 Jahre benötigt hätte, würde er täglich einen Raum bewohnt haben. Damit kommen wir dem Geheimnis dieses Tyrannen näher: wie alle Diktatoren Asiens litt er an Verfolgungswahn. Man kannte seine Schwäche und warnte ihn, zwei Nächte hintereinander im gleichen Raum zu schlafen. Darum wechselte er Nacht für Nacht sein Bett, und die stumme Prozession seiner Kissen, Seidenlaken, Eunuchen und Haremsfrauen zog in der Dämmerung wie ein lebendiger Alpdruck durch die endlosen Gänge seines Palastes.

Ch'in Shih-huang-ti war besessen von unversiegbarem Arbeitswillen. Er reiste kreuz und quer durch die Lande. Er überwachte Bauten und Verwaltung. Wo man über ihn witzelte, da tauchte er wie ein Gespenst persönlich auf. Und gleich wurden Gruben ausgehoben, den Spott zu beerdigen. Wer ihm nicht gehorchte, sollte sterben.

Er aber wollte ewig leben. Und die Magier, die Chemiker der damaligen Zeit, arbeiteten Tag und Nacht an der Herstellung der »Elexiere des Lebens«. Als der Kaiser hörte, daß Genien das Kraut des Lebens auf den Inseln P'eng Lai hüteten, schickte er 3000 Jünglinge und Frauen zu jenen Inseln über das Meer, wahr-

Die große Mauer endet bei Chia Yü Kuan, nicht weit von Su-tschou, 2000 Kilometer Luftlinie vom Meer entfernt. Einsam liegt die Stadt in der Sandwüste. Nur Karawanen-Wege führen zu dieser »Endstation Chinas« und weiter bis zu den fernen Gobi-Oasen Hami und Turfan.

scheinlich nach Japan. Alle Tiere sollten dort schneeweiß gewesen sein, die Paläste und die Tore aus Gold und Silber. Die Menschen dort waren glückselig. Aber der Wind verhinderte diesen »Kinder-Kreuzzug des 3. Jahrhunderts v. Chr.« an der Landung. Und so mußte der Kaiser sterben, im Jahre 210 v. Chr.

»Er darf nicht tot sein«, flüsterten die Palast-Eunuchen und die Minister. Und so wurde der leblose Kaiser weiter in einer Sänfte durch die Lande getragen, gab hinter Vorhängen Audienzen, ohne zu antworten, und lebte doch noch über seinen Tod hinaus. Der Leichnam begann üblen Geruch zu verbreiten. Man war gewohnt, alles zu erreichen, was man anstrebte. Und so brachte man Riesenbottiche mit gesalzenen Fischen in die Nähe der kaiserlichen Sänfte, so daß der Fischgeruch das »kaiserliche Odeur« übertrumpfte. Die chinesische Geschichte ist so herrlich, weil der Witz und die Poesie immer so eng mit der Erhabenheit verbunden bleiben. Schließlich – nach neun Monaten – versagten selbst die Fische. So mußte man den Kaiser bestatten!

Unter dem Hügel Li, Berg der schwarzen Pferde, wurde er begraben. So erstaunlich wie seine Paläste war auch seine letzte Ruhestätte, die er seit Beginn seiner Regierungszeit erbauen ließ. Denn so ganz sicher traute er dem lebensverlängernden Elixier seiner Magier nicht. Hunderttausende von Arbeitern schufteten an diesem Grab. Den Boden im Innern ließ er mit Bronze ausgießen, herrliche Kunstwerke, Nachbildungen seiner Paläste und Verwaltungsgebäude, Gold, Silber und Juwelen, alles wanderte hinein, und zum Schluß der Sarkophag. Flüsse und Meere von Quecksilber strömten, von Maschinen getrieben, lautlos in die Tiefe. Automatische Armbrüste wurden eingebaut, so daß jeder, der dieses Grab schänden wollte, getötet werden mußte. Künstliche Fackeln sollten lange die Dunkelheit fernhalten. Alle Frauen seines Palastes, die das Pech hatten, keine Söhne zu gebären, wurden lebendig mit ihrem toten Kaiser eingeschlossen. Und als die Arbeiter, die alle Geheimnisse dieses Grabes kannten, das Tageslicht wieder erreichen wollten, da verlöschte es mit einem Ruck: eine Falltüre sperrte sie für alle Ewigkeit vom Diesseits ab. Zum Schluß wurde die ganze Herrlichkeit mit Blumen und Bäumen bepflanzt. Und der Kaiser schlief . . .

Aber die Mauer lebte. Sie wurde wie jedes Verteidigungswerk eine Bastion gegen alle Angriffe, wenn sie mit kampfwilligen Truppen besetzt war. Immer, wenn der Verteidigungsgeist erlahmte, dann wurde die Mauer sinnlos. Und während der meisten Epochen der vergangenen 2000 Jahre war sie das vergeblichste Bauwerk der menschlichen Geschichte.

Wer auf der Mauer wandert, zur Rechten die Mongolei, zur linken China, möchte träumen und träumen von diesem Meer chinesischer Geschichte. Bald nach dem Tode des ersten Kaisers verschwanden alle seine Paläste in Rauch und Revolutionen vom Erdboden.

Das blühende Zeitalter der Han-Kaiser stieg herauf. Sie regierten von 206 v. bis 220 n. Chr. und gründeten neben der Ruinenstadt Hsien Yang ihre neue Metropole Ch'ang An, die Stadt des Langen Friedens. Großartige Herrscher brachte diese Dynastie hervor. Den »kulturreichen« Kaiser Wen und seinen »strahlenden« Sohn Ching. Sehr sparsam war der »Kulturreiche« und trug immer nur einfache schwarze Seidenkleider. Er schämte sich des großen Vermögens, das er von seinem Vater ererbt hatte.

Er baute weder Paläste noch Sommerresidenzen und ließ auch keinen »Dior« an seine Lieblingsfrau heran. So reich, so zufrieden wurde das Volk zu jener Zeit, daß die Chinesen heute noch »Söhne der Han« sein wollen. Ein anderer dieser Han, Kaiser »Wu Ti«, war der »Kriegerische«. 141–86 v. Chr. machte er China zur fernöstlichen Großmacht. Er war auch ein glänzender Diplomat und versuchte, eine Ost-West-Allianz gegen die Hunnen, die Hsiung Nu, zu formen. Also reiste ein gewisser Chang

Die Regierungszeit der T'ang-Kaiser (618–906 n. Chr.) war eine unvergleichliche Epoche der Kultur. Dieser Heilige des Buddhismus aus glasiertem Ton stammt aus jener Zeit der großartigen religiösen Skulptur.

Ch'ien weit über den halben Globus, immer nach Westen bis nach Baktrien und Sogdiarra. Diese Reise brachte Kunde von China nach Rom, wo man mit Staunen von Serika, dem Seidenland, erzählte. Auf endlosen Karawanen-Straßen wanderte Seide nach Griechenland und Rom, und Ptolemäus spricht von der Seidenhauptstadt »Seta-Metropolis«. Auch Pfirsich und Aprikose, »Chinesische Früchte«, erreichten damals Europa.

Endlos, endlos kriecht die Mauer über Bergkämme und durch Wüsten. Endlos kriecht die chinesische Geschichte durch alle Jahrhunderte. Man sieht zwischen 200 und 400 n. Chr., wie die Tataren mit wildem Geheul über die Mauern klettern und wie schwache Dynastien zurückweichen müssen. Man sieht die T'ang-Kaiser zwischen 618 und 906 auf dem Thron von China in einem Zeitalter höchster Kultur, aber auch des Luxus, der Frivolität und der Liebeleien. Es ist die Zeit der großen chinesischen Poeten.

China hatte den Gipfel der Kultur erreicht. Es war die glanzvollste Epoche, die je die Welt gesehen hatte. Eine große, kommende Ausgabe der Konfuzianischen Schriften, 12 300 namhafte Dichter, 48 900 Gedichte und eine kaiserliche Bibliothek mit 54 000 Bänden! Das ist die spätere Zusammenfassung der Leistungen jener Epoche. Buddhistische Mönche kamen aus Indien, Missionare aus Persien, Nestorianische Christen aus Zentralasien. Der Kaiser – T'ai Tsung – zog alle Religionen und Wissenschaften an seinen Hof, blieb aber selbst ein schlichter Konfuzianer. Es ist die Zeit, in der Chinas genialster Dichter Li T'ai-po lebte. Es ist die Zeit der grausamen Kaiserin Wu Hu, die ihrer Nebenbuhlerin Arme und Beine abhackte und sie »zum menschlichen Schwein« machte. Es ist die Zeit der kaiserlichen Geliebten Yang Kuei Fei, die sich schließlich auf ihren eigenen Wunsch von einem Eunuchen erdrosseln ließ und in den großen chinesischen Dramen noch heute ihre fatale Rolle spielt. Es ist die Zeit, wo Tote in Betten voller Perlen bestattet wurden, wo man Statuetten aus Rubinen schnitzte, wo Schalen aus Jade gemacht wurden und wo man unerhört verfeinerte Speisen auf Tischen servierte, in die grüne Edelsteine eingelegt waren. Es ist die Zeit, als Tausende von Arbeitern in Seidenfabriken vor summenden Spindeln saßen, der Gipfelpunkt chinesischer Skulptur und eine Blüteepoche der Malerei.

Wieder kommen Jahrhunderte der Wirren, der Not und der Zersplitterung. Und dann die bedeutenden drei Jahrhunderte der

Ton-Statuette aus der T'ang-Zeit.
Diese taoistische Göttin war eine
Grabbeigabe (ca. 600–900 n. Chr.).

Sung, ein Wiedererwachen der Literatur, der Kunst, des Konfuzianismus mit herrlichen Malereien und Porzellanen.

Neue Eroberer: die Epoche der Mongolen. Dchingis-Khan rast nach Westen und Kublai nach Osten. Wieder ist die Große Mauer kein Hindernis, und stolz sitzt Kublai auf dem Drachen-Thron zu Peking. Marco Polo bricht aus Venedig auf, wandert durch ganz Asien und verneigt sich vor Kublai.

Neue Heere von Arbeitern werden zur Großen Mauer geschickt, wieder Hunderttausende. Jetzt regieren die Ming-Kaiser (1368–1644). Sie haben sich unweit Pekings und bei Nanking großartige Grabdenkmäler mit mächtigen Steintieren gesetzt. Und das war gut. Denn auch sie mußten abtreten.

Aus den nördlichen Wäldern, aus der heutigen Mandschurei, kamen andere ehrgeizige Fürsten. Sie kämpften sich langsam bis Peking vor. Es waren Tungusen, fremde Herrscher, die sich endlich aus ihren Wäldern befreiten und auf seidenen Kissen wohlfühlten.

Aber ewig bleibt die Anmut und der Reiz der feingliedrigen Chinesin. Und im Schlaf überwältigte sie alle Dynastien. Die rauhen Prinzen aus dem mandschurischen Norden wurden in den Armen der chinesischen Mädchen immer chinesischer, die Chinesen trugen lächelnd den tungusischen Zopf, und die Tungusen staunten. Unter diesen Mandschus, die 1644–1912 regierten, wurde Peking wohl zur schönsten Stadt der Welt. Und zur Stunde, während immer noch der Nordwind an den Steinen der ewigen Chinesischen Mauer nagt, sitzt der letzte Abkomme der Mandschus, Kaiser P'u Yi, in einem Gefängnis zu Wladiwostok, ohne zu begreifen, wie diese märchenhafte Vergangenheit untergehen konnte.

Wirklich, es bleibt unbegreiflich!

CHINA
Unsterblich nur ist Li T'ai-Po, wenn er besoffen

»Majestät, dieses Genie hat leider einen Fehler: es trinkt.«
Ho Chi-chang

Noch dunkel zog das Frühmittelalter über Europa herauf. In Arabien begann der Prophet Mohammed seine Lehre zu verbreiten.

China stand am Anfang seiner blühendsten Epoche, der T'ang-Dynastie. Kaiser T'ai Tsung (627–650), Kaiserin Wu Hu (684–704) und Kaiser Hsüan Tsung (713–755) – das sind die großen, klingenden Namen der 300jährigen, goldenen T'ang-Zeit. Die fruchtbaren Täler des Gelben Flusses und des Yangtse leuchteten im hellen Grün ihrer Reisfelder. Friedlich ackerten die Bauern zwischen blinkenden Kanälen und glänzenden Seen. Die Hauptstadt Ch'ang An – das heutige Sianfu in Shensi – war das Wunder jener Zeit. Außer dem Hauptpalast mit seinen neun Toren erhoben sich 36 andere Paläste aus der Stadt, mit Säulen von Gold, und die Villen der Fürsten übertrafen einander an Großartigkeit. In den Straßen wimmelte es von Menschen, von Vornehmen zu Pferde, von Mandarinen-Kutschen, die von schwarzen Ochsen gezogen wurden. In Vergnügungsstätten tanzten schöne Mädchen, und ihre Gesichter waren wie der bleiche Mond. Der Geist des Buddha, des Konfuzius und des Lao Tzu wandelte durch das Leben des Reiches der Mitte. Die Weltstadt zog Syrer, Araber, Perser, Tataren, Tibetaner, Koreaner, Japaner und Tonkinesen in ihre Mauern. Hier wurden Kalligraphie, Arithmetik und Musik gelehrt. Über 200000 Bücher füllten die Regale der kaiserlichen Bibliothek. Theaterschulen, Bildhauer, Maler, Musiker, alles hatte jene Stadt zu bieten. Unter den 3000 Palastmädchen übertraf die berühmte Yang Kuei-fei alle anderen an Schönheit.

Unter allen Künsten der T'ang-Zeit nahm die Poesie die erste Stelle ein. Wer zu jener Zeit »ein Mann« war, war auch ein Dichter. Das ist kein Scherz. Die ›Anthologie der T'ang-Dynastie‹ besteht aus 900 Büchern und enthält über 48900 Gedichte von über 2300 Poeten. Da diese Sammlung erst im 18. Jahrhundert zusammengestellt wurde, enthält sie nur das, was die alles vernichtende Zeit nicht verschluckte. Es ist kaum vorstellbar, welch ein großartiger Märchenwald der Dichtung damals fruchtbar in den Himmel wuchs.

Nun kann man sich einen Begriff davon machen, was es bedeutet, wenn China einmütig erklärt, Li T'ai-po sei der größte und bedeutendste in dieser kolossalen Armee der Unsterblichkeit gewesen. Er war nicht nur der größte Dichter der T'ang-Zeit, er ist der größte Dichter für alle Zeiten überhaupt. Ein Chinese schreibt: »Li Po ist der himmelstürmende Gipfel T'ai, überragend 10000 Berge und Hügel. Er ist die Sonne, in deren Schein Millionen Sterne ihr blinkendes Licht verlieren.«

Vielleicht lebte Li T'ai-po gerade in einer Zeit, wie sie für einen Dichter am fruchtbarsten ist. Er erlebte den Frieden im Lande, den allgemeinen Wohlstand und eine große weltaufgeschlossene Kulturepoche. Er erlebte Gastfreundschaft und Verständnis für Literatur. Er hörte von fernen Kriegen, er sah die Hofintrigen, und zum Schluß erlebte er die nationale Katastrophe, Revolution, den Einbruch der Tataren, das Ende des Kaisers Hsüan Tsung, ein Drama von unvorstellbarer Großartigkeit.

Die Nacht, da Li T'ai-po geboren wurde, war wirklich »eine Sternstunde der Menschheit«, denn in jener Nacht – man schrieb das Jahr 701 – sah seine Mutter im Traum den Planeten Venus. Die Chinesen nennen die Venus »Großer weißer Stern«, in ihrer Sprache »T'ai Po Hsing«. Li war der Familienname des Dichters, und so wurde er Li »Großer Weißer« genannt, Li T'ai-po.

Mit sechs Jahren konnte Li T'ai-po lesen. Mit zehn Jahren hatte er die Bücher des Konfuzius studiert und kannte die Klassiker auswendig. Im gleichen Alter dichtete er schon. Bald ging er in die Einsamkeit. Man darf nie vergessen, daß die großen Genies der Menschheit alle einmal in die Einsamkeit, in die Wüste, in die Berge oder ins Gefängnis gewandert sind. Li T'ai-po wählte die Berge von Nord-Szuch'uan und lebte bei einem Eremiten, der seltene Vögel und Tiere um sich hatte, ganz wie der heilige Hieronymus. Als der Magistrat der Gegend die beiden merkwürdigen Gesellen einlud, lehnten sie ruhig ab. Li T'ai-po hatte frühzeitig gelernt, »nein« zu sagen und die Herrscher dieser Welt zu verachten.

Mit 20 Jahren wanderte er den Yangtse-Fluß hinab. Er heiratete die Tochter eines Ministers im Ruhestand. Dann ging er nach Shantung. »Ich bin 30 Jahre alt«, schrieb er an einen Freund, »und ich dichte unermüdlich, während vor meiner Hütte Karren und Pferde vorbeiziehen.« Seine erste Frau – kein Wunder bei einem Dichter! – lief ihm davon. Mit den Kindern! Li T'ai-po fand etwas Besseres: mit sechs gleichgesinnten Dichtern ließ er sich in einem wunderschönen Bambushain nieder. Die »sechs Müßiggänger vom Bambushain« tranken ausgiebig und pinselten nach Herzenslust Verse auf das Papier.

Der größte Dichter Chinas war auch der größte Lebenskünstler Chinas. Er trank immer, er reiste und wanderte viel, und er liebte schöne Frauen. Ein vornehmer Gönner baute für ihn eine Weinprobierstube. Mit diesem Tung Tsa-chiu machte Li T'ai-po Ausflüge, wobei er nie vergaß, hübsche junge Sängerinnen mitzunehmen.

Mit 37 Jahren sehen wir den Dichter wieder in Shantung. Hier begegnet er seinem größten Rivalen, dem zweiten unsterblichen Poeten Chinas, Tu Fu. Wie zwei wandernde Kometen im Weltall, die alle paar Millionen Jahre zueinander finden, ziehen sich diese beiden Männer an. Sie werden große Freunde und tauschen bis an ihr Lebensende ihre Gedichte aus. Sie wohnen in einem Haus, schlafen unter einer Decke und gehen Hand in Hand wie Brüder ...

Li T'ai-po steht betrunken auf gebogener Brücke. Er träumt in den Ruinen vergangener Paläste und läßt alte Zeiten an seinen Augen vorüberziehen. Er sitzt an Seen und bewundert Lotosblumen. Er möchte die ganze Welt umarmen und steigt, vom Wein beschwingt, auf Hügel hinauf und in Täler hinab. Und dann steht er vor der Hauptstadt Ch'ang An im Jahre 742. Ho Chi-chang, ein Gast des kaiserlichen Prinzen, ist begeistert von Li T'ai-po. Da er schnell begreift, daß der Dichter Wein haben muß, tauscht er seinen goldenen Schmuck gegen ein Faß Wein für den Poeten ein. Ho Chi-chang empfiehlt den Dichter dem Kaiser. Er sagt: »Ich habe in meinem Hause den größten Poeten, der jemals lebte. Majestät, dieses Genie hat leider einen Fehler, den man kaum beseitigen kann. Es trinkt, und manchmal trinkt es zuviel. Aber seine Verse sind herrlich. Herr, urteilt selbst!«

»Bringt ihn her«, sagte der Kaiser, nachdem er einige Gedichte schnell überflogen hat. In der Halle der Goldenen Glocken spricht Li T'ai-po Gedichte vor dem Sohn des Himmels. Der Kaiser ist nüchtern, aber er ist berauscht. Ein Festmahl wird auf der Tafel der sieben Juwelen kredenzt. Der Dichter bekommt einen Lehrstuhl an der Han Lin-Akademie. Hier hat er nichts zu tun. Nur dichten soll er – wann er Lust hat. Er speist mit Fürsten und mit den Damen des Hofes. Er geht allein in die Tavernen der Stadt und betrinkt sich nach Herzenslust. Er macht seine Saufkumpanen in Gedichten unsterblich.

Das Leben ist so kurz. Man muß jede Sekunde nutzen. So denkt auch der Kaiser, wenn die schöne Yang Kuei-fei in seinen Armen liegt. Ein königliches Mahl im Pavillon der Aloe. Päonien, aus Indien importiert, blühen in voller Pracht. Musiker aus dem »Birnen-Garten« spielen dazu. Und der Wein ist aus den köstlichen Trauben von Hsi Liang. Wie soll man die Zeit bannen? Wie soll man diese herrlichen Stunden anhalten? Sie vergehen wie Rauch.

»Ruft mir den Li T'ai-po«, sagt der Kaiser. Li T'ai-po wankt heran. Er ist betrunken. Die Höflinge schütten kaltes Wasser über seinen Kopf. Man reicht ihm den Pinsel. Und mit fliehenden Strichen, vom Genius gejagt, wirft Li T'ai-po Strophen vor dem Kaiser auf das Papier. Er preist die göttliche Yang Kuei-fei. Der Kaiser spielt dazu auf einer Flöte aus Jade. Kao Li-shih, der mächtigste Palast-Eunuch, sieht diesem Treiben mit heimlichem Neid zu. Die Macht des Poeten und seiner Gedichte über den Kaiser und seine Geliebte übersteigt alle Ausmaße. Als Li T'ai-po wieder einmal schwer betrunken im Palast liegt, befiehlt der Kaiser dem Eunuchen, die Schuhe »des Unsterblichen« auszuziehen. Diese Demütigung erscheint dem Eunuchen-Intriganten wie ein Peitschenschlag. Er allein, der Eunuch von des Himmelssohnes Gnaden, hat das Recht, die mondbleiche Yang Kuei-fei allein in ihrem Gemach zu besuchen, er allein außer dem Kaiser! »Höre, Kuei-fei«, sagt er, »der Poet schreibt ein Spottgedicht. Er will dich mit der »Fliegenden Schwalbe« vergleichen, mit jener Hofkurtisane der Han-Dynastie, die dem Kaiser die Treue brach und nie Kaiserin wurde.«

Yang Kuei-fei ist nicht nur schön, sie ist auch ehrgeizig. Der Eunuch hat ihr das Gift des Hasses eingegeben. Und so muß Li T'ai-po wieder durch die Lande ziehen. Er macht sich nichts daraus. Er wandert durch Chinas märchenhafte Landschaft, er rastet, wenn er dazu Lust hat, ein ganzes Jahr lang. Er genießt seine kurze Lebenszeit, um die ihn alle kommenden Generationen beneiden werden. Zehn Jahre vergehen wie ein Tag.

Eine Mondnacht. Auf dem Yangtse fährt Li T'ai-po gen Nanking. Er zieht königliche Hofkleider an. Aufrecht sitzt er im Boot, und er lacht. Er lacht, daß es von den fernen Ufern widerhallt. Er lacht über die dumme, kleine Welt, die seine große Seele nie begreifen wird. Er weiß jetzt, daß der Weltruhm ihm sicher ist. Aber was ist diese Welt? Ein Stäubchen im Kosmos. Ein Nichts. Und was ist er selbst? Li T'ai-po kann nur lachen, und unheimlich antwortet das Ufer ...

Das Jahr 755 zieht herauf, das Unglücksjahr, das Jahr, wo Kaiser Hsüan Tsung an gebrochenem Herzen stirbt. Kriegswirren! Li T'ai-po flieht aus Lo Yang. Der Rebellenführer An Lushan hat die Stadt besetzt. Blutig färben sich die Wasser des Lo-Flusses. In der Nähe von Kiu Kiang in der Provinz Kiangsi verbirgt sich Li Po in den Bergen. Dann wird er zum Stab des Prinzen Li Ling gerufen. Er wird zum Tode verurteilt. Er ist jetzt ein alter Mann. Seine Haare sind ergraut. Das Todesurteil wird in Verbannung umgewandelt. Li T'ai-po muß das Land verlassen. Wenn er Berge, Täler, blühende Pfirsichbäume und stille Weiher sieht, vergißt er alle Sorgen. Und so läßt er sich Zeit. Gemütlich wandert er gen Westen. Monatelang sitzt er beim Gouverneur von Wu Chang. In klaren Herbstmondnächten läßt er sich von den Wellen des Tung Ting-Sees wiegen. Er erreicht über die brodelnden Yangtse-Schluchten die Stadt Wu Shan. Da wird er amnestiert. Noch einmal besucht er Nanking. Überall hat er jetzt Freunde. Von überall klingen ihm seine Gedichte entgegen.

In der Stadt, die heute T'ai P'ing heißt, in der Provinz Anhwei, stirbt er. Aber wie ist dieser Mann dem Tode begegnet?

Er ließ ihn ruhig an sich herankommen. Und er kam ihm sogar ein Stückchen entgegen. Wieder saß er in einem Boot. Es war eine herrliche Nacht. Der Mond ließ seine Scheibe auf den Wellen tanzen. Li T'ai-po trank den letzten Becher Wein. Dann faßte er den Entschluß, den nur der größte Dichter Chinas fassen konnte: er beugte sich weit über den Rand des Bootes, umarmte den Mond und versank. So wurde selbst sein Tod zu einem Gedicht.

Li T'ai-po wollte in den grünen Hügeln unweit von T'ai P'ing begraben werden. Den größten Teil seines Lebens hatte er draußen verbracht, auf den Staßen, unter blühenden Bäumen, unter den Sternen. Und die Natur selbst führte den Pinsel seiner ewigen Gedichte. Er wußte, daß er auch in der anderen Welt leben werde. Und schrieb: »Warum bin ich jetzt unter den grünen Hügeln? Ich lache und kann doch nicht antworten. Ganz rein ist meine Seele jetzt. Sie weilt in einem anderen Himmel. Und die Erde gehört niemand. Die Wasser fließen und fließen.«

Niemals, niemals sollten seine Gedichte verklingen. Das war sein Wille. Und so spricht er heute noch, nach 1200 Jahren, zu uns:

Ich male Lettern, von der Einsamkeit betreut.
Der Bambus wellt wie Meer. Aus Sträuchern fällt der Tau
    wie Perlenschnüre.

Ich werfe Verse auf die leuchtenden Papiere, als seien Pflaumenblüten in den Schnee gestreut.

Wie lange währt der Duft der Mandarinenfrucht bei einem Weib, die sie in ihrer Achselhöhle trägt?

Wie lange blüht im Sonnenschein der Schnee?

Nur dies Gedicht, das ich hier niederschreibe, o daß es ewig, ewig, ewig steh!

CHINA
Peking, die schönste Stadt der Welt

Kommt man zu dem Tor der ewigen Ordnung, zeigen sich in der Ferne
die fünf Pavillons des Kohlenhügels, der hoch in den Himmel hineinragt,
und die Emporen der Palastgebäude liegen durcheinander, inmitten von
Dunst und Regen.
Aus dem Buch ›Über die Pekinger Paläste‹, von Hsieh Chu, 1938.

Wer alle großen Städte der Welt gesehen hat und nun den Preis
der Schönheit vergeben wollte, würde wahrscheinlich Peking
wählen. Rio de Janeiro liegt an der schönsten Bucht der Erde,
Venedig träumt im Labyrinth seiner Kanäle, New York ist atemberaubend, Paris ist die lebendigste Stadt der Welt, und Tokio
wartet auf das nächste Erdbeben, während man an klaren Tagen
von den Terrassendächern seiner modernen Hochhäuser den
schneebedeckten Fujijama sehen kann.
Aber Peking hat alles. Es hat Schönheit und Ruhe. Es hat
Märchenpaläste in Dornröschenschlaf und Straßen voll über-
schäumenden Lebens. Es hat die größte Vergangenheit und das
modernste Straßensystem der Welt. Es hat einsame Teiche und
unvergleichliche Gärten. Es hat phantastische Tempel, und es hat
Läden und Geschäfte, vor deren Auslagen einem die Augen übergehen. Amerikaner, Engländer, Franzosen, Deutsche, Kaufleute, Gelehrte und Sammler, die die ganze Welt gesehen hatten,
wählten Peking, um hier den Rest ihres Lebens zu verbringen.
Es gab Touristen in Peking, die hier ankamen, um die Sehenswür-
digkeiten der Stadt zu besichtigen. Sie ließen sich durch Palast
um Palast führen, sie sahen viele Tempel, Buddhastatuen, Tausende von Kunstwerken und vertieften sich immer mehr in die
Schönheiten feiner Porzellane, gestickter Seiden, Lack-, Elfen-
bein- und Jade-Arbeiten. Und wenn sie aus ihren Träumen er-
wachten, waren 20 Jahre vergangen, und sie hatten doch nur einen kleinen Teil dieser unergründlichen Stadt begriffen.
Wir kannten einen deutschen Hauptmann, der einst – im ersten Weltkrieg – das deutsche Tsingtau gegen die Japaner verteidigt hatte. Er lebte in Peking wie alle Ausländer, ohne viel zu
arbeiten, aber gut. Vielleicht sammelte er alte Bronzen und verkaufte hin und wieder ein Stück. Vielleicht tat er auch nichts,
denn die Ausländer hier waren immer so gastfrei, daß kein Europäer untergehen konnte. Er erzählte mir von Tsingtau. Und dann?

Ja, dann kam die japanische Gefangenschaft.

Und dann?

Ja, dann kam er nach Peking.

»Und was taten Sie hier?« fragte ich.

»Ich weiß es nicht«, sagte er still, »es kommt mir vor, als sei ich gestern hier angekommen. Seitdem sind 25 Jahre verflossen. Man ist einfach da. Die Zeit vergeht. Und jeder Tag ist schön.«

Peking hat alles erlebt. Hier lag 1121 v. Chr. ein Dorf. 2000 Jahre später, 936 n. Chr. stürmten die Tataren heran und eroberten die Stadt. 1151 nahmen die Chinesen den Platz zurück. 100 Jahre später liegen die Mongolen vor den mächtigen Stadtmauern unter Führung von Dschingis-Khan, dem gefürchtetsten Manne der damaligen Welt. Als innen das letzte Erz für Kanonenkugeln verbraucht ist, schmilzt man das Silber ein und schließlich das Gold. Aus den alten Vorderladern fliegen goldene Kugeln ins Lager der Mongolen. Schließlich wird die Stadt genommen und zerstört. Aber Kublai-Khan baut sie wieder auf. Hier baute jeder neue Eroberer: die Ming-Kaiser, die Mandschu-Kaiser und schließlich selbst die Europäer in der kleinen Gartenstadt, die man Gesandschaftsviertel nannte. Von 1421 bis 1928 war Peking die Hauptstadt Chinas. Heute sitzen neue Herren in den Stadtmauern der uralten Feste, und wieder ist Peking Haupt eines Reiches, dessen 400-Millionen-Volk auch diese Herrlichkeit geduldig über sich ergehen läßt.

60 Kilometer von Peking entfernt zieht sich die große Chinesische Mauer über endlose Gebirge und durch Steppen gen Westen. Über 30 Kilometer Mauerwerk umgeben die beiden großen Vierecke Pekings. Der nördliche Teil ist die Tatarenstadt und der südliche Teil die Chinesenstadt. Sechs Tore führen in den einen Teil, neun in den anderen. In der Tatarenstadt liegt ein inneres ummauertes Rechteck, das verbotene Reich der kaiserlichen Paläste.

Der dritte Kaiser der Ming-Dynastie, Kaiser Yung Lo, machte Peking im Jahre 1421 zu seiner Hauptstadt. Er ließ hier Paläste errichten, die alle damaligen Bauten an Pracht übertrafen. Ja, heute noch muß selbst Versailles neben der Kühnheit und Großartigkeit dieser Palastanlagen verblassen. Tempel und Altäre wurden errichtet, Gärten, Brücken und Teiche angelegt, und außer den kaiserlichen Bauten wuchsen noch 15 Paläste für prinzliche Familien aus dem Boden. 20 Meter dick sind die Mauern dieser Yung-Lo-Stadt am Fundament!

225 Jahre später stand der letzte Ming-Kaiser auf dem »Aus-

sichts-Hügel«. Durch ein Fernrohr – man schrieb das Jahr 1643 – sah er seine Feinde anmarschieren. Da erstach er seine Tochter und erhängte sich an einem Baum. Den Baum – von einer Eisenkette umgeben – kann man noch heute sehen.

Was eigentlich den Zauber dieser schönsten Stadt der Erde ausmacht, ist kaum in Worte zu fassen. Vielleicht ist es das Gleichmaß der geschwungenen Dächer, der steinernen Abbilder von Zelten alter Nomadenvölker, deren vier Ecken auf Stangen ruhten. Vielleicht sind es die gelben und roten Farben der glasierten Ziegel, die im Sonnenlicht weithin glänzen. Vielleicht sind es die großartigen Durchblicke von Tor zu Tor, von Palast zu Palast. Vielleicht die breiten, schnurgeraden Straßen. Vielleicht die künstlichen Seen, die geschwungenen Marmorbrücken, die uralten Bäume. Vielleicht ist es der Mut, der hier die kühnsten Visionen in Stein und Holz erstehen ließ.

Es ist doch fast gespenstisch, wenn man genau auf dem Mittelpunkt des offenen Himmelaltares steht und erlebt, daß genau – und nur von diesem Punkt aus – bei jedem Ruf und jedem Laut ein 15faches Echo aus Palastanlagen und fernen Gebirgen zurücktönt. Tritt man nur einen Meter vom Mittelpunkt des Altars fort, so schweigt das Echo!

Es grenzt doch ans Märchenhafte, daß hier das älteste moderne astronomische Observatorium der Welt im Jahre 1279 erbaut wurde und daß Alt-China hier die Bewegung von Sonne, Mond und Sternen ermittelte. Unweit dieses Observatoriums liegen die Prüfungshallen, wo Staatsbeamte ihre Examina ablegen sollten. Die Abschlußprüfungen hier waren so schwierig, daß viele Kandidaten buchstäblich den Verstand verloren. 10000 Zellen enthielten diese Hallen, jede einzelne 3 Meter lang und 1,30 Meter breit. Licht und Nahrung wurde durch eine kleine Öffnung in der Mauer hereingereicht, damit die Prüflinge nicht »abschreiben« konnten. Vor der Prüfung wurde jeder einzelne einer Leibesvisitation unterzogen und dann für eine Woche oder länger eingeschlossen. Keiner konnte hoffen, solche Prüfung zu bestehen, ohne viele Jahre lang studiert zu haben. Die mächtigen Säulen innerhalb der Paläste, das Filigranwerk der Decken, das wuchtige Gebälk hoch über dem kleinen staunenden Menschen, die tiefgrünen, seidenbespannten Wände, die Kunstschätze, die Bronzen, Porzellane, Gottheiten, das alles ist so überwältigend, daß ein Menschenleben vor dem Studium dieser Kultur wie der Sekundenzeiger einer ewigen Uhr erscheint. Grüner Jade ist ein sehr kostbarer Halbedelstein, besonders, wenn er fast durchsichtig ist. Ein faustgroßes grünes Jadestück, das undurchsichtig bleibt, stellt schon einen gewichtigen Wert dar. In der verbotenen Stadt befindet sich ein Opferbecken, das drei starke Männer nicht heben können! Es ist aus einem einzigen grünen Jadeblock gemeißelt. Die Ming-Zeit – vor allem im 15. Jahrhundert – hat die schönsten Porzellane hergestellt, die die Welt überhaupt aufzuweisen hat. Unter den Mandschus haben Kaiser K'ang-Hsi und sein Nachfolger Yung-cheng die feinsten und besten Porzellane in der alten kaiserlichen Manufaktur Ching Te-chen anfertigen lassen. Immer suchten die chinesischen Porzellan-Manifakturen »Pärchen« herzustellen, das heißt, von jeder Vase, von jeder Schüssel, von jeder großen Schale zwei. In den Museen der großen Weltstädte sind diese Pärchen der Ch'ien Lung-Epoche (1736–1796) selten, und sie werden mit Tausenden von Dollars bezahlt, besonders, wenn sie der schwarzen, grünen oder rosa »Familie« angehören, das heißt, wenn schwarze, grüne oder rosa Farben vorherrschen. In den Peking-Palästen befinden sich Tausende und aber Tausende solcher Pärchen, von den kleinsten, fast durchsichtigen Näpfen bis zu übermannshohen Vasen.

Noch während des Zweiten Weltkrieges gab es keinen ausdenkbaren Wunsch, den diese Stadt nicht erfüllen konnte. Hier konnte man Goldbarren und Silbergeschirr erstehen, herrliche dunkelrote Bernsteinketten, Jadesteine, Diamanten, Perlen, Smaragde und alle erdenklichen Halbedelsteine, Korallen aus Turkestan, handgeschnitzte Möbelstücke aus Ebenholz, märchenhaft gestickte Seiden und Brokate, persische, indische, chinesische und mongolische Teppiche, mongolischen Silberschmuck, der immer mit Korallen verziert ist, dressierte Falken und für den Fischfang abgerichtete Kormorane. Jede Straße hatte ihre Spezialläden. Es gab eine Jade-Straße, eine Blumen-Straße, eine Bücher-Straße, eine Silber-Straße und sogar eine Gold-Straße. Es gab eine Straße, in der Dutzende von Läden nichts als die interessantesten Bogen und Pfeile verkauften. Es gab Straßen mit den auserlesensten Restaurants, Spezialküchen für Enten, deren Dampf schon von ferne lockte, wenn man auf den lautlosen Rädern der Rikscha heranrollte. Du konntest dich an Opium und Heroin berauschen. Du konntest Mädchen singen lassen und Knaben tanzen – oder umgekehrt. Du konntest in Antiquitätenläden Dinge kaufen, die dir jedes Museum der Welt mit Handkuß abgenommen hätte. Und fast alles für verhältnismäßig wenig Geld.

Es lebten auch interessante Menschen in Peking: gestrandete

Millionäre, Kunstsammler von Weltruf, Mongolenforscher, weißrussische Generäle, Söhne schwedischer Missionare, die dich weit in die Mongolei und zu ihren Fürsten führen konnten, Kamelwolle-Händler und blasse Sinologen. Eine alte Amerikanerin pflegte in ihrer Rikscha täglich Stunden um Stunden durch die Stadt zu fahren. Sie war etwas verrückt und hielt sich einen schönen, kräftigen Rikscha-Kuli, der wie der Teufel durch die Straßen trabte. Über der Rückenlehne ihrer Rikscha wehte das Sternenbanner. Du konntest einem Franzosen begegnen, der eine russische Taxi-Tänzerin aus Harbin geheiratet hatte und sie nur chinesische Kleidung tragen ließ. Oder einem Portugiesen, der legal mit fünf Chinesinnen verheiratet war. Es gab ein großes Krankenhaus, das Rockefeller-Hospital, wo sehr gute Ärzte aller Länder arbeiteten. Dort lebte ein Ungar davon, daß er am eigenen Körper Läuse ernährte, die man für medizinische Versuche benötigte.

Alle diese Menschen hingen noch an ihrer eigenen Heimat und hatten hier in Peking neue Wurzeln geschlagen. Ihr Herz schlug immer im Doppeltakt und gab nie Ruhe. Jahr um Jahr schleppten Ausländer, Amerikaner, Engländer, Franzosen, Schweden, Japaner, Schätze um Schätze aus Peking in ihre eigene Heimat. Diese Stadt aber blieb unerschöpflich, und selbst der ärmste Chinese hier schien glücklich zu sein.

Gautama Buddhas Wort: »Wer still sitzt, siegt«, das ist eine Wahrheit, die Peking deutlich bestätigte. Die Revolution Chinas hat nicht mit Mao Tse-tung begonnen. Auch nicht mit Sun Yat-sen. Sie ist 50 Jahrhunderte alt, ein erstaunliches Wunder an überlebter Zeit von einem Volk an einem Platz. Die Herrschaft der Babylonier, Ägypter, die Blüte Griechenlands und Roms flammte auf und erlosch auf dem Scheiterhaufen der Geschichte. China überlebte sie alle als Einheit. China brütete niemals über der Vergangenheit oder faselte von der Zukunft. Wie kein anderes Volk lebt es in der Gegenwart, mit seiner Schlauheit, die die Schwierigkeiten überbrückt, mit seiner großen Geduld, die die Unbesonnenheiten vermeidet. Seine einzige Waffe ist die Zeit. Es versuchte niemals, zu gewinnen oder zu sterben. Es hat Tausende von Schlachten verloren, aber niemals »bis zum bitteren Ende« gekämpft. Denn ein entscheidender Krieg ist immer gefährlich. Hinziehen ohne Entscheidung ist besser. Denn Hinziehen heißt Leben. Lao Tzu, der weise Alte der Chinesen sagt: »Wer kann trübes Wasser klären? Wenn es sich still verhält, klärt es sich von selbst.«

Während die ganze Welt in Bewegung war, nach Fortschritt hungernd, ruhte »das Reich der Mitte« wie unwirklich und weit entfernt in sich selbst. Hier wurde jeder Fremde auf die Dauer von einer fast entkräftenden Beschaulichkeit gepackt, von der Größe, von der Zeitlosigkeit und von der Erdgebundenheit chinesischen Lebens. Chinas große Vitalität, seine große Härte im Ertragen, sein Instinkt für den Kompromiß, seine Skepsis und seine Anpassungsfähigkeit sind erprobte und gediegene Methoden. Die ganze Kultur Chinas ist darauf aufgebaut, daß es besser ist, sich durchzuschlagen als sich totzuschlagen. Für ein unerreichbares Ideal sterben die Chinesen nur gezwungenermaßen und den Heldentod nicht einmal unter Zwang.

So war es.

Und wie wird es sein?

Seine alten Religionen hatte China längst verloren, und es blieb nur die Ehrfurcht vor den Ahnen und das Pflichtbewußtsein für die Familie. Jetzt soll auch die Familie einem neuen Ideal weichen. China soll lebendig werden, durch Maschinen, durch Tempo, durch Marschieren, durch Staatspolizei und durch Polizeistaat.

Aber wenn diese modernen Chinesen rastlos und mit Tempo einige Male durch ganz Nordasien bis zum Ural und bis nach Europa hin- und hergeführt worden sind, welches Blut wird dann in den Adern der Menschen kreisen, die zwischen Schanghai und Danzig leben?

Dschingis-Khan und Tamerlan – gehaßt, verflucht, geliebt und bewundert

Dschingis-Khan vereinigte die Steppenvölker, und Tamerlan bediente sich ihrer, um die Städte zu beherrschen.

Von der ungarischen Pußta über die Ukraine und die Kaspische Tiefebene durch Westturkestan bis nach Iran, von der Kirgisensteppe über die Dsungarei und die Mongolei bis zum Lande der Mandschuren zieht sich ein ungeheurer Steppengürtel vom östlichen Europa fast bis zum Stillen Ozean. Seit undenklichen Zeiten wurden diese Gebiete von nomadischen Völkern bewohnt.

Die Amerikaner Roy Chapman Andrews, Leiter zahlreicher Expeditionen für das Amerikanische Naturwissenschaftliche Museum, sowie Henry Fairfield Osborne haben festgestellt, daß Zentralasien ein gewaltiges verwehtes Meer menschlicher Geschichte darstellt. Sie halten die Wüste Gobi für das Urland der Menschheit überhaupt. Menschen lebten vor zwei und drei Millionen Jahren in einem Paradiese großer Wälder, dort, wo jetzt einsames Mongolenland auf seine große Entscheidungsstunde zwischen Ost und West wartet. Andrews fand versteinerte Wälder, die vor Jahrmillionen untergingen und an deren Blättern Dinosaurier ihren Hunger stillten. Im Flußbett eines einstigen Stromes lagen Reste von Ursäugetieren und von Frischwassermuscheln. Ja, man legte das Skelett eines vormongolischen Menschen frei, der über zwei Meter groß war und hier lange vor der Epoche des ägyptischen Königs Tut-anch-Amon der Jagd nachging.

Attila, Dschingis-Khan und Tamerlan, das sind die drei großen Namen, die uns in den Ohren klingen, wenn wir an die ungeheuren Eroberungszüge von Hunnen und Mongolen denken. Attila wurde 451 an der Marne geschlagen. Dschingis-Khan und Tamerlan blieben unbesiegt. Wie weit sich der Bogen jener Völker mit den starken Backenknochen und den schmalen Augen vom östlichen Ende Asiens über den Ural bis nach Europa spannt, wie Tataren, Turkestanvölker, Mongolen, Kalmücken und Burjeten ethnisch verwandt sind, das ist ein Dschungel von Wissenschaft, in den hineinzutauchen sinnlos wäre. Man darf nicht vergessen,

Dchingis-Khan, 1162–1227, Nomade, Jäger, Herdenkönig. Er herrschte von Korea bis Ungarn.

daß Finnisch, Estnisch und Ungarisch der mongolischen Sprache ähnlicher sind als irgendeiner Sprache Westeuropas.

Es sind nur 700 Jahre her, da eroberte ein Mann beinahe ganz Eurasien. Mit seinen Reitern durchmaß er fast 100 Breitengrade. Städte, die sich ihm nicht gutwillig unterwarfen, wurden niedergestampft. Den Lauf von Flüssen ließ er ändern, Wüsten bevölkerte er mit Flüchtlingen und Sterbenden. Und das Problem der Beerdigung lösten Wölfe und Geier. Ein Nomade, ein Jäger, ein Herdenkönig war Dschingis-Khan, der die Strategie von drei Weltreichen austrumpfte. Dabei hatte dieser Mann nie eine Stadt gesehen. Er hatte nicht schreiben gelernt und bestimmte doch die Gesetze für sehr viele Völker. Von Korea bis Ungarn, von China bis Iran beherrschte dieser Mann die Welt. Moskau, vor dem Napoleon und Hitler scheiterten, wurde zehn Jahre nach Dschingis-Khans Tod erobert.

Unabmeßbares grünes Grasland, windgepeitschte Hochplateaus, unheimliches Nordlicht in eiserstarrten Winternächten, riesige Vögelschwärme im Herbst, eine Landschaft, die nur Himmel und Freiheit kennt, so ist die Gegend zwischen den Quellen der Kerulen, des Onon und der Tula. Hier lag die Heimat der Hunnen, der Türken und der Mongolen. Hier wurde Dschingis-Khan geboren. Kinder dieser Ecke der nördlichen Gobi wurden niemals abgehärtet. Sie wurden in diesem Zustand geboren! Muttermilch, Stutenmilch, das war die Babypflege. Danach mußten sich die Kinder am weitesten vom Feuer entfernt im Zelt aufhalten und konnten Betrachtungen darüber anstellen, wie zähe ein junges Menschenleben ist und wie aussichtslos es scheint, das Erfrieren oder das Verhungern herbeizuführen. Im

Frühling, wenn die Stuten und Kühe reichlich Milch hergaben, ging es noch an. Dann ließen sich auch Antilopen und Wölfe erjagen. Aber im Winter aßen zuerst einmal die stärksten Männer, dann die Frauen und die Alten, und die Kinder prügelten sich gotterbärmlich um die Knochen. Dabei kämpften nicht nur die Kinder miteinander, sondern die Hunde machten mit. Am Ende des Winters, wenn der Viehbestand zusammengeschmolzen war und Tiere nicht mehr geschlachtet werden durften, lernte man eben einfach den Hunger zu ertragen. Solange die Welt nicht durch die besseren Maschinen, sondern durch die größere menschliche Ausdauer erobert wurde, waren die Siegeszüge des Islam, der Araber und der Mongolen begreiflich.

Dschingis-Khan wurde in einem Zelt von Filz geboren. Diese Jurte war fahrbar und wurde auf Karren von Dutzenden von Ochsen gezogen. Temudschin – so hieß der kleine Dschingis-Khan – hatte eine sehr schöne Mutter. Sie hieß Oelön-Eke. Sie wurde von Dschingis-Khans Vater entführt, als sie sich gerade auf dem Brautritt zu ihrem künftigen Gemahl befand. Die Mutter ergab sich in ihr Schicksal.

Als Vater und Sohn einmal bei einem fremden Krieger im Zelt zu Gast waren, sah der Junge ein kleines Mädchen. Er fragte seinen Vater, ob er sie heiraten könne, denn sie war sehr hübsch. Der Papa des Mädchens meinte, seine Tochter sei zwar noch klein, nur neun Jahre alt, aber Temudschin dürfe sie ruhig einmal betrachten. Am nächsten Tage war der Handel getätigt und das Mädchen Temudschin zugesprochen. Einige Tage später wurde Temudschins Vater vergiftet. Dann ist der Junge ständig auf der Flucht, ständig von Feinden verfolgt, denn die Feinde fürchten, daß dieser junge Prinz die Herrschaft seines Vaters antreten könne. Er wird gefangen, er wird in ein hölzernes Joch gespannt, er entflieht, die Hände und Arme immer noch an das hölzerne Joch gebunden, er wird befreit, er kämpft um das nackte Dasein. Das alles war eine gute Schule für kommende Feldherrnschaft.

Nach endlosen Kämpfen gegen viele Tatarenstämme wurde Dschingis schließlich zum Khan der vereinigten Mongolen- und Tatarenstämme ernannt.

Jetzt erklärte der Khan, er sei vom Himmel berufen, die Welt zu beherrschen. Sein fester Glaube an diesen Bund mit dem Himmel übertrug sich auf seine Truppen, und so führte er sie von Krieg zu Krieg. Das Land der Uiguren inmitten Zentralasiens unterwarf sich freiwillig. Und Dschingis-Khan wurde Herr über die Tataren. Im Jahre 1211 – Dschingis-Khan war jetzt wohl

Kublai-Khan, 1216–1294. Er war der Enkel des großen Dschingis-Khan, eroberte ganz China und baute die sogenannte Tataren-Stadt von Peking.

56 Jahre alt – marschierten Hunderttausende von Mongolen gegen die Große Mauer an. Hier erstürmte man die Torfestungen. Aber die Eroberung von China kostete den Khan fünf Jahre! 1215 wurde die Hauptstadt Yen-King, das heutige Peking, im Sturm genommen und geplündert. Dschingis-Khan schickte Botschafter nach Turkestan. Von dem Kommandanten einer Grenzfestung, der ihnen mißtraute, wurden sie ermordet. Ihnen folgte eine Armee von 700 000 Mann. Buchara und Samarkand wurden erstürmt, geplündert, verbrannt. Samarkand war Residenz und einer der größten Handelsplätze der Welt. Vier Kilometer im Umkreis war die Stadt von Mauern und Festungen umgeben. 110 000 Mann Besatzung lagen in der Stadt. Die Samarkandtruppe verfügte sogar über 20 Kriegselefanten. Wenn der unersättliche Khan so eine Stadt genommen hatte, sonderte er meist die Handwerker aus und schenkte sie als Sklaven seinen Söhnen und Generälen. 30 000 Handwerker lieferte so die Stadt Samarkand, und eine gleiche Anzahl kräftiger Männer bestimmte Dschingis-Khan für Kriegsarbeiten, Transport und so weiter. Die schönsten Mädchen kamen natürlich in die »Inneren Gemächer«, und der Rest der Einwohner wurde geköpft. Wer von den Feinden aber entfloh, wie der Stamm der Kankalis, den besiegte man durch List. Dschingis-Khan gestattete den Kankalis großmütig, mongolische Uniformen anzulegen. Freudig marschierten sie in sein Lager und – wurden »kollektiv liquidiert«.

Nach der Eroberung von Merw al-Schahidschan, einer der ältesten Städte der Welt, soll Dschingis-Khan 1 300 000 Menschen umgebracht haben. Die Stadt wurde so gründlich dem Erdboden gleichgemacht, daß so gut wie nichts von ihr übrigblieb. Bis zu den Ufern des Dnjepr schickte Dschingis-Khan seine siegreichen Armeen, und im Jahre 1226 marschierte er – jetzt wohl 71 Jahre alt – an der Spitze seiner Krieger erneut gegen Nordwestchina. Nach erfolgreichen Schlachten ließ er seine Söhne den Rest der feindlichen Heere vernichten.

Dschingis-Khan folgte immer dem Motto: »Besiegte werden niemals Freunde von Siegern. Der Untergang der Besiegten ist die Garantie für die Sicherheit der Sieger.«

Im Sommer des Jahres 1227 zog sich Dschingis-Khan in die Berge von Liu-Pang westlich von Peking zurück. Unruhig, vielleicht seinen Tod ahnend, ging er nach Schan-si. Hier wurde er von einem heftigen Fieber gepackt. Sterbend wandte er sich an seinen Freund Kiluken Bahadur und sagte: »Sei meiner Frau Bürte ein treuer Freund« – sie war das neunjährige Mädchen, das er sich als erste Frau erwählt hatte –, »und sei ein Freund meinen Söhnen Ögedei und Tolui. Der Leib eines Menschen ist nicht unsterblich. Er vergeht ohne Haus und Raststätte. Was du tun mußt, tue mit aller Macht. Laß dich nicht durch die Wünsche anderer bestechen, dann wirst du die Anhängerschaft vieler gewinnen. Ich muß von dir scheiden und gehen. Kublai, der Knabe, wird eines Tages auf meinem Thron sitzen, und er wird, so wie ich es tat, euer Wohl sichern.«

So wie Dschingis-Khan sein Leben lang nicht nur grausamer Eroberer, sondern auch glänzender Staatsmann, Organisator und Planer war, so regelte er noch vom Sterbebett aus die wichtigsten Staatsgeschäfte. Seinem jüngsten Sohn Ottschigin befahl er, China weiterhin zu bekriegen, und zwar nach einem peinlich genau festgelegten Plan. Sein Reich verteilte er unter seine fünf Söhne.

Dann wurde der Tote heimlich in die Mongolei gebracht. Damit niemand die Kunde, die unglaubliche, vom Tode des größten fahrenden Herrschers meldete, tötete die Eskorte seines Leichenzuges jeden Wanderer und jedes Volk, die dieser gefährlichen Prozession begegneten. Erst als der Leichenzug die große Orda an den Quellen des Kerulen erreicht hatte, gab man den Tod bekannt. Der Sarg wurde in jede einzelne Jurte der vielen Gattinnen getragen, damit sie die Totenklage anstimmen konnten. Tausende seiner Frauen, Kinder und Enkelkinder waren versammelt. 40 vornehme und sehr schöne Mädchen wurden mit Dschingis-Khan verbrannt.

Dschingis-Khan besaß rund 500 Frauen und Konkubinen, darunter die schönsten Gefangenen aller Völker Asiens und Europas. Er hatte eine Methode, »Schönheitsköniginnen« auszuwählen, die viel sicherer war als die moderner illustrierter Zeitungen: jeder Hauptmann lieferte die schönsten Mädchen einer eroberten Stadt an seinen Oberst ab, der Oberst nach einer Zwischenwahl an seinen General und der wiederum nach sorgfältiger Auslese an seinen Armeekommandanten. Die Armeekommandanten schickten diese »Creme der Völker« an Dschingis-Khan. So wurden alle Länder für »die Inneren Gemächer« des Khans durchgekämmt. Außer seiner ersten und ihm liebsten Frau Bürte besaß er noch vier andere Hauptfrauen. Die weinten an seinem Grabe laut. Aber Bürte war still. Sie trauerte um den Weltherrscher, den sie schon als Temudschin bezaubert hatte. Er hatte sie gekauft, als sie neun Jahre alt war, aber erst als 17jährige zu seiner Frau gemacht.

110 Jahre sind in der Geschichte Asiens wie ein Tag. 1336 wird Temür geboren, der sagenhafte Tamerlan, bei Kesch in Westturkestan. Dschingis-Khan war Mongole. Temür war mongolischer Abstammung, sprach aber türkisch. Er war kein direkter Abkömmling des Dschingis-Khan. Aber er war ein echter Steppensohn. Mit 34 Jahren war er Chef seines Stammes, nachdem er eine Zeitlang gemeinsam mit seinem Schwager Hussein regiert hatte. Eines Tages war er dieser Doppelregierung müde, tötete seinen Rivalen, ordnete sein kleines Reich und machte sich an die Eroberung der Welt. Während eines Kampfes wurde er am Fuß verwundet, so daß er lebenslänglich hinken mußte. Daher nannten ihn die Perser »Temür lenk«, das heißt: der lahme Temür.

Der Lahme unterwarf Persien, dann Zentralasien, von der großen Chinesischen Mauer bis nach Moskau, und drang 1398 tief nach Indien ein. Die Grausamkeit dieses Herrn stellte die Dschingis-Khans weit in den Schatten. Er entwand Syrien den Mamelucken, überrannte das Reich des Sultans mit seiner gewaltigen Armee und besiegte 1402 den osmanischen Herrscher Bajezit in der Ebene von Angora. 1405 bereitete er eine Expedition nach China vor.

Dann wurde er vom Tode überrascht.

Der Diktator und Eroberer war wie Dschingis-Khan auch ein glänzender Staatsmann. Von seinen politischen Beamten verlangte er Strenge, aber auch Gerechtigkeit, Schonung der Bauern und Beschützung des Handels. Von seinen Offizieren forderte er gute Verpflegung der Truppe. Jeder Reiter mußte zwei Pferde, einen Bogen samt gut gefülltem Köcher, Schwert, Streitaxt, Säge,

Tamerlan, 1336 bis 1405. Der Abstammung nach Mongole, fand dieser Welteroberer Gefallen an Samarkand, großen Bauwerken, schönen Frauen, Festen, Kunst und Literatur.

Zwirn und zehn Nähnadeln bei sich führen. Je 18 Mann bekamen ein Zelt im Lager.

Temür unterstützte die Wissenschaften und die Kunst. Er hat sogar schriftstellerische Talente entwickelt. Er war ein Napoleon mit dem Gemüt eines Himmler. Er war ernst und düster, Feind aller Fröhlichkeit. Eine Mischung aus kalter Berechnung, unglaublicher Härte und auch Großmut. Er wußte sich zu beugen und in den Hintergrund zu treten, wenn die Klugheit es verlangte. So irrte er in seiner Jugend einen Monat lang in der Wüste umher und geriet zeitweilig in Gefangenschaft. Seine geliebte junge Frau wurde während dieser Gefangenschaft in einem Kuhstall eingesperrt gehalten, wo es von Flöhen und Ungeziefer wimmelte. Aber auch sie war hart im Nehmen.

Später suchte er immer wieder Erholung von den gewaltigen Strapazen der Feldzüge in seiner Residenzstadt Samarkand. Hier hatte er kolossale Beute gesammelt. Die besten Kunstschätze aus allen Ländern der asiatischen Welt, Prinzessinnen, gleich mit der ganzen Aussteuer, Sklaven, Dienerschaft, Künstler, Musiker, Gelehrte. Hier feierte er rauschende Feste, ließ Speisen auf goldenen Geschirren auftragen, lud Tausende ein, trank Wein aus goldenen Bechern. Hier wurden ganze gebratene Pferde kredenzt. Hier paradierten die Damen des Hofes in Seiden-, Samt- und Atlasgewändern, in roten Seidenkleidern mit goldenen Spitzen und langen Schleppen, die oft fünfzehn Jungfrauen tragen mußten. Hier sah man helmartige Hüte mit Perlen, Rubinen und Smaragden besetzt und mit langen weißen Federn, die bis zu den Augen herabhingen und beim Gang den Gesichtern der Damen einen besonderen Reiz verliehen.

Temür hatte großen persönlichen Mut. Nach dem vierten Feldzug gegen Chwarezm kam einer seiner Gegner auf die bizarre Idee, statt der blutigen Massenkämpfe sich allein mit Temür zu messen. Er schlug dem gefährlichen Temür das vor, was auch heute eine interessante Anregung wäre: »Wie lange wird noch die Welt wegen zwei Menschen Pein und Elend ertragen? Das Wohl der Menschheit und der Länder erfordert, daß diese zwei den Kampfplatz allein betreten und dann ihr Glück versuchen.«

Temür war über diese Herausforderung entzückt. Als erster traf er auf dem Kampfplatz ein und rief mit lauter Stimme nach seinem Gegner. Aber der war nicht da!

Fremdes Leben wie auch das eigene war dem Temür so unheilig wie das von Insekten, aber um Angehörige und Freunde konnte er verzweifelt trauern. Wenn es not tat, spielte er den islamischen Fanatiker, und er kannte sich wie ein gesalbter Schneider in der Riesengarderobe idealer Mäntelchen aus.

Dschingis-Khan wollte alle Nomaden der Welt vereinigen und die seßhaften Kulturen unterwerfen. Temür hatte kein Ziel. Noch Nomade, war er doch schon unglücklich verliebt in die Kultur der seßhaften Völker, saß in Samarkand, während seine Truppen in Zelten kampierten.

»Betet für meine Seele«, sprach er, als er mit 71 Jahren in Otrar starb. Er hatte alle seine Frauen versammelt. »Schreit und jammert nicht«, befahl er mit matter Stimme, »denn Lamentieren hat keinen Zweck. Niemand noch hat durch Weinen den Tod verjagt. Statt eure Kleider zu zerreißen und wie verrückt herumzulaufen, bittet Gott, meiner Seele gnädig zu sein.«

Es war eine stürmische Januarnacht. Unablässig sang der Wind, und je schwächer sein Leib wurde, um so mächtiger dröhnte der Donner, während Priester pausenlos die Gebete des Korans lasen.

Gehaßt, verflucht, geliebt, bewundert hauchte er seine Seele aus. Keine Gestalt der Weltgeschichte ist so reich an Gegensätzen. Kein Tyrann, kein Herrscher hat so viel zerstört und verwüstet wie Temür. Kein Despot war ein so glänzender Souverän. Und keiner war so gefürchtet und wurde zugleich so bewundert. Diese Bewunderung wuchs nach seinem Tode. Die europäischen Monarchen, die Zaren Rußlands bestaunten seine Taten jahrhundertelang. Die Völker Asiens singen noch heute seinen Ruhm, und die Bauern im Pamir deuten stolz auf die meilenweiten Kanalisationsanlagen, die Temür in Felsen hauen ließ. Sie zeigen dem fremden Wanderer Straßen, Kanäle, abgeleitete Flüsse, Brunnen, Deiche. Und sie sagen: »Das alles hat Temür geschaffen.« Und wenn Mongolenkinder während der Rast auf pausenlosen Wanderungen von ihren Müttern genährt werden, erklingen ihnen schon im ersten Jahr ihres Lebens die Lieder von Temür lenk und vom großen Dschingis-Khan.

Eines Tages kommt der Bär zurück
Ainus

Ein ursibirisches, indogermanisches Völkchen auf Hokkaido und Sachalin vor dem Aussterben.

Es erscheint phantastisch, daß sich unter den mongoliden Völkern Ostasiens eine versprengte Gruppe kaukasischer Rasse erhalten hat, ein Häuflein von »Alt-Sibiriern«, Menschen, die uns Westeuropäern nach Körperbau, Schädelform und Hautfarbe verwandt sind. Auf der nördlichsten großen Insel Sachalin leben noch etwa 15 000 Ainus, letzte Nachkommen eines untergehenden Volkes. Diese Ainus haben die Völkerkundler vor manche Rätsel gestellt. Das größte Rätsel, nämlich die Frage, wo sie herkommen, blieb so gut wie ungelöst. Noch rätselhafter wird das Problem, wenn man erfährt, daß dieser uralte kaukasische (indogermanische) Menschenschlag einst die ganze japanische Inselwelt bewohnte, lange bevor die polynesischen und mongoliden Völker auf den japanischen Inseln landeten. Die Ainus waren lange schon da, als Japans erster Kaiser, Jimmu Tenno, 660 v. Chr. von der Südinsel Kiuschiu zur Hauptinsel Yamato übersetzte.

Über ganz Japan hinweg gibt es nämlich Namen von Bergen und Orten, die aus der Ainu-Sprache stammen. Hokkaidos Hauptstadt Sapporo, Mauka auf Sachalin und Tarato in Sibirien sind Ainu-Namen. Ja, der Welt schönster Berg, der erloschene Vulkan Fuji, erhielt seine Bezeichnung von den Ainus. Der alte Hausgott der Ainus, Vater des Volkes, heißt Skisei koro Ekashi. Sein Weib, die Göttin, deren Thron unsichtbar inmitten des Herdfeuers schwebt, die göttliche Feuer-Großmutter, heißt Fuji. Vielleicht haben die Ainus einst, in vorgeschichtlicher Zeit, mit eigenen Augen gesehen, wie der Feuervulkan Fuji-no-jama aus der Erde herauswuchs, wie er seine Lava- und Basaltmassen in den Himmel hob, wie er dann schließlich erhaben über allen anderen Bergen thronte. Dieser Berg muß heilig gewesen sein, lange bevor es »Japan« gab, lange bevor die Menschen ankamen, die Nippon zur Weltmacht erhoben.

Der nacheiszeitliche Kulturabschnitt der Menschheit in einer Epoche, da auf der Erde schon trockenes, warmes Klima herrschte, wird von der Wissenschaft »Neolithikum« genannt. Das ist die Jung-Steinzeit, vom Griechischen neos = früh und lithos = Stein. In dieser Zeit, etwa 3000–1800 Jahre v. Chr., fertigte der Mensch schon Werkzeuge und Waffen aus geschliffenem und durchbohrtem Stein an, wurde seßhaft, baute Weizen, Gerste, Hirse und Hülsenfrüchte an, lagerte seine Vorräte in Scheunen, zähmte und züchtete er Haustiere, unter anderem den Hund, verwandte Holz für den Hausbau. Ehe der Mensch aber an das Bauen dachte, lebte er in Höhlen. Die Japaner nannten die Ainus ursprünglich »Tsuchi-gumo«, das heißt Erdspinnen. In die Ainu-Sprache übersetzt, würde das »Höhlenbewohner« heißen, und wirklich – in Höhlen lebten die Ainus einst.

Während der neolithischen Epoche war also dieses rätselhafte Zweibein Ainu, dieser Kaukasier oder Indogermane, bereits in Japan, und man findet in den Gräbern der neolithischen Zeit zwei verschiedene Arten von Töpferwaren. Sie gehören entweder dem »Jomon-Typ« an oder dem »Yayoi-Typ«. Die »Jomon«-Art findet sich mehr im Norden und Osten. Man hält sie für älter. Technisch steht sie hinter »Yayoi« zurück, künstlerisch ist sie schöner. Man hat nun die Knochen, also die »Fossilien« dieser neolithischen Gräber, sehr genau untersucht, und man kam zu dem Ergebnis, daß das Jomon-Volk im Körperbau den heute noch lebenden Ainus entsprach. Die ainoiden Menschen verbreiteten also ihre Jomon-Kultur über ganz Japan, ehe ein anderes Volk oder andere Völker mit der Kultur der Yayoi-Art nachrückten.

Man muß sich vorstellen, welch furchtbare Kriege diese verschiedenen Völker miteinander führten, wie die Neuankömmlinge einen Keil in das Volk der Ainus trieben, wie die Ainus sich immer weiter nach Norden und Süden zurückzogen, wie der letzte Ainu schließlich im Süden getötet wurde und wie ein Rest dieser »Indogermanen« oder »Ursibirier« sich hoch im Norden auf Hokkaido und auf Sachalin erhielt. Sehr tapfer waren die Ainus. Noch 720 n. Chr. leisteten sie so verzweifelten Widerstand, daß die Japaner Soldaten aus neun Provinzen zusammenziehen mußten, um sie zu besiegen. Dann aber entkräfteten sich die Ainus durch Kämpfe untereinander, bis sie schließlich erschöpft waren und auf Hokkaido und Sachalin auf ihr Aussterben warten mußten.

Um 1600 lebten auf Hokkaido noch 50000 Ainus und 12000 Japaner, um 1700 30000 Ainus und 20000 Japaner. Um 1800 haben sich die Waagschalen bereits zugunsten der Japaner verän-

Ainu-Mutter und Kind auf der Insel Hokkaido. Vielleicht haben die japanischen Mütter diese Art, ihre Babies zu tragen, von den Ainus schon in vorgeschichtlicher Zeit übernommen. 15 000 Ainus leben jetzt noch auf Sachalin und Hokkaido. Aber die Rasse erlischt. Foto: Hecht.

dert: 20 000 Ainus und 30 000 Japaner. Heute fristen noch 15 000 Ainus ihr ärmliches Dasein, und 3 000 000 Japaner auf Hokkaido werben mit diesem »völkerkundlichen Wunder« für den Touristenverkehr. Nach der schicksalhaften Mathematik der abnehmenden Ainu-Bevölkerung kann man sich ausrechnen, wann der letzte Ainu die Erde küssen wird und wann das Urteil fallen wird: Ausgestorben.

Es scheint, als ob jedes Volk auf dieser Erde seine große Chance, seine Blütezeit, seine Lebensepoche und seine »Spielzeit« erhält. Unhörbar tickt die Lebensuhr der Menschheit. Einmal ist die Sterbestunde da. Wie würde die Weltgeschichte aussehen, wenn die Ainus, diese Ursibirier, sich auf den japanischen Inseln erhalten hätten?

Die Frage ist schwer zu beantworten, denn die Völker lösen nicht nur einander ab, sie vermischen sich auch nach besten Kräften und nach ihrem Geschmack. So vermischen sich seit dem Dämmern der Geschichte Ainus und Japaner. In den Adern der Japaner kreist so sicher Ainu-Blut, wie in den Ainus das Blut der Mongolen und der Südseemenschen fließt.

Im Jahre 1877 wanderte ein junger, strebsamer Theologe zu den Ainus. Er hieß John Batchelor und war Wissenschaftler und Missionar. Er lernte die Ainus gründlich kennen. Er studierte ihre Sprache, ihre Sitten, gewann dieses Volk lieb und blieb ihm treu bis an sein Lebensende. Als sehr alter Mann schrieb er auf Hokkaido: »Ich habe die Altersgrenze mehr als erreicht. Aber ich bin immer noch hier an Ort und Stelle, um den Ainus weiterhin zu helfen.« Dr. Batchelor wurde von den Japanern zum Ehrenmiglied der Hokkaido-Regierung ernannt. Er erhielt am Abend seines phantastischen Lebens eine Pension als Anerkennung für seine Verdienste um die Ainu-Rasse.

Diesem Batchelor, der wie die Ainu-Männer einen sehr langen Bart trug, verdanken wir die tiefsten Einsichten in die Wesensart, Sprache und Grammatik des aussterbenden Volkes. Fast alles, was wir von den Ainus wissen, hat Dr. Batchelor mühsam zusammengetragen. Wer heute durch die niedrigen, grauen Ainu-Dörfer von Hokkaido wandert, der wird nur noch einen matten Abglanz des alten, naturverbundenen Lebens vorfinden, das mit den Ahnen und mit den Geistern auf du und du stand.

Die Geister sind noch da. Sie hocken überall und lauern und fliegen durch die Lüfte. Die alten Ainu-Männer hören sie noch sprechen, kämpfen mit ihnen, fühlen sich von ihnen verfolgt, werden von ihnen an die Vernichtung des Ainu-Volkes erinnert.

In den Truhen der Ainus liegen noch alte Gewänder, aus der Rinde von Ulmenbäumen gefertigt, mit schönen Ornamenten versehen. Der Ruf der Berge ist noch da, lockend aus unbewußter Urzeit, da die Berge Nordasiens noch heilig waren. Und mancher Ainu wandert auf die Vulkane hinauf. Er weiß nicht warum, wenn du ihn fragst. Die schönen Pelze sind noch da, denn Hokkaido war immer kalt im Winter, und eisiger Wind bläst vom Ochotskischen Meer. Es sind Pelze aus Seal, Hund, Fuchs, Rentier und Bärenfellen. Die Totemtiere sind noch da: ein Vogel, ein Fisch, ein Wolf oder ein Fuchs, aus Holz geschnitzt, beseelte Wahrzeichen von Familiengruppen, die geheimnisvoll alle Pazifikkulturen verbinden.

Der uralte Glaube, daß im Haar die Kraft des Menschen steckt, dieser Glaube, den uns die Samsongeschichte des Alten Testaments vermittelt, scheint auch von jeher die Ainus beseelt zu haben. Mit den Haaren weicht die Kraft – so meinen sie –, und darum achten sie darauf, keine Haare zu verlieren. Die Männer tragen lange Bärte, und dieser Schmuck ist ihnen heilig. Man hat die Ainus die »Tolstojs von Hokkaido« genannt. Nur die Frau, die ihren Mann verloren hat, soll sich die Haare ausraufen. Sicher hat sie Grund dazu, denn alle Forscher berichten übereinstimmend, daß die Ainu-Männer ihre Frauen gut behandeln. Ja, der Wert der Frau muß in alter Zeit so hoch geschätzt gewesen sein, daß die Ainus in »Polyandrie« lebten. Polyandrie ist »Vielmännerei«. In späterer Zeit wurde dagegen die »Polygamie« üblich, so daß also ein Mann mehrere Frauen heiraten konnte.

In alter Zeit wurden die Frauen tätowiert. Hände, Arme und Stirn wurden mit Ornamenten gezeichnet. Ihr Mund wurde durch eine schwärzlich-blaue Tätowierung vergrößert. Diese Tätowierung wurde schon im frühen Kindesalter vorgenommen, und zwar durch Messereinschnitte, die nicht wieder zu beseitigen waren. Die Wunden wurden mit Baumrindensaft geätzt, eine sehr schmerzhafte Operation. Der Ursprung dieser Sitte ist unbekannt. Es ist möglich, daß in früheren Kriegen die geraubten Frauen besiegter Stämme durch solche Tätowierung gekennzeichnet wurden, um ihnen die Flucht unmöglich zu machen.

Man neigt so leicht dazu, ein untergehendes Volk für »primitiv« zu halten. Am Ende einer jahrtausendealten Kulturentwicklung, am Abgrund, am Verlöschen, bleibt nur wenig übrig. Aber die Welt, in der der Ainu lebte, war eine sehr lebendige Welt. Die Zahl seiner Götter war so unbegrenzt wie die Zahl aller Gegenstände der Natur. Ihre Religion war immer Naturdienst.

Gestaltlose, unsichtbare Wesen saßen in jedem Ding, waren überall, wohin man gehen und sehen konnte. Felsen, Fische, Bäume, die Sonne und besonders das Feuer wurden als heilig verehrt. Zauber und Magie beherrschten das Dasein des Ainu, und der Zauberarzt, der Schamane, stellte die unsichtbare Verbindung her zwischen den Menschen und den übermenschlichen Gewalten.

Es steckt etwas vom alten Tungusentum in den Ainus, von der Kultur der Waldvölker Sibiriens, dieser unverrückbare Glaube an die Beseelung toter Gegenstände – man nennt das »Animismus« –, vom Geiste der Dämonen, die in den Wäldern, Bergen und Sümpfen der Taiga Nordostasiens umgehen.

Alle Tungusen-Völker hielten das menschenähnlichste Wesen ihrer Natur, den Bären, immer für den Mittler zwischen Diesseits und Jenseits. Ganz Nordostasien ist ein Märchenbuch solcher Bärengeschichten. Der Bär spricht, handelt, greift in das Schicksal des Menschen ein. Er hat Mitleid mit den Menschen, und er leidet wie der Mensch. Er ist das »höhere Wesen, das zwischen den Bergen wohnt«. Genauso nennen die Ainus den Bären: kim-un kamui. Das Wort »kamui« ist wahrscheinlich eine Urform des japanischen Wortes kami = Gottheit.

Mit dem Problem der Verbindung zu den Toten haben sich alle Völker der Erde beschäftigt. Man wird geboren, man lebt, man plagt sich, man lacht ein wenig, man weint, man stirbt. Jede Generation sammelt neue Erfahrungen und wäre doch so viel weiser, wenn der Geist aller Toten mithelfen könnte. Das Leben währt nur kurze Zeit. Man kann nicht viel erreichen, noch viel erfahren. Gäbe es keine Verbindung zu den Ahnen und zum Geisterreich der Seelen, so wäre dieses Leben unerträglich. Wie aber soll die Verbindung zum Seelenreich, die Erlösung vom Körperlichen und Fleischlichen vor sich gehen?

Dazu ist eben der Bär da, sagen die Ainus. Wenn dem Bären das Fell abgezogen ist, so sieht er dem Menschen erschreckend ähnlich. Er ist ein Mensch im Pelz, in Verkleidung. Der Ainu sieht im Bären den Mittler zwischen dieser, seiner harten Welt und der anderen Welt der körperlosen Seelen. Wann der Ainu das erkannte, wird keine Wissenschaft je mehr klären können. Aber der Ainu weiß das alles. Darum ist sein größtes Fest das »iyomande«, das Heimsenden der Seele. Der Bär wird getötet, aber seine Seele wird lebendig hinausgeschickt, hinaus aus seinem Leibe, um die Bärenahnen zu besuchen. Eines Tages kommt der Bär zurück, aber nur, um wieder hinausgesandt zu werden.

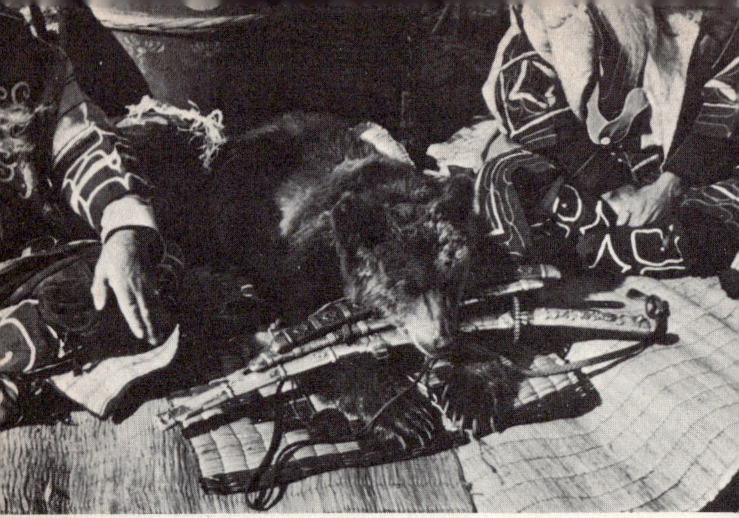

Das Bärenfest der Ainus endet mit einem Schmaus um das getötete Tier. Danach sitzen die Alten des Dorfes noch lange beisammen. Die Seele des getöteten Wesens wandert zum Sternbild des Kleinen Bären hinauf. Dieser Kult stammt aus der vorgeschichtlichen Zeit. Foto: Hecht.

Das Fleisch wird gegessen. Das Blut wird getrunken. Und die Seele tut ihr Werk. Das ist die göttliche Ordnung des Ainu, der Kreislauf, das Stirb-und-Werde, und Jahrtausende vermochten nicht, daran zu rütteln.

Ein Bärenjunges wird sorgsam aufgezogen, es wird gefüttert und gehegt. Es hat eine »Amme«, ja, es wurde an den Brüsten der Ainu-Frauen gesäugt. Wenn die Klauen des jungen Bären zu scharf werden, dann sperrt man das Tier in einen Käfig ein.

Die Dorfbewohner kommen, sie grüßen den Bären, sie sagen freundliche Worte. Zwei Jahre währt das Leben des Meisters Petz. Dann kommt das große Fest, dann kommen die Vorbereitungen, dann werden die Einladungen ausgesprochen. »Ich, Soundso, wohnhaft dort und dort, werde mein liebes kleines Bärenjunges entsenden, zurück in seine Gefilde zwischen den Bergen. Kommt, Ihr Freunde und Meister, zum Fest! Wir wollen uns an der großen Freude der Entsendung des Erhabenen freuen, kommt!«

Und die Gäste treffen ein. Einige Frauen etwas früher, um der »Dame des Hauses« bei den Vorbereitungen zu helfen. Der Bär wird noch einmal zu allen Hütten geführt, er wird überall freundlich begrüßt und handgreiflich geärgert. Dann wird er am Ort der »Verwandlung« angesprochen: »Wir grüßen dich, wir haben dich genährt mit großer Sorgfalt, weil wir dich so sehr lieben. Jetzt, da du erwachsen bist, senden wir dich fort zu deinem Vater und zu deiner Mutter. Wenn du dort bist, sprich gut von uns und erzähle, wie lieb wir zu dir waren. Komm zu uns zurück, dann wollen wir ein neues Fest feiern und dich noch einmal entsenden.«

Danach wird der Bär angebunden, von allen Anwesenden gequält, mit Pfeilen beschossen, die zunächst noch nicht töten, geprügelt. Je wilder das Tier wird, um so größer ist die Freude der Gäste. Beginnt der Bär zu ermatten, so wird er an zwei Pfähle gebunden und durch einen Pfeilschuß ins Herz getötet. Diese Form der Tötung ist die seltenere. Meist wird er nach dem Pfeilschuß oder an Stelle des Pfeilschusses durch Erdrosseln »auf den Weg in die Heimat« befördert. Ein Teil des Fleisches wird roh gegessen, das Blut wird getrunken und der Rest gekocht. Fuji, die Göttin des Feuers sowie ihre Tochter, die »Maid vom Kochtopf«, verbessern durch unsichtbares Mitwirken das Mahl. Die Männer salben sich mit dem Blut des Bären, ein gutes Mittel, um Erfolg auf der Jagd zu haben. Der Schädel des Bären wird draußen, vor der Ostseite des Hauses, zur Anbetung aufgestellt.

Wenn die Seele des armen Tieres aus dem Leib in den Himmel aufsteigt, geben die Männer noch einige Pfeilschüsse gen Nordosten ab.

Und nun kommen wir zum größten Geheimnis des Bärenkultes: der getötete Bär wird »chinukara-guru« genannt. Das heißt »Prophet« oder »Wächter«. Mit dem gleichen Namen aber bezeichnen die Ainus den Polarstern im Sternbild des Kleinen Bären. Von Urzeiten her haben also Mittelmeerkulturen wie Ainus dieses Sternbild mit dem Bären in Verbindung gebracht, und dort hinauf wandert die Seele des Wesens, das die Ainus für ihren Erlöser und Mittler halten.

Auf dem Wege von Mororan nach Sapporo kam ich durch das Dorf Chitose. Ich ging durch viele kleine Ainu-Dörfer auf Hokkaido. Ich sah Yurappu, Oshamamu und Shiraoi. »Uns ist das Bärenfest verboten worden«, sagten die Ainus. »Man hält es für grausam.«

»Glaubt ihr denn noch an die Heimsendung der Bärenseele?« fragte ich. »Glaubt ihr noch an die Möglichkeit der Wiederkehr?«

»Nein«, lachten sie, »wo denkst du hin, wir glauben nicht daran.«

Es wurde kalt, es wurde dunkel. Über den Vulkanen der Tschischima-Bergkette glänzten die ersten Sterne auf. Ich hatte die niedrige Ainu-Hütte verlassen. Ein kleines Mädchen lief mir nach, das uns eben noch »Sake«, japanischen Reiswein, gereicht hatte.

»Weißt du, was wir jetzt tun?« flüsterte es, »wir töten Füchse, Krähen und Spatzen und entsenden deren Seelen – als Ersatz, verstehst du, als Ersatz.«

JAPAN
Ein Volk, verliebt in Kunst

Hanawa Hokiichi, der berühmte blinde Gelehrte, las mit seinen Schülern das Genji-Monogatari. Plötzlich verlosch das Licht im Winde. Hanawa »las« ruhig weiter. Die Schüler wurden unruhig. »Das Licht ist ausgegangen«, sagten sie. »Das beweist«, meinte Hanawa, »wie hinderlich es ist, wenn man sich auf die Augen verlassen muß.«

Vier große Inseln, 600 kleinere und 8000 winzige Eilande, die oft nur als Bergspitzen aus dem Meer ragen: das ist Japan.

192 Vulkane reichen sich in elf Ketten über alle Inseln hinweg vom südlichen Kyushu bis zum nördlichen Hokkaido die Hände. 58 dieser Vulkane sind noch tätig. Japans höchster Berg ist zugleich Japans schönster Berg: Fuji-no-yama. Ein seit 1707 erloschener Vulkan ist dieser 3773 Meter hohe König unter den Bergen.

Willst du aber den größten Krater unserer Erde sehen, so mußt du auf den Aso steigen. Der Rand seines Schlundes mißt 150 Kilometer im Umfang. Aber merk es dir gut: der Spaziergang ist gefährlich. Denn der Aso schickt noch den Rauch seiner Feueresse in den Himmel, und mächtige Magmabrocken donnern aus den Wolken in die Tiefe.

Überall in Japan heiße Quellen, überall herrliche Parks, überall rauhe Gebirge. Und nur ein Fünftel der japanischen Bodenfläche ist für Ackerbau geeignet.

Alle drei Tage ein deutlich fühlbarer Erdstoß! Am 1. September 1923 tötete das Erdbeben 120000 Menschen. Von diesem Tage an bis heute haben die japanischen Inseln 12000mal *sehr spürbar* gebebt.

Im Jahre 286 v. Chr., während einer gespenstisch-grauenvollen Nacht, soll der brennende Fuji-no-yama aus der Erde gewachsen sein. Und hier entstand die schönste Landschaft der Welt. Wer heute auf der Spitze dieses Berges steht, wer von hier aus am Morgen den roten Sonnenball über den Rand des Pazifiks springen sieht, der begreift sofort, warum Japan »Land der aufgehenden Sonne« heißt.

An klaren Tagen kann man von Tokio aus den schneegekrönten Gipfel des Fuji-no-yama erkennen, und im Kriege fanden die amerikanischen Piloten mit tödlicher Sicherheit Tokio, wenn ihre brummenden Motoren ihre Nasen nur nach dieser traumhaft schönen Bergspitze richteten. Es war nicht zum ersten Male, daß Fuji-no-yama den Tod sandte.

Es ist nicht nur Sage, es ist nicht nur Mythos alter Gespensterseher, daß diese Inseln nahe den Göttern sind. Allmorgendlich und allabendlich schweben die Berggipfel über Nebelschwaden in den Wolken. Und Ninigius, der Ahne von Japans erstem Kaiser Jimmer, stieg direkt vom Himmel herunter.

Japans offizielle Geschichte beginnt im Jahre 660 v. Chr. Die japanischen Historiker betonen ausdrücklich, daß dieses Jahr 660 nur den *irdischen* Beginn der ältesten Kaiser-Dynastie der Welt bedeutet. Im Himmel wirkten die Ahnen der Kaiser schon lange vorher. Geschichte wie Sage läßt sie direkt aus der Schöpfungsgeschichte heraussteigen. Urgott Izanagi und Urgöttin Izanami erschufen eine erste Insel. Hier ließen sie sich nieder und zeugten Inseln und Götter. Izanami stirbt an der Geburt des Feuergottes. Wie die Eurydike der Griechen kommt sie in die Unterwelt. Wie der griechische Orpheus folgt ihr Izanagi, um sie zurückzuholen. Als er sie aus der Unterwelt herausführt, schaut er sich nach ihr um. Das war ihm verboten. Und sofort ist sie verschwunden. Izanagi entflieht allein aus dem Totenreich.

Die Orpheus-Sage der Griechen und der Izanagi-Mythos der Japaner gleichen sich vollkommen. Zwei uralte Motive, getrennt durch einen halben Erdball, stimmen hier überein. Wie ist das zu erklären? Wir wissen es nicht. Wir werden es nie erfahren. Am Anfang war eben das Wort. Und es scheint, als habe es am Anfang seine Gültigkeit gehabt, rund um den Erdball.

Warum aber ist Japans Kaiser vom *Himmel* gestiegen?

Das erklären die Japaner genau.

Izanagi gab die Herrschaft des Himmels an die Sonnengöttin Amaterasu. Ihr Bruder, Sturmgott Susa-no-o, ist ein Rüpel. Er zerstört Reisfelder, Wassergräben und treibt allerhand Unfug. Da verbirgt sich Sonnengöttin Amaterasu-Omikami in einer Höhle. Die Welt wird zur Nacht. Acht Myriaden Götter – vielleicht ist es die Milchstraße – beraten vor der Höhle, wie man die Gekränkte wieder herauslocken soll. Ein etwas anstößiger Tanz der Himmelsballetteusen Amano-Uzume löst dröhnendes Gelächter der ganzen Götterbande aus. Man sieht, Japans Götter waren nicht prüde. Da wird die Sonnengöttin neugierig. Sie schiebt den Stein vor ihrer Höhle ein wenig zurück, nur um zu gucken. Und dann erstrahlt der Erde wieder das Sonnenlicht.

Bald sendet die Sonnengöttin ihr Enkelkind Ninigi-no-Mikoto auf die Erde. Es steigt auf die Insel Kyushu hinab und nimmt ein Krummjuwel, ein Schwert und einen Spiegel mit. Ein Uren-kel von Ninigi-no-Mikoto ist Jimmo-Tenno, der erste Kaiser Japans.

Wenn es auf unserer Erde ein Volk von Künstlern gibt, ein Volk, das die Kunst mit dem Leben wirklich zu einer Einheit werden ließ, ein Volk, dessen Häuser wie die Fortsetzung der Natur wirken, dessen Malerei, Lackarbeiten und Holzschnitte den Gipfelpunkt menschlicher Möglichkeiten erreichte, ein Volk, das aus Teekochen eine Zeremonie machte, das Blumen wahrlich »sprechen« läßt, ja, das selbst den Bäumen kunstvoll gekrümmten Wuchs aufzwang, so ist dies das Volk der Japaner. Und dieses Volk ist so verliebt in Kunst, daß es niemals fragen würde, ob der Tenno wirklich vom Himmel kam oder ob es nur ein Märchen ist. Die Sage von der Sonnengöttin war so schön, daß sie auf den zerrissenen Inselketten, die halb im Ozean, halb im Himmel liegen, zur Geschichte und zur Religion wurde. Ninigi-no-Mikoto brachte ja Indizienbeweise mit, direkt aus dem Himmel: das Juwel, das Schwert und den Spiegel.

Wie könnten die Japaner an dieser Geschichte zweifeln und am göttlichen Ursprung ihres Kaisers, da doch die Reichsinsignien noch heute aufbewahrt werden, das Juwel im Kaiserpalast zu Tokio, das Schwert in Atsuta Jingu, der Spiegel im großen Ise-schrein. Am Fluß Isuzu bei der Stadt Uji-Yamada in der Mie-Präfektur liegt dieser heiligste Schrein Nippons. 74 Priester die-nen an der »Shinto«-Stätte unter einem Oberpriester. Die drei Kleinodien werden bis zum heutigen Tage von Kaiser zu Kaiser übermittelt. Jeder Japaner muß einmal in seinem Leben vor dem Iseschrein gebetet haben. Jeder Premierminister stand hier am Beginn seiner Amtszeit – bis zum Jahre 1945. Im Schrein selbst aber wohnt der Geist der Sonnengöttin.

Der Glaube an dieses Kaisertum von der Schöpfungsgeschich-te bis zur Gegenwart, der Glaube an den »Tenno«, der – wie wir sahen – wirklich ein Sohn des Himmels ist, der Glaube an die japanische Geschichte, das ist Shinto-Religion. Es gab in Japan bis zum Ende des Krieges 306 nationale Shintoschreine, 49 579 Shintoschreine in Präfekturen und Dörfern, über 60 000 Privat-Shintoschreine und 129 Soldaten-Shintoschreine. Unter den Sol-daten-Schreinen ist der Yasukuni-jinja in Tokio der wichtigste, denn hier ist die Asche jedes bisher für Japan gefallenen Soldaten in einem kleinen weißen Kästchen aufbewahrt. Daher lautet der Abschiedsgruß japanischer Soldaten: »Auf Wiedersehen im Ya-sukuni.«

Um die Fortdauer des Kaisertums zu sichern, durfte der Kaiser so viele Frauen und Konkubinen haben, wie er wünschte. Die Thronfolge kam nicht immer auf den ältesten Sohn, sondern auf den »geeignetsten«. Manchmal war der Geeignetste der Stärkste und Klügste. Manchmal nach dem Willen der Drahtzieher am Hof der Schwächste. 124 Kaiser hat Japan gehabt. Viele waren gut und rechtschaffen, einige groß und bedeutend, einige eigenartig, einige übel. Einer ging als buddhistischer Mönch ins Kloster, ein anderer verbot den hungernden Inselmenschen das Fischen. Kaiser Yozei – er starb 949 – war schon als Kind grausam. Als er regierte, befahl er seinen Untertanen, auf die Bäume zu klettern und schoß sie mit Pfeilen herunter, als ob sie Spatzen wären. Zuschauer dieses grausamen Sports, die nicht lachten, bestrafte er gründlich. Er griff junge Mädchen in der Straße auf, band sie mit Lautensaiten und warf sie in den Teich. Kaiser Yozei war ein Pferdenarr. Wenn er sich besonders wohl fühlte, galoppierte er durch die Straßen seiner Hauptstadt und bedachte seine demütige Bevölkerung mit Peitschenhieben. Damit waren die Methoden der Freizeitgestaltung Seiner Majestät keineswegs erschöpft. Japans Nero kannte noch andere Unterhaltungen, die wir hier nicht schildern wollen. Und dann geschah ein wirkliches Wunder: er wurde entthront.

794 wurde der Regierungssitz Japans vom wipfelrauschenden Nara nach Kioto verlegt. 400 Jahre lang herrschte eine goldene Zeit. 1190 lebten in Kioto 500000 Menschen, mehr als in irgendeiner Stadt Europas zu jener Zeit, mit Ausnahme vielleicht von Konstantinopel und Cordoba. Bedeutende adelige Familien, wie die Fujiwara, die Taira und die Minamoto, setzten Kaiser ein, Kaiser ab. Während der Regierungszeit des Daigo (898–930) reichten Japans Kultur und Japans Lebensstil an die von China heran. China aber erlebte zu jener Zeit seine frühe Blüteperiode unter den T'ang.

Japans Geschichte ist von Anfang an bis auf den heutigen Tag voll dramatischer Spannung, voll blutvoller Größe und voll unberechenbarer Impulse. Sie ist ein großes Shakespeare-Theater mit Herrschern, Henkern, Feldherren und Sklaven, mit Liebe, Haß, Selbstentleibung und Mord. Sie quält sich nicht mühsam dahin. Sie ist immer von Menschen getragen. Und diese Menschen behielten ihre Eigenart und wandelten immer alles ins Japanische um, was sie übernahmen. So den von China übernommenen Buddhismus in eine japanische Abart, so die chinesische Schrift, so Dichtung, Verwaltung, Musik, Künste, Architektur. Japan übernahm chinesische Kultur vor über 1000 Jahren, so wie es heute europäische und amerikanische Kultur übernimmt. Immer sind die Japaner neugierig. Immer greifen sie das Fremde schnell auf. Immer werden sie dann mißtrauisch. Und immer passen sie das Fremde dann ihrem eigenen Stil an.

Es gibt in der japanischen Geschichte eine Gestalt, die mich immer besonders fasziniert hat. Das ist Yoritomo. Er lebte von 1147 bis 1199. Er war ein Mann von herrlicher Schönheit, ein Liebling der Frauen. Er verliebte sich oft. Und er war treu. Aber er hatte einen Fehler. Er konnte es nicht übers Herz bringen, treu zu bleiben, wenn er eine Schönere sah. Als Hojo-Tokimasa seine Tochter einem mächtigen Gouverneur in die Ehe gab, erschien der Bräutigam zur Hochzeit allein. Yoritomo hatte die Braut – so wie es Ibsens Peer Gynt machte – in die Berge geschleppt. Und das Mädchen ließ es sich nur allzugern gefallen.

Immer ist Yoritomo auf der Flucht. Immer wird er verfolgt. Und schließlich machte er Kamakura in der schönen Sagami-Bucht zur mächtigsten Stadt Japans. Yoritomo wurde Japans erster Shogun.

150 Jahre lang blieb Kamakura Mittelpunkt des Reiches. 800000 Menschen lebten damals in diesem Zentrum. Kamakura ist heute wieder ein Fischerdorf. Aber es hat Yoritomos Grab, eine kleine Steinpagode an einem Hügelabhang gelegen, hinter der Normalschule auf dem Wege zum Kamakura-Schrein. Ich habe dort gestanden. Über die Pagode hinter dem Steinzaun klettert jetzt Moos. Man ist ganz allein. Das Grab ist vergessen, und man kann stille Betrachtungen anstellen über den vergänglichen Ruhm dieser Welt.

Kaiser im Norden, Kaiser im Süden. Hinter den Kaisern regieren immer Shogune. Prächtige Bauten in der Kaiserstadt Kioto. Kamakura brennt zweimal nieder. Kämpfende Fürsten, kämpfende Ritter, Straßenraub, Gesetzlosigkeit. Und in dieses Japan bringen die Portugiesen noch Feuerwaffen. Allmählich formt sich das Chaos. Drei mächtige Männer ziehen nacheinander vorüber: ein japanischer Wallenstein, ein japanischer Napoleon und ein gestrenger Landesvater, ein Charakter wie der Vater Friedrichs des Großen.

»Der eine hat den Kuchen eingerührt, der zweite hat ihn gebacken, und der dritte hat ihn gegessen«, sagen die Japaner. Nobunaga – der Wallenstein, Hideyoshi – der Napoleon, Tokugawa-Jeyasu – der Soldatenkönig.

Die englischen Gelehrten streiten sich viel, was Hideyoshi

1592 auf den Gedanken gebracht habe, China zu erobern. Und dann berichten sie so nebenbei in einem kurzen Satze, daß er sich eine chinesische Prinzessin zur Frau wünschte. Vielleicht ging er im Traum durch die Gärten mit einer schönen Chinesin, von Stein zu Stein über die Palastteiche zu Nagoya oder Fushimi. »Ist es nicht schön in Japan?« muß er gefragt haben. Denn so fragen Japaner immer. Und die hochgewachsene Chinesin blickt ein wenig spöttisch auf ihn hinab und antwortet, was Chinesen immer antworten müssen: »Ja, es ist schön hier, aber was ist das gegen China!« Hideyoshi hält ihren Blick aus. Kaiser von China, Korea und Japan mußt du werden, du Bauernsohn, denkt er sich. Und da schreibt Hideyoshi einen Brief an den König von Korea. Korea soll mit ihm gegen China marschieren. Korea antwortet: »Du willst China erobern. Dann bist du die Muschel, die den Ozean ausschöpfen will, die winzige Biene, die sich abmüht, der Riesenschildkröte Panzer zu durchstechen.« So schrieb der König von Korea, Lien Koku O. Wieder mag die Traumchinesin gelächelt haben. Aber Hideyoshi wurde wild. Er zog mit den Kanonen der Fremden nach Korea. Sein Feldzug mißlang. Und so brach sein Lebenswerk zusammen wie das Napoleons.

Tokugawa Jeyasu liquidierte das koreanische Abenteuer. Er machte Edo, das heutige Tokio, zur Hauptstadt. Er und der große Hideyoshi sind die Väter Tokios. Bis 1868, 265 Jahre lang, hat sich die »Dynastie« der Tokugawa an der Herrschaft erhalten. Und die Kaiser saßen im Schatten dieser Shogune. Für zweieinhalb Jahrhunderte blieb Japan von der Weltgeschichte getrennt. Das System brachte dem Land 250 Jahre Frieden. Er konnte nur erhalten werden, solange keine Einmischung von außen geduldet wurde und auch das Auswandern nicht erlaubt war. Und doch war sie auch würgerisch, diese Abschließung. Die Inseln waren damals nicht größer als heute.

Und so entstanden die Not des Raumes und der Massenmord der Geburtenbeschränkung. Und es entstand auch der Massenmord der Möglichkeiten. Je mehr Menschen in Japan lebten, desto enger wurden die Felder, desto kleiner die Reisernten der Samurai. Und eines Tages konnten die Daimyo sie gar nicht mehr bezahlen. Da ziehen sie durch Japan als herrenlose Männer, als Ronin. Keine Partner zum Kämpfen, nur ein Magen zum Essen. Keine Innenpolitik, keine Außenpolitik, keine Verwendung für Köpfe. Eine Beamtenstelle können sie nicht erhalten, denn die Beamten sitzen hinter ihrer Kastenmauer von chinesischem Format, wo alles erblich und nichts durch Leistung verdient ist. Die Beamten verwalten die Verwaltung, die Priester schlagen die Gongs, die Söldner langweilen sich auf Wache. Und die Pinselstriche der Beamten vertrocknen und verstauben, die dumpfen Töne der Gongs verhallen im Leeren über dem müden Paradies, die Wachen schlafen ein. Und der Shogun soll all den Leerlauf bezahlen. Damit hat ihn der Himmel geschlagen.

Draußen aber geht die Welt weiter. Und in was für einem Tempo! In dieser Epoche stürmen die Amerikaner von Ozean zu Ozean, bis Kalifornien. Indien wird erobert und Kanada, Cook segelt um die Südkappe der Erde ins ferne Australien. Draußen werden ganze Kontinente genommen, vergeben und geteilt, weil der Zupackende sie »braucht«. Draußen durchpflügen die Schiffe des Handels jetzt alle Meere. Wer zu Hause hockt, wird jahrhundertelang trauern. Jetzt wird es Zeit. Jetzt heißt es aufwachen! Und da werden Japans Tore geöffnet. Nicht von innen. Von außen und von fremder Hand.

Holz ist Eisen nicht gewachsen.

Bambus schon gar nicht.

Und Balkentore schützen nicht gegen Kanonenkugeln!

1853 bricht Perry die Tore des Märchenschlosses Japan auf. Es muß ein wunderlich seltsames Treffen gewesen sein, da sie sich begegneten, der Amerikaner Commodore Matthew C. Perry mit seiner Fregatte »Mississippi« und der Gouverneur von Uraga in der Bucht von Edo, wie Wesen verschiedener Planeten. Und noch traumhafter erscheint die Stunde, als fünf Jahre später der amerikanische Generalkonsul dem staunenden Daimyo von Bichu und seinen Beamten die Grundsätze des Völkerrechts darlegt, diesen Männern alten Zeremoniells, die bisher nur ihre eigenen Ideen und die noch älteren Chinas verwahrt hatten.

Man sieht, die Weltgeschichte wiederholt sich.

Die Natur ist keine fremde Gewalt

»Auf verdorrtem Gefilde jagt mein Traum umher.«

Basho

»Die Männer sind aber auch merkwürdig sonderbar. Die Art, wie sie die Schönste sitzen lassen und sich irgend etwas Mittelmäßiges nehmen, ist erstaunlich.«

Dieser Satz findet sich im ›Skizzenbuch unter dem Kopfkissen‹ der japanischen Hofdame Sei Shonagon. Sie lebte vor rund 1000 Jahren, beobachtete Natur und Menschen sehr fein und sehr genau, hatte einen etwas blasierten Geschmack, scharfen Verstand und eine spitze Zunge. Es ist sehr amüsant, in ihrem Tagebuch zu blättern.

Da schildert sie den »Hochgenuß«: »Wenn man in ganz heller Mondnacht durch einen Fluß fährt und das Wasser bei jedem Tritt des Ochsen aufspritzt, als schlage man einen Kristall in Stücke.« Oder sie erklärt, was schlecht aussieht: »Weiße Seidenkleider zu dürftigem Haarwuchs.« »Ein altes Weib ohne Zähne, Pflaumen essend.« »Malvenblüten in krausem Haar.« Und dies widert sie an: »Katzenohren von innen.« »Die Rückseite einer Stickerei.« »Junge Ratten ohne Haare, aus dem Nest fallend.« Und das findet sie reizend: »Das Gesicht eines Kindes, das in eine Melone beißt.« »Ein kleines Mädchen in Klostertracht, das seinen Kopf zurückwirft, um sein Haar aus den Augen zu schütteln, wenn es etwas betrachten will.« Für selten hält sie: »Untergebene, die nicht über ihre Vorgesetzten lästern; eine Schwiegertochter, der die Schwiegermutter wohlgesinnt wäre. Menschen, die bei nahem Zusammenleben Distanz halten und sich nicht im geringsten gehen lassen«, hat sie überhaupt nie gefunden.

Kein Volk auf der Erde weiß die kleinen Dinge dieser Welt so vollendet zu gestalten wie das japanische. Eine kleine Schale, ein krummes farbiges Tellerchen für das Servieren eines Fisches, eine Dose aus Lack, ein Kästchen für Schreibgeräte, die feine Kunst, Blumen in der Vase anzuordnen, den Wuchs eines Bäumchens zu gestalten, winzige Teiche, kleine Grotten und Gebirge, deren Gipfel bis zur Hüfte reichen, Zwerggärten, Zwergbrücken, Zwergpavillons. Eine unerhört feine, verspielte kleine Welt, das ist die Meisterschaft Japans. Kein anderes Volk der Erde brachte

Dichter hervor, die flüchtige Gedanken so treffend festzuhalten wußten, wie etwa der berühmte Basho: »Uralter Weiher. Ein Frosch springt. Im Wasser ein Ton.« Die Japaner nennen so ein Kurzgedicht Haikai. Und das letzte Kurzgedicht dieses wortkargen Titanen unter den Poeten lautete: »Vom Wandern müde, auf verdorrtem Gefilde jagt mein Traum umher.«

Das Massive, das Weiträumige, das Große war den Inselmenschen im nordöstlichen Pazifik eigentlich immer fremd. Sie waren dabei kühn, genial und erfinderisch in der Malerei, in der Zusammenstellung von Farben, in der Wahl ihrer Seidenmuster, im Tanz, im Schauspiel und vor allem in der Kunst, das kleine Leben auf den engen zerrissenen Inseln freundlich und angenehm zu gestalten. Die Japaner sind oft Opfer ihrer Eigenschaften geworden, die sie zu großen Künstlern machten, Opfer ihrer Naivität und ihrer Kindlichkeit. Dabei begriffen sie immer, wie klein doch der Mensch ist und wie groß die Natur. Das Gemälde des Hiroshige ›Die Grotte von Enoshima‹ ist ein gespenstisch-packender Ausdruck dieser Einsicht. Da sieht man vom Sturm geneigte Fichten, da liegt noch drohend-ruhig der Ozean, aber eine einzige schaumweiße Welle greift mit Riesenfingern nach drei winzigen Menschen.

Immer waren die Japaner auf Gedeih und Verderb ihren engen Inseln, ihren gefährlichen Erdbeben, ihren rauchenden Vulkanen ausgeliefert. Immer waren die Ozeane nahe, und immer blieben sie der Natur verhaftet. Weil sie so viel um die Natur wußten, haben sie sich nie bemüht, sie einzufangen, ihre Bilder in Rahmen einzufassen, ihre Häuser vor der Natur zu verschließen, der Winterkälte Öfen entgegenzusetzen, zu weinen, wenn das Erdbeben ihre Mütter, Frauen und Kinder verschlang.

Ich weiß übrigens bis zum heutigen Tage nicht, warum die Japaner Opfer ihrer Naturkatastrophen so tränenlos begraben. Teils liegt darin die Einsicht, daß die Natur keine fremde Gewalt ist; teils der Wunsch, höflich zu sein und durch Tränen niemandem Mitleid abzunötigen.

Immer waren die Japaner demütig vor der Natur, immer verneigten sie sich vor der Sonne, immer ehrten sie die Frucht ihrer Felder, den Reis, und seit langem schlafen sie in ihren Häusern auf den Matten desselben Strohs, das ihnen diese köstliche Frucht liefert. Immer waren die Japaner gehorsam und beherrscht. Immer wußten sie zu sterben, ohne zu lamentieren.

Demut ist schwer zu üben. Da die japanischen Männer überzeugt waren, diese Kunst nie vollkommen zu beherrschen,

Der weinende Rakan. Diese ungewöhnlich lebendige Plastik ist im berühmten Horyuji aufbewahrt. Horyuji soll Japans ältestes Holzhaus sein. Es liegt im heiligen Tempelhain von Nara.

zwangen sie doch wenigstens ihre Frauen, vollendete Muster der Demut zu sein.

Demut ist Anmut. Anmut läßt sich schwer organisieren. Aber sie verschönt das Leben. Darum werden schon die kleinen Mädchen in Japan gezwungen, sich anmutig zu bewegen. Es ist ein künstlerischer Genuß, eine Japanerin im Kimono, Obi und auf Getas gehen zu sehen, sie zu beobachten, wenn sie niederkniet und sich auf ihre Fersen setzt, wenn sie einen Tee reicht oder sich rückwärts aus dem Raum zurückzieht, die Schiebetür öffnet und schließt.

In der Sprache der Japanerin liegt Anmut, in ihrem Gruß, selbst in einem einfachen »Ja«, das »haai« lautet. Wer einen Sinn für diese Dinge hat, und wer vor allem nicht ungeduldig ist, dem wird es sogar einen Genuß bereiten, die zarte und überaus freundliche Stimme der japanischen Telephonistinnen zu vernehmen, wenn er den Hörer aufhebt. Auf jeder Hochbahnstation in Tokio danken diese japanischen Mädchenstimmen durch das Mikrophon für das Ankommen und für das Abfahren, so daß die Liebenswürdigkeit der Frauen selbst von der unglaublichen Hast der Millionenstadt nicht ganz zu übertönen ist. Im Vorraum jedes guten Restaurants verneigen sich diese Frauen und grüßen im Chor. Und die Platzanweiserinnen in den Kinos, die Verkäuferinnen in den Großstadthäusern, die Kellnerinnen, die Bademädchen, sie alle üben fleißig den Singsang ihrer Freundlichkeit. Ihnen hilft dabei der Umstand, daß in der japanischen Sprache niemals zwei Konsonanten aufeinanderfolgen, sondern Vokale und Konsonanten sich immer ablösen.

Das alles ist schön, und weder Krieg noch der Einfluß Amerikas noch Demokratie werden die Japaner endgültig von Reisessern zu Brotverzehrern, vom Kimono zum Anzug und von der Strohmatte zum Fußboden bekehren. Denn auf dem Grunde ihrer Seele empfinden die Japaner nur das als schön, was Natur ist oder Fortsetzung der Natur. Am herrlichsten ist die Kirschblüte, denn sie fliegt mit dem Frühlingswind davon, wenn sie die Vollendung ihrer rosaroten Schönheit erreicht hat. »Sie starben wie die Kirschblüten«, sagen die Japaner von drei jungen Soldaten, die sich als lebende Bomben im Kampf um Shanghai opferten.

Der Tod ist ein Stück der Natur. Die Shinto-Tempel sind mit vollendeter Sicherheit in ihre Landschaft eingefügt. Die heiligen Haine sind Natur. Die ganze japanische Geschichte kommt aus der Natur, und der Kaiser ist ein Sproß der Sonne. Ja, das japanische Haus ist nichts anderes als Fortsetzung des Gartens, und Haus und Garten gehen ineinander über. Es gibt nichts Erholsameres auf dieser Erde als ein japanisches Haus. Mit dem Ausziehen der Schuhe, mit dem Ablegen der westlichen Kleider, mit dem heißen, feuchten Gesichtstuch, das den Staub aus den Poren zieht, mit dem Bad in der Holzwanne, legt man allen Jammer und alle Last der westlichen Zivilisation ab. Keine grellen Farben, keine Tapeten, keine Nippes, kein Gerümpel, keine Möbel! Nichts als sehr fein bearbeitetes, blankpoliertes, rohes Holz, federnde Strohmatten, das Kunstwerk der papierbespannten Holzgitterfenster, gedämpftes Licht, der Alkoven (Tokonoma) und darin vielleicht ein einziges Rollbild (Kakemono) und eine Vase mit nur einem Zweig oder sehr kunstvoll angeordneten Blumen. Die Strohmatten haben immer die gleiche Größe: 90 Zentimeter mal 180 Zentimeter, und der Raum eines japanischen Zimmers wird nach der Anzahl dieser Strohmatten – Tatamis – berechnet. Nimmt man die Schiebetüren zwischen den Zimmern (Karakamis) heraus, so kann das ganze Haus zu einem Raum werden.

Es gibt wunderbare kleine Hotels an fast allen Küsten Japans. Du kannst dir am Abend die Schlafkissen auf die Matten legen lassen, du kannst dich auf den Rücken legen, du kannst die ganze Wand zur See hin entfernen, du kannst die Sonne aufgehen sehen, du hörst das Rauschen des Meeres, du glaubst, du fliegst auf einem Riesenschiff hoch über das Meer. So ist es auch im Inland. Du kannst erwachen und glaubst, im Garten zu liegen. Und es wird dir sogar immer so ergehen, da die Japanerinnen es für ihre Ehrenpflicht halten, die Morgenluft und die Sonne um sechs Uhr früh ins Zimmer hereinzulassen. So gehorsam Japanerinnen sonst auch sind, das kannst du ihnen nie verbieten.

Bäume haben Seelen. Ein alter Baum ist fast so ehrenwert wie die alte Großmutter.

Einen alten Baum zu fällen ist Sünde oder Verbrechen. So arm das enge Japan an Brennmaterial ist, so hat es doch mächtige Wälder, große Parks, und das Rauschen der Koniferen von Nikko, Hakone, Beppu und am Biwa-See wird niemand vergessen, der einmal dort gewesen ist.

Es ist ein unglaublich gewagtes Unternehmen, dem sich das japanische Volk verschrieben hat, das einzige Volk, das die Kultur des Ozeans, des Pazifiks auf das Trockene gerettet hat, während Polynesien unterging. Es ist das einzige Volk, das alles Wertvolle vom asiatischen Kontinent übernommen hat, dazu neugierig und hungrig die Zivilisation Europas und Amerikas übernahm, und das doch seiner eigenen Natur, der Natur seiner Inseln treu bleiben will. Noch jetzt weint das japanische Volk vor Erschütterung, wenn es seinen Kaiser sieht. Noch heute singt es: Möge das Kaisergeschlecht blühen, bis ein kleiner Stein zum moosbedeckten Fels gewachsen ist.

JAPAN
Die grünen Häuser von Yoshiwara
Utamaro

»Des Menschen Seele, sie kommt und geht, zerflatternd wie Sonnen-
blumen.«   Hokusai

Etwa 1500 Meter nördlich vom Asakusa-Park in Tokio lag seit
1657 das weltberühmte Yoshiwara. Es war eine kleine Stadt für
sich, mit Hunderten von Häusern, mit breiten Straßen und engen
Gassen, eine Stadt ohne Schlaf und ohne Nacht, mit Lichterglanz
ohnegleichen, immer vom heimlichen Summen erfüllt, von Ru-
helosigkeit und von zitternder Erwartung.

In langen Reihen kauerten hier Tausende von Mädchen hinter
Eisengittern. Aus allen Provinzen des Landes wurden sie von
ihren armen Eltern nach Yoshiwara verkauft. Fast immer war die
Elternliebe der Töchter so groß, daß sie in dieses Opfer einwillig-
ten oder es sogar aus eigenem Antrieb brachten. Sie kamen vom
Lande und tauschten ihre einfachen Trachten gegen prunkvolle
Gewänder ein. Sie erhielten eine sorgfältige Erziehung. Sie lernten ein eigentümliches, tiefstimmiges, altklassisches Japanisch zu
sprechen. Sie wurden in Musik, in Gesang und in Dichtkunst
ausgebildet.

Die höchste Klasse einer solchen Kurtisane, die »Oiran«, besaß
zwei kleine Mädchen, die sie bedienen mußten und die »Kamu-
ro« genannt wurden. Diese Kinder wurden im Alter von fünf bis
acht Jahren von den Eigentümern der Yoshiwara-Häuser gekauft und hatten die Hoffnung, später selbst einmal eine Oiran
zu werden. Wenn die Oiran 27 Jahre erreicht hatte, wurde sie
meist entlassen und erstaunlicherweise im Japan des 17. und
18. Jahrhunderts als ehrbar und heiratsfähig betrachtet. Das
klingt besonders seltsam, weil in keinem Lande der Welt heute
ein der Unzucht dienendes Mädchen mehr verachtet wird als in
Japan.

Yoshiwara hatte immer nur eine einzige Eingangspforte und
nur einen einzigen Ausgang. Diese Pforten waren immer von
Polizei bewacht, damit die Mädchen nicht entfliehen konnten.
Jeder Besucher erhielt am Eingang einen weißen Kimono, denn
hier sollte Gleichheit herrschen, und alle sollten durch das Band
der Freude verbunden sein.

Die Gitter fielen im Laufe der Jahre. Der weiße Kimono wurde nicht mehr ausgeteilt. Die Zeit der höfischen Sitten und der Ritter, der Samurai, verblaßte.

Aber Yoshiwara blieb. Es blieben die beiden Eingangspforten, es blieb die wachsame Polizei, es blieben die Häuser, die Lichter, es blieben die schlaflose Atmosphäre und das Summen. Die Fassaden der Häuser standen weit offen, und hinter einer Galerie hatte unsere Zeit, »die fortschrittliche Zeit«, Photos ausgestellt, auf denen weißgepuderte Mädchenköpfe mit Turmfrisuren in Neonlicht eingefaßt waren. Hunderte, Tausende solcher Köpfe starrten aus den Bildern, lugten hinter Bambusvorhängen hervor, riefen leise oder winkten.

Aber immer blieben die Ruhe und die Ordnung – man war ja in Japan. Es blieb diese eigenartige Wunderwelt mit ihrem nächtlichen Treiben bis zu jenem Tage, als die große Bombe fiel, im Zweiten Weltkrieg, im Jahre 1945. Da brannte Yoshiwara. Da ging die Bambus- und goldgelackte Lichterstadt in Flammen auf. Und mit ihr verbrannten viele Mädchen, so wie schon 1923 während des großen Erdbebens.

Nichts, nichts von der alten Herrlichkeit ist geblieben. Ich bin durch dieses graue untergegangene Yoshiwara gegangen. Das einzige, was noch an den Abglanz der alten großen Romantik erinnert, ist der kleine Yoshiwara-Friedhof, von dessen Grabsteinen man so manches Drama von Liebe und Tod ablesen kann. Moderne Wohnhäuser wachsen jetzt dort aus dem Boden, der so viel Glanz erlebte, so viel Pracht und Elend, Freude und Trauer, Intrigen und Romantik.

Yoshiwara hat große Dramen und Taten der Verzweiflung erlebt, Liebe bis in den Tod, Entführung, Eifersucht, Verzweiflung, Gift und gemeinsames Aus-dem-Leben-Scheiden.

Vor rund 300 Jahren lebte ein junger Japaner namens Shirai Gompachi. Er war ein tapferer Jüngling. Aber er hatte das Mißgeschick, bei einem Streit um einen Hund einen Gefolgsmann seines Lehnsherrn zu töten, und mußte seine Heimat verlassen. In einer Herberge auf dem Wege nach Yedo, dem späteren Tokio, übernachtete er. Plötzlich weckte ihn die Stimme eines sehr schönen Mädchens. Es hieß Komurasaki und berichtete ihm, eine Räuberbande habe es geraubt und wolle nun ihn töten, um sein Samurai-Schwert zu stehlen. Gompachi wartete den Angriff ab, erschlug die Räuber und brachte das Mädchen ins Elternhaus zurück. Hier saß die schöne Komurasaki nun und sehnte sich nach ihrem jungen Retter, der seinen Weg nach Yedo

Utamaro verlieh diesem jungen Mädchen von Yoshiwara Unsterblichkeit. Auf ihrem malvenfarbenen Kleid trägt sie das Zeichen ihres Hauses. Japans genialster Frauenmaler lebte 1753–1806.

fortsetzte. Ihm gefiel das große nächtliche Leben in der Stadt, und als er von einem sehr anmutigen Mädchen hörte, das hinter den Gittern von Yoshiwara saß, ging er hin, es zu besuchen. Er traute kaum seinen Augen, als er Komurasaki erkannte. Ihre Eltern waren in Armut gefallen. Komurasaki hatte sich nach Yoshiwara verkauft, um das Los der Eltern zu lindern.

Jeden Tag kam nun Gompachi, jeden Tag mußte er dem geschäftstüchtigen Eigentümer des Hauses etwas Geld lassen. Er wurde ärmer und ärmer, bis ihm die Tore von Yoshiwara verschlossen waren. Um nun seine Geliebte zu sehen und in Verzweiflung, erschlug er einen Mann, beraubte ihn und ging nach Yoshiwara. Solche Morde wiederholte er, bis man den Unglücklichen faßte, ihn verurteilte und enthauptete.

Als die unglückliche Komurasaki erfuhr, daß ihr Geliebter im Stadtteil Meguro zu Tokio beigesetzt war, stahl sie sich heimlich in die für sie verbotene Stadt Tokio, warf sich weinend auf das frisch geschaufelte Grab und erstach sich mit einem Dolch. Das ist ein wahres japanisches Romeo- und Julia-Drama. Und es ist kein Zufall, daß es in Yoshiwara spielte.

Denn Yoshiwara war einst keine Stätte des Lasters, sondern ein Sammelpunkt der Künstler und Dichter, der Romantik und der Phantasie, kurz des Lebens, das es im Alltag nicht gab und das allnächtlich im Abglanz der demütigen weißgepuderten Gesichter und der Musen erstrahlte.

Darum auch schöpften so viele große Maler Japans – vielleicht sind es die größten Maler der menschlichen Kulturgeschichte überhaupt – ihre Visionen aus diesem verdammten und verklärten, viel besungenen und so oft verurteilten Yoshiwara.

Toyoaki *Utamaro,* dessen richtiger Name Kitagava Yusuki war, wurde im Jahre 1754 zu Kawagoye in der Provinz Musashi geboren. Er war noch ein Kind, da brachte ihn seine Mutter in die Lehre des Malers Sekiyen! Utamaro begann, die feinsten und kleinsten Einzelheiten an jeder lebenden Kreatur zu beachten, zu studieren, zu zeichnen. Er war noch ein kleiner Junge. Aber wenn er eine Fliege fing oder eine Zikade, so malte er dieses kleine Wunder der Natur in so erstaunlicher Ausführlichkeit und mit so reifer Gestaltungskraft, daß sein Meister Sekiyen erklärte, sein Schüler führe den Pinsel mit seinem Herzen. Das große farbige Werk, mit dem sich Utamaro selbständig machte, war sein Muschelbuch. 36 Muschelgruppen malte er, wie sie ihr Spiel in den geheimnisvollen blauen Tiefen des Meeres trieben, mit überwältigender Farbenpracht, mit raffiniertester Technik. Er benutzte Glimmerstaub, Perlmutt- und Goldpuder sowie Blattgoldbelag neben der großen Vielfalt aller bekannten Farben.

Aber dieses Vertiefen in das schimmernde, taumelnde und zuckende Wesen der freien Natur war nur der Anfang von Utamaros einzigartiger Kunst. Utamaro wurde Japans großer Frauenmaler. Er fand seinen gigantischen Modellmarkt in Yoshiwara. Er malte eigentümliche verträumte Schönheiten mit außerordentlich schlanken Figuren. Ohne Rast, ohne Ruhe verbrachte er Tag um Tag und Nacht um Nacht in den Labyrinthen von Yoshiwara und in seiner Werkstatt. Er malte, solange er auf den Beinen stand. Und nur wenn er umzufallen drohte, gönnte er sich ein wenig Ruhe. Er wurde der glänzendste, der eigenwilligste und der poetischste Frauenmaler seiner Zeit.

Durch Utamaro erlangten die schönen, so sehr vergänglichen Mädchen von Yoshiwara Unsterblichkeit. Utamaro sah sie tanzen. Er studierte sie, wenn sie den Pinsel führten. Er beobachtete sie, wenn sie ganz traurig waren und wohl an ihre Gefangen-

Mit diesem Liebespaar unter einem Schirm entzückte Utamaro die Impressionisten Frankreichs und alle Maler bis zum heutigen Tage. In seinen rosa, violetten und gelben Farben strahlt das Bild einen unvergleichlichen Zauber aus. Wenn die Nacht über Tokio hereinbrach, stürzte sich Utamaro in das Lichtgewirr von Yoshiwara. Hier fand er seine Modelle.

schaft dachten. Er lauschte ihrer klassischen Musik. Er nahm an ihren Teezeremonien teil. Er ließ sich berauschen vom Zusammenklang der Farben, der Glanzlichter auf den Seiden, vom heimlichen Geflüster, vom Singsang und dem feinen Ton der Samisen, vom Spiel der nachtschwarzen hochaufgebauten Frisuren, vom Nadelbukett darin und von den Düften der Parfüms. Und alles verwandelte sich in seiner reinen und großartigen Phantasie zu Bildern, zu Farben, zu Bewegungen, wie sie die Welt noch nie gesehen hatte. In allem sah er das Ewigweibliche. Und im Antlitz armer Bauernmädchen, die hier im trügerischen Glanz von Yoshiwara Prinzessinnen der Liebe sein mußten, erkannte er schließlich das große Geheimnis: Sie alle waren ja Mütter. Sie alle waren unendlich duldsam. Sie alle wußten zu trösten. Sie alle waren im Grunde Abbilder der großen, spendenden und sich verschwendenden Natur, die das Leben der Menschheit fort und fort weiterträgt. Utamaro malte sie, und im Rausch seiner alles veredelnden Kunst – erfand er die Kinder dazu.

Bei den unglücklichsten Mädchen der Welt, bei den in herrlichen Kimonos, in Lackfarben und hinter Fächern gefangenen Blumen von Yoshiwara trotzte Utamaro seinem erstaunlichen

Können die erhabensten Gesichter der Schönheit ab und idealisierte die japanische Frau in einer Weise, daß kein Volk und kein
Zeitalter mit ihm wetteifern können. Sein impulsives Talent, sein
himmelanstürmender Geist suchten die Schönheit an sich zu
erschaffen, das Sehnen aller sterblichen Schönheit nach dem
Bleiben, nach dem Besiegen der Zeit und der Endlichkeit. Und
darin liegt auch schon die Melancholie, die wir auf allen Gesichtern von Utamaros Schönheiten aus Yoshiwara erkennen, dieses
Wissen um das Nichterreichen-können und den niemals voll-
kommenen Trost.

Nach und nach wurden Utamaros Mädchen immer schlanker.
Ihre Gesichter wurden immer länger. Die Hälse wurden wie
Blumenstengel. Und die Köpfe schwankten darauf über viel zu
schmalen Schultern. Die Hochfrisuren türmten sich in ihren
kühnen Sichelformen immer mächtiger, und die herrlichen Klei-
der drapierten sich um Gestalten von schon unirdischer Zartheit.
Um das Jahr 1800 war Utamaro so weit, daß der Kopf einer
Schönheit dreimal so lang wie breit war.

Näher und näher wollte Utamaro an das Endziel der vollkom-
menen Schönheit heranreichen. Er war jetzt wirklich ein ganz
Großer unter den Künstlern dieser Erde. Aber er war kein Rechner. Ein gewisser Jusaburo, Kunsthändler seines Zeichens und
Kunstverleger, hatte sich schon früh das Muschelbuch gesichert
und erlangte damit einen großen Ruf und Namen in der Kunst-
welt. Ja, der kluge Jusaburo, der scharfsinnige Kunstkenner,
wurde dadurch sogar Eigentümer eines eigenen Ateliers, in dem
er nun den Maler, der nie glücklich werden konnte, arbeiten ließ.
Diesen Verleger Jusaburo, dessen Vorname Tsutaya lautete, muß
man übrigens nicht allein aus dem Gesichtswinkel des Utamaro
betrachten. Er war doch ein sehr bedeutender Mann, der die
Arbeit der vielen Handwerker, die einen Holzschnitt zustande
bringen, glänzend aufeinander abstimmte, ein Mann von wirkli-
chem Unternehmungsgeist, der die größten Holzschneidemei-
ster seiner Zeit an sich zu ziehen und an sich zu fesseln wußte.
Utamaro wohnte im Hause seines Verlegers, er aß dessen Brot,
und Jusaburo machte alle Werke seines Malers zu Gold.

Utamaro stand jetzt oft nachdenklich vor seinen Skizzen, er
wurde wortkarg. Ihn überkam plötzlich das Wissen, daß ja alle
Mädchen in Yoshiwara seine Schwestern waren. Saß er nicht wie
sie im goldenen Käfig? Ja, er liebte den Glanz, er liebte, großzügig zu sein, und er wollte immer willkommen bleiben in den
»Grünen Häusern«, die er durch seine Blätter zu einem Begriff

auf den Kunstmärkten der ganzen Welt machte. Utamaro war der am höchsten bezahlte Künstler seiner Zeit. Aber so wie er lebte, bei Jusaburo vor den Toren von Yoshiwara, mußte er immer in Abhängigkeit von seinen Geldgebern bleiben. Wie im Fieberwahn arbeitete er tags im Atelier des geschäftstüchtigen Mäzens. Wenn sich aber die Nacht über Tokio legte, wenn der Dunst sich in den Himmel hob, wenn die Lichter von Yoshiwara erstrahlten, dann stürzte sich Utamaro wie ein Besessener in die Nacht der Wunderwelt. Mit rotumränderten Augen, ohne Rast, ohne Schlaf, vollbrachte er maßlose Arbeitsleistung, führte er ein maßloses Leben, wurde er ständig von seinem Geldgeber zu äußerster Kraftanstrengung angespornt, erlangte er Ruhm ohnegleichen.

Immer auf der Suche, immer sich steigernd und verbessernd, immer Frauen malend, ihre Gesichter, Hände und Figuren studierend, hatte er mit 43 Jahren ein ganz junges, ungewöhnlich schönes Mädchen gefunden. Es war wie ein Traum. Es hatte Augen wie Kirschen. Es hatte pechschwarzes Haar, so lang, daß man es herrlich hochtürmen konnte. Dieses Kind war hochbegabt. Utamaro heiratete das Mädchen. Bis zu seinem Tode wusch die Schöne die Pinsel des Malers, rührte die Farben, kniete und verneigte sich vor dem erstaunlichen Meister.

Utamaro war auch ein Dichter. Mitten in dieses heiße verzehrende Leben schlug das Schicksal lässig mit seiner Riesenpranke hinein. Die Militärregierung verargte ihm ein kleines Spottgedicht. Utamaro wurde in den Kerker geworfen. Und hier, zwischen den Mahlsteinen der Gefängnisverwaltung, zerbrach sein längst geschwächter Körper. Utamaro sah noch die Freiheit, das Licht, die Farben. Dann brach er tot zusammen. Über dem Körper des gefällten Titanen kniete seine junge Frau und weinte.

»Gut, daß das Leben kein Ende zu nehmen scheint ...«
                                        Hokusai

Utamaro war ein Titan. Und doch, im Vergleich zu *Hokusai* wirkte er wie ein Zwerg. Hokusai ist neben Leonardo da Vinci, Shakespeare und Lope de Vega eines der fruchtbarsten Genies der Kulturgeschichte der Menschheit.

Man stelle sich dieses vor: Er überlieferte der Nachwelt eine ansehnliche Reihe von Romanen, Hunderte von herrlichen Versen, über 500 illustrierte Bücher und mehr als 35 000 Bilder. Das Lebenswerk dieses Fanatikers der Arbeit ist an Umfang und Großartigkeit kaum jemals überboten worden. Es übersteigt einfach menschliches Maß. Unzählige Pseudonyme benutzte Hokusai, unter andern bezeichnenderweise das Pseudonym »Der Malwahnsinnige«. So reich, so unerschöpflich war er, daß er großzügig seine Pseudonyme an Schüler verschenkte, die mit dem Namen einen glänzenden Start hatten.

Hokusais Vater war ein Spiegelschneider. Wenn der kleine Junge in die vielen Spiegel blickte, so sah er da wunderbare Welten, die ihm jenseits der Wirklichkeit zu liegen schienen. Der Junge wollte Handwerker werden wie sein Vater, und so entschloß er sich, die Holzschneidekunst zu erlernen.

Der Lehrling hat den Anweisungen seines Lehrherrn genau zu folgen. In Japan hält man etwas auf Gehorsam. Um sich »frei zu entwickeln«, muß man erst einmal etwas können. Täglich gehen in der Werkstatt Zeichnungen und Farbtonbilder ein. Der Lehrling muß die feinen Schneidemesser gebrauchen, sich dem Stil der verschiedenen Künstler anpassen. Er muß die Holzplatten schneiden, so daß deren Abdruck eine ganz genaue Kopie der Pinselzeichnung abgibt. Und hierin liegt die Gefahr: Mißlingt der Schnitt, so muß man ein neues Vorbild haben. Die Originalzeichnung wird nämlich auf das Holz geklebt und beim Schneiden vernichtet. Der Künstler liefert nur eine Zeichnung auf durchsichtigem Papier. Die Lehrlinge müssen zuerst mehrere Kopien mit dem Pinsel machen. Für ein fünffarbiges Bild braucht man fünf Holzblöcke, für ein zehnfarbiges zehn. Der Lehrling muß die Farben mischen, und die Farben müssen den vom Künstler gemachten Angaben peinlich genau entsprechen.

Mit 15 Jahren stellte Hokusai schon die erste Zeichnung für den späteren Druck her. Mit 15 Jahren schrieb er auch sein erstes Gedicht, mit 16 seinen ersten Roman. Mit 18 Jahren trat er in das Atelier des *Shunsho* ein. Dieser Shunsho war damals der berühmteste Schauspielermaler. Es ging heiß her im Atelier, denn Meister Shunsho mußte Schritt halten mit den Vorstellungen des Kubiki-Theaters. Das Publikum wollte seine Bühnenlieblinge sehen. Und die Schauspieler? Sie waren damals so hungrig nach Ruhm wie heute. Sehr bedeutende Mimen gingen also bei Shunsho ein und aus. In dieser Atmosphäre wurde gesungen, wurde gedichtet. Hokusai verfaßte später sehr berühmte Kurzgedichte. Er arbeitete Tag und Nacht. Er dichtete. Er malte. Es gelang Hokusai immer wieder, gleichzeitig zwei Pseudonyme so berühmt zu machen, daß das Volk von Yedo – so hieß damals Tokio – es gar nicht fassen konnte, daß beide Namen einem Maler, einem Schriftsteller oder einem Dichter gehörten.

Hokusai war ein ewiger Wanderer. Über hundertmal in seinem Leben wechselte er sein Atelier und seine Wohnung. Er war arm. Er hungerte. Wie ein Bettler, im Winde, im Herbst, ließ er sich trunken durch die Landschaft tragen. Einmal ist er Straßenhändler und hausiert mit eigenen Zeichnungen. Auf einem Markt schreit er roten Pfeffer aus. Immer stärker treibt ihn sein innerer Motor an und leistet von Jahr zu Jahr mehr. Große Erfolge auf der einen Seite. Und dennoch lebt er in Armut. Eigentlich verließ ihn die Armut nie. Denn Hokusai verachtete Geld wie auch Ruhm so gründlich, daß er beides wegzuwerfen trachtete.

Hunderte, Tausende von Bildern entstehen. Hokusai arbeitete auch gemeinsam mit Utamaro. 36mal malte er den Fuji. Dann 100mal. In erstaunlicher Vielfalt schildert er den heiligen Vulkan. Man möchte glauben, Hokusai habe den Berg aus einem vielen Kilometer hoch fliegenden Flugzeug gesehen, so großartig pakkend ist die Sicht. Nichts scheint diesem genialen Naturbeobachter unerreichbar.

Hokusai bemühte sich, ganz neue Maltechniken zu entwickeln. Er malte mit den Fingern, mit der linken Hand, von unten nach oben, von links nach rechts, dann wieder umgekehrt, mit einer Flasche, mit einem Ei. Er zeichnete, sezierte Präparate von Pflanzen, interessante Naturbildungen in Felsen und in Meereswogen. Bei den Blättern seiner Holzschnitte kann man oft gar nicht mehr an die Technik des Holzschnittes denken. So kühn sind sie in der Farbe und der Zeichnung.

Hokusai mischte sich unter das Volk. Kein Japaner hat je die ordinären Gesichter der einfachen Menschen so echt und so gerne dargestellt wie dieser Hokusai. Hier war er in seinem Element. Er lachte die Menschen aus, er karikierte sie, er zeigte ihre burlesken kleinen Eigenheiten, er malte den »Gespenstertanz der Großstadt«, die damals Yedo hieß. Selten aber malte Hokusai eine Frauenschönheit. Das interessierte ihn nicht.

Das Volk staunte. Das Volk lachte, wie es immer lacht, wenn es nicht fähig ist, ein Genie zu begreifen. »Ihr lacht?« rief Hokusai, »ich bin euch zu klein?« Er begann, ein Riesengemälde zu malen, ein Bild mit Ausmaßen, wie es die Welt noch nie gesehen hatte. 194 mal 194 Meter war die Größe des Papiers, das er sich herstellen ließ. Um es gespannt zu halten, ließ er eine dicke Schicht von Reisstroh und Holzklötzen als Belastung auf das Papier legen. Man mußte sonst befürchten, daß der Wind das Papier zerriß und wegblies. Ein riesiges Gerüst war an die Tempelmauer montiert. An langen Seilen über Rollen konnte man das Bild hochziehen. Dutzende von Fässern standen bereit, und in mächtigen Kübeln wurden die Farben herangetragen. Unübersehbar war die Menschenmenge, die sich an dieses Wunder herandrängte.

Um die Mittagsstunde erschien Hokusai in einem ganz neuartigen, noch nie gesehenen, von ihm selbst entworfenen Gewande. Beine und Arme waren unbekleidet. Mit Bronzekübeln folgten die Schüler dem Meister, während er malte. Der Pinsel des Hokusai war ein Riesenbesen. Er tauchte ihn in die Farbkübel und zeichnete Nase, dann ein Auge, dann das andere Auge. Ein Daruma, ein Hexenmeister, entstand. In schnellem Lauf jagte Hokusai zum Mund, dann zum Ohr, dann kamen Hals, Haare und Bart an die Reihe. Die Schüler schleppten jetzt keuchend ein ungeheures Bronzebecken herbei. Aus Reissäcken war der Pinsel zusammengebunden, den Hokusai packte. Er band sich einen Strick um den Hals und malte, in kleinen Schritten rückwärts gehend, den Pinsel nach sich schleppend, die Kleider des Daruma. Mit Kellen und in großer Geschwindigkeit schöpfte man die Farbe für die roten Flächen aus dem Eimer.

Unmerklich hatte sich die Nacht über Tokio gesenkt. Es war jetzt ganz still. Die Menge hatte den Atem angehalten. Das Darumabild war fertig. Himmelhoch zog man es mit Seilen über die Rollen. Als es einen Augenblick lang auf der Menge lag, schien es, als sei ein Stück Torte in einen Ameisenhaufen gefallen.

Man war begeistert, man war entsetzt, man war bestürzt. Einige Frauen weinten. Das Riesenwerk des Hokusai schlug wie ein Donner ein. Plötzlich war der Maler in aller Mund. Er mußte nun den Beifall des Volkes ertragen. Um diesem Volk noch einmal seine Kunst vor Augen zu führen, malte er ein Riesenpferd.

Japans Kaiser wollte den Volksliebling sehen. Er wollte die neue Kunst erleben. Hokusai verneigte sich. Dann hob er eine der mächtigen Türen des Tempels aus den Angeln, eine japanische Schiebetür mit Papier bespannt. Mit der Hand griff er in ein Gefäß, warf Indigo auf das Papier, verstrich die Farbe. Aus einem mitgebrachten Korb zog er einen Hahn heraus. Er tauchte dessen Füße in rote Stempelfarbe und ließ den Hahn dann über das Papier laufen. Wieder verneigte sich Hokusai vor dem Kaiser. Die ganze Hofgesellschaft erkannte sofort, was Hokusai gemalt hatte: Es war Tasuta, der Fluß der Poeten, und rote Blätter des Ahorns schwammen darin.

Jetzt wurde Hokusai stürmisch gefeiert. Er war der einzige bürgerliche Mensch, der von einem japanischen Kaiser der Tokugawa-Zeit empfangen wurde. Wochenlang, monatelang war Hokusais Haus von der Menge belagert. Jeder wünschte sich eine Zeichnung mit dem berühmten Autogramm. Aber Hokusai zog sich zurück. Er lebte unter anderem Namen. Er arbeitete wie ein Besessener. Er malte jetzt seine entsetzlichen Gespensterbilder. Er warf Farbenakkorde auf das Papier, die den kühnsten Wasserfall zeigten, den je ein Maler bannte. Wie mit Riesenspinnenfingern greift der Wasserfall von Yoshino in die Tiefe. Ein Pferd scheut. Mühsam halten es zwei Menschlein. Er malte herrliche Azaleen und darüber einen Kuckuck, der sich aus blauem Himmel stürzte, eine Libelle über Kikyoblumen und wieder und wieder den Fuji, die Wolken, das Meer. Kein Maler hat solche kühnen und dabei herrlichen Gemälde je gewagt.

Hokusai schreibt ein Lehrbuch der Erziehung, ein Bilderlexikon in 15 Bänden. Das ganze Leben des Volkes läßt er darin vorüberziehen. Wohin er flieht, die Menschen erkennen ihn. Kein Pseudonym kann ihn mehr schützen. Er ist dabei arm. Er hat Sorgen.

Hokusai war zweimal verheiratet. Sein Sohn wurde ein Taugenichts, wie so oft Söhne von Genies. Zerlumpt, verlaust, bettelarm haust Hokusai fünf Jahre lang in einem ungeheizten Verschlag. Er bettelt um Geld, nur für Pinsel und Farbe. Ach, er kann wohl hungern, aber er muß malen. Gut, daß das Leben kein

Ende zu nehmen scheint. Mit 73 Jahren erst glaubte Hokusai, die Natur zu begreifen. Mit 80 Jahren meinte er, die ersten Fortschritte machen zu können. Mit 90 Jahren wollte er in die Geheimnisse der Dinge eindringen. Das nahm er sich vor. Mit 110 Jahren, so prophezeite er, würde er so weit sein, daß seine Punkte und Linien leben.

Dieser Titan war eine ganze Welt. Er besaß eine unausschöpfliche Kraft der Beobachtung, und er packte das Wesentliche mit dem Griff des Genies, ohne sich je an das Detail zu verlieren. Sein Fleiß und seine Arbeitskraft grenzen an das Wunderbare. Und alle seine Werke zeigen, daß dieses Genie selbst in größter Armut immer lächeln konnte.

Hokusai wird von den Japanern nicht immer geliebt, weil der Riese seine kleinen Mitbürger nicht ernst nahm. Die westliche Welt nennt ihn einen der größten Künstler aller Zeiten. Am 10. Mai 1849 starb Hokusai im 90. Lebensjahr. Und dies waren seine letzten Worte: »Hätte der Himmel mir fünf Jahre mehr geschenkt, dann wäre ich ein Maler geworden.«

Sie malten »die bewegliche Welt«
Harunobu – Sharaku – Hiroshige

Dem Augenblick die Vergänglichkeit zu nehmen, das ist Kunst.
                                        Der Verfasser

Die japanischen Farbholzschnitte sind eine wahre Wunderwelt.
Wer sich in diese Kunst vertieft, wird sie zuerst bewundern.
Dann wird er sich in sie verlieben. Und schließlich wird er sie
entsetzt bestaunen. Denn die künstlerischen und handwerklichen Fähigkeiten, die zur Erschaffung eines japanischen Farbholzschnittes gehörten, grenzen beinahe an das Unglaubliche.

Der japanische Holzschnitt ist wohl die reifste, die feinste und
letzte Frucht ostasiatischer Kunst. Hierbei bemühten sich die
Meister nicht um bloße Abbildung der Natur. Sie erfaßten die
Atmosphäre und den Geist, den Klang, den ganzen beweglichen
Rhythmus des Lebens. Der Künstler malte nicht einfach ein Bild.
Er mußte sich zuerst ein Gemälde bis in alle Einzelheiten klar im
Geiste vorstellen. Dann zerlegte er diese Vorstellung in Farben.
Und schließlich malte er von jedem der vorkommenden Farbtöne ein Bild. Er klebte es nun auf einen Holzstock, schnitt die
unbemalten Flächen fort, so daß nur das Farbige stehenblieb. Die
verschiedenen Farbtonbilder sandte er einzeln an die Holz-
schneiderei. Ein Bild mit 15 verschiedenen Farben erforderte also
15 Einfarbbilder. Wenn der Drucker diese 15 Druckstöcke in der
Werkstatt hatte, konnte er beginnen. Er färbte jeden Druckstock
mit der angegebenen Farbe ein und drückte sie dann nacheinander auf Papier ab. Erst wenn diese Arbeit beendet war, sah der
Künstler zum ersten Male sein Werk. Die Arbeit des Farbholz-
schnitzens glich also etwa der des Komponisten einer Sym-
phonie.

Die einzelnen Farbtonbilder mußten mit unerhörter Präzision
aufeinanderpassen. Ein Zehntelmillimeter Abweichung des einen Druckstockes vom anderen bedeutete schon etwa die Verän-
derung eines Gesichtsausdruckes. Jede Linie mußte sitzen, und
zwar so viele Male, wie viele Farben verwendet wurden. Wenn
man nun noch weiß, daß die Japaner keine Pausen anfertigten,
sondern die einzelnen Holzplatten auf ein Zehntelmillimeter
genau nach dem Gedächtnis schnitzten, so erkennt man das

Toyokuni, einer der bedeutendsten Maler Japans, schuf das Bild dieses Mädchens bei der Morgentoilette. Seine Kunst sowie die Malereien von Harunobu, Utamaro, Hokusai und Hiroshige waren so begehrt, daß bunte Holzschnitte erfunden wurden, um die herrlichen Bilder in leuchtenden Farben zu vervielfältigen. Toyokuni lebte von 1768–1825.

Wunder dieser Kunst. Denn frei schaffen konnte nur, wer das ganze Werk aus dem Gedächtnis beherrschte! Dem berühmten Hokusai fiel drei Jahre nach Ablieferung der Holzplatten zu einem Bild ein, daß noch Zusatzfarben gut täten. Ohne irgendwelche Unterlagen zu besitzen, malte er diese Zusatzfarbe, und sie stimmte bis in alle Feinheiten. In dieser Kunst waren Zufall, verschwommene Linien oder unklare Farbtöne undenkbar. Kein Strich war korrigierbar, und die Farbgebung war ein geistiger Schöpfungsakt ersten Ranges. Die Meister des japanischen Farbholzschnittes, die zu Weltruhm gelangten, sind daher wirklich Genies. Sie mußten erstaunliches Formgefühl besitzen, sie mußten glänzende Rechner sein, sie mußten Raumsinn haben und das Spiel der Farben erfassen, ohne es sehen zu können. Sie mußten glänzende Handwerker sein, und sie durften vor allem nicht etwa ein anmutiges Mädchen malen, sondern mußten in einem Mädchenbild »das Wesen der Anmut« darstellen. Ihre Kunst war »die bewegliche Welt«, japanisch »Ukiyo«. Und der Mann, welcher dem japanischen Farbholzschnitt den Namen gab, nannte sich »Ukiyo«-Matabe. Er gründete eine Ukiyo-e-Malschule. Die Holzschnittmeister, die nach ihm »die bewegliche Welt« malten, befaßten sich übrigens niemals mit reinen Phantasien, sondern malten die Welt ihrer Gegenwart. Daß ihre Werke zeitlos wurden, ist im Geheimnis jeder großen Kunst begründet, nämlich dem Augenblick die Vergänglichkeit zu nehmen.

Wer Japan kennt, weiß, welch eine große Rolle ein kleiner

Gegenstand spielt, den wir Europäer mehr oder weniger verachten. Es ist der Zahnstocher!

Vor rund 200 Jahren lag im Tokio-Stadtteil Asakusa nahe dem alten Kwannon-Tempel der Laden des braven Zahnbürsten- und Zahnstocherhändlers Niheiji-Yanagi-ya; Weidenhaus wurde das kleine Geschäft genannt. Damals hieß Tokio noch Yedo. Aber die Kirschbäume blühten damals wie heute. Die Goldfischteiche glitzerten. Die Gingkos prahlten mit ihrem silbergrünen, lederglatten Blattwerk. Und damals wie heute gab es sehr hübsche Mädchen in Japan.

Damals wie heute wurden viele Zahnstocher gekauft. Aber Niheijis Laden zog die männliche Kundschaft besonders an: Seine Tochter Ofuji war unwahrscheinlich schön. Da sie außer den Zahnstochern auch Parfüm, Blumen in Reiswein, Duftmuscheln und andere kosmetische Mittel verkaufte, wußte sie – wie es noch heute in solchen Tokio-Geschäften üblich ist – diese Mittel auch zu benutzen. Dabei war sie erst 16 Jahre. Sie war so schön, daß Dramendichter damals – um 1769 – ihre Heldinnen Ofuji nannten, und die Kinder auf der Straße sangen kleine Lieder auf sie. Ein Herr im dunklen Gewand trat eines Tages in den Laden ein. Ofuji neigte den Kopf. Als der Herr immer wieder kam, tat sie eines Tages ein paar Kirschblüten in die Sake-Schale, die man jedem guten Kunden reichte. *Harunobu*, der Maler, verliebte sich in das Mädchen. Und nun erschien sie auf vielen seiner Bilder. Einmal kniet die reizende Ofuji im Laden. Sie raucht »Tabacco«. Neben ihr sitzt Harunobu selbst. Ein Gingkobaum beschattet das Weidenhaus. Auf dem zarten Bild des Harunobu ist der Baum nicht sichtbar, aber seine abgefallenen Blätter liegen am Boden. Auch was zwischen den beiden feinen Gesichtern vor sich geht, ist nicht materiell erkennbar, aber etwas ist da, so zart, so fein, so sehnsüchtig und so ewig, wie es kaum je ein anderer Künstler erreichte.

Harunobu konnte nicht malen, ohne zu lieben. Und er liebte nur ganz junge Mädchen, die noch naive Anmut besaßen. Liebliche, blumengleiche Geschöpfe malte er mit kleinen Gesichtern, mit Armen und Händen von unglaublicher Feinheit und kindlicher Grazie. Dabei ist er niemals süßlich. Wie Harunobu seinen jungen Geschöpfen durch erstaunlich natürliche Bewegung außer der stillen Anmut so viel Leben einflößte, bleibt sein Geheimnis. Immer hungrig nach Schönheit, hatte der Künstler vor Ofuji eine andere Sechzehnjährige entdeckt. Sie hieß Osen und servierte im Kagiya-Teehaus in Kasamori. Dort lag der Inari-

Schrein, und die japanischen Annalen der Zeit erzählen uns, daß die Pilger den Schrein weniger zum Beten aufsuchten, als um sich im Kagiya-Teehaus von der reizenden Osen bedienen zu lassen. Schwarz wie die Nacht war ihr Haar. Ihr Antlitz hatte die Form des Melonenkerns. Zinnoberrot waren ihre Lippen. Osen war eigentlich ein Bauernmädchen, trug einen langen Haarkamm und niedrige Holzschuhe. Keine Schminke, kein Puder deckten ihr frisches Gesicht. Aber wenn zehn Männer an ihr vorübergingen, blieben zehn Männer stehen.

Osen hatte die Demut aller wohlerzogenen japanischen Mädchen. Sie liebte ihre Eltern. Sie wußte um ihre Schönheit und stand Malern geduldig Modell. Und sie ist vielleicht das einzige Mädchen der Welt, das in klassischen Versen seine eigene Schönheit besang, niemand damit ärgerte und alle, die das Lied hörten, eine Minute lang im Himmel weilen ließ.

> Aus veilchenfarbnem Dunstgewölk
> steigt sie herab, als sei sie ganz
> in Gold- und Silberlack gemalt ...
> Am teegefüllten Kessel sitzt
> sie sinnend, sinnend ganz allein,
> denkt endlos, endlos dies und das.
> Und mit der Silbernadel streift
> sie's Köpfchen. – Wer auf kurze Zeit
> die Beine ruhen lassen will,
> der soll's zu Kasamori gleich
> im Schatten eines Baumes tun.

Ja, die junge Osen hat dies 1769 selbst gedichtet. Und es heißt weiter: »Am Morgen koch' ich Japan-Tee, am Abend roll' ich Klöße ... Wenn auch mein Name nicht in die Geschichte der Göttinnen eingetragen ist, mein Bildnis findet sich auf den Ost-land-Brokatbildern, meine Gestalt hat der Pinsel des Harunobu aufgezeichnet, und im Volkslied wirbt man mit meinem Ruhm. In allen vier Himmelsgegenden wird mein Name genannt. Und jeder, der Augen hat und einen Mund, sagt: Osen, Osen ...«

Harunobu hat die entzückenden Modelle auf seine Weise idealisiert. Es ging ihm darum, in der Seele des Beschauers die feinsten Saiten anzurühren. Er strebte weniger nach Effekt als danach, dem absolut zeitlosen Gefühl der Liebe und Anmut eine absolut zeitlose Form zu geben. Da schreitet ein zartes süßes Mädchen über eine Brücke – im Schneefall. Ein anderes reizendes

Kind bläst für seinen Bruder im Garten Seifenblasen. Eine lauscht dem Kuckuck, eine andere der Abendglocke vom nahen Tempel. Eine kauft einen Fächer, eine andere scheidet von ihrem Liebsten. Und wieder eine entsendet durch ein kleines Mädelchen einen Liebesbrief.

Zwei Modelle des Harunobu waren so schön, daß man sie bei einer feierlichen Einweihung des Bildnisses des Gottes Shoshi im Yushima-Tempel zu Yedo als Tänzerinnen auftreten ließ. Die Mädchen hießen Onani und Omitsu. Dann hören wir noch von einem Mädchen im Teehaus Tsuta-ya im Stadtteil Asakusa. Auch sie war eine bekannte Schönheit und hieß Oyoshi.

Alles Brutale, alles Ordinäre verachtete Harunobu zutiefst. Er war ein Aristokrat, ein Aristokrat des Pinsels und auch der Geburt. Auch war ihm das Theater verhaßt, denn die Schauspieler standen nicht im guten Ruf. Harunobu wollte das Niveau der Ukiyo-e-Kunst heben. Selbst wenn er die berühmte Kurtisane Hinatsuru aus dem »Gewürznelkenhaus« von Yoshiwara malte, so erschien sie bei ihm so unschuldig, so fein, so liliengleich, so unbewußt, daß nur noch eine feine Stimmung da ist, die Idee des Malers, die Linie und die Farbe, aber nicht mehr die Vergänglichkeit und die Wahrheit um den Alltag des Modells. Harunobu hätte die Kurtisane auch dann auf den Thron der Unsterblichkeit gesetzt, wenn er sie nur ein einziges Mal in ihrem Schlafgemach gezeigt hätte, wie in den ›Bildern mit den konturlosen weißen Gewändern‹.

Übrigens wurde das Mädchen Hinatsuru von einem reichen Besucher aus Yoshiwara freigekauft. Als der schöne Vogel seinen Käfig verlassen hatte, schrieb eine Leidensgefährtin der Hinatsuru folgenden Brief. Er ist ein Muster weiblichen japanischen Stils:

»Mit dem Gefühl außerordentlicher Beruhigung und Freude höre ich, daß Du heute das ›feurige Haus‹ von Yoshiwara verlassen wirst, scheidest und in einer kühleren und passenderen Umgebung leben wirst. Ich finde keine Worte für meinen Neid über die Zukunft, die Dich erwartet. So wie das Schicksal es bestimmt, entspricht Deine Natur dem Holz und die Deines Gatten der Erde. Das ist ein großartiges Zusammentreffen des aktiven und passiven Wirkens der Natur. Denn die Erde nährt und behütet den Baum, solange er lebt. Das ist wahrlich ein gutes Zeichen und deutet auf Dein zukünftiges Glück und Wohlergehen. Ich grüße Dich daher am Tage der glücklichen Verbindung, die Du eingegangen bist. Deine Usugumo – Zarte Wolken.«

Tarii Kiyonaga malte am liebsten schöne Frauen des Volkes mit unschuldiger Anmut. Er lebte 1752–1804 in Yedo, dem heutigen Tokio.

Die Meister des japanischen Farbholzschnittes kopierten nicht die Natur. Sie sammelten im Geist Bilder ein, bis sie eine Erkenntnis, eine genaue Vorstellung hatten und nun das Wesen der Sache malen konnten. Sie kannten keine Ölfarben, oder sie benutzten sie wenigstens nicht – weise, wie sie waren.

Mit Wasserfarben hatte Japan lange vor der Erfindung der Holzschnittkunst auf Seide und Papier gemalt, und das »Makemono« oder »Kakemono« konnte gerollt werden. Ukiyo-e ist vor allem ein Malstil. Die große Reihe der Ukiyo-e-Genies beweist, daß es keinem bedeutenden Künstler schadet, als getreuer Nachahmer seines Meisters anzufangen, daß dies nicht zu lebenslangem Kopieren führt und daß sich eigener Stil und großes eigenes Können erst aus den nachahmenden handwerklichen Fähigkeiten entwickelt. Ukiyo-e-Meister malten Typen, nicht einzelne Gestalten. Darum sollten die Gesichter nicht »ähnlich« sein.

Um einen Farbdruck herzustellen, mußten vier Menschen mitwirken: Der Verleger, der Zeichner, der Holzschneider, der Drucker. Vielleicht ist noch der Papierhersteller dazuzurechnen, der Mann, der das schöne, handgemachte Maulbeerbaumrinde-Papier lieferte und damit das Blühen und sanfte Strahlen der Farben ermöglichte. Bis zum 19. Jahrhundert gewannen die Japaner ihre Farben aus Pflanzen.

Daß Kunst mehr als bloße Nachahmung der Natur sein sollte, wußten die Japaner immer. Als Zeichnung ist die Ukiyo-e-Kunst von keinem Lande der Welt erreicht worden. Dabei lag den japanischen Meistern des Holzschnittes vor allem daran, das Wesentliche herauszubringen, die Linie und die Farbzusammenstellung. Sie schreckten vor nichts zurück, und man kann sagen, Hokusai habe die Unordnung der Natur zu einer Ordnung zusammengefaßt. Dabei war seine Ordnung eine ungemein dramatische Ordnung.

Es ist viel zu wenig bekannt, daß die Meister des japanischen Farbholzschnittes die moderne Malerei Europas sehr wesentlich beeinflußt haben. Die Werke der Japaner halfen den französischen Impressionisten, das Wesen der Dinge zu erkennen, den Eindruck, die atmosphärischen Effekte, das Spiel des Lichtes, die Töne der Farben, nicht wie sie bei naher Betrachtung erscheinen, sondern wie Licht und Reflexe der Natur sie abwandeln. Eine Ausstellung von Holzschnitten des Hokusai, des Utamaro und des Hiroshige 1867 in Paris wurde zur Sensation. Frankreichs berühmtester Impressionist, Manet, erkannte hier ganz neue

Sharaku malte den Schauspieler Ichikawa Ibizo IV., der im Januar 1794 am Kajiri-Theater zu Yedo, dem alten Tokio, spielte. Gespenstisch, packend, mit bleichen Gesichtern stellte Sharaku die Schauspieler dar, um das Publikum zu fesseln und anzulocken. Das Publikum war böse, aber es ging ins Theater. Alles, was das Genie Sharaku malte, entstand in einem einzigen Jahr!

Möglichkeiten, die Wirklichkeit einzufangen. Und sein Zeitgenosse Monet sah, daß nicht der Gegenstand, sondern das Licht die Farbe ausmacht.

Europa begann, japanische Farbholzschnitte zu kaufen und zu sammeln. Die Museen der ganzen Welt folgten. Heute ist Amerika das Land, das für japanische Farbholzschnitte Hunderte und Tausende von Dollars bezahlt.

Unter allen japanischen Meistern aber erzielt jetzt *Sharaku* die höchsten Preise. Er ist eigentlich eine Entdeckung Europas. Die Japaner selbst begannen sich erst für ihn zu interessieren, nachdem der europäische und amerikanische Kunsthandel seine Blätter zu »Bestsellern« gemacht hatte. Viel zu spät forschten dann die Japaner seinem Leben nach. Sie stellten fest, daß sie nur wenig wußten. Sein bürgerlicher Name ist vergessen. Sein Todesdatum ist unbekannt. Er war ein Herr. Er war Vasall des Fürstenhauses. Von seinem Fürsten bezog er lebenslängliche Rente. Er kannte keine Armut und keinen Hunger. Er arbeitete nie für Geld.

Japan war immer Theaterland. Das Kabuki-Theater hatte sich aus den alten No-Dramen der Aristokratie, aus japanischen Tänzern und aus dem Puppentheater entwickelt. Selbst Fürsten traten auf, und Sharaku spielte mit.

Schauspieler brauchen Werbung. So ist es nicht nur in Hollywood. So war es schon in Yedo. Die Theater machten mit Schauspielerbildern Reklame. Und als im Frühling 1793 in Yedos Theatern »Saure-Gurken-Zeit« herrschte, da tauchte plötzlich Sharaku auf, da begannen seine Pinsel zu tanzen, da entstanden die großen bleichen Gesichter, die Porträts und die Ganzfiguren der Mimen. Sharaku malte so, daß jeder stehenbleiben mußte. Er brachte so bizarre, so erschreckende, so revoltierende Kompositionen heraus, daß die Beschauer angepackt und festgehalten wurden. Die Japaner haßten Sharaku, und wahrscheinlich ging er am Haß seines Volkes zugrunde.

Starrende Pupillen, Grimassen, ganz schräge, stechende Augen, dunkle Mica-Hintergründe, das alles wurde zum Ausdruck seines diabolischen Fechtens mit den unsichtbaren Geistern, die ihn bei aller Kühnheit hinderten, das auszudrücken, was er ausdrücken wollte. Sharaku haderte mit dem Schicksal, mit den Grenzen, die ihm die Materie setzte. Er ist der Riese, der mit einer unsichtbaren Gewalt kämpft, die stärker ist als er. Und erscheint es nicht wie ein Spuk, daß alles, was Sharaku malte, in einem Jahr – zwischen 1793 und 1794 – erschaffen worden war? Der No-Tänzer und Schauspieler hatte vorher niemals gemalt. Und plötzlich ist Sharaku wieder verschwunden.

Wahrscheinlich verbot ihm sein Fürst, »dem verachteten Volk der Schauspieler« die Chance der Unsterblichkeit zu geben. Es wurde still um Sharaku, so still, daß dieser große Holzschnittmeister heute wie ein unwirkliches Gespenst erscheint. Sein Grab in Tokushima auf Awa ist fast vergessen. Aber der Mann, von dessen Leben man so wenig weiß, hat die armseligen Schauspieler seiner Tage für alle Zeiten an die Rampe der Weltöffentlichkeit gestellt.

Utamaro war Japans genialster Frauenmaler. Hokusai ist der Gigant, der Leonardo da Vinci Japans. Harunobu ist der verliebte Maler der naiven Anmut. Sharaku ist der kostbare Komet, der aus dem Dunkel Japans Theater aufleuchten ließ. Und Hiroshige schließlich wurde Japans volkstümlichster Maler, denn er malte Japans Landschaft, die drohende Natur und darin den kleinen hilflosen Menschen.

Hiroshiges Farbholzschnitte schildern das Wunder der japanischen Inseln, die 36 Ansichten des heiligen Berges Fuji-no-jama, die acht Gesichter des Biwa-Sees, die Umgebung von Yedo, Berglandschaften im Schnee, wo die Menschen gebückt eilen, daß man selbst zu frieren glaubt, die jagenden Stromschnellen von Naruto, Schneeflocken, den großen schrägen Regen, verspätete Flößer, die sich gegen den Strom anstemmen, einsame Mondlandschaften, gieriges Meer.

Vor Hiroshige schien vor allem der Mensch den Künstlern wichtig, und die Landschaft war nur Hindergrund. Hiroshige wagte den kühnen Griff an die Natur selbst, an den Mond, an den Ozean, den winterlichen Himmel, an das unvergleichliche Ebenmaß des Fuji-no-jama, an alles das, was draußen lag, was nicht mit einem Blick zu fassen, sondern nur zu erfühlen war.

Sein Vater war Offizier der Feuerpolizei, und diese Zunft vererbte Ämter, Würden und Rechte. Hiroshiges Leben war mit der Feuerpolizei eng verbunden. Er reiste daher durch die Lande. Er inspizierte die 14 Kilometer lange Straße, die von Yedo nach der Kaiserstadt Kioto führte. Auf solchen Wanderschaften entstanden die 53 Bilder des »Tokaido«. Er malte Tausende von Bildern, und er war dabei zu seiner Zeit viel mehr als Dichter denn als Maler bekannt. Er führte ein peinlich genaues Tagebuch, verzeichnete Wetter, Herberge, die vielen Menschen, denen er begegnete, alle kleinen Erlebnisse seiner Reisen. Seine Bilder sind unglaublich kühne Visionen, denn immer drücken sie ein Gefühl aus. Wenn sie unseren Augen oft unwirklich erscheinen, so nur, weil wir Japan nicht kennen. Japan ist wirklich so, wie Hiroshige es malte: Die Berge schweben auf Dunstwolken in der Luft. Immer lauert die Natur. Immer ist sie zum Sprung bereit. Der kleine Mensch ist ihr preisgegeben und durcheilt hastig dieses Leben. Hiroshige ist der Eintagsfliege »Mensch« und der Zeitlosigkeit und Allmacht der Natur gespenstisch nahe gekommen.

Sie leben noch und sind schon tot

Der Kontinent Gondwana versank. Schon vor einer Million Jahren lebten in Australien Menschen.

Mitten im Zweiten Weltkrieg, im Jahre 1941, starb ein großer Holländer, der viele gelehrte Werke hinterließ und doch einen großen Teil seines Wissens mit ins Grab nahm. Er hieß Eugène Dubois. Er war Arzt. Er war der Mann, der einen der ältesten Menschenschädel ausgrub, den die Erde bisher preisgab.

Dubois, Professor der Anatomie, entdeckte diesen Schädel – es war eigentlich nur eine Schädeldecke – nicht zufällig. Er erklärte vor seiner Abreise aus Holland, er werde aller Wahrscheinlichkeit nach Reste eines primitiven, dem Menschen verwandten Lebewesens auf Java finden. Und wirklich, in der Nähe von Trinil auf Java gelang der große Fund. Dubois grub den »Pithecanthropus erectus« aus, einen »Adam der Anthropologie«. Das Alter dieses »endlich auch erfaßten« Mitgliedes der wohl damals schon ziemlich menschlichen Gesellschaft wird auf 500 000 Jahre geschätzt. Das Volumen seines Gehirns betrug 900 Kubikzentimeter. Man vergleiche damit das Volumen eines Gorillagehirns (550 Kubikzentimeter) und eines modernen Menschen (1000-1500 Kubikzentimeter). Die meisten Gelehrten ordnen den Pithecanthropus in einen ausgestorbenen Zweig der Hominiden ein (vgl. Boule-Vallois, Les Hommes Fossiles, Paris 1952, S. 127). Die *Art* der Knochen deutet einen Typ zwischen dem heutigen Menschen und seinem fernen, *menschlichen* Urahn an. Die Bezeichnung »Pithecanthropus« aus dem Griechischen »pithekos« = Affe und »anthropos« = Mensch, ist daher nicht geschickt gewählt.

Da »Pithecanthropus erectus« menschenähnlich war, müssen selbst diesem Urahn schon Hunderttausende von Jahren menschlicher Entwicklung vorangegangen sein. Er und ganz sicher seine Vorfahren würden die heutige Gestalt der Erde nicht wiedererkennen. Die Kontinente, die Gebirge, die Inseln, die Ozeane, ja selbst die Lage der Pole haben sich inzwischen verändert. Sie haben sich stärker verwandelt als die Gestalt des Menschen. Teile der Erdkruste wurden von Ozeanen verschluckt, andere hoben sich aus dem Wasser empor.

Australien, der abgelegenste Kontinent, der jüngst entdeckte und dabei der Erdteil seltenster menschlicher Vergangenheit, war nicht immer ein Insel-Kontinent. Einst war er durch eine Landbrücke mit Südostasien verbunden. Ja, vielleicht hingen selbst Südafrika, Indien und Australien zusammen. Der untergetauchte Erdteil wird von Zoologen »Lemuria« genannt und von Geologen »Gondwana«. Da aber der Mensch schon lange war, bevor die Kontinente sich trennten, bildet Australien heute »das Anthropologische Museum der Menschheit«. Es kann, so meinen wir, kein Zufall sein, daß auf der benachbarten Insel Java Mensch Nr. 1 ausgegraben wurde.

Der wichtigste Fund eines Ureinwohners von Australien wurde in Talgai, Südost-Queensland, im Jahre 1884 gemacht. Da beförderte man einen ziemlich guterhaltenen Schädel an das Licht der erbarmungslosen Sonne. Obgleich außer dem Schädel keine anderen menschlichen Knochen in der Nähe zu finden waren, kamen doch Überreste ausgestorbener Tiere zum Vorschein. So Knochen des »Diprotodon«, des »Nototherium« und hörniger Reptilien. Das »Diprotodon« war das Urkänguruh. Doktor S. A. Smith erforschte in neuerer Zeit den Schädel des »Proto-Australiers« und kam zu dem Ergebnis, daß er dem Schädel eines heutigen australischen Eingeborenen ähnelt. Da die australischen Ureinwohner ihr Nationalbewußtsein bis heute noch nicht entdeckt haben, kann man ruhig hinzufügen: Dr. S. A. Smith erkannte im Proto-Australier Merkmale, die dem Affen ähnlicher sind als irgendeiner lebenden oder ausgelöschten Menschenrasse. Andere Funde menschlicher Knochen wurden in den Wellington-Höhlen gemacht, fossile Fußspuren eines australischen Eingeborenen bei Warrnambool – 200 Kilometer südwestlich von Melbourne – in Tertiär-Gestein. All das legt nahe, daß in Australien in der späten Tertiär-Zeit Menschen lebten, also vor einer Million Jahren und wahrscheinlich noch viel früher. Dann kam die Katastrophe.

Wir wissen nicht genau, wann die Wassermassen sich zwischen Australien und Asien wälzten. Wir wissen nur, daß Gondwanaland ertrank, daß dies viel weniger Sage sein kann als »Atlantis«. Wir wissen, daß ein Riesenkontinent unterging und daß Australien blieb.

Und die Menschen blieben. Sie ließen die Zeit verstreichen und hatten nichts mehr zu fürchten, weder den Völkerdruck Südasiens noch eroberungslustige Seefahrer. Hier – in Australien – gab es keine allzu gefährlichen Tiere, dafür gute Jagd und endlose fruchtbare Gründe, die im Lauf der Jahrtausende erst unter der Sonne ausdörrten. Abgeschnitten, verschlagen, von Menschenzustrom bewahrt, saßen die Ureinwohner auf dieser letzten Scholle der Erde, auf ihrem isolierten Kontinent, der nach drei Seiten ins Leere blickt, inmitten einsamer Ozeane, 15 000 Kilometer von Südamerikas Küste entfernt, 8 300 Kilometer von Afrika. Und nun entwickelten sich hier Menschen und Tiere unabhängig von der übrigen Welt.

So war Australien eine ungestörte Erde, bis der Holländer W. Janszoon 1605 am Carpentaria-Golf auf Australien stieß, bis Hollands Kapitän Dirck Hartogs 1616 Westaustralien erreichte, bis Abel Tasman 1642 Tasmanien entdeckte, bis James Cook 1770 die »Terra Australis« fand. Man hatte sie hier vermutet, da sie »für das Gleichgewicht der Erde unentbehrlich« schien. In der Botany Bay bei Sydney stieg Cook an Land und schenkte König Georg III. von England – einen Kontinent.

Mit Australien fiel der modernen Menschheit ein ganzer Kontinent als »lebendiges Museum« in die Hände. Hier konnte man eine Urform des Menschen studieren, die sich seit Jahrtausenden, wahrscheinlich seit Jahrhundert-Tausenden kaum weiterentwickelt hatte. Hier wuchsen Pflanzen, die sonst nirgends auf der Erde zu finden waren. Neun Zehntel aller australischen Pflanzen gedeihen *nur* auf diesem Insel-Kontinent! Schon diese Pflanzenwelt bewies das sehr lange Sonderdasein Australiens. Hier hatte man endlich ein »Land der lebenden Fossilien« aufgebrochen. Hier lebten noch Tiere, die sich so erhalten haben, wie sie sonst nur in frühen erdgeschichtlichen Epochen vorkamen. Von der Beutelratte bis zum Riesen-Känguruh gibt es hier über 150 Arten von Beuteltieren. Hier fand man Säugetiere, die Eier mit häutiger Schale legen, wie das Wasser-Schnabeltier. Hier gab es Vögel, die das Fliegen schon wieder verlernt hatten, weil sie von keinem Feinde verfolgt wurden: den Kasuar und den Emu. Und in den riesigen Eukalyptuswäldern kletterten kleine lebendige Teddybären herum, die Coalas, wie Spielzeuge der Natur.

In dieser abgeschnittenen und verlorenen Welt jagten und wanderten die Stämme der ältesten Gruppe der Menschheit. Sie hatten noch lebendige Verbindung zum Urstamm des Menschengeschlechtes. Gefangen in ihren uralten Kulten, die von Generation zu Generation überliefert wurden, starr den alten Gebräuchen und Riten treu, zerrissen in 500 verschiedene Stämme, sich fremd geworden durch ebenso viele Sprachen und Mundarten, von Jahrhundert zu Jahrhundert immer kärglicher lebend in einem ausdorrenden Kontinent, immer auf der Suche nach Wasser, hatten diese Robinsone der Menschheit ihr ganzes materielles Leben auf die einfachste Grundform gebracht, um überhaupt zu überdauern. Ihre Ansprüche wurden immer geringer und ihre Schädel immer dicker, um der alles versengenden Sonne widerstehen zu können.

Noch im Jahre 1914 entdeckte man in Australien Eingeborene, die bis dahin noch nie mit Weißen zusammengetroffen waren. Man schätzt, daß zu der Zeit, als der weiße Mann in Australien erschien, um 1788, rund 300000 Eingeborene in Australien lebten.

Langsam, wie eine unheilbare Krankheit, arbeitete sich die weiße Rasse in das Innere Australiens hinein. Im Kontakt mit den Weißen degenerierte das schwarze Leben, es wurde süchtig und anfällig, lüstern nach tausend neuen Dingen, die zerstörend auf die alte, harte und strenge Lebensweise wirkten. Wenn die Jungen »die weiße Front« passiert hatten, wenn sie die Berührung mit dieser zerstörendsten und aufreibendsten aller Kulturen gefunden hatten, mit der Kultur, die wir die »westliche« nennen, dann wollten sie nicht mehr den Alten gehorchen, die über Jahrtausende hinweg die Stammessitten und die Totems – die Ahnenzeichen – verteidigt hatten. Und so starben die schwarzen Menschen dahin. Sie wurden schlechte Jäger, sie wurden anfällig. Sie verlernten tausend kleine Künste, die zur Lebenserhaltung auf dem Kontinent unentbehrlich waren. Sie hatten endlich Wasser und verdorrten doch in ihren neuen Wellblechhütten und Kleidern wie Blumen in Kellern. Die 300000 schmolzen zu 60000 zusammen, dann zu 50000, und von diesen 50000 führen heute nur noch 25000 das alte nomadische Leben.

Solche Australier, die ihrem Kontinent wirklich noch gewachsen waren, lebten schließlich nur noch in der heißen Mitte Australiens, in der unheimlichen, öden Trockenwüste. Hier jagten sie nach Känguruhs und Emus. Hier fingen die Frauen eßbare Schlangen, Ratten, Frösche, Eidechsen und Raupen. Hier sammelten sie Lilienknollen, Akazien- und Gräsersamen, um sich zu ernähren. Hier beherrschten sie noch die Kunst, in Wüsten, wo es in Jahren besonderer Trockenheit keinen Tropfen Wasser gab, aus Wurzeln doch noch Wasser herauszupressen, eine Kunst, die selbst den geschicktesten weißen Forschern versagt blieb. Sie besaßen nie Gefäße, in denen sie Wasser oder Speisen kochen konnten. Sie ließen das Fleisch in heißer Asche, Erde, Ton oder Lehm gar werden. Und wenn sie ein Känguruh fingen, lösten sie

Optimist und Pessimist. Auf Höhlenwänden am Humbertfluß, Nordterritorium, fand man diese Figuren. Was dachte sich der schwarze Künstler, der diese weißen Gestalten schuf? Die Felsenzeichnungen der australischen Ureinwohner sind sehr oft von grotesker Lebendigkeit.

sofort die Hinterläufe ab. Das war noch sicherer gegen Fortlaufen als das Töten selbst.

Jeder Stamm hatte immer sein eigenes Lebens- und Jagdgebiet. Und die Stämme überschritten fast nie ihre Grenzen. Überhaupt: nomadische Völker wissen viel besser Grenzen zu wahren als seßhafte, wie ja der Nomade sein Land auf weiteste Entfernung viel besser kennt als der »Flußtalmensch«.

Die Australier führten fast nie Krieg gegen Nachbarstämme. Stamm gegen Stamm waren sie immer friedlich. Daß Forscher über weite Entfernungen hin nachts dumpfe Aufschläge von Holzknüppeln auf Köpfe vernehmen, beweist nicht das Gegenteil. Einige Holzschläge auf den Kopf der Frau waren in Australien von jeher »eine kleine, wirksame Erziehungsmaßnahme«. Und wir sahen ja: die Sonne hatte ihre Schädel widerstandsfähig gemacht. Duelle, mit Holzknüppeln auf dem Kopf des Gegners oder der Gegnerin ausgetragen, wurden immer sportlich und fair geführt. Wenn die Frauen kämpften, sahen die Männer meist ruhig zu oder unterbrachen die Prozedur, wenn sie zu heftig wurde. Wenn die Männer kämpften, mischten sich die Frauen insoweit ein, als sie ihre eigenen Köpfe »als Schilde« den Knüppelhieben aussetzten.

Keine »Kultur« kann vom Standpunkt einer ihr fremden Kultur beurteilt werden. Keine Kultur kann mit dem Maß einer anderen Kultur gemessen werden. Ich habe australische Corroborees gesehen, die Tänze der Eingeborenen. Und ich muß sagen: Kein Gruppentanz auf dieser Erde ist so packend und ausdrucksvoll wie dieses Stampfen, dieses Springen im Rhythmus zu den urwäldlichen Kehllauten der Männerstimmen unter freiem Sternenhimmel und vor züngelnden roten Feuern. So werden ganze Tiergeschichten »erzählt«. Der Vogel wird gezeigt, der einen Fisch erbeutet. Und das Schicksal des Stammesahns, des Totems, wird »vertanzt«. Die Zeichnungen auf Schilden, auf Körpern und in Höhlen sind vielleicht primitiv. Aber die Phantasie, die dazu gehört, diese Bilder zu erfassen, ist großartig. Man hat in den Höhlen vom Humbert-Fluß, am Glenelg-Fluß, am Forrest-Fluß und an den Musgrave-Gebirgsketten erstaun-

Die Verschwörung der Gespenster. In einer Höhle bei Port Georg IV. sind die Ahnen des Worora-Stammes begraben. Jeder Nachkomme, der die unheimliche Stätte besuchte, hinterließ vor Zeiten seinen Händeabdruck auf der Felswand. So entstand das Spuk-Gemälde.

liche Zeichnungen gefunden, die aus sehr alter Zeit stammen und die gespenstisch lebendig sind. Ja, man fand eine Skizze der Pfote des »Diprotodon«, des Urkänguruhs, die darauf schließen läßt, daß der Künstler diesem einst lebendigen Tier noch lebendig gegenüberstand. Die Handabdrücke des Worora-Stammes in der Port-Georg-IV.-Höhle, scheinen wie geisterhafte, nächtliche Verschwörungen. Die Tierbilder an den Felswänden sind naiv und eindringlich zugleich. Und Fische schwimmen über Gestein wie in erstarrten Aquarien.

Kultur hat keinen Anfang und kein Ende. Wie das erste Rad eine epochemachende Kulturtat war, so ist der australische Speer ein Stück Kultur. Und die Wumera, der »verlängerte Arm«, der »Hebel«, ist eine Spitzenleistung menschlicher Erfindung, denn mit ihrer Hilfe kann jeder Geübte den Weltrekord im Speerwerfen sehr leicht überbieten.

Ach, es war ein reiches, großartiges, von Horizont zu Horizont schweifendes Leben, das hier unterging, mit tausendfältigen Künsten und Kenntnissen, die harte, feindliche Natur zu beherrschen, mit einem Verhältnis auf du und du zu Himmel und Erde und bis zu der schäumenden, rauschenden Brandung, die von Jahrtausend zu Jahrtausend an die Gestade des fünften Kontinents pochte.

Immer lag draußen vor der Nordküste von Queensland das große Barriereriff, dieses gewaltige, zerrissene Mauerwerk von Korallen, diese größte Korallenbildung der Erde überhaupt, von 2000 Kilometer Länge, unfruchtbar und unbewohnbar. Immer donnerte dort die Brandung gegen diesen naturgewachsenen Wellenbrecher Australiens.

Zwischen Barriereriff und Küste, 75 Kilometer nördlich von Townsville, liegt die Palm-Island-Gruppe. Hier auf Palm-Island sah ich das letzte, schreckliche Erwachen aus dem jahrtausendealten Traum Uraustraliens. Denn hier ist ein Reservat für Eingeborene, die mit der weißen Kultur in Berührung kamen, die man »aufsammelte« und auf die Insel verschickte. Hier leben die großen Jäger von einst, in Kleider gesteckt, die nicht zu ihnen passen, in Hütten, die sie 100000 Jahre nicht brauchten, »in guten sanitären Verhältnissen«, die ihre Widerstandskraft zerbrechen. Sie leben noch, und sie sind längst schon tot. Sie tanzen noch, und der Ozean singt ihnen das Sterbelied ...

Die größten Meister des Nichtstuns

»Ohne Zweifel: Der Pazifische Ozean ist älter als der Atlantik und der Indische Ozean. Ich meine: Der Pazifik hat noch kein modernes Bewußtsein erlangt. Atlantik und Mittelmeer haben ihre Völker von Stufe zu Stufe bewußt gemacht, während der Stille Ozean und seine Völker schliefen. Schlafen ist träumen. O Himmel, wie viele tausend Jahre schlief der Pazifik, wälzte sich im Schlaf um und um.«

D. H. Lawrence

»Vor uns liegt der Horizont. Es ist der Horizont, der immer entschwindet, der Horizont, der immer nahe scheint, der furchtbare Zweifel aufkommen läßt, der beklemmende Angst macht, der Horizont mit ungeahnter Urgewalt, den noch keines Schiffes Bug zerschnitten hat. Die unfaßbaren Himmel hängen über uns. Die wilden Seen rauschen unter uns. Der nie betretene Pfad liegt vor uns – unser Schiff muß fahren!« Das ist ein Lied der Polynesier, ein Lied der großen Seefahrer, die Jahrhunderte vor den Wikingern und vor Kolumbus ein Ozeangebiet eroberten, in dessen Flächeninhalt ganz Nordamerika dreimal hineinpassen würde.

Tausende von Inseln entdeckten diese Polynesier, kleine und große Paradiese, aus dem Meer ragende Vulkane, Korallenriffe, trostlose Felsen im Meer und blühende Urwaldeilande. Sie wurden die Herren dieses ins Meer projizierten Sternenhimmels, dieses Dreiecks, das von Hawaii, Neuseeland und Osterinsel gebildet wird. Ganz sicher ist, daß sie selbst Südamerika lange vor Cabral, Amerigo Vespucci, Gama und Magalhães erreichten. Die moderne Forschung stellt mehr und mehr Ähnlichkeiten zwischen indianischer und polynesischer Kultur fest. Polynesier waren immer Seefahrer. Sie brauchten kein Atlantis im Pazifik und keinen Kontinent »Mu«, um trockenen Fußes Amerikas Westküste zu erreichen. Und so schwimmt die 25 000bändige »pazifische Atlantis-Literatur« der Geologen, Botaniker, Biologen und Archäologen immer noch auf ziemlich unsicheren Wassern.

Unter allen Völkern der Erde hat keines auf so riesigem geographischem Raum gelebt wie die Polynesier. Über 69 Breitengrade, über 7500 Kilometer von Hawaii bis Neuseeland, über die 6000 Kilometer der 70 Längengrade von Tonga bis zur Osterin-

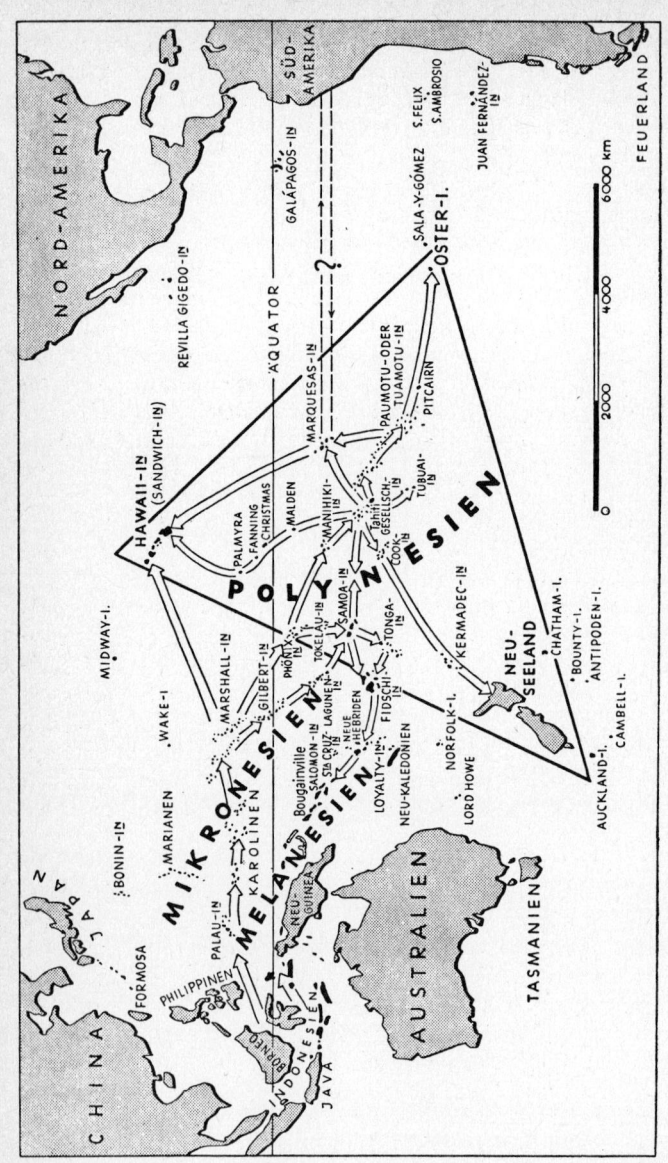

sel, das war die polynesische Welt, die Welt der Auslegerboote, der großen Kriegskanus mit 300 Mann Besatzung, der monate- oder jahrelangen Fahrten, der ewigen Kriege und Wanderungen. Diese Seefahrer kannten weder Kompaß noch Eisen. Sie haben uns keine geschriebene Geschichte hinterlassen. Die Schriftzeichen der Osterinsel sind nicht entziffert. Und was die Fluten verschlangen, ist nicht auszudenken.

Aber die Polynesier haben immer gesungen. Von Generation zu Generation haben sie Sagen und Legenden weitergereicht. Sie haben die Herkunft ihrer Geschlechter in ihren unverbrauchten Hirnen gut bewahrt und immer ihren Kindern weitererzählt. Sie glaubten fest, daß ein Mann, der eine wichtige Überlieferung falsch rezitiere, durch den Zorn der Götter sterben müsse. Sie waren – um modern zu sprechen – textfest ohne Buch. Darum hat die Erinnerung der Polynesier uns viel geschenkt. Die Maori auf Neuseeland berichten, daß ein Häuptling von Tahiti, namens Kupe, etwa 40 Generationen vor der Ankunft der Europäer Neuseeland entdeckt habe.

Eine Maori-Sage berichtet von einem Land »Uru«, das einst die Wiege ihrer Väter gewesen war. Man hat deshalb versucht, das »Ur« der Chaldäer in Mesopotamien als dieses Uru anzusehen. Aber im Maori-Dialekt der polynesischen Sprache bedeutet Uru nur Westen. Die Polynesier wissen auch von einem Lande »Irihia«. Findige Forscher kamen auf den Gedanken, Irihia als eine Abwandlung von »Vrihia« anzusehen. Vrihia ist ein alter Sanskritname für Indien. Das polynesische Wort für Sonne heißt »ra«. Und bald waren »Forscher« da mit der Erklärung, daß die Polynesier einst in Ägypten gelebt haben müßten, denn der Sonnengott der alten Ägypter war »Ammon ra«.

Ein mythologisches Bindemittel zwischen Polynesien und dem asiatischen Urheimatland ist auch die weit verbreitete Hawaiki-Sage. Überall in Polynesien – mit Ausnahme von Samoa und Tonga – wurde die Hawaiki-Schöpfungsgeschichte erzählt, immer mit kleinen Abwandlungen, aber im Grunde doch immer mit gleichem Grundgehalt. »Wir stammen vom großen Hawaiki, vom langen Hawaiki, vom fernen Hawaiki«, sagen die Maori. Hawaiki war Polynesiens einstiges Paradies, und von dort aus stießen sie ins Meer. Immer entgegen der aufgehenden Sonne segelnd, entdeckten und besiedelten sie ihre Inselwelt. Nur die Toten, die toten Seelen, wandern nach Westen, ins Land der untergehenden Sonne, zurück nach Hawaiki.

Wo aber lag Hawaiki?

Alles in allem ist die Wissenschaft zu der Überzeugung gekommen, daß die alten Polynesier aus Hinterindien über Indonesien kamen. Die Frage ist nicht restlos geklärt. Es gibt auch viele Kulturähnlichkeiten zwischen indonesischen Völkern und Polynesiern. So hielten die Polynesier immer, ganz wie die Indonesier, Hunde, Schweine und Hühner, und so wurde in Indonesien wie in Polynesien Feuer dadurch erzeugt, daß ein aufrechter Stab so lange in der Höhlung eines am Boden liegenden Stabes rotiert wurde, bis Feuer entstand. Tausende von polynesischen Wörtern sind in Klang und Bedeutung indonesischen verwandt. Die Indonesier sind Malaien. Die polynesischen und indonesischen Sprachen haben so viel gemeinsam, daß man daher beide Sprachen mit den mikronesischen und melanesischen zur »malaio-polynesischen Familie« zählt. Es steht fest, daß die Polynesier aus jener Weltecke in den Ozean hinausgetrieben wurden, die wir Südostasien oder Indonesien nennen.

Was wir nicht kennen, ist der Anlaß zu diesen selbstmörderischen Fahrten in die unsicheren und endlosen Weiten des Stillen Ozeans.

Eine ganze Literatur, Tausende von Bänden, entstand über die Frage, welchen Weg die Polynesier von Sprungstein zu Sprungstein über den Ozean genommen haben. Man neigte lange zu der Ansicht, die Polynesier seien über die melanesische Inselgruppe gesegelt. Man ist neuerdings zu der Überzeugung gekommen, daß die Polynesier den Weg über Mikronesien wählten, also das Inselgebiet, das vor dem Ersten Weltkrieg Deutschland gehörte.

Nun fanden alle diese Wanderungen nicht in wenigen Jahren statt, sondern im Laufe der Jahrhunderte, teils freiwillig und aus Not, meist aber bewußt, um den gesamten Stillen Ozean zu erforschen. Der Tonga-Häuptling Hui-te-Rangiora ist um 650 sogar bis in die Antarktis vorgedrungen. Inseln um Inseln entdeckten und kolonisierten diese see-erfahrenen und landhungrigen Menschen, die von wildem Freiheitsdrang besessen waren. Die polynesische Geschichte ist ein Drama von Ausstoßung, Verbannung, Verfolgung, Entdeckertragödien, Schiffbruch und Untergang in den Fluten, Kriegen von Inselgruppe zu Inselgruppe, von Kämpfen auf den Inseln selbst, von Elefantiasis, von Abtreibungen als Mittel gegen Geburtenüberschuß, von Hunger auf so winzigen Inseln, von Menschenopfern ohne Zahl und sogar von Menschenfresserei, die meist auf Inseln der Landnot zu Hause ist und selten auf Kontinenten.

Man wundert sich heute, daß es den Polynesiern ohne nautische Instrumente möglich war, so große Entfernungen zu überbrücken, so winzige Inseln im unermeßlichen Meer zu finden. Aber die Polynesier waren schon immer hervorragende Kenner von Wetter und Wind. Sie konnten vorhersagen, wie lange ein Wind anhalten wird, sie erkannten die Anzeichen des Sturmes und der Fluten, sie wußten, welche Strömung diesen oder jenen Teil ihres Ozeans beherrschte. Die Polynesier kannten den Sternenhimmel und die Stellung der Planeten zu jeder Stunde und an jedem Tag. Sie »sahen« fernste Atolle, lange bevor die Erdkrümmung sie preisgab, denn sie erkannten an den grünlichen Reflexen in den Wolken Inseln hinter dem Horizont. Sie beobachteten kleinste Pflanzenteile auf den Wellen ihres Meeres und schlossen

13 winzige Vulkaninseln im Ozean, das ist die Marquesas-Gruppe (in französischem Besitz). Einst lebten hier über 75 000 Polynesier; heute sind es nur noch 2 500. Auf der größten Insel, Nukuhiva, fand man diese Holzplastik, hergestellt mit einfachen Steingeräten. (Völkerkunde-Museum, München.) Foto: Herbert List.

daraus auf die genaue Richtung, in der eine Insel lag. Sie schätzten die Meerestiefen, und sie hatten einen unbestechlichen Instinkt bei der Beobachtung von Vögeln, aus deren Flug sie die Nähe ihres Zieles erahnten.

Amerikaner, Franzosen, Engländer und Deutsche haben sehr eingehend die Vergangenheit der Polynesier, ihre Fahrten, ihre Kultur, ihre Sprache und ihre Anthropologie erforscht. Dennoch gibt dieses Volk Rätsel über Rätsel auf. Als Cook Tahiti und die Sandwich-Inseln (Hawaii) besuchte, schätzte er die Bevölkerung auf 300 000 für Tahiti und 400 000 für die Sandwich-Inseln. Heute leben auf Tahiti noch 30 000 Eingeborene, auf den Sandwich-Inseln 21 000, in ganz Polynesien rund 300 000. Auch hier, mitten im Ozean, erwies sich die Kultur des weißen Mannes als tödlich für die Eingeborenen. Missionare, Verwaltungsbeamte versuchten, den Polynesiern alles abzugewöhnen, was zur alten Kokusnuß-Kultur dieser Seemenschen in Salzwind und Sonne gehörte. Sie suchten die Polynesier an Kleidung zu gewöhnen, an Seife, Kirche und Schule. Wo diese Kulturarbeit gelang, hörte Polynesien für alle Zeiten auf. Es lebt zwar noch ganz modern auf Hawaii, mit Singen und Tanzen nach modernen Rhythmen, untermischt von Japanertum, China, Portugal und USA, aber es ist hier nicht mehr die alte Ozeanwelt.

Das alte Polynesien hatte eine ganz andere Kultur: Liebesfreiheit für Mädchen und Jungen bis zur Eheschließung, großzügige Adoption von Kindern, Verbot jeder Unterhaltung zwischen Bruder und Schwester in Westpolynesien, Verachtung von Jungfräulichkeit und ebenso große Verachtung übertriebenen Begehrens, Treue in der Ehe und bedingungslose Scheidung auf Wunsch, strenge Geschlechtertrennung während der Mahlzeiten, auch schon bei der Bereitung der Speisen. Als diese Sitten von Kamehameha auf Hawaii abgeschafft wurden, war es mit der alten Kultur zu Ende. Vor allem aber besaßen die Polynesier immer eine Tugend, die sie auch heute noch nicht verlernt haben: Sie sind die größten Meister des Nichtstuns auf dieser Erde. Sicher ist ihre Lebensweise kulturell das Beste, was Menschen besitzen können: die naive Freude am Tag, die völlige Gleichgültigkeit materiellen Gütern gegenüber, die weise Beschränkung auf das, was man gerade braucht, die ungetrübte Sorglosigkeit, mit einem Wort – das Paradies. Polynesien hat die höchste Kultur des Beharrens in der Muße vom Steinzeitalter her bewahrt, diese triebhafte Einfalt des Seins ohne Ehrgeiz und Ansprüche.

Westliche Plantagenbesitzer, Verwaltungsbeamte, Missionare,

Forscher und alles, was wir so »Kulturträger« nennen, ist bisher an Polynesiens herrlicher Gelassenheit gegenüber Arbeit, Erwerb, Strebsamkeit, Verdienst, 8-Stundentag und 6-Tagewoche gescheitert. Man geht völlig fehl, wenn man die Polynesier faul nennt. Die Arbeit, die geleistet werden *muß*, verrichten sie gemeinsam und sehr eifrig, aber nur bis zu dem Augenblick, wo das *Muß* geschafft ist. Dann beginnt wieder die polynesische Zeitlosigkeit, Polynesiens Freude am Spiel, Polynesiens Gastfreundschaft und das großartige Lächeln über Dein und Mein, Soll und Haben. Ich habe diese Eigenschaft der Polynesier als stärksten Eindruck von den Inseln zwischen Honolulu und Auckland mit nach Hause genommen. Sie ist außerordentlich sympathisch, oft beschämend, unvergeßlich. Ich habe Ausländer, die den Preis von Kokosnüssen, Kopra oder Bananen zu hoch fanden, mit rotem Kopf stehen sehen, wenn der Polynesier auf solche Versuche »zu handeln« hin die ganze Ware lächelnd aufgab und friedlich davonging. Denn der Polynesier ist unerschütterlich davon überzeugt, daß das Ansammeln von Geld, das er nicht gerade unbedingt braucht und das ihn in seinen dauernden Ferien unterbricht, *Senkung seines Lebensstandards* bedeutet. Er arbeitet, um zu leben. Aber es fällt ihm nicht ein, zu leben, um zu arbeiten.

In 130 Jahren langer mühseliger »Kulturarbeit« ist es dem Westen nicht gelungen, die Lebensauffassung des Polynesiers zu ändern, abgesehen vielleicht von einigen Hafenstädten. Statt der uns so notwendig erscheinenden Arbeit haben sich die Polynesier immer ästhetischen Genüssen hingegeben, Festen von Dorf zu Dorf, Musik, Tanz, Holzschnitzerei für die Götter und nicht für Möbelgeschäfte, Bemalen von Tapastoffen und freier Liebe ohne jedes moralische Bedenken.

Die polynesischen Inseln sind die letzten noch lebendigen Paradiese der Erde, trotz aller vergangener Katastrophen. Es ist die Welt der Unbesorgtheit, der Ruhe und der Freude, die Welt des Heute, der das Morgen so gleichgültig ist wie das Gestern, eine Welt, die wir längst vergessen haben und die uns wie ein Märchen erscheint.

Ein Rätsel bleibt die Schrift der Osterinsel

4000 Kilometer westlich von Valparaiso ragt eine kleine Basaltinsel einsam aus den Fluten. Sie ist das östlichste Eiland der polynesischen Welt. Mächtige Steinstatuen, davon Kolosse bis zu 14 Meter Höhe, stehen oder liegen gestürzt am Strande, auf den Hügeln und an den Kraterwänden der Insel. Te pito te henua nannten die Polynesier ihr kleines Felsland. Rapanui war die Bezeichnung der Tahitier für die Osterinsel. Sie bildet das größte Rätsel der ozeanischen Vorgeschichte. Die Schrift der Osterinselmenschen ist bis heute noch nicht entziffert.

Am Ostersonntag des Jahres 1722 entdeckte der holländische Admiral Jakob Roggeveen die Osterinsel. Diese Entdeckung geriet in Vergessenheit, bis die Insel 1770 von dem spanischen Kapitän Felipe González y Haedo wiederentdeckt wurde. 1774 erschien Kapitän Cook, 1786 La Pérouse, 1816 Otto von Kotzebue. Dann, im Jahre 1862, trafen peruanische Piraten ein. Sie stellten auf der Insel 3000–4000 Eingeborene fest und verschleppten gleich 900 auf die Guano-Inselgruppe. Ein Jahr später lebten von diesen 900 nur noch 15, die – mit Pocken behaftet – auf die Osterinsel zurückgebracht wurden. Die Krankheit griff um sich, und bald waren von der alten Osterinsel-Bevölkerung nur noch 650 Eingeborene am Leben.

Das war der vielversprechende Anfang des »westlichen Kolonisationswerkes« an dem einzigen Völkchen Polynesiens, das noch die Kunst des Schreibens und Lesens einer heute untergegangenen Schriftsprache beherrschte.

Eugène Eyraud war ein frommer Laienbruder. Ganz allein saß er hier auf dem kleinen dreieckigen Eiland im Ozean und bemühte sich, die braunen Männer mit den Segnungen des Christentums vertraut zu machen. Die Osterinsel war schon seit fast 1½ Jahrhunderten entdeckt, als dieser erste Missionar einen eigentümlichen Fund machte: Lange hölzerne Tafeln – die größten waren beinahe 2 Meter lang – trugen in regelmäßigen Zeilen hieroglyphenartige Schrift, Umrisse von Menschen, Tieren, Pflanzen, Gestirnen, Lanzen, Paddeln und unerkennbaren Gegenständen. Die Tafeln waren aus Toromiro- oder Treibholz angefertigt, und die Zeichen waren oft auf beiden Seiten der Tafel mit Steinspitzen (Obsidianmessern) oder Haifischzähnen eingeritzt.

Eugène Eyraud hatte die Schrift Polynesiens entdeckt. Der fromme Bruder war kein studierter Mann und hatte daher keine Ahnung von der großen Bedeutung der Hölzer. Die Eingeborenen, die den christlichen Glauben angenommen hatten, benutzten die Tafeln als Brennholz. Eben getauft, gingen sie an das »Bücherverbrennungswerk« mit gemischten Gefühlen. Einerseits waren sie nicht so ganz sicher, daß die alten Götter die Vernichtung der geheiligten Tafeln dulden würden. Andererseits hatten sie auf der baumlosen Insel endlich genügend Brennmaterial.

Ein Mitarbeiter Bruder Eyrauds, Pater Zumbohm, überbrachte dem Bischof von Tahiti, Tepano Jaußen, ein Bruchstück einer Schrifttafel, und Pater Roussel schleppte fünf weitere, besser erhaltene Tafeln heran. Es wird berichtet, Eingeborene hätten dem Bischof eine lange, aus Menschenhaar geflochtene Schnur als Geschenk gesandt. Die Schnur war um ein Holzstück, eine Schrifttafel, gewickelt. Dem Bischof Jaußen verdanken wir jedenfalls die Entdeckung der Osterinselschrift für die Wissenschaft und die Erhaltung der letzten Tafeln. Die bedeutendste Sammlung dieser Tafeln befindet sich in der Congrégation des Sacrés-Cœurs de Picpus, denn Bischof Jaußen war ein Mitglied jener frommen Ordensgenossenschaft, die heute segensreich tätig und weit verbreitet ist.

Einer der Insulaner zimmerte sich mit bösem Gewissen gegenüber dem neuen und dem alten Gott ein Fischerboot aus den sprechenden Hölzern. Als sein Fahrzeug aus den Fugen geriet, hob er die Trümmer sorgsam auf und baute später ein neues Kanu daraus. Diesem Ketzer nach beiden Richtungen, sozusagen dem ersten »Nihilisten« der Insel, verdankt der Amerikaner Thomson eine der Tafeln. Thomson fand im Jahr 1886 auf der Insel einen alten Mann namens Ure-vaeiko, der etwas lesen konnte und den Inhalt einiger Tafeln kannte. Aber Ure-vaeiko war bereits ein guter Christ geworden. Er weigerte sich unter Berufung auf das Verbot der Missionare, die Tafeln zu lesen, und verbarg sich im Innern der Insel. Angstbebend saß er in seiner Behausung und zitterte vor Fegefeuer und Forschern. Am Abend des vorletzten Tages vor seiner Abreise gelang es Thomson, den ahnungslosen Insulaner in seiner Hütte zu überraschen. So wie man sonst Menschen betrunken macht, um sie am Lesen zu hindern, traktierte der schlaue Thomson seinen eingeborenen Freund mit Alkohol, bis er sich schließlich spät in der Nacht dazu herbeiließ, Fotografien der Tafeln anzusehen und zu lesen.

Die Schrift der Osterinsel

Noch nicht entziffert. Vorderseite einer Schrifttafel, wie man sie nur auf der Osterinsel fand. Die Tafel wurde aus Anlaß eines wochenlangen Festes angefertigt. Nach 1914 gab es auf der Insel Eingeborene, die Teile dieser Schrift aus dem Gedächtnis aufsagen konnten. Der richtige Text aber ist heute unbekannt. Man fand viele solcher Tafeln, und man kann einige Zeichen deuten, denn sie weisen zum Teil auf die dargestellten Gegenstände hin, zum Beispiel den Mond, einen Stern, einen Fisch, einen

Thomson stellte aber fest, daß Ure-vaeiko nicht die einzelnen Zeichen las, sondern irgend etwas aus dem Gedächtnis hersagte. Ertappt, entschuldigte sich der »Wilde« damit, daß die Bedeutung der einzelnen Zeichen zwar verlorengegangen sei, daß man den Sinn der Tafeln aber an unverkennbaren Einzelheiten erkenne und daß seine Deutung richtig sei. Als Dolmetscher diente ein französisch-tahitischer Mischling, Paea Salmon mit Namen. Die angeblichen Texte der fünf Tafeln hat Thomson veröffentlicht, und ein deutscher Forscher, Michael Haberlandt, meint dazu, die mitgeteilten Texte seien – milde ausgedrückt – unvollständig. Die Zahl der Schriftzeichen übertrifft nämlich bei weitem die Wörter der angeblichen Texte. Der schwerste Einwand gegen den guten Ure-vaeiko ist die Tatsache, daß Thomson während der Übersetzung die Fotografien vertauschte und daß der brave Polynesier in dem einmal begonnenen Texte fortfuhr.

Die beiden Tafeln, die Thomson selbst auf der Insel erwerben konnte, befinden sich jetzt im »United States National Museum« zu Washington.

Krebs, einen Angelhaken. Auch ist bei Betrachtung des Figurengewim-
mels erkennbar, daß gewisse Zeichen sich häufig wiederholen. Von unten
gerechnet, stehen nur die Figuren der 1., 3., 5. und 7. Reihe aufrecht, die
der 2., 4., 6. und 8. Reihe auf dem Kopf. Der Leser wie der Schreiber
begann am rechten Ende der unteren Zeile, mußte dann die Tafel umdre-
hen, dann zum darüberliegenden Buchstaben der nächsten Zeile über-
springen usw., wie ein ackerpflügendes Rind. Man nennt daher diese
Schreibmethode »boustrophedon«, nach bous = Rind, strophe = Wende.

Von März 1914 bis August 1915 hielt sich eine Frau auf der
Insel auf, die tüchtige Mrs. Routledge, und erkundete während
dieser Zeit alles noch irgend Erreichbare über die Schrift. Sie legte
den Eingeborenen Fotografien von Schrifttafeln vor, und die
fröhlichen Insulaner lasen munter darauflos. Meist lasen sie denselben Text, ganz gleich, auf welche Schriftzeichen Mrs. Routledge wies. Schließlich fand Mrs. Routledge einen alten Mann,
der eine zweite Schrift zu schreiben wußte, eine Schrift, die zur
Abfassung von Annalen verwendet wurde. Mrs. Routledge versuchte, von diesem Manne – er hieß Tomenika – einzelne Zeichen
zu erfragen. Diese Forschertätigkeit war nicht ganz ungefährlich,
denn der Mann war an Lepra erkrankt. Der alte Mann hatte viel
vergessen. Und was sein zerbrechender Geist noch dunkel erinnerte, vermochte er nicht in Worte zu fassen. Mehr und mehr
umnachtete sich sein Gehirn. Die Antworten kamen zögernd
und verworren. Schließlich starb er unter den Augen der mutigen
Pionierin während des Buchstabierens. Die letzte Rede des Sterbenden lautete: »Die Worte sind neu. Die Buchstaben sind alt.«

Mrs. Routledge hat uns ein lebendiges Bild des alten Priesterkönigs der Osterinsel hinterlassen, der noch zur Zeit des peruanischen Überfalls seines Amtes waltete. Dieser König wurde Ariki Ngaara genannt. Er herrschte über den an der Nordküste angesiedelten Miru-Stamm. Er führte seine Ahnenreihe direkt auf Hotu Matua zurück, den ersten eingewanderten Herrscher Polynesiens. Ngaara war ein kleiner, dicker Mann, so dicht mit Tätowierungen bedeckt, daß seine Haut fast schwarz erschien. Vorn und hinten baumelten ihm Holzstatuetten am Leibe, die beim Gehen klapperten. Wenn der Dicke aß, durfte ihm niemand zusehen, und nur besondere Diener durften seine Behausung betreten. Ach, der arme Ariki Ngaara durfte aus magischen Gründen niemals die köstlichste Speise der Osterinsel genießen: Rattenbraten! Ngaaras Hauptpflicht war es, die Hennen der Osterinsel zum fleißigen Eierlegen zu bewegen. Weil aber Ratten den Hühnern wie den Eiern nicht wohlgesinnt sein können, und da der Häuptling beim Genuß von Rattenfleisch etwas von der hühnerfeindlichen Natur der Ratten in sich aufgenommen hätte, wäre sein hühnerfreundliches Wesen durch solche Speise gefährdet worden. Der alte Eingeborene Te Haha war noch in seiner Jugend Bote des Ngaara. Als der Meister seinen Diener einmal beim Abnagen eines Rattenknochens ertappte, geriet er außer sich.

Man muß sich diese letzten Stunden der Osterinsel plastisch vorstellen: Häuptling Ngaara saß auf dem Kopf einer der berühmten mächtigen Steinfiguren, über deren Transport und Aufbau sich die Wissenschaft noch heute den Kopf zerbricht. Vor ihm waren die Neutätowierten aufmarschiert, und Ngaara trennte die gut Tätowierten von den schlecht Gezeichneten. Es gab ein großes Hallo, wenn der Dicke die schlecht Tätowierten dem Spott des Volkes preisgab.

Ariki Ngaara war außerdem sozusagen Präsident der Insel-Schrifttumskammer. Er überwachte die große Kunst des Tafellesens. Nur wenige beherrschten die Hieroglyphenwissenschaft: die gelehrten Rongo-Rongo-Männer. Sie wohnten in besonderen Hütten, getrennt von ihren Frauen. Sie hatten Schüler, sie gaben Unterricht. Anfänger schrieben auf Bananenblätter, Fortgeschrittene mit Haifischzähnen auf Toromirotafeln. Wie Kaiser Karl, war Ngaara selbst ein eifriger Kalligraph und gleichzeitig Schulinspektor. Es gab auch eine Tagung der Rongo-Rongo-Männer. Da kamen Hunderte von Gelehrten zusammen. Da saß die ganze Bevölkerung als Zuschauer dabei. Da gab es Volks-

*Geheimnisvolle Holzstatuette auf der Osterinsel. Aus
den kostbaren, angeschwemmten Holzstücken wurden nicht nur Schreibtafeln, sondern auch solche Statuetten geschnitzt, für Zauberer und Hellseher. Sie besitzen großen Wert.*

mahlzeiten. Da wurden die großen Examina abgehalten und
Ngaara, wie sein Sohn Kaimokoi, saß auf Stapeln von Schrifttafeln. Wenn ein junger Mann stümperhaft las, so wurde er nur
getadelt. War aber ein Alter nicht textfest, so packte ein Junger
den Alten am Ohr und führte ihn so aus der Versammlung an den
Strand. Das Ende der Tagung und des Festes war das, was jeder
gute Bürger am Sonntag im Topf haben sollte: ein Huhn. Jeder
Rongo-Rongo-Mann erhielt so ein gackerndes Zweibein.

Die letzten Jahre seines Lebens hatte der arme Ngaara viel zu
leiden. So klein die Insel ist, auch hier gab es Stammesfehde. Der
Ngaure-Stamm siegte über die Miru und machte sie zu Sklaven.
Fünf Jahre lang wurde Ngaara plus Enkel gefangengehalten, bis
sich schließlich die Miru mit einem dritten Stamm, den Tupahotu, verbündeten und den alten Mann kurz vor seinem Tode
befreiten.

Ein Teil der vielen Tafeln, die Ngaara hinterließ, soll noch in
einer der vielen Höhlen der Osterinsel verborgen sein. Die Suche

nach diesen Tafeln ist ein empfehlenswertes Projekt für Bildberichterstatter, Illustrierte und Jugendliche, die allwöchentlich zu einer Forschungsreise aufbrechen. Die Überlieferung der Osterinsel berichtet, daß der erste Ankömmling, der Häuptling Hotu Matua, 67 Tafeln aus seiner ursprünglichen Heimat mitgebracht habe. Vielleicht haben wir daher in den Schriftzeichen der uns erhaltenen Tafeln späte Überreste einer uralten, früher viel reicheren Schrift. Viele Anzeichen deuten nämlich auf ein hohes Alter der Hieroglyphen hin, und die Rongo-Rongo schrieben zuletzt nur noch eine Art dürftige Stenographie. Als die Spanier 1770 die Insel in Besitz nahmen, unterschrieben die Häuptlinge und vornehmsten Männer den Vertrag mit hieroglyphenartigen Signaturen, die der Tafelschrift ähnlich sind.

Die Schrift der Osterinsel besteht aus Ideogrammen, d.h. Bilderzeichen, die gewisse Vorstellungen zum Ausdruck bringen. Jedes Zeichen bringt so getreu wie möglich den gemeinten Gegenstand zur Darstellung. Wir können dieses oder jenes Zeichen deuten, aber der Sinn der Schrift bleibt ein Rätsel.

Rätselhaft bleibt auch die Frage, ob die Osterinsel Rest eines untergegangenen Insel-Archipels ist oder seit Jahrtausenden ihre heutige Form bewahrte.

Gegen die Archipel-Theorie sprechen die Ahus, die Steinbilder, die heute noch starr gerade an der Küste stehen. Weder Anfang noch Ende der Osterinsel-Kultur können durch geologische Veränderungen erklärt werden. Die Osterinsel ist nicht das Überbleibsel eines versunkenen Kontinents noch einer versunkenen Inselgruppe. Auch ging die Osterinselkultur nicht durch Vulkanausbrüche unter. Einige Wissenschaftler halten die Osterinsel-Kultur für so eigenartig, daß sie diese nicht mit dem übrigen Polynesien verbinden wollen. Zur Zeit der Entdeckung der Osterinsel aber waren die Eingeborenen hier Polynesier.

Alfred Métraux vom Bernice P. Bishop-Museum, Honolulu, Hawaii, zählt viele Argumente auf, die das Oster-Eiland in den polynesischen Kulturkreis zwingen. Auch die Parallelen zwischen der Osterinsel und den indianischen Kulturen Südamerikas, in denen der Kontiki-Autor Thor Heyerdahl schwelgt, sind nur Wunschträume. Der Fund von zwei Osterinsel-Speerspitzen in einem indianischen Grab in Chile ist wissenschaftlich unbezweifelbar.

Wahrscheinlich haben die Oster-Insulaner die zentral-polynesische Inselwelt zu einem Zeitpunkt verlassen, ehe sich noch die einzelnen polynesischen Kulturen voll entwickelt hatten. Da es auf der Osterinsel kein Holz gab, verkümmerte die Kunst der Seefahrt. Holz war auf der Osterinsel so rar wie Jade auf Neuseeland. Darum wurde Schmuck auf der Osterinsel aus Holz hergestellt.

Die einzige bodenständige Erfindung der Osterinsel-Menschen scheinen die Holztafeln zu sein. Diese sprechenden Tafeln sind stumm geworden. Sie rufen nach Forschern und geben keine Antwort. Sie ruhen in Museen, und die Zeit vergeht. Die Wellen des Ozeans, die sich an den Gestaden der einsamen Insel brechen, haben keine Erinnerung und hüten das Geheimnis.

Kokosnuß- und Muschel-Kultur

Kaum ein Volk der Erde hat den Forschern so viele Rätsel aufgegeben
wie das der Melanesier. Der Ursprung der Eingeborenen dieser Inselwelt
ist nicht restlos geklärt. Vielleicht haben die Melanesier in alter Zeit in
Gruppenehen gelebt. Vielleicht kann man bei diesem Volk das Rätsel des
Totems ergründen. Sicher ist Melanesien ein letztes lebendiges Museum
untergehender Rassen, ein Dorado für Anthropologen.

Der Pazifische Ozean ist nicht die endlose, leere Wasserwüste,
die uns die Schul-Atlanten vortäuschen. Der Pazifik ist ein Meer
mit über 10000 Inseln. Vielleicht sind es 30000, denn niemand
könnte sie zählen. Die Tuamotu-Gruppe heißt in der Eingebo-
renensprache: »Wolke von Inseln«. Sie besteht aus 80 Hauptin-
seln und zahllosen »Fragmenten«. Es gibt sehr, sehr viele solche
»Inselhaufen« im Pazifik. Allein die Gruppe der Philippinen
umfaßt 70000 Eilande. Ein einziges Atoll – Korallenring mit
Lagunen in der Mitte – kann in Wirklichkeit aus einer Vielzahl
über das Wasser ragender Inselchen bestehen.

Größer als alle Kontinente zusammen ist der Pazifik. Wie der
Sternenhimmel sind seine Inselwelten, und die Völker dieses
Ozeans, die Indonesier, Melanesier, Mikronesier oder Polynesier, sind in ihrer Kultur und ihrer Vorgeschichte so unauslotbar
wie der Ozean, der ihre Lebensschollen umfaßt.

Vor 100 Millionen Jahren mag sich die Westküste des pazifischen Beckens von Japan bis zu den Karolinen und weiter bis zu
den Fidschis und Neuseeland hingezogen haben. Geschichtsepochen um Geschichtsepochen sind in den Fluten dieses Ozeans
untergegangen, und die wahre Geschichte Ozeaniens reicht
viele, viele Tausende von Jahren zurück.

Die ersten Menschen Ozeaniens waren die Pygmoiden, klein-
wüchsige, dunkelhäutige Menschen mit krausem Haar, aus
Asien verstoßen noch während der letzten Eiszeit-Epoche. Die
Wasserstraßen zwischen den Landmassen waren damals viel en-
ger als heute, denn man muß bedenken: gewaltige Eisschichten
im Norden hielten riesige Wassermengen zusammen, hielten den
Ozean klein und die Landmassen trocken. Als vor rund 14000
Jahren die Eiszeit aufhörte, Land ertrank und Bergspitzen zu
Inseln wurden, saßen wohl schon Menschen auf diesen »Ara-
rats«. Wir wissen wenig oder nichts. Vielleicht währten die Wan-

derungen der Pygmoiden zu den heutigen Inselwelten Ozeaniens nicht 100000, sondern mehrere 100000 Jahre!

Aus den malaiischen Gebieten wanderte noch ein zweiter Menschenschlag nach Neu-Guinea und Australien. Ganz anders waren diese Urahnen der Ozeaniden als die Kleinwüchsigen; ihre Haut war heller, ihr Haar eher lockig als kraus, ihre Leiber haarig. Sie gehörten einem uralten Grundstock der weißen Rasse an, den »Ainoiden«, ähnlich jener Menschenart, die man noch heute auf der nördlichsten Insel Japans, auf Hokkaido, findet. Diese Weißen verbreiteten sich über Westozeanien und vermischten sich mit den Pygmoiden. Die Rasse der Pygmoiden muß viel stärker gewesen sein, fruchtbarer und widerstandsfähiger als die Ainoiden. Denn die Hellhäutigen »ertranken« im Blut der Schwarzen.

Den Ainoiden folgen andere, Jäger und Nahrungssammler der Vor-Ackerbau-Epochen, sogenannte Veddiden, die körperlich der Urbevölkerung Südindiens, den Veddas, ähnelten. Vielleicht gesellten sich zu diesen auch noch mongolide Menschen.

In der Inselwelt, die wir Melanesien nennen, behauptete sich das negroide Element überhaupt stärker als die drei anderen Rassen. Daher auch kommt der Name Melanesiens, nämlich vom griechischen »schwarze Inseln«.

Drei oder wahrscheinlich sehr viel mehr Rassen, drei oder sehr viel mehr Kulturen, und wenigstens drei oder mehr Sprachen schoben sich ineinander, vermischten sich, trennten sich wieder in Dialekte, verschiedene Gebräuche und verschiedene Gesellschaftsordnungen. Während das riesige Meergebiet Polynesiens eine recht einheitliche Kultur und Menschenrasse birgt, Menschen, die fast wie braune Europäer erscheinen, ist das viel ältere Melanesien ein Mosaik von Hunderten von verschiedenen Kulturen. Hier in dieser Welt zwischen Neukaledonien, Neu-Guinea und den Fidschi-Inseln ist nichts so recht typisch. Kein Ur-Kulturgebiet der Welt ist so bunt wie das Melanesiens. Hier leben die dunklen, wollköpfigen, geheimnisvollen Völker, die allen Forschern und allem Klassifizieren ein Schnippchen schlagen.

Auf den Inseln Melanesiens sind die Völkerwanderungen noch heute feststellbar. Im Laufe der Jahrhunderte setzten sich die späteren Ankömmlinge an die Küsten und jagten die älteren Einwohner, die negroiden Urmänner, in die Wälder, Berge und Sümpfe des Innern. Wasser verbindet besser als Land. Darum tauschten die Küstenmenschen von Insel zu Insel ihre Kulturen

Neu-Guinea, nach Grönland die größte Insel der Welt, wäre mit Australien verbunden, wenn der Ozeanspiegel nur 20 Meter tiefer läge. Hier
leben noch über eine Million Eingeborene mit krausem Haar und stark
negroidem Einschlag. Die Papua gehören entweder einer besonderen
Rasse an oder sind schon mit Melanesiern vermischt. Es leben aber auch
Melanesier auf der Insel. Dieser Holzschild mit dem Kopf eines Ahnen
diente als Schutz, als zuverlässiger Zauber und als wirksames Abschreck-
mittel. (Völkerkunde-Museum, München.) Foto: Herbert List.

aus. Die Inlandgemeinschaften schlossen sich mehr und mehr ab. Man kann geradezu »Küsteneingeborene« und »Buscheingeborene« unterscheiden. Die Papuasprachen werden fast ausschließlich im Innern einiger großer Inseln vor allem in Neu-Guinea und Neu-Britannien gesprochen. Es gibt zahllose Papuasprachen, die sich so voneinander unterscheiden, daß sich die Einwohner eines Dorfes kaum mit denen des Nachbarortes verständigen können. Die Küstenbewohner sprachen melanesisch. Auf Bougainville, einer Salomo-Insel, leben rund 35 000 Eingeborene. Acht verschiedene Papua-Sprachgruppen leben im Innern und im Süden. Menschen melanesischer Sprache – sieben verschiedene Sprachgruppen – leben an den Küsten und im Norden. Auf dieser Insel vollzieht sich zur Zeit das, was uns die Einordnung der verschiedenen Rassen so schwierig macht: Angleichung von Sprache und Kultur. An der Ostküste landeten vor gar nicht langer Zeit melanesisch sprechende Eingeborene der Shortland-Insel. Die »melanesieren« jetzt die Inland-Papua-Gemeinden. Im Südwesten dagegen geben die Küsten-Melanesier nach und nach ihre ungesunden Seedörfer auf und wandern inseleinwärts. Dort werden sie »papuanisiert«, und zwar gründlich, sprachlich sowie kulturell. Um das Völkerbild von Bougainville noch mehr zu komplizieren, sind die Eingeborenen des südlichen Teils der Insel groß von Wuchs an der Küste, und fast pygmäenhaft im innern Bergland. Alle Eingeborenen von Bougainville – die melanesischer wie papuanischer Sprache, Küstenmenschen wie Inlandsmenschen, groß oder klein –, sie alle sind rabenschwarz, schwärzer als die papuanisch sprechenden Menschen der unzugänglichsten Nester von Neu-Guinea. Ein Teil der Eingeborenen von Neu-Guinea gehört vorwiegend der melanesischen Rasse an, der Rest der negroiden Papuarasse.

Eigentlich sind nur fünf Inselgebiete ohne Zweifel melanesisch: 1. teilweise die Salomonen, 2. die Santa-Cruz-Gruppe, 3. die Neuen Hebriden mit den Banks-Inseln, 4. Neukaledonien und die Loyalty-Inseln, 5. die Fidschi-Inseln.

Dieses Melanesien entwaffnet und erschöpft jeden Ethnologen. Aber es bildet ein lebendes Museum ursprünglicher Kulturformen. In keiner Gegend der Welt sitzen so viele verschiedene Kulturen so eng beieinander, und nur wenige Erscheinungen bilden die Brücke und sind Gemeingut: geschliffene Steinwerkzeuge, Pfeil und Bogen, Speere, Schweinezucht, Haushund, Hühner, Fischerei, Feldbau und Sammeln wilder Pflanzen, Animismus, also der Glaube, daß tote Gegenstände beseelt sind,

Männergeheimbünde mit den damit verbundenen Initiationen, das Maskenwesen und schließlich die »Exogamie«.

Damit kommen wir zu der interessantesten Erscheinung der melanesischen Kultur. Exogamie ist Eheschließung mit einem Partner, der sich außerhalb einer eigenen, bestimmten Menschengemeinschaft befindet. In der Vorstellungswelt der Melanesier gibt es fast kein wichtigeres Gesetz als die Einteilung aller Menschen in zwei oder mehr Gruppen. Nie darf innerhalb ein und derselben Gruppe geheiratet werden. Ein Mensch, der der Gruppe A angehört, muß einen Partner aus der Gruppe B oder C heiraten und umgekehrt. Wie und warum sich diese Gruppen bildeten, steht nicht fest. Aber sie sind da, und sie sind ehernes Gesetz. Die Zugehörigkeit zu einer bestimmten Gruppe geht von der Mutter auf das Kind über. Entscheidend ist, welcher Gruppe die Mutter angehört. Der gleichen Gruppe gehören die Söhne und Töchter an. Weder das territoriale Gebiet, noch ein Clan oder Stamm bestimmen den Rahmen der Gattenwahl, nur eben die Zugehörigkeit der Mutter zu dieser oder jener Gruppe. Diese Gruppen haben keinen anderen Sinn, als die Heiratsmöglichkeiten zu bestimmen, weder einen politischen noch einen stammesmäßigen. Das System findet sich genauso in Australien. Für einen Melanesier sind alle Frauen seiner Generation entweder verboten wie Schwestern oder erlaubt wie Bräute. Für eine melanesische Frau sind alle Männer verbotene »Brüder« oder mögliche »Freier«.

In Melanesien wie in Australien hat sich diese Art von Heirat einzelner wahrscheinlich aus einem uralten System der »Gruppenheirat« entwickelt. Alle Frauen der einen Gruppe waren vielleicht einmal die gemeinsamen Gattinnen aller Männer der anderen Seite. Man versuchte diese Vermutung damit zu begründen, daß in gewissen melanesischen Sprachen die Begriffe Mutter, Gattin, Ehefrau und Kind nur im Plural existieren. Daraus schließt man auf eine Zeit, in der Einzelbeziehungen unbekannt waren, eine Zeit, in der Gruppenbeziehungen das ganze Leben beherrschten. Heirat innerhalb der eigenen Gruppe war bei den Melanesiern immer unmöglich. Sie war unter Todesstrafe gestellt. Ebenso wurde der Mann bestraft, der ein Mädchen seiner eigenen Gruppe verführte. Eine Ausnahme bildet nur die Insel Neukaledonien.

Allen Melanesiern gemeinsam ist auch »Totemismus«. Es handelt sich um eine sehr komplizierte Erscheinung, die wir auch in der australischen wie amerikanischen Welt finden. Das Wort

Ahnenfiguren der Melanesier von Neu-Irland, Bismarck-Archipel.
185 000 melanesische Eingeborene leben auf der Inselgruppe. Sie sind
körperlich und in ihren Sitten sehr verschiedenartig, denn hier haben sich
viele Völkerstämme vermischt. Der Ahnenkult besteht seit undenklichen
Zeiten. (Völkerkunde-Museum, München) Foto: Herbert List

Dieser Melanesier lebt auf Neukaledonien. Die Insel hat 1953 das Jubiläum ihrer 100 jährigen Verbundenheit mit Frankreich gefeiert. In Noumea, Hauptstadt Neukaledoniens, stehen jetzt schon ganz moderne Gebäude, Autos fahren durch die Straßen. 30000 Eingeborene leben auf der Insel.

»Totem« ist von »ototeman« abgeleitet. Es bedeutet in der Sprache der Ojibwa und der ähnlichen Algonquin-Indianer-Sprache wörtlich: »seines Bruders-Schwester-Verwandter«. Sinngemäß ist Totemismus der Glaube an Abstammung und Wesensgleichheit mit einem Tier, einer Pflanze, einem Stern, einem Blitz. Damit wird eine verwandte Gruppe von Menschen verbunden. Diese lebendige Vorstellung von Totem hat gerade in der melanesischen Welt zu gespenstisch-großartigen Kunstschöpfungen geführt, zu Riten, zu Tabus – also Verboten –, zu großen Festen, in denen die Verbindung mit dem Totem erneuert wird. Ganze Familien und Sippen sind nach Tieren und Pflanzen benannt. So ist für gewisse Familiengruppen Neukaledoniens der große Gecko ein heiliges und unverletzliches Tier, für andere Familiengruppen jedoch ist es der Sperber, die Eidechse oder auch der Haifisch.

Düster, voller Zauber und Magie war immer die Welt Melanesiens, ganz im Gegensatz zur lichteren und sinnenfreudigeren Welt Polynesiens. Auf einigen Inseln Melanesiens gab es früher Kopfjägerei und Kannibalismus, gab es immer Tötung alter lebensunfähiger Menschen. Auch Tötung Schwerkranker stellte man auf vielen Inseln Melanesiens fest. Wenn man die Eingeborenen fragte, warum sie es taten, so antworteten sie immer: »Aus Mitleid«.

Die Sprache der Melanesier war von Insel zu Insel verwandt. Es herrschte aber babylonische Sprachverwirrung. Allein auf Neukaledonien gibt es rund 20 verschiedene Sprachen und Dialekte. Diese Sprachen besaßen keine von Eingeborenen geschriebenen Grammatiken. Dennoch machen die Menschen der melanesischen Welt fast niemals grammatikalische Fehler im Sprechen. Dieses richtige Sprechen beruht auf der tiefen Erkenntnis der Macht des Wortes. Denn im Wort, so weiß der Melanesier, steckt ein gefährlicher Zauber, ein Zauber, den man nicht »ärgern« darf, eine Kraft, die sich rächt, wenn man sie mißachtet.

Was ist das doch für eine merkwürdige Welt. Da wälzt der Pazifik Welle um Welle heran, da glitzert die Korallensee, da haben Völker um Völker Tausende von Jahren verträumt wie im Schlaf. Da brechen Vulkane aus winzigen Eilanden, da formen Myriaden kleinster Kreaturen Korallenriffe und Atolle, da bäumen sich Flutwellen auf und ertränken ganze Inseln, da schimmert nachts die Mondscheibe auf den Wassern, und die Milchstraße, siebenhunderttausend Lichtjahre entfernt, spiegelt sich in dieser Märchenwelt. Franzosen, Engländer und Amerikaner haben die Südsee-Inseln aus ihrem Schlaf gerissen. Die Melanesier, die Polynesier lachen und tanzen noch. Dann treten sie ab.

Mühsam erforschen westliche Gelehrte alte Tabus, diese Kokosnuß- und Muschelkulturen und versuchen, das Leben der Ozeaniden zu ergründen, die ihr Glück in der Ruhe und im Verharren fanden.

Für den Westen aber gibt es kein Zurück. Unter dem Sturmangriff des Wissens und des Fortschritts fallen die alten Zauberwelten. Und zum ersten Male muß der größte der Ozeane mit Mann und Maus kapitulieren, denn seine alten Völker sind aus der Ruhe, aus dem Verharren, aus ihrem Lebenselement gerissen.

Sie kamen aus Asien. Sie wanderten über die Beringstraße. Sie erreichten Nordamerika vor 10000 bis 20000 Jahren.

Rund vier Millionen Jahre sind vergangen, seit ein sehr merkwürdiges, affenähnliches Lebewesen auf nur zweien seiner vier Beine aufrecht über die Erde ging. Dadurch wurde es diesem erstaunlichen Geschöpf möglich, die beiden Glieder, die es nun nicht mehr zur Fortbewegung brauchte, nach und nach zum Kampf um das Leben und zur Nahrungssuche zu entwickeln. Dann zeigte sich einmal, wir wissen nicht wann, im Kopf dieses Lebewesens etwas ganz Neues, etwas, das es auf der Erde noch nie vorher gab, das Geschenk des Geistes, der Wille und die Idee zur Arbeit. Die zwei freien Gliedmaßen konnten noch mehr Wirkung bekommen, wenn sie einen Stein, ein Werkzeug packten. Zweibein erfand das Feuer, lernte artikuliert sprechen, ja, es lernte sehen, ganz anders als alle Lebewesen der Erde sonst.

Es gibt kaum eine interessantere Wissenschaft, als den Spuren der ersten Menschen unserer Erde nachzuforschen, der Spur des Rätsels »Mensch«. Hier hat Zweibein vor undenklicher Zeit einen behauenen Stein, die Knochen eines getöteten Tieres, die großen Gräten längst ausgestorbener Fische oder gar Reste eines Feuers hinterlassen – dieses Wissen hat etwas unendlich Faszinierendes.

In Europa, in Asien, in Afrika und auf Java fand man die bisher ältesten Gebeine des Menschen, »Fossilien«, die 500000–1 Million Jahre im Schutze von Erde und Gestein auf ihre Entdeckung warteten. Auf Java (Pithecanthropus), bei Peking (Sinanthropus), in Rhodesien und im Neandertal hat der Mensch über eine Zeitspanne von Hunderttausenden von Jahren seinen fast unheimlichen Gruß hinterlassen: »Hier war ich, hier habe ich gelebt«. In Amerika aber wurde noch kein menschliches Skelett, kein menschlicher Knochen und kein menschlicher Schädel gefunden, kein menschliches Werkzeug und keine menschliche Spur, die älter als 20000 Jahre wäre.

Die Hochkulturen der Maya und Azteken in Mittelamerika und der Inkas von Peru verführen zu der Annahme, daß solche Gipfel menschlichen Schaffens und menschlicher Bildung nur

Abschluß und Endpunkt sehr langer Zeitepochen sein können, daß der Mensch vielleicht 30000 oder 50000 Jahre an Ort und Stelle gelebt haben muß, um solche Höhen zu erreichen. Das aber ist ein Trugschluß, denn wir wissen, daß die Hochkultur von Mesopotamien, am Nil und am Indus in nur einigen tausend Jahren aus dem Nichts ihre größten Höhen erreichte und dann wieder ins Nichts hinabsank. Die älteste bekannte Kultur Südamerikas, die von Chavin, auf dem nordperuanischen Hochplateau und an der Küste, währte von etwa 100 n. Chr. bis 500 n. Chr. Die älteste Maya-Stadt, Uaxactun in Guatemala, wurde 328 n. Chr. gegründet. Überhaupt ist in Nord-, Mittel- und Südamerika nichts zu finden, was einer Hochkultur angehören könnte und weiter als 200 v. Chr. zurückliegt. Wann aber kamen die Menschen nach Amerika, die wir seit Kolumbus »Indianer« nennen, die Menschen, die wir jetzt als Urbevölkerung der beiden Amerikas ansehen?

Man hat in Nordamerika Pfeilspitzen und Speerspitzen gefunden, die ganz sicher von Menschen angefertigt sind, und man fand diese Gegenstände dicht bei Knochen in Amerika ausgestorbener Tiere, also bei Fossilien von Kamelen, von frühen Arten des Bisons, vom Riesen-Faultier und vom amerikanischen Urpferd. Man schloß auch aus dem Alter der Gesteinsarten, in die solche Fossilien und Gegenstände eingebettet waren, auf das Alter der Funde. Die ältesten Funde gehören der »Folsom«-, »Sandia«- und der »Cochise«-Kultur an. Alle drei Gruppen von Werkzeugen kann man eigentlich nicht Kulturen nennen. Sie sollten Industrien oder Handwerksarten genannt werden. Die Folsom-Industrie erhielt ihren Namen nach dem Ort ihrer ersten Entdeckung im Nordosten von Neu-Mexiko im Jahre 1926. Folsom-Gegenstände fand man auch an der Ostseite der Rocky Mountains in Alberta (Kanada) und verstreut über fast ganz Nordamerika östlich der Rocky Mountains. Sandia-Material fand man in einer Höhle der Sandiaberge von Neu-Mexiko, Cochise-Gegenstände wurden zusammen mit Bison-, Mammut-, Kamel- und Pferdefossilien in Südarizona entdeckt. Diese »Industrien« sind 10000, 15000 oder höchstens 20000 Jahre alt. Sie waren durchwegs in Nordamerika beheimatet und wurden von Menschen betrieben, die das Feuer kannten – wie sich aus Resten von Kohle feststellen läßt –, die Jäger waren und Nomaden. Wenn es in Amerika etwas Älteres gibt als Folsom und Sandia, dann ist es noch nicht gefunden.

Wir wissen also, daß es seit rund 20000 Jahren Menschen in

Nordamerika gibt, daß sich erst um Christi Geburt hohe Kulturen in Mittelamerika entwickelten, später auch in Peru. Wir wissen nicht, was diese Menschen von der Zeit ihres Eintreffens in Nordamerika bis etwa 200 v. Chr. trieben. Aus den ausgegrabenen Schichten der Ventanahöhle in Südarizona können wir aber erkennen, daß die unterste Schicht Werkzeuge einer folsomähnlichen Machart enthält, darüber Gegenstände, die der Cochisemachart ähneln, darüber Gefäße, die erst 1400 n. Chr. gemacht wurden, und darüber Trümmer von Gegenständen fast moderner Indianer. War die Ventanahöhle ständig bewohnt, 12000 Jahre lang?

Es gibt ganze Bibliotheken von »Ursprungstheorien« der amerikanischen Indianer. Da ist Atlantis, und da ist die Sage vom untergegangenen Pazifikkontinent Mu. Da ist die Ähnlichkeit des Ägypters mit dem Indianer, da gibt es Theorien über phönizische Abstammung. Einmal sollen die Indianer ursprünglich Polynesier gewesen sein und dann wieder Melanesier, da gibt es den Floßsegler Heyerdahl mit seinem »Kontiki« und tausend Vermutungen mehr. Wenn man einmal ein polynesisches Boot an der südamerikanischen Küste ausgräbt, wenn ein Inka-Gott einem Steinkoloß der Osterinsel ähnelt, wenn ein Werkzeug in der polynesischen wie in der indianischen Welt zu finden ist, so bedeutet das alles nur: es wurden einmal ein Mensch oder eine Gruppe von Menschen aus den Weiten des Ozeans an die amerikanische Küste verschlagen. Die Anthropologie kann aber mit solchen »Beweisen« wenig anfangen, denn nur das Gesamtbild und die große Anzahl von kulturellen und anthropologischen Ähnlichkeiten geben den Ausschlag.

Wo aber kamen die Indianer, die ersten Bewohner von Nord- und Südamerika her?

Allen Gruppen nord- und südamerikanischer Indianer sind gewisse physische Merkmale gemeinsam: glattes oder gelocktes blauschwarzes Haar, gelbbraune bis rotbraune Hautfarbe, dunkle Augen, vorstehende Backenknochen, große Gesichter. In anderen Punkten weichen die Merkmale bei den verschiedenen Stämmen aber außerordentlich stark voneinander ab. Es gibt Adlernasen und Sattelnasen, dünne Lippen und sehr dicke Lippen, kleinen Körperwuchs und großen Körperwuchs.

In Hautfarbe, Augen- und Haarfarbe ähneln die Indianer der mongolischen Rasse. Auch die Backenknochen deuten auf asiatischen Ursprung hin, so daß die markantesten physischen Merkmale nach Asien weisen. Jedenfalls kann man sagen, die Indianer sind der mongolischen Rasse verwandter als der negroiden oder der weißen Rasse. Die Indianer sind deswegen nicht Chinesen. Sie stammen vielleicht von einem vormongolischen Typ ab, von dem sich sowohl Ostasiaten wie auch Indianer abzweigten.

Wer nun Indianer in Nord- und Südamerika gesehen hat, der weiß, daß Schädelbau und Körperform der Indianerstämme von Nordamerika, Mittelamerika und Südamerika zum Teil so verschieden sind, daß man kaum noch wagen kann, von einer einzigen indianischen Rasse zu sprechen. Wahrscheinlich haben viele Wanderungen über die Beringstraße stattgefunden, Wanderungen, die zeitlich durch Tausende von Jahren getrennt waren. Es wanderten ganz verschiedene asiatische Völker nach Nordamerika, und so entstanden verschiedene Indianerrassen. Die Werkzeug- und Jagdwaffenfunde deuten darauf hin, daß zuerst Nordamerika und dann Südamerika besiedelt wurde. Denn die ältesten Funde, eben die Folsom-, Sandia- und Cochise-Gegenstände, wurden in Nordamerika ausgegraben.

Da sich der amerikanische Kontinent und Asien hoch im Norden an der Beringstraße fast berühren, muß man annehmen, daß hier von Asien her Amerika zuerst betreten wurde. Man weiß nämlich, daß jahrtausendelang eine feste Landbrücke zwischen der Tschuktschenhalbinsel und Alaska lag und daß selbst Säugetiere zwischen Nordasien und Nordamerika hin und her wanderten.

Ein Beweis dafür, daß auch später Wanderungen von Asien nach Amerika erfolgten, bilden die Kulturgegenstände, die Amerika von Asien übernahm, so zum Beispiel: Keramik mit Bandstreifenmuster, der zusammengesetzte Jagdbogen, die Mokassins, geschneiderte Kleidung, Elfenbeinschnitzerei und ungezählte Sagen und Legenden. Alles andere erfanden die indianischen Menschen selbst: Ackerbau und Architektur, Töpferei, Schreibkunst, Kalender und vor allem das Zahlensystem. Das Zahlensystem der Mayas ist eine ureigene Erfindung dieser Mittelamerikaner, eine Erfindung, die Mitteleuropa nie gelang. Denn wir übernahmen ein schwerfälliges Zahlensystem von den Römern und später erst unser modernes Zahlensystem von den Arabern.

Europa schenkte den Indianern die christliche Religion, den Alkohol, den Neger, die Sklaverei, Turmhäuser und den Dollar, Rockefeller und Pizarro, Eisenhower, die Demokratie und das Atom. Die Indianer schenkten Europa die Schokolade, Gummi,

Tabak, die Erdnuß, die Gartenerdbeere, Ananas, Tomaten, Mais, Maniok, Chinin und Kokain.

Als Kolumbus Amerika entdeckte, hob er unsere Welt aus den alten Angeln des Mittelmeers.

Phantastisch erscheinen die Theorien des Professors Posnansky über Tihuanacu. Er hält die Ruinen für die »Wiege des amerikanischen Menschen«.

In einer Länge von 5760 Kilometern ziehen sich nahe der Küste von Südamerika die Anden hin, ein kontinentales Bergkettensystem, 160–640 Kilometer breit. 57 Gipfel ragen über 5300 Meter hinaus.

In diesem Hochlandgebiet der Anden blühten einst die größten indianischen Kulturen des südamerikanischen Kontinents. Hier haben sich noch heute die größten Indianerbevölkerungen erhalten. Hier – besonders in den Hochgebirgen von Bolivien, Peru und in den Wüsten der Westküste von Peru – liegen Kulturen der indianisch-amerikanischen Völker begraben, Städte und Stätten des Todes, die in 1000 Jahren noch nicht ausgegraben sein werden.

Während der Mensch in Nordamerika rund 20 000 Jahre alte Spuren hinterließ, hat man bisher in Südamerika nur ganz wenige Anzeichen vorgeschichtlicher Menschen gefunden, die länger als 5 000 Jahre zurückreichen. Ein früher nomadischer Jäger streifte durch Südpatagonien. Man weiß von ihm nur, daß er ein Landmensch war und das Kanu nicht kannte. In Punin, Ecuador, fand man 1921 einen menschlichen Schädel, der allerdings viel älter zu sein scheint. Und an der Küste von Peru grub man mächtige Muschelhaufen aus, die von einem unbekannten Fischervolk hinterlassen sind, aus einer Zeit, da Ackerbau hier noch unbekannt war.

Unsere Kenntnis der Menschheitsgeschichte von Südamerika reicht nur etwa bis zur Geburt Christi zurück. Was vorher war, liegt arg im Dunkel. Sei es, daß man noch zu wenig grub, sei es, daß man von den Funden aus geschichtlicher und frühgeschichtlicher Zeit so überwältigt wurde, daß die vorgeschichtliche Forschung darunter leiden mußte, sei es, daß der Mensch in größerer Zahl erst sehr spät erschien.

Das archäologische Gebiet von Peru und Bolivien bildet eine Einheit sich hundertfach überlagernder Kulturen. Sehr viele Völ-

ker haben hier gelebt, gebaut, geformt und sind dann wieder abgetreten. Aber einige Merkmale sind allen diesen Völkern und Kulturen gemeinsam: in ihrer »archäologischen Vergangenheit« fehlte der Peru- und Bolivien-Menschheit jede Kenntnis vom Rad oder vom Bogen. Diese Menschheit kannte keine Schrift in unserem Sinne. Sie kannte keine Totenurnen. Diese Menschen waren Ackerbauer. Sie pflanzten Mais, Bohnen, Kartoffeln, Maniok, Quinoa und Oca. Sie kauten ein Gemisch aus Coca und Kalk, nicht dagegen Tabak. Sie züchteten Lamas und Alpakas. Sie formten Töpfe, sie webten Stoffe aus Wolle und Baumwolle, sie machten Körbe und schnitzten Holz. Die ganze Entwicklung dieser Peru- und Bolivien-Kulturen blieb durch alle Jahrhunderte fast unabhängig von den restlichen Gebieten beider Amerikas. Peru und Bolivien waren hoch genug entwickelt und gut genug organisiert, um Einwanderungen und größere Einflüsse von außen zu parieren – bis die Spanier kamen. Was die ersten spanischen Eroberer von den noch lebenden Inkas erfuhren, als sie 1532 in die Länder Perus eindrangen, ist die ziemlich lückenhafte Geschichte der Inka-Dynastie aus 13 Generationen. Die größte Ausdehnung des Inka-Reiches begann 123 Jahre vor der spanischen Eroberung.

Erst seit 1936 beginnt man in Umrissen die wichtigsten Vor-Inka-Kulturen zu erkennen, Kulturen oder vielmehr Kunstformen, die etwa zwischen Christi Geburt und 500 n. Chr. blühten. Da ist der Chavin-Stil, genannt nach einer Fundstätte Chavin de Huantár in Peru. Kunstgegenstände der Chavin-Kultur fand man vielerorts im nördlichen Hochgebirge und an der Küste von Peru.

Eigentlich kann man gar nicht von einer Kultur sprechen, sondern nur von einer Vorstellungswelt. Über die Jahrhunderte dieser Vorstellungswelt und ihre Menschen herrscht noch Dunkel. Aus den Werken der Chavin-Kunstform spricht wilder religiöser Glaube. Die Menschen, die Modellierholz oder den Meißel führten, waren von leidenschaftlicher Kraft, ja von einem Fanatismus erfüllt, der fast erschreckende Größe und Entschlossenheit offenbart. Dieser Stil am Beginn aller bekannten amerikanischen Hochkulturen, diese älteste den Archäologen erreichbare Zone, steht gleich am Anfang auf erstaunlicher Höhe, unübertroffen, auf einer Höhe, von der es nur noch Absturz geben konnte. Bei Chavin de Huantár fand man eine Ruine, das sogenannte Castillo, mit Hallen, Galerien, Rampen, Treppen, Fluren, mit einem Lüftungssystem, das noch heute die tiefsten Räume mit Frischluft versorgt. Wahrscheinlich war das Castillo eine Kultstätte.

200–300 Jahre nach der Chavin-Kunstform blühte der Nazca-stil, im Ica- und Nazca-Tal der peruanischen Südküste. An den Talrändern fand man Beerdingungsstätten mit Gräbern in Topf-form, die 50 Zentimeter bis 4¹/₂ Meter Tiefe hatten. Einige Schädel zeigen künstliche Deformierungen. Die lange Kopfform muß in der Nazca-Zeit »modern« gewesen sein. Töpfe, die mit Vögeln, Mäusen, Lamas, Fledermäusen, Fischen, Menschenköpfen, Früchten und unbekannten Monstern bemalt waren, zeigten bis zu elf Farben. In der Nazca-Periode wurden schon Woll- und Baumwollstoffe gewebt und in bunten Farben gefärbt: 190 ver-schiedene Schattierungen will der Forscher O'Neale 1939 unter-schieden haben. Das einzige Metall der Nazca-Epoche scheint Gold gewesen zu sein.

Emsige Forscher leuchteten in den letzten 14 Jahren tiefer und tiefer in das frühe Dunkel der ersten Kulturen Perus und Boli-viens hinein. Aus der Vielzahl der Funde glauben sie, immer genauer einzelne Stile und Kulturen unterscheiden zu können, »Paracas«, »Mochica«, »Recuay« und noch andere.

Am wenigsten erforscht, aber aus sichtbaren Ruinen spre-chend, ist aber die Tihuanacu-Kultur. Das Tihuanacu-Volk dehnte im Laufe der Jahrhunderte seinen Machtbereich nord-wärts über ganz Peru, vielleicht bis Ecuador aus, und beherrschte die Küste bis nach Trujillo.

Die Ruinen von Tihuanacu liegen auf dem Hochland von Bolivien, 21 Kilometer südlich vom Titicacasee. Sie bedecken ein Gebiet von etwa 1000 mal 450 Meter. Sandstein und Basalt mußten wenigstens 5 Kilometer weit herangezogen werden. Das Heranschaffen von Steinen, die bis zu 100 Tonnen wiegen, setzte planvoll organisierte Massenarbeit voraus. Das Behauen und Plazieren der mächtigen Brocken erforderte große technische Fähigkeiten und Arbeitsheere.

Die Tihuanacu-Kultur gehört nach den Forschungen der Ar-chäologie vier Perioden an: einer frühen Periode, einer zweiten, einer klassischen und einer epigonalen. Der größte Bau, Acapana genannt, gleicht einem natürlichen Hügel, der einst wie eine Stufenpyramide ausgesehen haben muß. Auf der Spitze befanden sich wahrscheinlich ein Wasserreservoir und einige Gebäude. Das Ganze war vielleicht eine Art Festung oder Zufluchtsort. Nordwestlich von Acapana liegen die Ruinen eines mächtigen Bauwerks, das Calasasaya genannt wird. Was dieser Bau eigent-

An der peruanischen Nordküste fand man diese formschöne Totenbeiga-be der Mochicakultur. Sie blühte etwa zwischen 500–800 v. Chr.

lich darstellte, weiß man nicht. Das berühmte Sonnentor und viele Steinstatuen befinden sich hier in Calasasaya. Westlich von Calasasaya liegen die Ruinen des Palacio, einst von doppelten Wällen umgeben. Östlich von Calasasaya befindet sich ein halb-unterirdischer Bau. Außerhalb der Hauptgruppe dieser Ruinen ist da noch Puma Puncu, eine Plattform, von vielen großen Sandstein- und Lavablöcken gebildet, mit einer Reihe niedriger Sitze an der Ostseite. In der Nähe liegen die Trümmer vieler Tore, aus mächtigen einzelnen Blöcken gebaut, alle zerbrochen und alle vom ursprünglichen Standort weggeschoben.

Wendel C. Bennett, Professor der Anthropologie an der ame-rikanischen Yale-Universität, warnt davor, in jedem Bau, in jedem Stein und in jedem Relief von Tihuanacu ein Symbol für astronomische Kenntnisse zu sehen. Das rauhe Klima des Hoch-landes, des Altiplano, läßt ihn vermuten, daß hier einst das Leben nicht viel anders verlief als heute. Lamas und Alpakas wurden vor 1400 Jahren gezüchtet wie jetzt, was die Knochenfunde beweisen. Und das dürftige Ackerland war einst nicht größer als in unserer Zeit. Vielleicht war Tihuanacu in seiner klassischen Periode ein Mekka, das von Pilgern besucht wurde. Aber, so meint Professor Bennett, ein großes Volk könne sich hier oben nie gehalten haben, da die Natur es einfach nicht zugelassen habe.

Diese Ansicht von Bennett ist wichtig, denn wie Troja seinen Schliemann fand, widmete ein anderer, Arthur Posnansky, sein ganzes Leben den Ruinen von Tihuanacu. 1914 beendete dieser Fanatiker der Früh-Anden-Kultur sein monumentales Werk: ›Tihuanacu, die Wiege des amerikanischen Menschen‹. Diese Arbeit des Professors Posnansky, eines Ingenieurs, Anthropologen und Trägers vieler wissenschaftlicher Titel und Ehren, ist so vielseitig und romantisch, so phantastisch, ja so atemberaubend in ihren Theorien und Rückschlüssen, daß man über das konservative und vorsichtige Urteil des modernen Bennett eigentlich etwas traurig ist, obgleich es eher stimmt.

Posnansky, der »königlich-bayerische Professor«, machte vor rund 50 Jahren Tihuanacu zu »seiner« Forschungsstätte. Mit brennendem Eifer rief er Astronomie, Geologie, Meteorologie, Archäologie, kurz alle nur möglichen Wissenschaften als Zeugen auf, um seine Theorie vom Ursprung des amerikanischen Menschen, von der »Wiege Tihuanacu«, zu beweisen. Grabt in den Hochplateaus von Tibet, den Anden und von Mexiko, und ihr werdet die Entwicklungsgeschichte des Menschen von den frühesten Anfängen bis zu großartigen Hochkulturen in einer fast ununterbrochenen Entwicklungslinie feststellen. Diese Skala der Entwicklung vom Höhlenmenschen bis zum Astronomen will Posnansky hier in Tihuanacu entdeckt haben. Ja, Posnansky macht dem Doppelkontinent Eurasien den ersten Menschen und das Paradies streitig; er meint, der amerikanische Mensch sei eher dagewesen, eine Theorie, die bewiesenermaßen falsch ist.

Die kulturelle Entwicklung einer großen Menschenzahl wäre unter dem heutigen Klima hier auf den Hochanden nicht möglich gewesen. Umfangreiche geomorphologische Ausführungen – Studien der Erdentwicklung – bringen Posnansky zu der Ansicht, daß die Anden-Hochebenen einst weder die heutige Höhe noch das heutige kalte Klima besessen hätten. Noch im Pliozän (10 Millionen Jahre vor unserer Zeitrechnung) und später immer wieder, hätten tektonische Veränderungen auf unserer Erde stattgefunden. Selbst heute sinke die Westküste von Grönland ab, während die Ostküste von Labrador immer höher aus dem Meere steige. Der Ostrand von den USA zwischen dem 30. und 40. Breitengrad falle, und die Westküste des Golfes von Mexiko hebe sich. Der südamerikanische Kontinent in der Amazonasbucht bei Bahia (Brasilien) und an der Ostküste von Patagonien tauche unmerklich immer weiter aus dem Meer. Posnansky gibt noch sehr viele andere geographische Beispiele solcher Höhenänderungen, um schließlich auf den Titicacasee mit Tihuanacu zu kommen, diesen See, der ein in den Himmel gehobenes Kind des Pazifiks sei. Daß der Titicacasee so eine hochgehobene Ozeanmulde ist, beweist seine Fauna, die der des Pazifiks ähnelt. So finden sich zum Beispiel der Hippocampus, ein Seepferdchen, in den Wassern des Titicacasees, sowie verschiedene Muschelarten des Ozeans. Aus den viel wärmeren Fluten ihres Ursprungsozeans 4000 Meter in die Höhe und damit in eine viel kältere Temperatur versetzt, mußten aber die Lebewesen des Ozeans verkümmern.

Tihuanacu war nach Posnansky eine mächtige politische und religiöse Metropolis, deren Einfluß über den ganzen südamerikanischen Kontinent reichte. Sie war sogar ein Ort der großen Beerdigungsstätten und Totenkulte. Es war ein südamerikanisches Athen, ein Rom, ein Byzanz, bis – ja bis eine furchtbare Katastrophe geschah, ein ungeheures Erdbeben, das die Wasser des Titicacasees überschwappen ließ und Vulkane zum Ausbruch brachte. 50 Kilometer von Calasasaya liegt tatsächlich der Vulkan Kayappia. Posnansky stellte fest, daß Lavaschichten die Ruinenstätte bedecken. So und durch Bruderkriege sei die amerikanische Kulturwiege untergegangen. Die Früh-Tihuanacu-Menschen erlebten eine erste große Katastrophe um 500 n. Chr. Um 900 n. Chr. ging Tihuanacu ein zweites Mal unter. Aber die Kultur pflanzte sich über ganz Peru weiter fort. Dann folgte nach einer Epoche vieler blühender Kleinfürstentümer die Zeit der Inkas. Sie nannten die Tihuanacuruinen »Stadt der Toten«. Sie lag wirklich Hunderte von Jahren tot und in Trümmern, als die Inkas regierten.

Cieza de León, der die Ruinen von Tihuanacu im Jahre 1540 besuchte, sah noch mächtige Teile der großartigen Bauten in ihrer ursprünglichen Form. Dann aber wurde der eigenartige Sonnentempel jahrhundertelang abgetragen, um Steine für den Bau von Häusern und Brücken in La Paz und anderen Orten zu gewinnen. Ganze Wagenladungen solcher Bausteine gingen nach La Paz. Noch vor wenigen Jahren halfen moderne Architekten

Der Fries des geheimnisvollen Sonnentores von Calasasaya, nahe am Titicacasee, enthält nach Professor Posnansky den Tihuanacu-Kalender. Das Jahr beginnt mit dem September. Es hat zwölf Monate zu je sechs Wochen. Die Rechtecke von 1 bis 30 stellten die Tage des September-Monats dar. Diese Deutung ist fraglich!

der Natur und ihren Katastrophen, den Glanz der großen alten Tihuanacuzeit verschwinden zu lassen. Georges Courty, ein sehr unfähiger Archäologe, tat im Jahre 1904 noch ein übriges, Verwirrungen in die Ruinen zu bringen, denn er beseitigte sinnlos Steine und Mauern, nur um Goldschätze zu finden.

Es sind viele Vermutungen angestellt worden, wer die Erbauer von Tihuanacu waren. Die Stätte gehört heute zu dem Teil Boliviens, der von den Aymara oder vom Collavolk bewohnt wird. Dieses Collavolk stammt sicherlich von den Menschen ab, die schon vor 1500 oder 2000 Jahren hier oben auf den Anden lebten. Die Colla saßen hier, als die Inka ankamen, und die Archäologie enthüllt die Tatsache, daß die Tihuanacukultur fast bis zur Inkazeit noch blühte. Die Colla-Priester und -Herrscher gehörten sicherlich einer besonderen Kaste an. Diese ausgezeichneten Himmelsbeobachter hatten Erfahrungen und Traditionen vieler Jahrhunderte bewahrt.

Als sie mit dem Bau des Sonnentempels von Calasasaya begannen, müssen sie schon große astronomische Kenntnisse besessen haben, wußten sie doch die Jahreszeiten, Daten, Äquinoktien und die »Sonnenumläufe um die Erde« zu bestimmen. Sie hielten die Erde für den Mittelpunkt des Alls und Tihuanacu für den Mittelpunkt der Erde.

Auf dem Höhepunkt ihrer Gelehrsamkeit angelangt, machten sie sich an den Bau des Sonnentempels. Ohne etwas von Theodoliten, Sextanten und astronomischen Kalendern zu wissen, bedienten sie sich primitiver Methoden und kamen doch zu erstaunlich zuverlässigen Resultaten. Sie erfanden einen Steinkalender mit genauer Einteilung des Jahres in 12 Monate und des Monats in 30 Tage! September war nicht nur Frühlingsbeginn (südliche Erdhälfte!), sondern auch Anfang des Jahres.

Posnansky ging so weit, eine Klassifizierung der ornamentalen Zeichen vorzunehmen, die sich auf Skulpturen, Keramiken und auf dem Fries des Sonnentores der Ruinenstätte befinden. Die Tihuanacumenschen kannten keine Schrift. Sie haben aber offenbar gewisse kultische und astronomische Ideogramme entwickelt. Da gibt es ein Treppenzeichen: Erde oder Himmel. Da gibt es Ideogramme für Fisch, für Schlange, für beflügeltes Auge, für Mund, für Ohr, für Mondhaus, für Arm, für Bein, für Schwanz, für Flügel, für Krone, für Zepter, für menschliches Gesicht und noch vieles andere. Ja, ein ganzer Kalender soll von den Menschen der Tihuanacu-Kultur errechnet worden sein.

Das Sonnentor ist nach Posnansky nur das Mittelstück einer

Eine Krone will Prof. Posnansky in diesem Zeichen der Tihuanacu-Ruinen erkennen.

Zeichen für »Menschengesicht« finden sich in Tihuanacu in verschiedenen Abwandlungen.

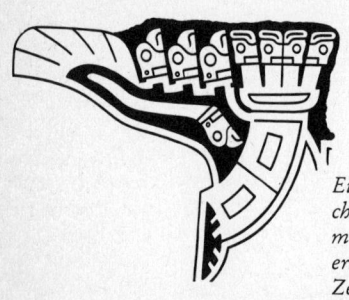

Eine Art Bilderschrift will der Archäologe Posnansky in den Ornamenten auf Töpfen und Steinfunden erkannt haben. Das hier abgebildete Zeichen bedeutet »Flügel«.

mächtigen Mauer, die kalendrische Aufzeichnungen enthielt. Dieses Tor ist das erstaunlichste Bauwerk der glanzvollen dritten Tihuanacu-Periode. Ganz rätselhaft bleibt, warum fast kein Bau hier am Titicacasee von seinen Baumeistern vollendet wurde. Selbst heute noch kann die Archäologie feststellen, daß jedes Gebäude in irgendeinem Stadium stehengelassen wurde. Das klassische Tihuanacu erscheint wie ein Projekt Größenwahnsinniger, ähnlich dem Turm zu Babel, und wäre es je vollendet worden, dann würde es nach Ansicht von Posnansky alles übertreffen, was Menschenhand je auf Erden errichtete.

In 4000 Meter Höhe herrscht dünne Luft, die schnelles Gehen, Bergsteigen und jede körperliche Arbeit erschwert. Wie gelang es dem Collavolk oder den Arbeitssklaven dieses Volkes, die gewaltigen Steine heranzuschaffen, mit denen sie ihre Bauten errichteten? Wenn Posnanskys Theorie der einstigen tieferen Lage von Tihuanacu stimmt, dann ist alles erklärlich. Diese Theorie ist aber so phantastisch, daß man ihr heute kaum noch folgen kann. Lehnt man sie ab, dann wird die Frage nach dem Sonnentor noch phantastischer! Wie konnte es gelingen, dieses Tor, das aus einem Stück, also einem Stein, einem »Monolithen« besteht, hier hinaufzuschaffen? Das Sonnentor besteht aus einem Gestein, das in der weitesten Umgebung von Tihuanacu nicht zu finden ist, aus hartem Trachit, der sonst in keinem Idol und in keiner Skulptur von Tihuanacu vertreten ist.

Der heiligste Ort des Sonnentempels war für dieses Tor bestimmt. Es war ein Ort, auf dem der Monolith bei seiner Entdeckung aber nicht stand, der jedoch für die Aufstellung des Sonnentores vorbereitet war. Der Monolith wurde ein wenig entfernt umgestürzt entdeckt. Erst 1908 wurde das Tor vom Kongreß der Amerikanisten wieder aufgestellt, und zwar an der Fundstelle, also dort, wo es von den Tihuanacu-Menschen aus einem Steinblock herausgemeißelt wurde, an der Arbeitsstätte.

Man muß vermuten, daß die Tihuanacu-Priester den Riesensteinblock für das Sonnentor als etwas sehr Heiliges aus weiter Entfernung heranschaffen ließen, von einem Ort, der in ihrer Mythologie eine große Rolle spielte. Lag nun Tihuanacu schon zu jener Zeit 4000 Meter hoch, so bleibt die Frage offen: Wie hat man über Hunderte von Kilometern hinauf auf die himmelstürmenden Höhen der Anden jenen ungeheuerlichen Steinblock gewälzt, der noch heute mit kaum einem modernen technischen Hilfsmittel hier hinaufgeschafft werden könnte?

Man wird es nie erfahren!

Die Inkakönige wußten: Bei allzuviel Muße kommt das Volk auf den Gedanken, die Regierung zu kritisieren.

Wir wissen nicht, warum Tihuanacu unterging. Diese Kultur, mit ihren imposantesten Bauten am Titicacasee, erlebte zwischen 800 und 900 n. Chr. eine zweite große Blüte und versank dann in einem Nichts. Die unvollendeten Bauten von Tihuanacu deuten vielleicht auf ein ganz plötzliches, unerwartetes Ende. Auch die Vor-Tihuanacu-Kultur von Peru und Bolivien: Chavin, Nazca, Mochica usw., hatte ihre Blütezeit längst erlebt und war dann im Staub der Zeiten versunken.

Die kurze Lebensdauer all dieser Kulturen steht in krassem Gegensatz zu dem, was sie an Kunst und Architektur hervorbrachten. Die Künstler und Handwerker von Peru und Bolivien lebten so elendiglich, als wollten sie anderntags sterben, und schufen doch für die Ewigkeit. Zwischen 900 n. Chr. und etwa 1200 n. Chr. liegen rund 300 Jahre eines dunklen »Mittelalters«, von dem wir wenig wissen und das nicht viel hervorbrachte. Dann beginnt die Zeit der Inka.

Die Kunstgeschichte Alt-Perus hinterläßt den Eindruck, als habe sie sich von ihren frühesten Anfängen abwärts entwickelt. Mit Chavin, Nazca und Mochica erleben wir einen genial-großartigen Beginn, mit Tihuanacu eine Mitte, mit der Inka-Zeit ein im künstlerischen Schaffen schwaches Ende. Die architektonische Kultur dagegen erreicht mit Tihuanacu eine gewisse Spitze und wächst in der Inka-Zeit mit gewaltigen Entwässerungsanlagen, größeren Städten, einem in der Welt fast einmaligen Straßensystem zu erstaunlichen Leistungen.

Wer sind die Inka?

Was ist die Inka-Kultur?

Die Inka, ihre Kultur, kommen um etwa 1000 n. Chr. wie aus dem Nichts. Sie werden nach der Landung von Pizarro bei Tumbez, 1532, mit der Gefangennahme des letzten Inka-Königs Atahualpa und mit der Eroberung von Cuzco zerschlagen. Rund 300 Jahre nur blühte die Inka-Kultur. Ihre Epoche liegt also gar nicht lange zurück. Sie erscheint uns sagenhaft und hat dabei ihren Anfang etwa mit Dante und ihr Ende mit Calvin.

Das größte Wunder der Vor-Inkakulturen wurde erst durch das Flugzeug offenbar. Die Ingenieure der Nazcakultur benutzten die dürre, fruchtlose Wüste wie ein gigantisches Zeichenbrett. Viele Kilometer lange, schnurgerade Linien zogen sie über den trockenen Boden. Die Nazca-Astronauten peilten die langen Linien an und beobachteten dann, wie bestimmte Sterne am Endpunkt der Linien über dem Horizont aufgingen. Danach bestimmten sie die Daten. Wir erkennen in diesem Bild den gigantischsten Kalender der Menschheit, aufgenommen in der Nähe von Nazca. Dieses liegt 75 Kilometer vom Pazifischen Ozean entfernt.

Das Wort »Inka« war eigentlich der Titel des Herrschers. Die Inka-Herrscher entstammten dem Volk der Quechua und sprachen die Quechua-Sprache. Etwa um 1000 n. Chr. lebten sie in der Gegend von Cuzco. Das ist die späte »Wiege« der Inka. Von hier aus eroberten sie im Laufe von 5 Jahrhunderten ein mächtiges Reich, das sich schließlich über rund 3500 Kilometer vom nördlichen Ecuador über ganz Peru und Bolivien bis zum mittleren Chile erstreckte.

Vor der Zeit dieser Eroberungen war das ganze Andengebiet in unzählige politische Einheiten zerspalten. Fast in jedem Tale, auf jeder Hügelkette wurde eine andere Sprache gesprochen. Um diese »babylonische Verwirrung« zu beseitigen, machten die

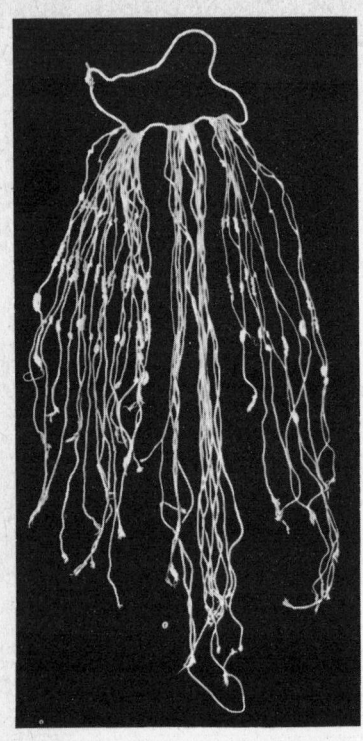

Die Knotenschrift der Inka. An die Hauptschnüre werden untergeordnete Schnüre geknüpft. Die Art der Dinge wurde durch die Farbe der Schnüre bezeichnet. Die Kombinationen der Farben und die verschiedenen Arten der Knoten ergaben ungezählte Möglichkeiten. Keine andere Schrift und kein anderes Zahlensystem kannten die Inka.

Inka-Herrscher ihr Quechua zur Amtssprache des ganzen Reiches. Als die Spanier das Land eroberten, stellten sie fest, daß man nur mit der Quechuasprache weiterkam, so etwa wie heute mit Englisch, und gaben sich keine Mühe, die vielen lokalen Sprachen und Mundarten zu lernen. Mit den Eingeborenen verhandelten sie in »Quechua«. Dutzende der alten Indianersprachen sind seitdem untergegangen und vergessen.

Es ergibt sich also folgendes Bild: die Inka waren eine kleine Oberschicht, die Herrscher, Verwalter und Kriegsherren eines mächtigen Gebietes, das von einheimischen Indianern bevölkert war. Die Inka waren Fremdherren, Herren von Adel, Menschen hellerer Hautfarbe als die unterworfenen Indianer, Menschen größerer Kenntnisse und größerer Weisheit, Menschen mit einer eigenen, den unterworfenen Völkern ihres Reiches nicht immer bekannten Sprache. Die Anden-Völker kannten keine Schrift. Wir wissen daher von der Geschichte der Inka nur so viel, wie die spanischen Autoren des 16. Jahrhunderts uns berichten. Diese Spanier ließen sich einiges von den alten Traditionen erzählen, schöpften Kenntnisse aus berichtenden Gedichten und aus »Statistiken«, die als Knotenschnüre erhalten waren. Es gab unter den Inka auch gelernte »Geschichtserinnerer«. Ihre »Bibliothek« trugen sie im Hirn, im Gedächtnis.

Die Inka überlieferten mündlich Legenden über Götter und Helden, über den Ursprung der Menschheit und die Abenteuer ihrer Ahnen. Sie kannten auch die Reihe ihrer Herrscher, die mit Manco Capac beginnt und mit dem unglücklichen Atahualpa endet. Der Beginn dieser aus 13 Herrschern bestehenden Dynastie liegt um etwa 1200 n. Chr.; aber sie alle erscheinen ziemlich schattenhaft bis zum Jahre 1438, dem Krönungsjahr eines gewissen Pachacuti. Wir kennen also eigentlich nur 100 Jahre Inka-Geschichte. Es ist, wie immer, eine sehr menschliche Geschichte, also eine Kette von Kriegen, Eroberungen, Entführungen von Gefangenen in die Sklaverei, von Unterjochung, von Tribut, von Tyrannei, von Thronstreitigkeiten, aber auch von glänzender Kolonisation und tüchtiger Verwaltung.

Das Genie der Inka offenbarte sich weniger in der Kunst als in politischer Organisation. Sie waren etwa die Römer des südamerikanischen Kontinents. Ein großartiges System von Straßen ließen sie durch das rauhe Hochland und durch die Wüsten der Küste anlegen. Alexander von Humboldt bezeichnete diese Inka-Straßen als die erstaunlichste und nützlichste Anlage, die jemals von Menschenhand geschaffen wurde. Ja, als Ganzes betrachtet, stellt das Straßensystem der Inka ein mächtigeres Netzwerk dar, als irgendein altes Volk, einschließlich der Römer, je dem Globus auf den Leib zwang. Während einer Epoche von 400 Jahren – also vor der Ausbesserung römischer Straßen in Europa durch Napoleon – waren die königlichen Wege der Inka das einzige gute Straßensystem der Welt!

Jahrhunderte hindurch versackten die Kulturverbindungen Europas in Sand oder Schlamm, während die Inka-Kuriere Botschaften von Tihuanacu bis Cuzco über eine Entfernung von fast 2000 Kilometern bequem im Laufschritt über alle Grate der Anden tragen konnten. So eine Kurierpost brauchte für die 2000 Kilometer Entfernung nur acht Tage. Dabei fehlte den Inka eine der wichtigsten Erfindungen der Menschheit: das Rad. Sie bauten eben die längsten Fußwege der Erde. Diese Wege waren keine Pfade, sondern meist schnurgerade Straßen mit festem Fundament, Straßen für Massenverkehr, für Lama-Karawanen, für

Truppenbewegungen, für »Flüsterpost-Boten«, für königliche Reisen in Sänften, die auf den Schultern kräftiger Träger von Höhenzug zu Höhenzug tanzten, über geflochtene Schwebebrücken und durch Tunnel.

Die Inka legten eine Küstenstraße an, sieben bis acht Meter breit, 1200 Kilometer lang, durch Wüsten, in denen es wahrhaft selten tüchtig regnet: alle sieben bis fünfundzwanzig Jahre einmal! Diese Straße war von einer hüfthohen Mauer eingesäumt, mit einer kleinen »chinesischen Mauer« aus südamerikanischem Erfindergeist. Beim Bau der Wüstenstraße wie der Bergstraße befolgten die Inka-Ingenieure ein einfaches System: sie ließen sich von keinem Hindernis schrecken und nahmen es in der kürzesten Linie. Lag ein Sumpf im Wege, so bauten sie endlose Steindämme, so solide, daß sie heute noch benutzt werden. Seen überbrückten sie durch Pontons, Abgründe durch ungeheuer kühne Brücken. Eine solche Hängebrücke zerriß erst am 20. Juli 1714. Eine Reisegesellschaft stürzte dabei in die Quelle des Apurimac-Flusses. Felsengebirge untertunnelten sie, oder sie schlugen bequeme Stufen über die Grate.

Das Rätsel Machu Picchu. Es bleibt unbegreiflich, warum die spanischen Eroberer von dieser Stadt nichts erfuhren. Leibsklaven und Tributvölker der Inkas verrieten den Fremden alle anderen Geheimnisse. Nur Machu Picchu blieb unentdeckt, von Tropenvegetation überwuchert. Erst Hiram Bingham entdeckte 1911 diese Ruinen, aus denen Herrscherwille spricht.

Solche Leistungen vollbrachten sie auf Höhen von 4000 Metern in sehr dünner Luft, die den Atem jagt, die die Sonne gnadenlos brennen läßt und wo die schneegekrönten Berggipfel fast erblinden machen. Die Hängebrücken schwebten an 15 cm dicken Kabeln, die aus Fasern gefertigt waren. Es wanderte sich recht gut über die geflochtenen, mattenbedeckten, federnden Wunderwerke zwischen Himmel und Erde.

In Abständen von 6 bis 18 Kilometern lagen am gesamten 3000-Kilometer-Straßensystem Rasthäuser. Hier war immer für Nahrungsmittel gesorgt. Poststationen standen für die königlichen Eilboten offen, die in der dünnen Atmosphäre auf Rekordgeschwindigkeiten trainiert waren. Die Boten liefen in Stafetten. Eine solche Stafette legte pro Tag 240 Kilometer zurück!

Wo ein Wille ist, da ist auch ein Weg. Aber wo ein Weg ist, da kann auch leicht ein Wille entstehen. Das großartige Straßennetz der Inka war so bequem, daß es die Spanier geradezu verlockte, das ganze Land gründlich zu erobern. Die größte Leistung der Inka bestimmte daher auch die Schnelligkeit ihres Unterganges. Spanische Ochsenwagen, Pferdehufe und der Mangel an Straßenausbesserung führten schließlich zum Verfall der Straßen.

Die Inka waren nicht nur glänzende Straßenbauer, sondern schufen auch der Welt bedeutendstes Gartenbauzentrum. Sie züchteten über 40 Gemüse- und Getreidesorten und bauten erstaunliche Bewässerungsanlagen. Das wichtigste fleischliche Nahrungsmittel lieferte das Meerschweinchen. Es wurde gleich in den Küchen gehalten, mit Speiseresten und Grünfutter ernährt. Es war sauber, das Fleisch war zart und sogar fett. Hunde zu essen, haben die Inka stets verabscheut. Aber die Ente galt als Leckerbissen.

Ihre Häuser erbauten die Inka aus Stein und meist in Gruppen zu sechs, einen Hof in der Mitte und eine Mauer ringsum. Die Armeen benutzten Zelte. Auf Stühlen saßen nur hohe Beamte, die vom König ernannt waren, und der König saß auf einem Thron.

Überall im Reich der Inka finden sich die Ruinen mächtiger Steinpaläste und Sonnentempel. Die Städte waren selten befestigt, besaßen aber meist auf einem nahegelegenen Hügel einen Zufluchtsort. Die Stadt Cuzco bestand aus einer mittleren Kultstätte, wo die Vornehmen, die Priester, die Regierungsbeamten und ihre Diener wohnten, und aus einem Ring kleiner Dörfer ringsum.

Die Kleidung der Männer war ein ärmelloser Umhang, mit

einem zweiten größeren Umhang bei kaltem Wetter und einem Lendenschurz aus Tuch, dazu Sandalen aus Leder mit wollener Verschnürung. Die Frauen trugen lange Gewänder, in der Hüfte mit einer Schärpe umwunden, und einen Mantel, ähnlich wie die Männer. Ein Rock reichte bis zu den Fesseln. Das Haar wurde mit einem Band um den Kopf gehalten. Alle vornehmen Männer trugen große zylindrische Ohrpflöcke, häufig aus Gold, etwa fünf Zentimeter im Durchmesser. Man durchstach die Ohrläppchen der Jungen bereits, wenn sie 14 Jahre alt waren. Frauen trugen niemals Ohrschmuck. Die Inka bemalten ihre Gesichter im Kriege, bei Trauer und für Zeremonien.

Viele Metalle wurden von den Inka verarbeitet: Kupfer, Gold, Silber, Zinn, Blei. Alle Goldminen waren staatlich, und Inspektoren behüteten die Eingänge, so daß nichts gestohlen werden konnte.

Die Anzahl der Frauen, die ein Mann besaß, verriet sein Ansehen und seinen Reichtum. Oft verschenkte der König eine Anzahl Frauen an verdiente Männer.

Der Inka-König war absoluter Herrscher. Er regierte mit göttlichem Recht. Er leitete seine Herkunft von der Sonne her und wurde als göttlich verehrt, solange er lebte. Er verlangte vom Volk sklavischen Gehorsam, und seine Macht war begrenzt von der Gefahr der Revolution. Privates Eigentum gab es kaum. Das Volk war in eine Art Kolchosen organisiert, in Clane, denen das Land gehörte. Die Häupter dieser Clane verteilten das Land an die einzelnen, die es ein Jahr beackern mußten. Im nächsten Jahr wurde neu verteilt. Einen Teil der Feldfrüchte erhielt der Staat. Das ganze System war eine Art Kommunismus, über dessen Durchführung der Tyrann und Gottkönig wachte. Ein Regierungsamt verwaltete die Straßen, ein anderes die wilden Tiere und die Jagd, wieder ein anderes die Wälder. Ein Ingenieurkorps plante und baute die Städte, die Tempel, die Brücken. Öffentliche »Statistiker« registrierten die Ernten, die Zahl der Kinder, die Arbeitsfähigkeit jedes einzelnen. Ein Teil der Kinder wurde vom Staat zu Soldaten ausgebildet, ein anderer zu Priestern, wieder andere für Verwaltungszwecke und Regierung. Der Staatskommunismus war durch und durch organisiert.

Jeder König besaß außer seiner Hauptfrau einen großen Harem. Die Hauptfrau war von der Regierungszeit des Topa-Inka an immer des Königs Schwester. Die große Kinderzahl errang den Nebenfrauen privilegierte Stellungen. Diese Kinder waren verantwortlich für die Erhaltung des königlichen Palastes und des Kultes des Herrschers. Zur Zeit der Eroberung lebten etwa 500 direkte königliche Abkömmlinge. Gelehrte Männer sorgten für den Weiterbestand der »königlichen Ideologie«. Die wichtigsten Verwaltungsbeamten wurden möglichst aus dem Kreise dieser Gelehrten gewählt, die so etwas wie »Reichspropagandaleiter« waren. Im allgemeinen wählte der König den fähigsten der Söhne seiner Hauptfrau zum Nachfolger und erzog ihn für dieses Erbe. Der Herrscher saß auf einem Thron, einem niedrigen Stuhl, nur 20 Zentimeter hoch, aus rotem Holz geschnitzt und mit feinen Decken belegt. Die Titel des Königs lauteten: »Einziger Inka«, »Sohn der Sonne«, »Freund der Armen«. Seine Hauptfrau wurde »Königin« oder »Mutter« genannt. Jeder König baute in Cuzco einen neuen Palast, denn der Palast des Vorgängers wurde eine Kultstätte der Erinnerung. Jeder, der den König sehen wollte, mußte seine Sandalen ablegen und auf seinem Rücken eine Last herantragen, bevor er den königlichen Raum betrat. Meist saß der König hinter einem Wandschirm. Und es war eine sehr große Ehre, wenn er sein Gesicht zeigte. Starb der König, so wurde seine Leiche einbalsamiert. Selbstverständlich erwartete man von den Frauen und Dienern, die der König am meisten schätzte, daß sie ihm freiwillig in den Tod folgten. Man machte diese beherzte Gefolgschaft erst betrunken und erwürgte sie dann. Im Grabpalast wurde der tote Herrscher bedient wie zu Lebzeiten. Junge Frauen standen immer beiderseits der Mumie und bewegten Fächer, um die Fliegen zu vertreiben. Der Spanier Polo de Ondegardo fand sämtliche Leichen der Inka-Herrscher 1559, als er seinen Feldzug gegen die Inka-Religion durchführte.

Um die Tausende und aber Tausende von Staatsämtern der königlichen Diktatur zu besetzen, wurde das Land ständig nach Talenten durchkämmt. Wer nur die geringste Fähigkeit für Verwaltung oder zum »Führer« besaß, sah sich eines Tages in ein fremdes Dorf verpflanzt, wo er im Sinne der Weltanschauung des Herrschers regieren mußte.

Alle Steuern wurden in Form von Arbeit und Sachlieferungen verlangt und geleistet. Geld gab es nicht. Die Steuerzahler mußten Felder bearbeiten, deren Ertrag die Inka-Regierung und die Inka-Religion erhielt. Eine gewisse Lebensspanne mußte außerdem dem Soldatendienst gewidmet werden, öffentlichen Arbeiten oder persönlichen Diensten für den König und den Adel. 30000 Männer mußten im Arbeitsdienst die Festung Sacsahuaman erbauen, wahrscheinlich der bedeutendste Inka-Bau überhaupt. Die Arbeitspflicht in den Minen währte meist nur einen Monat.

Eine große Belastung für den König war die Arbeit, die er ständig erfinden mußte, um die Arbeitskolonnen tätig zu erhalten. So ließ Huayna Capac einen Hügel von einem Platz auf einen anderen versetzen, weil ihm gerade zu der Zeit kein besseres Projekt in den Sinn kam. Die Inka-Könige wußten nämlich, daß das Volk bei allzuviel Muße auf den Gedanken kommt, die Regierung zu kritisieren. Selbst wenn sie das Volk tüchtig in Bewegung hielten, gab es Revolutionen. Wie erst wäre es bei größeren Arbeitspausen gewesen?!

Frauen wurden von der Inka-Regierung genauso unter Kontrolle gehalten wie Männer. Königliche Beamte besuchten jedes Dorf und teilten die Mädchen ein, wenn sie das Alter von 10 Jahren erreicht hatten. Besonders schöne und wohlgewachsene Mädchen wurden von der Regierung erzogen. Die übrigen blieben im Dorf und mußten Steuerzahler heiraten. Ehen wurden von Staats wegen gleich für das ganze Dorf bestimmt: die heiratsfähigen Jungen und Mädchen wurden in zwei Reihen aufgestellt. Ein Beamter gab im Namen des Königs jedem Jungen ein Mädchen. Die von der Regierung erwählten Mädchen dagegen mußten in Staatsinternaten spinnen, weben, kochen und andere Haushaltsfähigkeiten erlernen. Dann wurden sie entlassen, die einen zum Tempel- und Sonnendienst, mit der Pflicht ewiger Keuschheit als »Jungfrau der Sonne«. Die anderen wurden verdienten Vornehmen und Kriegern in die Ehe gegeben. Wieder andere wurden die Konkubinen des Königs, bereiteten seine Mahlzeiten und fertigten seine Kleider.

Bei der Auslese, wenn die Mädchen zehn Jahre alt waren, wurden einige gleich als Menschenopfer für verschiedene feierliche Gelegenheiten bestimmt. Wie immer in solchen Fällen, predigte die Staatsreligion, daß gerade diese »besonders bevorzugt« seien. Man stellte ihnen ein Leben in Freude und Glückseligkeit in Aussicht, zwar nicht hier und jetzt, dafür aber im Jenseits.

So lebten die Menschen unter den Inkaherrschern am Westrande Südamerikas. Es war eine Zeit, die uns gespenstisch an einiges erinnert.

So groß die Macht der Inka-Gottkönige war, so mächtig ihr Reich sich über die Hochplateaus der Anden bis hinunter zum Stillen Ozean ausdehnte, so absolut ihre Herrschaft erschien, immer fürchteten sie Revolutionen. Denn es hat in der Weltgeschichte niemals Tyrannen und Diktatoren gegeben, die ruhig in ihrem Bette schlafen konnten.

Ein neues Land zu erobern, erschien den Inka-Königen keine so große Leistung. Die allgemeine Wehrpflicht ihrer Völker, das Gefühl jedes Einzelnen, willenloses Objekt des Königs zu sein, waren so bedingungslos, daß der Herrscher das Gefühl hatte, mit seinen Soldaten »bis ans Ende der Welt« marschieren zu können. Länder zu erobern, war leicht. Sie zu halten, viel schwerer.

So kamen die Könige auf einen Gedanken, der erst in jüngster Vergangenheit wieder modern wurde. Die grollende und gärende Volksseele jedes eroberten Landes wurde durch Massenumsiedlung aufgelockert, abgekühlt und zur Ohnmacht gebracht. Sobald eine neue Provinz erobert war, wurde sie entvölkert. Tausende und aber Tausende von Indianern wanderten, mit ihren Habseligkeiten auf dem Buckel, mit Frauen und Kindern über die schnurgeraden Prachtstraßen des ½tausendjährigen Reiches (1000 n. Chr. bis 1532 n. Chr.). Und während diese heimatlos gewordenen, diese »UNRRA-losen DPs« der Inka-Epoche noch in Riesenzügen in einer Richtung abwanderten, kamen schon die anderen entgegen, die neuen, die Kolonisatoren, die Menschen mit dem »spontanen Pionierwillen«. Auch sie waren traurig, ihre alte Heimat verlassen zu müssen. Aber sie waren zuverlässige, linientreue, alte Vorkämpfer des Inka-Willens, bewährte Kenner des Systems.

Diese Neusiedler wurden Mitimäs genannt. Die neuen Siedler in den fremden Dörfern und auf den fremden Feldern wurden nie so recht warm mit den wenigen alten, die zurückbleiben durften. Denn die Alten hatten ihr Recht ererbt, während die Neuen es durch königliches Edikt erhalten hatten. Von den inkatreuen Neusiedlern erwartete der Staat, daß sie den Besiegten und »zu Bekehrenden« als gutes Beispiel dienten. Die Neuen verbreiteten die Quechua-Sprache und bildeten Inka-Garnisonen. Als königlichen Dank erhielten sie so viele Mädchen, wie sie haben wollten. Aber die Inka-Könige gingen noch weiter in ihrem Bestreben, ein Volk, ein Reich und einen Inka-Gott zu sichern: jede Provinz hoch oben am Titicacasee und auf dem bolivianischen Hochplateau erhielt Felder im tiefen, warmen Unterland. So genossen die auf den Anden ihre eigenen subtropischen Früchte aus den Tälern.

Als die Spanier Peru eroberten, waren die Kolonisten in vielen Provinzen zahlreicher als die ehemaligen Einwohner. Der Inka-Herrscher schickte besonders viele Kolonisten aus seiner Residenz Cuzco in alle Windrichtungen. Denn er kannte ja seine Leute. Dafür konnte er sich die Sprache der Verschleppten aus allen Provinzen seines Imperiums sozusagen direkt vor der Tür anhören, ihre Sitten studieren, ihren Charakter beobachten.

Hier im Reiche der Inka schuf sich die Neue Welt zum ersten Male einen wahren Schmelztiegel der Menschheit, ein Durcheinanderwirbeln und -mischen aller Völker in gigantischem Ausmaß. Wären nicht die spanischen Eroberer gekommen – die weißen Götter –, so wäre das Volk der Inka eine einzige festverschmolzene Nation geworden, eine Nation aus einem Guß und mit einer Sprache: Quechua. Die Arbeit im Inka-Reich wurde von Staats wegen verteilt und auch die Muße. Niemand sollte hungern, niemand sollte frieren, und niemand sollte so recht glücklich sein. Es gab keine Arbeitslosen, auch nicht unter denen, die es zeitweilig gern gewesen wären. Selbst die Frauen zwischen 50 und 80 Jahren mußten noch arbeiten. Waren die Männer so alt, daß ihnen die Zähne aus dem Munde fielen, so blieben sie immer noch gut genug zum Züchten und Füttern von Meerschweinchen. Diese Männer waren die sogenannten »schlafenden Greise« – die puñucrusus –, wahrscheinlich so genannt, da sie nur noch dösend ihrer Arbeit nachgingen.

Der indianische Schriftsteller Felipe Huaman Poma de Ayala berichtet, daß einfach niemand müßig sein durfte, nicht einmal Kranke, Blinde, Taube, Taubstumme, Krüppel, Geistesschwache. Stets war der Inka-Staat bestrebt, die Vermehrung der Bevölkerung zu fördern. Auch die so Behinderten sollten nicht Junggesellen bleiben. Da nun eine junge gesunde Frau wenig Neigung zeigen würde, einen alten Krüppel zu heiraten, bestimmte der Staat, daß der lahme Mann eine lahme Frau heiraten sollte, der alte Stotterer eine alte Stotternde, der Taubstumme eine Gefährtin gleicher Veranlagung, der Blinde eine Blinde.

Der Handel im Inka-Reich war Staatsmonopol. Die Steuerzahler hielten in ihrem Dorf einen kleinen Markt ab und tauschten überschüssige Güter aus sowie solche Gegenstände der Staats-Handwerksbetriebe, die an sie von der Regierung verteilt wurden. Geld gab es nicht. Da aber die Regierung keine »Umsatzsteuer« erhob, sondern nur »Arbeit« forderte, konnte eine fleißige Familie recht ansehnlichen beweglichen Besitz erwerben. Alle wertvollen Metalle und alle Kunst- und Schmuckgegenstände gehörten dem König und den vornehmen Familien.

Wer etwa glaubt, daß der Inka-Staatsbürger auf den Prachtstraßen des Landes umherreisen durfte, hat weit gefehlt. Diese Straßen waren nur für den Staatsverkehr bestimmt. Die Steuerzahler durften nicht reisen, schon um keine Verkehrsstockungen zu verursachen, und noch weniger, um die Arbeit nicht zu unterbrechen.

Die Justiz im Inka-Reich war »streng, aber gerecht«. Jeder Bruch des Gesetzes wurde als Vergehen gegen den Staat oder den König angesehen. Die Strafen waren: öffentliche Zurechtsetzungen, Amtsentziehung, Verbannung auf die Coca-Plantagen, Tortur, Tod. Eine Form der Tortur – eine Art Gottesurteil – war das »Hiwaya«. Diese Strafe bestand darin, daß ein mächtiger, sehr schwerer Stein aus etwa einem Meter Höhe auf den Rücken des Verurteilten fallen gelassen wurde, was meist den Tod verursachte. Todesstrafen wurden durch Aufhängen an den Füßen, Steinigen, Hinabstürzen von einem Felsen oder Keulenschläge auf den Kopf vollzogen. Das erscheint grausam. Man muß aber bedenken, daß ein Todesurteil nur vom höchsten Verwaltungsbeamten oder vom Inka-König selbst ausgesprochen werden konnte. Berufung gab es nicht. In der Hauptstadt Cuzco gab es eine unterirdische Höhle, die von Jaguaren, Pumas, Bären, Füchsen, giftigen Schlangen, Skorpionen bevölkert war. Dort hinein wurden Staatsverräter geworfen, denen bei aller Gefahr eines solchen Aufenthalts dennoch eine kleine Chance der Befreiung winkte. Blieben sie nämlich zwei Tage am Leben, so wurden sie als von den Göttern geschützt freigelassen und sogar geehrt.

Das Inka-Strafrecht machte einen Unterschied zwischen den Vornehmen und dem Volk. Ein vornehmer Verurteilter verlor etwa nur sein Amt, während ein Mann des Volkes für die gleiche Tat unter die Tortur kam. Das Ansehen der Vornehmen sollte dadurch gewahrt werden. Bei Ehebruch dagegen war die Sache umgekehrt. Der gemeine Mann und die gemeine Frau wurden mit Prügel gestraft. War die Frau aber eine Vornehme, so wurden beide beteiligten Ehebrecher hingerichtet. Die Kriminalität im Inka-Reich scheint im großen und ganzen gering gewesen zu sein, weil die Strafen so schwer waren und weil der Staat für alles sorgte.

Die Armee der Inka kannte weder Kavallerie noch Belagerungsmaschinen. Die Soldaten waren mit dicken Wollhemden gepanzert und mit Wundenbinden umwickelt. Sie trugen Schilde und Schlingen, mit dennen sie Steine schleuderten. Sie hatten Keulen und Speere. Behelmt, mit Schmähgesängen, trommelnd, auf Tontrompeten blasend und auf Knochenflöten pfeifend, zogen sie in die Schlacht. Der König hatte eine Leibgarde, die sogenannten »Großohren«. Die Leibgarde des Königs stellte der Adel. Der gesamte Adel wurde von den Spaniern »Orejekes« genannt wegen der schweren Ohrpflöcke. Unwillkürlich erinnern sie so an die Steinfiguren auf der Osterinsel, jene rätselhaften Langgesichter mit den großen Ohren.

Die Gefangenen wurden meist nach Cuzco gebracht, wo man einige zum Dank an die Götter opferte. Im Tempel der Sonne schritt der König über die Nacken der Gefangenen. Besonders gefährliche Widersacher wurden in die Schlangenhöhle geworfen. Als Siegestrophäen wurden getötete Gefangene mit Stroh und Asche ausgestopft. Ihre Bauchhaut wurde als Trommel benutzt. In den mündlichen Überlieferungen der Inka heißt es daher oft: »Er besiegte ihn und machte ihn zur Trommel.« Vornehme, die sich in der Schlacht ausgezeichnet hatten, durften einen Schirm tragen, oder sie durften auf einem Stuhl sitzen. Wenn uns so vieles an den Inka hart und unmenschlich erscheint, so darf man doch niemals vergessen, daß die Menschen der letzten fünf Jahrtausende im Grunde genommen ein sehr ähnliches Maß von Gut und Böse mit sich herumtrugen. Sie sorgten sich, sie weinten, sie lachten und sie liebten. Der Spanier Garcilaso de la Vega erinnert sich an dieses kleine Gedicht, das er von den Indianern der Inka-Zeit erlauschte: »Auf diesem Platz sollst du schlafen. Mitternacht – ich komme.« Sarmiento de Gamboa übersetzte ein kleines dramatisches Lied: »Ich wurde wie eine Lilie im Garten geboren. Gleich einer Lilie wurde ich aufgezogen. Ich reifte heran, meine Zeit kam, dann neigte sie sich ihrem Ende, ich trocknete, und ich starb.« Die kleine Liebesbotschaft wie die Betrachtung der Vergänglichkeit des Lebens zeugen davon, daß auch die Inka-Menschen Seele und Gefühl hatten. Und sie glaubten an einen höchsten Gott. Er war der Schöpfer, Erschaffer aller übernatürlichen Wesen: Viracocha. Er wurde als

Mann dargestellt, und seine Statuen wurden in Tempeln verehrt. Eine solche Statue aus purem Gold stand in Cuzco. Viracocha verfügte über alle göttliche Macht. Er hatte aber die Verwaltung seiner Schöpfung vielen ausführenden übernatürlichen Wesen übertragen. Als Viracocha seine Schöpfung ansah, reiste er durch das ganze Land und lehrte das Volk viele guten Dinge. Er vollbrachte Wunder, gelangte schließlich nach Manta in Ecuador und fand dann seinen »See Genezareth« im Pazifischen Ozean, auf den er trockenen Fußes hinauswanderte.

Die wichtigsten »Engel« des Schöpfers waren Sonne, Mond, Donner, Sterne, Erde und Meer. Neben diesen Göttern verehrten die Inka verschiedene Plätze und Dinge. Schreine, die »Huacas« genannt wurden, fanden die Spanier überall.

Dem Schöpfer Viracocha wurden Staatsopfer gebracht. Priester vollzogen die heilige Handlung. Nur den wichtigsten Göttern wurden Menschen geopfert, und nur bei so wichtigen Anlässen wie Pest, Hungersnot, unglücklichen Kriegen, wenn der König selbst ins Feld ging oder wenn er erkrankte. Bei einer Königskrönung wurden 200 Kinder geopfert. Vor der Opferung wurden sie reich bewirtet, damit sie »bei Viracocha« nicht unglücklich oder hungrig ankamen. Waren die Kinder älter, so machte man sie vor der Opferung betrunken.

Die götterversöhnende und sühnende Idee der Opferung war überhaupt im Inka-Reich sehr verbreitet. Wer sehr krank wurde und wem die Wahrsager den sicheren Tod voraussagten, der opferte manchmal selbst seinen Sohn. Er bat den Gott, sich mit dem geopferten Leben zufrieden zu geben und das Leben des Opferers zu sparen. Half auch das nicht, so mußte man sterben. Nach dem Tode konnte man entweder mit der Sonne in der oberen Welt weiterleben – es gab da viel zu essen und viel zu trinken – oder man mußte als Sünder in das Innere der Erde zur Hölle fahren. Hier war es kalt, und hier gab es Steine statt Brot. Nur die Vornehmen hatten keine Wahl: sie kamen immer in den Himmel, selbst wenn sie auf Erden die größten Schurken waren. Der Tote wurde in ein Felsengrab gesetzt oder in ein Steingrab, das eine Türöffnung besaß, durch einen Stein verschlossen.

Hier saß er mit angezogenen Knien und wartete darauf, daß seine Seele in den Himmel komme – oder daß sein Grab von spanischen Eroberern geplündert würde. Die Vornehmen erreichten beides – der Himmel war ihnen zugesichert. Aber der gleiche Himmel schickte die Spanier, die ihre Gräber beraubten!

In den Staub fiel Atahualpa

»Das hat der Himmel gewollt.«
Pizarro zu Inka Atahualpa nach dem Blutbad von Cajamarca am 16. November 1532

Ein eiskalter Wind jagt über Flandern, zwängt sich in die engen Gassen der Stadt Gent, wimmert hoch im Turm der Kathedrale von Saint-Bavon. Es ist der 24. Februar des Jahres 1500. Wenn die ersten Sonnenstrahlen die Giebel der Stadt treffen werden, ist der Welt ein Kind geboren, das Herrscher werden wird über Deutschland, Österreich, Italien, Burgund, Spanien, die Niederlande, Teile Amerikas und Nordafrikas.

Noch liegst du in der Wiege, Karl. Du wirst »Heiliger Römischer Kaiser« werden, der mächtigste Herrscher, den die Welt bisher sah. Aber ehe du stirbst, wird selbst deine Welt zusammenbrechen. Demütig wirst du am Ende deiner Tage sein, ein kniender Mönch im Kloster. Sieh: dem venezianischen Maler Tizian fällt ein Pinsel aus der Hand. Du bückst dich. Du hebst ihn auf. »Es gebührt diesem Tizian, von einem Kaiser bedient zu werden«, wirst du sagen. Die Uhren ticken, unablässig ticken sie. Du bohrst dein Auge in ihr Werk. »Was ist die Zeit?« fragst du. »Gott ist die Zeit«, antworten die Uhren. Nacht um Nacht bohrst du dein Auge in das winzige Räderwerk dieser starren Herzen. Und dann stirbst du, kleiner, büßender Mensch und mächtiger Kaiser Karl V.

Wie groß ist doch diese Stunde dieses Jahres 1500, dieser Gipfel westlicher Kultur anderthalb Jahrtausende nach Christi Geburt. Es ist die Blüte der Wiedergeburt der Antike, die Renaissance. Michelangelo baut die Peterskirche. Albrecht Dürer schnitzt seine große Passion. Kopernikus erkennt, daß die Erde nur ein Planet unter anderen Planeten ist, der frohe Raffael malt seine schönsten Madonnen. Luther, Calvin und Zwingli reformieren die Kirche. Das Genie Leonardo da Vinci scheint die Vollendung aller Künste und allen Schaffensdranges dieser Zeit in elementarer Größe in sich zusammenzufassen. Paracelsus ist der Arzt dieser Tage, Hans Sachs ihr Schuhmacher und Poet. Jacob Fugger finanziert Papstwahlen, Kriege und die mächtigsten Handelsflotten der damaligen Welt.

Drei Söhne Spaniens und ein Genuese aber sind die größten Entdecker und Eroberer, die dem Reichtum der westlichen Welt, ihren herrlichen Gemälden, Skulpturen und Domen, einen ganzen Kontinent hinzufügen, und den größten der Ozeane.

Man muß sich das vorstellen! An der Wende 1500 ist Kolumbus 45 Jahre alt, schneeweiß ist sein Haar. Er hat unendliche Leiden und Mühen ertragen. In Ketten liegt er, der Entdecker Amerikas, in Ketten zu Cádiz. Und im Traum hört er immer wieder, wie Rodrigo de Triana ruft: »Land, Land!« Cortez, der Mexiko erobern wird, ist 15-, Balboa jetzt 25jährig; er wird den Stillen Ozean entdecken, und Pizarro, noch ein unbekannter, armer Mann, wird nach dem Gold der Welt greifen, nach Peru. Er wird den sagenhaften Inka in Fesseln vor sich sehen. Alle vier lebten zur gleichen Zeit. Wie unendlich reich war sie doch, wie mutig, wie großartig, und wie arm und blaß erscheint das Zeitalter der grauen Massenvölker unseres Jahrhunderts, da keine Kontinente mehr entdeckt werden, da es keine unbekannten Meere gibt und da die Titanen ausgestorben sind, die Engel vom Himmel auf die Erde zu zaubern vermochten.

In Trujillo, einer Stadt der spanischen Provinz Extremadura, wurde Pizarro geboren. Seine Mutter Franziska weinte. Sie war arm. Was sollte sie mit dem unehelichen Kind anfangen? Sie legte es an der Kirchentür nieder. Niemand hob es auf. Es hätte sterben müssen. Aber in dieser Zeit so vieler Wunder, als die Madonnen der Gemälde ihre Augen niederschlugen oder gelegentlich auch Wunder taten, blieb das Kind am Leben. Wer nährte es? Die Spanier antworteten: »Die Natur.« Wer lehrte es lesen und schreiben: Die Spanier antworteten: »Niemand.« Was war seine Hauptbeschäftigung? Die Spanier antworteten: »Das Hüten von Schweinen.«

Sehr lebendig ist der Hafen von Sevilla. Da segeln mächtige Karavellen auf die noch wenig bekannten großen Ozeane hinaus. Da treffen sich durstige Kapitäne, ein tolles Gesindel spanischer Abenteurer, Glücksritter und Goldsucher. Durch die Straßen wandert der hungrige, arme Hirte und hört mit offenem Munde, was die Seeleute von der Neuen Welt berichteten. Seine Phantasie ist grenzenlos, und grenzenlos erscheinen ihm die Möglichkeiten dieser Neuen Welt. Aber Jahr um Jahr vergeht, und kein Segler nimmt ihn mit.

Erst als Pizarro 39 Jahre alt ist, finden wir ihn als Gefolgsmann eines kühnen Ritters, der auf Terra Firma in der Neuen Welt eine Ansiedlung gründet. Dann sehen wir ihn an der Seite von Balboa in Darien, südlich der Landenge von Panama. Mühsam ist der Weg über die Gebirge. Als einer der ersten Menschen Europas erblickt er mit Balboa den Stillen Ozean. Fieberhaft sammelt Pizarro Gold und Perlen auf den benachbarten Inseln der Küste von Panama. Beute, Beute! Aber nicht für ihn, sondern für seinen Herrn, den Ritter Morales.

Längst hat Pizarro erkannt, daß die Neue Welt Gefahr und Not und Hunger bedeutet, daß alle Pläne und Träume nur durch unglaubliche Energie und mit Bedacht verwirklicht werden können. Und das Alter kriecht heran. 50 Jahre lebt er nun schon. Nichts wird in Erfüllung gehen, nichts! Er ist Besitzer eines ungesunden Landstriches. Er hat kein Gold. Er ist berühmt als mutiger Ritter. Aber immer noch lauert die Vergangenheit, das Bettelweib an der Kirchentür, die Namenlosigkeit, die Gefahr, wie ein morsches Schiff am Strand einer fremden Welt zu versanden. Einen kleinen goldenen Schuh stellt er vor die Madonna, und er weint.

Eben hat Cortez ganz Mexiko erobert. Sah er nicht selbst, wie Balboa vom Ufer in die Brandung der südlichen See schritt und das gewaltige Meer namens des Königs von Kastilien in Besitz nahm? Hatte nicht eben Magalhães selbstherrlich diesem Ozean den Namen »Mar Pacífico« gegeben? Berichtete nicht Andagoya ständig von seiner Fahrt nach Süden, von einem großartigen Reich der Inka, von Gold hinter den Hängen der Kordilleren? Und er, Pizarro, saß hier elendiglich auf der Enge von Panama und ließ sich von Moskitos auffressen! Geld brauchte man, Schiffe, königliche Papiere, mutige Männer, dann wäre dort im Süden eine Chance, dann würde vielleicht auch der Name »Pizarro« geraunt werden, von Mund zu Mund, in den Gassen von Sevilla!

Pizarro fand schließlich die Männer, die er brauchte; Diego de Almagro war wie er Findling, ein emporgekommener Soldat, ein Mann ohne vornehme Abstammung, der aus dem Nichts kam. Hernando de Luque, eine merkwürdige Mischung von Schulmeister, Priester und Verwalter öffentlicher Gelder in der kleinen Gemeinde von Darien – Ostpanama – gesellte sich dazu. Hernando lieferte das Geld, Almagro bemannte die Schiffe, und Pizarro, glühend vor Ehrgeiz, übernahm den Befehl. Ein kleiner Scherz der Weltgeschichte ist die Tatsache, daß eines der Schiffe von Balboa gebaut war, aber Balboa war seit fünf Jahren tot, und abgetakelt lag seine Karavelle im Hafen von Panama. Weiß man, was Balboa, der Entdecker des Stillen Ozeans, mit diesem Schiff vorhatte? Ja! Dasselbe wie Pizarro: Eroberung des Reiches der Inka!

Mitte November 1524 lichtete Pizarro die Anker. Er segelte nach Süden und steuerte schließlich sein kleines Schiff in den Fluß Biru. Vom Namen dieses Flusses, so berichtet ein gewisser Zarate (Conquista del Peru), leiteten die Spanier den Namen »Peru« ab. Pizarro und seine Gefährten unternahmen immer neue Vorstöße in das unbekannte Reich der Inka. Immer wieder segelten sie an der Küste entlang nach Süden. Immer wieder stießen sie in das Innere Perus hinein. Immer wieder griffen sie die Indianer mit dem Schwert in der Hand an, denn sie hatten vorerst noch keine Musketen. Sie kehrten nach Panama zurück, sie machten sich wieder nach Süden auf, sie verpflichteten sich untereinander feierlich, ihr Leben diesem wagemutigen Unternehmen zu widmen und sich gegenseitig hinzurichten, wenn einer untreu würde. Pater Luque gab seinen Gefährten das Abendmahl, teilte die geweihte Hostie in drei Teile, und jeder erhielt ein Drittel des geheiligten Brotes. Drei Männer standen hier vor dem Altar zu Panama und verteilten ein unbekanntes Reich unter sich, ein Reich, von dem sie so gut wie nichts wußten.

Der Augenblick, in dem Pizarro den ersten Indianer im peruanischen Tropenwald sah, festigte seine Überzeugung, daß hier Menschen lebten und daß hier Gold sein mußte. Wenn Pizarro und seine Mannen ein Dorf betraten, flohen die Indianer meist und ließen ihr Gold in den Häusern zurück. So wuchs der Hunger der Eroberer, und gespenstisch, wie vom eigenen Vernichtungswillen getrieben, nahmen die Peruaner immer wieder diese gefährlichen Weißen freundlich auf, mit Demut, mit erstaunlicher Höflichkeit und Gastfreundschaft. Da ist eine indianische Prinzessin an einem Ort, den die Spanier Cruz nannten. Sie kommt freiwillig an Bord des spanischen Schiffes. Pizarro beschenkt sie mit einigen Nichtigkeiten. Sie bittet Pizarro und seine Gefährten, den Besuch zu erwidern. An Land hat die Prinzessin Lauben aus breiten Zweigen errichten lassen, mit duftenden Blumen, mit Stauden durchflochten, von köstlichem Wohlgeruch. Pizarro genießt zum ersten Mal peruanische Kochkunst, unbekannte Früchte unbekannter Farben. Er hört fremde Musik und erlebt nie geschaute Tänze. Da sind reizende Mädchen in einfacher Kleidung, und Pizarro dankt, indem er der Prinzessin das Banner von Kastilien überreicht und sie bittet, es als Zeichen der Unterwerfung unter seinen Landesherrn aufzurichten. Wirklich, die Prinzessin folgt!

Im Sommer 1528 kehrt der 57jährige Pizarro nach Sevilla zurück. Ein gewisser Baccalaureus Enciso hält Pizarro für seinen Schuldner, läßt ihn verhaften und ins Gefängnis werfen. 20 Jahre war Pizarro seiner Heimat fern. Als unbekannter, armer Abenteurer hatte er sie verlassen. Unglaubliche Leiden und Entbehrungen hatte er ertragen. Und jetzt, da er zurückkommt, liegt er im Gefängnis.

Der Kaiser hört von Pizarro. Er läßt ihn kommen und blickt staunend auf die Dinge, die der Fremde da mitgebracht hat. Kaiser Karl sieht das erste Lama, das Pizarro nach Europa brachte. Er sieht Gold- und Silberarbeiten, und sein Interesse wächst vor dem Glanz dieser Metalle. Pizarro, der Extremenier, benimmt sich mit Würde, mit Ernst. Er spricht wie ein Mann, der wahrlich etwas von der Welt gesehen hat.

Aber da ist noch ein anderer Mann, der an den Hof des Weltreiches gekommen ist, auch ein Mann aus der Neuen Welt, ein Mann mit Namen Hernando Cortez, der Eroberer von Mexiko. Er legt seinem Herrn ein ganzes Reich zu Füßen, und Pizarro steht im Schatten. Cortez ist am Ende seiner Laufbahn, der 56jährige Pizarro am Anfang. Die beiden Männer, die die mächtigsten indianischen Herrscherfamilien stürzten, sind da noch ungleiche Konkurrenten. Und doch hat auch Pizarro Erfolg. Er erhält Rang und Titel eines Statthalters und Oberbefehlshabers des Neuen Landes. Er erhält ein Gehalt von 725 000 Maravedis auf Lebzeiten. Er muß sich verpflichten, Beamte zu unterhalten und Krieger. Er darf Festungen errichten und wird eine Art Vizekönig. Aus dem fernen Spanien wird auch der Gefährte Almagro zum Befehlshaber einer Festung ernannt, in den Rang eines Hidalgo erhoben und mit 300000 Maravedis bedacht. Ehrwürden Pater Luque erhält das Bistum vom Tumbez und wird zum »Beschützer der peruanischen Indianer« ernannt. Ein Lotse des Pizarro wird zum »Groß-Lotsen der Südsee« gemacht, ein Kanonier zum obersten Befehlshaber des Geschützwesens. Die anderen werden »Hidalgos« und »Caballeros«. Kaiser Karl war nicht sparsam mit Titeln, Ämtern und Regierungsvollmachten für die spanischen Eroberer eines Landes, das ihm nicht gehörte. Sparsam war er dagegen mit Geld. Pizarro soll seine Not gehabt haben, die nötigen Geldmittel aufzubringen, um wieder in See zu stechen. Angeblich soll der steinreiche Cortez Pizarro geholfen haben.

Und wieder sehen wir Pizarro im Land der Inka, diesmal mit

der neuen Wunderwaffe, der Muskete, der Anno 1532 auf dem südamerikanischen Kontinent nichts gewachsen war.

An der Spitze seines kleinen Haufens Abenteurer dringt Pizarro gegen das Herz des Landes vor, dorthin, wo sich das Lager des Inka befindet. Pizarro befiehlt seinen Leuten, die Eingeborenen überall freundlich zu behandeln, und so wagt sich die kleine Schar beherzt und sehr erfolgreich immer tiefer ins Land. Inka Atahualpa entsendet einen Kurier, der die Fremden im Namen seines Herrn willkommen heißt und sie einlädt, ihn in seinem Gebirgslager zu besuchen. Pizarro ersucht den Gesandten, seinem Gebieter mitzuteilen, er, Pizarro, sei von einem mächtigen Fürsten ausgesandt, der jenseits des Meeres wohne. Er wolle dem Inka Ehrfurcht erweisen und werde sich ihm bald persönlich vorstellen. Die Eingeborenen leisten keinen Widerstand, und wo Pizarro erscheint, ergreifen sie die Flucht. Pizarros Bruder, Hernando, greift sich einen Peruaner, läßt ihn foltern und bringt aus seinem Gefangenen heraus, daß der Inka die Fremden absichtlich eingeladen hat, um sie in seine Gewalt zu bekommen.

Auf steilen Straßen bewegt sich Pizarros Zug die Anden hinauf bis auf den Kamm der Kordilleren. Wieder sendet Inka Atahualpa Boten aus, die Grüße ihres Gebieters überbringen und berichten, der Inka befindet sich in der Nähe der berühmten warmen Quellen der Stadt Cajamarca, und die Spanier erblicken die fleißig bebauten Felder, lernen eine gebildete Bevölkerung kennen, sehen saubere Kleidung, anmutige Mädchen. Längs des Abhanges eines Berges erkennen sie viele weiße Zelte, in Reihen ausgerichtet, wie sie es noch nie zuvor bei den Indianern gesehen hatten.

Am 15. November 1532 rückt Pizarro in Cajamarca ein. Zwischen der Stadt und dem königlichen Lager befindet sich eine Wiese. Und nur diese Wiese trennt jetzt Pizarro vom sagenhaften Inka.

Es ist ein ungeheuer interessanter Augenblick in der Geschichte der Menschheit. Man stelle sich vor, wie der weiße Eroberer und der Indianer-Herrscher sich durch Gesandte gegenseitig ihrer Freundschaft versichern, wie jeder zögert, in die Falle des anderen zu gehen, wie Pizarro innerhalb der Stadt seine Krieger vorbereitet, wie die Spanier singen: »Erhebe dich, o Herr, und richte deine eigene Sache.« Banges Lauern. Atahualpa meldet schließlich dem spanischen Befehlshaber, daß er mit seinen bewaffneten Kriegern kommen werde. 800 Meter vor der Stadt aber macht er halt.

Er schlägt sein Lager auf.

Er schwankt.

Kann er Pizarro trauen?

Kurz vor Sonnenuntergang setzt er seinen Zug wieder in Bewegung. Auf den Schultern seiner Vasallen, in einer Sänfte, wird Atahualpa auf einem Thron aus purem Gold in die Stadt getragen. Ein Halsband von großen Smaragden ziert den Herrscher. Als der König schließlich über die Plaza schwebt, ist nicht ein einziger Spanier zu sehen. Es ist ganz still. »Wo sind die Fremden?« fragt der König. Jetzt tritt Pater Vicente de Valverde, ein Dominikanermönch, mit der Bibel in der Hand und einem Kruzifix vor den Inka und erklärt, er komme im Auftrag seines Befehlshabers, um ihm den wahren Glauben nahezubringen. Der Mönch spricht umständlich von der Erschaffung des Menschen, vom Sündenfall, von der Erlösung durch Jesus Christus, von der Kreuzigung, von der Himmelfahrt, von der Dreieinigkeit. Er fordert Atahualpa auf, Kaiser Karl V. zinspflichtig zu werden.

Der Dolmetscher Felipillo übersetzt die Antwort des Inka: »Die Christen glauben an drei Götter und an einen Gott. Das macht vier. Ich will keinem Menschen zinspflichtig sein. Ich bin größer als irgendein Fürst auf der Erde. Der Papst muß wahnsinnig sein, wenn er Länder verschenkt, die ihm nicht gehören. Meinen Glauben ändere ich nicht. Ihr sagt ja selbst, euer Gott sei von denselben Menschen getötet worden, die er erschaffen hat. Mein Gott lebt. Er lebt im Himmel. Er blickt auf seine Kinder herab. Was gibt dir das Recht«, so fragte Atahualpa den Mönch, »all das vorzubringen, was du sagst?«

Der Mönch wies stumm auf die Bibel. Atahualpa griff sie, blätterte ein wenig darin, warf sie in den Staub: »Sag deinen Gefährten, man müsse mir Rechenschaft geben. Ich verlange Genugtuung für alles Unrecht, das sie in meinem Lande begingen.«

Der Mönch hob die Bibel auf, lief zu Pizarro und berichtete alles. »Ich gebe euch Absolution«, rief er, »greift augenblicklich an!« Pizarro gab das Zeichen. Das dicke spanische Geschütz wurde von der Höhe der Festung abgefeuert. »Santiago! Greift an!« riefen die Spanier und stürzten aus den großen Hallen, in denen sie sich verborgen hatten, auf die Plaza. Mitten in den Haufen der Indianer stürzten sie. Fußvolk und Reiterei. Es gab ein blutiges Gemetzel.

Atahualpa starrte entsetzt in das Verderben. Die meisten Indianer wurden getötet. Wie Wasser strömte das Blut. Nichts verstand der Inka, nichts. Vor ihm flammten Blitze unbekannter Waffen auf. Um ihn rollte Donner. Auf den Schultern der Getreuen schwankte seine Sänfte hin und her. Wie ein untergehendes Schiff schwankte sie. Einige der Edelleute, die sie trugen, fielen. Schließlich stürzte dieser schwebende Thron. Atahualpa stürzte heraus. In den Staub fiel der Inka, und sofort wurde ihm die Borla, das königliche Zeichen, von der Stirn gerissen.

Der mächtigste Herrscher Südamerikas, der größte Inka, der Gottkönig, war Pizarros Gefangener. Kein Spanier war getötet worden.

»So ist das Kriegsglück«, sagte der Inka. Pizarro empfahl dem König, nicht niedergeschlagen zu sein, brachte ihn in einem großen Gebäude unter, beließ dem König indianische Diener und ließ das Gebäude bewachen.

»Das hat der Himmel gewollt«, sagte Pizarro zu Atahualpa, »weil du das Heilige Buch beschimpft hast. Fasse Mut und vertraue mir. Wir Spanier sind ein edelmütiges Volk. Wir sind in dieses Land gekommen, um die Religion Jesu Christi zu verkünden. Es ist kein Wunder, daß wir siegten.«

Feierlich saß Atahualpa da, königlich gefaßt, und niemand sah ihm an, daß er innerlich zerbrochen war. Aus dem großen Kopf starrten seine Augen. Wunderlich glänzend starrten sie. Sie waren blutunterlaufen.

Mit der Gefangennahme ihres Herrschers hatten die Peruaner allen Mut verloren. Männer und Frauen, viele Dienerinnen, die Weiber des Inka, alle lagerten wie gebannt um das Gefängnis des Königs. Wie Götter staunten sie die weißen Männer an. Die Macht des Inka war zerbrochen und damit der Wunderglaube seines Volkes. Eine unheimliche Macht hatte den Spaniern den Sieg in den Schoß geworfen. Es war, als hätte diese Macht den Inka und sein Volk mit geheimnisvollen Ketten unwiderstehlich in die Selbstzerstörung getrieben.

Was nun war im Inka-Reich vor der Landung des Pizarro vorgegangen? Wie konnte das alles geschehen?

Der Mensch weiß nicht, wo er lebt. Und er weiß nicht, was Gott außer ihm auf der von ihm getretenen Erde erschaffen hat. Atahualpa wußte es damals nicht, so wie wir es heute nicht wissen.

Die Menschheit begreift immer nur so viel, wie sie unmittelbar erkennen kann. Über seinen Gesichtskreis, über den Raum, der uns zum Leben gegeben, vermag niemand hinauszudenken.

Kann man sich folgendes vorstellen?

Im Jahre 1954 erscheint der Konflikt Osten-Westen unlösbar. Wie wäre es nun, wenn die Bewohner eines anderen Gestirns mit tausendmal stärkeren Waffen morgen auf der Erde landeten und selbstherrlich wie Götter Schicksal und Gericht spielten? So etwas erscheint undenkbar. Und doch, so etwas ereignete sich in den Jahren 1532/33 in Peru.

Ein mächtiger Herrscher sitzt da auf dem Thron, Inka Huayna Capac. Außer seiner rechtmäßigen Frau, die wahrscheinlich seine Schwester ist, besitzt er eine große Zahl von Nebenfrauen. Eine dieser Nebenfrauen ist die Prinzessin von Quito. Fremd erscheint sie hier am Hof, und sie ist ungewöhnlich schön. Sie ist das schönste Beutestück einer Eroberung des Inka. Sie ist die Tochter des besiegten Herrschers von Quito. Jetzt ist sie Gefangene des Königs, seine Pflegetochter, seine Sklavin und seine Frau. Es ist ein etwas unheimliches Verhältnis, das den Inka-König an diese Prinzessin bindet. Er, der Inka, hat das Land ihrer Eltern geraubt. Die Eltern starben aus Gram. Jetzt liebt der Inka die Prinzessin mit der Leidenschaft eines besitzenden Siegers und doch auch mit dem Mitleid, das Unrecht gutmachen will. Und er liebt den Sohn aus dieser Verbindung, Atahualpa.

Als nun der König fühlt, daß sein Ende naht, muß er einen Nachfolger ernennen. Das ist keine leichte Aufgabe. Denn da ist sein geliebter Sohn Atahualpa, und dann ist da noch der Sohn seiner rechtmäßigen Frau, Huascar, der eigentlich das Thronerbe antreten müßte. Auf dem Totenbett trifft der König eine gefährliche Entscheidung. Beide Söhne sollen Nachfolger und Herrscher werden. Atahualpa im Norden, in Quito, im Lande seiner Mutter, und Huascar im übrigen Reich, im Süden. Dann stirbt Inka Capac, und das Volk weint, denn ein mächtiger, ein großer und gütiger König ist abgetreten. Und sie schneiden dem Toten das Herz aus dem Leibe und bestatten es dort, wo immer sein Herz war, in Quito. Den Leichnam aber bestatten sie im Süden, in Cuzco. Tausende seiner Nebenfrauen folgen dem Sonnenherrscher in den Tod, in die »glänzende Sonnenwohnung«.

Atahualpa hätte eigentlich mit seinem Erbe zufrieden sein müssen, denn rechtmäßiger Herrscher wäre ja Huascar gewesen. Aber Atahualpa will Ruhm, will das ganze Reich besitzen, will vielleicht so spät noch die Eltern seiner Mutter rächen. Und so zieht Bruder gegen Bruder in den Kampf. Im Frühjahr 1532 wälzt sich Atahualpas Heer nach Süden und erobert schließlich die Hauptstadt Cuzco, Huascar wird gefangen und in der Festung Xauxa eingekerkert.

Aber damit nicht genug: Atahualpa lädt den Inka-Adel des ganzen Landes ein, und als die hohen Herren beisammen sind, läßt er sie alle niedermetzeln. Damit auch in Zukunft niemand sein Reich ihm streitig machen kann, läßt er fast alle Frauen aus königlichem Blut hinrichten, Schwestern, Tanten, Nichten, Geschwisterkinder. Und jetzt endlich kann Atahualpa regieren, im stärksten Reiche, das Südamerika je sah, ungefährdet und allein. Keine Macht der Welt, die den Indianern von damals bekannt war, hätte Atahualpas Herrschaft erschüttern können.

Aber der Mensch weiß nicht, wo er lebt. Und er weiß nicht, was Gott außer ihm und der von ihm getretenen Erde erschaffen hat. Atahualpa wußte es damals nicht, so wie wir es heute nicht wissen.

Wenige Monate nach Atahualpas Sieg landen die Menschen auf einer noch unbekannten Erde, landen die Spanier unter Pizarro. Wir haben schon erfahren, wie sie das Inka-Reich erobern, wie Pizarro Atahualpa in eine Falle lockt und wie schließlich Atahualpa vor Pizarro sitzt, während sein Besieger mit der Bibel in der Hand vom neuen Gott erzählt. Atahualpa ist Pizarros Gefangener, und Huascar ist der Gefangene von Atahualpa, immer noch bewacht in Xauxa von der Mannschaft des bezwungenen Königs.

Tag und Nacht grübelte Atahualpa, wie er die Freiheit wiedererlangen könnte. Er wußte, daß die Spanier ihren eigenen Gott liebten – und dazu noch fremdes Gold. Darum sagte er zu Pizarro, er würde das Zimmer, in dem er gefangen war, so hoch mit Gold füllen, wie er reichen könne. Er stellte sich dabei auf die Zehen und reckte die Hand zur Decke. Pizarro nahm den Vorschlag an und ließ diesen merkwürdigsten Vertrag der Weltgeschichte von einem Notar schriftlich fixieren. Fünf Meter breit

*Der letzte Inka Atahualpa, eine der tra-
gischsten Gestalten der südamerikanischen Geschichte. Er ließ sich durch den
spanischen Eroberer täuschen, war viele
Jahre hindurch Pizarros Gefangener
und wurde schließlich hingerichtet.*

war das Zimmer, sieben Meter lang, und drei Meter hoch hatten
die Fingerspitzen von Atahualpa die Wand berührt. Der Inka
sandte Boten in alle Städte seines Reiches, und nun schleppten
endlose Karawanen die herrlichsten Goldgegenstände heran, Lösegeld für ihren Inka.

Inzwischen hatte Huascar von der Ankunft Pizarros erfahren
und von der Gefangennahme seines Bruders. Er sandte einen
heimlichen Kurier zu Pizarro und bot weit höheres Lösegeld für
seine eigene Freilassung. Atahualpa verbrachte schlaflose
Nächte. Gequält wälzte er sich im Traum. Drohend sah er seinen
Bruder vor sich stehen, sah, wie das Blut des Inka-Geschlechts,
das sich aus dem Staube erhob, Gestalt annahm, und hörte, wie es
nach Rache schrie. Und er sah, wie sein Kerkermeister Pizarro
lächelnd vor ihm stand, mit dem Finger immer auf die drei Meter
hohe Markierung an der Wand weisend. Noch hatte das Gold die
vorgeschriebene Höhe nicht erreicht. Jetzt sandte Atahualpa
einen Boten zur Festung Xauxa mit dem Befehl, das größere
Goldangebot aus dem Wege zu räumen, also seinen Bruder zu
töten. Huascar wurde ermordet. »Die weißen Männer werden
mich rächen«, hauchte er seine Seele aus. Ein gestürzter Herrscher lebt nicht lange, wenn er in den Klauen seines Besiegers
bleiben muß. Hier und da im Lande sammelten sich kleine
Trupps gegen die spanischen Eroberer. Pizarro warf dem gefangenen Inka Verrat vor, und die Berater des Eroberers suchten
nach einem Vorwand, Atahualpa umzubringen. Zudem gab es in
der Umgebung des Gefangenen viele Indianer, die Anhänger
Huascars waren und die Ermordung Huascars sühnen wollten.

Der gefährlichste Mann aber war Felipillo, der Dolmetscher des Pizarro. Dieser Felipillo verliebte sich in eine der Nebenfrauen des Atahualpa.

Als Atahualpa das erfuhr, meinte er, solche Schande sei schwerer zu ertragen als die Gefangenschaft. Von diesem Augenblick an übersetzte Felipillo so ungünstig, daß Atahualpa mit jedem Verhör dem Todesurteil näher kam. Ein spanisches Gericht wurde bestellt, und der Inka mußte sich gegen 12 Anklagen verteidigen. Raub der Krone, Ermordung seines Bruders Huascar, Verschwendung, Götzendienst, Ehebruch, Affären mit öffentlichen Weibern, Aufstand gegen die Spanier und so weiter. Das Urteil lautete: Schuldig, Die Strafe: Verbrennung auf dem großen Platz von Cajamarca. Atahualpa fleht Pizarro um Gnade an, mit Tränen in den Augen. Dann aber faßt er sich. Er wird an einen Pfahl gebunden. Um ihn herum liegen Holzstöße bereit, um angezündet zu werden.

Mit erhobenem Kreuz tritt Pater Valverde an ihn heran. Der Mann Gottes verspricht, den qualvollen Tod in die Strafe der Garotte – Erdrosselung – umzuwandeln, wenn Atahualpa das Kreuz umfaßt und sich taufen läßt.

Dann wird Atahualpa getauft – und erdrosselt. Eine Seelenmesse wird für den Toten gelesen. An der kleinen, von den Spaniern erbauten Kirche hört man Weinen und Wehklagen. Tausende von Indianermädchen, die Frauen, die noch lebenden Schwestern des Toten drängen sich um die Leiche. Man treibt sie aus der Kirche. In ihren Hütten nehmen sie sich das Leben, um ihren geliebten Inka in die »glänzende Wohnung der Sonne« zu begleiten.

Wie ein Kartenhaus stürzte die Ordnung zusammen, die jedem Indianer von Peru zur Gewohnheit und zur Natur geworden war. Seit Jahrhunderten beherrschte der Inka alles Tun im Staate, ja die geheimsten Gedanken jedes einzelnen waren im Sinne der Inka-Ordnung ausgerichtet. »Der fremde Gott muß mächtiger sein«, so flüsterte man von den Nestern am Stillen Ozean bis hoch oben in den Städten auf den Anden. Da verbrannten die Peruaner ihre eigenen Dörfer. Sie plünderten Tempel und Paläste. Sie erkannten den Wert des Goldes und begannen, es zum erstenmal in der Geschichte dieses Landes zu verstecken. Pizarro fühlte, daß mit dem Sturz der alten Ordnung Unruhe und Revolution drohten. Und schnell rief er die indianischen Edelleute zusammen und stellte ihnen einen Bruder Atahualpas, Toparca mit Namen, als neuen Inka vor. Toparca wurde gekrönt, Pizarro setzte ihn in eine Sänfte und trat mit seinem Heer den mühseligen Weg nach der sagenhaften Hauptstadt Cuzco an. Hier und da flackerte Widerstand auf, überall sah Pizarro brennende Dörfer, und als zum Unglück noch der neue Inka Toparca starb, fanden die Spanier schnell einen Sündenbock, den peruanischen Häuptling Challcuchima. Challcuchima wurde lebendig verbrannt. Mit der Ermordung von Atahualpa und Challcuchima beginnt eine Kette solcher Hinrichtungen. Immer wird ein spanisches Gericht zusammengerufen. Immer sucht man, den Verurteilten zu bekehren, bevor er sterben muß. Immer ist der famose Pater Valverde dabei mit dem Versprechen auf ein Paradies und mit dem Wasser der Taufe. Immer liest man die Totenmesse, und immer wird der Hingerichtete christlich bestattet.

Als Pater Valverde auf Challcuchima einredete, als er ihm das Los der Ungläubigen im Jenseits schilderte und das herrliche Leben im Paradies, sagte der Häuptling nur kühl: »Die Religion des weißen Mannes kann ich nicht begreifen.« Mit indianischer Ruhe ertrug Challcuchima alle Martern und starb, indem er seinen eigenen Gott Pachacamac anrief.

Die weitere Geschichte der Eroberung von Peru ist dramatischer, als je ein Drama von Menschen erfunden werden kann. Sie liefert Stoff für Dutzende von Dramen. Sie hätte ein Genie wie Shakespeare sein Leben lang beschäftigen können. Man muß sich nur bildhaft vorstellen, was sich dort zwischen den Gestaden des Stillen Ozeans und den Hoch-Anden ereignete. Man sieht, wie Pizarro einen ungewöhnlichen Besuch empfängt, den Bruder des ermordeten Huascar, den Mann, der jetzt rechtmäßig Thronfolger wäre, Manco. Man sieht, wie Pizarro diesen Manco selbstherrlich krönt, wie ein großes Volksfest abrollt, eine Krönungsfeier, veranstaltet und geleitet von den Eroberern. Die Indianer feierten mit und ahnten doch nicht, daß ihr Ruhm damit für immer zerbrach. Und die alten, längst verstorbenen Inka-Herrscher feierten mit. Gespenstisch saßen sie da als Mumien auf dem großen Platz, mit allem Schmuck und mit Prachtgewändern angetan. Und jede Minute war umgeben von einem großen Gefolge. Starr sahen diese Mumien aus leeren Augenhöhlen dem Tanz des Volkes zu, das nächtelang trank und feierte.

Wo die Spanier hinkamen, bauten sie christliche Kirchen und Klöster. Die Tempel der alten Götter von Peru wurden zerstört, ihre Standbilder vernichtet. Dominikanermönche predigten, beteten, tauften. An die Stelle des Tempels der Sonnenjungfrauen wurde zu Cuzco ein römisch-katholisches Nonnenkloster gesetzt. Pater Valverde wurde zum Bischof von Cuzco ernannt. Dieser Teufel im Gottesgewand ist eine der erschreckendsten Gestalten aus jener verblendeten Zeit der Don Quijote.

»Einen Hafen brauche ich«, so dachte Pizarro, »einen großen Hafen, der Verbindung schafft zwischen Spanien und der Neuen Erde hier am Stillen Ozean. Und er stieg hinab zum Meer und gründete eine Hauptstadt. Zu Ehren des Epiphanias-Festes am 6. Januar 1535 nannte er seine Gründung Stadt der Könige – Ciudad de los Reyes. Hier lag vordem ein indianisches Nest, das Rimac hieß. Da Städtenamen in jeder Sprache etwas abgewandelt werden, nannten die Spanier den Ort schon 50 Jahre nach der Gründung »Lima«. Noch heute erkennt man hier den ursprünglichen Plan Pizarros: das Dreieck mit dem Strom als Grundlinie, die vollkommen geraden Straßen, die sich in rechten Winkeln schnitten, die Reste der Kanalisation in steinernen Röhren.

Weiter und immer tiefer watet die Geschichte Perus in sinnlos vergossenem Blut. Der Kain dieser Eroberung, der Mann, der ganz am Anfang gemeinsam mit Pizarro das Unternehmen wagte, Almagro, befindet sich mitten unter den Spaniern. Marschall ist er jetzt, Marschall Kaiser Karls V., immer eifersüchtig, den Ruhm Pizarros beneidend, hungrig nach Macht und Landbesitz. Wer in den Augen des Kaisers in Spanien den größten Ruhm besitzt, wer für das meiste Gold garantiert, dem gibt Karl V. die größte Macht, und so schickt er unbemerkt im Gefolge des Hernando einen vertrauten Diener mit, der seine, Almagros, Dienste, beim Hof hervorheben soll. Hernando schildert die Taten seines Bruders, die großen Beschwerden, die Kämpfe. Kaiser Karl bestätigt die Statthalterschaft Pizarros und erfüllt alles, was Hernando und Pizarro erträumten. Auch Almagros Dienste werden belohnt. Dort, wo Pizarros Herrscherbereich zu Ende ist, soll Almagros Reich im Süden Perus beginnen. Mit einer der besten Flotten, die je die Anker vor Spaniens Küsten lichtete, sticht Hernando wieder in See, zurück nach Peru. Auch Almagros Bote ist wieder dabei, und als dieser Almagro Cuzco erreicht, da ist sein Herr überglücklich über diese kaiserliche Belohnung. Durch den neuen Brief Kaiser Karls fühlt sich Almagro unabhängig. Er läßt sich einreden, Cuzco gehöre jetzt ihm. Noch einmal einigen sich Pizarro und Almagro, aber dann kommt es zum offenen Kampf der großen Rivalen. Almagro sichert sich Cuzco mit Waffengewalt und wirft die Brüder des Pizarro – Gonzalo und Hernando – ins Gefängnis.

Aus spanischer Haft zu entkommen war nicht einfach. Man

mußte gute Nerven behalten und seinen Verstand gebrauchen. Wir sehen also Hernando Pizarro im Kerker sitzen und sich die Zeit mit Spielen vertreiben. Sein Partner ist ein gewisser Alvarado, ein Mann des Almagro. Der Gefangene und sein Besucher spielen hoch. Und Hernando gewinnt 80 000 Gold-Castellanos. Alvarado will sofort bezahlen, aber Hernando weigert sich bescheiden, das Geld anzunehmen. Alvarado ist von diesem Großmut eines Gefangenen entzückt und legt ein gutes Wort bei seinem Herrn ein.

Auch Almagro will sich einen Hafen am Pazifik bauen. Er verläßt Cuzco und nimmt seinen Gefangenen Hernando mit. Tag und Nacht sinnt indessen Francisco Pizarro darüber nach, wie er seinen Bruder Hernando aus den Klauen des Almagro befreien könne. Es kommt zu zwei Unterredungen zwischen Pizarro und Almagro. Man einigt sich schließlich, und Hernando wird freigelassen.

Die Pizarros waren Männer, die man niemals beleidigen durfte. Beleidigungen vergaßen sie nicht. Kaum war Hernando frei, da sandte ihn sein Bruder Francisco mit einem Heer gegen Almagro. Nahe von Cuzco kam es auf dem Salzfelde Las Salinas zur Schlacht. Almagro war sehr krank. In einem Liegestuhl verfolgte er die Schlacht, die sein General Orgonez leitete. Im Fieber mußte er mit ansehen, wie sein Heer geschlagen wurde, wie Hernando siegte. Und jetzt hat sich das Blatt gewendet: jetzt ist Almagro der Gefangene des Hernando. Im Kerker scheint Almagro zu sterben. Er hatte die Gicht oder die Syphilis. Er ist sehr schwach. Das darf nicht sein, dachten die Pizarros, Almagro muß gesund werden, damit man ihn gesund hinrichten kann. Hernando sandte daher seinem Gefangenen freundliche Briefe, ermutigte ihn, ließ ihm die schönsten Bissen seiner eigenen Tafel servieren. So kommt Almagro wieder auf die Beine. Kaum steht er, da tritt ein Mönch in seine Zelle und verkündet ihm das Todesurteil: öffentliche Enthauptung auf dem großen Platz der Stadt. Almagro wankt. »Es ist nicht möglich, daß mir ein solches Unrecht geschehen soll. Ich kann es nicht glauben.«Almagro bittet um einen Besuch des Hernando. Er fleht Hernando an, seine grauen Haare zu schonen, ihm nicht die kurze Zeit zu rauben, die ihm noch zu leben bleibt. »Ich bin erstaunt«, sagte Hernando kühl, »daß du dich als tapferer Ritter so unwürdig benimmst. Gott gab dir die Gnade, ein Christ zu sein. Mach also deine Rechnung mit dem Himmel.« Almagro wollte noch viel sagen, aber Hernando brach die unheimliche Unterredung ab: »Das Urteil ist unabänderlich, mach dich bereit, es zu erdulden.«

War Hernando ein grausamer Mann? Nein! Er ließ Milde walten. Er änderte das Urteil – öffentliche Hinrichtung auf dem Platz – ab und ordnete die Garotte an, Erdrosselung. Scharfrichter und Priester schlichen in der Abenddämmerung ins Gefängnis. Almagro erhielt das Abendmahl, dann die Garotte, und dann wurde es still in den trüben Gängen des Kerkers.

Das Urteil war vollstreckt, aber den Pizarros war doch nicht ganz wohl dabei. Karl V. hatte die Macht des Almagro verbrieft. Vielleicht hätte man den Rat und das Urteil des Kaisers vorher einholen müssen. Also reist Hernando wieder nach Spanien. In Valladolid tagt der glänzende Hof. Wieder hält Hernando mit großem Prunk Einzug in die Stadt. Und wieder, gleichsam aus dem Grab heraus, hat Almagro heimliche Boten an den gleichen Hof gesandt. Die Freunde des Almagro schildern Karl V. das Unrecht, das ihr Herr erlitten hat. Hernando schildert den Streit mit goldenen Gründen, die er wieder sichtbar vor den Kaiser legt. Dennoch senkt sich die Waagschale zu Almagros Gunsten. Auf die Festung Medina del Campo wird Hernando gebracht. Zwanzig Jahre saß dieser zähe, älteste Bruder des Pizarro auf der Festung, bis zum Jahre 1560. In der Festung zog immer wieder sein ganzes Leben an ihm vorüber. Er erfuhr, wie sie alle sterben mußten oder hingerichtet wurden, und er überlebte alle. Er lebte noch einige Jahre nach seiner Freilassung, denn er erreichte ein Alter von über hundert Jahren.

Um in Peru Ordnung zu schaffen, sandte Karl V. ein Mitglied des kaiserlichen Hofes, Vaca de Castro, in das Inka-Reich. Francisco Pizarro regierte dort indessen herrlich und mit harter Hand. Längst hatte der neue Inka Manco allen Glauben an die Spanier und alles Vertrauen verloren. Heimlich schürte er überall den Widerstand. Pizarro konnte ihn nicht fassen. Um den Inka auf die Knie zu zwingen, fing er eine seiner Frauen. Sie war jung und schön, und der Inka liebte sie sehr. Pizarro ließ sie nackt ausziehen, an einen Baum binden, mit Ruten auspeitschen und mit Pfeilen zu Tode schießen. Während dieser Prozedur kam kein Wort der Klage über die Lippen der Indianerin. Sie seufzte nicht einmal und ertrug die Martern mit vollendetem Gleichmut.

Pizarro hatte jetzt viele Feinde: die Indianer und dazu die große Zahl der Anhänger Almagros. Man nannte diese Anhänger Almagros »die Leute von Chile«. Diese Leute wurden überall in Peru unterdrückt, sie erhielten keine Ämter, sie durften am

Francisco Pizarro, Eroberer von Peru, geboren 1471 in Trujillo, Spanien, ermordet am 26. Juni 1541 zu Lima. Atahualpa sagte vor seinem Tode: »Die Inka-Götter werden mich rächen!«

Waffendienst nicht teilnehmen, sie waren die ausgestoßenen Ritter des eroberten Landes. Sie hungerten. Sie sannen auf Rache. Und schließlich faßten sie den Entschluß, Pizarro zu ermorden. Ein Sonntag, der 26. Juni 1541, sollte der Tag der Abrechnung werden, sozusagen der 20. Juli für jene Zeit und für Lima. Die Verschwörer versammelten sich im Hause des Sohnes von Almagro. Wenn Pizarro aus der Sonntagsmesse herauskam, sollte er den Todesschuß erhalten. Der Plan wurde Pizarro durch Verrat mitgeteilt. Pizarro lachte. Er ließ sein altes, rauhes, zuversichtliches Lachen hören, daß sein ganzer Palast widerhallte. Aber er blieb der Messe fern. Die Verschwörer stürzten im Rausch ihres Vergeltungsfiebers zum Palast, rasten die Treppe hinauf, überraschten Pizarro beim Essen. Pizarro griff nach seinem Schwert, teilte tödliche Hiebe aus, wehrte sich gegen die Übermacht. Am Halse getroffen, sank er taumelnd zu Boden. »Jesus«, keuchte er und wollte nicht sterben, ohne das Kreuz geküßt zu haben. Aber er sah kein Kreuz, er hörte nur den Ruf: »Tod dem Tyrannen!« Da bohrte er einen Finger in seine Wunde, zog mit seinem eigenen Blut ein Kreuz auf dem Boden, küßte es. Dann traf ihn ein furchtbarer Hieb, und er starb.

Es war, als ob die alten Götter der Inka lebten, als ob sie im Himmel strafend Gericht hielten, denn in Mord, in Blut und Hinrichtungen ertränkten die Spanier selbst die Ruhmestaten ihrer Ritter. Wenn man die weitere Folge der Hinrichtungen übersehen will, braucht man nur zu überlegen, wer noch lebte. Denn niemand entging dem Henker.

Der aus Valladolid entsandte Vaca de Castro rechnete mit dem jungen Almagro und mit den Mördern des Francisco Pizarro ab. Am selben Ort, wo sein Vater sterben mußte, wurde der erst 24 Jahre alte Sohn des Almagro hingerichtet. Fromm beugte er den Hals für den Hieb des Henkers.

Der nächste Große der Reihe ist ein gewisser Francisco Carbajal. Daß er 84 Jahre alt war, störte seine Henker wenig. Wieder ist ein Geistlicher da, ein Beichtvater. In einem Korb von zwei Maultieren gezogen, schleift man den alten Mann zum Richtplatz. Pater noster ... Ave Maria ... und dann der Galgen.

Gonzalo Pizarro, der sich für den rechtmäßigen Erben seines Bruders Francisco hielt, verspielte seine Herrschaft in der Schlacht von Xaquixaguana. Karl V. hatte einen Geistlichen entsandt, um diesen Rebellen zu stellen. Angeklagt, schuldig des Majestätsverbrechens und Hochverrats, wurde er auf einem Maultier zum Richtplatz geführt. Vor der Hinrichtung fragte er, ob er die Nacht noch sicher verbringen dürfe. »Euer Gnaden können ruhig schlafen«, sagte man ihm. Am nächsten Tag kniete er vor dem Kreuz und küßte es. »Mach deine Sache gut, Bruder Juan«, sagte er. »Mein Wort darauf«, meinte der Henker und ließ das Schwert fallen.

Will man noch erfahren, wie es dem trefflichen Feldkaplan Pizarros, Vicente de Valverde, erging? Dem Mann, der den Verurteilten vorher so oft den Segen erteilt hatte. Er floh, verfolgt von den Anhängern Almagros, nach der Insel Pina. Dort wurde er von den Indianern gefaßt. »Wir zeigen dir das«, sagten sie, »was du dein Leben lang sehen wolltest!« Dann gossen sie flüssiges Gold in seine Augen und ermordeten ihn.

Und Felipillo, der Dolmetscher Pizarros, der Mann, der sich die Lieblingsfrau des Atahualpa nahm und dann so ungünstig die Worte des gefangenen Inka übersetzte, daß das Todesurteil nicht ausbleiben konnte? Almagro hatte ihn längst vierteilen lassen, wegen Verräterei, denn im Verrat war Felipillo ein Meister.

Wer nach Lima reist, in die herrliche Hauptstadt Perus, am Stillen Ozean, wer in der Kathedrale vor dem Marmorsarkophag des Pizarro steht, der wird empfinden, wie ungeheuer hier drei Kräfte Geschichte machten: Gier nach Gold, unbeugsam hartes Rittertum und der Wille, die Lehre Christi mit dem Schwert zu verbreiten.

Es ist nur sieben Jahre her, da machten gelehrte Archäologen einen interessanten Fund in der ehemaligen Hauptstadt von Peru, in Cuzco. Sie entdeckten die Skelette von Gonzalo Pizarro, von Almagro Vater und von Almagro Sohn. Fast nichts ist von diesen Helden geblieben. Unweit aber steht noch immer der Tempel der Sonne, im Herzen der Stadt. Beim Erdbeben 1950 ist die Kirche, die über den Grundmauern des Tempels errichtet war, eingestürzt. Einige der Inka-Mauern sind stehengeblieben. Sie werden jetzt, ebenso wie die Kirche darüber, restauriert. Die Helden sollen Ruhe haben.

Die Götter waren immer hungrig
Maya

Die Maya waren die »Griechen« Mittelamerikas, so wie man die Azteken mit den Römern vergleichen könnte. Zur Zeit der Eroberung durch Cortez gab es Gelehrte, die Mayaschrift lesen konnten. Heute aber ist sie nicht mehr zu entziffern.

Wer über die Landbrücke wandert, die Südamerika mit Nordamerika verbindet, betritt zuerst Panama. Er kommt dann nach Costarica, wandert durch Nicaragua, Honduras und Guatemala und erreicht schließlich Mexiko. Mexiko ist die nördliche Hälfte dieser interessantesten Brücke der Welt, der Landbrücke zwischen den beiden Amerika. Zwei Drittel von Mexiko sind Wüste und Gebirge. Die wenigen Wolken, die über den blauen mexikanischen Himmel ziehen, spenden kargen Regen. Regen, genug nur für ein Zehntel dieser durstigen Erde.

Als der Eroberer von Mexiko, Cortez, vor seinem spanischen König stand, fragte der mächtige Karl V.: »Wie ist denn dieses Mexiko?« Cortez blieb stumm und gab doch seinem König die beste Antwort, die man überhaupt geben kann: er nahm ein Stück Papier, zerknitterte es und warf es auf den Tisch vor den König.

Arm ist Mexiko und reich. Glücklich ist Mexiko und unglücklich. Es ist das größte Silberland der Erde, aber die Mexikaner wissen, daß das Schicksal immer mit einer Hand gibt und mit der anderen Hand nimmt. So war es schon immer in diesem Land. Geduldig sind die Mexikaner, und in dieser Kunst haben sie jahrtausendealte Übung. Vielleicht haben die ältesten Entdecker Amerikas, die Menschen, die über die Beringstraße einwanderten, den amerikanischen Indianern beider Kontinente diesen sonderbaren Schatz mitgebracht: Härte, Geduld und Ergebung in das unvermeidliche Schicksal. Der deutsche Forscher Humboldt bezeichnete Mexiko mit dem neuerdings etwas abgegriffenen Ausdruck »Ein Land der Gegensätze«. Unwissenheit, Aberglaube, Grausamkeit haben Mexiko seit Jahrtausenden regiert, und immer wütete der Zufall, der dem Hochland niemals Sicherheit schenkte. Nichts ist sicher in Mexiko, nichts. »Wer weiß«, sagen die Mexikaner: »Quién sabe.« Man weiß nichts, wenn man

Diese Tonfigur im Museum von Oaxaca gibt ihr Geheimnis nicht preis.
Fast verblüffend erinnert sie an altägyptische Plastiken. Sie ist aber ein
Werk des Zapotecvolkes, das an der Südküste von Mexiko lebte, etwa zur
gleichen Zeit wie die Maya.

geboren wird, und man weiß nichts, wenn man stirbt. Wer die Geschichte, die Kulturen oder die Seele dieses Landes ergründen will, wird in immer tieferes Dunkel stoßen, je mehr er forscht. Selbst der Amerikaner Prescott, der die Geschichte Alt-Mexikos so gründlich studierte wie die Geschichte der Inka in Peru, mußte zugeben, daß es ihm als Wissenschaftler schwerfalle, ein Gebiet zu behandeln, das so romanhaft versponnen sei. Wer hier kulturelle oder geschichtliche Tatsachen sucht, den starrt in Mexiko aus jeder Ruine, aus jeder Bildschrift, aus jedem archäologischen Fund Mythos, Sage und Dichtung an. Eine mexikanische Dame, die gefragt wurde, ob es in Mexiko im Sommer soviel regne wie im Winter, antwortete: »Es gibt keine festen Regeln, Señor.« Es gibt hier wirklich keine festen Regeln für die Geschichte, für Kultur, für das Woher der Völker, keine festen Regeln für die Vergangenheit überhaupt.

Hier gab es wohl Schriften, aber wir können sie nicht mehr entziffern. Als Cortez landete, hatten die Völker Mexikos bereits Mannesalter erreicht, denn einige tausend Jahre Geschichte und Kultur lagen hinter ihnen.

Einige tausend Jahre Geschichte und Kultur! Was bedeutet das? Wir erkennen in Mexiko und dem nördlichen Mittelamerika eine Hochkultur in deutlichen Umrissen erst etwa ab 300 n. Chr. Es ist die Hochkultur der Maya. Aber um eine solche Stufe zu erreichen, muß das Maya-Volk eine viele Jahrhunderte, wahrscheinlich Jahrtausende lange Entwicklung hinter sich gebracht haben. Und von dieser Entwicklung wissen wir so gut wie nichts.

Aus dem Dunkel der Geschichte beginnt sich um 300 n. Chr. die Kultur der Maya in deutlichen Umrissen abzuheben. Um 600 n. Chr. erlebt sie ihre Glanzzeit, und dann geschieht etwas Erstaunliches: am Ende des 7. Jahrhunderts, noch vor 800 n. Chr., löst sich diese erstaunliche Kultur auf, die Baumeister hören auf zu bauen, die Bildhauer hören auf zu formen, die Maler legen den Pinsel nieder, alle großen Städte werden verlassen, Untergang, Untergang auf der ganzen Linie.

Man hat es bis heute nicht ermittelt. Vielleicht wurden die Maya von Feinden überwältigt, vielleicht rieben sie sich in Bürgerkriegen auf, vielleicht starb der größte Teil der Bevölkerung durch Epidemien, vielleicht brachen Hungersnöte aus, vielleicht fand ein so starker Klimawechsel statt, daß die Maya zum Verlassen ihrer Landschaft gezwungen wurden – vielleicht, vielleicht ...

Jedenfalls siechte die große Maya-Kultur nicht langsam dahin,

Diese Steinmaske aus Mexiko aus dem zweiten Jahrhundert v. Chr. bildet etwa den ersten Höhepunkt einer mittelamerikanischen Kultur. Die Kultur Ägyptens war bereits am Erlöschen. Foto: Susanne Schapowalow.

wie Spengler den »Untergang des Abendlandes« sieht, sondern sie brach im Laufe von 50 Jahren zusammen. Öde und verlassen lagen die großen Städte da, das Volk hatte alles aufgegeben.

Das Volk? Auch diese Frage kann nicht eindeutig beantwortet werden. Jedenfalls waren das Bürgertum und die Intelligenz abgezogen. Man wanderte aus, um nie wieder zurückzukehren. Man ließ ein unglaublich großes Kapital zurück, mächtige Tempel, Paläste, Wohnhäuser, alles, was jahrhundertelang mühsam aufgebaut und geschaffen war. Aber irgend jemand bleibt ja immer zurück. Vielleicht waren es alte Menschen, vielleicht Sklaven, vielleicht die Armen, vielleicht auch nur die Kranken. Diese Zurückgebliebenen ernährten sich vielleicht wieder vom Ackerbau und von der Jagd in den nahen Wäldern. Jedenfalls wurde nicht mehr geplant, geschafft, gebaut.

Die Hochkultur der Maya lag etwa zwischen den einstigen großen Städten Uaxactún (Guatemala), Palenque (Chiapas) und Copán (Honduras). Nun, da das alte Reich aufgegeben wurde, wanderte ein Teil des Volkes in das Hochland von Guatemala, wo einige kleine Staaten gegründet wurden. Die meisten Maya aber zogen in den Norden der Halbinsel Yucatan. Hier wurde das neue Maya-Reich gegründet. Dieses neue Maya-Reich war ein matter Abglanz der großen, alten Vergangenheit, eine Wiedergeburt, eine »Renaissance«. Aber die glänzende Blüte, die alte Hochkultur, wurde nie wieder erreicht.

Woher wissen wir überhaupt etwas von der Geschichte der Maya?

Da gibt es zunächst einmal die Maya-Handschriften. Es sind Bücher, die lange vor der Eroberung Mexikos von den Maya-Priestern geschrieben wurden. Leider sahen die spanischen Eroberer in diesen Schriften »Werke des Teufels«, und der spanische Bischof Landa organisierte in Merida eine große Bücherverbrennung auf der Plaza der Stadt. Darum sind nur noch drei Handschriften erhalten: die eine befindet sich – oder befand sich – in Dresden. Es ist die interessanteste, weil sie in der besten Zeit

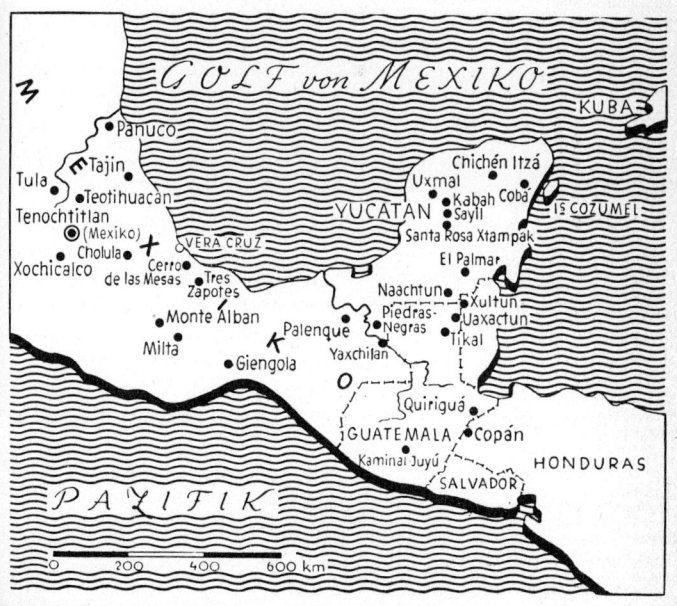

des neuen Maya-Reiches entstanden war. Die zweite, späteren Datums, befindet sich in Paris und die dritte in Madrid. Aber: alle drei Schriften enthalten nur kalendrische und kultische Eintragungen. Die Schriften, die religiöse, medizinische und mathematische Aufzeichnungen enthielten, stiegen im Zuge der Austreibung des Teufels durch die Spanier als Rauch in den geduldigen Himmel. Die Hieroglyphen der drei erhaltenen Schriften geben uns heute noch mehr Rätsel auf, als daß sie Erkenntnisse vermitteln. Bei Erhaltung von mehr solchen Schriften hätte man wahrscheinlich den Schlüssel zur Lösung gefunden.

Es gibt außerdem Aufzeichnungen, die kurz nach der spanischen Eroberung gemacht wurden. Nur haben diese Aufzeichnungen den Nachteil, daß die Kultur der Maya zu jener Zeit schon im Absterben war.

Dann sind da noch einige Geschichtsdaten, die unter den Maya in Hieroglyphen vor der Eroberung festgelegt wurden und die man ins Spanische übersetzte.

Schließlich haben wir noch die Steinsäulen, die von den Maya in ihren Städten alle 5, 10 und 20 Jahre errichtet wurden und auf die die wichtigsten Ereignisse eingemeißelt waren. Da die Maya aber eine ganz andere Zeitrechnung hatten, als wir sie kennen, ist es nicht leicht, die einzelnen Ereignisse mit unserem Zeitsystem in Einklang zu bringen.

Unter den ersten spanischen Ordensgeistlichen in Yucatan befanden sich einige gescheite Männer, die die Maya-Schrift lesen lernten – sogar zu schreiben verstanden. Diese Kenntnis ist aber im Laufe der Zeit wieder verlorengegangen, so daß heute selbst die bedeutendsten Amerikanisten wieder im Dunkeln tappen. Dagegen hat man das Zahlensystem der Maya ergründet. Es enthält nur vier Zeichen: einen Punkt für die Einheit, einen horizontalen Strich für die Zahl fünf und zwei weitere andere Zeichen für 20 und 0. Es ist noch nicht lange her, daß man erkannt hat, auf welche sinnreiche Weise die Maya mit diesen einfachen Hilfsmitteln Zahlen bis zur Höhe vieler Millionen schreiben konnten. Dabei werden die Zahlen nicht horizontal nebeneinandergereiht, sondern vertikal übereinandergestellt. Die unterste Zahl hat den einfachen Wert, den sie darstellt, die Zahl der zweiten, vierten und jeder folgenden Reihe den 20fachen Wert der vorhergehenden. Die dritte Reihe weist nur eine 18fache Vergrößerung gegenüber der zweiten Reihe auf. Mit diesem Zahlensystem waren die Maya allen Völkern Amerikas, ja selbst den Griechen und den Römern überlegen.

Sicherlich waren die Maya auch in der Wortschreibung sehr weit. Die zierlichen Zeichen ihrer Handschriften bestätigen das. Und wenn wir auch diese Handschriften nicht entziffern können, so erkennen wir doch, welche Gegenstände, welche Bauwerke und Skulpturen dem Kulturkreis der Maya angehören. Denn die Maya schmückten nicht nur ihre Bauwerke und Skulpturen mit Inschriften, sondern selbst Töpferwaren.

Die Maya hatten gedrungene Schädel mit fliehenden Stirnen, eine Form, die sie sehr schätzten und sogar künstlich zu erzielen suchten. Ihre Haut war von blasser Zimtfarbe. Sie waren von kleiner Statur, kräftig und wohlgebaut. Ihre Haare waren schwarz. Wer schielte, galt als besonders schön. Mädchen und Frauen bemalten ihre Gesichter mit roten, weißen und schwarzen Farben. Von der Geburt bis zum Tod war das Leben der Maya von religiösen Kulten beherrscht und einer großen und mächtigen Priesterschaft.

Alles, was in der Natur mächtig und geheimnisvoll erschien, wurde von den Maya verehrt. Stufenpyramiden erhoben sich über dem Zentrum jeder Stadt, und auf ihren stumpfen Spitzen thronten die Tempel.

Wenn man die Götter aller heidnischen Völker nach dem Leistungsprinzip ordnet, so stehen die Maya-Götter ziemlich an letzter Stelle. Hinter ihnen kommen nur noch die Götter der Azteken. Die Maya-Götter waren immer hungrig und leisteten so wenig, daß ihre Anbeter schließlich untergingen, und der ganze Spaß kostete eine Unmenge Menschenopfer. Die Wissenschaft glaubte, das alte Maya-Reich habe keine Menschenopfer gebracht. Dieser Irrtum beruht auf der Ansicht, daß ein kulturell hochstehendes Volk vor solcher Barbarei zurückschrecken müsse. Aber auch eine Hochkultur will essen und vor allem trinken. Da man überzeugt war, daß die Sonnen-, Erd- und Regengötter durch Blut gut gestimmt werden können, brachte man ihnen Menschenopfer. Das Opfer wurde auf einem Opferblock ausgestreckt, hoch oben auf dem Altar der Pyramide, das Herz wurde ihm herausgerissen. Der leblose Körper wurde hinuntergestoßen, flog über alle Stufen der Pyramide bis zum Erdboden, wo das Volk ihn zerteilte und sich jeder ein Stück nach Hause nahm, es kochte und verzehrte.

In Piedras Negras befindet sich eine Stelle, die diese Prozedur in Stein gemeißelt darstellt. Gefangene Krieger wurden geopfert, Kinder wurden geopfert und junge Mädchen. Wenn die Ernte schlecht stand, wenn Dürre herrschte, dann wurden rasch einige

Das Antlitz des mittelamerikanischen Indianers um 200 bis 300 n. Chr. Die Steinskulptur stammt aus der Gegend von Veracruz und zeigt auffallende Ähnlichkeit mit den lebenden Guatemala-Indianern. Jahrhunderte änderten nichts. Foto: Susanne Schapowalow.

Jungfrauen geopfert. Um die Brunnen gut zu stimmen, warf man auf alle Fälle eine Jungfrau hinein, und über die sanitären Folgen dieser Maßnahmen machte man sich wenig Kopfzerbrechen. Man darf überhaupt nie vergessen, daß diese Völker eine recht primitive Vorstellung von Medizin und Hygiene hatten, auch wenn sie bereits bestimmte Heilkräuter kannten und schon Chinin aus Baumrinde gewannen. Ein Dorn im Fuß führte zu unheilbarer Blutvergiftung, gegen Seuchen gab es keine Mittel, Säuglinge mußten nach der kurzen Nährzeit an der Mutterbrust sogleich zur gewöhnlichen Nahrung der Erwachsenen übergehen. Es erscheint wie ein Wunder, daß diese Völker so viele Jahrhunderte überdauerten und daß ihre Enkel noch heute leben. Die Maya kannten weder Milchwirtschaft noch Tragtiere,

Das heutige Gesicht des mittelamerikanischen Indianers. Dieser Lasten-träger lebt im Hochland von Guatamala, dort, wo etwa um die Zeit der Geburt Christi die Mayakultur zu blühen begann.

Der Priester rechts zieht sich eine mit Dornen versehene Schnur durch die Zunge. Das Blut der Kasteiung läuft in ein Opferbecken. Der stehende Priester schwingt eine stilisierte Maispflanze. Szene auf einem Türbalken aus Yaxchilan, Chiapas, Mexiko. Jetzt im Britischen Museum, London.

sie kannten angeblich noch nicht einmal das Rad, obgleich es dafür auch Gegenbeweise gibt. Alle Lasten wurden von Menschenrücken bewältigt. Dabei waren sie doch gute Rechner und hatten einen erstaunlich genauen Kalender. Sie kannten ein Staatsjahr von 360 Tagen und ein astronomisches Jahr von 365 Tagen. Der Umlauf des Mondes um die Erde diente als Grundlage eines Mond-Kalenders. Nach dem Mond-Kalender der Maya betrugen 405 Mondumläufe 11960 Tage. Nach moderner astronomischer Rechnung sind es 11959,888 – also nur der 0,112. Teil eines Tages weniger als nach dem Maya-Kalender. Die Maya-Astronomen entwickelten außerdem noch einen Venus-Kalender, der auf außerordentlich genauer Kenntnis der Bahn des Planeten Venus beruhte. Die Abweichungen der Zahlen in bezug auf Venus von unseren modernen Feststellungen sind nur sehr gering. Dabei muß man bedenken, daß die Maya ihre Beobachtungen mit bloßem Auge machten. Wir kennen die Maya-Hieroglyphen für Himmel, Erde, Sonne, Mond, Venus, Mars, Jupiter. Wir kennen die Zeichen für die 20 Tage ihres Kalenders und die 18 Monate ihres Jahres. Wir kennen die Hieroglyphen für einige Götter, einige Zeremonien und für die vier Himmelsrichtungen. Interessant ist dabei, daß die moderne Astronomie uns zur Entzifferung einiger dieser Hieroglyphen verholfen hat, weil auf diesem Gebiet Maya-Rechnung und modernes Wissen übereinstimmen.

Die Maya waren glänzende Handwerker, trugen Kleider und Schuhe, fertigten baumwollene Stoffe und sogar Samt, und waren überhaupt große Künstler. Was sie in der Architektur leisteten, ihre Tempel, ihr Städtebau, ist recht beachtlich. Tempel und Häuser, meist auf Pyramiden ruhend, viereckige Plätze, ganze Straßensysteme, Paläste mit vielen Zimmern, Korridoren und offenen Höfen, Säulen mit eingemeißelten Statuen, die bis zu zwölf Meter hoch waren, alles das ist noch heute in Ruinen erkennbar. Die Maya selbst lebten in Hütten aus Rohrgeflecht und Lehm, die auf ebener Erde errichtet waren. Aus den Ruinen der untergegangenen Metropolen Uaxactún, Tikal, Palenque, Copán – diese Stadt war das Athen des alten Maya-Reiches – und Piedras Negras scheint noch heute stumm das einst pulsierende Leben, Schaffen, Lachen, Leiden und Blutvergießen zu sprechen.

Ein noch unerklärtes Wunder befindet sich auf der sogenannten Stele B von Copán. Über dem Haupt des dargestellten Gottes glaubt man deutlich Elefantenköpfe mit Rüsseln zu erkennen. Es sind indische Elefanten, auf deren Nacken indische Elefantentreiber mit Turban sitzen. Die Amerikanisten zerbrechen sich den Kopf, wie die Maya zu diesen Elefanten gekommen sind. Denn es gibt längst keine Elefanten mehr in Amerika. Der in Amerika lebende Elefant war seit Tausenden von Jahren ausgestorben, also lange vor dem Dämmern der Anfänge einer Maya-Kultur.

Wo kam das alles her, dieser Wille, so und nicht anders zu formen, diese Eingebung gewisser Ornamente und Bilder, die an Ägypten, an Indien, vielleicht sogar an den Buddhismus erinnern? Kulturelles Strandgut, Tausende von Kilometern über den Indischen Ozean und über den Pazifik gespült?

Man weiß es nicht, man wird es niemals wissen!

Sie wurde zu Ehren des Gottes Quetzalcoatl erbaut. »Bist müde geworden? Nur für kurze Zeit haben wir uns auf diese Erde wagen dürfen, gerade daß wir warm wurden ...«

Nach Sahagun aus dem Aztekischen übersetzt.

Bruder Bernhardino de Sahagun war ein frommer Mönch. Er hatte eine spanische Adlernase, tiefschwarze, immer übernächtigte Augen, dazu die Energie eines Menschen, der sich von keinem Hindernis abschrecken läßt. Er kam nach Mexiko als Missionar zu einer Zeit, als die Erinnerung an die Geschichte der Azteken, Tolteken und Maya noch lebendig war. Er kam 1529, nur acht Jahre nach der Einnahme der Stadt Mexiko.

Wollte man die Eingeborenen zum christlichen Glauben bekehren, so mußte man ihr innerstes Wesen, ihre Gedanken, ihre Märchen, ihre Religion, ihre Götter kennen. Das wußte Bruder Sahagun. Und so ließ er sich jahrelang von den Weisen der Azteken alles erzählen, was diese gehört hatten. So viel niederzuschreiben, wäre Arbeit für 100 Jahre gewesen. Bruder Sahagun befahl seinen jungen Schülern, Tag und Nacht mit lateinischen Buchstaben das Gehörte in aztekischer Sprache auf Pergament zu pinseln. Daraus entstand das berühmte Geschichtswerk, das der Ordensbruder Sahagun selbst flüchtig ins Spanische übersetzte. Mehrere Kapitel dieses Werkes übertrug Eduard Seler ins Deutsche. Einen größeren Teil hat Professor Leonhard Schultze, Jena, übersetzt und kommentiert.

Wer in dieser »Quelle aus erster Hand« blättert, der fühlt sich den versunkenen Reichen der Maya, Tolteken, Azteken und vieler anderer Völker näher. Da sind die Götter geschildert mit ihren Trachten und mit ihren Eigenheiten. Da sind die Jahresfeste aufgezählt. Da tritt uns König und Gott Quetzalcoatl entgegen, dieser rätselhafte Fürst und Prophet der Tolteken. Wir lesen über die Wohnorte der Toten, über die Erziehung der Knaben, über Zauberer, Gaukler, Wahrsager, ja, wir erfahren am Schluß von der Eroberung der Stadt Mexiko durch die Spanier.

Vier Hochkulturen reichen sich in Mexiko die Hände: Die Kultur von Teotihuacán, die Maya-Kultur, die der Tolteken und die der Azteken.

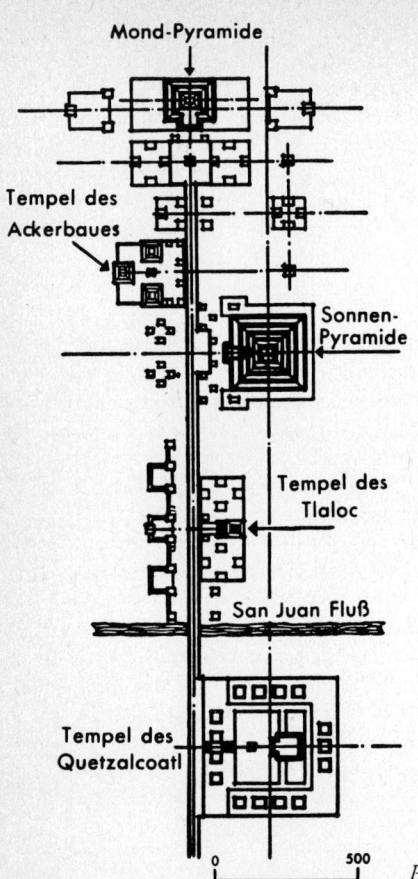

Mond-Pyramide

Tempel des
Ackerbaues

Sonnen-
Pyramide

Tempel des
Tlaloc

San Juan Fluß

Tempel des
Quetzalcoatl

0   500

Plan der Stadt Teotihuacán.

Die Erbauer der Stadt Teotihuacán sind ein unbekanntes Volk.
Sogar der einstige Name dieser Metropole einer großen untergegangenen Kultur kann nicht mehr ermittelt werden. Teotihuacán
ist wahrscheinlich die späte aztekische Übersetzung des ursprünglichen Namens der Stadt. Aber wir wissen nicht einmal,
aus welcher Sprache dieser Name übersetzt sein kann, denn auch
die Sprache der Teotihuacáner ist unbekannt.

Die Kultur der Teotihuacáner schließt an das sogenannte
»späte Archaikum« an. Die Träger dieser Kultur lebten etwa 500
n. Chr. Die Teotihuacáner haben uns die Ruinen ihrer Stadt

hinterlassen, die erstaunlich erscheinen in ihrer baulichen Anlage und in ihrem Sinn. Sie liegen 36 Kilometer nordöstlich der Stadt Mexiko, und jeder Fremde, der nach Mexiko kommt, muß einmal Teotihuacán besuchen. Man fährt mal »zu den Pyramiden«.

Teotihuacán war beiderseits einer breiten Avenue angelegt. Diese schnurgerade Straße bildete die Achse der Stadt, und sie hatte sicherlich religiöse Bedeutung. Ein »Weg der Toten« war dieses Spiegelbild der Milchstraße auf der Erde. Im Norden stieß der Weg auf die »Mond-Pyramide«. An der östlichen Seite der Straße lag die viel größere »Sonnen-Pyramide«. Und auf derselben Seite im Süden befand sich der Tempel des Gottes Quetzalcoatl, die sogenannte Ciudadela, was Zitadelle bedeutet. Ciudadela ist ein schlecht gewählter Ausdruck, weil es in jener Zeit wahrscheinlich keine Festungen gab. Der große quadratische Komplex ist eigentlich eine Pyramiden-Stadt, bestehend aus den Sockeln von zwei größeren Pyramidentempeln und aus 15 kleineren Pyramiden. Das ganze Heiligtum ist zu Ehren des Windgottes errichtet, des Gottes, der die Regenwolken beherrscht und damit die Fruchtbarkeit. Hier fand man herrliche Steinskulpturen, Schlangenhäupter und andere groteske Köpfe, die man für den Regengott Tlaloc hält. Alle diese Skulpturen waren einst mit leuchtenden Farben bemalt. Hier fand man mächtige Friese, Galerien, Treppengänge und Plattformen. Hier erkennt man die Kunst, die nicht höchste Feinheiten erreichte, die aber urmächtig und sehr dramatisch wirkt. Ja, hier fand man in Stein gemeißelt Quetzalcoatl selbst. Immer ist er als gefiederte Schlange dargestellt. Aus ihrem Haupt starren Augen, die einst von geschliffenem Obsidian gefertigt waren.

Die »Sonnen-Pyramide« hat in ihrem Grundriß etwa die Ausmaße der größten Pyramide Ägyptens, nimmt also etwa die Fläche der Cheops-Pyramide ein. Aber sie ist nur halb so hoch und hat auch nur den halben Rauminhalt. In Baumaterial und Bauart wird die »Sonnen-Pyramide« der Teotihuacáner auch von den vielen Pyramiden der Maya übertroffen. In der Behandlung großer Stein- und Erdmassen aber, im Erzielen von Effekten zeigt die »Sonnen-Pyramide«, daß das unbekannte Volk von Teotihuacán unerreichte Baumeister hatte. Was hier beeindruckte, das war die Baumasse und die scheinbare Höhe. Wer am Fuße der Pyramide stand, konnte nicht sehen, was auf der Spitze vorging. Erstaunlich gut waren hier Unendlichkeit von Höhe und Raum vorgetäuscht. Die Pyramide bestand aus fünf Stufen oder Terrassen und hatte eine sehr steile, monumental wirkende Treppe.

Stieg eine religiöse Prozession diese Treppe hinauf, so schien sie im Himmel zu verschwinden. Auf einer Höhe, die man am Sockel der Pyramide nicht erkennen konnte, stand der Schrein für den Sonnengott. Hier fand die Verbindung der Götter mit den Priestern statt. An jeder der fünf Terrassen angekommen, mußte die Prozession die ganze Pyramide umschreiten, ehe sie die Treppe weiter ansteigen konnte.

In das Herz der Pyramide haben Archäologen Stollen vorgetrieben. Man fand hier keine Kammern, auch keine Gänge wie in den Pyramiden Ägyptens. Die Füllung besteht durchweg aus Lehm und Erde. Hier wurde also nicht wie bei vielen anderen amerikanischen Pyramiden in einzelnen Bauabschnitten gearbeitet und vergrößert, hier war das Bauwerk aus einer einmal gefaßten Vorstellung und in einer nichtabreißenden Arbeit geschaffen worden. Das beweist, daß die Teotihuacáner von einer innerlich außerordentlich starken religiösen Vorstellung zu so großer Leistung angetrieben wurden. Denn das gilt für die Kulturgeschichten der ganzen Erde: Die monumentalsten und eindruckvollsten Bauwerke sind nirgends nur erzwungen worden, denn religiöser Fanatismus ist stärker als Leistung unter Zwang. Das gleiche gilt für die große Pyramiden-Epoche der dritten ägyptischen Dynastie.

Außen war die Pyramide mit Stein verkleidet. Das Innere aber, also die Schuttmassen, alte Lehmziegel und Erde, haben den Archäologen viel erzählt. Man fand hier Tongeschirr, Tonfiguren, Steingeräte, und diese Dinge müssen den einstigen Teotihuacánern gehört haben. Sie deuten darauf hin, daß die Pyramide in einer sehr frühen Zeit der Teotihuacán-Kultur erbaut wurde. Wann das war, wird man nie erfahren. Sicher ist aber, daß dieser künstliche Berg für einen Gott aufgerichtet wurde und nicht als Grabmal eines Königs.

Von der »Mond-Pyramide« hat man weniger ausgegraben als von der »Sonnen-Pyramide«. Aber die Lage gerade dieser »Mond-Pyramide« am Ende der »Straße der Toten« weist doch auf ihre größere Bedeutung hin, selbst wenn ihr Rauminhalt nur ein Viertel der »Sonnen-Pyramide« beträgt.

In Teotihuacán sind bis heute noch nicht alle Gebäude ausgegraben. Einige Ruinen haben unterirdische Kammern, die sehr schöne Fresken enthalten. Eine Gruppe von Gebäuden hat man »Tempel des Ackerbaus« genannt, weil die Wände Skulpturen

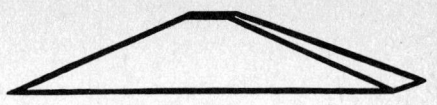

Die Pyramide von Cholula, Mexiko, hat einen Rauminhalt von 29 680 000 Kubikmetern und ist größer als die Cheops-Pyramide.

Im Vergleich dazu Sonnen-Pyramide Teotihuacán, das größte Bauwerk der Ruinenstadt.

Mond-Pyramide Teotihuacán. Sie war wahrscheinlich das wichtigste Gebäude der Stadt.

Die Cheops-Pyramide, Ägypten. Ihr Rauminhalt beträgt rund 25 670 000 Kubikmeter.

von Früchten und Blumen zeigten, die den Göttern geopfert wurden, die heute nur noch in Nachzeichnungen vorhanden sind. Man hat auch Mauerreste von Räumen ausgegraben, die wahrscheinlich zu Wohnungen gehörten, in denen vielleicht die Priester lebten. Wenn es Hütten im Umkreis der religiösen Metropole gab, dann werden sie wahrscheinlich im Laufe von 1400 Jahren längst zerfallen sein.

Anfang und Ende der großen Kultur von Teotihuacán kann man nicht genau ermitteln. Vielleicht wurde die »Sonnen-Pyramide« im 2. Jahrhundert n. Chr. erbaut, vielleicht wurde Teotihuacán im Jahre 856 n. Chr. zerstört. Denn das Letzte, was Teotihuacán erlebte, war ein furchtbarer Brand.

Wie kommt man nun auf das Jahr 856?

Das Jahr 856 n. Chr. wird in Mittelamerika als das Gründungsjahr einer Stadt überliefert, die erst 1949 ausgegraben wurde und
deren Entdeckung zu den größten archäologischen Erfolgen unseres Zeitalters überhaupt gehört. Es ist die Stadt *Tollan*, die
Metropole der Kultur, die Teotihuacán ablöste. Die Ruinenstätte
Tollan liegt in der Nähe des heutigen Ortes Tula im mexikanischen Staate Hidalgo, etwa 100 Kilometer nördlich der Hauptstadt Mexiko. Gegründet wurde Tollan von Menschen, die aus
den Steppen des Nordens anstürmten. Diese »Barbaren« gehörten einer Völkergruppe an, die die Nahua-Sprache redeten und
völkerkundlich so wie die späteren Azteken Chichimecen waren.
Tolteken werden sie genannt, weil ihre Hauptstadt Tollan hieß.
Mit dem alten Teotihuacán haben diese Tolteken nur eines zu
tun: sie eroberten die Stadt. Die Ausgrabung von Tollan zeigte
bald, daß man wirklich die sagenhafte Hauptstadt der Tolteken
gefunden hatte, die Metropole, deren einstiges Dasein überall in
Mittelamerika noch in Erinnerung war. Die Ruinen von Tollan
sind noch lange nicht vollständig aufgedeckt. Man fand hier
Pyramiden, Paläste, gewaltige Kolosse aus Stein, Darstellungen
von Menschen in Steinreliefs und Wandgemälden, Friese von
Jaguaren und Adlern, die Herzen verschlingen. Der interessanteste Fund sind zwei Arenen, in denen Ballspiele veranstaltet wurden. Hier grub man eine geschickt angelegte Kanalisation aus.
Hans-Dietrich Disselhoff, der eine faszinierende Geschichte der
altamerikanischen Kulturen schrieb, weist darauf hin, daß der
springende Gummiball eine altindische Erfindung ist. Die harte,
schwere und nicht ungefährliche Kautschukkugel durfte weder
mit der Hand noch mit dem Fuß berührt werden, sondern wurde
mit der Hüfte bewegt. Sicher hatte das Ballspiel religiöse Bedeutung. Und sicher waren die ersten Bälle Abbilder von Gestirnen.
Überhaupt ist das Ballspiel ein Göttersport, denn nur die Götter
können sich die Sterne zuwerfen.

Die Bedeutung von Tollan lag vor allem darin, daß hier der
Priesterfürst der Tolteken, Quetzalcoatl, residierte. Dieser
Quetzalcoatl hat viel Verwirrung über die Erde gebracht, Verwirrung unter die Historiker, die Archäologen und sogar unter
sonst gute Christen. In der Teotihuacán-Kultur ist Quetzalcoatl
ein Gott. Der gleiche Quetzalcoatl ist bei den Mayas wie bei den
Tolteken ein Priesterfürst. In Yukatan wird er Kukulkan genannt. In der aztekischen Zeit wird Quetzalcoatl zum Titel.

Viele phantasiebegabte Autoren haben sich bemüht, in Quetzalcoatl den Christus von Mexiko zu sehen, sozusagen in einer

*Ein besonders fein gearbeitetes Tonköpfchen der Teotihuacánkultur.
Über die Träger dieser Kultur, die Teotihuacáner, wissen wir fast nichts.
Die höchste Blüte erreichte die Tempelstadt Teotihuacán im fünften und
sechsten Jahrhundert n. Chr.*

neuen Erscheinung. Besonders ein irischer Schriftsteller und Archäologe, Lord Kingsborough, widmete sein ganzes Leben – 1795 bis 1837 – dieser Theorie. Er sammelte alles, was er von den alten Hochkulturen Mexikos bekommen konnte, und stellte dann ein monumentales neunbändiges Werk zusammen: ›The Antiquities of Mexiko.‹ Kingsborough wollte beweisen, daß die alten Völker Mexikos jüdischen Ursprungs sind, Abkömmlinge der zehn verlorenen Stämme von Israel. Er sammelte Werke der Alten und der Neuen Welt, Aufzeichnungen der Maya und der Azteken aus vorkolumbianischer Zeit. Er beschaffte sich die Folianten, die die fleißigen Patres der Spanier zur Zeit der Eroberung zusammenschrieben. Er gab ein ungeheuerliches Geld aus für Sammeln, Untersuchungen, Veröffentlichungen – und schließlich war er bankrott. Sein Drucker warf ihn in das Schuldgefängnis zu Dublin. In seinem Kerker träumte er davon und sehnte sich danach, der Welt noch zu beweisen, daß Christus bei den Tolteken war. Aber das Gefängnis war feucht. Es wimmelte von Insekten. Und so wurde Kingsborough schließlich vom Typhus gepackt, und daran ist er gestorben.

Kingsborough fand viele Anhänger, die beweisen wollten, daß die alten Mexikaner die Bücher Mose gekannt hätten. Hier in Mexiko hatte man von der Sintflut gehört. Man stellte in den Skulpturen und an den noch lebenden Azteken »semitische Züge« fest. Die Itza-Maya verehrten wie die Juden einen höchsten Gott, den sie nicht abbildeten. Wie die Juden verrichteten sie ihre Gebete nach Osten. Die Tolteken wie die Heiden des Alten Testaments verehrten die Schlange. Und schließlich: Eine Jungfrau aus der Hauptstadt der Tolteken, Tollan, namens Chimalman, gebar einen Sohn. Das war Quetzalcoatl. Er wurde toltekischer König, Priester, Astronom, Kulturbringer, Prophet und Gott.

Auch ohne Phantasie bleiben die Parallelen zwischen dem Christus des Abendlandes und dem Quetzalcoatl der Tolteken erstaunlich genug. Quetzalcoatl soll nicht wie die Tolteken von dunkler Hautfarbe gewesen sein. Er war weiß. Er war von Gott gesandt und zu den Menschen gekommen. Er wurde Mensch. Er lehrte alle Künste. Er predigte Weisheit und alles Gute. Er brachte den Tolteken ein goldenes Zeitalter. Selbst die Natur hatte teil an den guten Werken des Quetzalcoatl. Von einem Besuch bei den Maya soll er den Tolteken den Maya-Kalender mitgebracht haben.

Die Überlieferung der Tolteken berichtet, daß Quetzalcoatl

schließlich den Zorn des höheren Gottes hervorgerufen haben soll. Es war das Ende der Tolteken, der Untergang. Quetzalcoatl mußte fliehen. Und er floh zum östlichen Ozean, also an die Küste des Atlantiks. Auf seiner Flucht hielt er sich 20 Jahre in der Stadt Cholula auf, wo »ihm zu Ehren die größte Pyramide Amerikas errichtet wurde«.

Diese Pyramide ist heute ein bewachsener Berg. Aber sie bleibt immer noch das größte Bauwerk der Welt überhaupt, wenn man den Rauminhalt als Vergleich anwendet. Cholula war übrigens noch ein religiöses Zentrum zur Zeit der Azteken und als die Spanier anrückten. Es besteht aber kein Zweifel, daß die Pyramide von den Teotihuacánern erbaut wurde. Sie ist allerdings etwas jünger als die Sonnen- und Mond-Pyramiden der ältesten Stadt Mittelamerikas. Sie ist so gewaltig, daß man diese solide Masse von Erde, Ziegeln, Stein und Zement gar nicht ganz erforschen konnte. Durch die Stollen, die man in die Pyramide trieb, hat man erkannt, daß sie aus mehreren übereinandergesetzten Bauten besteht. Als Quetzalcoatl am Atlantik ankam, baute sich »der Gottessohn« ein Schiff aus Schlangenhaut. In diesem Schiff fuhr er über den Ozean. Etwa in Richtung Europa, nach dem Fabelland Tlapallan. Wo dieses Land liegen soll, weiß man nicht.

Die Morallehre des Quetzalcoatl, die von ihm niemals niedergeschrieben wurde, scheint auf sehr hoher Stufe zu stehen. Er war gegen jedes Menschenopfer. Nur Früchte und Blumen durften geopfert werden. Er predigte Frieden. Ja, er wußte sogar um die seligmachende Kraft der Nächstenliebe.

Nach dem Verschwinden von Quetzalcoatl verstummte niemals die Hoffnung auf seine Wiederkehr. Er sollte nicht irgendwann wieder zurückkommen, sondern in einer bestimmten Zeitperiode.

Quetzalcoatl kam nicht. Aber genau zu dem erwarteten Zeitpunkt – es war das Jahr 1518 – erschien ein anderer: Cortez.

Das größte Bauwerk der Menschheit überhaupt (nach Rauminhalt): Unter dem überwachsenen Hügel befindet sich die Pyramide von Cholula. Auf der Spitze jetzt die Kirche von Los Remedios.

Streicht man die phantastischen Vermutungen, die annehmen, daß die Prophetie des Alten Testaments nach Mittelamerika gelangt war, bevor Kolumbus und später Cortez den neuen Kontinent erreichten, streicht man das Märchen, daß die Menschen des Alten Testaments selbst nach Mexiko verschlagen worden sind, so wird die Leistung des Volkes der Tolteken noch erstaunlicher: Hier, im Tal von Mexiko, fand ein Volk aus einem unbekannten Ahnen zu höchster religiöser Moral und zum Glauben an *einen* höchsten, unsichtbaren Gott!

Ich unterwarf mächtige und große Völker
Hernando Cortez

»Vielleicht war es beschlossen, daß er seinen Lohn in einer besseren Welt
empfangen sollte. Ich glaube es sicher. Denn er war ein guter Ritter,
höchst aufrichtig in seinen Gebeten zu der Jungfrau, dem Apostel Petrus
und zu allen anderen Heiligen.«
Bernal Díaz del Castillo: Historia Verdadera de la Conquista de la
Nueva España, 1568.

Der ganze weite Bogen: Florida, Kuba, die Antillen, die Küste
von Venezuela, Panama, das alles ist im Jahre 1518 wenigstens in
Umrissen bekannt. Nur ein Land wartet: Mexiko, mit seiner
großen Halbinsel Yucatan. Yucatan liegt der Westspitze von
Kuba am nächsten. Und doch ist es noch eine unentdeckte,
ungestörte Welt.

Ich muß hier Gerónimo de Aguilar erwähnen, diesen Mann,
neben dem selbst Robinson Crusoe verblaßt. Im Jahre 1511 oder
1512 stieß ein Segler von Darien aus nach Hispaniola ins Meer.
Im Sturm ging das Schiff unter. Einige Seeleute erreichten die
Küste von Yucatan. Sie dankten ihrem Gott. Sie glaubten sich in
Sicherheit. Sie wurden von den Eingeborenen gepackt und hoch
auf die Pyramiden geschleppt. Sie sahen eine Riesenstadt, eine
neue Welt! Dann wurden sie rücklings auf den Opferstein geworfen, und die Priester rissen ihnen das Herz aus dem Leibe.

Aguilar aber floh ins Innere des Landes, fiel einem mächtigen
Indianer-Fürsten in die Hände, der ihn mit äußerster Härte
behandelte. Nach und nach ließ sich der Häuptling von der
Demut und Geduld seines Gefangenen rühren. Er bot ihm eine
Frau seines Volkes zum Weibe an. Aguilar war Priester, blieb
seinem Gelübde treu und lehnte ab. Das machte den Häuptling
mißtrauisch, und er stellte nun Versuchung auf Versuchung vor
den unglücklichen Aguilar, der wie der heilige Antonius stand-
haft blieb. Als der Häuptling schließlich erkannte, daß Aguilar
wirklich enthaltsam war, hielt er ihn für einen Heiligen. Er
übertrug ihm logischerweise das Amt, für das sich sein Gefangener am meisten zu eignen schien: Oberaufsicht über den Harem.
Aguilar war unter den Indianern von Mexiko ein bedeutender
Mann geworden. Aber er lebte sozusagen hinter dem »Eisernen
Vorhang« einer noch nicht registrierten Welt.

Es sollte einem anderen Mann vorbehalten bleiben, Mexiko zu erobern. Der Gouverneur von Kuba beauftrage Hernando Cortez mit einer Expedition in das Land, von dessen Goldschätzen die ersten Nachrichten durchgesickert waren. 34 Jahre alt war Cortez und wahrlich unternehmungslustig. Kaum hatte der Statthalter den jungen Mann mit den Vorbereitungen der Expedition beauftragt, da war er auch schon eifersüchtig und wollte seinen Befehl zurückziehen. Aber Cortez saß bereits mit seiner Mannschaft auf den hastig und kümmerlich versorgten Schiffen und rief seinem erstaunten Gouverneur von der See her den Abschiedsgruß zu. »Wahrlich, eine höfliche Art, Abschied zu nehmen«, stammelte der Gouverneur. »Verzeiht«, rief Cortez, »die Zeit drängt, und es gibt Dinge, die geschehen sein müssen, ehe man zuviel darüber nachdenkt. Haben Euer Gnaden noch einen Befehl?«

Im Februar 1519 nahm Cortez mit seiner Flotte Kurs auf Yucatan. Auf der Insel Cozumel ließ er sogleich die Götzenbilder der Eingeborenen zerstören, errichtete in einem indianischen Tempel einen Altar und ließ darüber die Muttergottes mit dem Kinde thronen. Zum erstenmal wurde in »Neu-Spanien« Messe in einem indianischen Tempel abgehalten. Hier lernte Cortez einen eigentümlichen Mann kennen, einen armen Menschen, der die Erde berührte und die Hand dann zu seinem Kopf hob, zum indianischen Gruß. Dieser Mann war sehr dürftig bekleidet. Cortez hängte ihm seinen eigenen Mantel um. Beide glaubten an ein Wunder. Der Fremde war weiß, er sprach spanisch. Es war Aguilar, jener »Robinson«, von dem wir schon gehört haben, und der nach jahrelangem Aufenthalt in Mexiko an eine »Begegnung mit Europa« nicht mehr geglaubt hatte.

In Tabasco mußte Cortez mit seiner kleinen Schar gegen eine große Übermacht von Indianern kämpfen. Die Eingeborenen sahen zum ersten Male Pferde, kamen zum ersten Male in Berührung mit Kavallerie. Sie flohen vor diesen Ungetümen, denn sie hielten Roß und Reiter für eins. Am nächsten Tage schon rückten sie mit Geschenken an. Unter den Geschenken befanden sich 20 Frauen. Unter den 20 Frauen eine aztekische Prinzessin. Sie hieß Malinche. Sie war ungewöhnlich schön. Die Spanier nannten sie Marina.

Jetzt stand Marina gesenkten Hauptes vor Cortez. Bald stellte sich heraus, daß sie mit Aguilar sprechen konnte. Und Aguilar übersetzte ins Kastilianische. Cortez erkannte sofort, daß Marina verschiedene Mundarten der mexikanischen Eingeborenen beherrschte und daß sie ihm wertvolle Dolmetscherdienste leisten konnte. Marina aber wußte vom ersten Augenblick an, daß sie Cortez liebte. Da es keinen besseren Lehrer als die Liebe gibt, lernte Marina sehr schnell Kastilianisch. Marina wurde zuerst die Schreiberin des Cortez und bald seine Geliebte. Sie war ungewöhnlich schön gewachsen, sie war jung, sie war gescheit, und sie blieb den Spaniern vom ersten Tage an treu. Während der Eroberungszüge des Cortez rettete sie die Spanier oft aus den schwierigsten Lagen, bewahrte aber auch ihr eigenes Volk viele Male vor Mißgeschick. Sie hatte einen Sohn von Cortez, Don Martín. Cortez heiratete sie nie, denn er war mit einer Spanierin verheiratet.

Cortez segelte mit seiner Flotte entlang der Küste. Die Spanier erblickten das schneebedeckte Haupt des Orizaba. Am Karfreitag, am 21. April 1519, landeten sie an dem Punkt, wo heute Mexikos Hafenstadt Vera Cruz liegt.

Längst hatten die Spanier vom mächtigen König der Azteken, Montezuma, gehört. Montezuma, der in diesem Jahr die Wiederkehr des weißen Gottes Quetzalcoatl erwartete, hatte bereits von Kundschaftern vernommen, daß Quetzalcoatls Abgesandte gelandet waren. Die weissagenden Gelehrten des Königs erklärten, es gebe zwei Möglichkeiten: entweder der König trete den Fremden feindlich entgegen, dann werde er umkommen, oder er begrüße sie freundlich, dann werde er vom Thron gestürzt werden. Der König entschloß sich also, den Fremden Gastgeschenke zu senden. Cortez sah die Geschenke und wußte sofort: dies war das Land, von dem Spaniens Eroberer schon lange geträumt hatten, dies war das Land, das man haben mußte, koste es, was es wolle. Lag nicht hier solides Gold vor ihm, riesige Schalen, so groß wie Wagenräder, Goldplatten, die die Sonne darstellen sollten, Silberplatten, Abbilder des Mondes, Türkise, Federmäntel, Tiere aus Gold und Silber, ein Helm mit Gold gefüllt? Wie ein Magnet wirkten diese Geschenke, und dieser Magnet zog Cortez und seine Männer tiefer und tiefer ins Land hinein.

Allerdings sandte er dem König Montezuma auch Gegengeschenke: einen angemalten Armsessel, Glasperlen, zwei Hemden, eine rote Mütze mit einer Medaille darauf – und die Versicherung, er, Cortez, werde Mexiko nicht verlassen, ohne Montezuma einen Höflichkeitsbesuch abgestattet zu haben.

Bald erfuhr Cortez auch, daß der große Montezuma viele Feinde hatte, die Völker nämlich, gegen die die Azteken ständig Kriege führten, um Gefangene zu machen für die Opferung an

die Götter, hoch oben auf den Spitzen der Pyramiden. So ein
Volk, das sich gleich auf die Seite von Cortez schlug, waren die
Totonacos. In ihrer Hauptstadt Cempoala gingen den Spaniern
die Augen über. Herrliche Straßen mit großartigen Gebäuden,
blühende Gärten, Rosen, Girlanden, freundliche Menschen ...
Cortez erkannte, daß er mit nur wenigen Männern jetzt in ein
Land vordringen mußte, das mit tausend Gefahren drohte, mit
Krieg, mit Meuterei, ja, daß der Tod von nun an sein ständiger
Begleiter sein würde. Da faßt er einen Entschluß, der in der
Weltgeschichte kaum seinesgleichen findet. Hier, von seinem
Heimatland durch einen Ozean getrennt, in einem noch völlig
unbekannten Land, will er seine Männer überzeugen, daß es
niemals einen Rückzug gibt, daß sie kämpfen müssen und siegen
– oder sterben. Und Cortez läßt alle seine Schiffe zerstören, bis
auf einen kleinen Segler, der nur Meldungen befördern soll.
Dann geht es die Gebirge hinauf. Stöhnend ziehen die Spanier
ihre Geschütze. Die Pferde keuchen unter den Lasten. Durch
eine weglose Wüste geht es, dann wieder durch Maisfelder. Im
Lande der Tlaxcalaner kommt es zu einigen Schlachten. Dann
vereinigen sich die Tlaxcalaner mit den Spaniern.

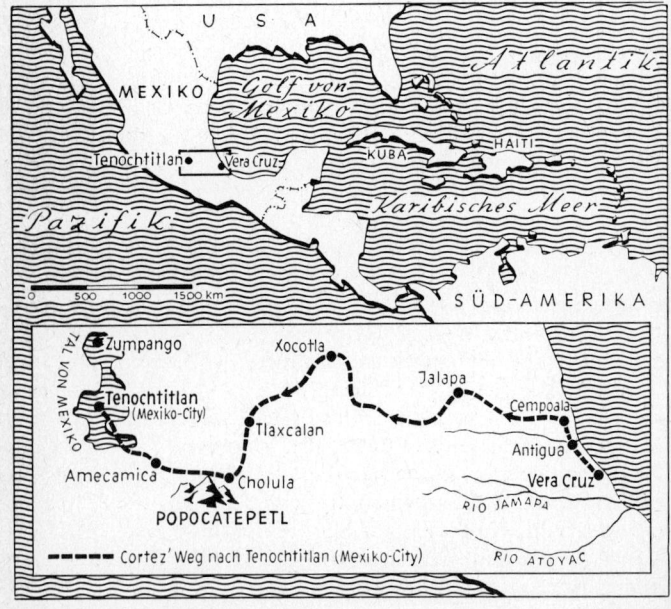

Eines Tages sind die Spanier in der heiligen Toltekenstadt Cholula. Unglaublich erscheint die Pyramide, unglaublich die breite Avenue mit dem mächtigen Verkehr. Nachts schleicht sich Marina aus dem Tempelhof, wo die Spanier kampieren. Sie erfährt: Montezuma hat sich der Stadt Cholula verbündet. Beim Verlassen der Stadt sollen die Spanier überfallen werden. Cortez antwortet mit einem Massenblutbad. Da stürzt der Tempel von der großen Pyramide, und gleich wird ein mächtiges Steinkruzifix errichtet. Jetzt sendet Montezuma Gesandte zu Cortez und lädt die Spanier ein, ihn in seiner Hauptstadt Tenochtitlan, der heutigen Stadt Mexiko, zu besuchen.

Was muß das für ein Augenblick gewesen sein, als die Spanier von den Berghöhen zum ersten Male das Tal von Mexiko erblickten: blinkende Seen, dampfende Wälder, leuchtende Häuser und Städte über Städte. Ganz in der Ferne ragten die Pyramiden von Teotihuacán. Und dann die Stadt: sie war damals das »Venedig« von Mexiko. Montezuma begrüßte die Spanier. Cortez sah den Herrscher vor sich, der ein Reich regierte, das alle seine Träume in den Schatten stellte. Montezuma sah in Cortez den Abgesandten Gottes, jenes Quetzalcoatl, dessen Wiederkehr die Orakel längst verkündeten. Montezuma machte für die Spanier Quartier in einem Palast. Als er seine Sänfte bestieg, fiel die Menge auf den Boden. Alles lag regungslos.

»Ich werde dieses Schauspiel nie vergessen«, schreibt Bernal Díaz, der spanische Chronist, der mit Cortez nach Tenochtitlan gekommen war. Da drängte sich die Volksmenge durch die Straßen. Da wogten Tausende von Köpfen in Torwegen und in Fenstern. Da standen sie dichtgedrängt auf den Häusern und starrten die Spanier an. Ein großer Marktplatz, lange Reihen von Gebäuden, Straßen, die von Tausenden von Kehrern täglich gereinigt wurden. Da das Wasser im See, woran Tenochtitlan lag, brackig war, wurde Trinkwasser durch irdene Röhren aus einem Deich vom Gebirge hergeleitet. Springbrunnen, von diesem reinen Wasser versorgt, tanzten in der Stadt, und Brunnen quirlten.

Montezuma besaß geräumige Paläste. Es gab ein Zeughaus hier, gefüllt mit Waffen und Kriegsbekleidung. Junge Edelleute trugen Wettkämpfe aus, und kriegerische Schauspiele wurden aufgeführt. Es gab Kornkammern und mächtige Speicher. Es gab ein Vogelhaus, in dem die bundgefiederten Vögel der Urwälder des ganzen Reiches vertreten waren. Tausend verschiedenartiger Papageien in allen Regenbogenfarben plapperten und krächzten.

Vom Goldfasan bis zum winzigen Fliegenvogel war alles vertreten. 300 Betreuer arbeiteten hier, und das Futter mußte oft von weither herangeschafft werden. In der Mauserzeit aber wurden die kostbaren Federn für die hochentwickelte Federgewandkunst gesammelt. Es gab Gebäude für Raubvögel, für Geier und Adlergattungen, gefangen auf den kalten Einöden der höchsten Anden. Es gab einen zoologischen Garten mit Raubtieren, mit Schlangen. Diese Schlangen waren in langen Käfigen untergebracht, die mit Daunen und Federn gefüttert waren. Andere wurden in Kübeln gehalten, in Schlamm und in Wasser. Die Wärter kannten ihre Pfleglinge gut, und es herrschte eine Atmosphäre von Wohlbehagen und Reinlichkeit. Montezuma besaß auch eine Art Raritätenkabinett, einen »Menschenzoo« voller Mißgeburten, Zwerge und unglücklicher Geschöpfe. Um alle diese Gebäude zogen sich mächtige Gärten mit Blumen, Sträuchern, Bäumen und heilkräftigen Pflanzen.

Die Azteken hatten die Arznei- und Kräuterkunde zu einer Wissenschaft erhoben. Über den blühenden Gärten lag der erfrischende Tau funkelnder Springbrunnen. Zehn große Fischteiche wurden von Wasservögeln und Fischen aller Art bevölkert. Einige dieser Teiche enthielten Salzwasser für die Amphibien des Meeres.

Im Innern der Paläste fehlte Montezuma nichts. Die Frauen seines Harems hatten eigene Wohnungen und bekamen alles, was sie zu ihrer Bequemlichkeit benötigten. Sie konnten weben und stricken, zierliche Federarbeiten verrichten. Sie lebten unter der Aufsicht alter Frauen, die besonders eifrig dafür sorgten, daß viel gebadet wurde. Montezuma selbst wechselte täglich viermal seine Kleidung. Kleider, die er einmal getragen hatte, schenkte er seinen Dienern. In den Vorzimmern saßen ständig Edelleute, die den König bedienten.

Herrlicher als Heinrich VIII. speiste Montezuma. Allein saß er da. Und auf den Matten über dem Fußboden waren Hunderte von Gerichten aufgebaut. Montezuma bezeichnete die Speisen, die ihm am besten gefielen, und die wurden heiß gemacht. Wildbret aus fernen Wäldern, Fische aus dem Meer und den Flüssen, alles, was man sich nur denken konnte, wurde von den aztekischen Kochkünstlern bereitet. Adelige Diener trugen die Speisen auf, Mädchen von besonderer Anmut und Schönheit servierten sie dem König. Der König saß auf einem Kissen, durch einen Schirm verdeckt. Des Königs alte Räte standen in ehrfurchtsvoller Entfernung, um seine Fragen zu beantworten. Goldenes Tafelgerät, ein baumwollenes Tafeltuch, Fackeln im Saal, gespeist vom Harz eines besonderen Holzes. Sie brannten mit süßem Duft. Süße Speisen, Backwerk, Waffeln – von zwei Mädchen gleich im Saal bereitet – Schokolade mit Vanille, schaumig, daß sie im Munde zerschmolz. Nach der Mahlzeit wurden dem König Fingerschalen gereicht und dann die Pfeifen, aus denen er den Rauch eines betäubenden Krautes, Tabak, einatmete und durch die Nase wieder abziehen ließ. Während dieser freundlichen Räucherung ließ sich der König durch Taschenspieler und Gaukler amüsieren, deren Körperbeweglichkeit alles übertraf, was die damalige Welt kannte. Der König hatte auch einen Hofnarren, der ihm öfters die Wahrheit sagte. Die im Palast angestellten Tänzer bewohnten einen ganzen Bezirk der Stadt. Der Hofstaat verschlang ungeheure Summen. Aber Einnahmen und Ausgaben wurden sorgfältig notiert, und der Haushalt des Königs funktionierte musterhaft.

Katze- und Mausspiel: Montezuma zeigte Cortez eine Pyramide. Hoch oben auf einem Jaspisblock wurden die menschlichen Opfer gebracht. Es riecht nach faulem Blut. Als Cortez mit Montezuma oben steht, wendet sich der König zu Marina. »Ihr

Tenochtitlan – heute Mexiko-City – im Jahre 1519, als Cortez die Stadt betrat. Auf der großen Pyramide links stand Cortez mit Marina und Montezuma. Mitte: Altar für Menschenopfer.

seid müde«, sagt er, »vom Erklimmen unseres großen Tempels.«
Die Situation ist etwas unheimlich. »Spanier ermüden niemals«,
sagt Cortez schnell.

An den heiligen Türmen sieht Cortez die Götter. Und vor
ihnen noch warme Menschenherzen auf dem Altar, soeben Gefangenen aus der Brust gerissen, auf goldener Schüssel. »Hier
herrschte eine Atmosphäre wie im Schlachthaus von Kastilien«,
schreibt Díaz. Und die Gewänder der Priester starrten von
Blut . . .

Cortez wollte gleich alles wegfegen und das Kreuz aufrichten.
Aber Montezuma war höchst aufgebracht: »Dies sind die Götter, die uns Azteken zum Siege geführt haben.« Vielleicht erinnerte sich Montezuma, daß der alte Gott Quetzalcoatl gegen
Menschenopfer war, und daß der neue Gott Huizilopochtli erst
diese Ströme von Blut verlangt hatte.

Die Spanier entdeckten Montezumas Privatschatz. »Es schien
mir«, so schreibt Díaz, »als wenn alle Reichtümer der Welt sich
in jenem Raum befänden.« Montezuma besucht die Spanier in
ihrem Palast. Die Spanier besuchen Montezuma. Schließlich faßt
Cortez den Plan, Montezuma zu fangen. Zu seiner Begleitung
wählt er fünf tapfere Ritter, und die Gesellschaft wird vom König
freundlich empfangen. Ja, Montezuma bietet Cortez sogar eine
seiner Töchter zur Frau an. Cortez meint, er besitze schon eine
Frau in Kuba und seine Religion verbiete die Vielweiberei. Wie
mag Marina bei der Übersetzung dieses Satzes zumute gewesen
sein?

Es wurde Cortez schwer, aus dem freundlichen Gespräch in
einen ernsten Ton zu fallen. Schließlich forderte er Montezuma
auf, seinen Palast zu verlassen und in den Palast der Spanier zu
ziehen. Montezuma war starr, so staunte er über diese Zumu-
tung. Aber ein Ritter des Cortez rief: »Warum verschwenden wir
Worte an diesen Wilden? Nehmen wir ihn fest, und wenn er sich
weigert, laßt uns ihn töten!« Montezuma fragte Marina, was der
wütende Spanier wolle. Marina übersetzte so mild und freundlich wie möglich. Schließlich willigte Montezuma ein, seinen
Palast zu verlassen. Niemals sollte er ihn wiedersehen.

Sein Volk murrte. Als die Azteken schließlich mit Waffen vor
die Wohnung der Spanier zogen, trat Montezuma, der Pétain
jener Zeit, auf den Balkon, um seine Leute zu beruhigen. Wie ein
Tier hinter Gittern erschien der König seinen Untertanen, ein
wildes Tier, das zahm geworden war, demütig im Käfig seiner
Feinde.

»Niederträchtiger Azteke«, riefen sie, »Weib, Memme! Die Weißen haben dich zu einem Weibe gemacht, gut nur zum Spinnen noch und zum Weben.« Wurfspeere zitterten durch die Luft. Ein Hagel von Steinen und Pfeilen prasselte auf den König. Die Spanier deckten ihn schnell mit ihren Schilden. Zu spät. Montezuma war schwer verwundet.

Pater Olmedo kniet an der Seite des Sterbenden. »Umarme das Kreuz«, sagt der Pater, »das Zeichen der Erlösung des Menschen.« Montezuma stößt ihn zurück. »Ich habe nur noch einige Augenblicke zu leben. Ich werde in dieser Stunde dem Glauben meiner Väter nicht untreu werden.«

Am 30. Juni 1520 starb Montezuma in den Armen seiner Edelleute, die von den Spaniern immer in der Nähe des Königs geduldet worden waren.

Der Rest ist Aufstand und Revolution. Der Rest ist Gemetzel, ist Blut, ist Belagerung der hungernden Azteken, die Zuschüttung der Kanäle der Stadt, ist Niederreißung aller Gebäude, fast aller Tempel: Platz für die Reiterei des Cortez, Raum für die Schlacht und für den Tod. Die Tempel der Azteken fielen, und Kirchen und Klöster erhoben sich über den Trümmern. Mit den Steinen der alten Tempel wurden die Gotteshäuser errichtet. Nach allen Richtungen zogen die Spanier von der Hauptstadt Tenochtitlan aus. Erst 20 Jahre später wurden spanische Städte auf der Halbinsel Yucatan gegründet.

So endete das Reich der Azteken, ein Drama, phantastischer als alle Märchen.

Cortez mühte sich noch im Alter, sein Brot auf dem Meer zu suchen, durch Eroberungen und Entdeckungen. Anklagen, Beschuldigungen, heimliche Untersuchungen wurden von seinen Gegnern angezettelt. Es war das alte Lied! Immer wieder rüstete er Geschwader aus für neue Entdeckungsfahrten. Aber seinen Unternehmungen war jetzt kein Glück mehr beschieden. Einmal gerät er mit seinen Gefährten in Hungersnot. Dann wird er von Stürmen umhergeworfen, sein Schiff wird auf Felsen geschleudert. Mit unbezwingbarer Willenskraft rettet sich der alte Mann aufs Trockne. Wieder sendet Cortez ein Geschwader aus, unter Ulloa. Aber Ulloa kehrt nie zurück. 300000 Gold-Castellanos hat Cortez ausgegeben, und keinen Dukaten bringen sie ein.

Am Hof von Kastilien kämpft Cortez um sein Recht. Aber alle können es sehen: er ist alt. Von diesem grauen Mann kann man sich keine nützlichen Dienste mehr versprechen. Er hat in den letzten Jahren nur Unglück gehabt, und er steht jetzt im Schatten des anderen, der einst in seinem Schatten stand, im riesigen Schatten des Pizarro und seiner glänzenden Erfolge in Peru.

Cortez schreibt Briefe und Bittgesuche an den Kaiser: er habe gehofft, daß die Beschwerden seiner Jugend ihm Ruhe für sein hohes Alter sichern würden. 40 Jahre seines Lebens habe er wenig geschlafen, schlecht gegessen und stets die Waffen getragen. Er habe viele mächtige und große Völker dem Zepter des Kaisers unterworfen. Jetzt sei er alt und gebrechlich und verschuldet!

Keine Wirkung am Hof. Wochen um Wochen vergehen, Monat um Monat. Weitere drei Jahre verbringt der müde Eroberer mit demütigen Schreibereien, mit Streit, mit kleinlichen Anträgen, mit Warten, mit Warten . . . »Es ist viel schwerer, sich gegen die Beamten der Krone zu verteidigen, als riesige Länder von mächtigen Feinden zu erobern.« Das sagt Cortez am Abend seines Lebens.

So viel Erbitterung, so viel Gemütsunruhe hatten Verdauungsstörungen zur Folge. In Sevilla sitzt Cortez in Begleitung seines 15jährigen Sohnes – da packt ihn die Ruhr. Letzte Eintragung in seinem Testament: Es sei lange zweifelhaft gewesen, ob man mit gutem Gewissen indianische Sklaven besitzen könnte. Cortez verpflichtete seinen Sohn, keine Mühe zu scheuen, um diese Frage zu klären: »denn es ist ein Gegenstand, der das Gewissen eines jeden Menschen nicht weniger als mein eigenes betrifft.«

Mit zunehmender Schwäche zog sich Cortez in das Dorf Castilleja de la Cuesta zurück. Sein Sohn pflegte ihn mit kindlicher Sorgfalt. Cortez beichtete, empfing die Letzte Ölung und starb am 2. Dezember 1547 im 63. Lebensjahr.

Hat König Minos wirklich gelebt? Gab es zu Knossos ein Labyrinth?
Und wo packte man den Stier buchstäblich bei den Hörnern? Die
»minoische Kultur« ist erst seit 50 Jahren entdeckt. Arthur Evans grub
sie aus.

Etwa gleich weit entfernt von den Küsten Europas, Asiens und
Afrikas liegt die Insel mit der ältesten Hochkultur Europas:
Kreta, »ein Land in weindunkler See«, wie Homer es nannte.

Kreta ist wirklich die erste und die älteste Perle in der glänzenden Kette europäischer Kulturen. Als Griechenland blühte, war
Kreta schon fast Sage und Märchen geworden. Als der Kampf um
Troja tobte (1194 bis 1184 v. Chr.), sah Kreta schon auf
2000 Jahre Hochkultur zurück. Als der Heiland geboren wurde,
war das Lachen der feinen Hofdamen und der Kurtisanen des
Palastes von Knossos schon 1400 Jahre lang verklungen. Die
wunderbaren Gewänder, die feinen rauschenden Röcke und Un-
terröcke, die mit dem modernsten Paris wetteifern könnten, die
Mieder, Spitzen und Puffärmel, waren längst zu Staub zerfallen.
Kreta war wie ein Märchen. Man hielt fast 2000 Jahre lang alles,
was von Kreta erzählt wurde, für Phantasie, bis – ja bis vor
50 Jahren klar wurde, daß alles, alles Wahrheit ist.

Auf einem Hügel südlich von Candia grub ein kretischer Kaufmann 1878 ein paar merkwürdige, sehr alte Gegenstände aus.
Dieser Herr hatte den schönen Namen »Kalokairinos«. Acht
Jahre später – 1886 – besuchte ein Mann diese Gegend, der sehr
hager war, ein wenig gehetzt erschien und aus übernächtigten
Augen unruhig die Gegend betrachtete. Dieser Mann besaß einen unheimlich guten Instinkt für Ruinen, die viele tausend Jahre
vergessen unter der Erde schliefen. Es war ein Deutscher. Er hieß
Heinrich Schliemann. Er hatte schon Mykenä und Troja wieder-
erweckt. Jetzt stand er hier und erklärte, daß unter seinen Füßen
die sagenhaften Paläste von Knossos begraben sein müßten.

Schliemann las die alten griechischen Klassiker sehr genau. Ehe
er zu graben begann, wußte er immer, wo er graben mußte und
was er suchte. Er verhandelte mit dem Eigentümer des Landes.
Er hatte keine Zeit. Er wollte bald mit den Ausgrabungen beginnen. Aber der Eigentümer versuchte, einen zu hohen Preis zu
erzielen. Darum gab Schliemann die Sache auf und damit die

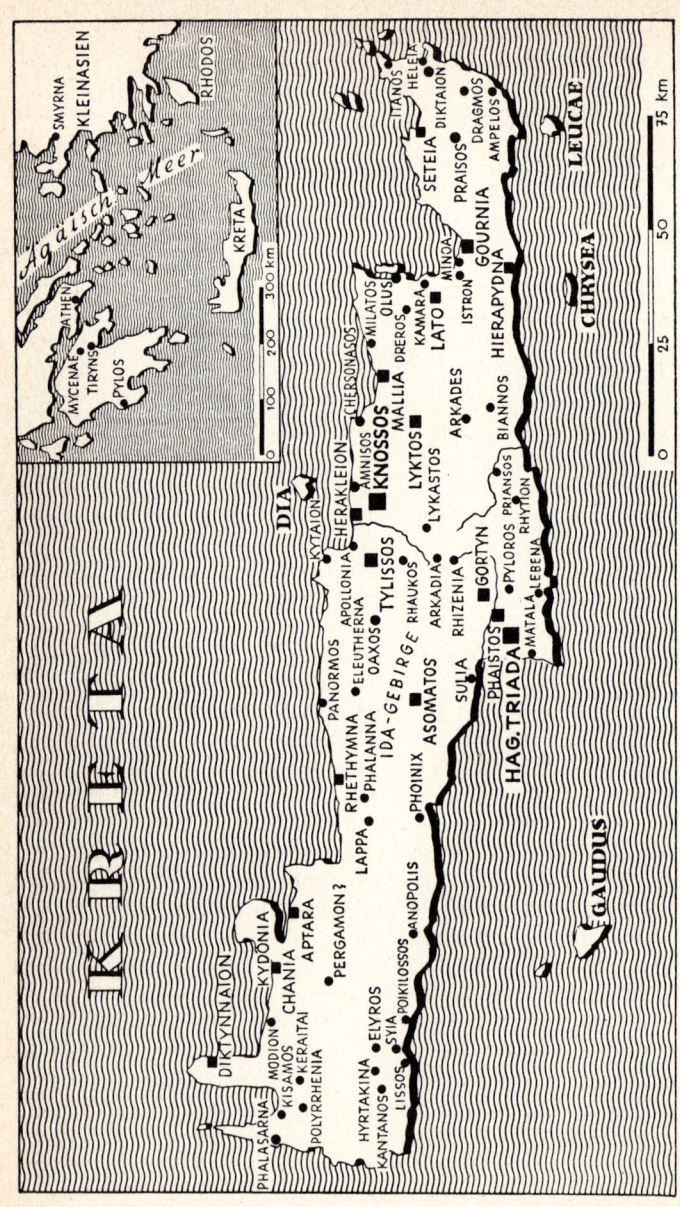

KRETA

KLEINASIEN
SMYRNA
RHODOS

Ägäisch. Meer
ATHEN
MYCENA
TIRYNS
PYLOS
KRETA
0 100 200 300 km

75 km
50
25
0

LEUCAE
CHRYSEA

HELETA
TITANOS
DRAGMOS
SETEIA
AMPELOS
PRAISOS
DIKTAION
GOURNIA
OLUS
MILATOS
MINOA
HIERAPYDNA
CHERSONASOS
DREROS
KAMARA
LATO
AMNISOS
KNOSSOS
ISTRON
APOLLONIA
HERAKLEION
LYKTOS
ARKADES
DIA
KYTAION
MALLIA
LYKASTOS
PANORMOS
ELEUTHERNA
TYLISSOS
BIANNOS
RHETHYMNA
OAXOS
RHAUKOS
GORTYN
PYLOROS
PRIANSOS
LAPPA
PHALANNA
ARKADIA
SULIA
RHYTION
IDA-GEBIRGE
RHIZENIA
PHAISTOS
PHOINIX
ASOMATOS
HAG. TRIADA
MATALA
LEBENA

KYDONIA
DIKTYNNAION
APTARA
PERGAMON?
MODION
KISAMOS
CHANIA
KERAITAI
ELYROS
HYRTAKINA
SYIA
POIKILOSSOS
ANOPOLIS
KANTANOS
LISSOS
PHALASARNA
POLYRRHENIA

GAUDUS

380

Chance, nach Troja auch diese uralte Kulturstätte selbst auszugraben. Bald darauf starb er. 1893 kaufte der britische Archäologe Dr. Arthur Evans ein paar Mondsteine von einer Griechin in
Athen. Die Frau trug diese Steine als Amulett. Evans interessierte
sich für die Hieroglyphen, die in die Steine geritzt waren, weil
kein Gelehrter sie entziffern konnte.

Ein guter Archäologe muß auch so etwas wie ein Detektiv sein.
Evans gelang es, auf Grund von Vergleichen zu ermitteln, daß die
Spur der Hieroglyphen nach Kreta führte. Er reiste dorthin,
sammelte hier und da auf der Insel Gegenstände, die durch Zufall
ans Tageslicht gekommen waren, und kaufte schließlich das
Land, unter dem Knossos verborgen lag. 150 Leute ließ er neun
Wochen lang graben.

Dann hatte er den größten und reichsten Schatz der modernen
Archäologie überhaupt ans Tageslicht gefördert, den Palast des
Minos.

»Wir betraten eine völlig unentdeckte Welt«, schreibt Evans.
»Jeder Schritt vorwärts war ein Schritt ins Dunkel. Es gab keine
Bauten, die als Vorbild dienen konnten, und planmäßiges Graben war darum unmöglich. Der Palast stellte alles in den Schatten, was man aus der europäischen Antike kannte oder hier
vermutet hätte.«

Tausende von Siegeln und Tontafeln fand Evans mit den gleichen Hieroglyphen, auf die ihn das Amulett des Weibes von
Athen gebracht hatte. Die großartige Kultur eines geistig und
künstlerisch ungemein begabten Volkes lag plötzlich offen unter
der Sonne des Mittelmeeres.

Wir wissen schon, daß Städte »wachsen« und daß untergegangene Kulturen in Schichten übereinander liegen. Die oberste
Schicht ist die jüngste, die untersten Schichten sind die ältesten.
Evans stellte fest, daß die minoischen Bronzekulturen bis ins
Jahr 3000 v. Chr. zurückreichten und daß darunter Kulturen der
jüngeren Steinzeit lagerten, die den phantastischen Zeitraum von
10000 Jahren umfaßten. Der Palast von Knossos, die minoische
Kultur bauten sich demnach auf einer vorgeschichtlichen Vergangenheit auf, die unser in geschichtlichen Zeiträumen befange-
nes Denken schwindlig werden läßt. Die minoische Hochkultur
war nicht 3000 v. Chr. oder 2000 v. Chr. plötzlich da. Wir wandern ja fast überall auf dieser Erde auf ungeheuren Trümmerhau-
fen menschlicher Anstrengungen und menschlichen Ringens um
Fortschritt. Auch die minoische Kultur muß in vielen Jahrtausenden langsam und eigenständig gewachsen sein.

Erst 1936 vollendete der inzwischen mit Orden und Ehrentiteln bedachte und in den Adelsstand erhobene Evans sein monumentales sechsbändiges Werk ›The Palace of Minos at Knossos‹. Es ist ein Werk voller Wunder, eine Lebensarbeit, bei deren Studium man auf geheimnisvolle Weise immer tiefer in den Schlund einer phantastischen fremden Welt gezogen wird, um schließlich auf dem Urgrund dieser Mittelmeer-Kultur im Fabelreich der Seekönige von Knossos zu wandern.

Evans setzt viel voraus, und man muß schon einiges wissen, um sich in seinen dicken Bänden zurechtzufinden. Wie, so wird man fragen, kommt ein Archäologe überhaupt darauf, hier auf Kreta und nirgends sonst den Palast von Knossos zu suchen und noch mehr, den Palast, in dem ein König namens Minos geherrscht haben soll?

Nun, man muß nicht alles für Märchen halten, was alte Sagen berichten. Man muß den Mut haben, uralten Erzählungen und Dichtungen buchstäblich »nachzugehen«. Unsere ältesten legendären Quellen für Kreta sind Homers Dichtungen Ilias und Odyssee. Homer lebte um 800 v. Chr. Er erwähnt König Minos, den Palast von Knossos und vieles, was mit dem König von Kreta zusammenhängt. Herodot, der »Vater der Geschichte«, der etwa 484–425 v. Chr. lebte, berichtet von Minos, von seinen Flotten und von einer sizilianischen Expedition der Kreter. Thukydides, ein vornehmer Athener und sehr objektiver Geschichtswissenschaftler, um 460 v. Chr. geboren, erzählt von der Seemacht des Minos. Aristoteles, Sohn eines griechischen Arztes, 384 v. Chr. in einem mazedonischen Städtchen geboren, schreibt, die Lage von Kreta sei so großartig, daß sie es König Minos möglich machte, das ägäische Reich zu beherrschen, also die Länder und Inseln des Ägäischen Meeres.

Die griechischen Sagen und Legenden berichteten noch viel mehr. Da wütete zu Knossos der »Minotaurus«, ein Ungetüm, halb Mensch, halb Stier. War das ein Märchen?

Minotaurus ist zusammengesetzt aus dem Namen des Königs Minos und dem griechischen Wort »taurus«, Stier. Als man Knossos ausgrub, fand man den Stier in vielerlei Darstellungen, und man erfuhr, daß der Stier hier eine besondere Bedeutung besaß. Am Hof des Königs Minos wurden Stierkämpfe gezeigt. Junge Mädchen und junge Männer mußten im Lauf den Stier bei den Hörnern packen und über das wilde Tier springen. Ein Wandgemälde zeigt ein Mädchen, beim Sprung von den Hörnern des Bullen aufgespießt. Vielleicht wurden auch gefangene Kinder

Die Damenmode der minoischen Kultur ließ die Brüste immer frei. Sonst waren die Frauen sehr reich und mit großartigem Geschmack gekleidet. Sehr enge Taillen waren modern, und es gab raffinierte Mieder. Dies ist die Göttin des Sports mit goldenem Panzer. Sie schützte wohl die jungen Mädchen, die gefährliche Cowboytricks mit Stieren vorführten.

für diesen Sport trainiert. Wenn König Minos Athen unterjocht hatte, wenn er von Athen Tribut erhielt, dann kann man sich leicht vorstellen, warum die Athener den König und den Stier zu einem schrecklichen Wesen zusammensetzten.

König Minos, so berichtet die Sage weiter, sperrte nun den Minotaurus in ein Bauwerk ein, das »Labyrinth« genannt wurde. Ein Märchen? Keineswegs!

Die heiligste Gestalt der Kreter war eine Mutter-Göttin, von den Griechen »Rhea« genannt. Diese Göttin wird fast immer mit einem männlichen göttlichen Wesen dargestellt. Vielleicht soll es ihr Sohn sein. Göttin und Gott haben ein Zeichen, eine Art Fetisch oder Glücksbringer, einen Gegenstand, in dem sie verschwinden können, und dieser Gegenstand ist eine Doppelaxt. Die karische Bezeichnung für diese Doppelaxt lautete »labrys«. Überall im ausgegrabenen Palast von Knossos fand man dieses labrys-Zeichen, diese Doppelaxt, und es ist kein Wunder, wenn der Palast »labyrinthos« genannt wurde. Unser Ausdruck »Labyrinth« stammt also aus Knossos und ist gut 5000 Jahre alt oder noch viel älter.

Ob nun der Palast selbst das Labyrinth war oder ob die Minoer sich an ein anderes, längst untergegangenes Labyrinth erinnerten, wissen wir nicht. Auf Münzen aus Knossos und im Minos-Palast fand man Grundrisse eines regelmäßigen quadratischen oder runden Baues, der im Innern einen einzigen, langen, immer rechtwinklig umbiegenden Gang besaß. Man mußte wohl sehr lange gehen, bis man in das Innerste dieses Baues kam, und hinaus gelangte man nie! Sicher waren diese Grundrisse Abbilder des berühmten Labyrinths.

Weit von Kreta entfernt wurde am 24. August 79 n. Chr. die berühmte Stadt Pompeji durch den Ausbruch des Vesuvs völlig vernichtet. Aus der Asche, aus den Lavamassen, gibt uns ein kleines römisches Kind ein Zeichen: in eine Wand hat es den Irrgarten geritzt und mit eigener Hand darunter geschrieben: »Labyrinth! Hier wohnt der Minotaurus.« Auch dieses römische Kind kannte also das Labyrinth von Kreta und die Geschichte des Minotaurus. Wir wissen noch mehr: für den Unterrichtsplan der römischen Schulen war so ein »Märchen« noch Geschichte.

Architekt des Königs Minos, Erbauer der Paläste von Knossos, Erfinder des Labyrinths, soll Dädalus gewesen sein. Sicherlich hat Dädalus wirklich gelebt. Er war eine Art Leonardo der damaligen Zeit, der seinen König und Herrn mit immer neuen Erfindungen und Künsten überraschte. Er war dazu ein großartiger Bildhauer und schuf so lebendige Statuen, daß die Griechen erzählten, seine Werke stiegen von den Sockeln herunter, wenn sie nicht angekettet seien. Ich glaube, Dädalus war auch der Erfinder des Flugzeugs, denn als König Minos ihn und seinen Sohn Ikarus in das ausweglose Labyrinth einsperrte, soll Dädalus für sich und seinen Sohn Flügel angefertigt haben, mit deren Hilfe die beiden aus den Mauern des Labyrinths hinausflogen, weit über das Meer, bis zu sonnigen Höhen. Ikarus kam auf dem Fluge um, aber Dädalus landete in Sizilien, brachte dorthin die Kultur von Kreta, schuf herrliche Statuen, zum Beispiel ein Marmorrelief der tanzenden Ariadne, der Tochter des Minos. Diese Werke sollen noch 200 v. Chr. vorhanden gewesen sein, und die Griechen zweifelten nie daran, daß das Genie Dädalus eine historische Persönlichkeit war.

Ich glaube auch, daß sich die »Sage« von Theseus und Ariadne wirklich zugetragen hat. König Minos forderte von der Stadt Athen alle neun Jahre sieben Mädchen und sieben junge Männer als Opfer für den Minotaurus. Theseus, der Sohn des Königs Ägeus, erbot sich zu diesem Opfer, denn er wollte den Minotaurus töten. Als Ariadne, die Tochter des Königs Minos, den jungen Prinzen aus Athen sah, verliebte sie sich sofort, gab ihm ein Schwert und lehrte ihn, beim Eindringen in das Labyrinth einen Faden abzuwickeln, um den Ausgang wiederzufinden. Theseus tötete den Minotaurus, fand am Ariadne-Faden den Weg in die Freiheit und floh mit der Königstochter nach Naxos. Er heiratete sie auch, wie er ihr versprochen hatte, segelte dann aber, während Ariadne schlief, mit seinen Gefährten davon.

Geschichten, wie die von Theseus und Ariadne, sind fast nie erfunden, und ein so kompliziertes Gebilde wie das Labyrinth beruht nur selten auf reiner Phantasie. Ungeklärt bleibt, wann dieses Labyrinth bestand, ob die Menschen von Knossos es noch kannten oder ob sie sich nur noch dunkel daran erinnerten und darum nicht wußten, ob es quadratisch oder rund war.

Da König Minos Herrscher im Palast von Knossos war, Herrscher auch über ein großes Seereich, ein König des Meeres, da dieser Minos wohl wirklich lebte und sein Name vielleicht auch Königstitel war – wie Pharao für die Ägypter –, bezeichnete Evans die Kultur der alten Kreter als minoische Kultur. Evans stellte durch seine Ausgrabungen fest, daß hier bis etwa 3400 v. Chr. die spätere Steinzeit reichte. Um 3400 beginnt die Bronzezeit. Er teilte die minoische Kultur in drei Abschnitte ein: früh-minoisch von 3400–2100, mittel-minoisch von 2100–1580, spät-minoisch von 1580–1250. Diese Zeiteinteilung war sehr schwierig, denn die Menschen der minoischen Kultur haben keine Chronologien oder Daten hinterlassen. Da die Ägypter aber sehr genaue Zeitangaben machen, gelang es, an Hand der ägyptisch-altkretischen Handels- und Kulturbeziehungen auch für Kreta gewisse historische Ereignisse zeitlich ziemlich genau festzulegen.

Um 2100 bauen die Prinzen von Knossos, von Phaestos, von Mallia mächtige Paläste, mit sehr vielen Räumen, mit Werkhallen, mit Vorratsräumen, mit Höfen, Treppenhäusern, mit Balustraden. Altäre entstehen und Tempel, komplizierte Wasserleitungssysteme. Die Wände der Paläste sind durch bunte Fresken verziert, und aus den Hieroglyphen der vergangenen Jahrtausende entwickelt sich eine lineare Schrift.

Um 1700 v. Chr. scheint eine große Katastrophe stattgefunden zu haben. Der Palast von Knossos ist zerstört. Hat ein Erdbeben alles umgeworfen? Haben die Männer von Phaestos Knossos angegriffen? Wir können diese Frage stellen, denn merkwürdigerweise stürzte der Palast von Phaestos erst später zusammen. Die Erde gibt Geheimnis um Geheimnis preis. Etwas später stürzen noch mehr Städte: Mochlos, Gournia, Palaiokastro und viele andere. Um 1600 beginnt wieder das Leben. Aus den Trümmern erheben sich neue Bauten, schönere und großartige Paläste in Knossos, Phaestos, Tylissus, in Hagia-Triada und Gournia. Ein Reichtum entwickelt sich, wie ihn Griechenland erst 1000 Jahre später kennenlernen wird. Theater spielen in den Höfen der Paläste, Gladiatoren kämpfen mit Tieren. Immer anspruchsvoller wird der Geschmack. Das Handwerk blüht, die Literatur. Und die Reichen erfinden immer neue Arten des Luxus. Zwischen 1600 und 1400 v. Chr. erlebt Kreta, erlebt die minoische Kultur ihr goldenes Zeitalter, und das ganze Ägäische Meer wird von der Sonne Kretas angestrahlt. Und dann, um 1400, bricht plötzlich alles zusammen. Eine ungeheure Katastrophe vernichtet menschliches Erfinden, menschliches Sinnen und menschliches Schaffen von Jahrhunderten, ja von Jahrtausenden.

Was war geschehen?

»Weh denen, so am Meer wohnen, dem Volk der Kreter.«
Zephanja 2,5

Wie von einer mächtigen übernatürlichen Faust wurde die großartige minoische Kultur 1400 v. Chr. zerstört. Die Katastrophe, die Kretas Städte vernichtete, war alles erfassend: Knossos, Phaestos, Hagia-Triada, Gournia, Mochlos, Mallia und Zakros: alle diese größeren und kleineren Plätze zeigen die Spuren der Zerstörung und gleichzeitiger Feuersbrunst. Andere Städte, so zum Beispiel Palaiokastro, Pseira, Tylissos stürzten zusammen, ohne daß sie brannten.

Wir kennen keinen Menschen, der vor rund 3350 Jahren dieser ungeheuren Katastrophe beiwohnte und darüber berichtete. Es gibt keine zeitgenössischen Aufzeichnungen über den Zusammenbruch der minoischen Hochkultur, es gibt keine Angaben genauen Datums. Wir sind ganz allein auf die forschende Arbeit der Archäologen angewiesen. Erstaunlicherweise nennt uns die Archäologie den genauen Monat der Katastrophe, während sie die Jahreszahl 1400 nur annähernd sagen kann.

Wie ist das möglich?

Das Jahr 1400 ergibt sich aus sehr genauen Zeitbestimmungen der einzelnen Ruinenschichten in der Erde sowie aus den letzten ägyptischen Darstellungen der Kreter (Kefti) zur Zeit des Pharao Amenophis III. (1401–1375 v. Chr.). Man kann sich um einige Jahre irren, aber das große Unglück fand 1400 v. Chr. oder bald danach statt. Die Brandspuren aber, das heißt die Spuren des Rauches, zeichnen sich an den Wänden der ausgegrabenen Ruinen deutlich ab, ja man »sieht« den Wind, der zur Stunde des Brandes die Rauchwolken durch den Palast fegte. So deutlich zeichnet sich der Rauch an den Steinquadern ab, daß er erkennen läßt: hier jagte ein Südweststurm Feuer und Rauchschwaden von Südwest nach Nordost durch das einstürzende Gemäuer. Diesen Südwestwind nennen die Moslems heute Gharbis. Er weht in den Monaten des Frühlings mit mächtigen Staubwolken weit herangetragenen Saharasandes und erreicht seine größte Kraft im März. Nur so ein Gharbis kann die Rauchspuren gezeichnet haben, wie man sie an den Knossoswänden fand, und darum kennt man den Monat des Unterganges: März. Nur im März haben so viele Städte zu gleicher Zeit in Flammen aufgehen können, denn nur ein sehr starker Sturm konnte das Feuer so gründlich unterstützen.

Aber wie kam es zu dem Feuer? Evans, der Archäologe, der Knossos ausgrub und der sozusagen der erste Mensch war, der die Totenstadt wieder zum Leben erweckte, ist überzeugt, daß Knossos, wie auch die anderen Städte auf Kreta, durch ein großes Erdbeben zusammenstürzte, ein Erdbeben, dessen Folge eine furchtbare Feuersbrunst war. Alles deutet nämlich auf ein gespenstisch schnelles Ende. Alles deutet darauf hin, daß die Menschen hier ganz plötzlich überrascht wurden. Das heiligste Gemach von Knossos, der Thronraum, zeigt Spuren eines außerordentlichen Dramas an, das sich hier in letzter Minute abspielte. Alabaster-Ölgefäße, die nur zu besonders heiligen Handlungen benutzt wurden, standen in der Minute des Unterganges bereit. Was sich hier abspielte, wissen wir nicht. Aber klar ist, daß die Stunde des Unterganges die Stunde einer heiligen Handlung war. Auch Werkstätten von Handwerkern und Künstlern zeigen alle Merkmale eines überraschenden Endes mitten bei der Arbeit. Hätte sich ein Feind der Insel genähert, so hätte die Überraschung nicht so vollkommen sein können, meint der sehr scharfsinnige Evans, und seine Begründung ist durchaus einleuchtend.

Ein anderer sehr gewissenhafter Archäologe, der Engländer J. D. S. Pendlebury, ein sehr guter Kenner von Knossos und Leiter der Ausgrabungen von Tel-El-Amarna, hat eine abweichende Theorie aufgestellt. Erdbeben, so meint er, haben in alter Zeit kein Feuer verursacht. Feuer als Folge von Erdbeben treten erst mit Gas und Elektrizität auf, wie das große Erdbeben von Tokio 1923 besonders deutlich zeigte. Auch hätte ein Erdbeben das große Treppengebäude von Knossos zerstört. Man könne aber feststellen, daß sich dieses Treppengebäude noch lange nach dem »Beben« unzerstört erhalten habe.

. Beim Studium dieser verschiedenen Ansichten kommt mir ein Gedanke, der, soviel ich weiß, von keinem Forscher bisher in Erwägung gezogen wurde. Da die Kreter technisch sehr weit waren, erfinderisch und äußerst geschickt, könnte man annehmen, daß sie Erdöl verwendeten, wahrscheinlich zur Beleuchtung, vielleicht sogar für ihre Schmieden und zum Kochen. Wenn ihre Erdölleitungen infolge des Bebens barsten, dann ist eine Feuersbrunst doch sehr wohl denkbar.

Die Eva von Kreta. 3500 Jahre alt ist diese Schlangengöttin der Minoer aus Kalkstein (1500 v. Chr.). Es gab auf Kreta einen Kult der Hausschlangen und einen Schlangenraum im Palast von Knossos.

Wie dem auch sei, Pendlebury ist der Ansicht, alles deute auf vorsätzliche Zerstörung durch Menschenhand.

Nehmen wir an, um 1400 v. Chr. habe nicht Kreta das Festland beherrscht, sondern das Festland – also das heutige Griechenland – die Insel Kreta. Es wäre dann denkbar, daß die Städte der Insel – ihrer alten Kultur bewußt – eines Tages die Fremdherrschaft satt hatten, sie abschütteln wollten und sich in einer nationalen Revolution gegen alles Fremde erhoben. Man weiß, daß die Kreter nach der Zerstörung ihrer Städte wieder aufbauten und hier ziemlich ungestört weiterlebten, ja daß sie noch 200 Jahre nach dem Untergang viel weniger als früher fremde Kulturgüter übernahmen. Man weiß das alles auch aus den Ausgrabungen, und so erscheint die »Revolutions-Theorie« recht einleuchtend.

Wenn aber Kreta noch um 1400 das ganze Ägäische Meer beherrschte und wenn die »Dominions«, also die von Kreta abhängigen Länder an diesem Meer, die Vormachtstellung des Mutterlandes brechen wollten, so wäre eine wirkliche Landung und Invasion denkbar. Eine glänzend organisierte feindliche Flotte müßte dann die Kreta-Städte zerstört haben. Der Zweck dieser planmäßigen Zerstörung scheint aber nur ein politischer gewesen zu sein, nicht die Absicht, sich niederzulassen und zu kolonisieren. Nach der Zerstörung räumte der Feind die Insel wieder, und die Kreter bauten auf und führten noch während weiterer 200 Jahre ein Schattendasein. Dieser zweiten Theorie, also der Invasions-Theorie, neigt Pendlebury zu. Und in diese Theorie fügt sich auch die Theseus-»Sage« gut ein.

Wenn Kreta wirklich in bestimmten Zeitabständen eine Anzahl junger Mädchen und junger Männer als Opfer für Knossos von Athen anforderte, wenn es wirklich einen Theseus gab, der den menschenfressenden Minotaurus im Labyrinth von Knossos töten wollte, kann dann nicht diese »Legende« der ins Märchenhafte abgewandelte Rachefeldzug des Theseus nach Kreta sein? Dann, so meint Pendlebury, spät im April oder Anfang Mai, an einem Frühlingstag, als ein starker Südwind die Flammen fast horizontal durch den Palast von Knossos jagte, war die Stunde der Vergeltung da. Der Thronraum war in furchtbarer Verwirrung. Vielleicht war der berühmte König Minos in letzter Stunde hierher geeilt, um durch eine heilige Zeremonie sein Volk zu retten. Da stürzte Theseus herein und tötete ihn. Vielleicht sah Theseus im König den Minotaurus, den Menschen mit dem Stierkopf. Vielleicht machte die Sage später den erschlagenen König zum Tier. Kreta war gefallen. Es vegetierte noch zwei Jahrhunderte als Satellit der griechischen Welt und ertrank dann in der mächtigeren hellenischen Kultur, in einer neuen Welt, deren Leben gerade begann.

Die Kreter gehörten einer Mittelmeerrasse an. Sie waren ein seefahrendes Volk und unterhielten Handelsbeziehungen mit Ägypten, mit Vorderasien, mit Anrainern des ganzen Ägäischen, ja des Mittelmeeres bis Italien und Spanien. So stark war ihre Kriegsflotte, daß Knossos auf der Insel selbst niemals befestigt war. Knossos war eine unbefestigte Stadt wie heute London und New York.

Die Kreter trugen niemals Bärte. Schon das allein müßte verbieten, von einer »kretisch-mykenischen Kultur« zu sprechen, denn die mykenischen Griechen liebten den Bart. Die Kreter

Sechs Volants im Rock, darüber
ein kurzes Hüftstück und eine Art
Schürze. Sehr gepflegt war das
schöne, lange schwarze Haar.

Modesaison Knossos 2000 v. Chr.
Rock mit Krokusblüten. Oberteil
mit senkrechten Streifen. Taille
wieder eng.

Einschnüren war die große Mode.
Das Oberteil ist mit schönen Stik-
kereien reich verziert.

Die Damen im alten Kreta trugen
»brustfrei«. Das Haupt dieser
Schlangengöttin ist durch eine Lö-
win verziert, die den Kretern als
sehr heilig galt.

aber hingen so sehr an ihren Rassiermessern, daß sie diese sogar mit in ihr Grab nahmen.

Die Damen der minoischen Kultur trugen mächtige zuckertütenartige Hüte, weiße Lederschuhe mit Verzierungen – wenn sie wohlhabend waren –, sehr schöne Kleider, eng in der Taille, Roben, die alles bedeckten – bis auf die Brüste. Eng mußte die Taille sein, sehr eng. Und die Damen von Kreta vor 4000 Jahren schnürten sich in raffinierte Mieder. Die Röcke waren durch Metallrippen versteift, um besser die weite Form zu halten – wie Krinolinen. Die Farben der Kleider waren sehr fein aufeinander abgestimmt, und die Köpfchen der hübschen Kreterinnen waren mit einer Raffinesse frisiert, gepudert und geschminkt, die man wahrscheinlich heute nach 5000 Jahren kaum noch erzielen kann. Auch die Jünglinge und Männer schnürten ihre Taillen eng in Metallgürtel. Sie waren nur mit einem Lendenschurz bekleidet, also für griechische Verhältnisse sehr spärlich verhüllt.

Sehr kostbaren Schmuck trugen die Kreterinnen, und auch die Männer verschmähten diese Zierde nicht. Wahrscheinlich verehrten die alten Kreter ihre Frauen sehr, denn mit so viel Geschmack und Kultur wurden selbst die Ägypterinnen nur selten verwöhnt. Es ist kein Zufall, daß eine Mutter die höchste Göttin der minoischen Kultur war!

Man hat viele Paläste und viele Städte in Kreta ausgegraben, und man kann nur staunen angesichts der gepflegten Straßen, der Anlagen für Wasserleitungen, Bäder und Abwässer, der Läden, der Häuser, der Werkstätten für Schmiede, Tischler, Schuhmacher, Töpfer, der Ölraffinerien, der Textilindustrie. In Knossos gab es Häuser bis zu fünf Etagen, mit beweglichen Doppeltüren, mit künstlicher Beleuchtung durch brennendes Öl, das den Lampen in raffinierter Weise zugeleitet wurde. Man fand ein interessantes Brettspiel, ähnlich unserem Schach, und auf allen Gebieten der Kunst erkennen wir ein lebensbejahendes und frohes Streben, anmutigste und feinste Effekte zu erzielen. Gerade im Kleinsten waren die Kreter groß, und sie freuten sich an hübschen, winzigen Dingen des täglichen Lebens ganz so wie heute die Menschen unter dem Himmel von Paris. Sir Arthur Evans war es also gelungen, uns eine dreieinhalb Jahrtausende alte europäische Hochkultur zurückzuschenken, die erstaunlich modern anmutet. Aber Evans wollte nicht nur Europas *Vorzeit* wieder zum Leben erwecken, er hatte eine viel kühnere Vision: Er wollte Europas *Geschichte* um ein Jahrtausend erweitern. Geschichte beginnt immer mit Schrift. Griechenlands Geschichte beginnt daher um 776 v. Chr. Wollte also Evans Europas Geschichte in die Vergangenheit erweitern, so mußte er viel ältere europäische Schriftdenkmäler finden. Ja, eigentlich war Evans nach Kreta gekommen, um europäische Urkunden zu entdecken.

Tatsächlich fand er auf der Insel Kreta zwei Arten von Schriften, die er »Linear A« und »Linear B« nannte.

Die Linear A wurde auf der Insel Kreta schon um 1600 v. Chr. benutzt. Damit wären wir in der Schrift-Geschichte Europas 800 Jahre weiter in die Vergangenheit vorgestoßen.

Man fand diese Schrift an 14 Orten der Insel. An 13 Stellen wurden 51 Inschriften ausgegraben, und an einem Ort, in Ayia Triadha, 168. Von den 51 Inschriften, die durchweg sehr kurz sind, fand man 14 auf Terracotta-Tafeln, 8 auf Terracotta-Vasen, 6 auf Opfertischen, weitere 6 auf Siegeln usw. Von den Inschriften aus Ayia-Triadha, der Sommervilla eines Fürsten, nahe der Mitte der südlichen Kretaküste, sind 154 auf Tontafeln geritzt. Es sind anspruchslose Notizen für Verwaltungszwecke der Villa. Die Zeichen erscheinen grob, skizzenhaft und eben nicht »ausgeschrieben«. Man kann sagen, daß es kein einziges »schönes Stück« einer Handschrift in Linear A gibt.

Und warum fand man so wenig? Wenn man nur an 14 Orten und auf 17 verschiedenen Arten von Gegenständen diese Schrift feststellte, dann kann man sich vielleicht denken, daß wir nur den zehntausendsten oder hunderttausendsten Teil des Geschriebenen besitzen. Wir wissen auch nicht, ob »Papier« und »Tinte« erfunden waren und ob wir nur die unvergänglicheren Beweisstücke dieser Schrift entdeckten. Wahrscheinlich schrieben die Kreter auf Palmblätter, wie der ältere Plinius in der Naturgeschichte berichtet. Wenn aber so viel mehr geschrieben wurde, als es durch die Funde erscheint, so bleibt wieder unverständlich, warum die Schriften den Anschein erwecken, als ob die Zeichen von sehr ungeübten Schreibern oder gar von Abc-Schützen gemacht seien. Der Wahrheit kommt man am nächsten, wenn man annimmt, daß die Schreibkunst an allen Orten auf Kreta nur von wenigen ausgeübt wurde.

Außerdem wurde offenbar in dieser Zeit, also zwischen 1600 und 1400 v. Chr., trotz sehr hoher Kulturstufe und sehr hoher Kunstentwicklung, das Schreiben als etwas Minderwertiges und als Bürokratie betrachtet. Es gibt von Linear A eben nicht viel. Man benutzte sie ja ohnehin nur für kleine wirtschaftliche Aufzeichnungen, und man hielt diese Schrift wohl nicht für sehr wertvoll. Sie wurde auch nicht »exportiert«. Man hat nämlich fast nirgends sonst im ägäischen Raum die Linear-A-Schrift gefunden. Zwei Inschriften in Melos und eine in Thera, das ist alles, was man außerhalb von Kreta entdeckte. Die geringen Funde der Schrift Linear A auf Kreta beruhen also wohl kaum darauf, daß man dort zu wenig gegraben hat.

Ein noch größeres Geheimnis liegt über der Schrift Linear B. Während die Linear A, wie wir schon sagten, seit 1800 v. Chr. überall auf der Insel benutzt wurde, taucht Linear B erst um 1450 auf, und zwar auf Kreta *nur an einem Ort,* im Palast von Knossos. *Alle* Linear-B-Inschriften auf Kreta wurden im Palast von Knossos gefunden. Und alle stammen aus dieser letzten Zeit vor 1400. Es sind also allerhöchstens die Aufzeichnungen der Knossos-Kanzlei etwa einer Generation. Die ganze übrige Insel Kreta benutzte weiter Linear A. Nur hier im Palast von Knossos wurde in Linear B gerechnet, wurden Bestände notiert, wurden alle möglichen Geschäfte kurz eingetragen. Alle Notizen sind praktische Rechnungen, Berechnungen oder Anweisungen wirtschaftlicher Art. Evans fand im Palast fast 2000 meist lanzettförmig ovale Tontäfelchen mit solchen Linear-B-Inschriften. Sie waren in Holzkästen verwahrt und versiegelt.

Im Jahr 1939 stießen der Amerikaner Blegen und der Grieche Kourouniotis auf einen erstaunlichen Fund. Sie gruben ein ganz ähnliches Archiv wie in Knossos – von 600 Tontäfelchen – auf dem Festland, der Peloponnes, in Westmessenien, aus. 17 Kilometer nördlich der Stadt Pylos wurde die sensationelle Entdeckung gemacht. Hier, in den Ruinen des Palastes von Pylos, fanden sich ganz ähnliche Stücke wie in Knossos, geschäftliche Aufstellungen, Rechnungen, Etiketts, alle in Linear B abgefaßt, aus dem 14. Jahrhundert v. Chr. Blegen grub in Pylos 1952 weitere 400 Tafeln aus und im Jahre 1954 schließlich noch über 50, so daß an dieser Stätte insgesamt bisher rund 1050 Tafeln ans Tageslicht kamen.

Schließlich entdeckte 1952 der Engländer Alan Wace in Mykenä, im »Haus des Weinhändlers«, die Rechnungen dieses Kaufmannes, ebenfalls in Linear B. Wace meint, in jedem Hause und in jedem Palast jener Zeit – 1300–1200 v. Chr. (LH III) – müßte man solche Tafeln erwarten. Der Forscher Bennett meint, an den Tafeln aus dem Hause des Weinhändlers hätten seiner Ansicht nach sechs Hände geschrieben.

Alle diese Tafeln, also die 2000 Knossos-Tafeln, die 1050 Pylos-Tafeln wie die 42 Mykenä-Tafeln, weisen sehr große Ähn-

Dies ist die Kopie der Schriftzeichen in »LINEAR B« auf einer Tontafel. Carl W. Blegen und K. Kourouniotis fanden 1939 Hunderte solcher Tafeln bei Pylos in West-Messenien.

lichkeiten auf. Es handelt sich in allen drei Fällen um Linear B. Vor 1400, also bevor die Linear-B-Schrift auf dem Festland auftaucht, hatten die Griechen überhaupt keine Schrift. Um 1300 v. Chr., wahrscheinlich sogar schon um 1400, begann man aber auf dem Festland zu schreiben. Dann, um 1100 v. Chr., ging die Schrift in Griechenland wieder verloren. Auf Kreta gingen sowohl die Linear A wie Linear B in der allgemeinen Katstrophe um 1400 unter. Es ist der einzige Fall in der europäischen Geschichte, daß nach einigen Jahrhunderten Gebrauch die Kunst des Schreibens vollständig verging. Erst um 800 v. Chr. hatten die Griechen wieder eine Schrift, diesmal von den Phöniziern aus der Stadt Thera auf der Insel Santorin.

Jahrzehntelang konnte man die Aufzeichnungen der Kreter nicht lesen. Ihre Schrift war nicht entziffert. 1928 schrieb der deutsche Althistoriker Eduard Meyer: »Ob es einmal gelingt, durch eine glückliche Kombination diese Schrift zu entziffern, steht dahin und ist um so problematischer, da wir von der zugrunde liegenden Sprache und selbst von den Namen gar nichts wissen ...«

1940 sagte der Engländer Ventris: »Die minoischen Inschriften von Knossos und anderswo blieben ... die einzige verbreitete Schrift der Alten Welt, die weder gelesen noch verstanden werden kann.«

Die Amerikanerin Kober 1948: »Wir haben es mit drei Unbekannten zu tun: Sprache, Schrift und Bedeutung ... Eine unbekannte Sprache, geschrieben in einer unbekannten Schrift, kann nicht entziffert werden, weder mit noch ohne zweisprachigen Text.«

Gleichzeitig mit den Gelehrten vieler Länder bemühte sich der deutsche Sprachforscher Ernst Sittig um die Entzifferung der Kretaschrift. Seine Studien der klassischen, semitischen, kleinasiatischen und slawischen Sprachen, des Etruskischen, des Cyprischen und anderer seltener Idiome, bereiteten ihn gut für seine Aufgabe vor. Während des Ersten Weltkrieges befaßte sich Sittig mit der Entzifferung von Chiffreverfahren.

Sittig vermutete, wie schon vor ihm Evans, Myres und Sunderwall, Ähnlichkeit der Schrift Alt-Kretas mit einer Schrift der Insel Cypern. Auf Cypern war diese altertümliche Silbenschrift noch bis 1000 Jahre später fast ausschließlich für einen griechischen Dialekt im Gebrauch, aber auch für eine vorgriechische Sprache, für die sie ursprünglich geschaffen sein mußte. Sittig verglich methodisch-statistisch an Hand der Schriftzeichen zunächst den Bau dieser vorgriechischen Sprache mit der alt-kretischen, stellte fest, daß beide gleiche Struktur zeigten und gewann so verschiedene sichere phonetische Werte von kretischen Silbenzeichen. Damit legte Professor Dr. Ernst Sittig von der Universität Tübingen einen Grundstein für die Entzifferungstechnik der minoischen Schrift Alt-Kretas und Alt-Cyperns.

1951 veröffentlichte der Amerikaner Bennett die Inschriften von Pylos, und erst 1952 erschienen die Inschriften von Knossos, die John Myres, der Freund des Evans, aus dessen Nachlaß herausbrachte. Dann – 1953 – kamen der begabte Architekt Michael Ventris in London und J. Chadwick mit einer wahren Sensation heraus. Sie bewiesen, daß die Hauptsprache der Knossos-, Pylos- und Mykenä-Tafeln nicht nur indo-europäisch, sondern tatsächlich griechisch ist. Ventris und Chadwick entzifferten von den etwa 80 Zeichen zunächst 65. Hans L. Stoltenberg, Gießen, hat die Deutungen von Ventris und Chadwick neuerdings berichtigt und ergänzt.

Ohne das Verdienst von Ventris schmälern zu wollen, muß doch gesagt werden, daß nach den vorangegangenen Forschungen der Gedanke, hinter den Linear-B-Zeichen Griechisch zu

⊦	⊦	ta
Λ	↑	ti
‡	‡	pa
ⴹ	ⴹ	po
+	+	lo
⌐	Z	ra
ⵁ		ni
ⵎ		re
🜨	ⵓ	ma
🜨	ⵔ	mi

Älteste Silbenschrift Europas. Links: kretisch; Mitte: cyprisch; rechts:
Wert. Entziffert von Ernst Sittig.

vermuten, gar nicht so fern lag. Wenn man nämlich drei der
minoischen Zeichen, deren Wert Sittig bereits gefunden hatte, ti,
ri beziehungsweise re und po aneinandersetzte, so ergab sich aus
tiripo = »tripos« = griechisch »Dreifuß«, klar, daß es sich hier
um einen griechischen Dialekt handeln mußte, zumal auf einer
Pylos-Inschrift hinter diesen drei Zeichen ein Dreifuß gemalt
war. Was Wace und Blegen schon aus historischen Gründen
annahmen, daß man in Mykenä und Pylos – wahrscheinlich auch
in Tiryns! –, also in den Burgen der mycenaischen Zeit, eine
griechische Sprache redete, das war jetzt so gut wie bewiesen.

Wie aber kam die Linear-B-Schrift von Knossos nach Pylos
und Mykenä? Was war um 1400 v. Chr. geschehen?

Irgendwelche Menschen in Knossos hatten sich die Linear-A-
Schrift vorgenommen und aus ihr eine Schrift entwickelt, mit der
man griechische Worte ausdrücken konnte. Diese abgewandelte
Schrift ist die Linear B. Man hatte sich also zum ersten Male für
das Griechische eine Schrift zurechtgemacht. Da die Kreter ursprünglich keine Griechen waren, ergibt sich die Frage: Wer saß
damals in Knossos, und wer hatte Interesse daran, für das Griechische eine Schrift zu erfinden?

Wahrscheinlich saßen spätestens um 1400 Festlandherrscher aus Griechenland in Knossos, und zwar nur in Knossos, sonst nirgends auf Kreta. Wahrscheinlich hatte eine Festland-Dynastie Knossos erobert. Und vielleicht brachten diese Herrscher die neue Erfindung nach Pylos und nach Mykenä.

Man könnte auch auf die Idee kommen, daß die neue Schrift, die Linear B, vom Festland nach Knossos gebracht worden sei. Dagegen aber spricht, daß die Linear B mit der alten Kreta-Schrift Linear A verwandt ist, da etwa die Hälfte der Zeichen der Linear A auch in der Linear B erscheint, und daß eben die Linear B aus der Linear A entwickelt wurde. Auch die Tatsache, daß man in Knossos die meisten Tontafeln in der Linear B fand, also 2000 gegenüber 1050 in Pylos, spricht für den Knossos-Ursprung. Aus einer fremden, dem Griechischen sehr unähnlichen Sprache, aus dem Kretischen in Linear A wurde also die Linear B für das Griechische zurechtgemacht.

Wie aber war dieses »Griechische«?

Wir würden erwarten, daß die Einwohner von Pylos und Mykenä zu jener Zeit einen altachäischen Dialekt sprachen, also etwa die Sprache der Achäer. Und tatsächlich ist die Sprache der Tontäfelchen dieses Altachäische, speziell von Altarkadien.

Von den Ägyptern – oder von den Fingern ihrer eigenen Hände – hatten die Minoer das Dezimalsystem übernommen. Sie

Die Zahlen der Kreter. Man erkennt, daß sich jede beliebige Summe durch dieses Zahlensystem ausdrücken läßt. Unser Zahlensystem kommt aus Arabien.

kannten kein Symbol für »Fünf«. Aber auch unsere arabische 5 besteht ja aus fünf Zeichen. Auch hatten die Minoer keine Null. Sie setzten für 1 einen einfachen vertikalen Strich |, für 2 zwei Striche ||, für 3 drei Striche |||, für 4 zwei Striche oben und zwei unten ⁝. 8 bestand aus vier vertikalen Strichen oben und vier vertikalen Strichen darunter ⁞⁞. Bei der 9 setzte man drei Gruppen von drei Strichen übereinander ⁞⁞⁞. Ein Schreiber, der aus der 9 eine 8 machen wollte, radierte nicht nur den einen Strich der 9 aus, sondern alle neun Striche und setzte statt dessen vier und vier Striche übereinander. 10 war ein horizontaler Strich −, 20 drückte man durch zwei horizontale Striche aus = und so fort, bis 10000 ⊕, griechisch Myriade. Auf den Tontafeln entdeckte man viele Rechenfehler. Es gibt auch auf manchen Tafeln Kreuze, die wie unsere Multiplikationszeichen aussehen ×. Das waren nur Merkmale, mit denen der Überprüfer signierte. Auf 39 Linear-B-Schriften wurden diese Zeichen gefunden.

Mit ihrem umständlichen System konnten die Minoer nicht höhere Mathematik betreiben. Aber für ihre einfachen Tribut-Handelslisten, für ihre Abrechnungen, für die Aufgebote von Handwerkern und Arbeitern genügte das Zahlensystem vollauf.

Der Engländer Ventris erklärte, nachdem er sich jahrelang mit dieser Schrift befaßt hatte: »Je mehr man Linear B betrachtet, um so mehr erstaunt einen die stereotype Art der Tafeln, die über die Gleichheit der Zeichen und Sprache weit hinausgeht.« Ventris nimmt die ständige Einrichtung einer Schreibertradition gleichen Ursprungs und gleichen Milieus an. Solange man in Knossos, Pylos und Mykenä Linear B benutzte, behielt man die schwierigen Zeichen unverändert und ganz genau bei, mit viel größerer Beharrlichkeit als später die Phönizier. Dennoch kann die minoische Kultur nicht eine »literarische Kultur« genannt werden. Ein so künstlerisches Volk hinterließ an Schrift nichts als Buchführung.

Wir aber werden nach und nach durch die Entzifferung der Linear B ein vorhomerisches Griechenland kennenlernen, ein Griechenland, das fast tausend Jahre älter ist als das, was wir bisher kannten. Die Entzifferung der Linear B wird unsere Vorstellung von den frühesten Zeiten Griechenlands noch ungeheuer stark beeinflussen, und eines Tages wird Griechenlands Geschichte nicht mehr um 776 v. Chr., sondern mindestens um 1400 v. Chr. beginnen.

»Vater«, sagte ich darauf, »wenn solche Mauern dagewesen sind, so können sie nicht ganz vernichtet sein, sondern sind wohl unter dem Staub und Schutt von Jahrhunderten verborgen.«

Der achtjährige Heinrich Schliemann.

An der Nordwestecke Kleinasiens, vier Kilometer von der Küste der Dardanellen entfernt, erhebt sich ein Hügel, den die Türken »Hissarlik« nennen. Sehr günstig liegt dieser Hügel für eine Festung, eine Burg oder eine Stadt, etwas abseits vom Meer, den Angriffen feindlicher Schiffe nicht unmittelbar ausgesetzt und doch die Einfahrt in die Dardanellen beherrschend. In diesem Hügel von Hissarlik liegen die Trümmer von zehn Städten und Dörfern. Ursprünglich glaubte man, der Hügel bestünde nur aus neun Bebauungsperioden. Erst später erkannten die Archäologen, daß sich die siebente Schicht aus zwei verschiedenen Trümmerarten zusammensetzte und zerlegten sie in VII a und VII b.

Die unterste Schicht ist ein Ruinenfeld, dessen Bauten vor gut 5000 Jahren von der Sonne beschienen wurden. Die zweite Schicht, also Troja II, wurde vor ungefähr 4200 Jahren von feindlicher Hand niedergebrannt. Die dritte, vierte und fünfte Schicht, also Troja III–V, lebte 2200–1750 v. Chr. Troja VI ist eine versunkene Kultur, die 1750–1300 v. Chr. blühte. Die gigantischen Mauern dieser Epoche, die heute noch gut erhalten sind, wurden nach Forschungen des Amerikaners Blegen durch ein Erdbeben zerstört. Man muß das annehmen, weil zahlreiche Mauern unabhängig voneinander Sprünge in derselben Richtung aufweisen. Dörpfeld hielt Troja VI für das homerische Troja. Aber er irrte sich.

Die Stadt VII a wurde ungefähr um 1200 v. Chr. von Feinden zerstört. Das würde mit der antiken Überlieferung der Zerstörung Trojas um 1185 v. Chr. gut zusammenpassen. In dieser Schicht vermutet Blegen die Stadt Homers, und hier scheint tatsächlich das größte Heldenlied der menschlichen Geschichte begraben zu sein. Auch Prof. Brandenstein, Graz, hält diese Stadt VII a für das homerische Troja. Er ließ sich nicht wie Dörpfeld von den viel großartigeren Mauern der sechsten Schicht

In der Türkei, vier Kilometer von der Küste der Dardanellen entfernt, liegt der Hügel Hissarlik. Darunter fand man in den Trümmern von zehn Siedlungen die Stadt Troja.

täuschen. Troja VII b–IX ist schließlich von 1200 v. Chr. bis 400 n. Chr. anzusetzen.

Der Hügel ist um und um gewühlt, die Schichten haben sich ineinander gefressen. Wer heute die Erhebung betritt, kann sich kaum vorstellen, daß es Archäologen je gelang, die zehn Epochen voneinander zu trennen und vor allem zu erkennen, daß in der Schicht VII zwei grundverschiedene Städte ruhten, um Licht in diesen kaum vorstellbaren Ablauf von Leben zu bringen, das vom Grau der Vorgeschichte bis zur römischen Zeit dauerte.

Der Archäologe Wilhelm Dörpfeld schreibt: »Es gibt meines Wissens keinen Ort der Welt, in dem so viele deutlich zu unterscheidende Schichten von Bauwerken und Schuttmassen übereinanderliegend erhalten sind wie auf dem Hügel von Hissarlik ... Daß die Reste alter Gebäude und ihre Erdschichten eine Höhe von 15 Metern erreichten, daß sich in diesen Trümmern neun oder mehr zeitlich getrennte Schichten deutlich unterscheiden lassen, kommt nur in Hissarlik vor ... Hier sind Ruinen aus einer sehr weit zurückliegenden Zeit erhalten, aus der wir in Europa noch keine Bauwerke kennen ... Man befindet sich bei der Durchwanderung des Ruinenfeldes gleichsam in einem großen Museum ...« Was Dörpfeld schrieb, stimmt heute nicht mehr. Man weiß jetzt, daß es im Orient viel ältere Siedlungen gibt, Plätze, die von Menschen weit länger als Hissarlik ohne Unterbrechung bewohnt waren. Man hat solche Ruinenhügel freigelegt.

Die zehnte, also die oberste Trümmerschicht, gehört der römischen Zeit an, etwa der Zeit, als Christus lebte. Für gebildete Römer gehörte es zum guten Ton, einmal »Troja« besucht zu haben. Dort wurde den römischen Touristen die Lyra des Paris gezeigt und ein Stein, auf dem die Helden Trojas ein Brettspiel spielten. Troja war für Touristen Alt-Roms von allergrößtem Interesse, besonders seit der Virgilischen Äneis. Nach dem Fall von Troja wanderte nämlich Äneas mit seinem Sohn Askanios nach Italien aus, wo Askanios in Latium die Stadt Alba longa gründete. Dieses Alba longa aber war die Mutterstadt Roms.

Als Konstantin der Große 330 n. Chr. seine Residenz von Rom nach Konstantinopel verlegte, dachte er zuerst an Troja. Hier wollte er seine neue Hauptstadt errichten, aber aus unbekannten Gründen ließen die Byzantiner Troja verfallen, und die Türken, denen das Land seit 1306 gehörte, haben sich dort nicht angesiedelt. Das jetzige Dorf neben den Ruinen entstand erst in neuester Zeit.

Unter den uralten Stadtgründungen der Menschheit bildet Troja eine interessante Ausnahme, denn dort, wo in günstiger Lage Volk um Volk Stadt auf Stadt aufbaute, finden sich meist auch heute wichtige Metropolen: Alexandrien (gegründet 332 v. Chr.), Paris (das 3000 Jahre alte Lucotecia), Jerusalem (gegründet um 2000 v. Chr.) oder das chinesische Loyang (5000 Jahre alt). Troja war schon zur Zeit der Blüte Griechenlands Sage geworden. Nichts, nichts war von seiner Herrlichkeit geblieben; jedenfalls war nichts mehr vom *alten* Troja sichtbar.

Wenn aber von Troja nichts mehr zu sehen war, wenn die Menschheit gar nicht wußte, ob es einst ein Troja gab, warum suchte man dann Troja, woher wußte man, wo es lag, und wie wurde dann überhaupt Troja gefunden?

Etwa 850 v. Chr. entstand eine Dichtung, deren Titel ›Zorn des Achilleus‹ lauten könnte, die uns aber als ›Ilias‹ bekannt ist, weil Troja auch »Ilios« hieß. Diese ›Ilias‹ ist wohl die älteste abendländische Dichtung überhaupt, das klassische Fundament der westlichen Weltliteratur, Urwiege der europäischen gedichteten Dramatik und in ihrer künstlerischen Bedeutung unübertroffen.

Das Kunstwerk umfaßte die ganze Fülle der Welt, die Erde, das Meer, den Himmel, den gerundeten Mond, die unermüdliche Sonne. Und unter den Gestirnen spiegelt es das ganze Menschenwesen, im Ernst, in der Fröhlichkeit, im Jahresablauf der Landarbeit, im Tagewerk der Hirten, Fischer, Holzfäller, verklärt durch die Pracht des Reigentanzes und die Lieder der Sänger. Von der Wirklichkeit der Götter bis zur Tiefe des Totenreiches, Krieg, Zorn, Verblendung, von unerbittlicher Härte bis zu den feinsten Regungen des Mitleids, Freundschaft, Gattenliebe, alles, alles umspannt dieser Riesenbau menschlicher Dichtkunst.

Immer wurde die ›Ilias‹ als das Werk des Dichters Homer

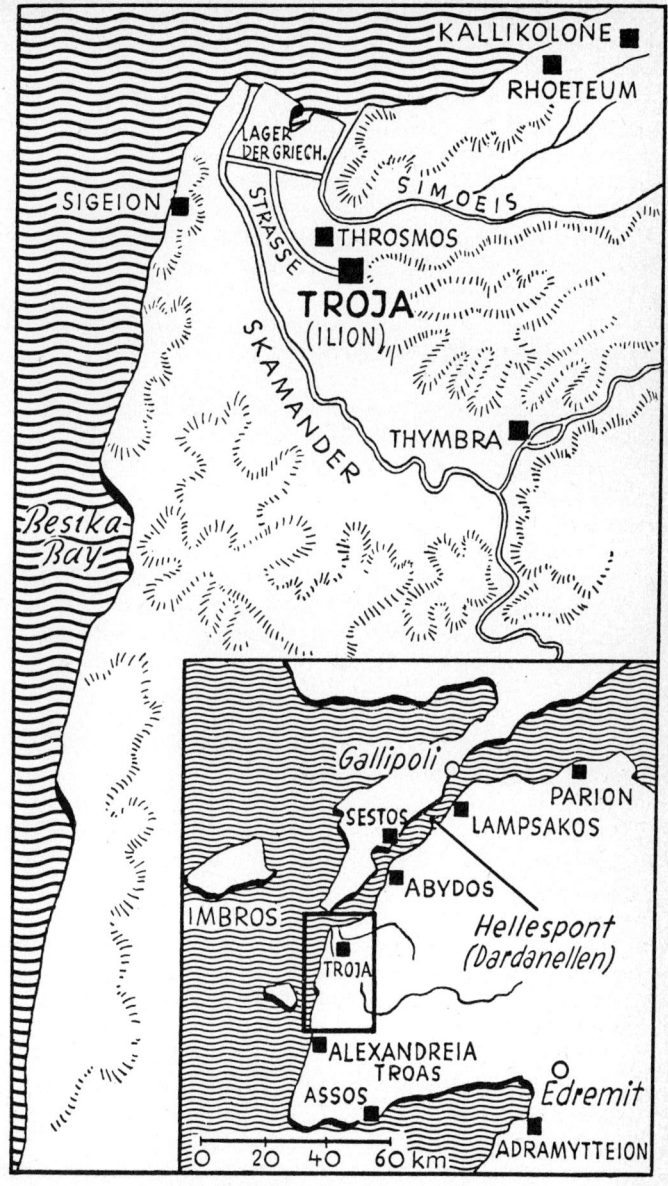

KALLIKOLONE

RHOETEUM

SIGEION

LAGER
DER GRIECH.

SIMOEIS

STRASSE

THROSMOS

TROJA
(ILION)

SKAMANDER

THYMBRA

Besika-
Bay

Gallipoli

PARION

SESTOS

LAMPSAKOS

ABYDOS

IMBROS

Hellespont
(Dardanellen)

TROJA

ALEXANDREIA
TROAS

ASSOS

O
Edremit

ADRAMYTTEION

0   20   40   60 km

403

angesehen. Wer war dieser Homer? Hat er je gelebt? Hat einer nur oder haben viele, vielleicht ungezählte an diesem Titanenwerk gearbeitet?

Die ›Ilias‹ ist – trotz aller späteren Einfügungen – so aus einem Guß, so einheitlich in Stil und Gestaltung, daß wir ein Genie hinter dieser »abgespielten Wahrheit einer uralten Gegenwart« vermuten müssen. So nämlich nannte Goethe dieses gigantische Epos.

Die erste bekannte Erwähnung des Namens Homer finden wir beim Griechen Xenophanes von Colophon, einem Dichter und Philosophen, der zwischen 570 und 480 v. Chr. in Kleinasien lebte. Herodot, der von uns oft zitierte »Vater der Geschichte«, schreibt: »Homer lebte 400 Jahre vor meiner Zeit.« Das wäre etwa 850 v. Chr.

Erstaunlicherweise wissen wir von den beiden größten Dichtern der westlichen Welt, von Homer und von Shakespeare, nur sehr, sehr wenig. Über die Persönlichkeit des Homer war schon im Altertum nichts Sicheres bekannt. Sieben Städte der Antike stritten sich herum, Homers Geburtsort zu sein. Bestimmt war er ein Grieche, und wahrscheinlich lebte er in Kleinasien. Vielleicht wurde er in der kleinasiatischen Griechenstadt Smyrna geboren. Wahrscheinlich war er blind, was nach Ephoros, dem griechischen Historiker, sein Name aussagen soll. Selbst die Zahl der von Homer verfaßten Werke ist umstritten, auch die Frage, ob er der Dichter der ›Ilias‹ *und* der ›Odyssee‹ ist. Denn ›Ilias‹ und ›Odyssee‹ liegen vielleicht 100 Jahre auseinander.

Die ›Ilias‹ schildert Kämpfe um Troja. Der Dichter behandelt nicht die gesamten 10 Jahre des Krieges von der Ankunft der Griechen bis zur Zerstörung der Stadt, sondern er schildert nur 51 Tage, in denen wir den ganzen Krieg bis zur Zerstörung Trojas erleben. Die Einteilung der ›Ilias‹ in 24 Bücher stammt nicht von Homer, sondern von späten alexandrinischen Gelehrten, die das Werk nach der Zahl der 24 griechischen Buchstaben in gleiche Teile zerlegten. Diese Einteilung ist nicht »werkgerecht«, und das blinde Genie Homer würde den Kopf geschüttelt haben. Die ›Urilias‹ war wohl etwas kürzer als die heute vorliegende »Alexandrische Fassung«. Sie wurde wahrscheinlich schon zur Zeit des Peisistratos, also um 550 v. Chr., in Athen erweitert. Ganz sicher hat man in die ›Ilias‹ eine Reihe anderer Stoffe hineingearbeitet, so zum Beispiel Sagen, die ursprünglich aus Südkleinasien stammten.

Wie Shakespeare den Stoff seiner meisten Bühnenstücke aus

älteren Novellen oder aus Geschichtswerken schöpfte, so formte Homer seine erstaunlichen Dichtungen aus altem Sagenschatz und aus alten Nachrichten. Die kriegerischen Geschehnisse, die Homers ›Ilias‹ schildert, müssen sich um 1184 v. Chr. abgespielt haben, denn die antiken Gelehrten setzten die Zerstörung der Stadt Troja für dieses Jahr an.

Auch das Genie Homer ist der entschuldbaren Schwäche zum Opfer gefallen, sein Volk günstiger zu schildern als das des Gegners. Zählt man die Toten der beiden kämpfenden Völker, so kommen auf 200 erschlagene Trojaner nur 50 gefallene Griechen. Die Siege der Trojaner sind nie so ganz reell. Pfeilschüsse aus dem Hinterhalt werden den tapferen Griechen oft zum Verhängnis. Durch einen Pfeilschuß fiel ja Achilles, worüber allerdings in der ›Ilias‹ nicht mehr berichtet wird. Die Niederlage des größten Helden der Trojaner, des Hektor, erscheint dagegen ganz einwandfrei.

In der Vorstellung Europas war Troja also als Dichtung des Homer bekannt, und die Ruinen der Stadt schliefen unberührt im Hügel von Hissarlik. Da aber der lange trojanische Krieg nicht nur Erfindung des Dichters sein konnte, da so viele Einzelheiten eine geschichtliche Grundlage haben mußten, und da schon die Griechen wie die Römer ein »homerisches« Troja in der Nähe des Hügels vermuteten, der viel später Hissarlik hieß, mußte doch die alte Stadt irgendwie zu finden sein.

Viele Gelehrte suchten während der letzten 400 Jahre nach dem Ort, wo die alte Stadt gelegen haben könnte. Man hielt besonders das Dorf Bunarbaschi für die Stätte des homerischen Troja. Bunarbaschi liegt nur vier Kilometer südlich des Hügels Hissarlik. Helmuth von Moltke insbesondere vertrat diese Theorie: »Wir ließen uns einfach von einem militärischen Instinkt an den Ort treiben, wo man damals wie heute sich anbauen würde, wenn es gälte, eine unersteigliche Burg zu gründen.« Aber Moltke täuschte sich.

Gegen die Bunarbaschi-Theorie sprach die Ansicht der einheimischen Bauern, eine alte Tradition, die Troja unter dem Hissarlik vermutete. Ein Engländer, Frank Calvert, Konsul der Vereinigten Staaten in den Dardanellen, kaufte schließlich einen Teil des Hügels Hissarlik, um dort zu graben und vor allem, um zu beweisen, daß Bunarbaschi nicht Troja sein könne. Die Sache war kostspielig, und als das Britische Museum ablehnte, sich an den Versuchsgrabungen zu beteiligen, gab Calvert die Sache auf.

Eines Tages erschien bei ihm ein Millionär. Dieser merkwürdige Mann erklärte schlicht, er wolle Troja ausgraben und den Schatz des Priamus heben. Calvert war glücklich, daß ihm endlich jemand die Sorge um Troja abnahm. Der sonderbare Fremde war Heinrich Schliemann.

Schliemann war einer der interessantesten Charaktere des vergangenen Jahrhunderts, ein Deutscher, der Amerikaner wurde; ein bettelarmer Mann, der sich zum Millionär emporarbeitete; ein Kaufmann, der Gelehrter war; Phantast und Realist; Genie und Pedant, ruheloser Weltwanderer und einer der zähesten Archäologen an der Stätte seiner Jugendträume: Troja.

Seine Tochter, die bezeichnenderweise »Andromache« heißt und in Amerika lebt, schilderte vor kurzem eine kleine Begebenheit: sie erinnerte sich, wie ihr Vater sie fragte, was sie denn lese. ›Ivanhoe‹ von Scott, antwortete sie. »Lies einen Satz«, sagte der Vater. Als die kleine Andromache las, unterbrach sie der Vater schon nach einigen Worten und sagte aus dem Gedächtnis Seite um Seite des Buches her. Er hatte das ganze dicke Buch mit 19 Jahren auswendig gelernt, und im Alter von 60 hatte er es noch Wort für Wort in Erinnerung!

Die Geschichte des Heinrich Schliemann mutet wie ein Märchen an. Wir sehen den armen Pfarrerssohn aus Neu-Buckow, Mecklenburg-Schwerin, als Kind. Er liebt ein kleines Mädchen, Minna Meincke. Die 14jährige Minna liebt ihn, und das feuert seinen Ehrgeiz gewaltig an. Heinrich arbeitet in einem kleinen Krämerladen in Fürstenberg. Er verkauft Heringe, Butter, Kartoffeln, Weinbrand, Milch, Salz, Kaffee, Zucker, Öl und, nicht zu vergessen, Talglichter. Er hat auch den Laden auszufegen, und er erinnert sich später mit Wehmut daran, daß er bei dieser Tätigkeit nur mit den untersten Schichten der Gesellschaft in Berührung kam.

Durch Aufheben eines zu schweren Fasses zieht sich Schliemann eine Brustverletzung zu. Er wandert nach Hamburg. Er wird Kajütenjunge an Bord der kleinen Brigg »Dorothea«. Am 29. November 1841 verläßt der Segler Hamburg. In der Nacht vom 11. zum 12. Dezember geht das Schiff unter. Schliemann wird gerettet und findet eine Anstellung in einem Amsterdamer Handelskontor. Bei einem Brüsseler Kalligraphen lernt er, korrekt zu schreiben. »Nichts«, so sagt er später, »spornt mehr zum Studieren an als das Elend und die gewisse Aussicht, sich durch angestrengte Arbeit daraus befreien zu können.« Er hat eine interessante Methode entwickelt, Sprachen zu erlernen: viel laut lesen, keine Übersetzungen machen, Ausarbeitungen über fesselnde Themen in der fremden Sprache und vor allem viel, sehr viel auswendig lernen.

Nächtliche Wiederholungen, so meint der zähe Schliemann, seien von größtem Nutzen, und er fügt hinzu: »Ich empfehle dieses Verfahren jedermannn.«

Zuerst erlernt er Holländisch, dann Englisch, dann Französisch. Es folgen Spanisch, Portugiesisch, Italienisch, Schwedisch, Polnisch. Alles dauert ihm viel zu lange, obgleich er diese Sprachen in wenigen Monaten erfaßt.

Russisch prägte er sich durch Auswendiglernen einer alten russischen Übersetzung, der ›Abenteuer des Telemach‹, ein. »Es kam mir vor, als ob ich schnellere Fortschritte machen würde, wenn ich jemanden bei mir hätte, dem ich die Abenteuer Telemachs erzählen könnte. So engagierte ich einen armen Juden, der für vier Francs pro Woche allabendlich zwei Stunden zu mir kommen und meine russischen Deklamationen anhören mußte – von denen er keine Silbe verstand.«

Als Handelsagent in Petersburg geht es ihm schließlich so gut, daß er um Minnas Hand anhält. Er erfährt, daß das Mädchen vor wenigen Tagen eine andere Ehe geschlossen hat. »Ich fühlte mich vollständig unfähig zu irgendwelcher Beschäftigung und lag krank danieder«, schreibt der Enttäuschte. Während seines Aufenthaltes in Kalifornien wird dieses Land am 4. Juli 1850 zum amerikanischen Staat erhoben. Alle an diesem Tage dort weilenden Menschen werden Amerikaner. 1852 richtet Schliemann in Moskau eine Filiale für Engrosverkauf von Indigo ein. Er macht große Geschäfte in Indigo, Farbhölzern, Salpeter, Schwefel und Blei. Er lernt Griechisch, liest alle griechischen Klassiker und vor allem immer wieder ›Ilias‹ und ›Odyssee‹ in der Originalsprache. ›Ilias‹ und ›Odyssee‹ kennt Schliemann bis zu seinem Tode so genau Zeile für Zeile auswendig, daß er sie vorwärts und rückwärts hersagen kann.

Steinreich ist Schliemann jetzt. Er zieht sich ganz von seinen Geschäften zurück und sieht sich erst einmal die Welt an: Schweden, Dänemark, Deutschland, Italien, Ägypten, Nubien. Schnell lernt er hier Arabisch. Er durchstreift Syrien, dann Smyrna, die Cykladen, Athen, die Insel Ithaka. Wieder in Rußland, schätzt er den Wert der von ihm in sechs Monaten importierten Waren auf nicht weniger als zehn Millionen Mark. Das waren damals Goldmark, die man heute mit 20 multiplizieren müßte. Als sich seine russische Frau weigert, das Zarenreich zu verlassen, läßt er sich scheiden, gibt eine Anzeige auf – er suche eine griechische Frau

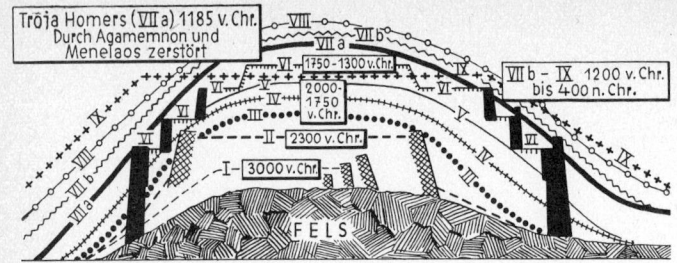

In der Schicht VII a vermuten der Amerikaner Blegen und Prof. Brandenstein, Graz, die Stadt Troja, die der Dichter Homer in seiner Ilias besingt.

– und erwählt mit 47 Jahren aus den eingesandten Fotos eine 19jährige Griechin. Seinen Sohn tauft er »Agamemnon«.

1864 reist er nach Tunis, besucht die Ruinen von Karthago, geht dann wieder nach Ägypten, schließlich nach Indien. Es folgen Ceylon, Madras, Kalkutta, Benares, Agra, Lucknow, Delhi, das Himalaja-Gebirge, die Insel Java, Saigon, China. Schliemann erklettert die Chinesische Mauer, reist dann nach Japan, weiter über den Stillen Ozean nach San Francisco, Kalifornien. Während der Überfahrt – sie dauert 50 Tage – schreibt er sein erstes Buch: ›China und Japan.‹ Er läßt sich in Paris nieder, um sich nun dauernd dem Studium der Archäologie zu widmen.

Und dann kommt der Tag, an dem der Millionär vor Frank Calvert steht, vor dem Mann, dem der halbe Hügel Hissarlik gehört. Am 11. Oktober 1871 beginnt Schliemann die erste seiner vier großen Ausgrabungen auf dem Hügel. In einem Zeitraum von zwei Jahren befaßt er sich elf Monate mit Ausgrabungen. Dann ist Troja entdeckt.

Dem genialen Forscher ist dabei ein Irrtum unterlaufen. Er arbeitete sich durch alle Schichten Trojas bis auf die unterste hindurch. Bei diesem Wühlen in der Vergangenheit stieß er auf Befestigungen, auf Ruinen einer verbrannten Stadt sehr hohen Alters und auf einen ungeheuren Schatz von Gold und Schmuck. Schliemann nannte diesen Fund den »Schatz des Priamus«. Während des letzten Krieges wurde der Schatz in Berlin fast vollständig vernichtet. Schliemanns Stadt gehört einer viel älteren Zeit an als das Troja Homers. Aber Schliemann glaubte, dieses Troja gefunden zu haben. Er hatte auch wirklich Troja gefunden, er irrte sich nur in der Trümmerschicht. Das Gold, das Silber und die Ruinen eines Palastes, die Schliemann fand, gehörten der II. Schicht an, die um 2200 v. Chr. zerstört wurde. Schliemann hatte – so erstaunlich es klingen mag – am Troja Homers, also an der VII a-Schicht, vorbeigegraben und doch bewiesen, daß die Sagenstadt unter dem Hissarlik den Schlaf der Jahrtausende schlief. Erst kurz vor seinem Tode kam er dem Geheimnis auf den Grund, aber es war zu spät, zu spät zum Graben.

Schliemann grub noch, ehe er aus diesem interessanten Leben schied, in Mykenä, in Ithaka, in Orchomenos. Er legte einen Teil von Tiryns frei, ja, er wollte den Palast des Minos von Kreta ausgraben. Aber ein Leben kann das alles nicht bewältigen, und Schliemann mußte anderen überlassen, zu Ende zu führen, was er begonnen und geplant hatte.

Der engste Mitarbeiter Schliemanns war Wilhelm Dörpfeld. Dieser großartige Archäologe starb erst 1940, im Alter von 86 Jahren. Dörpfeld grub Alt-Olympia aus, Pergamon, und er führte die Arbeiten Schliemanns im Hissarlik so gründlich weiter, daß Troja Stein um Stein wieder lebendig wurde. Eine Methodik der Ausgrabungen, die heute Archäologen der ganzen Welt anwenden, ist das Werk dieses genialen Mannes. Er war Architekt, und was die Erde nicht gleich enthüllte, sah er im Geiste immer so richtig, daß die Grabungen ihm am Ende immer recht gaben. Dörpfeld wollte auch im Tode noch mit Griechenland verbunden sein. Auf der Insel Leukas ruht er in eigenem Grund und Boden. Diese Insel hielt er nämlich für Ithaka.

Schliemann ist in Athen begraben. Und das hat seinen Sinn. Denn er bewies, was man Jahrhunderte nur dunkel ahnte: dieses Troja, dieses Heldenepos der Ilias, ist kein wahnsinniges Phantasiegebilde des Homer. Es war wirklich einmal da, in Stein, in Gold, in Fleisch und Blut.

Agamemnon und Herakles, der stärkste Mann der Weltgeschichte, haben wirklich gelebt. Mykenä war kein Märchen und Tiryns keine Phantasie. Die Sagengestalten, die Städte des Homer, die ganze Vorgeschichte Griechenlands wird Stein um Stein ausgegraben. Es war alles Wirklichkeit.

Geschichte ist geschriebene Vergangenheit. Sie ist gebunden an Papier, an Erz, an Stein. Sie führt uns so weit zurück, wie Schriften und Inschriften vom Treiben der Menschen hier auf Erden berichten.

Der größte Teil der menschlichen Vergangenheit spielte sich aber in Zeiten ab, da es noch keine Schriften gab, sondern nur mündliche Überlieferungen. Diese endlosen Epochen ohne Schrift, ohne Aufzeichnungen, ohne Daten nennen wir »Vorgeschichte«. Es sind die vor unseren geschriebenen Geschichtsquellen liegenden Zeiträume. Was in diesen Zeiten geschah, ergibt sich aus Bodenfunden, und die eigentlichen Historiker der Vorgeschichte sind die archäologischen Ausgräber.

Heute ist die Bodenforschung so weit, daß sie aus einer einzigen Topfscherbe, aus einem so oder so behauenen Stein, aus einem kleinen Vogelknochen, aus Küchenabfällen, Zisternen und Mauerresten, ja sogar mit der Radio-Kohlenstoff-Methode (C_{14}) Professor Libbys aus Chicago oft ziemlich sichere Daten konstruieren kann. Die Bodenforscher sind die »Kriminalisten« der guten und – weit überwiegenden – bösen Taten, die der Mensch in längst vergangenen Zeiten vollbrachte. Vom winzigsten Indiz schließen sie auf die oft sehr fremdartigen religiösen Anschauungen, auf Aberglauben, auf dieses und jenes menschliche Tun, kurz auf die großen und die kleinen Handlungen und Irrungen, die man so gemeinhin Vorgeschichte nennt.

Die aus schriftlichen Urkunden bekannte Geschichte Griechenlands umfaßt nur einen Zeitraum von rund 600 Jahren. Sie beginnt mit der ersten Olympiade 776 v. Chr. und endet 133 v. Chr., also mit dem Zeitpunkt, da Griechenland und Kleinasien römische Provinzen wurden.

Vor dieser Spanne liegt die viel, viel größere Vergangenheit, ein Zeitraum von rund 3000 Jahren, der sich im Dunkeln verliert, von dem nur Sagen künden, Mythen und Heldenerzählungen, die mündlich überliefert und erst spät niedergeschrieben wurden.

Nach dem Material für die wichtigsten menschlichen Werkzeuge und Waffen wird die Vorgeschichte in folgende Hauptgruppen eingeteilt: Steinzeit (Paläolithikum), Keramikum (Neolithikum), Bronzezeit, Eisenzeit. Zuerst formte der Mensch seine Waffen und Werkzeuge aus Stein, dann erfand er die Töpferei und das Brennen der Tongefäße, dann entdeckte er die Verwendung der Metalle und ihre Legierungen. Der Stein war vor der Bronze, die Bronze vor dem Eisen, und so ist es in der ganzen Welt.

Griechenland scheint im Paläolithikum noch nicht bewohnt gewesen zu sein. Eine entscheidende Rolle in der Besiedlung hat das fruchtbare Land Thessalien, die Heimat des Achill, gespielt. Denn im Neolithikum kamen Menschen in dieses Land aus Vorderasien her und blieben hier. Diese älteste Zivilisation Griechenlands wird nach dem Hauptfundort in Thessalien »Sesklo-Kultur« genannt. Sie währte etwa von 3000 bis 2800 v. Chr. Die Sesklo-Kultur hat sich über das ganze griechische Gebiet ausgebreitet.

Die nächste Einwandererwelle kam aus dem Bereich der donauländischen Kultur, und zwar aus dem ungarisch-siebenbürgischen Raum, in zwei Wellen. Man hat ihre Menschen mit unzureichender Begründung als Proto-Indogermanen zu bezeichnen versucht. Die Einwanderer erreichten im wesentlichen nur Thessalien. Ihre Kultur wird nach dem Hauptfundort »Dimini-Kultur« genannt. Der zweite Schub gelangte sogar in die Nordpeloponnes. Im übrigen Griechenland herrschte damals die frühhelladische Kultur erster Stufe (ungefähr von 2500 bis 2400 v. Chr.). Diese Kultur steht schon im Übergang zur Metallzeit.

Die beiden folgenden Stufen sind nur Entwicklungsstufen und werden als Frühhelladikum II und III bezeichnet (2400–1900 v. Chr.). Sie stellen die Verbindung zur Bronzezeit her. Um 1900 v. Chr. trat ein neues Volk auf, das aus dem Norden kam und viele Siedlungen zerstörte. Man hält es mit ziemlicher Berechtigung für indogermanisch, jedoch liegt kein Beweis dafür vor, daß es bereits Griechen waren. Damit begann die vormykenische Bronzezeit, auch Mittelhelladikum genannt. Der kulturelle Übergang zum Späthelladikum – das ist die mykenische Bronzezeit – erfolgte etwa um 1600 v. Chr. Aber das Auftauchen des sogenannten Streitwagens, das ist ein leichter, zweirädriger Renn-

und Kampfwagen, der ungefähr um dieselbe Zeit von den Indern nach Vorderasien gebracht worden war, ist doch wahrscheinlich ein Kennzeichen dafür, daß ein neues Volk eingewandert war, nämlich die mykenischen Griechen, zu denen die Helden Homers zu zählen sind.

Die mykenische Kultur, die unter stärkstem Einfluß von Kreta stand, wurde etwa um 1200 v. Chr. durch die sogenannte ägäische Wanderung völlig zerstört. Die Katastrophe steht zweifelsohne mit der größten vorgeschichtlichen Wanderung, nämlich der der Urnenfelder-Leute, in Zusammenhang. Diese Völker werden von den Prähistorikern so genannt, weil sie ihre Toten verbrannten und dann die Brandreste in riesige Urnen legten. Die Urnen wurden in richtigen Friedhöfen in die Erde versenkt, so daß wir heute als Hinterlassenschaft dieses Volkes große Urnenfelder finden. Die Wanderung hat ihren Ausgang in Mitteldeutschland genommen und hat zu einer Erschütterung fast aller Kulturländer der damaligen Zeit geführt. Immer neue Völker wurden in Bewegung gebracht, wodurch zum Beispiel in Vorderasien die hethitische Großmacht völlig vernichtet wurde. Sogar Ägypten wurde bedroht, und vielleicht ist auch die Wanderung der Inder aus dem Raum zwischen Kaukasus und Ural nördlich des Kaspischen Meeres bis nach Indien damit in Zusammenhang zu bringen. Der Völkersturm brannte um etwa 1200 v. Chr. ganz Griechenland nieder. Etwa 100 Jahre später wanderten dann die dorischen Griechen in Gemeinschaft mit illyrischen Stämmen ein.

Aus der Bronzezeit des vorgeschichtlichen Griechenlands ragen zwei Städte heraus: Mykenä und Tiryns. Beide liegen in der Landschaft Argolis in der Peloponnes. Vielleicht hätten die modernen Archäologen diese beiden Städte nie gesucht, wenn nicht Homer sie in seiner Ilisa erwähnt hätte. Mykenä ist nach Homer die Feste des Agamemnon, des Fürsten also, der Troja belagerte.

Man hatte lange gestritten, ob Agamemnon nur eine Sagengestalt war oder historische Persönlichkeit. Vielleicht ist dies das größte Übel unserer Zeit, daß wir alles, was wir nicht messen und zählen können, für Märchen halten, für Phantasie, für frei erfundene Dichtung. Wir werden dadurch exakt und wissenschaftlich. Aber uns gehen ungeheuer große Werte verloren, nämlich die nicht meßbare Wirklichkeit. Wir haben keine Achtung mehr vor den Mythen und kein Verhältnis zu den echten Wurzeln des Lebens. Einst aber hatte das Wort noch Gewicht, in einer Zeit, als die gefährliche Kunst des Schreibens und die noch gefährli-

Die schönste Elfenbeinschnitzerei von Mykenä. Sie wurde in der Burg gefunden und stellt zwei sitzende Frauen dar und einen kleinen stehenden Jungen. Die Gruppe stammt vermutlich aus der späten Bronzezeit und ist etwa 3500 Jahre alt. In dieser Zeit wurde auch außerordentlich fein in Elfenbein geschnitzt. Mykenä liegt auf der Peloponnes.

chere des Druckens unbekannt war. Das Messen und Zählen führt zum Atom und zur Vernichtung, der Glaube zum Leben!

Alle Mythen der Griechen kommen aus der mykenischen Zeit, also aus der Vorgeschichte, als man aus Bronze schmiedete, aus einer Zeit, die 1000 bis 2000 Jahre v. Chr. liegt. Durch die Arbeit der Archäologen wurden während der letzten 100 Jahre Sagenstadt um Sagenstadt, Mythenheld um Mythenheld aus dem Schattendasein in die Wirklichkeit geführt. Sie wurden Geschichte. Man weiß heute, daß Agamemnon, der Mann, der Troja belagerte, wirklich gelebt hat, um 1200 v. Chr., wie Alan J. B. Wace annimmt. Homer nennt uns auch den Vater des Agamemnon, Atreus, und den Bruder des Agamemnon, Menelaos. Auch diese Männer werden geschichtlich gewesen sein.

Die Sage berichtet uns auch von Herakles, dessen Nachkommen – Herakliden – die Helden der dorischen Wanderungen sind, der letzten größeren griechischen Einwanderungswelle. Er ließ sich in Tiryns nieder und diente dem Herrn von Mykenä, seinem bösen Oheim Eurystheus. Herakles ist der stärkste Mann der Weltgeschichte überhaupt. Es muß vor weit über 3000 Jahren einen solchen Mann gegeben haben, denn aus dem Nichts kann diese titanische Gestalt nicht erfunden worden sein. Noch die Römer erzählten ihren Kindern in den Schulen von den Tagen des Herakles, den sie übrigens »Herkules« nannten. Eurystheus in Mykenä fürchtete sich vor einem so starken Untertan, wie Herakles es offenbar war, denn dieser populäre Held saß nur 15 Kilometer entfernt im benachbarten Tiryns. Eurystheus trug ihm daher zwölf Arbeiten auf, deren eine immer schwerer war als die andere und an denen Herakles scheitern sollte. Diese Arbeiten führten den starken Herakles schließlich bis zur Straße von Gibraltar, weshalb Gibraltar, das Tor zum Atlantik, in alter Zeit »Säulen des Herkules« hieß.

Eine Stadt nun, mit der sich Namen wie Eurystheus und Herakles, Atreus und Agamemnon verbanden, mußte zu finden sein. An der Stelle, wo die Stadt einst gelegen haben sollte, befand sich aber nur noch ein unscheinbarer Berg. Dort begannen zwei Engländer und ein türkischer Gouverneur zu graben, Lord Elgin, Lord Sligo und dann Veli Pasha. Diese Herren suchten weniger begrabene Vorgeschichte ans Tageslicht zu bringen als vielmehr Skulpturen, Antiquitäten und Schätze, um sie wegzutragen und zu Geld zu machen.

Erst Heinrich Schliemann hatte das andere Ziel, die Achtung vor den Mythen, den Glauben an die Wahrheit des vorgeschichtlichen Wortes. Er war überzeugt, den Beweis für die Geschichtlichkeit der Schilderungen des Homer erbringen zu können. Er hatte schon Troja ausgegraben, und nun machte er sich 1874 an einige Versuchsgrabungen am Berg von Mykenä. Das Grab des Agamemnon und den Schatz des Atreus wollte er finden. Das war ein kühnes Unterfangen! Denn wer etwa würde sich heute aufmachen, um den Schatz der Nibelungen zu heben? 1876 begann Schliemann mit der wirklichen Ausgrabung und öffnete damit der Archäologie eine neue Welt. Er fand fünf königliche

Gräber aus dem 16. vorchristlichen Jahrhundert. Diese Gräber waren im Laufe von 3½ Jahrtausenden nur durch die Zeit verletzt, nicht aber durch Menschen. Sie waren weder erbrochen noch ausgeplündert. Schliemann, der 100 000 Goldmark jährlich aus eigener Tasche für seine Ausgrabungen ausgab, wußte recht gut, welchen Ruhm er sich für alle Zeiten sicherte. Er selbst schrieb: »Ich konnte die Ausgrabungen in Mykenä nicht verlassen, bevor ich nicht alle königlichen Gräber gründlich erforscht hatte. Es ist wohl bekannt, wie wunderbar glücklich die Erfolge waren, die meine Ausgrabungen begleiteten, wie ungeheuer groß und merkwürdig die Schätze, mit denen ich die griechische Nation bereicherte. Bis in die fernste Zukunft werden Reisende aller Weltteile in der griechischen Hauptstadt zusammenströmen, um im dortigen Mykenä-Museum die Ergebnisse meiner uneigennützigen Tätigkeit zu bewundern und zu studieren.« 1877/78 setzte der Grieche Stamatakes die Arbeiten fort. Er fand ein sechstes Grab, nannte es »Grab des Agamemnon oder Schatz des Atreus«. Um die Jahrhundertwende folgte ein zweiter Grieche den Spuren von Heinrich Schliemann, ein gewisser Tsountas. Und jetzt zeichnete sich bereits ein ziemlich genaues Bild der mykenischen Kultur ab. Keramopoullos und der Deutsche Rodenwaldt setzten die Hacke an, seit 1920 arbeitete am Berg die »Britische Schule von Athen«, und schließlich grub und forschte hier der geniale Brite Alan J. B. Wace, der Mann, der die Kultur der Mykenäer aus der Zeit zwischen 1400 und 1200 v. Chr. als den frühen Ausdruck des griechischen Geistes klar erkannte, der Mann auch, der hier die 42 Tafeln mit der Linear-B-Schrift fand.

So brachte die Archäologie zunächst Vorgeschichte ans Tageslicht, dann sogar Geschichte von Menschen, die tatsächlich auch schriftliche Aufzeichnungen hinterlassen hatten.

Die Zitadelle von Mykenä war schon um 3000 v. Chr. von Menschen bewohnt, also vor 5000 Jahren. Man nimmt an, daß die ersten »griechischen Stämme« um 2000 v. Chr. einwanderten. Damit begann die Blütezeit der Stadt. Nach und nach fand Mykenä Verbindung mit Kreta und übernahm von der Insel Sitten, Gewohnheiten, Kunst, technische Erfahrungen, Schrift, kurz das, was man Kultur nennt. Aber erst als Kretas Macht gebrochen war, als die Festlandstaaten frei waren, sich zu entwickeln, erreichte Mykenä die höchste Blüte. Um 1350 v. Chr. wurde die Burg vergrößert. Die »sagenhaften« zyklopischen Mauern mit dem Löwentor wurden gebaut. Spätere griechische Generationen hielten es nicht für möglich, daß gewöhnliche

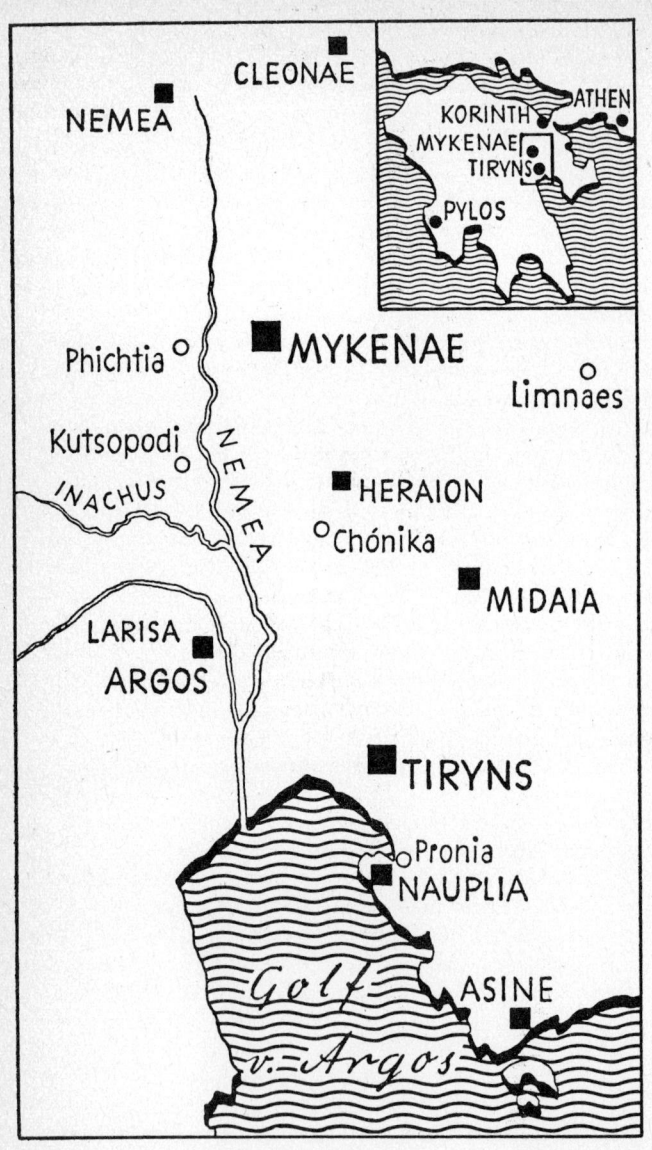

Die großen Burgen der Mykenäischen Zeit

Sterbliche so mächtige Quadern aufeinandertürmen konnten. Sie schrieben diese Werke daher Riesen zu, einäugigen Titanen, die sie Rundaugen, Zyklopen, nannten. Solche Zyklopenmauern umgaben auch die Burg Tiryns. Tiryns wie Mykenä sind vermutlich die ältesten Großburgen Europas überhaupt.

Eine ganze Kette von Festungen zog sich durch die Landschaft Argolis hin: von Tiryns über Nauplia, Asine, Midaia, Agros, Prosymna bis zur stärksten, größten Burg, Mykenä. Die meisten dieser Stätten zeigen Spuren einer gewaltsamen Zerstörung, durch die um 1100 v. Chr. alles vernichtet wurde. Erst wurden die Festungen geplündert, dann niedergebrannt. Wie lange Mykenä unbewohnt blieb, wissen wir nicht. Aber zwischen 1100 und 750 v. Chr. lebten in Mykenä wieder Menschen. 468 v. Chr. griff die eifersüchtige Feste Argos Mykenä an, und Mykenä wurde endgültig dem Boden gleichgemacht. Als der griechische Geograph Pausanias die Stätte im 2. Jahrhundert n. Chr. besuchte, fand er sie in Trümmern. Und merkwürdig: hier wurde nie wieder gebaut, die Stätte blieb unter Trümmern begraben, wurde zum unscheinbaren Berg, unscheinbar wie Tiryns, wie Troja.

Es ist erstaunlich, wie viele Einzelheiten des täglichen Lebens aus Gräbern deutlich werden. Die sechs mykenischen Schachtgräber des 16. vorchristlichen Jahrhunderts bringen eine ganze Kulturgeschichte ans Tageslicht. Die menschlichen Skelette lagen ausgestreckt auf dem Rücken, ihre Köpfe meist nach Osten gerichtet, also nach Westen blickend. Die Männer waren mit ihren Waffen bestattet. Goldene Masken bedeckten die Gesichter. Das sind – wie Hermann Bengtson richtig hervorhebt – die ersten Porträtversuche auf europäischem Boden! Die Schädel sind zerfallen, aber die Masken sind geblieben, und so blicken wir in das Antlitz der mykenischen Fürsten. Sie gehören einer nordischen oder Mittelmeerrasse an, und die verschiedenen Barttrachten kann man deutlich erkennen. Ähnliche goldene Masken fand man auch in Trebenischtsche auf dem Balkan aus dem 6. Jahrhundert v. Chr.

Die Schachtgräber von Mykenä enthielten eine große Menge kleiner Goldblechstücke über und unter den Gebeinen verstreut. Offenbar waren diese Goldblättchen an Tücher genäht, mit denen die Leichen umwickelt waren. Waffen und Werkzeuge lagen an den Seiten der Toten. Man fand Metallgefäße, Tongeschirr, Brustbleche, Schwerter, Dolche, Meißel. Offenbar waren es Familiengrüfte. In Grab IV lagen fünf Erwachsene und zwei Kinder. Die drei Leichen in Grab III waren mit Goldschmuck

Großer kupferner Wasserkrug aus Grab IV von Burg Mykenä. Der Krug war geflickt!

Fünf Leichen barg Grab IV von Mykenä, wo dieser goldene Becher gefunden wurde.

überladen. Auf zwei Schädeln fand man große goldene Kronen. 35 Pfeilspitzen lagen auf einem Haufen. Zwei Säuglinge waren ganz mit Gold verkleidet. Sichtlich hatte man diese Kinder mit ganz besonderer Liebe bestattet. Die Frauen der mykenischen Kultur legten großen Wert auf Kosmetik. Silberne Pinzetten, Schminktöpfchen und -löffel beweisen das. Ein halbrunder Kamm aus Elfenbein, Ohrringe, Halsketten, Fingerringe, 37 goldene Knöpfe in einem Alabastergefäß zeugen davon, daß man hier vor 3500 Jahren Sinn für Schmuck und kleine hübsche Attribute der Mode hatte. Die Damen von Mykenä scheinen sich aber niemals oder nur selten im Spiegel betrachtet zu haben. Man fand nur einen Metallspiegel, und die Archäologen zweifeln, ob der Gegenstand auch tatsächlich ein Spiegel war.

Die Männer trugen Schurze oder eine Art kurze Hose. Nacktheit galt als unpassend, und die Frauen der oberen Klasse kleideten sich in lange Hemden, enge Jacken mit kurzen Ärmeln, die manchmal die Brust freiließen. Vom Schuhwerk wissen wir in der Frühen und Mittleren Bronzezeit nichts. Aber Fragmente von Leinen haben sich über diese erstaunlich lange Zeitspanne erhalten; übrigens auch Holz, meist Zypressenholz in winzigen Stückchen, Rasiermesser, ein Brettspiel, Gamaschenhalter, Helmbüsche von Gold und tausend Geräte des täglichen Lebens kamen aus den Gräbern zutage.

Wir wissen, daß den Mykenern Adler, Schwalben, Schmetterlinge, der Nautilus und der Octopus bekannt waren. Seeungeheuer scheinen eine wichtige Rolle gespielt zu haben. Man fand auf steinernen Grabsteinen das erste Abbild eines zweirädrigen Streitwagens in Hellas. Ochsen, Schafe, Schweine, Ziegen, Esel waren die wichtigsten Haustiere, Hühner, Enten und Gänse gab es hier, und das Pferd finden wir in vielen Darstellungen. Der Hund scheint damals wie heute der treueste Gefährte des Menschen gewesen zu sein, denn die Herrscher jener Zeit nahmen ihren Lieblingshund mit ins Grab. Die Hundeskelette beweisen das.

Ein erstaunlich buntes und reiches Leben hebt sich aus den Gräbern ab. Aus dem Staub, aus den Trümmern, aus den Ruinen aber recken sich die alten Helden empor, wird 4000 Jahre alte Vorgeschichte wieder lebendig, die längst in das Reich der Sagen eingegangen war.

Sieh, Herakles, die Welt, die du so lange trugst, hebt dich nun wieder auf ihre Schultern!

GRIECHENLAND
Erste Demokratie der Welt

»Allein haben wir Athener mit dem Perser bei Marathon gerungen. Als er wiederkam und wir nicht stark genug waren, uns seiner zu Lande zu erwehren, sind wir Mann für Mann auf die Schiffe gestiegen und haben gemeinsam mit den anderen Griechen die Seeschlacht bei Salamis geschlagen.«

Thukydides I, 73.

Eine felsige, fast waldlose, meist öde Halbinsel ist Griechenland. So unbedeutend! So klein! So verloren unter der Sonne in einer Ecke des Mittelmeeres! Aber die »griechische Geschichte« dieser Halbinsel bildet die Grundlage der abendländischen Kultur, ganz gleich, ob man ihr, wie es immer zu geschehen pflegte, nur einen Zeitraum von 600 Jahren einräumt oder, wie es nach den neuesten Grabungen geschehen müßte, einen Zeitraum von 1300 Jahren.

Die eigentliche Geschichte Griechenlands ließ man immer mit der ersten Olympiade 776 v. Chr. beginnen. Sie endet mit der Unterwerfung der Griechenwelt unter die Herrschaft der Römer 133 v. Chr. Das griechische Volk hat in diesen 600 Jahren die höchste geschichtliche Leistung vollbracht, die das Abendland überhaupt aufzuweisen hat. Am Anfang war Griechenland – 20 Jahrhunderte zehren davon!

Eine kleine Anzahl von Menschen entthronte hier die blinden, unberechenbaren Götzen des Orients, die jahrtausendelang die Welt regiert hatten. Griechenland rang sich aus den mythischen Irrungen des Orients zum Gedanken empor, daß das Universum eine Ordnung hat und daß der Mensch dieses Universum durch Vernunft begreifen kann. Griechenland erkannte den Begriff der Tugend. Griechenland fand zum ersten Male als Ziel des Denkens die wissenschaftliche Wahrheit. Den Griechen verdanken wir die Ideale des freien Staates, der Gleichheit vor dem Gesetz. Wir verdanken ihnen die Idee der Demokratie und die Abwehr jeder Gewaltherrschaft. 2000 Jahre ließen dieses unerschöpfliche, großartige und erstaunliche Erbe nicht verblassen. Dieser Grundstock einer ungemein temperamentvollen Geschichte, diese »klassische« Kultur am Anfang allen Denkens von Europa, dieses geistige Wunder Griechenland: das sind die Säulen, die zum Verständnis der Gegenwart unentbehrlich bleiben, noch heute, noch morgen und auch dann, wenn du und ich längst zu Staub und Asche geworden sind.

Die Griechen gaben ihre Kenntnisse an die Römer weiter. Mit der geistigen Ordnung Griechenlands verband sich in Rom das Christentum. Und diese Verbindung bildet den Sockel der westlichen Kultur. Das *ist* westliche Kultur. Ohne dieses Fundament stürzen wir 2000 Jahre zurück in den Abgrund. – Im 2. Jahrtausend v. Chr. brach Welle um Welle von Einwanderern nach Griechenland ein. Es waren indogermanische Gebirgsstämme, die immer weiter nach Süden drängten und schließlich die Peloponnes besetzten. Nach den Achäern kamen die Äolier und die Ionier. Und schließlich folgten die Dorier. Sie siedelten sich auf der Peloponnes an, auf Kreta, auf Rhodos und vielen anderen Inseln. Die »dorische Wanderung« – um 1200 v. Chr. – brach in die alten Kulturen der Minoer und der Mykener ein. Die Dorier unterwarfen die Achäer, die einige Jahrhunderte vorher gekommen waren.

Die vielen griechischen Stämme gründeten niemals einen einzigen Staat. Aber sie betrachteten sich doch als ein Volk und nannten alle anderen Menschen »Barbaroi« – Fremde. Trotz aller Verschiedenheit verbanden die griechischen Stämme gemeinsame Sprache, gemeinsame religiöse Ideen, das Delphische Orakel, eine Art Völkerbund – die amphiktyonische Liga – sowie die großen nationalen Festspiele, die olympischen, die isthmischen, die nemeischen und die pythischen. Am berühmtesten wurden die olympischen Spiele. Alle Stämme, die Griechisch sprachen und die durch »Delphi«, »Liga« und »Festspiele« verbunden waren, gaben sich den gemeinsamen Namen »Hellenen«. »Hellas« war ihr Land. Der Name »Griechen« stammt aus Italien. Denn der griechische Stamm der »Graer« gründete wahrscheinlich die erste griechische Stadt auf italienischem Boden. Die lateinische Weiterbildung dieses Namens lautete »Graeci«. Daraus entstanden unsere »Griechen«.

Die meisten Geschichtswerke berichten uns nur den erstaunlichen Werdegang der griechischen Völker. Will man aber hinter das Geheimnis der gewaltigen Kulturleistung Griechenlands kommen, so muß man versuchen, die Eigenschaften der zwei großen Stämme, Dorier und Ionier, zu erkennen. Die Dorier waren Gebirgsmenschen. Die Ionier waren Leute von der Küste. Die Dorier – wie wir sie in Sparta sehen – waren praktisch, hart und konservativ, einfach, hilfsbereit und gutmütig. Die Ionier hatten wohl mehr Temperament und mehr Phantasie. Sie waren

Seefahrer, Kaufleute, »Kosmopoliten«. Sie bildeten die intellektuelle Seite der Mischung. Sie reisten, sie erlebten viel, sie erzählten davon, sie schmückten aus, ja sie erfanden das Drama. Diese beiden so verschiedenen größten Stämme formten Schicksal und Erfolg Griechenlands. Die Mischung war so günstig wie einst die Verbindung Angelsachsen und Kelten, heute Engländer und Schotten.

Nach und nach gründeten die Griechen Kolonien an den Küsten Kleinasiens, in Unteritalien, auf Sizilien, an der Nordküste Afrikas, ja bis Gibraltar, das bezeichnenderweise »Säulen des Herkules« genannt wurde. Tarent, Sybaris, Kroton, Kume und Neapolis – alle in Italien – sind griechische Gründungen, ebenso Syrakus auf Sizilien und Kyrene an der afrikanischen Küste. Auch Massilia, das heutige Marseille, war griechische Handelsstadt.

Das »Vaterland« des Griechen war die »Polis«, der Stadtstaat, nicht Hellas, Griechenland. Und Griechenland zerfiel in Hunderte solcher Stadt- oder Zwergstaaten. Diese Stadtstaaten machten eine politische Entwicklung in vier Phasen durch. Die Könige traten nach und nach ab. Im 8. und im 7. Jahrhundert v. Chr. verschwinden sie und machen der »Herrschaft Weniger« Platz. Das ist die »Oligarchie«. Die Oligarchie weicht den Tyrannen. Irgendeine Gruppe ist immer unzufrieden. Der Tyrann erhebt sich auf den Flügeln eines »Programms«, und wenn der Tyrann alles versprochen und nichts gehalten hat, wird er gestürzt, meistens ermordet, und das Volk kommt an die Reihe. Es entsteht die »Demokratie«, das ist die Herrschaft des Volkes. Die griechische Geschichte hat gezeigt, daß die Herrschaft des Tyrannen, die »Tyrannis«, die Tyrannei, die sicherste Vorstufe für die Demokratie bildet. Der Tyrann steht immer zwischen Oligarchie und Demokratie.

Als der Tyrann Peisistratos 527 v. Chr. in hohem Alter zu Athen eines natürlichen Todes starb, übergab er die Herrschaft an seine Söhne, sie hießen Hippias und Hipparchos. Hippias, der ältere, widmete sich den Staatsgeschäften, Hipparchos der Dichtung und der Liebe.

Nun lebte in Athen zu jener Zeit ein schöner Jüngling namens Harmodios, der einen Bürger mittleren Standes liebte, den Aristogeiton. Eine leidenschaftliche Freundschaft verband diese beiden jungen Athener. Eines Tages warf der königliche Hipparchos ein Auge auf den ungewöhnlich anmutigen Harmodios. Harmodios wies ihn ab und erzählte alles seinem

Freunde Aristogeiton. Der geriet darüber in blinde Eifersucht.

Als Hipparchos ein zweites Mal abgewiesen wurde, versetzte er seinem Idol einen empfindlichen Schlag. Die jungfräuliche Schwester des von Hipparchos angebeteten Jünglings war dazu ausersehen worden, bei dem gottesdienstlichen Aufzug während der großen Panathenäen 514 v. Chr. »den Korb zu tragen«. Hipparchos sorgte dafür, daß dieses ehrenvolle Amt dem jungen Mädchen wieder entzogen wurde, »weil sie gar zu schlecht dazu sei«. Das brachte die Freunde Harmodios und Aristogeiton so maßlos auf, daß sie nur die Panathenäen abwarten wollten, um sich an Hipparchos zu rächen und die Tyrannei zu stürzen. Der Tag war geeignet, da man zum Fest ohne Verdacht zu erregen bewaffnet erscheinen konnte. In blinder Erbitterung fielen sie über Hipparchos her und erdolchten ihn.

Aristogeiton entkam zunächst. Harmodios wurde auf der Stelle getötet. Wenn zwei Tyrannen regieren, noch dazu Brüder, nützt es wenig, nur einen von beiden zu töten. Der Anschlag auf den älteren, den Hippias, war in der Aufregung mißglückt. Jetzt wurde Hippias vorsichtig und ängstlich, ließ viele Athener umbringen und den Aristogeiton zu Tode martern. Man erzählt, auch ein Mädchen habe den herrlichen Harmodios geliebt, Leaina mit Namen. Diese schöne Leaina wurde einer Tortur unterzogen. Aber sie gab den Namen der Verschwörer nicht preis. Sie biß sich die Zunge ab und spie sie den Kerkermeistern ins Gesicht.

Der Tyrann Hippias behauptete noch drei Jahre die Regierung und mußte schließlich im Jahre 510 v. Chr. abdanken. Unter sicherem Geleit gelangte er schließlich zum persischen König Darius. Zwanzig Jahre später, in sehr hohem Alter, hatte er Gelegenheit, die Schlagkraft einer Demokratie im Kriege zu erleben. Aus den Reihen der Perser beobachtete er bei Marathon, wie seine Athener siegten. Die Tat des Harmodios und des Aristogeiton wurde zum Symbol der athenischen Freiheit. Kleisthenes nahm Athen und schenkte dieser Stadt die erste Demokratie der Weltgeschichte. Das geschah im Jahre 507 v. Chr. Gefährliche Leute, also Männer, die Anlagen zum Diktator oder zum Tyrannen bekundeten, konnten von nun an verbannt werden. Ein Bürger, den die Mehrheit von mindestens 6000 Stimmen für gefährlich erklärte, mußte auf zehn Jahre das Land verlassen. Abgestimmt wurde durch Einritzen des Namens auf Tonscherben. Das war das »Scherbengericht«. Es ist 2500 Jahre alt und wird bald wieder modern werden ...

Sparta hat sich zum mächtigsten Militärstaat von Griechenland entwickelt. Unter den strengen Gesetzen des Lykurgus hielt es an einer primitiven monarchistischen Staatsform fest. Eifersüchtig beobachtete dieses monarchistische Sparta den demokratischen Rivalen Athen ...

Die Griechen begannen etwa um diese Zeit, ihre großen, weltgeschichtlich einmaligen Talente zu entwickeln: Wissenschaft und Philosophie.

Thales, der erst Philosoph Griechenlands, war ein Bürger von Milet. Ganz Griechenland bewunderte ihn, denn er hatte für den 28. Mai 585 v. Chr. eine Sonnenfinsternis vorausgesagt. Pünktlich erfolgte sie. Thales glaubte, daß jedes kleinste Teilchen der Welt lebendig sei und daß sowohl den Pflanzen wie den Metallen, den Tieren wie den Menschen eine unsterbliche Seele innewohne. Als man Thales fragte, was schwierig sei, antwortete er: »Mich selbst zu erkennen.« Und als man ihn fragte, was leicht sei, meinte er: »Ratschläge zu geben.«

Pythagoras, ein griechischer Philosoph, war auf der Insel Samos geboren, aber er lebte seit 529 v. Chr. in Kroton, Italien. Unter allen Menschen, so wird von ihm berichtet, sei er der eifrigste Forscher gewesen. In Kroton wurde dieser Mann Mittelpunkt einer Art religiöser Brudergemeinde, die sich ebenso der Philosophie wie der moralischen Neuordnung widmete. Es ist bemerkenswert, daß die wichtigste Lehre des Pythagoras die Unsterblichkeit der Seele war, ein halbes Jahrtausend vor der Geburt des Heilands! Der erstaunliche Pythagoras widmete sich nicht nur der Mathematik und der Geometrie. Er stellte auch Gesetze für die Musik auf. Er befaßte sich mit Harmonie. Er war ein bedeutender Astronom.

Einsiedler und Grübler war Heraklit. Dieser Philosoph aus Ephesus lebte etwa zwischen 540 und 475 v. Chr. Er war vielleicht der Begründer der Metaphysik, also der Lehre von den letzten Gründen und Zusammenhängen des Seins; Heiß und Kalt, Gut und Böse, Tag und Nacht, sie alle bilden eine Einheit und sind Hälften ein und derselben Sache. Die Ursubstanz ist das Feuer, und der Rhythmus ist die Vernunft des Universums. Das einsame Leben des Heraklit, seine Verachtung der Menschen, die Tiefe seiner Philosophie, seine dunkle und orakelhafte Sprache brachten ihm den Namen eines »dunklen Philosophen« ein, während Demokrit aus Abdera in Thrakien von den Griechen der »lachende Philosoph« genannt wurde. 72 Werke verfaßte das Genie Demokrit, Arbeiten über Atome und Kosmologie, über den Ursprung des Universums, über die Seele, über das Gefühl, über Ethik und über Theologie. Wesen, aus den feinsten Atomen bestehend, leben in den oberen Regionen der Luft, so glaubte er, dem Verfall viel weniger ausgesetzt als Menschen, aber doch sterblich. Demokrit lebte um 450 v. Chr.

In Teos, einer ionischen Stadt an der Küste Kleinasiens, wurde 563 v. Chr. der Dichter Anakreon geboren. Er war ein Lebenskünstler und genoß seine Tage immer in guter Laune – wie der Chinese Lao-tse. Er liebte Wein, Mädchen, Knaben, gute Speisen und Gesang. Er gab sich jeder Ausschweifung hin und erreichte trotzdem – oder deswegen, wie die Griechen behaupten – ein Alter von 85 Jahren! Er war oft betrunken, und seine Lieder zeugen von feuchtfröhlicher Stimmung. Wir besitzen nur einige Fragmente seiner fünf lyrischen Werke. »Oh, Wein, wachse voll und reif über dem Grab des Anakreon«, so schrieb man auf seine Grabtafel.

Griechenlands größte Dichterin war die Sappho. Auf der Blumen- und Weininsel Lesbos war sie geboren, um 635 v. Chr. Neun Bücher mit Gedichten, Epigrammen und Elegien soll sie verfaßt haben. Aber man kannte bis vor kurzem ihre Dichtungen nur aus Zitaten antiker Autoren. In den letzten 50 Jahren fand man in Ägypten Papyrusrollen, die authentische Texte der Sappho enthalten. Fragmente dieser Rollen befinden sich jetzt in Oxford, Berlin, London, Florenz, Halle und Graz.

Die Sappho war eine der großen Liebenden der Menschheitsgeschichte. Sie lebte wirklich in der Liebe für andere und ist vielleicht die erste und letzte Frau Europas, die sich abseits von Männern ganz im Dienste der Aphrodite, der Spenderin der Liebe, verzehrte und gleichzeitig diese Liebe in Worten, in Versen unsterblich werden ließ. Sie war Priesterin und Dichterin zugleich. Hier auf Lesbos waren junge Mädchen zur Vorbereitung auf die Hochzeit in Bünden vereinigt. Diese Mädchenweihebünde, die »Thiasoi« hießen, verehrten die Aphrodite, bereiteten die Bräute auf die Ehe vor, dienten der Erziehung und pflegten alle feinen Künste, Musik, Gesang, Reigen. Sie waren eine große Schule der Anmut, des Benehmens und des Anstandes. Es gab in der Hauptstadt der Insel Lesbos, in Mytilene, mehrere solche Mädchenbünde, und der bedeutendste Kreis wurde von Sappho geführt. Sie war weltberühmt und zog Mädchen von überallher an, weil sie – von späteren Jahrhunderten verkannt und verlästert – die größte und hingebungsvollste Mädchenerzieherin aller Zeiten war. Und in dieser Hingebung für die Läuterung und Erziehung junger Mädchen lebte sie eigentlich den Lehrerinnen aller Epochen den Leidensweg und die Verklärung vor. Sie sah die ewig menschlichen Irrungen und wußte zu verzeihen. Sie plagte und härmte sich, sehnte und betete. Sie duldete und klagte leise und blieb doch immer Trösterin. Sie sah die Mädchen kommen und für immer gehen. Nur sie blieb allein, immer unerfüllt, aber auch immer gerührt und bezaubert. Sie kostete alle Bitternisse aus bis zur tödlichen Entsagung.

Der berühmte griechische Geograph Strabon (63 v. Chr. bis 19 n. Chr.) sagt von ihr: »In den langen Zeiten der Geschichte erschien unseres Wissens keine ihr ebenbürtige Dichterin.« Platon nannte sie »die zehnte Muse«. Nach ihrem Tod in Mytilene erwies man ihr die Begräbnisehren eines Heros. – Das Lebenswerk dieser großen Frau ist Fragment, zerbrochen von der Zeit. Die reine, sanftlächelnde Sappho – wie der zeitgenössische griechische Dichter Alkaios sie nannte – kann ihre Verse nicht mehr ergänzen. Sie muß schweigen. Unsere Zeit aber, die an nichts mehr glauben möchte und niemandem traut, hat Sappho, die Scheu ihrer Liebe, ihre vollkommene Frömmigkeit, ihr geheimes Leben der Träume und Visionen, diesen ganzen zerbrechlichen Leib, der nach ewiger Liebe und Güte hungerte, noch einmal auf dem großen Scheiterhaufen der Lästerung und Entstellung verbrannt. Im Jahre 1073 wurden die Dichtungen der Sappho von der Kirche zu Konstantinopel und Rom öffentlich dem Feuer übergeben. Aber 1897 entdeckten Grenfell und Hunt in Oxyrhynchus, Ägypten, Leichenhüllen aus »Papiermaché«. Dieser Stoff war aus alten Papyrusrollen gemacht, und darin steckten einige Gedichte der Sappho.

Während Griechenlands Geist und Griechenlands Staatskunst im besten Zuge waren, der Unsterblichkeit entgegenzuwandern, ballten sich im Osten schwere Gewitterwolken zusammen. Persien, die große asiatische Weltmacht jener Zeit, erkannte das Erwachen der freien Völker Griechenlands. Athen hatte den unterdrückten Griechen in Kleinasien Hilfe gesandt. Die Kriege zwischen Persien und Griechenland bildeten den dramatischen Höhepunkt in der Auseinandersetzung zwischen den damaligen beiden großen Weltmächten und Weltanschauungen.

Zwischen den Völkern Griechenlands und Persiens gab es weder Sympathie noch Verstehen. Der erfolgreiche Widerstand der Griechen gegen die Invasion der Perser Datis und Artaphernes, 490 v. Chr., und gegen den Perserkönig Xerxes, 480-479 v. Chr., sind einfach Siege der besseren moralischen Sache. Das fühlten die Griechen. Sie fühlten, daß die Untertanen eines Diktators den Bürgern freier Staaten am Ende unterliegen würden. Die Perser kämpften aus Zwang, die Griechen aus Überzeugung.

Die Schlachten von Marathon, in den Thermopylen, bei Salamis, Platää und Mykale sind Auseinandersetzungen zwischen dem persischen Riesen und dem griechischen Zwerg. Am Ende siegte der Zwerg. Warum? Er war geistig dem Goliath überlegen.

Ulrich von Wilamowitz-Möllendorf, Deutschlands großer klassischer Gelehrter, schreibt: »Die Tage von Marathon und Salamis machen Epoche. Sie entscheiden für den Augenblick und für die Ewigkeit, daß es eine eigene und höhere europäische Kultur, auch eine andere und höhere Form von Staat und Gesellschaft geben wird, als der Orient – seine Arier ebensogut wie seine Semiten – je besaß.«

Kurz vor seinem Tode saß ich diesem genialen alten Mann gegenüber. Er war schwach, und eine Schulter hing ein wenig herab. »Sehen Sie«, so sagte er, »da macht man heute einen so lauten Unterschied zwischen Arbeitern der Hand und Arbeitern der Stirn. Wissen Sie, warum meine Schulter so schief ist?« Er machte eine Bewegung zum Zettelkasten. »Diese Bewegung habe ich über 8 000 000mal gemacht.«

Das ist die Unsterblichkeit auf Erden

»... daß eines der großen Zeitalter der Kultur mit dem Namen des Perikles bezeichnet wird. Männer von hoher Bedeutung können überhaupt nie ersetzt werden.«   Leopold von Ranke, 1795-1886.

Er war der größte Staatsmann Griechenlands. Er war einer der ersten Menschen von Fleisch und Blut, die in der Geschichte Europas hervortraten. Er war der Begründer der weltgeschichtlichen Bedeutung von Athen. Genial bis zu der Grenze, wo Weisheit verwegen wird und dem Hochverrat nahekommt, war Themistokles, bedenkenlos in der Wahl seiner Mittel. Er hatte einen ungewöhnlich beweglichen Geist. Wie niemand vor ihm, hatte er sich um Athen Verdienste erworben, und er war immer entschlossen, sich diese Verdienste, wie niemand vor ihm, bezahlen zu lassen. Er galt als eigensüchtig, als habgierig, als unergründlich und verschlagen. Schon als Jüngling war er so unmäßig gierig nach Ruhm, daß er nach der Schlacht bei Marathon immer tiefsinnig herumging und des Nachts nicht schlafen konnte. Fragten ihn seine Freunde, was ihm fehle, so antwortete er, der Siegesruhm des Miltiades gebe ihm keine Ruhe.

Wahrscheinlich wurde Themistokles 527 v. Chr. geboren. Fast nichts ist über seine Jugend bekannt. Rücksichtslos drängte er später zur Macht. Er hatte Ideen, und er war entschlossen, diese Ideen durchzusetzen. Ganz Griechenland sah die Gefahr, sah die riesenhafte Macht Persiens, sah das Anrollen der mächtigen persischen Heere und Flotten aus dem Orient. Themistokles allein wußte, was man tun mußte. Er allein ersann wirksame Gegenmittel. Er überredete die Athener, 200 Schiffe zu bauen, den Hafen zu befestigen, höhere Mauern zu errichten. Er bestimmte Athen, mit aller Kraft Seemacht zu werden. Und so wuchsen Piräus zum Kriegshafen, Athen zur Seemacht und Themistokles zum ersten Staatsmann Griechenlands.

Da sehen wir Athens Handelsschiffe in alle Welt hinausfahren, nach Asien und in den Westen, bis zu den Säulen des Herkules. Und die Truhen der Stadt füllen sich mit Gold. An den Mauerwerken arbeiten selbst Frauen und Kinder, denn jede Minute ist kostbar. Große Kais entstehen, mächtige Speicher, Werften, die ersten Trockendocks der Welt.

Die Spartaner beobachten dieses Erstarken von Athen mit gemischten Gefühlen. Sparta und Athen sind Rivalen. Aber die Diplomatie des Themistokles ist besser als der Neid von Sparta. – Themistokles war der Sieger der Seeschlacht von Salamis. Persiens gewaltige Flotte drohte wie ein unabwendbares Gewitter. Da befahl Themistokles jedem, mit allem, was ihm gehörte, das Land zu verlassen. Alle, die Waffen tragen konnten, mußten sich zum Dienst in der Flotte melden. Alles ist verloren, hatte das Orakel von Delphi geweissagt. Man stellte eine letzte verzweifelte Frage an das Orakel. Es antwortete: Athen soll sich hinter hölzernen Mauern schützen. Und gleich hatte Themistokles eine Auslegung für dieses Orakel. Die hölzernen Mauern waren Schiffe. Ganz Athen sollte sich auf die Schiffe begeben. Da verließen Tausende das Land, das voll von Heiligtümern war, und die Perser, die auch zu Land anrückten, verbrannten die Akropolis, Tempel und die heiligen Bäume.

Leopold von Ranke, Deutschlands großer Historiker, meint, man müsse den Entschluß des Themistokles zu den größten zählen, die die Weltgeschichte kennt. Man könnte die Räumung von Athen dem Brand von Moskau gleichstellen, jenem Brand, der Napoleon zur Umkehr zwang.

Hoch auf dem Felsen des Ufers hatte sich Persiens König Xerxes einen Thron errichten lassen. Von hier aus wollte er die Heldentaten seiner Seeleute selbst beobachten. Das wollte er sehen, diesen letzten Schlag gegen Hellas, den Untergang der griechischen Flotte und den Sieg seiner phönizischen Schiffe. Aber im engen Golf konnte sich Persiens mächtige Flotte nicht entwickeln. Sie geriet in Unordnung, in Verwirrung.

Unter den Persern diente auch die Königin von Halikarnaß. Sie hieß Artemisia. Um sich zu retten, ließ sie ein persisches Schiff auf den Grund senden.

Themistokles wurde zunächst nach dem Sieg bei Salamis von den Griechen sehr verehrt. Aber später begann man, an diesem Staatsmann zu zweifeln. Athens großem Rivalen Sparta gelang es, Themistokles bloßzustellen. Die Spartaner deckten nämlich eine geheime Korrespondenz ihres Herrschers Pausanias mit den Persern auf. Auch Themistokles habe mit dem persischen König konspiriert. Sie teilten ihre Entdeckung den Athenern mit, und Athen gab Befehl, Themistokles zu verhaften. So rächte sich Sparta am großen Mauerbauer von Athen. Ihren eigenen Herrscher Pausanias schlossen die Spartaner im Tempel der Athena

Chalkioikos ein, das ist Athena im Bronzehaus, und ließen ihn dort verhungern.

Themistokles floh nach Kleinasien und teilte dem Sohn des Xerxes – dem Artaxerxes – mit, er werde von den Griechen »wegen seiner Freundschaft zu den Persern« verfolgt. Der orientalische König bewunderte den Verstand des Mannes, der inzwischen Persisch gelernt hatte, und ließ ihn zu sich kommen. Er machte ihn zum Fürsten mehrerer kleinasiatischer Städte.

Themistokles versprach dem Perserkönig, mit Rat und Tat zu helfen, ganz Griechenland zu unterwerfen. Man sieht, dieser Grieche konnte es niemals lassen, immer neue Intrigen zu spinnen. Bevor er aber seine letzte Rachejdee an Griechenland verwirklichen konnte, starb er in Magnesia 459 v. Chr.

Er war 65 Jahre alt und wurde von der gesamten mittelländischen Welt bewundert und gehaßt. Ein großartiges Denkmal wurde von der Stadt Magnesia für ihn errichtet, und schließlich verehrten ihn die Magnesier als Gott. Die Bestattung seiner Leiche in heimischer Erde wurde von den Griechen untersagt. Freunde brachten seine Gebeine heimlich nach Attika, und später wurde das Grab beim Piräus auch geschmückt und verehrt.

Thukydides, der athenische Historiker, der rund 40 Jahre nach dem Tode des Themistokles schrieb, meint, dieser Mann verdiene weit mehr Bewunderung als jeder andere. Bei plötzlichen Katastrophen brauchte er nur sehr wenig Zeit zum Nachdenken; er besaß die Gabe, die Ereignisse sehr genau vorauszusehen. Wo er keine Erfahrung hatte, konnte er dennoch sehr richtig urteilen. Thukydides meint auch, Themistokles habe sich vielleicht vergiftet, da er dem Perserkönig das Versprechen nicht halten konnte, Griechenland zu unterwerfen. Thukydides war Grieche. Man kann verstehen, daß er diesen Tod dem »Perserfreund« Themistokles ein wenig wünschte, trotz der großen Bewunderung, die er dem Sieger von Salamis zollte. Wahrscheinlich starb aber der Schöpfer der griechischen Flotte in großem Reichtum und eines natürlichen Todes.

Rechte Seite:
So lebendig kann Stein werden! Die Göttin Persephone war die Tochter des Zeus und der Demeter. Sie wird auch Kore genannt. Hades entführte sie in die Unterwelt. Zwei Drittel des Jahres verbrachte sie mit ihrer Mutter und den himmlischen Göttern, den Rest mit Hades in der Unterwelt. Als Gattin des Hades regierte Persephone die Geister und bestimmte, wer von den Menschen verdammt sein sollte. In Eleusis bei Athen

wurde den Erdgöttinnen Demeter und Kore ein Mysteriendienst gehalten. Die Eingeweihten erwarteten durch die Gunst dieser Göttinnen ein seliges Fortleben nach dem Tode, kein bloßes Schattendasein. Diese Statue der Kore stammt aus der Zeit 540 bis 530 v. Chr. Es ist die schönste Koredarstellung auf der Akropolis, der Götterburg von Athen. Kaum eine Statue der griechischen Skulpturwelt wirkt so lebendig. Die Figur ist »zeitlos«, fast nervös-belebt. Der Amerikaner de Dienes photographierte sie im natürlichen Sonnenlicht.

Das ist ein Werk des Perikles. Der Parthenontempel auf der Akropolis von Athen war der Jungfrau-Göttin Athena geweiht. Iktinos erbaute ihn nach Entwürfen des Phidias unter Perikles. Im Jahre 438 v. Chr. war der Bau vollendet. Hier wurde Griechenlands Geist für alle Zeiten in Stein verewigt.

Lehrer können einen sehr großen Einfluß auf die Entwicklung ihrer Schüler ausüben. Entscheidend ist das geistige Format des Lehrers – und nicht zu vergessen, auch das geistige Format des Schülers. Der griechische Philosoph Anaxagoras, der etwa um 500 v. Chr. geboren war, hatte einen solchen Schüler, und was er seinem Schüler beibrachte, war wirklich nicht schlecht. Es wäre auch in der heutigen Zeit von großem Wert.

Bekanntlich ist Lebensangst die schwere Kette, die wir alle mit uns herumtragen. Anaxagoras lehrte, daß all die Dinge, die uns mit Sorge für die Zukunft erfüllen, eigentlich ganz natürliche Ereignisse und Entwicklungen sind. Man braucht sie darum so wenig zu fürchten wie die Natur, und man soll sich durch nichts aus der Ruhe bringen lassen. Perikles, der Schüler, nahm diese Lehre von Anfang an in sich auf. Er war darum frei von Aberglauben, frei von Angst und ziemlich frei von Zweifeln, und es ist klar, daß ein Mann, der sich so eng an den großen Philosophen anschloß, sehr bald an die Spitze des Staates gelangte. Perikles war Demokrat, und »Demos«, das Volk, war für ihn ein Wesen, um dessen Zustimmung und Verständnis man immer und immer kämpfen mußte. Es war nicht leicht, dieses Volk von Athen zu lenken und zu überzeugen. Thukydides sagt, Perikles sei nicht der Menge gefolgt, sondern diese ihm. Das Volk besaß die Macht, aber Perikles leitete die Versammlung so, daß die Macht des Volkes Grundlage seiner eigenen Autorität wurde. Es hat in der Weltgeschichte ein so glänzendes Zusammenspiel von Volk und einem einzelnen kaum jemals wieder gegeben.

Perikles kannte keinen anderen Gang als den von seinem Haus in die Versammlung, und dort redete er besser als irgendeiner vor ihm. Er betete, es möge ihm nie ein unpassendes Wort über die Lippen kommen. Er kannte keine Temperamentsausbrüche und ließ sich keinerlei Erregungen anmerken. Er muß ein Churchill seiner Zeit gewesen sein, ein glänzender Parlamentarier, der Schmähungen und Beleidigungen überhörte und der sich nie vom roten Faden abbringen ließ. Er führte den Vorsitz über die zehn »Strategen«, also die Feldherren und höchsten Verwaltungsbeamten. Er hatte für die Ruhe des Stadtstaates zu sorgen, er hatte – was sehr wichtig war – die öffentlichen Feste zu leiten, und was noch wichtiger war – er verwaltete das Geld.

Wie Themistokles wußte Perikles, daß Seemacht stärker war als Landmacht und ständige Kriegsbereitschaft der Flotte für Athen unentbehrlich war.

Die bildende Kunst erreicht in der Regierungszeit des Perikles

Höhen wie nie vor ihm und nie nach ihm in Griechenland. Die Akropolis – die Burg von Athen, von den Persern zerstört, wurde zur Zeit des Perikles wiederhergestellt.

Unter den Händen des Kallikrates und des Iktinos erstand zwischen 447 und 437 v. Chr. ein Wunderbau, das Parthenon, der neue große Marmortempel für die Stadtgöttin »Athena Partenos«. Die Architektur dieses Tempels ist wohl das Vollkommenste, was europäische Baukunst je geschaffen hat. Die waagerechten Linien des Stufenunterbaues wurden leicht gewölbt angelegt, um einer optischen Täuschung des menschlichen Auges entgegenzuwirken: bei geraden Linien erscheint nämlich die Mitte etwas eingedrückt. Auch sind die Säulen nicht senkrecht errichtet, sondern einwärts geneigt, denn senkrechte Säulen erscheinen, als ob sie nach außen stürzen würden. In den Hauptraum des Tempels zog 438 v. Chr. die zwölf Meter hohe Kolossalstatue der Göttin Athena ein. Sie war ein Werk des Bildhauers Phidias aus Holz, Gold und Elfenbein. Diese Statue wurde 873 Jahre später, nach dem Verbot aller heidnischen Kulte durch Kaiser Theodosius II., 435 n. Chr. nach Konstantinopel gebracht. Seitdem ist sie verschollen. Unter Leitung des Phidias arbeiteten alle Bildhauerwerkstätten Athens, um den gesamten Skulpturenschmuck des Tempels herzustellen. In Olympia, in Delphi, in Nemea und auf dem Isthmos wurden große Nationalspiele gefeiert. So fanden auch alle vier Jahre Feste in Athen statt, die berühmten Panathenäen, und dieses attische Nationalfest wurde zu einem in aller Welt bekannten Ereignis. Der Festzug der Panathenäen ist das Thema des Parthenon-Frieses. Er war 160 Meter lang, aber nur noch an der westlichen Schmalseite ist ein Teil erhalten. Der größere Teil des Frieses wurde mit den meisten übrigen Skulpturen von Lord Elgin abgebrochen, 1816 nach London gebracht und befindet sich jetzt im Britischen Museum.

Das Erechtheion auf der Akropolis ist nach König Erechtheus benannt. Hier am Ort des alten Königspalastes lagen einst mehrere geweihte Stätten: der Heilige Ölbaum der Athena, die Stelle, wo Poseidon den Felsen gespalten hatte, Altäre der Athena, des Poseidon, des Königs Erechtheus, und das Grab des Königs Kekrops. Alle diese Heiligtümer sollten in einem einzigen Bau zusammengefaßt werden. Das war der Plan des Perikles, der erst nach seinem Tode, 421 bis 406 v. Chr., zur Durchführung gelangte.

Den Bau der Propyläen übertrug Perikles seinem Architekten Mnesikles. Das große Torgebäude war Eingang zur Akropolis und ihre Westfassade. Es wurde zum Vorbild für alle Torbauten bis in späteste Zeiten.

Auf dem Markthügel nordwestlich der Akropolis entstand das Theseion, ein Heiligtum für Hepheistos. Man hielt es früher irrtümlich für den Tempel des Theseus. Daher der Name. Es ist der am besten erhaltene Tempel Griechenlands. Im Südosten, am Fuß der Burg, wurde das Odeion erbaut, eine Konzerthalle, die als schönstes Gebäude für Musikaufführungen im Dionysoskult Griechenlands galt. Das Odeion wurde jetzt ausgegraben. Nur noch die Fundamente sind erhalten.

Die Athener wie die Mitglieder des Attischen Bundes haben für die Errichtung all dieser Heiligtümer große finanzielle Opfer gebracht. So kostete allein das Parthenon 469 Talente; das wären heute rund 2 110 500 Mark. In Stein gemeißelte Baurechnungen sind uns erhalten. Dieses Geld war das vergängliche Gegengewicht für wahre Werke der Ewigkeit.

Unsere Ausdrücke »Gymnasium«, »Lyzeum«, »Akademie« stammen aus Griechenland, und solche Institute für die körperliche und geistige Ausbildung der Jugend wuchsen unter Perikles Stein um Stein aus dem kargen Boden von Athen. Sie wurden typisch für die westliche Kultur überhaupt. Man kann die geistige Energie, mit der Perikles Athen zum Kulturfundament machte, heute nur noch staunend bewundern. Während die anderen Orte Griechenlands mehr oder weniger große Dörfer und Städte blieben, wurde Athen eine wirkliche Metropolis. Aber diese Metropole war doch winzig klein im Verhältnis zu den heutigen Großstädten. Wenn man das bedenkt, wird man nur noch größere Hochachtung vor der Vielzahl der Genies und der Talente haben, die im perikleischen Zeitalter Athen zum kulturellen Weltwunder machten. An der Spitze aller Ingenieure und Künstler stand Phidias, der herrliche Statuen aus Bronze, Gold und Elfenbein schuf. Er überwachte auch die Arbeiten auf der Akropolis, und die meisten Bildhauerarbeiten des Parthenon sind Werke dieses Phidias oder seiner Schüler. Perikles wollte mit seinen Bauten die Paläste von Persepolis übertreffen. Auch hier zeigt sich die Rivalität zwischen Griechenland und Persien.

Die Geschichtsbücher, die wir in den Schulen lesen, zeigen uns nur immer das Universalgenie Perikles, einen Mann von Beherrschtheit, Ernst und großer Klugheit. Dabei kommt die menschliche Seite etwas zu kurz.

Die erste Ehe des Perikles scheint nicht sehr glücklich gewesen zu sein. Perikles hatte wohl nicht daran gedacht, daß er einmal eine Nicht-Athenerin lieben würde. Er selbst hatte nämlich ein Gesetz befürwortet, nach dem die Eingehung einer Ehe zwischen Athenern und Nicht-Athenern verboten war. Als er sich von seiner ersten Frau trennte, nahm er sich eine Frau von Miletos, Aspasia. Jetzt wurde er das Opfer seines eigenen Gesetzes, denn er konnte sie, die Nicht-Athenerin, niemals heiraten. Es lag in der Natur der Sache, daß die Athener über diese Verbindung und diese Frau zu klatschen nicht aufhörten. Sie war eben eine Fremde. Vielleicht stimmte es aber auch, daß Aspasia vor ihrer Freundschaft mit Perikles kein ehrbares Gewerbe trieb und eine Menge Hetären unterhielt. Diese Hetären waren Mädchen, die kein Familienleben führten, oft aber hohe geistige Interessen hatten.

Aspasia war eine schöne und gebildete Frau. Sie eröffnete eine Schule für Rhetorik und Philosophie, zog junge Mädchen, Frauen und Männer in ihren Kreis und wurde ein so wesentlicher Mittelpunkt, daß sogar der Philosoph Sokrates behauptete, er habe von ihr die Kunst des Redens erlernt. Um Aspasia gruppierten sich alle bedeutenden Wissenschaftler, Künstler und Gelehrte, vor allem auch »Sophisten, die kecken Neurer, die den alten Glauben antasteten« (Eduard Meyer).

Der Historiker Herodot, der Philosoph Anaxagoras von Klazomenai, der modernste Städtebauer der damaligen Welt, Hippodamos von Milet, der größte Dichter jener Zeit, Sophokles, wie ihr größter bildender Künstler, Phidias – sie alle gehörten dem Kreise des Perikles und der Aspasia an. Sicher war der Dramendichter Euripides, dieser früheste und feinste Zeichner der Frauenseele, Aspasia schon in jungen Jahren begegnet, und sicherlich hat er über die Psychologie der Frau und ihre gesellschaftliche Unterdrückung in Attika viel von der freieren Ionierin erfahren. So konnte er sich – im Gegensatz zu seinen Vorgängern Aischylos und Sophokles – zum erstenmal an die wirklichen Probleme der Frau, an die lebenswahre Schilderung der Beziehungen zwischen den Geschlechtern und an das Motiv der bürgerlichen Liebe wagen. »Die Frauen sind die besten, von denen man am wenigsten spricht«, schreibt Thukydides, und »an der attischen Gesellschaft hatte die Frau keinen Anteil« (Bengtson). Aber die Ionierin Aspasia war tonangebend in Athen. Sie bestimmte die Mode. Der Dichter Kratinos nennt sie »eine Buhle«, während Aischines von einem Viehhändler berichtet, einem schlechten und verachteten Menschen, der durch den Umgang mit Aspasia zu einem der angesehensten Männer von Athen

Als Themistokles lebte, 440 v. Chr., entstand dieses Bild. Eine menschlichere Darstellung ist selbst heute kaum denkbar. Der griechische Maler arbeitete mit ganz modern wirkenden Mitteln.

wurde. So weltweit gingen die Gerüchte um Aspasia, daß Kyros der Jüngere, der dem König von Persien den Thron streitig machte, seine liebste Freundin Milto Aspasia nannte.

Die letzten zwei Jahre des Perikles liegen im Schatten jenes gewaltigen Ringens, das man den »Dreißigjährigen Krieg der Antike« nannte. Es ist der Krieg zwischen Athen und Sparta, der Krieg, der von 431 bis 404 v. Chr. währte und in dem Sparta die Oberhand behielt. Sieger wurde freilich ein Dritter: das Perserreich!

Das große Ringen fand in Thukydides einen Historiker, der zum ersten Male Geschichte als Wissenschaft betrieb, »zwar nicht angenehm und unterhaltend«, wie er selbst meinte, aber dafür »zuverlässig, nützlich und ein Werk von beständiger Brauchbarkeit«. Hegel ging so weit, zu erklären, das Werk des Thukydides bedeute den Gewinn, den die Menschheit vom Peloponnesischen Kriege gehabt habe. Der Krieg brachte so einschneidende Erschütterungen, so furchtbare Grausamkeit, Krankheit und Not, daß Griechenland danach in den Hintergrund der weltgeschichtlichen Bühne rückte. Persien, Mazedonien und schließlich Italien aber traten damit in das helle Rampenlicht der vorchristlichen Menschheitsentwicklung. Besonders tragisch erscheint dieser Krieg, weil weder Sparta noch Athen ihn wünschte oder wollte. Spartas Bevölkerung nahm zu jener Zeit ab. Es fürchtete neue Helotenaufstände. Spartas wirtschaftliche und finanzielle Hilfsquellen flossen nicht allzu reichlich, und seine peloponnesische Bündnis-Organisation war im Vergleich zu Athens attischem Seebund wenig zuverlässig. So hat sich Sparta wahrlich nicht freiwillig zum Krieg entschieden.

Und Athen? Auch Perikles hat den Krieg nicht gesucht. Wer den Krieg wollte, ist klar: Korinth und seine Bundesgenossen, die den aufblühenden athenischen Welthandel nicht ertragen konnten. Korinth riß Sparta mit. Perikles aber konnte dem Krieg nicht aus dem Wege gehen, ohne daß Athen empfindlich gedemütigt wurde. Das sind die Anlässe. Die tieferen Gründe aber liegen im Nebeneinander der Machtentfaltung von Athen und Sparta, sowie im Gegensatz der innerpolitischen Systeme.

Im zweiten Jahr der selbstmörderischen Auseinandersetzung wollte Perikles nur die Stadt Athen verteidigen. Sparta ist die Landmacht, Athen beherrscht die See. Darum gab Perikles das offene Land dem Feind preis. Die Bewohner des Landes sollten Haus und Hof verlassen und sich in den Raum zwischen den Schenkeln der langen Mauer begeben, die Athen mit dem Piräus und mit Phaleron verbanden. Solange die athenische Flotte ungeschlagen blieb, konnte diese riesige Doppelfestung nicht belagert werden. Denn sie war offen nur zum Meer und konnte von hier immer reichlich versorgt werden. So begann eine große Völkerwanderung. Mit Hab und Gut kamen Tausende nach Athen und begaben sich in den Schutz der Mauern. Manche schleppten sogar das Holzwerk ihrer abgebrochenen Häuser in das großartig geschützte Dreieck.

Da ereilte Athen ein Schicksal, das niemand erwartet hatte. Eine pestartige Seuche brach aus, ganz plötzlich. Die Einwohner des Piräus wurden als erste davon befallen. Die Art der Krankheit ist noch heute umstritten. Jedenfalls begann sie »mit starkem Fieber, mit Röte und Brennen in den Augen, mit blutunterlaufenem Schlund und mit garstig übelriechendem Atem«. Es stellten sich »Heiserkeit ein, heftiger Husten, Ausscheidungen von Galle, große Schmerzen, Zuckungen«. Schließlich »Geschwüre im Unterleib, Durchfall, Entkräftung« und der Tod. Manche Kranke verloren ihre Glieder, andere büßten die Augen ein, und wieder andere verloren das Gedächtnis. Alle diese Symptome zählt Thukydides auf. Die Kranken wurden von so starkem Fieber gepackt, daß sie sich in kaltes Wasser stürzten. Rotten Verzweifelter und Gequälter warfen sich von unlöschbarem Durst gepeinigt in die Zisternen. In rasender Geschwindigkeit

griff die Seuche um sich. So viele Kranke konnten nicht gepflegt werden, so viele Tote konnte man nicht beerdigen. Man fürchtete sich, den Befallenen nahe zu kommen. Viele Häuser starben so ganz aus. Es war heiß in diesem schrecklichen Sommer des Jahres 430 v. Chr. Eng, klein und dumpf waren die Hütten. Überall lagen Tote. Schwerkranke wälzten sich auf den Straßen und bei den Quellen. Selbst in den Tempeln lagen Leichen. In ihrer Angst wurden die Menschen zu Tieren, fielen über fremde Scheiterhaufen her, um ihre eigenen Toten darauf zu legen, oder warfen sie auf den ersten Holzstoß, dessen Flammen sie zum Himmel lodern sahen.

Die Sucht, noch schnell das Leben zu genießen, packte fast jeden. Niemand schämte sich mehr, seine geheimsten Lüste zu offenbaren, sich in rasender Sinnlichkeit zu vergnügen, noch schnell sein Geld auszugeben. Niemand fürchtete die Götter, denn sie griffen nach jedem, und niemand achtete die Gesetze, denn man war überzeugt, man würde nicht lange genug leben, um bestraft werden zu können. Es bleibt erstaunlich, daß bei all dem Schrecken die Gerichte weiterarbeiteten. Wie immer klagten die Menschen noch kurz vor dem Tod sich gegenseitig an. Aus dem Inneren der Stadt sah man Tag um Tag und allnächtlich die Qualmwolken der Verbrennungen aufsteigen. Die Pest griff auch auf die athenische Flotte über.

Merkwürdig: die Peloponnes und Sparta wurden nicht betroffen! Die Peloponnesier machten jetzt aber keine Gefangenen mehr. Sie töteten jeden, der ihnen in die Hände fiel, schon aus Angst vor der Pest. Damals – zur gleichen Zeit – wütete eine Seuche in einem unbekannten Nest Italiens, die gleiche Krankheit offenbar, die sich nach Athen eingeschlichen hatte. Der winzige Ort in Italien sollte später ganz Griechenland beherrschen: das Dorf hieß Rom.

Der zweite Einfall der Peloponnesier, die neuen großen Verwüstungen, die Not des Krieges und die noch größere Not der Krankheit trieb die Athener in dumpfe Verzweiflung. Jetzt sahen sie in Perikles den Alleinschuldigen an diesem furchtbaren Schicksal. Hatte nicht er ihnen zum Krieg geraten? Hatte nicht er die Gefahr als gering dargestellt? Hatte er nicht die Schlagkraft der Spartaner unterschätzt? Sie murrten und klagten und ballten gegen Perikles die Fäuste.

Perikles behielt in dieser großen Gefahr seinen Kopf. Noch hatte er Kraft. Noch lenkte ihn sein Genie. Auch liebte er seine Aspasia. Täglich, wenn er sein Haus verließ, und täglich, wenn er aus der Versammlung wiederkehrte, umarmte und küßte er sie, wie uns Plutarch im 24. Buch seiner Lebensbeschreibung des Perikles berichtet. Aber Athen gab keine Ruhe. Die Komödiendichter machten sich über sie lustig. Man flüsterte sich böse Scherze zu. Ja, man brachte sie schließlich wegen Gottlosigkeit und angeblicher Kuppelei vor Gericht, wo Perikles selbst seine Aspasia mit erstaunlicher Beredsamkeit verteidigte. Aspasia wurde freigesprochen. Aber jetzt schien Perikles etwas von seiner Unantastbarkeit, seiner Unfehlbarkeit und seiner Überzeugungskraft verloren zu haben. Wahrlich, die Athener waren ein schwieriges und kritisches Volk. Sie zermürbten die meisten ihrer großen Männer durch ständige Intrigen, Verleumdungen und Anklagen.

Da der Bildhauer Phidias ein Freund des Perikles war und viele Neider hatte, versuchte man zuerst, durch einen Prozeß gegen ihn auch das Ansehen des Perikles zu untergraben. Phidias wurde beschuldigt, für die Herstellung der Athena-Statue bestimmte Gelder veruntreut zu haben. Er wurde verurteilt und starb im Gefängnis. Das nächste Opfer der Athener sollte der Philosoph Anaxagoras von Klazomenai werden, der die Erschaffung des Weltalls nicht dem Zufall, sondern einem einzigen, reinen, lauteren Verstand zuschrieb. Man warf ihm Verbreitung gottloser Lehren vor. Perikles verteidigte seinen Freund, aber auch Anaxagoras wurde verurteilt. Er mußte eine Sühne von fünf Talenten, 22 500 Mark, zahlen.

Da das Volk – jetzt erbittert, haltlos und verzweifelt – allen derartigen Verleumdungen willig Gehör gab, hängte man schließlich selbst dem unbestechlichen Perikles Unterschlagungen an. Er wurde nach dem entsetzlichen Seuchensommer im Herbst 430 v. Chr. seines Amtes enthoben. Er hörte auf, Athens »Stratege« zu sein. Aber schon im nächsten Jahr wurde er rehabilitiert. In der großen Not erkannten die Athener, daß Perikles ihr tüchtigster Mann war. »Wie das Volk schon ist«, sagt Thukydides, »machte es ihn wieder zum Strategen und übertrug ihm die Verwaltung sämtlicher Angelegenheiten.« Aber Perikles' Kraft war gebrochen. Die Pest hatte ihm seine beiden Söhne geraubt. Jetzt griff sie nach ihm. Mitten aus seinem Wirken riß ihn der Schwarze Tod, im Jahre 429 v. Chr.

»Das ist die Unsterblichkeit auf Erden«, schreibt Ranke, »daß eines der großen Zeitalter der Kultur mit seinem Namen bezeichnet wird. Männer von hoher Bedeutung können überhaupt nie ersetzt werden.«

Alkibiades war Athens gefährlichster Freund

Alle liebten ihn, er aber liebte nur zwei: sich selbst und Sokrates.

Themistokles war Griechenlands größter Staatsmann, Retter von Athen, Sieger von Salamis, der Mann, der die asiatische Gefahr, Persien, bannte. Perikles war Athens größter Bauherr, Aristokrat von Geburt und Charakter, Griechenlands genialster Parlamentarier. Die Blütezeit Griechenlands wird nach ihm das »Perikleische Zeitalter« genannt. Alkibiades war Athens Idol, Athens Mephisto, Athens Verführer und Vernichter.

Alle drei wurden von Athen angeklagt, verraten. Perikles blieb sich treu, und treu blieb er Athen. Themistokles wie Alkibiades starben auf persischem Boden als Feinde ihrer Heimat.

Als der Peloponnesische Krieg begann, war Alkibiades 19 Jahre alt. Als Alkibiades ermordet wurde, war Athen von Sparta endgültig besiegt. Es ist so etwas wie ein Zufall mit Logik, daß der Tod des Alkibiades mit der Niederlage von Athen zusammenfällt.

Ein unwahrscheinlich schöner Mensch war dieser Alkibiades, schön als Kind, schön als Jüngling, schön als Mann; immer gleich bestrickend und liebenswürdig. Er hatte einen herrlichen Körper und ungemein viele Fähigkeiten, geistige wie physische. Dabei lispelte er. Aber die Athener fanden alles an Alkibiades charmant, selbst sein Lispeln, und die ganze Stadt bemühte sich, zu lispeln wie er.

Leidenschaftlich und heftig war Alkibiades, heißblütig und ehrgeizig. Er ringt als Kind mit einem stärkeren Gegner. Der läßt ihn los: »Pfui, Alkibiades, du beißt wie die Weiber.« Die Augen des kleinen Alkibiades blitzen: »Wie die Weiber? Wie die Löwen, meinst du!« Würfelspiel auf einer engen Gasse von Athen. Ein beladener Wagen droht, die Kinder zu überfahren. »Du sollst warten«, ruft Alkibiades. Aber der Fuhrmann hört nicht hin. Da legt sich der Junge vor den Wagen, das Gesicht auf die Pflastersteine, und die anderen laufen bestürzt davon. Der Fuhrmann hält den Atem an. Ganz Athen hielt später den Atem an, die ganze damalige Weltgeschichte.

Der junge Alkibiades gewöhnte den Athenern das Flötenspiel ab. »Die Flöte verstopft den Mund und die Stimme. Sie entstellt das Gesicht«, sagte der Angebetete Athens. Ganz Athen hörte auf, Flöte zu spielen. Man spielte nur noch Leier.

Im Grunde genommen verachtete Alkibiades die Athener. Alle liebten ihn, er aber liebte nur zwei: sich selbst und Sokrates, Griechenlands größten Philosophen. Alle schmeichelten dem Jüngling. Alle suchten seine Nähe, seine Freundschaft, alle suchten ihn zu verzärteln. Er aber hielt seine reichen und vornehmen Liebhaber von sich fern, speiste täglich mit Sokrates, übte sich mit Sokrates im Ringen, teilte auf Feldzügen mit Sokrates das Zelt und blieb sonst trotzig und spröde.

Ein gewisser Anytos, ein schwerreicher Mann, lädt den jungen Alkibiades ein. Der schlägt die Einladung aus, betrinkt sich mit Freunden zu Hause, geht dann zu Anytos. Als er im Saal die Tische mit den goldenen und silbernen Trinkgeschirren sieht, befiehlt er seinen Sklaven, die Hälfte davon fortzutragen. Die Gäste des Anytos ärgerten sich sehr. Aber Anytos meinte gelassen, Alkibiades sei doch gütig und menschenfreundlich. Er hätte alles nehmen können, und er nahm nur die Hälfte.

Keine Tollheit des Alkibiades konnte gebändigt werden. Wenn aber Sokrates ihn ermahnte, dann weinte sein Schüler. Lief er dem Sokrates davon, so jagte der alte Philosoph hinter ihm her und fing ihn ein. Dann fürchtete sich der Schüler und schämte sich. Sokrates rettete seinem Famulus zweimal das Leben, einmal auf dem Feldzug gegen Poteidäa, ein zweites Mal in der Schlacht bei Delion.

Eine Zeitlang lebte der Jüngling im Hause des Perikles. »Als ich so jung war wie du«, sagte Perikles, »war ich gescheiter.« – »Schade«, antwortete Alkibiades, »daß ich dich in deiner besten Zeit nicht kennenlernte.«

Als sich Alkibiades von einem Schulmeister den Homer ausleihen wollte, der Schulmeister aber keinen Homertext besaß, gab das Früchtchen ihm eine Ohrfeige.

Als Gegengabe für eine andere Ohrfeige erhielt Alkibiades eine Frau. Den Hipponikos, einen sehr angesehenen und reichen Athener, ohrfeigte er, um eine Wette mit seinen Freunden zu gewinnen. Gleich am nächsten Morgen klopfte er an die Tür des beleidigten Hipponikos und war bereit, sich von ihm züchtigen und auspeitschen zu lassen. Das rührte den reichen Mann, und er gab ihm sogar seine Tochter Hipparete zur Frau. Die gute Hipparete hatte nichts zu lachen. Sie war tugendhaft und liebte ihren Mann. Er aber hatte so regen Umgang mit den Hetären von Athen, daß Hipparete schließlich im Hause ihres Bruders Zuflucht suchte. Als Hipparete einen Scheidungsantrag zum Richter brachte, war auch Alkibiades da, packte sie und trug sie über den Markt nach Hause. Danach blieb sie bei ihm, begnügte sich mit den Brosamen seiner Liebe und starb bald vor Kummer.

Seinem besonders schönen großen Hund schnitt Alkibiades den Schwanz ab. Alle Welt schimpfte darüber und bedauerte den Hund. »Das ist gut«, sagte Alkibiades, »sonst erzählen sie noch Schlimmeres von mir.«

Alkibiades war ein glänzender Redner. Da er aber immer die besten Worte und Ausdrücke zu wählen versuchte und diese ihm nicht immer gleich einfielen, blieb er beim Reden oft stecken und schwieg völlig unbefangen eine Weile. Er besann sich ruhig und redete dann glänzend weiter. Er liebte Pferde und besaß eine Menge Wagen. Sieben Gespanne schickt er zu den Olympischen Spielen. Kein reicher Mann, kein König hatte das je vor ihm getan. Alkibiades siegte und gewann noch den zweiten und dritten Platz.

Gleich am Anfang seiner Karriere hatte Alkibiades mächtige Rivalen. Da war vor allen Nikias, ein viel älterer Mann, der als bester Feldherr von Athen galt. Dieser Nikias, so meinten die Griechen, hätte den Krieg gegen Sparta glücklich beendigt. Man nannte die Waffenruhe nur noch »Nikischen Frieden«. Alkibiades ärgerte sich stets über diese Bezeichnung, und aus Neid beschloß er, den Friedensvertrag zu brechen. Das gelang ihm prächtig. Überhaupt fand er immer den Beifall der Volksversammlung, und jede Rede, die er hielt, endete damit, daß er alle überzeugte.

In Athen lebte ein Mann, der dadurch berühmt wurde, daß er alle Menschen haßte und sich von allen Freunden und Anhängern zurückzog. Dieser Mann hieß Timon. Kein Geringerer als Shakespeare machte ihn zum Titelhelden eines großen Dramas. Als Alkibiades nach seiner erfolgreichen Rede von der bewundernden Menge nach Hause begleitet wurde, ging Timon, der Menschenhasser, auf ihn zu und sagte: »Es ist gut, mein Sohn, daß du so bedeutend wirst, denn du wirst zum Unglück aller dieser groß werden.« Einige lachten. Andere schimpften. Timon behielt recht.

Die Insel Sizilien war schon zu Lebzeiten des Perikles das Ziel aller Träume und Wünsche Athens. Dort auf Sizilien unterdrückte die Stadt Syrakus alle anderen Städte. Alkibiades kannte die Lockungen dieser Insel und ihre Anziehungskraft auf Athen, und so riet er den Athenern, mit einer mächtigen Flotte Sizilien

Die sogenannte *Athena Lemnia* im Museo Civico, Bologna. Die Griechen sagten, das schönste Werk ihres größten Bildhauers Phidias sei die Athena Lemnia, gestiftet von nach Lemnos übergesiedelten Athenern. Das Original in Bronze ist untergegangen. Daß diese herrliche Plastik von Bologna dem Original entspricht, kann man heute nur noch vermuten. Foto: Alinari.

zu erobern. Große Hoffnungen, glänzendes Glück malte er den Athenern aus. Sizilien sollte nur der Anfang sein. Von dort aus könne man Karthago erobern, Afrika, Italien und die Schätze des gesamten westlichen Mittelmeeres. Nikias warnte das Volk, schilderte die Schwierigkeiten. Aber wenn die jungen Leute, begeistert von Alkibiades, vor ihren Ringschulen beisammensaßen, zeichneten sie sehnsüchtig die Umrisse der Insel Sizilien in den Sand. Auch Sokrates riet von diesem Unternehmen ab, und der Astronom Meton – er war auch Astrologe – kam so in Raserei über die wahnsinnigen Pläne des Alkibiades, daß er eine brennende Fackel ergriff und sein eigenes Haus anzündete. Die Athener hielten wohl Alkibiades für zu kühn für diesen Feldzug und Nikias für zu bedachtsam. Darum vertrauten sie die Führung beiden an, gesellten noch einen dritten Feldherrn dazu, einen gewissen Lamachos, der trotz seines hohen Alters noch hitzig und waghalsig war, und die Eroberung konnte losgehen.

Schon war alles zur Abfahrt bereit. Da geschah etwas, das eigentlich zur endgültigen Niederlage von Athen führte.

Die guten Bürger glaubten an ihre Götter. Vor ihren Wohnhäusern wie vor den Türen der Tempel ragten »Hermen« empor, Steinpfeiler mit Kopf, nicht eben sehr schön, aber vom Volk verehrt. Nun feierte man das Fest Adonia zu Ehren der Aphrodite und des Adonis. In der Nacht wurden die aus Stein gehauenen Götterbilder von unbekannter Hand verstümmelt.

Da die Athener immer dazu neigten, gerade die bedeutendsten Männer ihrer Stadt zu verdächtigen oder anzuklagen, und da Alkibiades natürlich in Athen auch Feinde hatte, wurde ihm die Schuld angehängt, ihm und seinen Freunden. Alkibiades wollte sich verteidigen. Aber man wußte, wenn er Gelegenheit bekam zu sprechen, so hatte er gewonnen. Darum erklärten seine Feinde, es sei unzweckmäßig, den Oberbefehlshaber der geplanten Expedition vor Gericht zu stellen. Alkibiades sollte ruhig absegeln und sich erst nach Beendigung des Krieges verteidigen.

Alkibiades wollte unter solchem Verdacht nicht aufbrechen. Aber er erhielt Befehl abzufahren. 140 Galeeren lichteten die Anker. Alkibiades erreichte Italien, nahm Rhegion, setzte nach Sizilien über und zwang Katania zur Übergabe.

Jetzt wurde Alkibiades von den Athenern zu einer gerichtlichen Untersuchung zurückgerufen. Seine Feinde in Athen wußten zwar nichts Genaues vorzubringen, aber Abwesenheit ist immer schädlich, und dann wuchern Verleumdungen. Ein Schiff traf ein, den Alkibiades abzuholen. Die griechischen Soldaten auf

Sizilien verloren allen Mut und wußten gleich, wie langweilig der Krieg unter Nikias werden würde. Auf dem Schiff erfuhr Alkibiades, daß die Athener ihn in seiner Abwesenheit zum Tode verurteilt hatten, und nun beschloß er, ihnen zu beweisen, daß er noch lebe. In Thurioi ging er heimlich an Land und versteckte sich. Dann reiste er auf die Peloponnes, bat Sparta um Schutz und versprach, den Spartanern gegen Athen zu helfen. Er empfahl ihnen, einen Befehlshaber nach Sizilien zu schicken und dort die Macht der Athener zu zerschlagen. Gleichzeitig regte er den Krieg gegen Athen an, und bald wurde er von Sparta geachtet und bewundert.

Alkibiades war ein großer Schauspieler. Er verstand es glänzend, sich jeder neuen Situation anzupassen. In Sparta lebte man einfach, schlicht und karg, eben »spartanisch«. Der verwöhnte Alkibiades ließ sich das Haar bis auf die Haut scheren, badete in kaltem Wasser, aß Gerstenbrot und fand sogar Geschmack an der berühmten »schwarzen Blutsuppe«. Man traute seinen Augen nicht. Man staunte, daß der Mann, der einst Athens besten Koch besaß und Athens besten Salbenbereiter, den schönsten Mantel von Athen und die feinsten Sandalen, plötzlich spartanischer lebte als selbst die Spartaner. Alkibiades gefiel sich in dieser Rolle. Er konnte sich hinter jeder Maske verstecken. Nur eines konnte er nicht: er konnte nicht seine Wollust bezähmen. Er hatte ein Auge auf Timaia geworfen, die Gemahlin des Königs der Spartaner, Agis. Dieser »Held« war nämlich während eines Erdbebens aus dem Schlafzimmer seiner Frau gestürmt. Der Schreck hatte ihn so gepackt, daß er sein Eheweib zehn Monate nicht berührte. In dieser Zeit verführte Alkibiades die vereinsamte Timaia, und als sie einen Knaben gebar, bestand kein Zweifel über die Vaterschaft des Alkibiades. Timaia war zudem so verliebt, daß sie allen Freundinnen ins Ohr flüsterte, ihr Söhnchen müßte eigentlich Alkibiades heißen.

Inzwischen erlitten die Athener auf Sizilien eine fürchterliche Niederlage. Alkibiades brachte außerdem ganz Ionien zum Abfall von Athen. König Agis war doppelt gekränkt, erstens durch den Ruhm des Alkibiades und zweitens durch den Treuebruch seiner Frau. Jetzt war Alkibiades auch in Sparta nicht mehr sicher. Er begab sich zu dem persischen Satrapen Tissaphernes. Dieser grausame Barbar war sehr gefürchtet und haßte die Griechen wie niemand sonst. Er fand Gefallen an der Gewandtheit und Verschlagenheit seines neuen Gastes. Alkibiades setzte nun seine ganze Beredsamkeit und alle seine Fähigkeiten, Menschen zu beeinflussen, ein, um den Satrapen gegen Sparta aufzuwiegeln. Gleichzeitig begann er, mit dem Rat der 400 zu konspirieren, der in Athen herrschte.

Die ganze Seemacht Athens befand sich zu dieser Zeit in Samos. Hier versuchte die griechische Flotte, die abgefallenen Bundesgenossen zu schlagen und die griechischen Besitzungen zu verteidigen. Alkibiades schloß sich der griechischen Flotte an und wurde schließlich Oberbefehlshaber einer Flotteneinheit am Hellespont. Jetzt schlug er Spartas Seemacht bei Abydos und zweimal bei Kyzikos. Er eroberte Challcedon für die Griechen sowie Byzanz. Nach so vielen Siegen wollte er sich endlich wieder in Athen sehen lassen. Er sehnte sich nach Hause.

Es war eine triumphale Heimkehr. Alle seine Schiffe waren mit erbeuteten Schilden geschmückt. Aber ihm klopfte das Herz, und er traute sich nicht eher, seine Galeere zu verlassen, ehe sein Vetter und viele Freunde kamen, ihn zu empfangen. Lautes Freudengeschrei begleitete ihn durch die Stadt. Man behängte ihn mit Kränzen. Und die alten Athener zeigten den herrlichen Alkibiades ihren Kindern. Eine Volksversammlung wurde abgehalten. Alkibiades schilderte das Unrecht, das ihm widerfahren war, mit Tränen in den Augen. Goldene Kronen schenkte ihm das Volk und wählte ihn zum obersten Befehlshaber zu Wasser wie zu Lande.

Wenn aber jemals ein Mann von seinem eigenen Ruhm gestürzt wurde, so war es Alkibiades. Man hielt ihn für unfehlbar. Man glaubte in Athen, daß alles gelingen müsse, was Alkibiades anfaßte. Wenn er jetzt nur einen Mißerfolg hatte, so war es um seinen Nimbus geschehen. Denn noch immer lauerten Neid, Haß und Mißgunst.

Die Spartaner hatten ihre Flotte unter dem Oberbefehl von Lysander ausgesandt. Da Alkibiades Geld für die Bezahlung seiner Seeleute auftreiben mußte, übergab er den Oberbefehl über die Griechenflotte für kurze Zeit einem Steuermann namens Antiochos. Er warnte ihn, sich während seiner Abwesenheit auf eine Schlacht mit den Spartanern einzulassen. Aber Antiochos gehorchte nicht, wurde von den Spartanern geschlagen und selbst getötet. Wankelmütig, wie die Griechen waren, fiel Alkibiades sofort wieder in Ungnade. Man sammelte »Material«, um ihn anzuklagen. Wieder machte sich Alkibiades aus dem Staube. Lysander überfiel die griechische Flotte bei Aigospotamoi (405 v. Chr.). Er belagerte Athen. Er hungerte die Stadt aus. Er nahm sie. Der Spartaner verbrannte alle griechischen Schiffe und ließ

Ein attisches Mischgefäß aus der Mitte des 6. Jahrhunderts v. Chr. Jetzt im Museo Archeologico, Florenz. Dargestellt sind: eine babylonische Jagd, Wagenkämpfe für Patroclus, ein Zug der Götter zur Hochzeit der Thetis, Verfolgung des Troilus durch Achill, Kampf der Pygmäen.

die Mauern niederreißen. Griechenlands Schicksal hatte sich erfüllt. Mit Athen brach Griechenland zusammen. Es riß ganz Hellas in den Abgrund.

Alkibiades aber saß wieder zwischen zwei Stühlen. Er hatte nichts Gutes mehr von den Athenern zu erwarten, und er mußte auch die Spartaner fürchten. Da erinnerte er sich an Themistokles. Hatte nicht Themistokles am Abend seines Lebens beim König von Persien Zuflucht gefunden? Alkibiades faßte den Plan, sich an den Hof des Perserkönigs Artaxerxes zu begeben. Er reiste zu dem persischen Satrapen Pharnabazos nach Phrygien, um sich von dort an den Perserkönig weiterempfehlen zu lassen.

Aber einem Manne wie Alkibiades läßt die Welt keine Ruhe.

Solange Alkibiades noch lebte, schien Griechenland nicht vollends besiegt. Die Spartaner fürchteten diesen Mann. Sie fürchteten noch seinen Geist, als Athen besiegt war. Alkibiades schien ihnen ein drohender Schatten. Sie fürchteten ihn, wie später die Engländer Napoleon fürchteten, noch als er gefangen auf St. Helena saß. Lysander ersuchte daher Pharnabazos, Alkibiades umbringen zu lassen.

Wahrscheinlich ahnte Alkibiades seinen nahen Tod. Mit einer Freundin – Timandra – lebte er allein, hatte unruhige Träume, sah, wie der Bruder der Pharnabazos, Magaios, ihm den Kopf abschnitt und seinen Körper verbrannte.

Die Männer, die Alkibiades töten sollten, wagten nicht, zu diesem Odysseus ihrer Zeit hineinzugehen. Sie umringten sein Haus. Sie steckten es in Brand. Alkibiades raffte Kleider und Decken zusammen und warf sie auf das Feuer. Die Flammen drohten, ihn zu ersticken. Um den linken Arm wickelte er seinen Mantel, faßte mit der Rechten seinen Degen, stürzte durch die Glut. Die Barbaren wichen zurück. Sie wichen erschreckt vor diesem einzelnen, vor diesem gefährlichsten Mann Griechenlands! Keiner traute sich, ihn aufzuhalten oder anzugreifen. Aber aus der Ferne schossen sie ihre Pfeile ab. Sie warfen ihre Speere nach ihm. Und da fiel Alkibiades, von Blut überströmt. Er starb 404 v. Chr. im 36. Lebensjahr. Timandra umhüllte seinen Leichnam mit ihren eigenen Kleidern.

In dieser Stunde war Griechenlands Macht endgültig gebrochen. In dieser Stunde senkte sich der Vorhang vor der glänzenden Geschichte Griechenlands. In dieser Stunde trat die erste Weltmacht Europas ab.

Dieser Mann war ein Geschenk des Himmels an die Erde. Aber der Himmel ist sehr sparsam mit solchen Geschenken. Er spendet sie nur alle 1000 oder 2000 Jahre.

470 Jahre v. Chr. wurde der Mann geboren, der die Einsicht, die Vernunft, den Geist und die Moral auf eine Höhe stellte, wie niemand vor ihm. Er brachte die Menschheit um einige Jahrhunderte vorwärts, näher zur »Menschlichkeit« und näher zu Gott. Dieser Mann war ein Geschenk des Himmels an die Erde. Aber der Himmel ist sparsam mit solchen Geschenken. Er spendet sie nur alle 1000 bis 2000 Jahre.

Der Vater des Sokrates hieß Sophroniskos. Er war Bildhauer und braver Bürger. Die Mutter hieß Phainarete, Hebamme ihres Zeichens, eine Frau, die wahrscheinlich »das Herz auf dem rechten Fleck« hatte. Beide starben eines natürlichen Todes: endgültig und ohne Widerruf.

Der Sohn aber geriet mit den Gesetzen in Konflikt, wurde zum Tode verurteilt – und wurde unsterblich.

Unsere wichtigsten Quellen über das Leben und Wirken des Sokrates sind der griechische Historiker Xenophon und der griechische Philosoph Platon. Beide waren rund 45 Jahre jünger als Sokrates, berichten – und dichten – daher aus persönlicher Anschauung über die letzten zehn oder zwölf Jahre seines Lebens.

Xenophon, ein leidenschaftlicher Sportsmann, Landwirt und Offizier, war Aristokrat, fühlte sich im demokratischen Athen nicht wohl, ging nach Persien und nahm am Feldzug des jüngeren Kyros teil. Dann kämpfte er auf Seiten der Spartaner und wurde daher aus Athen verbannt. Als er 354 v. Chr. starb, hinterließ er eine recht umfangreiche Bibliothek aus eigener Feder: eine hellenische Geschichte; ein Werk über den Staat der Spartaner; einen pädagogisch-politischen Tendenz-Roman; die berühmte ›Anabasis‹, worin er den Zug der 10 000 griechischen Söldner von Babylon nach Thrakien schildert; ein Buch über die Pflichten des Kavallerieoffiziers, ein Werk über Haushalt und die Pflichten der Frau: das ›Gastmahl‹ sowie vier Bücher Erinnerungen, ›Apomnemoneumata‹. In diesen vier Büchern verteidigte er Sokrates gegen die vorgebrachten Anklagen. Die Bücher sind keine literarischen Meisterwerke. Sie werden dem Philosophen nicht gerecht und schildern uns einen »kleinen« Sokrates, während Platon den Sokrates erhöht und steigert. Xenophon war eben nur ein Mann von mäßiger Begabung, Platon einer der größten Denker der Weltgeschichte.

Fast alle Werke des Platon sind in Dialogform abgefaßt. Außer in einem ist Sokrates immer Hauptperson. Es ist schwer, bei Platon Phantasie von Erlebtem zu trennen. Aber er schildert den Sokrates so wirklichkeitsnah und lebendig, daß Platon ein größeres Genie gewesen wäre als Sokrates, hätte er das alles erfunden! Wie sein großer Lehrer Sokrates, suchte Platon zu einer sicheren Grundlage unseres Denkens vorzudringen. Alle seine Prosawerke sind uns erhalten, ein gigantischer Turmbau menschlicher Erkenntnis und das großartigste Denkmal für Sokrates.

Sokrates selbst schrieb nie.

Er verstand etwas von Geometrie und Astronomie. Vielleicht besaß er auch bildhauerische Fähigkeiten. Er dachte ganz und gar nicht geringschätzig von den Wissenschaften, verzichtete aber auf alle Forscherarbeit, um sich ganz der sittlichen Gesamtaufgabe der Menschheit und der Besserung der Menschen zu widmen. Der Politik versuchte er aus dem Wege zu gehen, und er vermied es mit Erfolg, ein Amt im Staat zu bekleiden. Er meinte, eine öffentliche Stellung würde ihn zu Kompromissen in seinen Anschauungen zwingen, und Kompromisse gab es nicht für diesen Mann. Nur ein Jahr lang, 406–405 v. Chr., war er Mitglied des »Rates der 500« zu Athen. »Wer«, so sagte er, »für die Gerechtigkeit streiten will, muß ein zurückgezogenes Leben führen, nicht ein öffentliches. Denn, wißt nur, ihr Athener, wenn ich Staatsgeschäfte betrieben hätte, so wäre ich schon längst umgekommen und hätte weder euch genützt noch mir selbst.«

In den Komödien machte sich Athens Dichter über seine Armut lustig. Ganz sicher hielt Sokrates nichts von persönlichem Besitz.

Wahrscheinlich heiratete er erst später Xanthippe, die ihm drei Söhne schenkte. Wie so oft, waren diese Nachkommen eines Genies unbedeutende Schatten ihres titanischen Vaters. Der Vater hatte alle geistige Kraft für einige Generationen verbraucht. Der Ruf der Xanthippe als Hausdrachen ist nicht zuverlässig bewiesen. Xenophon berichtet allerdings, sie habe ein etwas stürmisches Temperament gehabt. Man muß dabei bedenken, daß es kein reines Vergnügen war, mit Sokrates verheiratet zu sein. Obgleich Sokrates ein guter Soldat war – er nahm an drei

Nach der Hinrichtung errichteten die Athener dem Sokrates aus Reue eine Bronzestatue. Es geschah 380 v. Chr., also neunzehn Jahre nach Sokrates' Tod. Der Bildhauer erinnerte sich noch gut an die Züge des großen Philosophen. Unser Foto: eine Kopie der Plastik aus dem Altertum.

Feldzügen teil – schien er äußerlich eine ziemlich groteske Figur. Klein und rund, mit hervorquellenden Augen, platter Nase, breiten Nasenflügeln und großem Mund, war er eben keine Schönheit. Innerlich aber leuchtete, glühte, kochte und sprühte er, »dieser gescheiteste und einsichtigste Mann des ganzen Zeitalters«, wie sich Platon ausdrückt. Seine Selbstbeherrschung, seine Widerstandskraft waren beispiellos. Er hatte sich so in der Anspruchslosigkeit geübt, daß er mit dem nur Allernotwendigsten gut auskam. Dabei war er kein Asket. Er kannte die sogenannten Genüsse des Lebens, auch wenn er ihnen nicht nachging. Und er konnte unter Freunden und bei Festen so fröhlich und witzig sein, daß sich alles um ihn gruppierte. Er war der festen Überzeugung, daß er selbst unvollkommen sei, wie Menschen eben sind, und er hielt es für seine von Gott gestellte Aufgabe, seinen Mitmenschen zu dienen, indem er ihnen den Weg zur Vernunft und damit zur Güte wies. Er wußte auch, daß man Menschen nicht durch den erhobenen Zeigefinger überzeugen kann, sondern nur, wenn man ihre Freundschaft und ihr Vertrauen gewinnt. Er hatte auch Mitleid und Mitgefühl für die Schwachen, die weniger Begabten und Einfältigen.

Fast sein ganzes Leben verbrachte Sokrates im Freien, auf den Straßen, auf dem Marktplatz und im Gymnasium. Von ländlichem Aufenthalt hielt er nichts, und seine Heimatstadt Athen verließ er so wenig wie Kant sein Königsberg. Von sich selbst sagte Sokrates: »Ich weiß, daß ich nichts weiß.« Wenn er mit den Menschen sprach, die sich weise dünkten, und in sehr klar und logisch geführten Gesprächen merkte, daß sie keine zusammenhängende Darstellung von ihrer Weisheit geben konnten, dann war er doch wieder überzeugt, daß er weiser sei als alle anderen: denn er allein wußte ja um sein Unwissen. »Erkenntnis«, das war für Sokrates das Höchste, was er gab, und von seiner Mission, allen Menschen die Bedeutung von Erkenntnissen klarzumachen, war er so restlos erfüllt, daß ihm daneben alles andere unwichtig erschien. Mochte er arm sein, mochte er auch mal hungern, mochte er verlacht werden, er ertrug alles mit großartigem Gleichmut. Ja, er wollte lieber den Tod erdulden, als seiner Überzeugung untreu werden. Er trug weder Schuhe noch Hemd, und sein Mantel war Sommer und Winter derselbe. Er war völlig unabhängig von den tausend Dingen, die den Menschen seiner Umgebung so wichtig erschienen. Ein Sklave, so meinte sein Zeitgenosse Antiphon, wäre davongelaufen, wenn man ihn gezwungen hätte, so zu leben.

Ein treuer und ergebener Sohn seiner Vaterstadt Athen war Sokrates, ein wahrer Patriot, ein Mann von ganz ungewöhnlicher Zivilcourage. Gegen die allgemeine Strömung, gegen den guten Ton, gegen alle Volkstümlichkeit, gegen das, was man so gemeinhin zu tun und zu denken pflegte, gegen die Zeiterscheinungen stellte er sich entschlossen hin und verkündete, daß nur der menschliche Geist die Quelle aller Begriffe sei und aller moralischen Ideen. Unabhängig von den jahrtausendealten Erkenntnissen der Propheten des Alten Testaments, ohne etwas von den Gottsuchern von Mesopotamien und Canaan zu wissen, erkannte Sokrates, daß es Dinge gäbe, die Gott allein versteht, daß es eine einzige göttliche Intelligenz gibt, die in allen Dingen wirkt. Ein Werk dieser höchsten Intelligenz, den Göttern verwandt, ist auch der menschliche Geist. Und da war noch etwas, etwas Geheimnisvolles, das man nur ahnen, aber nicht wissen konnte. Es gab eine unsichtbare Verbindung des Göttlichen mit dem Menschlichen, und davon spürte er etwas in sich selbst, sein Ich, und noch etwas anderes, das bei jedem falschen Schritt ihn warnend mahnte, seine Seele. Sokrates war von der Unsterblichkeit der Seele fest überzeugt. Es ist erstaunlich, wie weit er das Denken Griechenlands 400 Jahre v. Chr. an das Neue Testament heranführte, und es ist kein Zufall, daß die Kultur unseres Abendlandes auf Griechenland fußt, auf der Religion Christi und auf Sokrates, der ahnungslos beide verband.

Vor Sokrates diente die Philosophie der Erforschung aller Natur-Erscheinungen. Seit Sokrates mußten die Philosophen beginnen, sich auch mit der »Tugend« zu beschäftigen, mit dem »menschlichen Tun und Treiben«. Sokrates war darin wie ein Heiliger, denn er suchte nicht nur zu erkennen, sondern vor allem zu bilden, und er lehrte, daß alles Forschen nur einen Sinn haben könnte: den Menschen besser zu machen. So holte er als erster die Philosophie vom Himmel herab und siedelte sie in den Städten, in den Häusern, in den Menschen an. Er wurde der Schöpfer der philosophischen »Ethik«. Ethik aber kommt vom griechischen Wort »ethos« und bedeutet Gesinnung, Sittlichkeit, Charakter.

Zu Lebzeiten des Sokrates florierte in Athen eine Gruppe griechischer Philosophen, von denen eine bedeutsame geistige Bewegung ausging, die Sophistik. Das Wort »sophistes« bedeutet »Weisemacher«. Die Sophisten waren Wanderlehrer, die Unterricht gegen hohe Bezahlung erteilten. Die von ihnen vermittelte Bildung wurde also nur Wohlhabenden zuteil. Sie lehrten Philosophie, Literatur, Kunst, Grammatik, Mathematik, Astronomie und vor allem Staatswissenschaft. Sie förderten damit die Spezialisierung der einzelnen Wissenschaften und machten ihre Schüler zu tüchtigen Männern im Staats- und Privatleben. Nach ihrer Ansicht gab es keine absolute Wahrheit. Damit gab es auch keine absolute Moral. Und der Verstand beseitigte die Bindungen des einzelnen an Religion und Gesellschaft. Schließlich wurde das Spezialistentum der Sophisten fast so gefährlich wie heute. Der Egoismus nahm überhand, und man folgte dem Satz: »Erlaubt ist, was nützt.« Die Sophisten lehrten ihre Schüler, über jedes Thema für und wider zu reden. Dadurch konnte man auch dem Unrecht zum Siege verhelfen. Und endlich drohte eine von den Sophisten gar nicht beabsichtigte allgemeine Verwüstung der Moral. Sokrates erkannte diese Gefahr und nahm den Kampf gegen die Sophisten beherzt auf.

Nun darf man nicht übersehen, daß Griechenland zu Lebzeiten des Sokrates noch den alten Dämonen huldigte, Götzen, Göttern und Gespenstern. Noch hatte Griechenlands Götter sehr menschliche und sehr unmoralische Eigenschaften. Märchen und Sagen holten die tollsten Liebesgeschichten und Liebeshändel vom Himmel herunter. Mysteriendienste und Eroskulte wucherten in ganz Griechenland. Die Wut der Athener über die Verschandelung der Hermen und die Tatsache, daß man gerade dieses »gefährlichste« Verbrechen wählte, um Alkibiades

Vielleicht gingen diese Münzen durch die Hände des Sokrates, denn sie waren noch zu seiner Zeit in Umlauf. Links: Ein Zwei-Drachmen-Stück aus Silber mit dem Kopf der Nike. Mitte: Ein Zehn-Drachmen-Stück aus Syrakus aus dem Jahre 405 v. Chr.; fünf Drachmen kostete etwa ein Stier. Rechts: Ein Zwei-Drachmen-Stück aus Achaia mit dem Haupt der Göttin Artemis.

zu beseitigen, beweisen, wie tief Athen noch in der Auffassung primitiver Vielgötterei steckte. Sokrates war seiner Zeit weit voraus. Er sagte offen, daß Griechenlands ganze Mythologie Dichtererfindung sei. Jeden, den er traf, hielt er fest und bewies ihm mit unausweichlicher Logik, daß nur der gesunde Menschenverstand Erkenntnisse sammeln könne und daß nur Gott über den menschlichen Erkenntnissen stehe. So wurde Sokrates der Schrecken der Stadt, bewundert und verehrt nur von einer kleinen Zahl seiner Anhänger. Er wurde verkannt. Er wurde verlacht. Aristophanes, der große Komödienschreiber seiner Zeit, entstellte den barfüßigen Philosophen in seiner Komödie ›Die Wolken‹. Dieses Stück sollte beweisen, wie die Jugend von Sokrates auf den Weg der Gottlosigkeit und Unehrlichkeit geführt wird, und ein gekränkter Vater schickt sich an, den Philosophen zu verbrennen. Das alles hätten die Athener noch ertragen, wäre nicht Sokrates auch gegen die Grundidee der Demokratie aufgetreten. Wenn die Moral die Erkenntnis der Vernunft ist – auch König Salomo lehrt das im Alten Testament –, so kann nur der Vernünftigste regieren, niemals das Volk. Vielleicht war es Sokrates' Pech, daß sich zu seiner Zeit ein Regent mit einer alle anderen überragenden Intelligenz nicht finden ließ. Alkibiades jedenfalls entsprach diesem Ideal nicht.

Im Jahre 404 v. Chr. hatte Sparta die Übergabe Athens erzwungen. Athens Mauern wurden geschleift. Sparta hatte gesiegt.

Wer war schuld? Wer hatte das alles heraufbeschworen?

Alkibiades!

Und wer war Alkibiades?

Sokrates' Schüler!

Wer aber hatte den Alkibiades nach der Verbannung zurückgerufen? Kritias! Auch dieser Kritias, einer der 30 Tyrannen, ein Quisling der Spartaner im Jahre 404 v. Chr., war ein Schüler des Sokrates.

Im Jahre 403 v. Chr. wurde eine große Amnestie verkündet, und Sokrates konnte wegen früher vorgefallener Dinge nicht unter Anklage gestellt werden. Im Jahre 399 v. Chr. wählte man daher eine sehr allgemeine Form der Anklage: »Irreführung der Jugend sowie Verachtung der alten Götter und Huldigung neuer.«

Ankläger war ein unbedeutender und ziemlich obskurer Mann namens Meletos. Hinter der Anklage stand aber der einflußreiche Anytos. Hinter der Anklage stand das besiegte, geplagte, schwerfällige, in altem Glauben befangene Volk von Athen. Hinter der Anklage stand die ganze Welt der damaligen Zeit.

»Ihr werdet mich leichtsinnig hinrichten, dann aber euer Leben weiter
fortschlafen, wenn euch nicht Gott wieder aus Erbarmen einen anderen
schickt.« Das sagte Sokrates 399 v. Chr.　　　　　Platons ›Apologie‹.

So wie die großen Liebenden nur dann rein und unsterblich in
der Erinnerung der Menschheit dastehen, wenn der Tod ihre
Liebe besiegelt, so scheinen auf dieser Erde auch die großen
Morallehrer ihr höchstes Wollen mit dem Tode unterschreiben
zu müssen, damit man ihnen glaubt: Unter Martern, auf dem
Scheiterhaufen, in der Arena eines Nero oder am Kreuz. Sokrates
mußte den Becher mit dem Gift des Schierlings trinken. Alle
Teile dieses Doldenblütlers enthalten das giftige Alkaloid »Coni-
in«. So wie Griechenland das Vorbild unserer abendländischen
Kultur ist, so scheinen die menschlichen Schwächen des Markt-
platzes und der Gassen von Athen für alle Jahrhunderte Vorbild
zu bleiben. 430 Jahre nach der Hinrichtung des Sokrates ging
dasselbe Geflüster durch die engen Straßen von Jerusalem:
»Kreuziget ihn!« Und wieder 1500 Jahre später zischte es durch
die Gassen von Rouen: »Auf den Scheiterhaufen mit Johanna!«
　　Sokrates wurde wie Johanna wegen »Ketzerei« hingerichtet.
In unserem Sinne war er ein Heide. Und das Wort Ketzerei war
noch nicht erfunden. Aber man beschuldigte ihn, die Götter,
denen Athen huldigte, nicht anzuerkennen, dagegen anderen
Göttern zu dienen. Das, was die Ankläger »andere Götter«
nannten, war eine innere Stimme, der Sokrates folgte, die in
Träumen zu ihm sprach und die er als Botschaft Gottes empfand.
Er nannte dieses Zeichen vom Himmel »sein Daimonion«. Au-
ßerdem lautete die Anklage auf Irreführung der Jugend. Wenn es
Irreführung war, statt der Erforschung der Natur die Tugend
zum höchsten Ziel der Philosophie zu erheben, so hätten die
Ankläger recht gehabt. Überhaupt haben ja Ankläger immer
recht – solange der Angeklagte noch lebt. Später ändert sich das
Bild – zugunsten der Wahrheit.
　　Als Strafe forderte man den Tod. Der Prozeß ergab 281 gegen
220 Stimmen für Schuldigsprechung und 300 gegen 201 Stimmen
für das Todesurteil. Platon hat uns des Sokrates' Verteidigungs-
rede, die berühmte Apologie, überliefert. Sokrates verteidigte

sich so, daß sich seine Richter gegen ihn entscheiden mußten, und bewies trotzdem, daß sie unrecht hatten. Es ist nicht wahr, daß Sokrates sich absichtlich nicht ernsthaft verteidigen wollte, weil ihm an der Fortsetzung seines Lebens nichts lag. Gewiß, er war 70 Jahre alt, er hatte sich »vollkommen ausgelebt«, wie Ranke sagt, er hatte sein Tagewerk vollbracht. Und doch kapitulierte er nicht. Er zwang seine Richter, ihn unschuldig zu verurteilen, um seine Lehre für alle Zeit in die Herzen der Menschen einzugraben. Damit stellte er sich auf die Stufe der großen Heiligen. Sokrates' Rede, wie sie uns Platon übermittelt, ist eine der großartigsten und schönsten Rechtfertigungen eines einsamen Genies der Menschheit, das nur für ein besseres Menschentum kämpfte.

»Wenn ich unterliege, dann unterliege ich nicht dem Meletos und nicht dem Anytos, sondern dem Haß der Menge, dem schon viele treffliche Männer unterliegen mußten, und, glaube ich, noch ferner unterliegen werden ...« Es ist, als ob Sokrates Christus vorausahnte. »Eben deshalb bin ich verhaßt, und das ist ein Beweis dafür, daß ich die Wahrheit rede ... Unter euch, ihr Menschen, ist der der Weiseste, der wie Sokrates einsieht, daß er, was die Weisheit anbelangt, in der Tat nichts wert ist ... Ich habe nicht Muße gehabt, in tausendfältiger Armut lebe ich wegen dieses dem Gott geleisteten Dienstes ... Denn nichts anderes tue ich, als daß ich umhergehe, um jung und alt unter euch zu überreden, ja nicht für den Leib und für das Vermögen zu sorgen, sondern für die Seele ... Ich bin euch, ihr Athener, zwar zugetan und Freund. Gehorchen aber werde ich dem Gott mehr als euch. Solange ich noch atme und es vermag, werde ich nicht aufhören, nach Weisheit zu suchen und euch zu ermahnen ... Bester Mann, du Athener aus der größten und an Weisheit und Macht berühmtesten Stadt! Schämst du dich nicht, für Geld zu sorgen, für Ruhm und Ehre? Für Einsicht aber und Wahrheit und für deine Seele sorgst du nicht? ... Und hieran willst du nicht denken? ... Sprecht mich nun frei oder nicht, ich werde auf keinen Fall anders handeln und müßte ich noch so oft sterben ... Leid zufügen wird mir weder Meletos noch Anytos. Sie können es nicht. Denn es ist nicht möglich, daß dem besseren Mann von dem schlechteren Leides geschehe ... Daher auch, ihr Athener, bin ich weit entfernt, mich um meiner selbst willen zu verteidigen, sondern um euretwillen, damit ihr nicht gegen Gottes Gabe in euch sündigt ... Ihr werdet vielleicht verdrießlich wie die Schlafenden, wenn man sie aufweckt. Ihr werdet, dem Anytos folgend, mich leichtsinnig hinrichten, dann aber euer Leben weiter fortschlafen, wenn euch nicht Gott wieder aus Erbarmen einen anderen zuschickt ... Ich habe oft gesehen, daß manche, die sich etwas dünken, vor Gericht ganz wunderliche Dinge anstellten. Sie meinten, es sei sehr schlimm, wenn sie sterben müßten. Als ob sie unsterblich wären, wenn ihr sie nicht hinrichtet! ... Niemand weiß, was der Tod ist, nicht einmal, ob er nicht für den Menschen das größte ist unter allen Gütern ...«

So sprach Sokrates vor der Verurteilung. Und nach der Verurteilung sagte er: »Dieses nun mußte so kommen, und ich glaube, daß es ganz gut so ist ... Ist aber der Tod wie eine Auswanderung von hinnen an einen anderen Ort, und ist es wahr, was gesagt wird, daß dort alle Verstorbenen sind, was für ein größeres Gut könnte es wohl geben als dieses, ihr Richter? Wenn einer in der Unterwelt anlangt, wenn er sich dieser sogenannten Richter entledigt hat und dort die wahren Richter antrifft, wäre das wohl ein schlechter Tausch? ... Ich wenigstens will gern oftmals sterben, wenn das wahr ist ... Mir wäre es ein herrliches Leben, mein Geschick mit denen zu vergleichen, die eines ungerechten Gerichtes wegen gestorben sind ... Nicht nur sonst ist man dort glückseliger als hier; man ist auch unsterblich ... Für einen guten Mann gibt es kein Übel, weder im Leben noch im Tod ... An meinen Söhnen, wenn sie erwachsen sind, nehmt eure Rache. Quält sie so, wie ich euch gequält habe, wenn euch scheint, daß sie sich um Reichtum mehr bemühen als um Tugend ... Jedoch, es ist Zeit, daß wir gehen, ich, um zu sterben, und ihr, um zu leben. Wer aber von uns beiden zu dem besseren Geschäft hingeht, das ist allen verborgen außer nur Gott.«

Sokrates lebte in den Tagen nach seiner Verurteilung genauso wie alle Jahre zuvor. Er führte genau die gleichen Gespräche, die er immer zu führen pflegte. Ja, er war mit dem Aufenthalt im Gefängnis vollkommen zufrieden, da das Gefängnis und die Fesseln ihn zum Philosophieren geradezu zwangen. »Auf dem Markte nämlich wurde ich immer von allerlei Leuten abgelenkt.«

»Aber auf welche Weise sollen wir dich begraben?« fragte Kriton. »Wie ihr wollt«, sagte Sokrates, »wenn ihr mich nur wirklich haben werdet und ich euch nicht entwischt bin.« Dabei lächelte Sokrates ganz ruhig und sagte, indem er seine Freunde ansah: »Diesen Kriton, ihr Männer, überzeuge ich nicht. Er glaubt, ich sei der Sokrates, den er nun bald tot sehen wird. Daß ich aber nicht länger bei euch bleiben werde, sondern fortgehe zu den Herrlichkeiten der Seligen, das – meint er – sage ich nur so, um euch zu beruhigen und mich dazu.«

Nachdem er gebadet hatte und man seine Kinder und die ihm angehörigen Frauen zu ihm brachte, sprach er mit ihnen in Kritons Beisein. Er trug ihnen auf, was er wünschte, und hieß die Weiber und Kinder wieder gehen. »Und es war schon nahe am Untergang der Sonne.« Da kam der Gefängniswärter und sagte: »Oh, Sokrates, über dich werde ich mich nicht zu beklagen haben wie über andere, daß sie mir böse werden oder fluchen, wenn ich ihnen ansage, das Gift zu trinken. Dich habe ich erkannt als den Edelsten, Sanftmütigsten und Trefflichsten von allen, die sich jemals hier befunden haben. Lebe wohl und suche so leicht als möglich zu tragen, was nicht zu ändern ist.« Der Mann des Gefängnisses weinte, wendete sich um und ging. Sokrates sah ihm nach und sprach: »Wie fein der Mensch ist, so ist er die ganze Zeit mit mir umgegangen, und nun beweint er mich.« Kriton sagte: »Die Sonne scheint noch in die Berge. Sie ist noch nicht untergegangen. Ich weiß, daß andere erst ganz spät den Giftbecher getrunken haben. Die haben noch gut gegessen und getrunken. Einige ließen sogar noch Schöne zu sich kommen, nach denen sie Verlangen hatten. Also übereile dich nicht, denn es hat noch Zeit.« Da sagte Sokrates: »Jene hatten ganz recht, so zu tun, denn sie meinten, etwas zu gewinnen. Ich meine aber nichts zu gewinnen, wenn ich etwas später trinke. Ich würde mir nur lächerlich vorkommen, wenn ich am Leben klebte.« Da winkte Kriton einem Knaben. Der ging hinaus und führte bald den herein, der dem Sokrates den Trank reichen sollte. Er brachte ihn schon zubereitet im Becher. Als Sokrates den Menschen sah, sprach er: »Nun, Bester, du verstehst es ja, wie muß man es machen?« – »Nichts weiter«, sagte der, »wenn du getrunken hast, herumgehen, bis dir die Schenkel schwer werden, dann dich niederlegen, so wird es schon wirken.« Damit reichte er dem Sokrates den Becher. Der nahm in getrost, ohne im mindesten zu zittern oder Farbe oder Gesichtszüge zu ändern. »Beten darf man doch zu den Göttern. Man muß beten, daß die Wanderung von hier dorthin glücklich sei, weshalb ich hiermit bete. So möge es geschehen.« Wie er dies sagte, setzte er an, und ganz frisch und unverdrossen trank er aus.

Platon läßt Phaidon sprechen: »Von uns waren die meisten bis dahin imstande, an sich zu halten, daß sie nicht weinten. Als wir aber sahen, daß er trank, nicht mehr. Mir selbst flossen die Tränen mit Gewalt, nicht tropfenweise, so daß ich mich verhüllen mußte, um mich auszuweinen.« ... Apollodoros brach völlig aus, weinend, und es war keiner, den er nicht durch sein Weinen erschüttert hätte, bis auf Sokrates selbst. Sokrates sagte: »Was macht ihr denn, ihr wunderlichen Leute. Ich habe deswegen die Weiber weggeschickt, denn ich habe immer gehört, man müsse still sein, wenn einer stirbt.«

Als wir das hörten, schämten wir uns. Wir unterdrückten das Weinen. Er aber ging umher, und als er merkte, daß ihm die Schenkel schwer wurden, legte er sich gerade auf den Rücken, denn so hatte es ihm der Mensch geraten. Darauf berührte ihn der, der ihm das Gift gegeben hatte, von Zeit zu Zeit und untersuchte seine Füße und Schenkel. Dann drückte er ihm den Fuß stark und fragte, ob er es fühle. Sokrates sagte: »Nein.« Darauf die Knie, und so ging er immer höher hinauf und zeigte uns, wie Sokrates erkaltete und erstarrte. Als ihm nun der Unterleib fast ganz kalt war, da enthüllte er sich. Und das waren seine letzten Worte: »Oh, Kriton, wir sind dem Asklepios einen Hahn schuldig. Entrichtet ihm den, und versäumt es ja nicht.« – »Das soll geschehen«, sagte Kriton, »hast du sonst noch etwas zu sagen?«

Sokrates antwortete nicht mehr. Bald darauf zuckte er. Da waren seine Augen gebrochen.

Venuspferdchen

»Von den musikliebenden, geldherausfordernden Vogelstellerinnen, den aufgeputzten Venuspferdchen, wie sie der Reihe nach Parade stehen, in durchsichtigen Spinnenfädchen, wie Nymphen an den heiligen Wassern des Eridanos.«

Athenaios (gest. 192 n. Chr.) im Sophistenmahl.

Selbst wer die viel zu viel umworbenen Bücher des Sexualstatistikers Dr. Alfred Kinsey gelesen haben sollte, wird nicht wissen, was ein »Henkelkuß« ist. Dem Kinsey fehlt niemals eine Zahl. Ihm fehlt nur der Charme. Und den hatten die Griechen.

Es gab im alten Griechenland eine Komödie ›Anteia‹, die ein gewisser Eunikos gedichtet hatte. Ein einziger Vers dieses Lustspiels ist uns erhalten. Und der ist wie ein Lichtstrahl über 2400 Jahre hinweg, wie das Aufblinken der Lebensfreude und Lebenslust eines Volkes, das wahrlich zu lachen und zu lieben verstand. Die Zeile, die ich meine, lautet: »Nimm bei den Ohren mich und gib den Henkelkuß!«

Durch einen Zufall ist uns der 2400 Jahre alte zierliche Schuh einer griechischen Straßendirne erhalten. Auf die Sohle dieses Schuhs ist das Wort »folge mir« aufgenagelt. Beim Gehen des losen Mädchens prägte sich die kecke Aufforderung in die weiche Straßenerde ein. Man war erfinderisch in Griechenland, nicht wahr? Man war nicht prüde. »Schmachtende Liebe war dort und Sehnsucht, süßes Getändel und einschmeichelnde Bitte, die selbst den Weisen betört.« So Homer über Aphrodite, und die Verse passen gut zu den Griechen überhaupt.

Homer lebte um 800 v. Chr., und die Zeit, die er schildert, liegt 1200 Jahre vor dem Nazarener. Es scheint, als ob die Frauen der Homerischen Schilderungen eine viel würdigere Stellung im Hause und in der Stadt einnahmen als die Frauen der sogenannten historischen Zeit (800–167 v. Chr.). Wer hatte die Frau entthront?

Was führte dazu, daß die historische Griechin nur noch gut »orientalisch« behandelt wurde?

Wie kam es, daß das gesamte weibliche Geschlecht in den Augen der Männer Verachtung fand?

Warum mußte die Frau in dem für sie bestimmten Teil des Hauses, in der »Gynäkonitis«, in einer Art Sklaverei leben?

Niemand hatte diese Fragen bisher beantwortet. Aber der Abstieg der griechischen Frau vom »Subjekt« zum »Objekt« im Laufe einiger dunkler Jahrhunderte ist unverkennbar. Wie die verschiedenen Epochen der Menschheits-Geschichte die Frau einschätzten, erfährt man am besten, wenn man prüft, wie sie zu haben waren. Bei Homer muß man die Braut noch den Eltern abkaufen. Allmählich wird sie billiger. Und schließlich gibt es noch etwas dazu. Da gibt der Vater der Tochter eine Mitgift, oder – er muß sie behalten.

Die griechischen Männer waren sehr auf ihre Freiheit bedacht. In dem Maße, in dem persönliche Freiheit des Mannes wuchs, büßt die Frau ihre Freiheit ein. Und gleichzeitig blühte die bei Homer noch ganz unbekannte Verirrung zur Knabenliebe.

Der Mann in Athen verbrachte sein Leben im Freien, draußen auf dem Marktplatz – also in der »Agora« –, im Gymnasium, bei seinen Geschäften, auf Versammlungen. Die Frauen verbrachten den größten Teil ihres Lebens abgeschlossen im Hause. Junge Mädchen und junge Frauen durften keine Männer sehen, auch nicht von Männern gesehen werden. Verlieben konnten sie sich also nicht, und Liebesehen wurden selten geschlossen. Nur auf öffentlichen Festen, bei religiösen Feiern, beim Begräbnis, beim Opfer im Tempel wurden Blicke gewechselt. Darum freuten sich die griechischen Mädchen auf eine Begräbnisfeier, so wie sich heute wohlgehütete junge Mädchen auf einen Ball freuen. *Wen* das Mädchen heiraten wollte, wurde nicht gefragt. Es sollte recht jung sein, zwischen 16 und 20. Und der Mann sollte nicht heiraten, ehe er 30 oder 35 Jahre alt war. Im allgemeinen waren die Männer doppelt so alt wie ihre Bräute.

Der griechische Philosoph Aristoxenos, der im 4. Jahrhundert v. Chr. lebte, meinte, man solle Knaben durch andauernde körperliche Ausarbeitung mit Sport aller Art so beschäftigen und ermüden, daß sie keinerlei Verlangen nach den Freuden der Liebe verspürten, ja, daß sie bis zum 20. Lebensjahr von der

Linke Seite:
Von großer Anmut ist das Antlitz dieses Lapithen-Mädchens. Die Lapithen waren ein sagenhaftes Volk in Thessalien. Bei der Hochzeit des Lapithen »Peirithoos« suchten die als Gäste geladenen Kentauren (Pferde mit menschlichem Oberkörper) in der Trunkenheit die Weiber zu rauben. Die Statue entstand zehn Jahre nach der Geburt des Sokrates, 460 v. Chr., auf dem Zeustempel zu Olympia. Man erkennt noch, aus dem Nichts wachsend, die Hand des Kentauren im Haar.

Liebe überhaupt keine Ahnung hätten. Selbst wenn sie dann dieses Alter erreichten, sollten sie die Wonnen der Liebe nur selten genießen.

Das weibliche Geschlecht erschien den Griechen untergeordnet, in geistigen Fähigkeiten vernachlässigt, untüchtig zum öffentlichen Leben und nur der Sinnlichkeit und der Fortpflanzung dienend. Die Natur, so glaubte man, habe dem Weibe einen Platz tief unter dem Mann angewiesen. Das Leben der Frauen und ihr Tun wurde außer in ihrem nächsten Kreise im Hause kaum beachtet. Die Frau sollte ihrem Gatten gehorchen, Kinder erziehen, die Hausarbeiten der Sklaven beaufsichtigen, spinnen, weben, sticken und sich möglichst schön erhalten. Öffentliche Rechte hatte sie nicht. Sie wurde in Athen lebenslänglich als unmündig betrachtet. Ja, was ein Mann auf Rat oder Bitten eines Weibes tat, hatte vor dem Gesetz keine Gültigkeit.

Die Erziehung der Mädchen war den Müttern und den Wärterinnen überlassen, weshalb »gebildete« Frauen eine Seltenheit waren. Das »Frauen-Zimmer«, die »Gynäkonitis«, war nicht direkt ein Kerker, auch kein verschlossener Harem, aber doch ein enger Raum, der den Frauen für Lebenszeit zum Aufenthalt angewiesen war. Bis zur Verheiratung wurden die Jungfrauen hinter Schloß und Riegel gehalten. Eine junge Frau durfte ohne Wissen ihres Mannes das Haus niemals verlassen. Dem Mann war es erlaubt, sie einzuschließen, und der Umgang der Frau beschränkte sich hauptsächlich auf ihre Sklavinnen. In Sparta war es umgekehrt. Die Mädchen wurden absichtlich ziemlich freiem Umgang mit Männern ausgesetzt, während die Ehefrauen abgeschlossen leben mußten. Symbol für das eingeschlossene Leben der Athenerin war dagegen die Schildkröte, auf die der Bildhauer Phidias seine Urania treten läßt. Viele griechische Männer hielten ihre Frauen ganz unter Verschluß. Damit nicht genug, versiegelten sie zur Vorsicht noch die Tür der Gynäkonitis.

Diese Abschließung hatte besonders bei den Mädchen große Unerfahrenheit und Schüchternheit zur Folge, oft auch Einfalt und übertriebene Sprödigkeit. Aber sie verlieh den Athenischen »Teenagern« auch etwas Rührendes, den Charme des Sich-ergeben-Müssens und Duldsamkeit. Die griechischen Mädchen waren so, wie vielleicht heute nur noch die Japanerin ist. Die züchtige Verschämtheit der attischen Jungfrauen stand in schärfstem Gegensatz zur Dreistigkeit der spartanischen Maiden und der Barbaren-Mädchen. Man weiß ja, daß die Griechen alle

Diese in der Bewegung unnachahmliche Mantel-Tänzerin ist ein böoti-sche Terracotta-Statuette aus der Mitte des 3. Jahrhunderts v. Chr. Anti-kensammlungen, München. Foto: Hirmer.

Menschen in »Hellenen« und »Barbaren« einteilten. Wer nicht griechisch sprach, war Barbar, gleich, ob er einem wilden thrazi-schen Stamm angehörte, dem hochzivilisierten Ägypten oder dem prunkvollen Persien. Die Sprache der Nichtgriechen klang wie »bar-bar«, und »Barbara« war ursprünglich Name für eine ausländische Sklavin.

Eine verheiratete Frau zog sich in Athen errötend vom Fenster zurück, wenn sie vom Blick eines Mannes getroffen wurde.

Kopf der trauernden Gefährtin vom Grabmal der Mnesarete (Phryne). Das kleine Bild rechts zeigt die Gesamtansicht des attischen Grabmals aus der Zeit um 380 v. Chr. Antikensammlungen, München.

»Gentlemen« waren die Athener sicher nicht, denn sie waren von ihrem höheren Wert und von ihrer Würde allzusehr überzeugt. Aber die strenge Achtung von Ehe und Sitte war allgemein. Darum wird es auch nicht oft vorgekommen sein, daß Männer hinauf zu Fenstern Blicke warfen. Spartas strenger Gesetzgeber Lykurgos bestrafte unverheiratete Männer. Im Winter mußten sie nackt im Kreise um den Markt herumziehen, während man ein Spottlied auf sie sang. Durch Nachkommenschaft sollte man für das Fortbestehen des Staates sorgen. Auch diese Pflicht stützte die Keuschheit des ehelichen Verhältnisses.

Es war also das Los der Mädchen, einem unbekannten Manne für Lebzeiten in die Ehe gegeben zu werden, ihm Kinder zu schenken und bei seinem Tode zur »Erbmasse« zu gehören. Am Vorabend ihrer Hochzeit brachten die meist 15-, 16- oder 17jährigen Bräute ihre Puppen und eine Haarlocke in den Tempel und opferten sie der Artemis.

Die physische Seite der Liebe hielten die Griechen für eine

Krankheit oder eine mehr oder weniger heftige Form des Wahnsinns. Denn die Liebe, so glaubten sie, beruhe auf einer Störung des gesunden Gleichgewichts des Körpers und der Seele. Das Begehren war eine vorübergehende Trübung des Verstandes.

Nun machten die griechischen Männer sich wenig daraus, diese »Trübung des Verstandes« offen einzugestehen und ihr reichlich Nahrung zu geben. Man war unbefangen in diesen Dingen. Und eine Menge griechischer Schriften schildern den Umgang mit käuflichen Mädchen – mit Hetären –, den Frauen also, die nicht Mütter im Hause waren, sondern Freundinnen in der Öffentlichkeit. Der Ausdruck »Hetäre« bedeutet »Kameradin« oder »Gefährtin«. Das war etwas Besseres. Es gab aber auch die »Brücknerin«, also das Mädchen, das sich an den Brücken herumtrieb, die »Läuferin«, die durch die Straßen wandelte, die »Wölfin«, den »Gassenstaubfeger« und den »Würfel«, der von Hand zu Hand wanderte. Die Hetären waren zum Teil hochgebildet, beherrschten alle möglichen Künste, kannten sich in Literatur oder Philosophie aus oder spielten Musik. Bei ihnen fanden die griechischen Männer die geistige Anregung, die ihnen in der Familie fehlte, und Verkehr mit ihnen galt nicht als anstößig.

Die gescheiteste Hetäre war wohl die Aspasia aus Miletos, die Perikles' Freundin wurde. Glykera, eigentlich »Süßchen«, war die Geliebte des Dichters Menandros. Die Hetäre Gnathaina, eigentlich »Wängelchen«, ließ sich gern gemeinsam mit ihrer Enkelin in den Straßen erblicken, und diese schätzte sie im Wert doppelt so hoch ein wie sich selbst. Vor der Türe der Hetäre Lais schmachtete – nach den Worten des Properz – ganz Griechenland. Es gab zwei Hetären dieses Namens. Die ältere liebte den armen Zyniker Diogenes ohne jede Gegengabe, während der reiche Philosoph Aristippos von Kyrene zu ihr zwei Monate nach der Insel Ägina kam und alles mit barer Münze wiedergutmachte, was Diogenes sich schenken ließ. Als man dem Aristippos die Freundschaft mit der Lais zum Vorwurf machte, als man ihm sagte, er sei doch Philosoph und dürfe sich nicht ablenken lassen, antwortete er: »*Ich* habe die Lais, nicht sie mich!« Phryne, die eigentlich Mnesarete hieß, war die schönste, berühmteste und gefährlichste aller Hetären Athens. Ihre Schönheit bezauberte selbst den großen Bildhauer Praxiteles, und er formte nach ihrem Modell seine Aphrodite. Tausend Skandalgeschichten umrankten ihren Lebenswandel und bildeten das Tagesgespräch von Athen. Wegen Religionsfrevel angeklagt, wurde sie vom Redner Hypereides verteidigt. Als er sah, daß er die Richter nicht überzeugen konnte, riß er seiner schönen Klientin das Gewand vom Leib, und die Richter wagten es nicht, diese »Priesterin der Aphrodite« zu verurteilen. Solchen Einfluß hatte damals in Athen weibliche Schönheit! Phryne pflegte ein enganliegendes Hemd zu tragen – den Chiton – und benutzte niemals öffentliche Bäder. Als aber beim Poseidon-Fest das ganze Griechenvolk versammelt war, legte sie vor aller Augen die Gewänder ab, löste das Haar und stieg nackt ins Meer. Das gab dem Apelles die Anregung zu seiner aus dem Meer emporsteigenden »schaumgeborenen« Aphrodite.

Die Hetären waren ihren Liebhabern natürlich nicht treu, versetzten sie oft und brachten Unruhe in die Männerwelt. Wir hören von der Hetäre Niko, die ihrem Freund geschworen hat, ihn bei Anbruch der Nacht zu besuchen. Aber sie kommt nicht. Und da klagt der Freund: »Die Meineidige! Schon geht die Zeit der letzten Nachtwache zur Neige. Löscht die Lichter aus! Sie kommt nimmer!« Als die Hetäre Pythias ihren Freund, einen Dichter, zu sich bestellt, findet der Unglückliche die Türen verschlossen. Die Göttin der Nacht ruft er als Zeugin für das erlittene Übel an. Und der treulosen Pythias wünscht er, sie möge vor der Pforte eines Liebhabers das gleiche erleiden. Die Hetäre Philomene schrieb an Kriton: »Warum bemühst du dich mit langen Briefen? 50 Goldstücke brauche ich, aber keine Epistel. Liebst du micht, so gib! Liebst du aber dein Geld, dann belästige mich nicht mehr. Damit Gott befohlen!«

Die Hetären lockten ihr Haar, manikürten ihre Nägel, trugen hübsche Purpurgewänder. Ein gewisser Lukillos spottet: »Manche behaupten von dir, Nikylla, du hättest deine Haare gefärbt. Du hast sie aber doch schon schwarz auf dem Markt gekauft!«

Aristophanes hat uns einen Katalog von Gebrauchsgegenständen weiblicher Kosmetik hinterlassen, Utensilien sozusagen der »Geishas von Athen«. Da finden wir: Schärpen, Bänder, Spiegel und Schere, Schleier und Haarnetz, Gürtel und Pyjamas, Morgenrock, Schleppkleid und Hemd, Wachsschminke, Soda, Bleiweiß, Bimsstein und rote Schminke, Fuß- und Knöchelspangen, Schönheitspflaster, Ohrgehänge, Schmuckketten, Edelsteine und tausenderlei mehr. Es gab regelrechte Hetären-Handbücher. Da lehrt eine Kupplerin: »Vor allem darfst du nichts von Treue wissen. Du mußt die Kunst der Lüge und Verstellung kennen. Und Scham? *Die* kennst du nicht! Wird dein Liebhaber rabiat, rauft er dir das Haar, so erkaufst du Versöhnung durch Geschenke. Dein Pförtner sei genau im Bilde! Er öffne nur reichen Leuten und lasse den Armen die Türe verschlossen. Selbst Sklaven solltest du nicht verachten, Hauptsache, sie kommen mit Geld. Was nützt dir ein Dichter, der dich nur mit Versen schmückt, nicht aber mit Geschenken?«

Nun, auch ein Dichter konnte nützlich sein, denn die schöne Archeanassa, eine Hetäre aus Kolophon, wurde unsterblich durch ein Epigramm des Platon, der sie liebte. Obgleich das Streben der Hetären weit vor der Unsterblichkeit haltmachte, erhielt auch die Pythionike Nachruhm. Der Statthalter Harpalos ließ diesem mit seiner Gunst recht verschwenderischen Mädchen nach ihrem Tode ein Denkmal in Athen errichten und eines in Babylon. Er weihte ihr ein Heiligtum, einen Tempelbezirk, Tempel und Altar, und meißelte – von Schmerz überwältigt – »Pythionike-Aphrodite« in den Marmor.

So bedeutend die Rolle der Hetären war, der Grieche liebte doch seine Frau, und wir kennen viele schöne Beispiele wahrer Gattentreue. Durch Jahrtausende wird der Grabstein rühren, den ein gewisser Marathonis seiner Frau Nikopolis setzen ließ: »Unter diesen Stein bettete Marathonis seine Nikopolis und vergoß über dem Marmorsarg Tränen. Sinnlos waren sie! Denn was erwartet noch einen Mann, dessen Frau dahingegangen ist und der einsam auf der Erde zurückblieb?«

Dem Herren heimlich zu fluchen

»Auch in Sklavenherzen bleibt die Gotteskraft.«
                                        Aischylos

Andere Völker sahen nur sich selbst, starrten auf ihre Königsbur-
gen, beteten in ihren Tempeln, tanzten um ihre Götter, opferten
ihrem Moloch. Die Griechen suchten außer ihrem eigenen Wesen auch das der anderen Völker zu erkennen. Ohne die Griechen gäbe es nur dürftige Kunde der Vorzeit.

Für das, worauf es im Leben ankommt, hatten die Griechen
einen wunderbaren Instinkt. Für sie war es das Herrlichste, frei
zu sein. Was die Griechen taten und was sie duldeten, das taten
und duldeten sie frei. Auch darin waren sie anders als alle früheren Völker. Die persönliche Freiheit erschien ihnen als das höchste und wichtigste Gut auf Erden.

Sie wollten auch gerecht sein. Wenn ihnen das nicht immer
glückte, so lag es vielleicht daran, daß die Frage »Was ist Gerechtigkeit?« damals wie heute kaum beantwortet werden konnte.
Das Volk, das mehr als jedes andere den Wert der persönlichen
Freiheit erkannt hatte, beraubte Millionen anderer Menschen
ihrer Freiheit, drückte sie zu willenlosen Werkzeugen und zur
Ware herab, machte sie zu nutzbaren Haustieren. Der Grieche
konnte sich eine Welt ohne Sklaven nicht vorstellen.

Über die Zahl der Sklaven während der Blütezeit Griechenlands herrschen verschiedene Ansichten. Am besten sind wir in
Attika unterrichtet, und die Getreidemengen, die verbraucht
wurden und überliefert sind, gaben die beste Grundlage. Wir
kennen zum Beispiel den jährlichen Getreideimport in Attika um
355 v. Chr. (800000 Medimnen = 400000 hl). Wir kennen die
Getreideproduktion dort um 330 (370000 Medimnen). Wir können das Saatgetreide abziehen (70000 Medimnen), und wir wissen dann, daß der Jahreskonsum der attischen Bevölkerung
1 100000 Medimnen betrug. Wir wissen weiter, daß eine Volks-
zählung des Demetrios von Phaleron in Attika um 310 v. Chr.
21000 erwachsene männliche Vollbürger ergab, 10000 Metoiken, also zugewandte Fremde – und 400000 Sklaven. Nur die
Zahl 400000 scheint durch einen verdorbenen Text falsch zu
sein. Wenn man nun den Jahreskonsum eines erwachsenen Man-

nes mit 7,5 Medimnen ansetzt und den von Frauen und Kindern mit 6 Medimnen, ergibt sich folgende Rechnung. Gesamtbevölkerung 1 100000:6 = rund 180000. Zieht man von diesen 180000 21000 Vollbürger ab, 10000 Metoiken und 60000 Frauen und Kinder, so ergeben sich 90000 Freie und 90000 Sklaven. In Attika lebten daher zwischen 350 und 330 v. Chr. rund 90000 bis 100000 Sklaven und ebenso viele oder etwas weniger freie Bürger, Frauen, Fremde und Kinder.

Ich habe diese Rechnung hier so genau wiedergegeben, weil es interessant ist, dem Erforschen eines solchen Problems einmal genau nachzugehen. Die Sklaven bildeten eine Menschenklasse für sich, durch Generationen und Generationen in Erniedrigung erzeugt und herangewachsen. Ohne Sklaven – so dachte man in Griechenland – könne weder der einzelne noch der Staat bestehen. Der Gedanke aber, ob Sklaverei »Recht« oder »Unrecht« sei, kam gar nicht auf.

Woher holten die Griechen ihre Sklaven?

Sklave wurde man durch Geburt. Dies war aber nicht die ergiebigste Quelle, denn es gab viel weniger weibliche als männliche Sklaven, und es war billiger, einen Sklaven zu kaufen, als ihn von Kind an heranzuziehen. Zu Sklaven konnten Kinder werden, die von freien Eltern verkauft wurden. Das war erlaubt und nur in Attika verboten. Auch ausgesetzte Kinder wurden zu Sklaven gemacht. Freie konnten sich selbst in die Sklaverei verkaufen, und in Athen wurde ein Schuldner, der nicht mehr zahlen konnte, bis zur Zeit des Solon (638–588 v. Chr.) automatisch Sklave. Den wichtigsten Nachschub an Sklaven aber lieferten die Gefangenen aus Kriegen. So wurden nicht nur Asiaten und Thraker zu Sklaven, sondern während der vielen Kriege der Griechen untereinander Griechen selbst. Schließlich waren auch Menschenräuber und Piraten allenthalben darauf aus, verkaufbare Menschenbeute zu machen, und das Leben an den Küsten des Mittelmeeres war darum nicht ungefährlich. Der Sklavenhandel blühte. Syrien, Pontus, Lydien, Galatien und vor allem Thrakien waren die wichtigsten Ausfuhrländer. Auch Ägypten, Äthiopien und Italien lieferten die zweibeinige Ware. Asiaten waren als Sklaven am beliebtesten, denn man hielt sie für anpassungsfähig, und sie verstanden sich auf die Herstellung vieler Luxusartikel. Am höchsten im Preise standen jedoch die Griechen. Die orientalischen Fürstenhöfe wurden mit Kurtisanen, mit Musikantinnen, mit Tänzerinnen beliefert. Athen war ein wichtiger Sklavenmarkt. Der Staat zog hohe Steuern aus dem Verkauf ein. Andere bedeutende Sklavenmärkte gab es auf den Inseln Cypern, Samos, Rhodos, in Ephesus und vor allem auf der Insel Chios.

Die zum Verkauf ausgestellten Sklaven waren nackt oder mußten sich vor den Kauflustigen entkleiden. Der Verkäufer durfte körperliche Gebrechen seiner menschlichen Ware nicht verschweigen. Die Preise aber schwankten.je nach Alter, Fähigkeiten und Charakter. Ein Sklave oder eine Sklavin kostete zwischen einer und zehn Minen. Um sich vorzustellen, was der Athener für einen Sklaven bezahlen mußte, hier eine kleine Rechnung: Eine Mine hat 100 Drachmen. Die Kaufkraft einer Drachme zur Zeit des Perikles wird etwa der jetzigen Kaufkraft von 20 DM entsprochen haben. Eine damalige Mine ist also ungefähr mit heutigen 2000 DM zu vergleichen. Ein Sklave kostete demnach 2000–20000 DM. Damals gab es viel weniger Arme als heute, und das allerwenigste, was sich eine wohlhabende Familie leistete, waren sieben Sklaven. Ja, es galt als Zeichen großer Armut, nur sieben Bedienungssklaven zu besitzen. Wenn der Hausfrau beim Ausgang nur vier Sklavinnen folgten, so galt das als unansehnlich. Keine nachfolgenden Sklaven beim Spazierengehen mit sich zu haben, war ein Zeichen höchster Armut. Und als die Frau eines gewissen Phokion sich von nur einer Sklavin begleiten ließ, kam dieser »Skandal« im Theater zur Sprache. Auch Männer hatten oft drei oder mehr Sklaven bei sich, besonders auf Reisen.

Platon nimmt als Normalfall an, daß man 50 oder mehr Sklaven besitze. Nikias hatte 1000 seiner Sklaven an die attischen Bergwerke vermietet. Überhaupt arbeiteten die meisten Sklaven als Handwerker, die der Eigentümer vermietete, als Fabriksklaven, als Feldsklaven oder Bauarbeiter. Sie wurden in Griechenland als »zinstragendes Kapital« betrachtet.

Die als Handwerker arbeitenden Sklaven waren unabhängiger als Haussklaven. Ganz allgemein war das Los der griechischen Sklaven günstiger als das der römischen. In Athen herrschte wohl ein besseres Verhältnis zwischen dem Sklaven und seinem Herrn als später in Italien. Plutarch berichtet vom »stummen Gehorsam« der römischen Sklaven und von der »familiären Schwatzhaftigkeit« der griechischen. Alles hing natürlich vom Charakter des Herrn ab. Aristoteles empfiehlt, Sklaven weder übermäßig hart noch familiär zu behandeln. Man war auch in Athen der Ansicht, daß der Herr oder die Herrin mit den Sklaven niemals scherzen sollte, da dieses dazu führe, daß Anweisungen nicht mehr ernstgenommen würden. Platon meint, man solle sich im

*Kopf der Athena aus dem Ostgiebel
des Aphaia-Tempels von der Insel
Ägina. Zeit: um 490 v. Chr. Aphaia
(Britomartis) war die Schutzgöttin
der Insel. Antikensammlungen,
München.*

Umgang mit den eigenen Sklaven stets größten Ernstes befleißigen. Immer – so riet man – solle den Sklaven die Hoffnung auf Belohnung durch Freilassung erhalten bleiben. Meist blieb sie auch erhalten, aber freigelassen wurden nur sehr wenige.

Der Herr durfte den Sklaven schlagen, fesseln, strafen. Nur töten durfte er ihn nicht; er konnte ihn aber dem Magistrat übergeben und ihn dort bestrafen lassen. Der Sklave durfte im Fall eigener Beschwerden verlangen, daß man ihn verkaufe. Das Gericht anrufen konnte er nicht. Und wenn der Herr ihn sehr grausam behandelte, konnte er in den Tempel flüchten zu den Altären der Götter. Dort mußte er warten, bis sein Herr gezwungen wurde, ihn zu verkaufen. Hausssklaven wurden oft verprügelt, männliche sowohl wie weibliche. In den Arbeitsräumen, den damaligen Fabriken, ging es den Sklaven meist schlechter, denn die Aufseher und deren Vorgesetzte waren ja ebenfalls Sklaven.

Sehr häufig wurden den Sklaven, die auf den Äckern oder in den Bergwerken arbeiteten, Fesseln an die Füße gelegt; nicht um sie zu strafen, sondern um das Entlaufen zu verhindern. Auch gab es zwischenstaatliche Abmachungen, deren Zweck es war, entlaufene Sklaven einzufangen und zurückzuliefern. Einmal entlaufene wurden gebrandmarkt, um künftige Fälle zu verhindern. Gelehrte Sklaven, die man zu wissenschaftlichen Arbeiten verwendete, wie später in Rom, gab es im griechischen Hause nicht. Lehrer waren niemals Sklaven, sondern immer Freie. Aber man betraute treue, aber wohl arbeitsunfähige Sklaven mit dem Hüten von Kindern, und es entwickelten sich sehr innige und rührende Verhältnisse zwischen solchen Sklaven und ihren freien Schützlingen. Luxussklaven, die Musiker, Tänzer oder Schauspieler waren, wurden erst in späterer Zeit Mode, als schon römischer Einfluß sich in Griechenland bemerkbar machte.

Dagegen hielten sich die Reichen gerne Neger und Eunuchen. Man war eitel, man wollte auch mit seinen Sklaven »Staat machen«. Eunuchen waren sehr geschätzt. Man hielt sie für besonders treu. Sie wurden oft auch die Schatzmeister ihres Herrn. Wir finden jedoch keinen Beweis, daß man Eunuchen mit der Bewachung von Frauen betraute.

Es gab aber Frauen, die sich Sklaven als Liebhaber hielten. Der griechische Dichter Herondas, der im 3. Jahrhundert v. Chr. lebte, schildert in seinen Bildern aus dem täglichen Leben in Jamben, den sogenannten »Mimiamben«, ein eifersüchtiges Weib, das seinen Liebhabersklaven der Untreue bezichtigte. Die Frau läßt ihn binden und mit 2000 Peitschenhieben strafen.

Obgleich die Zahl der Sklavinnen viel geringer war als die der männlichen Sklaven, wurden doch im Hause jedes Wohlhabenden viele Arbeiten von Sklavinnen verrichtet. Sie waren für die Ordnung und Reinlichkeit im Hause verantwortlich, für die Küche, das Spinnen, sie dienten als Ammen und Wärterinnen, sie bedienten die Frau, und eine Bevorzugte war die eigentliche Zofe.

Sehr traurig war das Los der Mädchen, die die Handmühlen bedienen mußten, die Mühlen also, mit denen das Korn gemahlen wurde, so daß das ganze Dorf vom Summen dieser Mühlen tönte. Diese Mädchen mußten – von den Aufsehern vergessen – oft bis zum Umfallen arbeiten, und die Handmühle galt als der Schrecken der Sklavinnen.

Freie Männer, die mit Sklavinnen lebten, waren keine Seltenheit, und die Kinder solcher Verbindungen waren nur in den seltensten Fällen frei. Die Sklaven galten als bloße Werkzeuge der Freien, und die Tugend eines Sklaven oder einer Sklavin stand – das »wußten« die Griechen ganz genau – tief unter der des

Freien, so tief etwa wie das Tier unter dem Menschen. Dieses Werturteil beruhte zum Teil darauf, daß man die Sklaven immer fürchten mußte. In Attika gab es zweimal soviel Sklaven wie Freie. Allein im Gebiet von Korinth lebten 150000 Sklaven, wenn man die dort auf den Markt gebrachten mitrechnet, auf Ägina etwa ebenso viele. Brach ein Krieg aus, so drohte »Sklavenaufstand hinter der Front«. Als das Heer der Athener in Sizilien unterlag und König Agis 413 v. Chr. mit den Spartanern in Dekeleia stand, entliefen den Griechen in Attika 20000 Sklaven auf einmal.

Ein ewiger Streitstoff zwischen den Städten war, daß eine Stadt entlaufene Sklaven einer anderen bei sich aufnahm. Während eines Krieges suchte man die Sklaven des Feindes zum Abfall aufzuhetzen. Überhaupt war es den griechischen Stadtstaaten nur bei völliger Ruhe und im tiefen Frieden möglich, die Arbeitskraft ihrer Sklaven voll auszunutzen und vor den Sklaven ganz sicher zu sein.

Tapferkeit von Sklaven im Kriege wurde häufig mit Freilassung belohnt. Aber in der Regel stand der Sinn der Sklaven nicht danach, tapfer zu sein, sondern viel eher nach einem »Dolchstoß in den Rücken« der freien Griechen. Man liest auch immer wieder in der griechischen Literatur von Sklaven, die ihren Herrn ermordeten. Xenophon berichtet, daß die Bürger einen gegenseitigen, freiwilligen Wachdienst gegen die Sklaven einrichteten, und ein Gutsbesitzer war eigentlich nur sicher, wenn er morgens als erster aufstand und nachts als letzter zu Bett ging.

Was etwa die Sklaven dachten und wie sie fühlten, zeigt das Gespräch des Xanthias mit Äakos in den berühmten ›Fröschen‹ des Komödiendichters Aristophanes: »Man mischt sich in allerlei ein, horcht auf das, was die Herrschaft spricht, und bringt es herum. Nach erhaltenen Schlägen wird draußen gemurrt. Die höchste Wonne ist es, dem Herrn heimlich zu fluchen.«

Dieses Volk schuf die erste Hochkultur auf italienischem Boden. Es nahm die meisten seiner erregenden Geheimnisse mit ins Grab.

Vor rund 3000 Jahren landete an der westlichen Küste Italiens ein fremdes Volk. Dieses Volk eroberte nach und nach die heutigen Provinzen Toscana und Umbria, es gründete Städte, es entwickelte eine eigene Kultur, es deutete die Sternbilder, es schuf gigantische Mauern, eigenartige Skulpturen und noch heute erhaltene Gemälde. Es entwickelte überhaupt die erste Hochkultur auf italienischem Boden.

Ein rätselhaftes Volk ist es, ein Volk, dessen Sprache uns erst jetzt wieder bekannt wird, ein Volk, das die meisten seiner erregenden Geheimnisse mit ins Grab nahm. 700 Jahre hielt es sich. Dann verschwand es wieder aus der Geschichte. Je mehr man ausgrub, je mehr man forschte, je mehr man sich um das Verständnis der verklungenen Sprache bemühte, um so schwerer scheint es, das Wesen der Etrusker zu erfassen. Warum zeichneten die Etrusker nicht ihre Geschichte auf? Was trieb sie nach Italien? Woher kamen sie?

Um 1200 v. Chr. fand in den östlichen Ländern des Mittelmeers ein Ereignis statt, das die ganze damalige Welt schwer erschütterte. Es war eine furchtbare Katastrophe, unter deren Wucht Staaten zusammenbrachen, Menschen vertrieben wurden, Städte in Schutt und Asche stürzten. Eine bis dahin in diesem Ausmaß noch nie gesehene Völkerwanderung überflutete ganz Griechenland, Kleinasien, Syrien und zahllose Inseln. Sie brandete von Norden nach Süden in unaufhaltsamer Angriffsbewegung. Assyrische Inschriften, das Alte Testament und ägyptische Quellen werfen spärliches Licht in das Grau der Katastrophe. Man bezeichnet diesen ungeheuren Völkerstoß als »Ägäische Wanderung«, weil die Gebiete um das Ägäische Meer besonders betroffen waren.

Die Völkerbewegung wurde nicht von Truppenverbänden getragen, sondern die Völker wanderten mit Kind und Kegel, mit Wagen und auf Schiffen, mit ihrer fahrbaren und tragbaren Habe. Die Heimat der anrückenden Völker war vermutlich Europa, und die ziehenden Scharen waren Indogermanen. Mit dieser Wanderung brachen die Dorier in Griechenland ein, fiel die alte mykenische Kultur, wurde die Uhr in Gang gebracht, die bis zum heutigen Tage den Herzschlag Europas bestimmt. Durch den Menscheneinbruch von Norden her wurde auch ein Volk in Bewegung gesetzt, das die Griechen als »Tyrsanoi« bezeichneten und von denen die italischen »Etrusker« abstammen.

Die erste und eigentlich einzige Mitteilung über die Herkunft der Etrusker stammt von dem griechischen Historiker Herodot, der um 500 v. Chr. lebte. Herodot berichtet:

Unter der Regierung des Königs Atys brach im Lande der Lyder eine große Hungersnot aus. Lydien lag etwa auf der Mitte der Westküste der heutigen Türkei am Ägäischen Meer. 18 Jahre dauerte die Hungersnot. Um dem Hungern ein Ende zu machen, befahl der König der Lyder der Hälfte seines Volkes, das Land zu verlassen. Zum Anführer der Auswanderer bestimmte er seinen Sohn *Tyrsanos*. In Smyrna verschafften sich die Heimatlosen Schiffe, wurde alles brauchbare Hausgerät verladen, und dann ging es auf das offene Meer hinaus, auf die Suche nach einer neuen Scholle. »Sie fuhren an vielen Völkern vorbei, bis sie zu den Umbrikern kamen, wo sie Städte anlegten und bis auf diese Zeit wohnen. Den Namen ›Lyder‹ änderten sie aber nach dem Sohn des Königs, der sie dahin geführt hatte, und ließen sich von nun an ›Tyrsaner‹ nennen.«

Die Umbriker saßen in der heutigen italienischen Provinz Umbria. Wir haben es also mit einer Fahrt von Kleinasien nach Italien zu tun. Fast alle alten Historiker leiten ihre Meinung über die Herkunft der Tyrsaner von dieser Herodot-Stelle ab, und die Tyrsaner sind eben das Volk, das wir unter dem späteren römischen Namen »Etrusker« kennen.

Wer waren diese Tyrsanoi, Tyrsenoi oder Tyrrenoi – wie die Griechen schrieben? Die Griechen selbst leiteten die Bezeichnung nicht immer nur vom Königssohn Tyrsanos ab, sondern auch von »Tyrsis«, der Bezeichnung für »Burg«. Da aber die Etrusker keine Burgen bauten, darf man vielleicht annehmen, daß es einmal eine alte Stadt »Tyrsa« gab, eine Metropole der Etrusker, eine Art Urstadt, deren Lage wir nicht mehr kennen. Wenn es nun gelänge, diese untergegangene Stadt Tyrsa zu finden, wenn es einen Archäologen gäbe, der die Hacke am richtigen Platz ansetzen würde, dann wüßten wir vielleicht genau, woher die Etrusker kamen. Wo lag Tyrsa? Wir haben hier den hochinteressanten Fall einer Stadt, die noch auf ihre Ausgrabung wartet, die noch gefunden werden kann, die in unserer an Romantik so armen Zeit noch dem Dornröschenschlaf entrissen werden muß.

Der deutsche Etrusker-Forscher Schachermeyr gibt uns sogar einen Hinweis, wo man graben sollte. Man müsse die Stadt im ganzen archäologischen Fundbereich am Jamanlar dagh suchen, in der alten Provinz Mysien, also an der ägäischen Küste der heutigen Türkei, gegenüber der Insel Lesbos.

Ob sich das Graben lohnt? Vielleicht gab es gar keine Stadt Tyrsa, vielleicht saßen die Etrusker von jeher in Italien. Vielleicht waren sie »autochthon«. Das griechische Wort »autos« heißt »selbst« oder »eigen«, und »chthon« heißt »Erde«. »Autochthon« ist ein Volk, das an Ort und Stelle entstanden, das immer bodenständig war.

Daß die Tyrsaner oder Etrusker nicht von Anfang an in Italien saßen, sondern ein eingewandertes Fremdvolk waren, ein Volk aus Kleinasien, hat die Wissenschaft in neuester Zeit mehr und mehr erkannt. Man ist also wieder bei der Meinung angelangt von der großen Reise über das Meer, die schon Herodot vertrat. Kultur, Kunst, Religion und Mythos der Etrusker weisen nach Kleinasien. Die Etrusker waren Orientalen oder Halborientalen. Ihre Kunst zeigt Ähnlichkeit mit der von Mesopotamien, Syrien, Kreta, Cypros und Ägypten. Ihre Götter, ihre mythologischen Gestalten scheinen die Helden und Götter der asiatischen Sagen zu sein. Die Dämonendarstellung der etruskischen Wandmalerei kommt aus der kretisch-mykenischen Welt, Wahrsagerei und Sterndeuterei aus Babylon. Die Zeitrechnung entspricht chaldäischen Vorstellungen, und die im Mittelpunkt der religiösen Riten stehende »Leberschau« kennen wir sonst nur bei den Babyloniern und Hethitern. Nach babylonischem Vorbild waren die etruskischen Städte in Terrassen angelegt. Auch die Beisetzung der Toten, deren Asche man in Tüchern und offenen Schalen aufbewahrte, ist kleinasiatischen Ursprungs. Und die Kuppel-Gräber der Etrusker hatte es vor Ankunft dieses Volkes in Italien nie gegeben. Wir kennen aber solche Grabbauten bei den Mykenern. Schließlich scheint auch die Sprache der Etrusker aus Asien zu kommen. Hier aber steht man vor noch ungelösten Rätseln.

Über das Problem der etruskischen Sprache und der etruskischen Schrift gibt es heute bereits eine ziemlich umfangreiche Bibliothek. Man könnte einen großen Raum mit den Bänden von vielen Gelehrten füllen, die sich mit Scharfsinn und Arbeitseifer auf das Geheimnis gestürzt haben.

Die wichtigsten Siedlungen der Etrusker.

Wir können zwar die Buchstaben, die aus dem Frühgriechischen kommen, lesen. Der Sinn der Inschriften aber ist uns bis vor kurzem ziemlich unklar geblieben.

Wir besitzen heute rund 9000 etruskische Inschriften, meist nur Namen, kurze Eigentumsbezeichnungen und Grabinschriften. In Stein gehauen, in Ton geritzt, in Metall eingraviert haben sie die Jahrtausende überdauert. Einen längeren Text haben wir nur auf der sogenannten »Agramer Mumienbinde«. Das ist eine Leinwandrolle, die mit 1500 Worten beschrieben ist, ein Opferkalender. Später wurde diese Leinwandrolle zum Einbalsamieren einer ägyptischen Prinzessin verwendet. Die Rolle befindet sich heute im Museum von Agram.

Im Berliner Museum besitzen wir eine Tontafel aus Santa Maria di Capua mit rund 300 Worten. Auch sie enthält Opfervorschriften. Ein großer Stein aus Perugia enthält einen Familienvertrag über Grabkammerbenutzung. Von besonderer Wichtigkeit ist die Bronze-Leber von Piacenza mit ihren vielen Götternamen, die uns ein Bild von der Art etruskischer Leberdeutung gibt. Die in der letzten Zeit gelungene Übersetzung aus diesen Inschriften ging von der Deutung der etruskischen Zahlennamen unter Verwendung der Sterbestatistik aus.

Die Forscher, die das Etruskische als eine indogermanische Sprache auffaßten, haben sich geirrt. Es handelt sich vielmehr um eine Sprache, die in ihrer ganzen Bauart dem Uralischen (Finnisch-Ugrischen) ähnlich ist. Daß das Etruskische einen gewissen Einfluß auf die italienische Sprache ausübte, ist bekannt. Sogar den Namen der Hauptstadt Italiens, Rom, hat man aus dem Etruskischen abgeleitet.

Der römische Kaiser Claudius, der im Jahre 10 v. Chr. geboren wurde, verfaßte selbst eine Geschichte der Etrusker in 20 Büchern. Leider ist dieses Werk verlorengegangen. Aber auch wenn

Deckel eines Grabmals mit der Darstellung eines dicken Etruskers. Fundort Chiusi, auf der Strecke Rom-Florenz. Zeit vielleicht 3. Jahrhundert v. Chr. Museum zu Florenz. Foto: Carlo G. Mundt.

wir es hätten, wäre der Wert dieser Geschichte doch fragwürdig, denn die Blüte Etruriens lag zu Lebzeiten des Claudius bereits mehr als 500 Jahre zurück. Außerdem konnte Claudius sich kaum auf etruskische Geschichtsschreibung stützen, denn die Etrusker hatten keine Historiker und haben ihre Geschichte niemals niedergeschrieben.

Sie waren aber die ersten Städtegründer Italiens. Am liebsten wählten sie Hügel, an deren Abhängen sie ihre Städte terrassenförmig anlegten. Cortona, Chiusi, Cosa und Perugia sind solche Städte am Abhang. Wenn die Etrusker ihre Stadt hoch über dem Fluß erbauten, so legten sie ihre Nekropole, also die Gräberstadt, an das gegenüberliegende Ufer des Flusses, so daß die Lebenden die Stätte der Toten ständig vor Augen hatten. Solche Städte sind Vulci, Cerveteri und Tarquinia. Die Stadt wurde mit mächtigen Mauern umgeben, und wie in Babylon wurden in der Mitte der Stadt die Tempel erbaut. Um mit den Toten verkehren zu können, wurde ein Schacht angelegt, der in das Erdreich führte und in dessen Tiefe man den Abgeschiedenen nahe war.

Italien war zur Zeit der Etrusker noch reich bewaldet, und fast alles, was die Etrusker bauten, bestand aus Holz: ihre Häuser, ihre Tempel, ihre Tore, ihre Brücken, ihre heiligen Bezirke.

Die Römer schilderten uns die etruskischen Männer als ausschweifend, freß- und trunksüchtig, als feist und nicht eben sehr sympathisch. Man darf aber nicht vergessen, daß die Römer jahrhundertelang gegen die Etrusker kämpften und daß sie ihre überaus zähen Feinde nicht gerade liebten. Veji, die bedeutendste Stadt des südlichen Etruriens, wurde von den Römern zehn Jahre lang belagert. Erst 396 v. Chr. fiel die Stadt in ihre Hände. Damals entschied sich das Schicksal der Etrusker, aber die erbitterten Kämpfe dauerten noch 300 Jahre fort. In den Schlachten bei Fidenae (426) und Sutrium (356) kämpften an der Spitze der Etrusker Priester, die mit lebenden Schlangen und brennenden Fackeln unglaublich todesmutig gegen die Römer anstürmten. Acht Jahre kämpften die Römer mit Erbitterung gegen die Stadt Tarquinia. Die Etrusker opferten 307 römische Kriegsgefangene ihren Göttern. Die Römer parierten, indem sie im Jahre 353 v. Chr. 358 vornehme Etrusker auf dem Forum steinigten und enthaupteten. Erst im Jahre 265 konnten die Römer die etruskische Stadt Volsini nehmen. Im Jahre 89 v. Chr. erhielten die Etrusker das Römische Bürgerrecht, aber noch leisteten einzelne etruskische Städte Widerstand. Sulla eroberte erst 79 v. Chr. nach drei Jahre langen grausamen Kämpfen Populonium und Volaterra. Wahrlich, das Volk der Etrusker wehrte sich heldenhaft! Solche Männer können nicht weich und genußsüchtig gewesen sein!

Die Frauen der Etrusker waren den Männern gleichberechtigt, nahmen an Festen, an Spielen und Versammlungen teil. Wir kennen viele Plastiken und Gemälde, die über den Tod hinaus die Liebe und Harmonie von Ehegatten bezeugen. Man nimmt sogar an, daß bei den Etruskern das Mutterrecht herrschte, daß also die Mutter vor allen anderen eine bevorzugte Stellung einnahm. Talaquil war eine etruskische Königin in Rom und scheint eine der ganz bedeutenden Frauengestalten der Antike gewesen zu sein. Sie soll magische Kräfte besessen haben und war eine Art Ursula Kardos ihrer Zeit. Sie besaß die Gabe des Hellsehens und verstand zudem, die Liebesgefühle der Bräute Roms nach ihrem Sinn zu lenken. Überhaupt war die Etruskerin berühmt durch ihre Schönheit. Wer heute durch Italien reist und ein Auge für Physiognomien besitzt, wird noch immer im Antlitz mancher Italienerin die Züge der schönen Etruskerin erkennen.

Das ganze Leben der Etrusker war auf das Jenseits ausgerichtet. Die Etrusker lebten nicht in den Tag hinein, sie hatten immer den Tod vor Augen. Eine mächtige Priesterkaste lenkte und leitete das Volk wie in Babylon und in Ägypten. Straßen, Tempel, Tore und Plätze waren den wichtigsten Göttern Tina, Uni und Minerva geweiht. Bei der Bestattung wurden große Feste für den Verstorbenen gefeiert, mit sportlichen Wettkämpfen, mit Tanz und Flötenspiel, mit Pantomimen. Dieses Leben für die Ewigkeit, dieses Bauen, Malen und Modellieren für die Toten, hat uns viel von der Kultur der Etrusker offenbart.

In den Totenstätten von Cerveteri und Tarquinia fand man ganze Wohnungen, die unter der Erde für die Toten ausgehauen waren. Kostbare Geräte, herrliche Vasen, goldenen Schmuck, großartige Gemälde grub man aus den Nekropolen Etruriens aus, und während in Rom die Sklaven in Massengräbern bestattet wurden, fand man die Gebeine der etruskischen Sklaven oft in Aschenkrügen, um den Sarkophag ihres Herrn gruppiert.

Was an Weisheit, was an Kultur aus dem Orient nach Rom kam, verdankt Italien zum großen Teil den Etruskern. Die Römer lernten von den Etruskern die Kunst, Städte zu bauen. Sie übernahmen den Realismus der etruskischen Skulpturen. Mode und Tracht, Musik und Schauspiel der Etrusker beherrschten das römische Kunstleben. Weissagung, Astrologie, Naturwissenschaft und eine wohl ausgearbeitete Lehre über den Blitz führten

Dieses etruskische Ehepaar zierte den Tonsarkophag eines Grabes der alten etruskischen Stadt Caere. So stützten sie sich zu Lebzeiten beim Festmahl auf die Kissen. Foto: Carlo G. Mundt.

die Etrusker in Italien ein. Ja, der Einfluß der Etrusker lebte noch lange fort, nachdem ihre eigentlichen Städte von den Römern zerstört worden waren. Die römischen Kaiser Galba, Vespasian, Hadrian, Alexander Severus und Diokletian waren Anhänger der etruskischen Eingeweideschau, der Methode also, aus den Eingeweiden von Tieren die Zukunft vorauszusehen. Dante, dessen Gesichtszüge dem etruskischen Typus ähnlich sein sollen, hat in seinen Höllenvisionen Bilder etruskischer Grabkammern verwendet.

Nur 700 Jahre währte die Herrschaft der Etrusker in Italien. Aber die Kultur dieses geheimnisumrankten Volkes der Seher und Deuter lebt fort. Immer neue Gräber tun sich auf. Und die hochintelligenten Gesichter der Plastiken auf den Sarkophagen sehen uns lächelnd an, mit Augen, die in die Ewigkeit zu blicken scheinen. Viel Weisheit liegt in diesen Gesichtern, Adel und etwas Ironie. Die stummen Lippen aber flüstern uns zu: »Auch euer Leben währt nur einen Tag. Und wem gehört die Ewigkeit?«

Unterhalb des Palatins, eines der sieben Hügel Roms, lag ein Sumpf.
Dort beerdigten die »ersten Römer« ihre Toten. Später entstand über
dieser Totenstätte das Forum. Urnen der vor 3000 Jahren Gestorbenen
grub man vor wenigen Jahren aus: Ewiges Rom!

Die Geschichte Roms, die Geschichte eines Weltreiches, beginnt
– mit einer Brücke.

Rund zehn Kilometer vom Tyrrhenischen Meer schlägt der
Tiber, der Fluß, den die Italiener »Tevere« nennen, einen kleinen
eigenwilligen Haken. Hier lag seit jeher eine Insel im Fluß, hier
konnte man den Tiber bequem auf einer Holzbrücke überque-
ren. Diese Brücke war uralt. Sie war älter als die Bronzezeit, die
um 1000 v. Chr. von der Eisenzeit abgelöst wurde. Kein einziger
Nagel war in diese Brücke gehämmert, nichts als Holz durfte
zum Bau verwendet werden, denn das Holz hatte noch die
Heiligkeit der großen Wälder Europas im Grau der vorgeschichtlichen Zeit. Es enthielt noch die Zaubermacht der heiligen
Bäume, die von den weißen Menschen Ur-Europas angebetet
wurden.

Hier am linken Brückenkopf entstand die Ewige Stadt Rom im
Herzen der fruchtbaren Ebene von Latium. Hier sammelten sich
in jedem Frühling die römischen Springtänzer. Sie sprangen
einen wilden Kriegstanz. Ihre Waffen dröhnten. Das Holzwerk
ächzte. Und ein unheimlicher Gesang schallte bis zum jenseiti-
gen Ufer hinüber. Priester wachten über der Heiligkeit und über
den Kulten dieser Brücke.

Und ein Priester war der »Brückenmacher«, lateinisch »pontifex«. Das war so 1000, vielleicht schon 2000 Jahre v. Chr. Und
heute, 4000 Jahre später, nennt sich der Mann, der für die Recht-
gläubigen die Brücke in den Himmel schlägt, »Pontifex«. Und
dieser Mann, der Papst, hat seinen Sitz im gleichen Rom, wo einst
die erste Brücke über den Tiber geschlagen wurde. Wahrlich,
Rom ist eine ewige Stadt.

Wenn man heute aus dem Gewirr der Häuser, Paläste und
Kirchen plötzlich von den modernen Straßen auf das alte »Fo-
rum Romanum« herunterblickt, auf dieses Ruinengewirr von
Marmorsäulen, Rundbogen und Steinen, so wird man fast

schreckhaft an die Ewigkeit Roms erinnert. Es ist, als ob eine Uhr in unaufhaltsamem Tempo zurückjage, über Jahrhunderte und Jahrhunderte, über Jahrtausende bis zu jener Minute, da hier der erste Stein gelegt wurde, für Zeiten und Zeiten, für Millionen und aber Millionen von Augen und Gehirnen, die wohl alle dasselbe denken: Vor 2000 und vor 3000 Jahren gingen Menschen wie wir über diese Steine – mit Sorgen, mit Freuden, mit guten und mit bösen Gedanken wie wir. Man muß ein wenig herunterblicken, denn der Boden des Forums liegt etwas tiefer als die modernen Straßen: Städte wachsen nicht nur in die Tiefe ihrer Totengrüfte und Katakomben, sondern auch nach oben auf den Trümmern von Generationen und Generationen.

Man hat noch einen zweiten Gedanken: Wie klein war doch eigentlich dieses alte Rom trotz der Großartigkeit seiner Bauten, und wie dicht lag doch alles beisammen!

Einer der alten sieben Hügel von Rom – heute sind sie zum Teil eingeebnet – war der »Palatin«, ein anderer der »kapitolinische«. Dazwischen lag ein Tal. Und darin brütete ein Sumpf mit drei Teichen. Nordöstlich des Kapitolinischen Hügels lag der Hügel »Quirinal«. Auf dem Quirinal lebte ein Volksstamm, der sich »Sabiner« nannte, auf dem Palatin saßen die »Latiner«. Diese Menschen waren noch keine Städter, und Rom war noch lange keine Stadt. Man lebte in Lehmhütten, und diese Hütten hatten steile Strohdächer. Der Rauch des Herdfeuers zog durch die Tür ab. Die Behausungen waren von Ställen umgeben, und in den Straßen promenierte das Vieh. Robuste Bauern waren die Menschen, die noch nicht ahnten, daß ihre späten Enkel einst die Herren der Welt sein würden.

Im Tal nun, unterhalb des Palatinischen Hügels, wo heute das Forum liegt, befand sich eine Totenstätte, eine Nekropole. Die Römer zur Zeit Ciceros (106–43 v. Chr.) wußten noch, daß es hier unter dem Forum eine uralte Stelle gab, die man »Doliola« nannte. Hier sollte man nicht laut reden. Hier sollte man nicht ausspucken. Denn tief unten lagen unheimliche Scherben aus prähistorischer Zeit, Aschenkrüge der Ureinwohner von Rom.

Der italienische Archäologe Giacomo Boni, der 1925 starb, grub auf die alte Kunde hin und fand am nördlichen Talrand zu Füßen des Tempels des Antonius und der Faustina ein Gräberfeld der frühen Eisenzeit, aus dem 9.–6. Jahrhundert v. Chr. Das ist das älteste Zeugnis der Gegenwart des Menschen auf dem Forum.

Die Latiner auf dem Palatin und die Sabiner auf dem Quirinal waren einander nicht gut gesonnen. Sie führten Kriege von Hügel zu Hügel, so wie man später Kriege zwischen Stadt und Stadt austrug, später zwischen Fürstentum und Fürstentum, dann zwischen Land und Land, und wie man einst wohl Kriege zwischen Kontinent und Kontinent oder Planet und Planet führen wird. »Es wächst der Mensch mit seinem Werk« – auch mit dem der Zerstörung!

Aber einmal schloß man Frieden. Und als man Frieden geschlossen hatte, legte man den Sumpf unterhalb der Hügel trokken. Die Dörfer dehnten sich aus, und die Mitte des Sumpfes wurde gemeinsamer Marktplatz »Forum«.

Auf dem unteren Hang des Kapitolinischen Hügels auf vorstehendem Felsen hatten die Urrömer Altäre für ihre Götter Saturn und Vulkan errichtet. Auf dem Palatin-Hügel befand sich ein Schrein der Göttin Vesta und ein Haus für ihre weiblichen Priester, die »Vestalinnen«.

Eigenartige Götter hatten diese frühen Bewohner Roms, einen Schutzgott für das Vieh, Pales, eine Göttin des Ausfegens, Deverra. Janus, der doppelköpfige Gott, hütete die Haustür, und die Tür selbst war heilig. Ein Waldgeist war Faunus. Beim heiligen Faunus-Fest sprangen »Wolfsmänner« nackt um den Palatin-Hügel und prügelten Frauen mit Riemen, um sie zum Gebären anzuregen.

Wolfsmänner ...

Das ist eine Geschichte für sich.

Italien war ja noch ein Land ungebrochener Wälder. Wölfe verirrten sich in die Stadt, heulten unheimlich nachts an den Abhängen der sieben Hügel, raubten hin und wieder ein Kind. Die Zwillingsbrüder Romulus und Remus, die nach der Legende 753 v. Chr. Rom gegründet haben sollen, wurden als Säuglinge von einer Wölfin genährt. Und auf dem Palatin befand sich ein Heiligtum der Wölfe, das »Lupercal«.

In Fellkleider und Fellkappen kleideten sich die Römer von damals, ein wilder Menschenschlag, der wohl Altäre und heilige Schreine kannte, aber noch keine Tempel baute, keine Götterbilder errichtete. So wie das Vieh der Homerischen Gedichte um 1000 v. Chr. als Geld benutzt wurde, so hielt man es auch in Rom: »pecus«, das Rind, lieh seinen Namen der »pecunia«, dem Geld. In einer Zeit, als Griechenlands Kultur bereits eine hohe Blüte erreicht hatte, schmiedeten die Latiner primitive Bronzewaffen, opferten sie Stiere auf dem Berg von Alba, wußten sie schon Käse zu bereiten – das allerdings wohl so gut wie heute!

Der Volksstamm, der die latinische Sprache redete, die Sprache also, die man später die »lateinische« nannte, war wohl tüchtiger als die benachbarten Stämme. Diese benachbarten Stämme sprachen so ähnliche Dialekte, daß wir sie heute alle als »italische« Sprache und die Menschen als »Italiker« oder »Italiener« bezeichnen.

Wir sahen schon, daß die Italiker vor allem Viehzüchter waren, und so erhielt nach alter Überlieferung das Land Italien seinen Namen: »italos« heißt griechisch »Stierkalb«, »Italia« war also das »Kälberland«.

Warum aber wurde die Stadt Rom Urwiege einer Weltherrschaft?

Der Tiber-Fluß war die Grenze zwischen dem Volksstamm der Latiner und der Etrusker. Die Etrusker griffen immer wieder das Dorf Rom an, und so übten sich die Römer früh in allen Künsten der Verteidigung und des Krieges überhaupt. Ja sie übernahmen von den Etruskern die »Phalanx«, eine schwerbewaffnete Schlachtordnung der Infanterie. Die Kämpfer trugen Panzer, Helm, Lanze und Schild. Die Etrusker ihrerseits hatten diese Schlachtordnung von den Griechen übernommen.

Noch 700 v. Chr. konnten die Römer nicht schreiben. Auch diese Kunst brachten ihnen die Etrusker bei, denn die Römer bildeten ihre Buchstaben nach dem griechischen Alphabet der Etrusker, schrieben aber im Gegensatz zu den Etruskern von links nach rechts. Diese vom griechischen Alphabet abgewandelten Buchstaben der Römer sind schließlich auch zu uns gekommen.

Auch die Tarquinier, die ersten Könige Roms, waren Etrusker, denn um 600 v. Chr. gerieten die Latiner ganz unter den Einfluß und unter die Herrschaft ihrer gefährlichen Nachbarn. 509 v. Chr. wurden diese Könige gestürzt, und Rom wurde Republik.

Zuerst entledigten sich die Römer der etruskischen Herrschaft. Aber im Süden Italiens und auf der Insel Sizilien saßen Griechen, Kolonisten. Dieser Teil der Halbinsel wurde »Magna Graecia« genannt, Groß-Griechenland. Tarent, Heraclea, Regium und Locri, das waren damals griechische Städte.

Wie stark aber konnten diese Städte sein, als das Mutterland müde geworden war, als Griechenland in all seiner Größe zusammenbrach, als der König Macedoniens, Alexander der Große, zu Grabe getragen wurde. Künstler, Gelehrte und Dichter lebten noch in großer Zahl in Griechenland und im ganzen Orient. Herrlich wurde in griechischen Theatern gespielt. Aber die Schauspieler dort im Osten waren jetzt besser als die noch lebenden Dichter, und wenn die Dichter schwach sind und das Theater groß wird, dann schlägt immer die Stunde des Unterganges. Man feierte in Griechenland wie im Orient Feste wie noch nie, man hatte die Kochkunst hoch entwickelt und alle verwöhnenden Freuden des Lebens. Der Handel blühte. Aber militärisch war der Orient schwach. Rom gewann die Oberhand über das griechische Süditalien, weil Griechenland von der Bühne der Weltgeschichte abgetreten war.

Jetzt sozusagen am Anfang des römischen Sturms in die Geschichte, tritt dem kleinen Rom, dem Weltherrscher in der Wiege, der letzte große griechische Feldherr entgegen, Pyrrhus.

Pyrrhus war König von Epirus, verwandt mit Olympias, der Mutter Alexanders des Großen. Pyrrhus berief sich, solange er lebte (318–272 v. Chr.), auf seine Abstammung vom Trojahelden Achilles. Pyrrhus war auch ein Held. Aber ihm hafteten schon die tragischen Züge eines zu spät Geborenen an, eines Mannes, der im Kern noch das alte Griechenland verkörpert, aber schon einer Zeit angehört, die in Griechenland auf Teppichen und Kissen liegend die Figur eines ihm unähnlich gewordenen Sohnes, eines Welteroberers, bewundern will.

Pyrrhus war schon als Knabe König. Er ging durch eine Schule des Lebens, die ihn anpassungsfähig und klug machte. Er wurde als Geisel von Demetrius an den Hof des Ptolemäus gebracht. Auch dieser Ptolemäus saß auf dem Thron eines untergegangenen Weltherrschers. Er ist der Begründer des ägyptisch-ptolemäischen Reiches. Hier heiratete Pyrrhus Antigone, eine Stieftochter des Ptolemäus.

Die Hochburg des Griechentums in Italien, die stolzeste koloniale Gründung der Griechen, war das prachtvolle Tarent. Dieses Tarent wird von Rom angegriffen, vom jungen Rom, das sich gewaltig zu recken beginnt. Wir schreiben das Jahr 281 v. Chr. Tarent ruft sein Mutterland zu Hilfe gegen Rom. Pyrrhus wird entsendet und rückt mit 25 000 Mann an, mit Kavallerie und mit Elefanten. Bei Heraclea kommt es zur Schlacht, und in dieser Schlacht siegt Pyrrhus gegen den römischen Konsul Valerius Laevinus.

Pyrrhus gelangte fast bis an den Stadtrand von Rom. Noch einmal besiegte er die römischen Legionen. Aber die Römer blieben hartnäckig und gaben keinen Frieden. Schließlich hatte der tapfere Pyrrhus so viel gesiegt, daß er völlig erschöpft war. Diese Treffen kosteten ihn so große Opfer, daß der »Triumph«

dieses Griechen für alle Zeiten unter dem Namen »Pyrrhus-Sieg« in die Geschichte einging. Er setzte auf die Insel Sizilien über, um die Karthager dort zu vertreiben. Aber die Römer verbündeten sich mit den Karthagern, und die Städte Siziliens rebellierten gegen die tyrannischen Methoden des Griechen. Drei Jahre blieb er in Sizilien. Dann versuchte er noch einmal sein Glück in Italien, wurde aber bei Benevent 275 v. Chr. geschlagen. Fünf Jahre später, 270 v. Chr., lag ganz Süditalien unter der Herrschaft von Rom.

Als Pyrrhus Italien endgültig verließ, um entmutigt in seine Heimat zurückzukehren, machte er eine hochinteressante Prophezeiung. Er sah die furchtbaren Kriege voraus, die sich später zwischen Rom und Karthago entwickeln würden. Es ist in der Weltgeschichte immer so: Zuerst verbünden sich zwei Mächte gegen einen gemeinsamen Gegner. Wenn der Gegner geschlagen ist, kommt es zum Kampf zwischen den Siegern, zum kalten Krieg, zum heißen Krieg – was weiß man denn! Rom und Karthago! Amerika und Rußland!

Pyrrhus sah bei seiner Abfahrt weit in die Zukunft. Er blickte über elf Jahre voraus und erkannte einen Krieg, der sich über 100 Jahre hinziehen würde. Er sah ertrinkende, er sah sterbende Menschen. Und das waren seine prophetischen Worte: »Welch ein Schlachtfeld hinterlasse ich Rom und Karthago!«

Die Römer aber hatten in den Kriegen gegen Pyrrhus so viel Beute gemacht, daß sie dieses Material benutzten, um die berühmteste Wasserleitung der Weltgeschichte zu bauen, einen 55 Kilometer langen Aquädukt, der Frischwasser aus dem Gebirge nach Rom leitete. Dieser Aquädukt ist noch heute in großen Teilen zu sehen. So gut, so fest für Zeiten und Zeiten war er errichtet, auf Rundbogen hoch durch die Landschaft sich ziehend, daß er in Teilen über 2200 Jahren widerstand.

Jahrhundertelang tranken die Römer Wasser, das über diesen Himmelskanal geflossen war! Und noch heute steht man staunend vor diesen Brücken mit den unendlich vielen Bogen, vor diesem Wunderwerk eines aufstrebenden Volkes, vor dieser Macht, die sich in Schönheit kleidete und sie als Kultur späteren europäischen Jahrtausenden übergab.

Elefanten und Galeeren

Auf den Terrassen ihrer Hochhäuser saßen Karthagos Millionäre, abgeklärte, weise, etwas übersättigte Menschen. Noch waren sie die Herren der Welt. Mühsam quälte sich indessen ein unendlicher Heereszug über die Alpen: Hannibal, Karthagos Reitergeneral, mit seinen Elefanten.

»Jetzt gibt es keinen Fortschritt mehr«, sagten die Menschen, »wir haben den Gipfel des Wissens, des Erkennens und Erfindens erreicht!«

Es war im Jahre 300 v. Chr.

Berossos, babylonischer Priester, Historiker, Astrologe und Astronom, baute eine riesige Sonnenuhr. In der »Bunten Halle« zu Athen debattierten die Stoiker über den Sinn des Lebens und über die Tugend, diese einzige Quelle des Glücks. Der Grieche Aristarch erkannte, daß die Sonne Mittelpunkt unseres Planetensystems ist, ja, er hatte noch eine größere Entdeckung zu melden: die Erde dreht sich nicht nur um ihre eigene Achse, sondern jagt auch noch im Kreise um den Sonnenball. Der Ägypter Manetho, Priester und Geschichtsforscher, bemühte sich, dem Abendlande die einst große Geschichte Ägyptens nahezubringen. In Rom jubelte das Volk, daß das Forum erdröhnte, denn von nun an konnten auch die Plebejer jede Staatsstellung bekleiden. Und rätselhafte Menschen fielen in römisches Gebiet ein, plünderten und ließen sich in Norditalien nieder. Das waren die Kelten. In Mitteleuropa aber zog man mit einer unheimlichen Erfindung über die Felder, mit einem Pflug aus Eisen und runden Dingern daran, den ersten Rädern des abendländischen Nordens. 300 Jahre vor Christus!

Auf den Terrassen ihrer sechsstöckigen Hochhäuser saßen die Karthager, tranken Wein von der Insel Samos und fühlten sich als die Herren der Welt. Noch reicher, noch mächtiger, noch herrlicher zu sein, schien ihnen unmöglich. Ja, der Gipfel des Fortschritts war erreicht.

Italien und die Insel Sizilien teilen das Mittelmeer in eine östliche und eine westliche Hälfte. Dort, wo Nordafrika sich am nächsten an die Insel Sizilien heranschiebt, liegt der Golf von Tunis. Und in dieser nordafrikanischen Bucht, 20 Kilometer von der modernen Stadt Tunis entfernt, ragte immer ein Hügel aus der Landschaft am Meer. Heute befindet sich auf dieser Höhe das französische »Kloster der Weißen Väter«, die St.-Louis-Kathedrale und ein archäologisches Museum, das Schätze des untergegangenen Karthago enthält, die Vater Delattre ausgrub.

Unsere Worte »Bursche« und »Börse« besitzen eine interessante Ahnenreihe. »Byrsa« bedeutete einst in der griechischen Sprache »Leder« oder »lederne Geldbörse«. Später nannte man auch den Platz, wo gehandelt wurde, »Byrsa«. Es ist darum kein Wunder, daß der Kern der größten Handelsstadt am Mittelmeer, der Kern Karthagos, »Byrsa« war. Byrsa hieß der Hügel, die Zitadelle von Karthago, der älteste Stadtteil dieser erstaunlichsten Metropole der Alten Welt. Hier oben fand man auch die ältesten »punischen« Gräber. Denn die Karthager waren Punier. Es sind die gleichen Menschen, die man »Phönizier« nennt oder »Poeni« nach dem Adjektiv »punicus«. Es sind die gleichen Menschen, die ihre Urheimat »Chanaan« nannten, nach dem Kanaan der Bibel. Es sind Semiten, deren älteste Hauptstädte Tyros und Sidon waren. Phönizische Kolonisten aus der Stadt Tyros gründeten um 800 v. Chr. ihre neue Stadt Karthago. Tatsächlich heißt Karthago »Neustadt«.

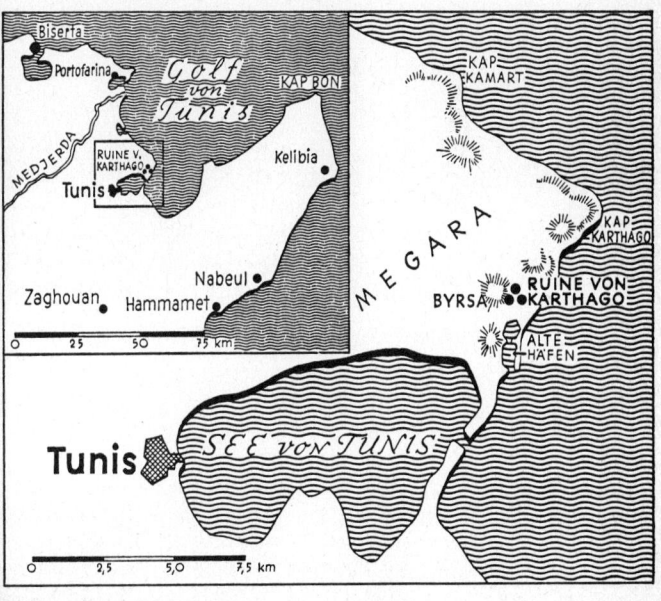

Wer nach Tunis kommt, sollte einmal die 20 Kilometer an die See fahren und auf den nur 60 Meter hohen Hügel Byrsa steigen. Es lohnt sich, dort ein wenig Ausschau zu halten. Man erkennt sofort, wie entscheidend Karthago das Meer beherrscht haben muß, das gewellte Hinterland bis hinunter nach Tunis und den See von Tunis, jetzt eine Salzlagune.

Der Grieche Polybios, der um 150 v. Chr. eine Weltgeschichte in 49 Büchern verfaßte, nennt Karthago die reichste Stadt der Welt. Karthago war der wichtigste Handelsplatz der Phönizier. Karthago besaß große, gegen jeden Sturm geschützte Häfen. Und auf dem Hügel Byrsa grub man 20 Meter hohe Mauern aus. Die Stadt beherrschte die ganze nordafrikanische Küste von Ägypten bis nach Gibraltar, beherrschte Südspanien, die Inseln Sardinien, Korsika und Westsizilien. Von Sizilien bis Gibraltar war das Mittelmeer eine »Karthagische See«. Durch die Speicher der karthagischen Kaufleute gingen das Gold und die Perlen des Ostens, der tyrische Purpur, das Elfenbein, die Löwen- und Pardelfelle aus dem Innern Afrikas, der arabische Weihrauch, das Kupfer aus Zypern, Silber aus Spanien, Zinn aus England, Eisen von Elba. War es ein Wunder, daß Karthago Weltmacht wurde? Die Schiffe der Karthager steuerten weit in den Atlantik hinein. Ja, sie liefen die Kanarischen Inseln an und wahrscheinlich auch die Azoren: Atlantis!

Um 300 v. Chr. waren die Bürger in den Straßen von Karthago abgeklärte, weise, man möchte fast schon sagen, etwas übersättigte Menschen, denn ihre Stadt blickte auf ein halbes Jahrtausend blühender Entwicklung zurück. Es war eine Metropole, die jeden Fremden mit Staunen erfüllte. Großartige Marmortempel mit goldenen und silbernen Säulen, vergoldete Statuen, von griechischen Bildhauern geschaffen, die größten Hafenanlagen der damaligen Welt, Werften und Docks, Schuppen, Werkstätten, Fabriken! Die herrliche Kathedrale von Pisa wurde aus Marmorblöcken errichtet, die man von den Ruinenfeldern Karthagos nach Italien schaffte. Es gab Aktiengesellschaften in Karthago. Man hatte hier die modernste Finanzwirtschaft des Altertums entwickelt. Man kannte Staatsanleihen. Man erfand das erste Geld, das dem Stoff nach wertlos war. Man hatte reichgefüllte Zeughäuser. Man kannte den Maschinenbau und produzierte Waffen, vielleicht die erste »moderne« Artillerie. In den Kasematten von Karthago befanden sich Stallungen für 300 Elefanten. Auf dem Markt der Stadt wurden die stärksten Negersklaven und die schönsten Sklavenmädchen Afrikas verkauft. Der

Goldene Statere. Eine Statere = zwei Drachmen. Vorderseite: Die Nymphe Arethusa mit Delphinen.

Silberne Tetra-Drachme, Sizilien. Das Vier-Drachmen-Stück entsprach unserem Taler. Zeit: 300 v. Chr.

Goldene Doppel-Statere, in Afrika geschlagen, mit Kopf der Demeter. Rückseite mit punischer Schrift.

fruchtbare Boden Libyens gehörte Karthagischen Plantagenbe-
sitzern. Gefesselte Sklaven hatten hier das Land zu bestellen.
Einzelne Bürger besaßen 20000 solcher »Onkel Toms«.

Villen und Paläste gab es in Karthago, Wohnungen und Büros,
die in Hochhäusern untergebracht waren. Ein rechtwinkliges
Straßensystem wie das von Manhattan! Jeder Straßenblock hatte
die Größe von 33 mal 125 Metern. Diese erstaunliche Symmetrie
vieler Straßenzüge wurde durch Ausgrabungen offenbar. Im
Kriegshafen von Karthago fanden 220 Schiffe Platz. Im Mittelpunkt dieses Hafens lag eine Insel, und der punische Admiral
übersah seine ganz Flotte bequem von diesem Zentrum aus.

Wenn es jemals eine »Plutokratie« gab, eine Herrschaft also
der Reichen, dann war Karthago das Muster einer solchen Staatsform. Die wohlhabendsten Familien machten die Gesetze und
führten die Politik. Zwei Präsidenten wurden alljährlich gewählt.
Sie wußten seit Jahrhunderten, daß Gold und Silber jeden Krieg
entscheiden. Für Gold und Silber baute man Schiffe, warb man
Ausländer als Soldaten an, Söldner, die sich für die reichen
Herren von Karthago den Kopf abschlagen ließen, gewann man
Seeschlachten, ohne selbst bei diesem unangenehmen Handwerk
größeren Gefahren ausgesetzt zu sein. Einige wohlhabende Familien stellten die Admirale, aber die Millionäre von Karthago
blieben lieber zu Hause, tranken griechischen Wein von der Insel
Samos auf ihren herrlichen Terrassen und Dachgärten, ließen
sich von Sklavenmädchen Kühlung zufächeln, bewunderten die
purpurnen Kleider ihrer eleganten Damen, die nur Stoffe verar-
beiten ließen, die ein Traum für die Begriffe der damaligen Mittelmeerwelt waren.

Ja, Karthago war die reichste Stadt der Welt. Man glaubte an
Gold. Nur dann, wenn den Weltherrschern in ihren Turmhäu-
sern größere Gefahr drohte, war man zu Opfern, die über das
Geld hinausgingen, bereit: Dann verbrannten die Karthager ihre
Kinder, um den Hunger der Göttin Tanit zu stillen und um den
Gott Baal-Moloch zu besänftigen. Im großen und ganzen aber
kannten die Karthager bessere Mittel, einen Krieg zu gewinnen,
als diesen süßlichen Opferrauch, der so manche Familie in der
Stadt mit Bangen erfüllte. Sie bauten auf den Mut von angeheuer-
ten Barbaren, auf große Herden von Kriegselefanten, auf ihre
herrliche Flotte, auf Gold und nochmals Gold.

Wie aber kam die Großhandelsstadt zu klingender Münze?

Sehr einfach: die Schiffe fremder Länder und besonders die
Schiffe Roms durften mit Karthago Handel treiben, nicht aber

mit Karthagos Kolonien. Dadurch gingen alle Waren durch die Bücher dieser schlauen Stadt, und zwar auf der »Haben«-Seite. Schiffe, die das direkte Handelsverbot nicht beachteten, wurden von den Karthagern gekapert, ihre Mannschaft über Bord geworfen. Ein karthagischer Admiral sagte mit Stolz: »Ohne unsere Einwilligung können die Römer im Mittelmeer nicht einmal ihre Hände waschen.«

Drei Kriege wurden zwischen Karthago und Rom ausgefochten. Es sind die berühmten »Punischen Kriege«. Für die damalige Zeit waren es Weltkrieg I, Weltkrieg II und Weltkrieg III. Die drei Kriege erstreckten sich über einen Zeitraum von 119 Jahren. 264 v. Chr. begann das blutige Spiel. 146 v. Chr. war es zu Ende: Karthago wurde zerstört. Es wurde römische Provinz in Afrika.

Waren die Karthager feige?

Hatte diese Stadt der Händler keine Helden?

Die Seefahrt über die damals bekannten und noch unbekannten Meere der Welt erforderte tapfere Herzen, und daß es solche Herzen unter den Phöniziern gab, haben sie immer und immer wieder bewiesen. Diese Semiten – Mommsen bezeichnet sie als »Aramäer« – »haben mit einer Hartnäckigkeit, welche kein indogermanisches Volk je erreichte, ihre Nationalität gegen alle Lockungen der griechischen Zivilisation wie gegen alle Zwangsmittel der orientalischen und abendländischen Despoten mit den Waffen des Geistes wie mit ihrem Blut verteidigt«.

Was den Karthagern fehlte, war der Mangel an staatlicher Organisation. In der Bibel, im ›Buch der Richter‹, lesen wir: »Ruhig lebten sie nach der Art der Sidonier, sicher und wohlgemut und im Besitz von Reichtum.« Die Menschen, die den Ersten Punischen Krieg erlebten, die Menschen, die noch im Zweiten Punischen Krieg kämpften, waren längst im Himmel, vielleicht auch in der Hölle, als Rom endlich siegte.

Wie kam es überhaupt zum Kriege?

Die Stadt Messina auf Sizilien brachte den Anlaß. Der römische Tribun Gajus Claudius landete hier, verhaftete den karthagischen Feldherrn Hanno, und die Karthager erklärten den Römern nach langem Zögern den Krieg.

Der römische Senat wußte natürlich gleich, daß Einmischung auf Sizilien Krieg mit Karthago bedeuten konnte. Aber die Kriegspartei in Rom gewann die Oberhand, und so begann ein Kapitel blutigster Weltgeschichte, das mit der Herrschaft Roms im Mittelmeer endete.

Die Karthager waren zu jener Zeit allen Ländern der Welt im

Schiffsbau überlegen. In Karthago baute man Schiffe mit fünf Ruderverdecken. Diese Fünfdecker wurden von Ruderern bewegt, die karthagische Staatssklaven waren. Vortrefflich geschult waren diese Männer. Ihre Kapitäne waren furchtlos und gewandt.

Die Römer waren damals noch fast ein Bauernvolk. Sie wußten nicht, wie man ein Kriegsschiff baut. Ein damals modernes Kriegsschiff war für die Römer so etwas wie eine »Fliegende Untertasse«. Eines Tages aber fanden sie eine »Fliegende Untertasse«. Es war ein karthagisches Schiff, das auf römischen Strand lief. Dieses Wrack diente als Modell. Und nun fielen die ersten römischen Wälder. In kurzer Zeit wurden 120 Galeeren gebaut, jede mit 300 Rudern und 120 Soldaten bemannt.

Seeschlachten wurden damals gewonnen, indem man die feindlichen Schiffe rammte. Diese Taktik erforderte Erfahrung. Und Erfahrung zur See mangelte den Römern. Sie kamen daher auf die vielleicht größte Erfindung ihrer Geschichte. Am Vorderteil ihrer Galeeren brachten sie »fliegende Brücken« an, die man nach vorn wie nach beiden Seiten herunterlassen konnte. Fuhr das feindliche Schiff zum Stoß auf die römische Galeere heran, so schlugen die Römer die Brücke auf das feindliche Verdeck, und diese Brücke saß fest mittels eines eisernen Stachels im verhaßten feindlichen Holz. Die Karthager, nur im Rammen geschult, hatten an Bord etwa 300 Ruderer und nur zehn Soldaten. Die Römer jagten Haken in das feindliche Deck, und dann liefen etwa 120 Legionäre über den Laufsteg und kämpften mit dem Schwert. Die Seeschlacht von Mylae – 260 v. Chr. – war daher für die Römer eine Art »Landschlacht«. Das Datum ist so wichtig, denn hier errang Rom – wenn man so will – seinen ersten großen Seesieg.

Nach und nach verloren die römischen Admiräle aber dennoch eine Flotte nach der anderen. Schließlich starrten 700 römische Schiffe und 200000 Mann aus hohlen Augen auf den Meeresgrund. Rom raffte sich nochmals auf, baute mit letzter Kraft eine neue Flotte, besiegte die Punier, und Karthago kapitulierte. Nach dem Ersten Punischen Krieg, der 24 Jahre gedauert hatte, schloß man 241 v. Chr. Frieden. Karthago zahlte 3200 Goldtalente, eine phantastische Summe, die etwa 20 Millionen Goldmark entspricht. Alle Besitzungen Karthagos auf Westsizilien wurden von Rom übernommen. Karthago schien erledigt. Seine Seemacht war gebrochen. Meuterei färbte den Himmel über der Hochstadt Karthago in gespenstisches Rot. Schließlich begann

Bronzekopf eines Afrikaners 350 v. Chr. Solche Menschen ruderten als Staatssklaven die Holzgaleeren der Karthager.

man wieder, Ordnung zu schaffen. Man wollte wieder Wein trinken auf den abendlich kühlen Terrassen ...

Karthago hatte einen General. Der hieß Hamilcar. Er hatte die Meuterei unterdrückt, setzte selbstherrlich nach Südspanien über und begann dort, Karthagos Besitzungen zu festigen und zu erweitern. Die spanischen Silberminen lieferten das nötige Geld.

Im Jahre 237 v. Chr. sehen wir neben dem Generalissimus Hamilcar einen kleinen Jungen. Es ist Hamilcars Sohn. Neun Jahre ist er alt. In die Hand des Vaters schwört er, »niemals Roms Freund zu sein«. Es ist der Schwur seines Lebens, ein Schwur, den Hannibal niemals brach.

Hamilcar stirbt. Und der junge Hannibal erlebt einen Aufstieg wie kein Karthager vor ihm. Mit 20 Jahren ist er Reitergeneral, mit 25 Jahren oberster Befehlshaber der karthagischen Armee in Spanien. Er unterwirft große Gebiete und belagert schließlich Sagunt. Römische Gesandte hatten Hannibal gewarnt, denn Sagunt, südlich vom Ebro, war eine Art »römischer Interessensphäre«. Die Stadt hatte mit den Römern einen Defensiv-Pakt geschlossen. Nach acht Monaten Belagerung fällt Sagunt in Hannibals Hand. Eine römische Gesandtschaft erschien in Karthago und forderte Genugtuung. Der Sprecher der Römer raffte sein Gewand zusammen und erklärte, er halte darin Frieden und Krieg. Karthago solle selbst wählen. Die klugen Karthager antworteten, man überlasse die Wahl den Römern. Der Römer war wohl kein guter Diplomat: Er bot den Krieg an. Die Karthager nickten. Und so kam es zum Zweiten Punischen Krieg.

Rom verschiffte Truppen nach Spanien und machte sich daran, auch Karthago anzugreifen.

Hannibal, der Karthager, faßte einen noch kühneren Plan. Mit kampferprobten Veteranen marschierte er durch Spanien, über die Pyrenäen, durch Südfrankreich und schließlich sogar über die Alpen nach Italien. Mit Elefanten! Tausende seiner Soldaten, die nur das warme Klima Spaniens und Afrikas gewohnt waren, kamen durch Kälte und Hunger auf den hohen Alpenpässen um. Aber schließlich erreichte Hannibal mit der Hälfte seiner Armee die Po-Ebene.

Dieses »Hannibalische« Unternehmen ist eine der interessantesten militärischen Leistungen der Weltgeschichte. Modern würde man sie als das »Meisterstück eines General-Quartiermeisters« bezeichnen. Hannibals Alpenübergang ist von Geographen, von Historikern, von Militärfachleuten und von Völkerkundlern viel diskutiert worden. Wir wollen uns darum die Mühe machen, den großen Reitergeneral, Organisator und Strategen hoch hinauf auf den schneebedeckten Sankt-Bernhard-Paß zu begleiten.

Straße um Straße, Häuserblock um Häuserblock verteidigten die Karthager ihre Hochhausstadt. Schließlich ertrank alles in Blut und Trümmern. Die Mauern stürzten, Karthago brannte. Es sollte niemals wieder auferstehen.

Ein Riesenwerk von 142 Büchern hinterließ der römische Historiker Titus Livius, ein Zeitgenosse Christi. Livius wurde 59 v. Chr. geboren und starb im Jahre 17 unserer Zeitrechnung. 35 seiner Bücher sind uns erhalten, außerdem der Grabstein im »Museo Civico« in seiner Geburts- und Todesstadt Padua. Diesen Grabstein ließ Livius noch zu Lebzeiten hauen: »Titus Livius, Sohn des Cajus, für sich und die Seinen.«

Livius war durch und durch Römer, verherrlichte die Römer-Tugenden, idealisierte die römische Vergangenheit und schuf nach Ansicht der Antike »die Krone der römischen Geschichtsschreibung«. Man kann sich denken, daß dieser patriotische Römer den gefährlichsten Gegner der römischen Geschichte, Hannibal, nicht ohne Grund gepriesen hätte. Überhaupt hat die römische wie die griechische Geschichtsschreibung Hannibal meist nur mit Haß und Neid verfolgt.

Es ist erstaunlich, daß trotz allem Hannibal in der Erinnerung der Menschheit, die im allgemeinen ein sehr schlechtes Gedächtnis hat und die vor allem gern entstellt, einen so glänzenden Platz einnimmt.

Hören wir den Römer Titus Livius selbst: »Hannibal begegnete Gefahren mit sorgfältigsten Vorkehrungen, aber benahm sich im Augenblick höchster Not mit größter Gleichgültigkeit. Durch keine Schwierigkeiten ließ er sich körperlich ermüden oder sein Feuer zügeln. Hitze und Kälte duldete er gleichmütig. Er aß und trank nur das, was er unbedingt brauchte, niemals zum Vergnügen. Die Zeit seines Aufstehens und die Zeit des Zur-Ruhe-Gehens waren unabhängig von Tag und Nacht. Er ruhte, soweit er dazu Zeit hatte. Für den Schlaf brauchte er weder ein weiches Lager noch Stille. Man sah ihn oft mit nur einem kurzen Feldmantel bedeckt am Boden zwischen den Wachposten liegen. Seine Kleidung unterschied sich kaum von der seiner Soldaten. Aber seine Waffen und sein Pferd beeindruckten jedermann. In seinem Riesenheer war er immer der weitaus beste Reiter und der weitaus beste Infanterist. In die Schlacht ritt er allen voran. Und aus der Schlacht kehrte er als letzter zurück. Die alten Soldaten hatten immer das Gefühl, ihnen sei ein jugendlicher Hamilcar – Hannibals Vater – wiedergeschenkt: Derselbe strahlende Blick, dasselbe Feuer in den Augen, dieselbe erstaunliche Haltung und Gestalt.«

Dieser Hannibal hatte als Reitergeneral im Jahre 218 v. Chr. durch die Eroberung von Sagunt in Spanien die Veranlassung zum Zweiten Punischen Krieg gegeben. Er selbst, der Rom so glühend haßte wie später römische Historiker ihn, wollte diesen Krieg für Karthago gewinnen.

Roms Kriegsplan ging dahin, mit dem Hauptheer von Sizilien aus in Afrika zu landen und Karthago anzugreifen, mit einem zweiten Heer Karthago in Spanien zu beschäftigen. Auf keinen Fall wollte Rom auf italienischem Boden kämpfen. Und Hannibal? Hannibal beschloß das zu tun, was Rom auf jeden Fall zu vermeiden trachtete. Hannibal beschloß, den Krieg unmittelbar bis zu den Toren Roms zu tragen. Ein erstaunliches, ein gefährliches Vorhaben! Denn den Ersten Punischen Krieg hatte Rom gewonnen. Roms Flotte war danach der karthagischen Flotte weit überlegen.

Wie aber konnte Hannibal den Krieg nach Italien tragen, ohne seine Soldaten über das Mittelmeer zu verschiffen? Hannibal faßte den Plan, der wohl – man schrieb das Jahr 218 v. Chr.! – zu den kühnsten Kriegsplänen der Weltgeschichte zählt. Wenn es gelang, mit einem Heer durch ganz Spanien zu ziehen, durch Südfrankreich, dann über die Alpen und hinunter in die Po-Ebene, dann konnte Hannibal die Römer so gründlich beschäftigen, daß sie jeden Gedanken aufgaben, ihrerseits Karthago anzugreifen. Karthagos Kaufleute konnten dann ruhig ihren Geschäften nachgehen, Geld verdienen, Gold anhäufen und auf den schönen Terrassen Wein trinken.

Hannibal stürzte nicht blind in das gewaltige Unternehmen. Er überlegte, er plante alles bis in die letzten Einzelheiten. Ja, Hannibal bereitete seinen Zug nach Italien besser vor, als jemals Alexander der Große seine Kriegszüge nach Asien. Und noch eines: In Norditalien saßen die Gallier, die den Römern arg zu schaffen machten. Wenn Hannibal erst einmal dort südlich der Alpen stand, dann konnte er auf gallische Bundesgenossen rechnen.

Bedenkt man heute, wie sorgfältig Hannibal sein Unternehmen vorbereitete, dann kann man nur staunen, wie »große Feldherren« in unserer Zeit sich blindlings ins Kriegsabenteuer gestürzt haben.

Hannibal sammelte ein mächtiges Heer in Spanien. Er verließ sich nicht auf Söldner. Er scharte langgediente karthagische Soldaten um sich. Er sicherte sich die damals modernsten Waffen. Er sandte Kundschafter über die Alpen, die damals noch kaum bekannten Pässe und Wege zu erforschen. Er sandte Diplomaten zu den Galliern Norditaliens, um sie für seine Pläne zu erwärmen, lange bevor er selbst eintraf. Er schloß Freundschaften mit vielen gallischen Stämmen, richtete Gesandtschaften ein, schickte auch den Galliern Geld. Er war sich jeden Augenblick darüber im klaren, daß er an ein ungeheuer großes Wagnis heranging. Aber er sah auch den Vorteil der Überraschung.

Die Römer waren schlau in kleinen Dingen, leichtfertig in großen. 20 Jahre hatten sie Karthago ausruhen lassen. In dieser Zeit hätten sie Afrika angreifen können. Die Pause war lang genug, um den Angriffswillen auf seiten der Punier wieder zu

Eine römische Trireme aus der Zeit der Punischen Kriege. Sechzig Ruderer auf jeder Seite – es waren Staatssklaven – bewegten das schwere Schiff. Legionäre mit Speer und Panzer bildeten die Mannschaft an Deck. Diese »Linienschiffe« der Antike wurden im Laufe der Punischen Kriege von Quinqueremen abgelöst, also von Fünfdeckern mit größerer Geschwindigkeit. Weil die römische Flotte im 2. Punischen Krieg der karthagischen überlegen war, wählte Karthagos größter Feldherr Hannibal den mühseligen Weg über Spanien, Frankreich und die Alpen.

stärken. Rom erkannte nicht die Gefahr der punischen Eroberung Spaniens. Rom ließ sich zudem auf einen sinnlosen Streit
mit Macedonien ein. Rom hatte es versäumt, die Kelten nieder-
zuwerfen und die Alpenpässe zu sichern. Rom hatte nur eines
beschlossen, den nächsten Punischen Krieg in Afrika zu führen.
Und an dieser Theorie hielt Rom so lange fest, bis Karthago
selbst den Kriegsschauplatz wählte. Rom war im Kindesalter
seiner Geschichte so leichtsinnig, wie es im Mannesalter über-
vorsichtig wurde.

Im Mai des Jahres 218 v. Chr. war Hannibal 31 Jahre alt. Es
war das beste Alter für das schwerste Unternehmen seines Lebens. Und es war eine herrliche Armee, an deren Spitze er aus
Neu-Karthago – das ist Cartagena – aufbrach. Der Kern dieser
Armee bestand eben aus karthagischen Veteranen, aus Libyern,
aus Spaniern. Zwei Drittel waren karthagische Afrikaner,
kampferprobte Männer mit Disziplin, treu ihrem Reitergeneral
ergeben. Es entspricht ganz dem Bild dieses harten Feldherrn,
ganz seinem Charakter und seiner Selbstzucht, daß er seine
schöne spanische junge Frau Imilcea und seinen kleinen Sohn vor
dem Aufbruch nach Karthago sandte. 16 Jahre sollten vergehen,
ehe er sie wieder umarmte. Ende Mai überschritt Hannibal den
Ebro, dann die Pyrenäen. Hier in Nordspanien mußte er sich
jeden Meter gegen feindliche Stämme erkämpfen. Er setzte über
die Rhone und erreichte durch das Tal der oberen Isère die
Hochalpenkette beim Kleinen Sankt-Bernhard-Paß. Auf diesem
Marsch wurde er, besonders im Tarentaisischen Gebirge, ständig
von feindlichen Kelten-Stämmen angegriffen.

Historiker und Geographen haben viel darum gestritten, welchen Paß Hannibal zum Überschreiten der Alpen benutzt habe.
Ein so ausgezeichneter Fachwissenschaftler der alten Geschichte
wie Professor Gaetano de Sanctis von der Universität Rom
meinte, Hannibal habe den Alpenpaß des Mont Genèvre überschritten. Das dürfte jedoch ein Irrtum sein, und die ›Encyclopæ-
dia Britannica‹ sollte sich berichtigen. Die zuverlässigste Quelle,
die wir besitzen, ist nämlich der Grieche Polybios, der 201
v. Chr. geboren wurde; der 146 v. Chr. Karthago brennen sah
und 120 v. Chr. tödlich vom Pferd stürzte. Er hat bei der Behandlung des Zweiten Punischen Krieges sehr genau die Entfernungen angegeben, die Hannibal zurücklegte. Auch Livius be-
schreibt Hannibals Zug über die Alpen. Aber Livius lebte
200 Jahre nach dem Ereignis, und seine Schilderung ist viel zu
schön, um wahr zu sein. Polybios dagegen war selbst Soldat und

schrieb nur eine Generation nach Hannibals Feldzug. Der amerikanische Oberstleutnant Theodore Ayrault Dodge ging den Schilderungen des Polybios wie des Livius nach – mit den Büchern in der Hand! –, immer wieder über die Alpenpässe kletternd, bis er sich für den kleinen Sankt Bernhard-Paß entschied. Dodge verfaßte dann ein großartiges Werk über Hannibal. Er konnte sogar Napoleon widerlegen, der sich bezeichnenderweise auch sehr für Hannibals Weg interessierte und der zu dem Schluß kam, Hannibal habe den Paß über den Mont Cenis gewählt. Man erkennt, wieviel große Geister sich einer solchen Einzelheit der Geschichte widmeten, wenn man noch den deutschen Historiker Theodor Mommsen anführt, der solche Fragen immer mit todsicherem Instinkt löst und Hannibal richtig über den Kleinen Sankt Bernhard begleitet.

Am Fuß des Sankt Bernhard erhebt sich der berühmte »Weiße Fels« – »La Roche Blanche« –, ein Kreidefels, der den Anstieg zum Sankt Bernhard beherrscht. Hier lagerte Hannibal mit seiner Infanterie und deckte während der ganzen Nacht den Zug der mühsam hinaufklimmenden Pferde, Saumtiere und Elefanten. Dabei kam es unentwegt zu sehr blutigen Gefechten. Aber am folgenden Tag war die Paßhöhe erreicht. Hier, an einem kleinen See, an der Quelle der Doria, ließ Hannibal seine Armee rasten.

Wie groß war diese Armee?

Sie bestand aus 50000 Mann Infanterie, 9000 Reitern und 37 Elefanten. Auch diese Elefanten sind ein interessantes geschichtliches Problem. Ihre Verwendung hatten die Karthager von den griechischen Königen übernommen, etwa von Pyrrhus oder schon von Alexander. Es waren afrikanische, nicht indische Elefanten, aber die Treiber der Tiere waren Inder.

Vielleicht reichte das Gebiet der wilden Elefanten damals viel nördlicher als heute – man findet sie noch in Zentralafrika –, oder aber die Karthager hatten sie auf den Karawanenstraßen durch die Sahara aus Zentralafrika kommen lassen.

Diese Elefanten nahm Hannibal mit, mehr um den Kelten und Galliern zu imponieren, weniger um sie ernsthaft in der Schlacht zu verwenden. Man war sich dieser Elefanten im Kampf nämlich niemals so ganz sicher. Völker, die Elefanten im Krieg noch nicht begegnet waren, packte die Angst. Aber wenn die Elefanten wild wurden, dann konnten sie den Karthagern gefährlicher werden als ihren Gegnern. Darum trugen die Treiber im Zweiten Punischen Krieg stets kräftige Schlegel bei sich und lange Eisenbol-

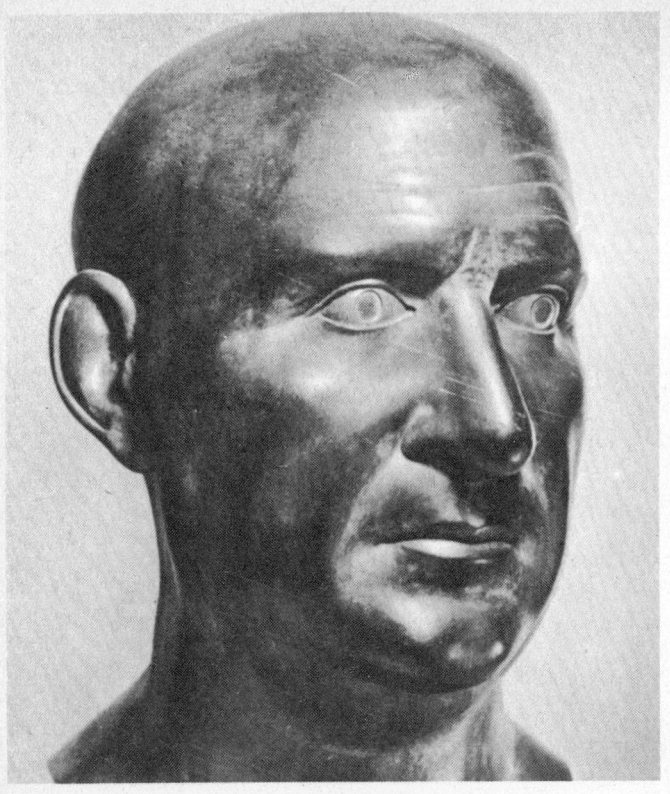

Publius Cornelius Scipio, der Besieger Hannibals, ist die erste ganz markante Persönlichkeit der römischen Geschichte. Die vorchristliche Büste offenbart seine Energie und Intelligenz. Scipio lebte von 237-183 v. Chr.

zen, um den Elefanten im Augenblick der Gefahr einen Nagel hinter das Ohr zu jagen und sie damit zu töten.

Als Hannibal auf dem Gipfel des Sankt Bernhard anlangte, lag auf den Bergen schon hoher Schnee, große Mengen von herabgestürzten Lawinen. Nach Mommsen war Hannibal Anfang September auf dem Paß, nach Dodge Anfang November. Ganz sicher war das Klima dort oben vor 2000 Jahren viel härter als heute. Und so begann das große Sterben, das Stürzen der Soldaten in die gähnenden Tiefen, das Hungern der Elefanten.

Hannibal hatte die Alpen überquert. Aber mehr als die Hälfte seines Heeres war auf der Strecke geblieben. Der Feldherr hatte nur noch 20000 Mann Infanterie, 6000 Reiter und 15 bis 20 seiner Elefanten. Dafür stand er jetzt in einem Land, das theoretisch 280000 Mann zum Militärdienst einziehen und etwa die doppelte Zahl Alliierte rekrutieren konnte. Aber die Römer hielten nur 40000 Mann unter den Waffen, und als die erste römische Armee sich in der Po-Ebene stellte, wurde sie von den Karthagern überrannt.

Wie geplant, hatten sich die Gallier Hannibal angeschlossen, und sein Heer hatte sich wieder verdoppelt. Am Trasimenischen See vernichtete Hannibal eine zweite römische Armee. Jetzt hatte Rom bereits zweimal 40000 Mann verloren. In der letzten Not stellte Rom den Diktator Fabius, einen vorsichtigen Aristokraten, an die Spitze noch einmal in Eile ausgehobener Truppen. Dieser Fabius ist in die Geschichte als Cunctator, als »Zauderer«, eingegangen. Denn er folgte immer Hannibals Heer, aber wagte nie, ihn zu einer entscheidenden Schlacht zu stellen.

Jetzt gab Rom zwei Konsuln den Oberbefehl. Sie sollten Hannibal vernichten. In einer engen Ebene nahe Cannae kam es im Jahre 216 zur Schlacht. Die Römer waren den Karthagern an Zahl weit überlegen. Aber Hannibal war das größere Genie. Er hatte zudem die bessere Kavallerie. Er fiel der römischen Armee in die Flanke, so daß die schwer bewaffneten und darum sehr schwer beweglichen Römer zu einer kampfunfähigen Masse erstarrten und hingeschlachtet wurden. 50000 Römer und Verbündete blieben auf dem Felde, 10000 wurden gefangen!

Als die Nachricht Rom erreichte, verbot der Senat den Frauen zu weinen, den Frauen, die ihre Väter, Gatten und Söhne verloren hatten. Die Stadt bereitete sich auf eine Belagerung vor. Aber Hannibal erschien nicht. Seine Kavallerie konnte zwar Schlachten gewinnen, aber sie konnte nicht Mauern überrennen: Auf den weltweiten Kriegszug konnte Hannibal keine Katapulte, keine Mauer-Rammen mitnehmen.

Wie immer in großer Gefahr, fielen einige Alliierte von Rom ab. Die großen Städte Syrakus und Capua und einige kleinere ließen Rom im Stich. Roms Senat blieb unerschütterlich. Während Hannibal verwüstend durch Italien zog, musterte Rom Jahr um Jahr neue Legionen an. Hohe Steuern wurden erhoben. Korn mußte zu Kriegspreisen eingeführt werden, denn Italiens Felder waren vernichtet. Schließlich belagerte Rom Capua und Syrakus, um ein Exempel zu statuieren und die anderen Alliierten bei der

Stange zu halten. Syrakus wurde geplündert, die herrlichen Marmorstatuen wurden nach Rom geschleppt, Capua wurde ausgehungert.

In dieser furchtbaren Not fand Rom einen jungen strahlenden Feldherrn, Publius Cornelius Scipio, der in Spanien Cartagena genommen hatte.

Hannibal saß jetzt in Süditalien, wartete darauf, daß Rom kapitulierte oder daß sein junger Bruder Hasdrubal aus Spanien Verstärkung heranbrachte. Hasdrubal überquerte auf Hannibals Spuren die Alpen, wurde aber von den römischen Legionen beim Metaurus-Fluß geschlagen und getötet. Die Römer wurden durch die jahrelangen Niederlagen so verbittert, daß sie Hasdrubals Kopf in hohem Bogen in Hannibals Lager schleuderten.

Hannibal wartete. Er war ungeschlagen. Aber ohne Nachschub wurde er schwächer von Jahr zu Jahr. In Spanien zerschlug der junge Scipio eine Nachschubquelle nach der anderen. Dieser Scipio kehrte schließlich als Sieger nach Rom zurück. Er erhielt ein Heer und eine Flotte und segelte aus, Karthago anzugreifen. Und nun wendete sich das Blatt. Jetzt stand der Römer Scipio vor den Toren Karthagos. Im Kriege »Raubfisch gegen Elefant« siegte der Fisch. Karthago mußte kapitulieren, mußte um Frieden bitten, mußte den großen Hannibal aus Italien zurückrufen. Und das ist die Tragik Hannibals: 15 Jahre lang hatte er in Italien keine einzige Schlacht verloren. Einmal stand er nur fünf Kilometer von Rom entfernt. Auf den Feldern Italiens wuchs nur noch Unkraut. Hunderte von Städten lagen in Ruinen. Auf den Alpenpässen bleichten die Knochen karthagischer Soldaten und karthagischer Tragtiere. Hunderttausende von Römern und römischen Allierten waren getötet worden. Das alles hatte Hannibal erreicht. Er war das größte militärische Genie der Alten Welt, übertroffen vielleicht nur von Alexander dem Großen. Und alles das war sinnlos vertan!

Hannibal kehrte nach Karthago zurück und überzeugte die hohen Herren seiner Heimat sofort, daß man weiterkämpfen müsse. Bei Zama trat er Scipio entgegen, und hier erlebte er seine erste Niederlage. Karthago mußte die phantastische Summe von 10000 Talenten bezahlen, das sind 60 Millionen Goldmark! Karthago mußte alle Kriegsschiffe und Elefanten abtreten – bis auf zehn. Karthago mußte feierlich erklären, nie wieder Krieg zu führen ohne Roms Zustimmung. Alle Besitzungen Karthagos in Spanien fielen an Rom.

Hannibal erhielt eine hohe Staatsstellung in Karthago. Aber

Rom bestand darauf, daß man ihn des Landes verwies. Er wanderte nach Osten, immer seinem Schwur treu bleibend, ewig Rom zu hassen. Er wiegelte fremde Völker gegen Rom auf. Aber die Römer verfolgten diesen unbeugsamen Feind, und um nicht in die Hände Roms zu fallen, nahm Hannibal schließlich Gift.

50 Jahre später schließt das Kapitel Karthago. Wieder wurde die Stadt reich. Wieder faßte sie Mut. Sie erhob sich gegen Massinissa, den römerfreundlichen König von Numidien. Aber in Rom saß ein alter Bauer, der einer reichen plebejischen Familie angehörte. Dieser Mann war nicht eben schön. Wahrscheinlich sah er so aus wie der »Glöckner von Notre-Dame«. Er hieß Cato. Er war ein gestrenger Zensor, der jeden Menschen verfolgte, dessen Lebenswandel ihm nicht ganz einwandfrei erschien. Er griff, ununterbrochen Reden haltend, jeden Römer an, der griechische Kultur, Philosophie oder Luxus liebte. Er wollte nur Bauern und harte Soldaten sehen. Die Frauen sollten nichts als arbeiten und gehorchen. Sklaven, so meinte Cato, solle man schleunigst verkaufen, wenn sie alt und schwach wurden. Als er nach Karthago reiste und feststellte, daß sich diese einst feindliche Stadt wirtschaftlich wunderbar erholt hatte, brachte er den

Wie sahen die Karthager aus? Wir wissen es nicht, denn die alte phönizische Großstadt wurde von den Römern so gründlich vernichtet, daß nichts als Trümmer und Schutt übrigblieben. Immer predigte der alte Cato im römischen Senat: »Im übrigen meine ich, Karthago müsse zerstört werden.« Diese beiden Männermasken aber grub man aus. Es sind sehr lebendige Tonkarikaturen aus karthagischen Gräbern, die bei aller Verzerrung typisch phönizische Köpfe darstellen.

Römern einige landwirtschaftliche Produkte aus Karthargo mit und predigte nun beständig Krieg gegen diesen gefährlichen Rivalen. Jede seiner Reden schloß er mit dem Satz: »Im übrigen meine ich, man muß Karthago zerstören.«

Und endlich gab man ihm nach. Als Karthago sich gegen Massinissa erhob, sandte Rom seine Legionen nach Afrika. Damit begann der Dritte Punische Krieg. Die Karthager boten Rom 300 ihrer vornehmsten Bürger als Geiseln an. Die Römer bestanden darauf, daß Karthago zerstört werden mußte, die Karthager selbst könnten sich neue Häuser bauen, aber mindestens 15 Kilometer von der Küste entfernt. Dieses Ansinnen brachte die Karthager dazu, jeden alten, rostigen Nagel zu einer Waffe zu schmieden. Noch einmal faßten sie Mut und leisteten Widerstand. Zwei Jahre belagerte Rom die Stadt. Im dritten Jahr brachen die Römer ein.

Im »New York des Altertums« wurde Haus um Haus, Straßenblock um Straßenblock verteidigt. Diese Wunderstadt der Antike, in der rund 500000 Menschen lebten, kapitulierte erst, als alles in Blut und Trümmern ertrank. Nur 50000 Karthager blieben am Leben. Sie wurden als Sklaven verkauft. Alles brannte. Die Häuser, die Tempel, die herrlichen Terrassen stürzten. Die Hafendämme brachen. Die Leuchttürme knickten zusammen. Niemals wieder sollte Karthago auferstehen ...

So endete der letzte Punische Krieg. Man schrieb das Jahr 146 v. Chr.

Wäre Karthago nicht zerstört worden, wäre Karthago Weltmacht geblieben, so wären die alten Kulturen des Mittelmeeres von den Karthagern auf uns gekommen, so hätte Europa über die Karthager das Erbe der Alten Welt angetreten. Jetzt aber ging die Weltherrschaft auf Rom über. Und so wurde Rom der Vermittler zwischen dem Erbe der Mittelmeerwelt und dem heutigen Europa.

Anhang

Literatur

MESOPOTAMIEN

BALTRUSAITIS M., Art sumérien, art roman, Paris 1934. – CHRISTIAN V., Alter-
tumskunde des Zweistromlandes, Leipzig 1940. – CONTENAU G., Manuel d'archéologie orientale I–IV, Paris 1927–47. – CONTENAU G., La vie quotidienne
à Babylonie et en Assyrie, Paris 1953. – DEIMEL A., POHL A., FOLLET R., Codex
Hammurabi, Rom 1950. – DELAPORTE L., Geschichte der Babylonier, Assyrer,
Perser und Phöniker (Geschichte der führenden Völker, Bd. 3), Freiburg 1933.
– EBELING E., Babylonisch-assyrische Texte: Altorientalische Texte und Bilder
zum Alten Testament, herausgegeben von Hugo Greßmann, Berlin-Leipzig 1926,
S. 108 ff. FALKENSTEIN-VON SODEN, Sumerische und akkadische Hymnen und
Gebete, Zürich und Stuttgart 1953. – FRANKFORT H., Cylinder Seals, London
1939. – FRANKFORT H., Art and Achitecture of the Ancient Orient, Harmonds-
worth 1954. – FRITZ-ANDRAE, Der babylonische Turm, Leipzig 1932. – KING L.
W., A History of Sumer and Akkad, London 1923. – KOHLER J. und PEISER F. E.,
Hammurabi's Gesetz, Bd. I, Leipzig 1904, Bd. II, 1909. – KRAMER S. N., Sume-
rian Mythology, Philadelphia 1944. – KRAMER S. N., Inannas Descent to the
Nether World, Journal of Cuneiform Studies, Bd. 5, 1951, S. 1 ff. – KRAMER S. N.,
Enmerkar and the Lord of Aratta, Philadelphia 1952. – LENZEN H., Die Sumerer,
Berlin 1948. – MEISSNER B., Die Keilschrift, Berlin-Leipzig 1922. – MEISSNER B.,
Die babylonisch-assyrische Literatur, Wildpark-Potsdam 1928. – MEYER E., Ge-
schichte des Altertums I, 2. Stuttgart und Berlin 1926, S. 331 ff. – MOORTGAT A.,
Die Entstehung der sumerischen Hochkultur (Der Alte Orient, Bd. 43), Leipzig
1945. – MOORTGAT A., Geschichte Vorderasiens bis zum Hellenismus (SCHARFF-
MOORTGAT: Ägypten und Vorderasien im Altertum), München 1950. – OLM-
STEAD A., History of Assyria, New York-London 1923. – PARROT A., Archéolo-
gie mésopotamienne. Les étapes, Paris 1946. – PARROT A., Tello, Paris 1948.
– PARROT A., Ziggurats et Tour de Babel, Paris 1949. – PARROT A., Mari,
Neuchâtel 1953. – PARROT A., La Tour de Babel, Neuchâtel und Paris 1953.
– WETZEL F., Die Stadtmauer von Babylon, WVDOG 48, 1930. – WOOLLEY L.,
Ur Excavations II, The Royal Cemetery, London-Philadelphia 1934. – WOOLLEY
L., Ur Excavations V, The Ziggurat and its Surroundings, 1939. – WOOLLEY L.,
Excavations at Ur, London 1954.

ÄGYPTEN

ANTHES R., Ägypten (Historia Mundi), München 1953, Bd. II, S. 130 ff. – BIS-
SING Fr. W. v., Der Anteil Ägyptens am Kunstleben der Völker, München 1912
(Festrede, gelesen in der öffentlichen Sitzung der Kunstakademie der Wissen-
schaften, 9. März 1912). – BONNET H., Reallexikon der ägyptischen Religionsge-
schichte, Berlin 1952. – BREASTED J.H., Geschichte Ägyptens, Leipzig 1936.
– BREASTED J.H., Ancient Records of Egypt, 1906. – BREASTED J. H., RANKE H.,
Geschichte Ägyptens, Berlin 1911. – CAPART J., L'Art égyptien, Brüssel 1924.
– CARTER H., Tut-Ench-Amun, Leipzig 1924–34. – ERMAN A., RANKE H., Ägyp-
ten und ägyptisches Leben im Altertum, Tübingen 1923. – ERMAN A., Die
Literatur der Ägypter, Leipzig 1923. – ERMAN A., Die Religion der Ägypter,

Berlin 1934. – FRANKFORT H., Ancient Egyptian Religion, New York 1948. – KEES H., Der Götterglaube im alten Ägypten, Leipzig 1941. – MASPERO G., Das alte Ägypten, Berlin 1921. – MASPERO G., Histoire ancienne des peuples de l'Orient classique, Paris 1895–1899. – MEYER E., Geschichte des Altertums, Stuttgart und Berlin 1921–1944. – MORET A., Le Nil et la Civilisation égyptienne, Paris 1926 und 1937. – OTTO E., Ägypten, Stuttgart 1953. – PETRIE F., The Arts and Crafts of Ancient Egypt, London 1910. – RANKE H., Ägyptische Texte: Altorientalische Texte und Bilder zum Alten Testament, herausgegeben von Hugo Greßmann, Berlin-Leipzig 1926, S. 1 ff. – SCHAEFER H., Von Ägyptischer Kunst, Leipzig 1930. – SCHARFF A., Ägypten (W. Otto, Handbuch der Altertumswissenschaft I, München 1939, S. 433 ff.). – SCHARFF A., Der Bericht über das Streitgespräch eines Lebensmüden mit seiner Seele, München 1937 (Sitzungsbericht der Bayerischen Akademie der Wissenschaften, Jg. 1937, Heft 9). – SCHARFF A., Geschichte Ägyptens (Scharff-Moortgat, Ägypten und Vorderasien im Altertum), München 1950. – STIER H. E., Geschichte Ägyptens (Propyläen-Weltgeschichte, Bd. I, Berlin o. J.). – THAUSING G., Der Auferstehungsgedanke in ägyptischen religiösen Texten, Leipzig 1943. – VANDIER J., La religion égyptienne, Paris 1944 und 1949. – VIGNEAU A., Le Musée du Caire (Encyclopédie photographique de l'Art), Paris 1949. – WEILL R., Les Origines de l'Egypte pharaonique, Paris 1908. – *Egypt and Babylonia* (The Cambridge Ancient History, Bd. I. The Egyptian and Hittite Empires, Bd. II).

PHÖNIZIEN

AUTRAN C., Les Phéniciens, 1920. – BÉRARD U., Les Phéniciens et l'Odyssée, 1902–1903. – BRUSTON, Etudes Phén, 1903. – CONTENAU G., La civilisation phénicienne, Paris 1939, 3. Auflage. – EISSFELDT O., Phoiniker: Pauly-Wissowa, Realenzyklopädie der klassischen Altertumswissenschaft, Bd. XX, 1, 1941. – HILL G. F., Catalogue of Phœnicia, 1910. – LANDAU FREIHERR v., Die Bedeutung der Phönizier im Völkerleben: Ex Oriente Lux I, Leipzig 1905. – PIETSCHMANN R., Geschichte der Phönizier, Berlin 1889. – SCHARFF A., MOORTGAT A., Ägypten und Vorderasien im Altertum, München 1950. – WINCKLER H., Altorientalische Forschungen, 1893–1906. – WOOLLEY C.L., La Phénicie et les peuples égéens, Syria 1921. – *The Cambridge Ancient History*, Vol. III, Cambridge 1924.

PERSIEN

ANDRAE E.W., Vorderasien (Handbuch der Altertumswissenschaft, München 1939, 6. Abt., I. Textbd., S. 734 ff.). – CAMERON G.G., History of early Iran, Chicago 1936. – CAMERON G.G., Persepolis Treasure Tablets, Chicago 1948. – COWLEY A., Aramaic papyri of the fifth century B.C., Oxford 1923 (Die Elephantine-Papyri). – DRIVER G. R., Aramaic Documents of the fifth century B. C., Oxford 1954 (Die Briefe an Arsames). – FRANKFORT H., The Art of Ancient Persia (The Art and Architecture of the Ancient Orient, London-Baltimore-Melbourne 1954, S. 202 ff.). HERZFELD E., Altpersische Inschriften (Ergänzungsband zu den Archäologischen Mitteilungen aus Iran), Berlin 1938. – HERZFELD E., Archaeological History of Iran (The Schweich Lectures of the British Academy 1934), London 1935. – JUNGE P. J., Saka-Studien (Klio-Beilheft 24), Leipzig 1939. – KORNEMANN E., Weltgeschichte des Mittelmeer-Raumes, München 1948,

Bd. I., S. 15 ff. – KRAELING E. G., The Brooklyn Museum: Aramaic papyri, New Haven 1953 (weitere Papyri aus Elephantine). – JUSTI F., Geschichte des alten Persiens, Berlin 1879. – MEYER E., Geschichte des Altertums, Stuttgart 1954, 4. Bd., 1. Abt., S. 14 ff., 3. Bd., S. 181 ff. – MOORTGAT A., Bronzegerät aus Luristan, Berlin 1932. – NYBERG H. S., Das Reich der Achämeniden (Historia Mundi, München 1954, Bd. III, S. 56 ff.). – NYBERG H. S., Die Religionen des alten Iran. Deutsch von H. H. Schaefer (Mitteilungen der vorderasiatisch-ägyptischen Gesellschaft, 43. Bd.), Leipzig 1938. – PRASEK J. V., Geschichte der Meder und Perser (Handbücher der Alten Geschichte, II. Bd., Gotha 1910). – SARRE F. und HERZFELD E., Iranische Felsreliefs, Berlin 1910. – SCHMIDT E., Persepolis, Chicago 1953. – *The Persian Empire and the West* (Cambridge Ancient History, Cambridge 1939, Bd. IV).

PALÄSTINA

ABRAMOWSKI R., Das Buch des betenden Volkes, Stuttgart 1938. – ABRAMOWSKI R. Das Buch des betenden Gottesknechtes, Stuttgart 1939. – ALBRIGHT W. F., From the Stone Age to Christianity, 1946. – ALBRIGHT W. F., The Archaeology of Palestine, England 1951. – BAETHGEN F., Die Psalmen, Göttingen 1892. – BUDE K., Das Buch Hiob, Göttingen 1913. – DELITZSCH F., Die poetischen Bücher des Alten Testaments, 1864. – DUHM B., Das Buch Hiob, Freiburg 1897. – EWAIN Mc., The Permanent element in Old Testament Prophecy, 1946. – FICHTNER J., Weisheit Salomos, Tübingen 1938. – GEMSER B., Sprüche Salomos, Tübingen 1937. – HALLER M., Die Fünf Megilloth, Tübingen 1940. – HAMILTON E., Spokesmen for God, New York 1949. – HAUSS F., Biblische Gestalten, Hamburg 1952. – KITTEL R., Die Psalmen, Leipzig 1922. – LAMPARTER H., Das Buch der Auferstehung, Stuttgart 1951. – LANDAUER G., Palästina, München 1925. – MEINHOLD J., Einführung in das Alte Testament, Gießen 1926. – NOTH M., Die Welt des Alten Testaments, Berlin 1953. – NOTH M., Geschichte Israels, Göttingen 1954. – OESTERLEY W., Hebrew Religion, London 1930. – PETERS N., Das Buch Job, Münster 1928. – ROTH C., Geschichte der Juden, Stuttgart 1954. – ROWLEY H. H., The Servant of the Lord and other Essays on the Old Testament, London 1952. – UMBREIT F. W., Das Buch Hiob, Heidelberg 1832. – WRIGHT G. E., The Westminster Historical Atlas to the Bible, 1947.

INDIEN

Indus-Kultur: BASHALM A. L., The Wonder That Was India, London 1954. – LANGDON S., The Script of Harappā and Mohenjo-Daro and its Connection with other Scripts, London 1934. – MACKAY E., Early Indus Civilization. 2nd ed. revised and enlarged, London 1948. – MACKAY E., Die Induskultur, Leipzig 1938. – MACKAY E. J. H., Chanhu-Daro Excavations 1935-1936, New Haven, Coun. 1943. – MACKAY E. J. H., Further Excavations at Mohenjo-Daro, 2 Bde., Delhi 1937–1938. – MADHO SARUP VATS, Excavations at Harappā, 2 Bde., Delhi 1940. – MARSHALL SIR JOHN, Mohenjo-Daro and the Indus Civilization, 3 Bde., London 1931. – MODE H., Indische Frühkulturen und ihre Beziehungen zum Westen, Basel 1944. – PIGGOT S., Prehistoric India to 1000 B. C. (Penguin Books), Harmondsworth 1950. – RENOU L., FILLIOZAT J., L'Inde Classique, Paris I. 1947, II. 1953. (Alles bisher Erschienene). – ROWLAND B., The Art and Architecture of India (The Pelican History of Art, 1954). – WADDELL L. A., The Indo-Sumerian

Seals Deciphered, London 1925. – WHEELER R. E. M. Five Thousand Years of Pakistan, London 1950. – WHEELER SIR MORTIMER, The Indus Civilization (The Cambridge History of India. Supplementary Volume, Cambridge 1953).

Buddhismus: BECKH H., Buddhismus, Buddha und seine Lehre (Sammlung Göschen), 3. Aufl., 2 Bde., Berlin-Leipzig 1928. – BENIMADHAB BARMA, Barhut, 3 Bde., Calcutta 1924–1927. – BLEICHSTEINER R., Die Gelbe Kirche. Entstehung/Geschichte/Kultur, Wien 1937. – DASGUPTY S., A History of Indian Philosophy, bis jetzt 4 Bde., Cambridge 1949–1952. – DAVID-NEEL A., Vom Leiden zur Erlösung. Sinn und Lehre des Buddhismus, Leipzig 1937. – DAVIDS R., Sakya or Buddhist Origins, London 1931. – ELIOT SIR CHARLES, Hinduism and Buddhism, Reprinted, 3 Bde., London 1954. – FOUCHER A., La Vie du Bouddha d'après les Textes et les Monuments de L'Inde, Paris 1949. – FOUCHER A., The Beginnings of Buddhist Art, Paris-London 1917. – FOUCHER A., MARSHALL SIR JOHN, The Monuments of Sāñchi, 3 Bde., Calcutta 1940. – FRAUWALLNER E., Geschichte der Indischen Philosophie, I. Bd., besonders S. 147–246, Salzburg 1953. – GLASENAPP H. v., Buddhistische Mysterien, Stuttgart 1940. – GLASENAPP H. v., Die Philosophie der Inder (Krönersche Taschenausgabe), Stuttgart 1949. – GLASENAPP H. v., Entwicklungsstufen des indischen Denkens, Halle 1940. – GODARD A., GODARD Y., HACKIN J., Les Antiquités Bouddhiques de Bāmiyān, Paris-Bruxelles 1928. – GRÜNWEDEL A., Mythologie des Buddhismus in Tibet und der Mongolei, Leipzig 1900. – GRÜNWEDELWALDSCHMIDT, Buddhistische Kunst in Indien, I. Teil, Berlin 1932. (Alles Erschienene.) – OLDENBERG H., Buddha – Sein Leben, Seine Lehre, Seine Gemeinde, 6. Auflage, Stuttgart-Berlin 1914. – OLDENBERG H., Reden des Buddha. Lehre/Verse/Erzählungen, München 1922. – ROSENBERG O., Die Probleme der Buddhistischen Philosophie (Materialien zur Kunde des Buddhismus, Heft 7/8), Heidelberg 1924. – THOMAS E. J., The Life of The Buddha as Legend and History, London 1931. – WADDELL L. A., The Buddhism of Tibet or Lamaism, 2nd ed. Cambridge 1934. – WALDSCHMIDT E., Gandhara-Kutscha-Turfan, Leipzig 1925. – WINTERNITZ M., Der Ältere Buddhismus (Religionsgeschichte, Lesebuch, 2. Auflage, Heft 11), Tübingen 1929. – WINTERNITZ M., A History of Indian Literature, Vol. II. Calcutta 1933. – WINTERNITZ M., Geschichte der Indischen Literatur, Bd. II. Die buddhistische Literatur, Leipzig 1913. – *Ajanta.* The Colour and Monochrome Reproduction of the Ajanta *Frescoes based on Photography.* With an Explanatory Text by Yazdani. Published under the special Authority of His Exaltes Highness the Nizam. Bis jetzt 6 Bände.

KAMBODSCHA

AYMONIER E., Le Cambodge, Bd. III, Le groupe d'Angkor, Paris 1904. – BEYLIÉ L. DE, L'architecture Hindoue en Extrême-Orient, Paris 1902. – CARPEAUX CH., Les ruines d'Angkor, 1908. – COEDES G., Les Bas-reliefs d'Angkor-Vat, 1911. – COMMAILLE J., Guide aux ruines d'Angkor, Paris 1912. – COMMAILLE J., Angkor: Ostasiatische Zeitschrift, I. 1913, II. 1914. – COOMARASWAMY A. K., Geschichte der indischen und indonesischen Kunst, Leipzig 1927. – CORDIER H., Bibliotheca Indosinica, 4 Vol., Paris 1914. – DELAPORTE, Les Monuments du Cambodge. – FERGUSSON J., History of Indian and Eastern Architecture, I und II, London 1910. – FOURNEREAU L., Les Ruines Khmères, Cambodge et Siam, Paris 1890. – FOURNEREAU L., Les Ruines d'Angkor, Paris 1890. – GROSLIER G., Arts et Archéologie Khmères, 1926. – GROSLIER G., Angkor, 1924. – GROUSSET R., Histoire de l'Extrême-Orient, 2 Vol., Paris 1929. – KRUG H.-J., Götterthrone im

Urwald, Berlin 1943. – LECLERE ADHÉMARD, Histoire du Cambodge, Paris 1914.
– LUNET DE LAJONQUIERE E., Inventaire descriptif des Monuments du Cambodge, Paris I. 1892, II. 1897. – MARCHAL H., Guide archéologique aux Temples d'Angkor, Paris et Bruxelles 1928. – MARCHAL S., Costumes et Parures Khmères, Paris 1927. – MASPERO G., L'Empire Khmèr, 1904. – MASPERO G., L'Indochine, I und II, Paris und Bruxelles 1929–30. – PARMENTIER H., Origine commune des Architectures Hindoues dans l'Inde et en Extrême-Orient, Paris 1915. – PELLIOT P., Le Fou-nan: BEFEO 1903. – PERCHERON M. und TESTON M. R., L'Indochine, Paris 1939. – STERN P., Le Bayon d'Angkor, 1927. – BEFEO = Bulletin de l'Ecole Française d'Extrême- Orient, Hanoï ab 1901.

CHINA

Geschichte und Allgemeines: ANDERSSON J. G., Children of the Yellow Earth, London 1934. – BISHOP C. W., The Chronology of Ancient China (Journal American Oriental Society 52), 1932. – BISHOP C. W., The Rise of civilisation in China (Geographical Review 22), 1932. – CHAVANNES E., Les Mémoires Historiques de Se-ma Ts'ien, 5 Bde., Paris 1895. – CREEL H. G., The Birth of China, London 1936. – CREEL H. G., Confucius, the Man and the Myth, London 1951. – CREEL H. G., Studies in early Chinese culture, Baltimore 1937. – EBERHARD W., Chinas Geschichte, Berlin 1948. – ERKES E., Chinesisch-Amerikanische Mythenparallelen: T'oung Pao 24, 1926. – FRANKE O., Geschichte des Chinesischen Reiches, 3 Bde., 1930. – FRANKE O., Studien zur Geschichte des Konfuzianischen Dogmas, Hamburg 1920. – FORKE A., Geschichte der Chinesischen Philosophie, 3 Bde. – FORKE A., World Conception of the Chinese, London 1925. – FUNG Y. L., History of Chinese Philosophy. – GILES H. A., Chuang Tzu, London 1889. – GRANET M., La Pensée Chinoise, Paris 1934. – GROOT J. J. M. de, The Religious System of China, 6 Bde., Leiden 1892. – GROUSSET R., Histoire de l'Extrême-Orient. – GROUSSET R., La Chine (Les Civilisations de l'Orient, Tome III), 1930. – HSÜ L. S., The Political Philosophy of Confucius, London 1932. – KARLGREN B., Philology and Ancient China, Oslo 1926. – LEGGE J., Chinese Classics, Bd. I bis V. – LEGGE J., The Life and Works of Mencius, London 1875. – LEGGE J., The Texts of Aoism, London 1891. – MASPERO H., La Chine Antique, Paris 1927. – MASPERO H., Le Taoïsme, Paris 1950. – Ross J., The Origin of the Chinese People, London 1916. – ROSTOVTZEFF M., The Animal Style in South Russia and China, 1929. – SAWAKICHI K., Grundriß der Ju-Lehre. – TSUI CHI, Geschichte Chinas, Zürich 1946. – WALEY A., The way and its Power, London 1934. – WALEY A., Lebensweisheit im Alten China, Hamburg. – WALEY A., The Analects of Confucius, London 1938. – WERNER E., Myths and Legends of China, London 1922. – WILHELM R., Die Chinesische Literatur, 1926. – WILHELM R., Laotse, Jena 1910. – WILHELM R., Kung Futse, Gespräche, Jena 1911. – WILHELM R., Dschuang Dsi, Jena 1912. – WILHELM R., Kung Tse, Leben und Werk, Stuttgart 1925. – WILHELM R., Geschichte der Chinesischen Kultur, München 1928. – WU G. D., Prehistoric Pottery in China, London 1938. – ZENKER E., Chinesische Philosophie, 1926. – *Bulletin Museum Far Eastern Antiquities,* Stockholm (Zeitschrift für Archäologie und Paläographie Chinas).

Große Mauer: GEIL W. E., The Great Wall of China, London 1909. – GROOT DE J. J. M., Chinesische Urkunden zur Geschichte Asiens, Berlin 1921–26. – HAYES L. N., The Great Wall of China, 1929. – MÖLLENDORF O. F. v., Die Große Mauer

von China (Zeitschrift der Deutschen Morgenländischen Gesellschaft, 1881.).
– STEIN A., Ruins of Desert Cathay, London 1912.

Li T'ai-po: AYSCOUGH F., Fir Flower Tablet, Boston 1921. – BERNHARDI A.,
Li-T'ai-Po, MSOS, S. 105–138. – CRANMER-BYNG L., A Lute of Jade, London
1911. – FLORENZ K., Gedichte von Li Taipe (Mitteilungen der Gesellschaft für
Natur-Völkerkunde Ostasiens, 1889, S. 44–61). – FORKE A., Blüthen Chinesi-
scher Dichtung, Magdeburg 1899. – GILES, H., A Chinese Biographical Dictiona-
ry, London 1900, s.v. – GILES H., A History of Chinese Literature, London 1901.
– GRUBE W., Geschichte der Chinesischen Literatur, Leipzig 1902. – OBATA S.,
The Works of Li-Po, London 1923. – WALEY A., Li T'ai-Po (Asiatic Review,
London, Oktober 1919). – WALEY A., More Translation from the Chinese, New
York 1919. – WALEY A., The Poetry and Career of Li-Po, New York 1950.

Peking: ARLINGTON L. C. und LEWISOHN W., In Search of Old Peking, 1935.
– BODDE D., Annual customs and festivals in Peking, Peiping 1936. – BODDE D.,
Peking-Tagebuch, Wiesbaden 1952. – BOERSCHMANN E., Baukunst und Land-
schaft in China, Berlin 1923. – BOERSCHMANN E., Chinesische Architektur, Berlin
1925. – BOERSCHMANN E., Chinesische Pagoden, Berlin 1931. – BREDON J.,
Peking, 1931. – BRETSCHNEIDER E., Recherches archéologiques et historiques sur
Pékin et ses environs, Paris 1879. – BURGESS J. S., The Guilds of Peking, New
York 1928. – BURGESS J. S. und GAMBLE S. D., Peking: a social Survey, 1921.
– CATLEEN E., Peking Studies. – COMBAZ G., les sépultures impériales de la Chine,
Brüssel 1907. – FAVIER A., Pékin: Histoire et description, 1897. – GEIL W. E.,
Eighteen Capitals of China, London 1911. – GRUBE W., Zur Pekinger Volkskun-
de, Berlin 1901. – HUBRECHT A., Grandeur et Suprématie de Pékin, 1928. – MEER=
SCHEIDT-HÜLLESEM, In und um Peking, Berlin 1902. – PLAYFAIR G. M. F., The
Cities and Towns of China, Shanghai 1910. – SWALLOW R. W., Sidelights on
Peking Life, 1930.

ZENTRALASIEN

BACHFELD, Die Mongolen in Polen, Böhmen und Mähren, Innsbruck 1899.
– BALODIS, Alt Sarai und Neu Sarai, die Hauptstädte der Goldenen Horde, Riga
1926. – BARTHOLD W., Turkestan down to the Mongol Invasion, London 1928.
– BARTHOLD W., Zwölf Vorlesungen über die Geschichte der Türken Mittel-
asiens, Berlin 1935. – BLOCHET E., Introduction à l'histoire des Mongols de Fadl
Allah Rashid ed-Din, Leiden, London 1910. – BOUVAT L., Essai sur la civilisation
timouride, Paris 1926 (Journal asiatique 208). – BOUVAT L., L'Empire mongol,
Paris 1927. – CURTIN J., The Mongols, Boston 1908. – CURTIN J., The Mongols in
Russia, London 1908. – CZAPLIKA, The Turks of Central Asia, Oxford 1918.
– DEGUIGENES J., Histoire générale des Huns, des Turcs, des Mongols et des autres
Tartares occidentaux, ouvrage tiré des livres chinois, Paris 1756–1758. – DOUGLAS,
The life of Jenghis Khan, London 1877. – ERDMANN F., Temudschin der Uner-
schütterliche, 1862. – FRANKE O., Geschichte des chinesischen Reiches, Berlin
1930–1952, IV. und V. Bd. – GRASMANN S., Einfall der Mongolen in Mitteleuropa,
Innsbruck 1893. – GROUSSET R., Histoire de l'Asie, Paris 1922. – GROUSSET R.,
Histoire de l'Extrême-Orient, Paris 1929. – GROUSSET R., L'Empire mongol,
Paris 1941. – HAENISCH E., Die Geheime Geschichte der Mongolen aus einer
mongolischen Niederschrift des Jahres 1240, Leipzig 1941. – HAENISCH E., Die
letzten Feldzüge Cinggis Han's (Asia Major IX, 1933: 503–551). – HERRMANN A.,

Atlas of China, Karte 49 und 54/55, Cambridge, Mass. 1935. – HOWORTH H. H., History of the Mongols from the 9th to the 19th Century, London 1876–1888. – KLIUTSCHEWSKIJ W., Geschichte Rußlands, Stuttgart 1925. – KOROSTOVETZ I. J., Von Cinggis Khan zur Sowjetrepublik, Berlin 1926. – KRAUSE F. C. A., Cingis Han, Heidelberg 1922. – KRAUSE F. C. A., Die Epoche der Mongolen, Mitt. Seminars für Orientalische Sprachen, Berlin 1924. – LAMB H., Genghis Khan, New York 1927. – LAMB H., Tamerlane, New York 1928. – LÉVINE J., La Mongolie, Paris 1937. – MOREL CAP. H., Les campagnes mongoles (Revue militaire française Juni-Juli 1922). – MOULE A. C., Tabelle der mongolischen Herrscher (Journal North China Branch Royal Asiatic Society XLV: 124). – OHSSON A. C., MOURADGEA D', Histoire des Mongols depuis Tchinguis-Khan jusqu'à Timour Bey ou Tamerlan, 2. Auflage, Amsterdam 1852. – PELLIOT P. und MOULE A. C., Marco Polo, The Description of the World, London 1938. – PELLIOT P. und HAMBIS, Histoire des campagnes de Gengis Khan, Bd. I, Leiden 1951. – PRAWDIN M., Tschingis Chan, Stuttgart 1938. – SMOLIK J., Die Timuridischen Baudenkmäler in Samarkand, Wien 1929. – SPULER B., Die Mongolen in Iran, Leipzig 1939. – SPULER B., Die Goldene Horde, Leipzig 1943. – SPULER B., Die Mongolenzeit, Handbuch der Orientalistik, Berlin 1948. – STRANGE LE, Mesopotamia and Persia under the Mongols, London 1934. – STÜBE R., Tschinghiz-Chan, seine Staatsbildung und seine Persönlichkeit (Neue Jahrbücher für Klassisches Altertum, 1908). TOGAN A. ZEKI VELIDI, Bugunkü Türkili (Türkistan) ve yakintarihi (Das heutige Westturkestan und seine letztvergangene Geschichte), Istanbul 1942–1947. – VLADIMIRCOV B. J., Tchingis-Chan, Paris 1929. – VLADIMIRCOV B. J., Obscestvennyj stroj Mongolov. Mongol' skij kocevoj feodalizm (Der soziale Aufbau der Mongolen. Das mongolisch-nomadische Lehnssystem), Leningrad 1934. – VLADIMIRCOV B. J., The life of Chingis-Khan, London 1930 (Französisch, Paris 1947).

JAPAN

Ainus: BATCHELOR J., The Ainu and their folklore, London 1901. – DRÖBER W., Die Ainos, München 1909. – HAAS H., Die Ainu und ihre Religion, Leipzig 1925. – HITCHCOCK R., The Ainos of Yezo, Washington. – MAC RITCHIE D., The Ainos, Leiden 1892. – MONTANDON G., La civilisation Ainou, Paris 1937. – SCHEUBLE, Die Ainos (Mitteilungen der Gesellschaft für Natur- und Völkerkunde Ostasiens, Bd. 26).

Geschichte und Allgemeines: ABEGG L., Ostasien denkt anders, Zürich 1949. – AISABURO AKIYAMA, Shinto and its architecture, Kyoto 1936. – ANEZAKI, History of Religion in Japan, London 1930. – ASTON W. G., Early Japanese History, Tokio 1888. – ASTON W. G., Shinto: The Way of the Gods, 1905. – ASTON W. G., History of Japanese Literature, London 1909. – BRINKMANN J., Kunst und Kunsthandwerk in Japan, Berlin 1889. – CHAMBERLAIN B. H., Things Japanese, London 1891. – FLORENZ K., Geschichte der japanischen Literatur, Leipzig 1906, 2. Auflage 1909. – GUNDERT W., Die Japanische Literatur, Potsdam 1929. – GUNDERT W., Japanische Religionsgeschichte, Stuttgart 1935. – HARADA J., A Glimpse of Japanese Ideals, Tokio 1937. – HAUSHOFER K., Japan und die Japaner, Leipzig 1923. – HOLTOM D. C., The Japanese Enthronement Ceremonies, Tokio 1928. – HONJO E., The Social and Economic History of Japan, Kyoto 1935. – MATSUMOTO N., Essai sur la Mythologie Japonaise, Paris 1928. – MUNRO N. G., Prehistoric Japan, Yokohama 1908. – MURDOCH J., A History of Japan, 3 Bde., Kobe 1903 und London 1926. – NACHOD O., Geschichte von Japan,

Leipzig 1929–30. – SANSOM G. B., Japan, A Short Cultural History, London 1931.
– TETSURO YOSHIDA, Das Japanische Wohnhaus, Berlin 1935. – Japan Year Book 1936.

Holzschnitte und ihre Meister: BINGON L. und O'BRIEN SEXTAN J. J., Japanese
Colour Prints, London. – BOLLER W., Meister des japanischen Farbholzschnittes,
Bern 1957. – HILLIER J., Japanese Masters of the Colour Print, London 1954.
– KURTH J., Utamaro, Leipzig 1907. – KURTH J., Der Japanische Holzschnitt,
München 1911. – KURTH J., Suzuki Harunobu, München 1923. – KURTH J., Die
Geschichte des japanischen Holzschnitts, 3 Bde., Leipzig 1925. – MICHENER J. A.,
The Floating World, New York 1954. – PRIESTLEY A. F., How to know Japanese
Colour Prints, New York 1927. – SEIDLITZ W. v., Geschichte des japanischen
Farbenholzschnittes, Dresden 1897. – SHIZNYA PUJIKAKE, Japanese Wood-Block
Prints (Tourist Library, Vol. 10), Tokio 1953. – STEWART B., Subjects Portrayed in
Japanese Colour-Prints, London 1922. – STRANGE E. F., The Colour Prints of
Hiroshige London 1925. – SUCCO F., Utagawa Toyokumi und seine Zeit, I. Bd.,
München 1913. – SUCCO F., Utagawa Toyokumi und seine Zeit, II. Bd., München
1914.

AUSTRALIEN

BASEDOW H., The Australian aboriginal, Adelaide 1925. – BECK W., Das Individu-
um bei den Australiern, Leipzig 1925. – BERNDT R. M., Kunapipi. A study of an
Australian aboriginal religions cult, Melbourne 1951. – ELKIN, A. P., The Austra-
lian aborigines. How to understand them, Sydney 1948. – HAMBLY W. D.,
Primitive hunters of Australia, Chicago 1932. – HORNE G., Savage life in Central
Australia, London 1924. – HOWITT A. W., The native tribes of South East
Australia, London 1904. – KNABENHANS A., Die politische Organisation bei den
australischen Eingeborenen, Berlin 1910. – LOMMEL A., Die Unambal, Hamburg
1952. – MOUNTFORD CH. P., Brown men and red sand. Journeying in wild
Australia, Melbourne 1948. – ROTH H. L., The aborigines of Tasmania, Halifax
1899. – SEMON R., Im australischen Busch und an den Küsten des Korallenmeeres,
Leipzig 1903. – SPENCER B., Native tribes of Northern territory of Australia,
London 1914. – SPENCER B., GILLEN F. J., The Arunta, 2 Bde., London 1927.
– SIMPSON C., Adam in ochre. Inside aboriginal Australia, Sydney 1951. – STREH-
LOW C., Die Aranda- und Loritja-Stämme in Zentral-Australien, Frankfurt/Main
1907–20. – THOMAS N. W., Natives of Australia, London 1906. – VATTER E., Der
australische Totemismus (Mitteilungen aus dem Museum für Völkerkunde, Ham-
burg, Bd. 10, Hamburg 1925).

POLYNESIEN

Allgemeines: ANDERSEN J. C., Myths and legends of the Polynesians, London
1928. – BEAGLEHOLE J. C., Polynesian anthropology, Washington 1937. – BECK-
WITH M., Hawaiian mythology, New Haven 1940. – BEST E., Polynesian voya-
gers, Dominion Museum Monograph 5, Wellington, N. Z. 1923. – BEST E., The
Maori, 2 Bde., Wellington, N. Z. 1924. – CHURCHILL W., Polynesian wanderings,
Washington 1911. – DUFF R., The Moa-hunter period of Maori culture, Welling-
ton, N. Z. 1950. – FIRTH R., Primitive Polynesian economy, London 1939.
– FRIEDERICI G., Malaiopolynesische Wanderungen, Leipzig 1914. – FRIEDERICI

G., Zu den vorkolumbischen Verbindungen der Südsee-Völker mit Amerika, Anthropos Bd. 24, Mödling/Wien 1929. – HANDY E. S. C., The native culture of the Marquesas. Bernice P. Bishop Museum Bulletin 9, Honolulu 1923. – HANDY E. S. C., Polynesian religion. Bernice P. Bishop Museum Bulletin 34, Honolulu 1927. – HENRY T., Ancient Tahiti-Bernice P. Bishop Museum Bulletin 48, Honolulu 1928. – HIROA, TE RANGI, Vikings of the sunrise, New York 1938. – HIROA, TE RANGI, Ethnology of Mangareva. Bernice P. Bishop Museum, Bulletin 157. Honolulu 1938. – HIROA, TE RANGI, An introduction to Polynesian anthropology. Bernice P. Bishop Museum Bulletin 187, Honolulu 1945. – HIROA, TE RANGI, The coming of the Maori, Wellington N. Z. 1950. – HIROA, TE RANGI, Explores of the Pacific, Honolulu 1953. – HOGBIN H. J., Law and order in Polynesia, London 1934. – KRÄMER A., Die Samoa-Inseln, 2 Bde., Stuttgart 1903. – LEHMANN R., Die polynesischen Tabusitten, Leipzig 1930. – MEAD M., Coming of age in Samoa, London 1929. – MALO D., Hawaiian antiquities, Honolulu 1952. – NEVERMANN H., Götter der Südsee, Stuttgart 1947. – RECHE E., Tangaloa. Ein Beitrag zur geistigen Kultur der Polynesier, München 1926. – SMITH P. S., Hawaiki. The original home of the Maori, London 1921. – STEINEN K. V. D., Die Marquesaner und ihre Kunst, 3 Bde., Berlin 1928. – TREGEAR E., The Maori race, Wanganui N. Z. 1926. – WILLIAMSON R. W., Essays in Polynesian ethnology, Cambridge 1939. – WILLIAMSON R. W., Religion and social organization in Central Polynesia, Cambridge 1937.

Osterinsel: BROWN J. M., The riddle of the Pacific, London 1924. – CHAUVET ST., L'île de Pâques et ses mystères, Paris 1936. – ENGLERT, La tierra de Hotu Matna. Historia, Etnologia y lengua de la Isla de Pascua, Padre las Casas 1948. – GEISELER, Die Osterinsel, Berlin 1883. – HEINER-GELDERN R. V., Die Osterinselschrift, Anthropos Bd. 33, Wien/Mödling 1938. – JAUSSEN T., Les bois parlants de l'île de Pâques (Bulletin de la Société des études Océaniennes, Bd. 5), Papeete 1936. – KNOCHE W., Die Osterinsel, Conception 1925. – LAVANCHERY H., L'Île de Pâques, Paris 1935. – MÉTRAUC A., The Proto-Indian script and the Easter Islands tablets, Anthropos Bd. 33, Wien/Mödling 1938. – MÉTRAUC A., Ethnology of Easter Island, Bernice P. Bishop Museum Bulletin 160, Honolulu 1940. – MÉTRAUC A., Easter Island sanctuaries. Etnologiska studier, Göteborg 1937. – ROUTLEDGE C. S., The Mystery of Easter Island, London 1919. – SCHMIDT H., Die Steinbilder-Typen der Osterinsel und ihre Chronologie, Hamburg 1927. – SCHULZE-MAIZIER F., Die Osterinsel, Leipzig. – SKINNER H. D., The Easter Island script, Journal of the Polynesian Society, Bd. 41. Wellington N. Z. 1932. – THOMSON W. J., Te pito te henua, or Easter Island, Report of National Museum, Washington 1888/89.

MELANESIEN

BLACKWOOD B., Both sides of Buka passage, Oxford 1935. – BROWN G., Melanesians and Polynesians, London 1910. – BROWN J. M., Peoples and problems of the Pacific, London 1927. – DEACON A. B., Malekula. A vanishing people in the New-Hebrides, London 1934. – HOGBIN H. J., Peoples of the Southwest Pacific, New York 1945. – IVENS W. G., The Melanesians of South East Solomon Islands, London 1927. – KRÄMER-BANNOW E., Bei kunstsinnigen Kannibalen der Südsee; Berlin 1916. – LEENHARDT M., Notes d'ethnologie Néo-Calédonienne, Paris 1930. – LEWIS A. B., The Melanesians. People of the South Pacific, Chicago 1951. – LANDTMANN G., The Kiwai Papuans of British New Guinea, London 1927.

– LAYARD J., Stone men of Malekula, London 1942. – MALINOWSKI B., Argonauts of the Western Pacific, London 1922. – MALINOWSKI B., Coral gardens and their magic, 2 Bde., London 1935. – NEVERMANN H., Masken und Geheimbünde in Melanesien, Berlin 1933. – NEUHAUSS R., Deutsch-Neuguinea, 3 Bde., Berlin 1911. – PARKINSON R., Dreißig Jahre in der Südsee, Stuttgart 1907. – RIESENFELD A., The megalithic culture of Melanesia, Leiden 1950. – RIBBE C., Zwei Jahre unter den Kannibalen der Salomo-Inseln, Dresden 1903. – RIVERS W. H. R., History of Melanesia society, 2 Bde., London 1914. – SARASIN F., Ethnologie der Neu-Caledonier und Loyalty-Insulaner 2 Bde., München 1929. – SELIGMANN C. G., The Melanesians of British New Guinea, Cambridge 1911. – TISCHNER H., HEWICKER F., Kunst der Südsee, Hamburg 1954. – SPEISER F., Südsee, Urwald, Kannibalen, Stuttgart 1924. – VICEDOM F. G., TISCHNER H., Die Mbowamb. Die Kultur der Hagenberg-Stämme im östlichen Zentral-Neuguinea, 3 Bde., Hamburg 1943–48. – WIRZ P., Dämonen und Wilde in Neuguinea, Stuttgart 1928.

NORDAMERIKA

BRODRICK A. H., Early man, London 1948. – COLLIER J., Indians of the Americas, New York 1947, – GRUIMBY M., Indians before Columbus, Chicago 1947. – WISSLER C., The American Indian, New York 1950. – WISSLER C., Das Leben und Sterben der Indianer, Wien 1948.

SÜDAMERIKA

BAESSLER A., Altperuanische Metallgeräte, Berlin 1906. – BAUDIN L., L'empire socialiste des Incas, Paris 1928. – BAUDIN L., Die Inka von Peru, Essen 1947. – BENNETT W. C. und BIRD J. B., Andean Culture history, New York 1949. – BENNET W. C., Ancient arts of the Andes, New York 1954. – BINGHAM H., Machu Picchu, a citadel of the Incas, New York 1930. – DOERING H. U., Auf den Königsstraßen der Inka, Berlin 1941. – DOERING H. U., Kunst im Reiche der Inka, Tübingen 1952. – JOYCE TH., South American Archaeology, London 1912. – KARSTEN R., Das altperuanische Inkareich, Leipzig 1949. – KUTSCHER G., Chimu. Eine altindianische Hochkultur, Berlin 1950. – MARKHAM C. R., The Incas of Peru, London 1910. – MEAD CH. W., Old Civilizations of Inca Land, New York 1932. – MEANS P. A., Ancient civilizations of the Andes, New York 1931. – MEANS P. A., Fall of the Inca Empire, New York 1932. – NORDENSKIÖLD E., The copper and bronce ages in South America, Göteborg 1921. – POSNANSKY A., Eine prähistorische Metropole in Südamerika, Berlin 1914. – PRESCOTT W., Die Eroberung von Peru, Wien 1937. – SCHMIDT M., Kunst und Kultur vor Peru, Berlin 1929. – STÜBE A. und UHLE M., Die Ruinenstädte von Tiahuanaco, Leipzig 1892. – UHLE M., Kultur und Industrie der Südamerikanischen Völker, Berlin 1889/90. – Handbook of South American Indians, 6 Bde., Washington 1946 bis 1951.

MITTELAMERIKA

CERWIN H., These are the Mexicans, New York 1947. – DANZEL T. W., Mexiko, Darmstadt 1922. – FARNSWORTH D., The Americas before Columbus, 1947. – GANN T., Ancient cities and modern tribes, London 1926. – GANN T., Mexiko, London 1936. – HAGEN W. v., Maya Explorer, Oklahoma 1948. – HOYNINGEN-

HUENE, Mexican Heritage, New York 1946. – JOYCE T. A., Mexican Archeology, London 1914. – JOYCE T. A., Maya and Mexican Art, London 1927. – KROEBER A. L., Anthropology, New York 1948. – LEHMANN W., Aus den Ruinenstätten Alt-Mexikos, Berlin. – MADARIAGA S. DE, The Fall of the Spanish American Empire, 1947. – MARQUINA J., Arquitectura prehisp á nica, Mexiko 1951. – MITCHELL J. L., The Conquest of the Maya, London 1934. – MORLEY S. G., The ancient Maya, Stanford 1946. – PRESCOTT W., Die Eroberung von Mexiko, Wien 1937. – RADIN P., Histoire de la Civilisation Indienne, Paris 1935. – REDFIELD R., The Folk Culture of Yucatan, Chicago 1941. – SANFORD T. E., The Story of Architecture in Mexico, New York 1947. – SELER E., Fray Bernardino de Sahagun, Stuttgart 1927. – SPINDEN H. J., Ancient Civilizations of Mexico, New York 1928. – STIRLING M. W., Stone Monuments of South Mexico, 1943. – STRODE H., Now in Mexico, New York 1947. – STRODE H., Timeless Mexico, New York 1944. – THOMPSON E. H., The rise and fall of Maya civilization, Norman (Oklahoma) 1954. – THOMPSON E. H., People of the Serpent, London 1932. – TOOR F., Mexican Folkways, New York 1950. – TOSCANO S., Arte Precolombino, Mexico 1952. – VAILLANT G. C., The Aztecs of Mexico, New York 1944.

KRETA

BOSSERT H. TH., Altkreta, 1937. – EMMET L., BENNETT J., The Pylos Tablets, Princeton 1951. – EVANS A., The Palace of Minos at Knossos, 7 Bde., London 1921–36. – EVANS A., Scripta Minoa, 2 Bde., Oxford 1909–52. – FIMMEN D., Die kretisch-mykenische Kultur, 1924. – GLOTZ G., La civilisation égéenne, Paris 1923. – MATZ F., Die Ägäis (Handbuch der Archäologie, Bd. 2), 1950. – PENDLEBURY J. D. S., The Archaeology of Crete, London 1939. – PERNIER L., BANTI L., Il Palazzo minoico di Festos, 2 Bde., Rom 1935–51. – SITTIG E., Sprachen die Minoer griechisch? (Minos, Vol. III, fasc. 2), Salamanca 1954. – VENTRIS M., CHADWICK J., Evidence for Greek Dialect in the Mycenaean. Archives (Journal of Hellenic Studies 73), 1953. – WACE A. J. B., Mycenae, Princeton 1949. – *Etudes crétoises*, 9 Bde., Paris 1928–53.

GRIECHENLAND

AELIAN, Varia Historia, V.–Aristophanes.–Aristoteles, Constitutio atheniensis, XXIII–VIII; Politica, VIII (V). – DIODORUS, XII – HERODOT, III, V–IX. – NEPOS CORNELIUS, Alcibiades. – NEPOS CORNELIUS, Themistocles. – PAUSANIAS, Beschreibung Griechenlands. – PLATO, Symposium. – PLATO, Alcibiades. – PLUTARCH, Alcibiades, 1–16; Pericles, 9–12; Themistocles, 10. – STRABO, VII. – THUCYDIDES, I–VIII. – XENOPHON, Hellenica, I, III, V. – XENOPHON, Schriften über Sokrates.
ALTHEIM F., Weltgeschichte Asiens im griechischen Zeitalter, I. Bd., Halle 1947. – BAUMGARTEN F., POLAND F., WAGNER R., Die Hellenische Kultur, Leipzig und Berlin 1913. – BELOCH K. J., Die Bevölkerung der griechisch-römischen Welt, 1886. – BELOCH K. J., Griechische Geschichte, Bd. IV, Berlin-Leipzig 1925–27. – BENGTSON H., Griechische Geschichte (Handbuch der Altertumswissenschaft, III 2), 1950. – BERVE H., Sparta, 1944. – BERVE H., Griechische Geschichte, 2 Bde., 1951 bis 1952. – BITTEL K., Grundzüge der Vor- und Frühgeschichte Kleinasiens, 1950. – BLEGEN C. W., Troy, 2 Bde., London 1950–51. – BOSSERT H. TH., Altanatolien, Berlin 1942. – BURCKHARDT J., Griechische Kulturgeschichte,

3 Bde., 1953, herausgegeben von R. Marx. – BURR V., Nostrum Mare, Stuttgart 1932. – BURY J. B., History of Greece, New York. – CALDWELL W. E., The new popular history of the world, New York 1950. – CAVAIGNAC E., Histoire del'Antiquité, Bd. II, Paris 1913. – CAVAIGNAC E., Histoire de l'Antiquité, Bd. III, Paris 1914. – CICOTTI E., Der Untergang der Sklaverei im Altertum, 1910. – CLOCHE P., Le siècle de Périclès, Paris 1949. – COHEN R., La Grèce et l'Hellénisation du Monde Antique, Paris 1948. – DÖRPFELD W., Troja und Ilion, Athen 1902. – DUNBABIN T. J., The Western Greeks, Oxford 1948. – DURANT W., The Life of Greece, New York 1939. – EHRENBERG V., The People of Aristophanes, Oxford 1951. – FORBIGER A., Strabo's Erdbeschreibung (I), Stuttgart 1856. – FORBIGER A., Strabo's Erdbeschreibung (V.), Stuttgart 1858. – FRAENKEL H., Dichtung und Philosophie des frühen Griechentums, New York 1951. – GIGON O., Sokrates, Berlin 1947. – GLOTZ G., La cité grecque, Paris 1928. – GREGOR J., Perikles, München 1944. – GRUNDY B. G., The Great Persian War, London 1901. – GRUNDY B. G., Thucydides and the History of his Age, 2 Bde., London 1948. – HATZFELD J., Alcibiade, Paris 1951. – HENDERSON B. W., The Great War between Athens and Sparta, London 1927. – HERRE P., Der Kampf um die Herrschaft im Mittelmeer, Leipzig 1909. – HERZOG R., DITTRICH P., LISTMANN K., Das Zeitalter des Hellenismus, 1 Bd., Leipzig 1932. – HOLLEAUX M., Rome, la Grèce, et les monarchies hellénistiques au IIIe siècle av. J.-C. (273–205), Paris 1921. – JACOBI M., Thucydides, 1. Bd., Hamburg 1804. – JACOBI M., Thucydides, 2. Bd., Hamburg 1806. – JACOBI M., Thucydides, 3. Bd., Hamburg 1808. – JONES H. L., The Geography of Strabo (IV), London 1949. – JOUGUET R., L'Impérialisme macédonien et l'hellénisation de l'Orient, Paris 1926. – KAERST J., Geschichte des Hellenistischen Zeitalters, Bd. I und II, Leipzig 1901. – KAERST J., Geschichte der Karthager, Berlin 1879–1913. – KARO G., Die Schachtgräber von Mykenai, 2 Bde., 1930–33. – MELBER J., Olympia, 1936. – MEYER E., Geschichte von Troas, Leipzig 1877. – MICHELL H., The Economics of Ancient Greece, Cambridge 1940. – MICHELL H., Sparta, Cambridge 1942. – MILLER W., Greece and the Greeks, New York 1941. – NILSSON M. P., Homer and Mycenae, London 1933. – OBST E., Der Feldzug des Xerxes, 1914. – POHLENZ M., Herodot, 1937. – PRITCHETT W. K., MERITT B. D., The Chronology of Hellenistic Athens, Cambridge 1940. – RANKE L. v., Perikles, Berlin 1942. – ROSTOVTZEFF M., Geschichte der Alten Welt, Wiesbaden 1941. – SANCTIS G. DE, Pericle, Mailand-Messina 1944. – SCHADEWALDT W., Von Homers Welt und Werk, 1951. – SCHLIEMANN H., Mykenae, Leipzig 1878. – SCHLIEMANN H., Ilios, Leipzig 1881. – SCHLIEMANN H., Troja, Leipzig 1884. – SCHLIEMANN H., Tiryns, Leipzig 1886. – TAEGER F., Alkibiades, 1943. – WESTERMANN W. L., Sklaverei (Realenzyklopädie der klassischen Altertumswissenschaft, herausgegeben von Pauly-Wissowa, Suppl.-Bd. 6), 1935. – WIESNER J., Vor- und Frühzeit der Mittelmeerländer (I), Berlin 1943. – WILAMOWITZ-MOELLENDORF U. v., Platon, 2 Bde., 1919. – WILAMOWITZ-MOELLENDORFF U. v., Der Glaube der Hellenen, 2 Bde., 1931 bis 1932. – WILLRICH H., Perikles, Göttingen 1936. – WOODHOUSE W. J., Solon the Liberator, Oxford 1938. – ZELLWECKER E., Troja, Zürich 1947. – *Hellenistic Civilization*, London 1927. – *Handbuch der Archaeologie*, Bd. IV, München.

ITALIEN

AKERSTRÖM A., Studien über etruskische Gräber, Lund 1934. – ALTHEIM F., Der Ursprung der Etrusker, Baden-Baden 1950. – AVRIGEMMA S., Il R. Museo di Spina in Ferrara, Rom 1936. – BAUER H., Der Ursprung des Alphabets (Der alte Orient,

Vorderasiatische und ägyptische Gesellschaft, 35. Bd.), Leipzig 1937. – BENNETT E. L. JR., The Pylos Tablets, Princeton 1951. – BRANDENSTEIN W., Die Herkunft der Etrusker (Der alte Orient, Vorderasiatische und ägyptische Gesellschaft, 35. Bd.), Leipzig 1937. – CLEMEN C., Die Religion der Etrusker, Bonn 1936 (Untersuchungen zur allgemeinen Religionsgeschichte, Heft 7). – CLES-REDEN S., Das versunkene Volk, Innsbruck und Wien 1948. – DUCATI P., Etruria antica, Torino 1925. – DUCATI P., L'Italia antica, Bd. 1, Mailand. – DUCATI P., Storia dell'Arte Etrusca, 2 Bde., Florenz 1927. – DUCATI P., GIGLIOLI G., Qu., Arte etrusca, Rom-Mailand 1927. – DUHN F. v., Italische Gräberkunde I, Heidelberg 1924. – GOLDMANN E., Beiträge zur Lehre vom indogermanischen Charakter des Etruskischen I. und II., Heidelberg 1929 und 1930. – Neue Beiträge usw. Wien 1936 – (Klotho, Heft 3). – LEISINGER H., Malerei der Etrusker, Stuttgart. – MÜHLESTEIN H., Über die Herkunft der Etrusker, Berlin 1929. – OLZSCHA K., Die Sprache der Etrusker (Neue Jahrbücher 1936, 97–116). PARETI L., Le origini etrusche, Florenz 1926. – PFISTER K., Die Etrusker, München 1940. – RANDALL D., MAC IVER, The Etruscans, Oxford 1927. – RIIS P. J., Tyrrhenika, Kopenhagen 1941. – RIIS P. J., An Introduction to Etruscan Art, Kopenhagen 1953. – SCHACHENMEYR F., Etruskische Frühgeschichte, Berlin 1929. – SCHULTEN A., Tartessos, Hamburg 1950. – STOLTENBERG H. L., Übersetzung der Tontafeln von Capua (Studi Etruschi, Bd. XXII, Serie II), Florenz 1952–53. – *Corpus Inscriptionum Etruscarum*, Leipzig ab 1893. *The great King of Assyria*, Assyrian Reliefs in the Metropolitan Museum of Art.

KARTHAGO

Allgemeines: ARNOLD T., The Second Punic War, London 1886. – CARY M., The origin of the Punic Wars, History, VII, 1922, p. 109. – DELBRÜCK H., Geschichte der Kriegskunst, II. Bd., Berlin 1908. – EHRENBERG V., Karthago, Leipzig 1927. – GSELL S., Histoire Ancienne de l'Afrique du Nord, vols. I to IV, Paris 1913–20. – KAHRSTEDT U., in Meltzers Geschichte der Karthager, Vol. III, Berlin 1913, pp. 143–362. – KROMAYER, Antike Schlachtfelder, III. Bd., Berlin 1912. – LAPAYRE G. G., Carthage, Paris 1942. – LAPEYRE G. G. und PELLEGRIN A., Carthage Punique, Paris 1942. – LAQUEUR R., Scipio Africanus und die Eroberung von Neukarthago, Hermes, LVI, 1921, p. 138. – LEHMANN K., Die Angriffe der drei Barkiden auf Italien, Leipzig 1905. – MOMMSEN, Römische Geschichte, III. – NEUMANN, Das Zeitalter der punischen Kriege, Breslau 1883. – PAIS E., Storia di Roma durante le guerre Puniche, I, II, Rom 1927. – SCULLARD H. H., Scipio Africanus in the Second Punic War, Cambridge 1930. – TÄUBLER E., Die Vorgeschichte des zweiten punischen Krieges, Berlin 1921. – *Rom und Karthago*, Leipzig 1943.

Hannibal: APPIAN, 4–38. BONUS A. R., Where Hannibal passed, London 1925. – CONSTANS L. A., La route d'Hannibal, Rev. des Etudes hist. CXLVII, 1924, p. 22. – DIODORUS, XXV, XXVI. – DODGE T. A., Hannibal, 2 vols., Boston 1891. EGELHAAF G., Hannibal, 1922. – GROAG E., Hannibal als Politiker, Wien 1929. – HORAZ, Oden, I, IV. – JELUSISCH MIRKO, Hannibal Siegen 1934. – KLOTZ A., Zu Hannibals Alpenübergang, Erlangen 1925. – LIVIUS, XXI–XXX, ed. Weißenborn; ed. Conway. – OVID, Fasti, I, II, III, IV, VI. – PLINIUS, II, III, VII, XXIII, XXXIV. – PLUTARCH, Q. FABIUS MAXIMUS, M. CLAUDIUS MARCELLUS; Apophthegmata regum et imperatorum. POLYBIUS, III, und Teile aus VII–XI, XIV–XV. – STRABO, III, V, VI. – TERRELL G., Hannibal's pass over the Alps, C. J., XVIII, 1922.

Register

Vorbemerkung: Bei modernen Länder- und Staatennamen sowie bei allgemein bekannten Sachbezeichnungen sind keine Worterläuterungen beigefügt.

Abkürzungen

Dyn.	= Dynastie	Kg'st.	= Königstadt
Fam.	= Familie	Ks.	= Kaiser
Feldh.	= Feldherr	Lsch.	= Landschaft
Hptst.	= Hauptstadt	Staatsm.	= Staatsmann
I.	= Insel	Stm.(e)	= Stamm (Stämme)
K.	= Karte	St.	= Stadt
Kg.	= König	V.	= Volk
Kgn.	= Königin	Vstm.	= Volksstamm
Kgr.	= Königreich	✕	= Schlacht

Schultze/Jena, Leonhard, dt. Geograph, 359
Scipio, Publius Cornelius, röm. Feldh. 506, 508
Sebastian, portug. Kg. 171
Sechem-chet → Djoser-Atoti
Seefahrt, phöniz. 94, polynes. 275, 277f., kretische 390
Seide, chin. 182, 199f., 209, 222, japan. 241, 250
Selebije/Mesopotamien, archäolog. Fundort K. 26
Seleucia/Mesopotamien, archäolog. Fundort K. 26
Semenchkare, ägypt. Kg. 76
Semiramis (Shammukamat), babylon. Kgn. 43f., 193
Semiten, Völkergruppe des Vorderen Orients 29, 35, 37, 93, 104, 129, 427, 493, 497
Senacherib, assyr. Kg. 43
Senmut, Geliebter der Hatschepsut 70
Septimus, Severus, röm. Ks. 61
Sesklo-Kultur, prähistor. Kultur in Griechenland 411
Sesostris I., ägypt. Kg. 68, 89
Severus, Alexander, röm. Ks. 61, 485
Sevilla, span. St. 329f., 332, 378
Shakespeare, engl. Dichter 91, 141, 236, 253, 340, 404, 444
Shammukamat → Semiramis
Shamsi-Adad, assyr. Kg. 43
Shang (Yin), chin. Dyn. 181ff.
Shansi, chin. Provinz 185, 219
Shantung, chin. Provinz 184f., 204, 206
Sharaku, japan. Schauspielermaler 258, 265f.
Shensi, chin. Provinz 185, 203
Shinto, Shintoismus, Urreligion Japans 235, 243
Shiva, hinduist. Gott 159, 177
Shogun, Titel des japan. Reichsfeldherrn 237ff.
Shub-ad, sumer. Kgn. 31ff.
Shuddhodana, Vater Buddhas 166
Shunsho, japan. Schauspielermaler 254
Shuruppak/Mesopotamien, archäolog. Fundort K. 26
Siam, Siamesen, hinterind. Kgr. 175, 177
Sibirien 170, 196, 224, 229

Sidon, phönik. Hafenst. K. 26, 93, 95, 98f., K. 128, 133, 493
Siffin/Mesopotamien, archäolog. Fundort K. 26
Sin, sumer. Mondgott 30
Sinai, ägypt. Halbinsel 127, K. 128, 129
Sinaiticus, berühmte Handschrift des Neuen Testaments 153
Sinanthropus Pekinensis, steinzeitliche Menschenform 178f., 298
Sinope, kleinasiat. St. K. 114
Sintflut, große 24
Sinuhe, ägypt. Name 89
Sippar, sumer. St.-Staat K. 26, 30, 143
Sittig, Ernst, dt. Sprachforscher 396f.
Sizilien, ital. I. 94, 385, 422, 444, 446f., 477, 489, 491f., 494, 497
Skeat, T. C., engl. Papyrologe 151f.
Skisei koro Ekashi, Gott der Ainu 224
Sklaven,
  bei den Babyloniern 42, 45
  bei den Phöniziern 94f., 99
  bei den Ägyptern 85f., 127
  bei den Persern 121, 123, 125
  bei den Khmer 176f.
  bei Dschingis-Khan 218
  bei den Etruskern 484
  bei den Griechen 466, 472–477
  bei den Karthagern 494, 496
Skulpturen,
  sumer. 25, 27ff.
  ägypt. 74
  etruskische 478, 484
  chines. 200
  indian. 311, 313, 353
Skythen, indogerm. V. 104, 108, K. 114
Smerdis, pers. Prinz 105f.
Smith, Edwin, Ägyptologe 90
Smith, S. A., brit. Anthropologe 269
Smyrna/Kleinasien, griech. St. 404, 407, 479
Sogdiana, pers. Satrapie 104, K. 114, 200
Sokrates, griech. Philosoph 103, 168, 185, 436, 443, 446, 451–462
Soktrien, zentralasiat. Lsch. 113
Solon, griech. Philosoph 105, 184, 473
Sophisten, griechische Wanderlehrer 436, 455
Sophokles, griech. Dichter 436
Sophroniskos, Vater des Sokrates 451

544

Weitere Werke von Ivar Lissner im Walter-Verlag

Wir sind das Abendland

Gestalten, Mächte und Schicksale Europas durch 7000 Jahre.
Mit 96 Abbildungen. 605 Seiten. Leinen.

So lebten die römischen Kaiser

Macht und Wahn der Cäsaren.
Mit 16 Zeichnungen und Kartenskizzen im Text und 156 Abbildungen auf Tafeln. 455 Seiten. Leinen.

Die Rätsel der großen Kulturen

Mit 32 Karten und Plänen, 8 Zeichnungen und 136 Fotos. 381 Seiten. Leinen.

So lebten die Völker der Urzeit

3., bearbeitete Auflage von «Aber Gott war da».
Mit 72 Seiten Fotos. 304 Seiten. Leinen.

Konrad Lorenz

Konrad Lorenz:
Er redete mit
dem Vieh, den Vögeln
und den Fischen

dtv

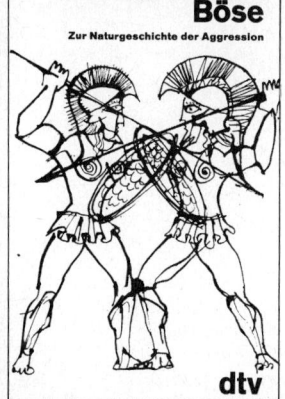

Konrad Lorenz:
Das sogenannte
Böse

Zur Naturgeschichte der Aggression

dtv

Biologie

**Günter Vogel/
Hartmut Angermann:
dtv-Atlas zur Biologie**
Tafeln und Texte
Originalausgabe
2 Bände
3011, 3012

**Adolf Faller:
Der Körper des Menschen**
Einführung in Bau und
Funktion
dtv-Thieme
3014

**Harry Garms:
Pflanzen und Tiere
Europas**
Ein Bestimmungsbuch
3013

**Ernst Hadorn/
Rüdiger Wehner:
Allgemeine Zoologie**
Begründet von Alfred Kühn
Mit 285 Abbildungen
dtv-Thieme
WR 4061

**Vinzenz Ziswiler:
Die Wirbeltiere**
126 Tabellen und geo-
graphische und stammes-
geschichtliche Übersichten
140 Abbildungen
dtv-Thieme
2 Bände
WR 4193, 4194

**Adolf Remane /
Volker Storch /
Ulrich Welsch:
Evolution**
Tatsachen und
Probleme der
Abstammungslehre
Originalausgabe
WR 4234

**Wolfgang Wieser:
Genom und Gehirn**
Information und
Kommunikation
in der Biologie
WR 4132